2014中国粮食年鉴

CHINA GRAIN YEARBOOK 2014

图书在版编目（CIP）数据

2014中国粮食年鉴/国家粮食局主编. —北京：经济管理出版社，2014.12

ISBN 978-7-5096-3517-9

Ⅰ. ①2… Ⅱ. ①国… Ⅲ. ①粮食—工作—中国—2014—年鉴 Ⅳ. ①F 326.11-54

中国版本图书馆CIP数据核字（2014）第283710号

出版发行：**经济管理出版社**

北京市海淀区北蜂窝8号中雅大厦11层

电话：（010）51915602　邮编：100038

印刷：北京地大天成印务有限公司　　　　　　经销：新华书店

责任编辑：张　艳　丁慧敏

技术编辑：乔　炜

880mm×1230mm/16	40.5印张　1150千字
2014年12月第1版	2014年12月第1次印刷
印数：1—3000册	定价：380.00元

书号：ISBN 978-7-5096-3517-9

国家粮食局局长任正晓在河南调研粮食工作

国家粮食局局长任正晓在吉林调研秋粮收储工作

国家粮食局副局长徐鸣在安徽调研夏粮收购工作

国家粮食局副局长曾丽瑛出席全国放心粮油宣传日活动

国家粮食局副局长吴子丹在吉林调研秋粮收购工作

中央纪委驻国家粮食局纪检组组长赵中权在河南调研秋粮收购工作

国家粮食局副局长卢景波在四川组织指导粮食部门抗震救灾和灾区粮油供应保障工作

委　员

夏吉贤	中国粮食经济杂志社社长兼主编
郭洪伟	国家粮食局发展交流中心副主任
宋丹丕	中国粮食行业协会副会长
田雨军	中国粮食行业协会秘书长
胡承淼	中国粮油学会副理事长兼秘书长
李广禄	北京市粮食局局长
杨振江	天津市粮食局局长
张　宇	河北省粮食局局长
杨随亭	山西省粮食局局长
冯有恩	内蒙古自治区粮食局局长
刘长江	辽宁省农村经济委员会主任、省粮食局局长
沈启地	吉林省粮食局副巡视员
胡东胜	黑龙江省粮食局局长
盖国平	上海市粮食局局长
陈　杰	江苏省粮食局局长
韩鹤忠	浙江省粮食局副局长
牛向阳	安徽省粮食局局长
林锡能	福建省粮食局局长
黄　河	江西省粮食局局长
杨丽丽（女）	山东省粮食局局长
赵启林	河南省粮食局局长
张爱国	湖北省粮食局局长
张亦贤	湖南省粮食局局长
余云州	广东省发展改革委副主任、省粮食局党组书记
谢　端（女）	广东省粮食局局长
黄显阳	广西壮族自治区粮食局局长
杨树岷	海南省粮食局局长
周克勤	重庆市商业委员会主任
张书冬	四川省粮食局局长
沈　健	贵州省粮食局局长
马红跃	云南省粮食局局长
达　拥（女）	西藏自治区粮食局副局长
吴新成	陕西省发展改革委副主任、省粮食局局长

委 员

韩卫江	甘肃省粮食局局长
顾艳华	青海省粮食局局长
刘金定	宁夏回族自治区粮食局局长
米尔扎依·杜斯买买提	新疆维吾尔自治区粮食局局长
李建伟	新疆生产建设兵团发展改革委(粮食局)副主任
陈祥立	大连市服务业委员会主任
何开波	青岛市粮食局办公室主任
杜钧宝	宁波市粮食局局长
卢晓东	厦门市粮食局局长
杨加慎（女）	深圳市经济贸易和信息化委员会处长

撰稿人员
（按姓氏笔画为序）

卜轶彪	万劲松	马珊珊	从雯	孔伟娟	尹坚	尹成林	方言
方进	王弘	王旭	王江	王强	王辉	王新	王静
王世海	王业东	王正友	王永圣	王仲涛	王国强	王建忠	王金云
王洪垚	王骄阳	王海林	王鸿鸣	王耀鹏	邓立	付艳丽	史京华
玄红建	田野	龙伶俐	任华妮	伍佳丽	关浚哲	刘平	刘韧
刘萍	刘冬竹	刘全光	刘宇宁	刘启波	刘妍杉	刘青青	刘莉华
刘惠标	匡广忠	吕昱晨	孙伟	孙丽娟	孙洪波	孙绪良	安海东
成军	曲贵强	朱之光	朱闽鲁	纪展	许策	闫鹭鹭	齐朝富
余莲	吴永顺	吴龙剑	吴国勇	吴征光	宋建武	张云	张江
张凯	张怡	张雪	张蕾	张世昌	张永强	张亚奇	张庆娥
张延华	张成志	张步先	张近祥	张杰刚	张峻歌	张继红	张瑞银
李可	李红	李玥	李洵	李涛	李亚莉	李金团	李美琴
李桂萍	李寅铨	李鹏飞	杨正	杨洪建	杨凌志	杨晓帆	杨雪丽
杨道兵	肖玲	肖春阳	肖哲伟	邹炜	陆明红	陈玲	陈书玉
陈玉中	陈军生	陈成云	陈志伟	陈秀玲	陈家积	周波	周双喜
周冠华	孟昭虎	庞金辉	林华	林凤刚	林明亮	林善为	欧立中
欧阳建勋	罗文娟	罗俊雄	郁士祥	金田	金贤	鱼金明	姚磊
姚秀敏	姜在峰	姜青志	施开分	洪荣	祝志光	胡承淼	胡瑶庆
胡耀芳	贺伟	贺娟	赵奕	赵文先	赵宇红	赵素丽	原海明
唐平	唐成	唐茂	唐继发	唐铁军	唐瑞明	夏丹萍	徐利群
徐品莹	晁铭波	秦健	秦玉云	耿晓颀	袁玉生	袁海波	贾骞
郭建	郭洪伟	郭晓虹	陶英	陶璐	寇荣	曹颖君	梅伟
闫豫桂	麻婷	麻国杰	黄加才	黄绍哲	黄培根	龚娣群	彭扬
智振华	曾令清	曾丽明	温朝晖	程峰军	程继伟	葛大强	蒋光尧
蒋例怡	韩兆轩	韩继志	韩静涛	管伟举	谭大海	谭本刚	樊宗贤
潘祝明	颜波	颜士国	黎霆	魏然	魏才奎		

编审组
（按姓氏笔画为序）

刘力　孙鉴奇　严涛　何松森　周冠华　夏吉贤　颜波

编辑部

主　　任：何松森

副主任：刘力

工作人员：刘珊珊　崔菲菲

编写说明

为全面、准确地反映国家和地方粮食工作，国家粮食局从2006年开始组织编撰《中国粮食年鉴》。《中国粮食年鉴》是经原国家新闻出版总署批准出版、由国家粮食局主办并委托中国粮食研究培训中心组编的政府部门年鉴，是粮食行业实用性、资料性工具书。

《中国粮食年鉴》全面、系统地记述了上一年度中国粮食工作的主要情况，刊载有重要的粮食政策法规文件和统计资料。本期年鉴由综述、专文、全国粮食工作、各地粮食工作、粮食政策与法规文件、附录等六部分组成。年鉴收集的数据和资料均未包括我国香港特别行政区、澳门特别行政区和台湾地区。各省（自治区、直辖市）的排列顺序，按照全国行政区划的统一规定排列。年鉴涉及的单位名称、姓名和职务均以截稿日期为准。

本期年鉴在编辑出版过程中得到了国家粮食局、国家发展和改革委员会、农业部、国家统计局以及各省（自治区、直辖市）、计划单列市及新疆生产建设兵团粮食行政管理部门的大力支持，在此，我们表示衷心的感谢！不足和疏漏之处，敬请读者批评指正。

《2014中国粮食年鉴》编辑委员会

中国粮食研究培训中心

2014年11月18日

1 2 3 4 5 6

目 录

第三篇　全国粮食工作　　41

第四篇　各地粮食工作　　133

第五篇 粮食政策与法规文件   347

附 录　　　　　　　　　　　　　　　　　　　　475

1

第一篇

综 述

2013年全国粮食工作综述

2013年是全面贯彻落实党的十八大精神的开局之年，也是粮食行业实施"十二五"发展规划承前启后的关键一年。一年来，全国粮食系统广大干部职工认真贯彻落实党的十八大关于确保国家粮食安全的战略部署，深入学习贯彻习近平总书记关于"把饭碗牢牢端在自己手上"和李克强总理关于"守住管好'天下粮仓'，做好'广积粮、积好粮、好积粮'三篇文章"的重要指示，牢牢把握稳中求进的工作总基调，以抓收购、保供给、稳粮价为中心，科学谋划，统筹推进，扎实工作，为保护种粮农民利益，保障粮食有效供给，维护国家粮食安全，促进经济社会持续健康发展作出了积极贡献。

一 粮食收购和保供稳价工作成效显著

粮食收购大幅增加，全年全国各类粮食经营企业收购粮食34445万吨（原粮，下同），同比增加2584万吨。早稻、小麦和中晚稻最低收购价执行预案全部启动，收购最低收购价粮食3851万吨，同比增加1335万吨。继续实施国家临时存储小麦、大豆、玉米、油菜籽收购政策，采取延长2012年玉米临时收储期限和下达政策性粮食露天设施存储计划等措施，缓解了部分地区集中收储压力较大、仓容不足等矛盾。将部分地区不完善粒10%～20%的超标小麦纳入最低收购价收购范围，东北地区临时收储玉米生霉粒标准从2%放宽到5%，色变粒玉米纳入临储收购范围，有效解决了卖难问题，维护了种粮农民利益。在东北三省和内蒙古自治区实行"分贷分还"，进一步强化地方政府责任，调动了地方抓好收购的积极性。全年收购临时存储粮食4468万吨，同比增加3861万吨，收购临时存储油菜籽500万吨，同比增加145万吨。通过提价托市、优质优价、帮助农户整粮减损等措施，促进种粮农民增收430亿元以上。市场粮源充足、供应正常，粮食部门和企业不断充实政策性粮食库存，开展储备粮油轮换，全年投放政策性粮食3480万吨，组织跨省移库1360万吨，积极实施关内企业采购东北地区粳稻和玉米费用补贴政策，实现产销对接2000万吨，地震灾区民食军需得到有效保障。

二 完善和落实粮食安全省长负责制工作取得进展

积极研究建立和完善粮食安全保障机制，研究提出关于进一步完善和落实粮食安全省长负责制的意见，拟通过明确划分中央和地方粮食事权，将粮食安全保障纳入各级政府年度目标责任考核，加大省级政府粮食安全责任，充分发挥中央和地方两个积极性，切实保障国家粮食安全。各地粮食部门加大对完善和落实粮食安全行政首长负责制的推进力度，因地制宜地制定责任考核办法、完善具体措施。山西、浙江、广东、云南、贵州等省政府相继出台了粮食行政首长负责制的措施意见，黑龙江、辽宁、山东、江苏、安徽、江西、广西等省级政府制定了促进国有粮食企业改革和粮食产业发展的政策措施。一些省份将粮食安全责任的落实情况列入党政部门年度目标责任考核范围。

三   启动实施"粮安工程"，粮食流通安全保障能力稳步提升

组织实施"粮食收储供应安全保障工程"，国家粮食局认真研究编制了《"粮安工程"建设规划（2013-2020年）》，全国已有9个省级政府出台了推进"粮安工程"建设的意见。落实国家发展改革委下达的中央预算内补助投资近35亿元，用于粮食仓储设施、现代物流、质量安全检测能力、农户科学储粮专项及应急储粮罩棚建设。财政部在财力趋紧的情况下重点安排"粮安工程"建设资金，特别是加大对"危仓老库"维修改造投资力度，投入专项资金10亿元，较上年增加了6亿元，覆盖省份由13个扩大到26个，带动地方财政投入40多亿元。粮食储运监管物联网应用示范项目列入国家重点支持的10个物联网专项计划。应急供应保障和监测预警体系建设取得了新进展，应急网点由上年的不足1.5万个增加到约4.3万个，基本实现了城乡全面覆盖、辐射村屯社区的布局目标，补充优化了国家粮食市场价格监测网点布局。积极推进开通"北粮南运"散粮火车和集装箱运输试点线路。严把粮食收购、储备、加工、流通等各环节质量关，认真开展库存粮油质量和卫生安全专项检查，对主粮品种的重金属、真菌毒素含量等卫生安全项目进行全面监测。全面推进"放心粮油"工程，积极创建"放心粮油"示范企业，开展粮油科普宣传，积极推广应用新技术、新工艺，减少粮食产后损失损耗。农户科学储粮专项2013年新增171万户，累计达677万户，每年可减少粮食损失75万吨。组织实施粮油仓储、物流、加工环节损失浪费情况专题调查，积极开展爱粮节粮进军营、进家庭、进学校活动，举办"世界粮食日暨全国爱粮节粮宣传周"、"粮食科技活动周"等活动，加大爱粮节粮宣传，全社会爱粮节粮意识得到提高。

四   进一步深化国有粮食企业改革，促进粮食行业健康持续发展

深化国有粮食企业产权制度改革，推动建立现代企业经营管理机制，突出抓好县级国有粮食企业兼并重组，"一县一企、一企多点"的产权制度改革进程加快，扶持龙头企业做优做强，企业发展带动了结构调整和转型升级。推进主食产业化和油脂加工产业发展，支持区域性粮食收储、加工、物流等产业园区建设，鼓励开发新型高科技健康粮油产品，"粮食银行"、"主食厨房"等经营模式得到推广。积极协调减轻承担政策性粮油储备任务企业的税收负担，充分发挥金融和财税政策对深化国有粮食企业的支持作用，部分省区出台深化国有粮食企业改革政策措施，在土地、税收、金融等方面给予优惠政策，推进省与市粮食企业纵向联合重组，国有粮食企业改革发展环境不断得到优化。2013年全国国有粮食企业实现统算盈利82.3亿元，27个省份实现统算盈利。全社会粮油加工业总产值实现2.6万亿元，同比增长13%。

五   加强行业人才队伍建设，推进"科技兴粮"工程

加强全国粮食系统专业人才培养，积极开展行业竞赛和培训活动，举办了第三届全国粮食行业职业技能竞赛，1万多名职工学生报名参加，产生了一大批技术能手，组织技能培训鉴定9000余人次，其中近7000人取得职业资格证书。推进粮食经纪人队伍建设，启动实施"粮食行业百千万创新人才工程"，举办以"粮食行业科技创新与粮安工程"为主题的全国粮食行业高层次专业技术人才研修班。

推进实施"科技兴粮"战略，加强粮食科研基地建设，支持产学研结合、粮食加工产业重点项目建设和重点龙头企业技术改造。粮食公益性行业科研专项开始启动，中央财政安排首批专项资金2.16亿元，已下拨9128万元。粮科院研发利用真菌毒素生物高效降解等技术处理受污染的小麦、玉米取得成功。各地有6900万吨仓容运用低温和气调储粮新技术。推进行业信息化和电子政务建设，创新粮食流通管理方式。启动实施国家科技支撑计划"数字化粮食物流关键技术研究与集成"项目，"国家粮食储运监管物联网示范工程"已列入国家专项行动计划，全国粮食动态信息系统项目全面开工建设。

六　深入开展党的群众路线教育实践活动，为推进粮食流通事业发展提供有力保障

根据中央的统一部署，省级以上粮食部门深入开展党的群众路线教育实践活动，聚焦"四风"，坚持边学边查边改，使系统党员干部思想认识进一步提高、作风进一步转变、党群关系进一步密切，为民务实清廉要求得到进一步落实。着重解决关系群众切身利益的突出问题，加强对"五要五不准"粮食收购守则执行情况的监督检查，严肃查处"打白条"、向农民乱收费等损害农民利益的行为，督促违规企业向农民支付拖欠售粮款4156万元。开展粮食行业安全生产大检查"百日行动"，切实维护职工群众生命安全。认真吸取中储粮林甸直属库"5·13"火灾事故教训，对全行业安全生产情况进行拉网式检查，做到"全覆盖、严执法、零容忍"，安全生产隐患得到治理，全年行业事故比上年下降了36%。及时核查处置重金属、真菌毒素超标粮食，严防流入口粮市场，没有发生大的粮食质量安全事故，有效维护了人民群众"舌尖上的安全"。

深入学习习近平总书记系列重要讲话和中央纪委、国务院廉政工作会议精神，按照党风廉政建设和反腐败工作部署，明确粮食系统党风廉政建设和反腐败工作的主要任务并认真落实。围绕中央关于强农惠农富农政策和国家粮食宏观调控措施等重大决策部署的贯彻落实，开展专项监督检查和治理。认真总结推介粮食行业反腐倡廉经验，剖析典型案例，不断强化党员干部廉洁自律意识，党风廉政建设和反腐败工作得到进一步加强，为推动粮食流通工作顺利开展提供了有力保障。

第二篇

专 文

在全国粮食流通工作会议上的报告

国家粮食局党组书记、局长　任正晓
2013年1月22日

同志们：

　　这次全国粮食流通工作会议，是在新年伊始、开局起步之际，经国务院批准召开的一次重要会议。会议的主要任务是：认真学习贯彻党的十八大精神，全面落实中央经济工作会议、中央农村工作会议关于粮食工作的决策部署，传达贯彻李克强副总理1月15日视察指导粮食流通工作的重要指示，总结交流2012年粮食流通工作，分析当前面临的新形势，研究部署2013年工作任务。下面，我讲四点意见。

一　充分肯定2012年粮食流通工作取得的新成绩

　　过去的一年，全国粮食系统坚持稳中求进的工作总基调，围绕年初确定的"稳市场保供给、强产业促发展"的中心任务，求真务实，开拓进取，努力克服经济增长下行压力的影响，积极应对国际市场粮价大幅波动的冲击，较好地完成了各项工作任务，为保障国家粮食安全、促进经济社会持续健康发展作出了积极贡献。

　　促农增收取得新成绩。各级粮食部门认真组织政策性收购，积极引导企业自主收购，督促企业严格执行"五要五不准"收购守则，确保国家粮食收购政策落实。2012年全国各类粮食企业收购粮食6275亿斤，其中国有企业收购2628亿斤，政策性粮食收购749亿斤。通过提价托市、帮助受灾农户整粮减损等措施，促进种粮农民增收350亿元以上。

　　保供稳价取得新成效。积极应对全球粮食减产和价格剧烈波动的冲击，综合利用政策性粮食竞价销售、储备粮油轮换、适时进口转储、组织跨省移库和产销衔接等手段，有效实施粮食宏观调控。2012年共投放政策性粮食370亿斤，组织政策性粮食跨省移库65亿斤、产销对接487亿斤，保障了市场有效供给，维护了粮价基本稳定，为国家控制物价涨幅、稳定通胀预期发挥了重要作用。

　　深化改革取得新进展。国有粮食企业产权制度改革步伐加快。在财政、税收和金融政策的支持下，继续推进国有粮食企业兼并重组，企业经营活力有所增强，经济效益稳步提高。初步统计，2012年全国国有粮食企业统算盈利79.5亿元，同比增长12.8%，自2007年以来连续6年实现全系统统算盈利。同时，多元粮食经营主体进一步发展壮大，对搞活粮食流通、繁荣粮食市场发挥了重要作用。

　　产业发展迈上新台阶。粮食流通产业建设继续加强，全年中央补助粮油仓储、物流、市场、质检设施建设和仓房维修的投资28.78亿元，带动地方和企业投资178亿元，粮食质量安全检测监管能力明显提高，农户科学储粮专项建设步伐加快，行业信息化建设和储运监管物联网示范工程启动。以加快发展主食产业化为突破口，推进粮油工业结构调整和产业转型升级，居民口粮和军粮供应保障能力进一步增强。全国粮油加工企业全年实现工业总产值2.3万亿元，同比增长19.5%。

科学管粮再上新水平。粮食立法进程加快，依法管粮稳步推进。认真组织粮油库存清查，开展中央事权粮食委托在地检查试点，确保粮食库存安全。加强监督检查，维护粮食市场秩序。加强粮油统计工作，及时发布市场信息，为粮食宏观决策提供科学依据。加强质量监管和仓储管理，粮食质量安全和库存管理水平进一步提高。积极开展"打非治违"专项行动，行业安全生产的基础工作得到加强。

一年来，全国粮食系统在党风廉政建设、人才队伍建设、粮食文化建设、机关党的建设等方面都取得了新的成绩。

去年这些成绩的取得，是党中央、国务院坚强领导和地方各级党委政府高度重视的结果，是国家发展改革委直接指导和有关部门大力支持的结果，是全国粮食系统各级领导班子和广大干部职工团结奋斗的结果，也是国家粮食局在过去12年来以聂振邦同志为班长的局党组打下的工作基础上、按照去年年初全国粮食局长会议的工作部署狠抓落实的结果。这些来之不易的成绩，为做好2013年粮食流通工作打下了坚实基础，提供了宝贵经验。

二　准确把握粮食流通工作面临的新形势

党的十八大作出了"确保国家粮食安全和重要农产品有效供给"的重要决策，为粮食流通工作指明了方向，明确了任务。中央经济工作会议、中央农村工作会议着眼于经济社会发展和"三农"工作大局，对粮食供求形势作出了科学判断，对粮食流通工作提出了明确要求。谋划粮食流通工作，必须把思想和行动统一到党的十八大精神上来，把智慧和力量凝聚到落实中央决策部署上来，准确研判粮食流通工作面临的新形势，沉着应对粮食形势变化带来的新挑战，牢牢把握粮食产业发展迎来的新机遇。

第一，全面建成小康社会对粮食流通工作提出了新要求。党的十八大描绘了我国2020年全面建成小康社会的美好蓝图。在实现这一宏伟目标的进程中，随着人口总量的持续增加、城镇人口比重的大幅上升、居民收入水平的普遍提高和粮食用途的合理拓展，全社会对粮食的需求量将持续刚性增长。我国粮食供求仍然处于"总量基本平衡、结构性紧缺"状况，粮食安全仍然存在不可低估的风险和隐患。同时，随着全社会营养健康意识的提高，人们对粮食质量安全的要求也越来越高。粮食供应是最基本、最重要的民生保障，食品安全事件是"引爆燃点"极低的社会热点。在当今通讯、网络极为发达的社会环境下，如果粮食供应和食品安全出现闪失，而又处置不及时、措施不得力，就极易引起消费者的恐慌，甚至引发社会稳定问题。保障粮食安全，既要保数量，更要保质量，这是全面建成小康社会题中的应有之义，小康社会绝不可以粮食供应无保障，绝不允许粮食质量安全有问题。

第二，粮食生产、消费方式变化为粮食流通工作拓展了新空间。一方面，城乡一体化进程加快，大量农村青壮年劳力进城务工和农业生产经营组织创新，催生了粮食生产规模化、集约化，传统的粮食生产方式正在发生深刻变化；多元粮食购销主体的兴起和农村经纪人队伍的壮大，使得传统粮食购销模式也在发生深刻变化。这既对粮食企业经营方式提出了新挑战，也为粮食企业经营领域拓展了新空间。粮食企业只有联合和带动种粮农户，主动融入新型农业经营体系，才能更好地发挥粮食流通主渠道作用，也才能更好地解决自身的生存和发展问题。另一方面，工业化、城镇化进程加快，粮食消费群体、消费观念、消费方式发生显著变化。目前已有2.5亿农民工进城，今后还将有大量农村人口转为市民，吃商品粮的人越来越多，商品粮比重越来越大，同时人们生活节奏加快，家务劳动社会化对主食供应社会化的要求越来越迫切，这为粮食企业实现由"粮"到"食"的转变、加快发展主食产业化带来了新的机遇。

第三，国内外粮食供求形势变化给粮食流通工作带来了新考验。从国内看，我国粮食生产已经实现了"九连增"，但粮食生产受自然、经济等多种因素的影响，难以做到年年都丰收、年年都增产，出现"拐点"、发生减产甚至连续减产的可能性越来越大。而目前粮食流通基础设施建设和产业发展滞后，保障供应和应急稳市能力还比较脆弱，一旦出现严重自然灾害造成粮食大减产、连续减产，我国粮食供需紧平衡的格局将被打破，粮食品种、区域不平衡的矛盾将骤然加剧，粮食流通抗风险能力差的问题将骤然显现，也就有可能引发粮价上涨和粮食抢购，危及经济发展和社会稳定全局。从国际看，世界粮食供求形势并不乐观，各国"自保化"倾向明显，粮食的能源属性和金融属性进一步显现，国际粮食市场波动频繁、波幅跌宕。当今国内国际粮食市场的融合度趋高，国际市场粮食供求变化和价格波动直接传导和冲击国内市场，并有可能造成持续影响。目前全球粮食年贸易量还不到我国年消费量的50%，依靠进口来解决我国粮食安全问题绝不现实。

从守住粮食流通工作底线、保障国家粮食安全的角度来审视，我们应当清醒地看到当前粮食流通工作还面临一些不容忽视的问题。一是粮食安全省长负责制没有完全落实。一些地方在粮食连年增产的形势下，粮食安全的意识淡化，放松粮食生产，削弱粮食流通工作，保障区域粮食安全、维护国家粮食安全的责任还没有完全落到实处。二是粮食物流通道不够通畅。跨省跨区粮食物流"瓶颈"没有突破，"北粮南运"主通道尚未打通，西南、西北等地区粮食流入通道不畅，运输方式落后，流通成本高、效率低。三是粮食收储设施陈旧、供应网络不够健全。全国目前有1794亿斤仓容（约占总仓容的1/3）的"危仓老库"，基层粮食收储网点萎缩，东北等粮食主产区仓容缺口大。粮食供应网点未能全覆盖，一些地方应灾应急供应能力还很脆弱。四是粮食产业实力不强。基层国有粮食企业小、散、弱的状况没有根本改变，产业链条短、资产质量差、贷款融资难的问题普遍存在。粮油加工业结构和布局不尽合理，初加工产能过剩，科技创新能力不强，深加工和副产物综合利用水平低。五是粮食产后损失浪费严重。据调查测算，由于农户家庭储粮设施简陋、粮食装卸运输抛洒遗留、过度加工和粗放加工，每年造成的粮食损失在700亿斤以上，消费领域的粮食浪费更是触目惊心。这些问题叠加交织，直接危及国家粮食安全，制约粮食流通产业持续健康发展，我们必须高度重视，认真加以解决。

"底线思维"的科学思想告诉我们，凡事要从坏处准备，努力争取最好的结果，这样才能有备无患、遇事不慌，牢牢把握主动权。抓好粮食收购和保障粮食供应是粮食流通工作的关键环节和基本职责，我们要以全力保障"种粮卖得出、吃粮买得到"作为粮食流通工作的"底线目标"，绝不允许发生农民"卖粮难"，绝不允许出现粮食供应脱销断档。在守住这一底线的基础上，力求更好更优。面对国际国内粮食供求变化的新形势，顺应我国经济社会发展的大趋势，我们应当清醒地认识到，当前粮食流通工作正在进入一个"保障国家粮食安全的责任越来越大，帮助农民增收和保证粮食供应的任务越来越重，加快粮食流通产业发展的要求越来越高，监管服务全社会粮食流通的范围越来越广"的新阶段。我们要充分认识这一新阶段的有利条件和积极因素，坚定做好粮食流通工作的进取意识和自信心；要冷静把握当前新形势的不确定性和复杂性，增强保障国家粮食安全的忧患意识和紧迫感。要按照"底线思维"的方法，把政策措施考虑得更周全，把各项工作做得更扎实，沉着应对当前，科学谋划长远，始终把握粮食流通工作的主动权。

三 扎实推进2013年粮食流通工作

2013年是全面贯彻落实党的十八大精神的开局之年，也是粮食行业实施"十二五"发展规划承前启后的关键一年。做好2013年粮食流通工作，要认真贯彻落实党的十八大精神，以邓小平理论、"三个代表"重要思想、科学发展观为指导，按照稳中求进的总基调、扎实开局的总要求和"守住管好'天下粮仓'，做好'广积粮、积好粮、好积粮'三篇文章"的总部署，坚持以"守底线、保安全、惠民生、促发展"为目标，坚持以抓收购、保供给、稳粮价为中心，坚持以深化改革、强化创新为动力，积极推动粮食安全省长负责制的全面落实，启动实施"粮安工程"，着力提升粮食经济增长质量和效益，大力推进创新驱动发展和人才兴粮战略，切实保护种粮农民利益，切实保障粮食有效供给，切实维护国家粮食安全，为促进经济社会持续健康发展作出新的贡献。

抓收购、保供给、稳粮价是粮食部门的行业职责和重要任务，是贯穿全年的中心工作，各级粮食部门必须一以贯之地抓好落实、抓出成效。要认真落实国家粮食收购政策，切实保护种粮农民利益。实行粮食最低收购价和临时收储政策的地区，要及时启动政策性收购，合理布设收购网点，确保中央涉粮惠农政策不折不扣落到实处；充分发挥市场机制作用，支持、鼓励、引导和规范各类粮食企业、粮食经纪人入市收购，方便农民售粮，搞活农村粮食流通；加强对国家粮食收购政策执行情况的监督检查，严格落实"五要五不准"收购守则，让种粮农民有效益、不吃亏、得实惠。要加强粮食宏观调控，保障粮食有效供给。把稳粮价、防通胀放在粮食工作的突出位置，进一步加强对各级储备粮的管理，按照国家要求适时充实规模，调整结构，优化布局；进一步完善国家粮食交易平台建设，组织好政策性粮食竞价销售和跨省移库，推动粮食产销区发展长期稳定的合作关系，充实薄弱地区粮食库存；进一步提高粮食应急工作水平，确保市场出现异常波动和救灾应急情况下的粮食正常供应，维护粮价基本稳定。要扎实推进依法管粮，维护粮食流通正常秩序。加强粮食监督检查和行政执法体系建设，加强对全社会粮食流通监管与服务，严格对粮食收购资格和中央储备粮代储资格审核监管；推进中央事权粮食委托在地检查，创新库存检查组织形式和方式方法，有针对性地开展政策性粮食购销、出库监督检查；加强粮食质量安全监管工作，继续开展对新收获粮食的监测监控和库存粮油质量安全专项检查；强化仓储管理和安全生产，全面落实安全生产的主体责任。

今年要在扎实完成上述中心工作任务的同时，着力推进以下四项重点工作。

（一）积极推动粮食安全省长负责制的全面落实

粮食安全省长负责制是守护国家粮食安全的一项基本制度。"米袋子"省长负责制实施以来，在促进粮食生产发展、保证区域粮食市场供应、维护区域粮食市场稳定等方面发挥了重要作用。我国地域辽阔，粮食生产、流通和消费的区域性特征明显，粮食工作的基础在地方，重点在基层，省长负责制不落实，粮食安全责任不明确，国家粮食安全的根基就不牢固。

推动粮食安全省长负责制的全面落实，必须发挥中央和地方两个积极性，既要有国家层面的顶层设计与考核检查，又要有各地的逐级负责和具体实践。这次会议上，我们印发了《关于进一步完善和落实粮食安全省长负责制的意见（讨论稿）》，在进一步明确中央和地方粮食事权，规定地方政府的权利、责任和义务等方面，提出了可量化、可考核、可奖惩的具体指标和考核办法。请大家既立足国家粮食安全全局，又结合各地实际，对这个讨论稿提出修改意见。会后，我们再认真进行修改完善，力争尽早上报。

各地粮食部门要充分发挥行业职能作用，积极推进粮食安全省长负责制的全面落实。要围绕全面落实地方粮食安全行政首长负责制开展专题调研，学习借鉴一些先行省份的好做法和好经验，加强与有关部门的沟通协调，研究制定符合本地实际、层层分解落实的粮食安全行政首长负责制，并力争早出台、早实施、早见效，为全国推进粮食安全省长负责制的全面落实积累经验，提供借鉴。

（二）启动实施"粮安工程"

习近平总书记在中央经济工作会议上强调，要把保障粮食供应能力牢靠地建立在我们自己身上，要把饭碗牢牢端在我们自己手中。这一重要论断为我们谋划守住粮食安全"底线"、实施"粮安工程"指明了方向、坚定了信心。"粮安工程"就是"粮食收储供应安全保障工程"。实施"粮安工程"的目的是，全面提升粮食收储和供应保障能力，切实做到敞开收购农民余粮、保障严重自然灾害和紧急状态下的粮食正常供应。实施"粮安工程"也就是筑牢粮食流通的"守底线"工程。从全国层面考虑，"粮安工程"的主要内容是"打通粮食物流通道、修复粮食仓储设施、完善应急供应体系、保证粮油质量安全、强化粮情监测预警、促进粮食节约减损"等6个方面，实施时间计划为5年（2013—2017年）左右。目前，国家粮食局正在按照今年中央一号文件关于"加强粮油仓储物流设施建设"、"继续实施'北粮南运'工程"的部署和国务院领导同志重要批示的要求，抓紧与有关部门沟通协调，编制总体建设规划和具体实施方案，力争尽早下达实施。

从今年开始，各级粮食部门要按照"统一规划、分级实施，优先应急、突出重点，政策引导、市场运作，企业投入、政府补助"的原则，全力推进"粮安工程"这一重要的民生保障工程。今年各地要扎实启动和认真落实以下六个方面的工作：

一是加强粮食物流通道建设，有效降低粮食流通成本。今年将开展"北粮南运"班列和散粮集装箱运输试点，各地要根据《全国粮食流通基础设施"十二五"建设规划》的要求，进一步完善物流节点建设和试点方案，做好试点项目前期准备工作。同时，要积极配合做好全国粮食物流通道及主要物流节点建设的规划与启动实施工作。

二是抓紧修复"危仓老库"，尽快改善售粮储粮安全环境。各地要积极争取政府重视和财政支持，抓紧修复危仓、改造老库，力争在中央和地方有关部门的支持下尽早把1794亿斤仓容的"危仓老库"修复好。必须强调，危仓不加固不准收粮，老库不达标不准储粮，一定要让农民售粮有可靠的人身安全保障，让收购入库的粮食有安全的储存环境。仓容缺口大的主产区要加大仓储设施项目建设力度，特别是要加强一线收储库建设，同时要及早安排粮食移库腾仓，多途径扩大粮食收储能力，绝不能由于仓容问题发生农民"卖粮难"。

三是全面完成粮食应急网点布局，建立覆盖城乡的应急供应网络。各地要按照"合理布点、全面覆盖、平时自营、急时应急"的原则，在今年内全面完成粮食应急加工、储运、供应网点布局。应急供应网点以现有粮油应急点、军粮供应站、放心粮油示范店和争取地方政府支持改造、新建一批粮食应急供应点为基础，不足部分从多元主体经营的商场、超市、粮油经销店中择优选定，确保每个乡镇、街道（社区）至少有一个应急供应点，京、津、沪、渝等36个大中城市人口集中的社区，每3万人至少要有一个应急供应点。所有应急网点平时按市场化运作，应急救灾时作为政府保供稳市的载体。

四是抓好粮食质量检验项目建设，进一步完善粮油质量安全监管体系。今年国家将继续安排质量检验体系建设的补助投资，各地要积极协调落实地方配套资金，按期完成年度粮油检验技术装备建设计划。同时，要继续按照"机构成网络、监测全覆盖、监管无盲区、系统无风险"的原则，进一步加快粮食质量安全监测监管体系建设，全力守护好粮食质量安全。

五是加强粮油统计信息工作，建立灵敏准确的粮情监测预警机制。各地要高度重视粮油统计信息工作，完善统计制度，增强统计力量，提高统计质量和效率，健全供需平衡调查机制，强化粮情动态监测，切实做到粮企全部入统、指标科学合理、监测准确灵敏、数据权威可靠，以增强粮食宏观调控的前瞻性、针对性和有效性。

六是加快推进农户科学储粮和粮油适度加工，大力倡导全社会爱粮节粮。各地要用好国家安排的农户科学储粮补助投资，抓紧落实配套资金，进一步扩大专项实施范围。要积极推进粮油适度加工，推广先进节粮技术设备，提高成品粮出品率和资源综合利用率。要广泛开展爱粮节粮宣传教育活动，积极开展创建爱粮节粮示范单位、示范家庭活动，增强全民爱惜节约粮食、反对浪费粮食意识。

实施"粮安工程"是贯彻落实党的十八大精神，确保国家粮食安全和粮食有效供给的重要举措，是打基础、利长远、惠民生的大事，很重要，很紧迫。各地务必高度重视，积极争取地方政府及有关部门的支持，加大对"粮安工程"建设的投入。同时，要积极配合国家粮食局做好相关基础工作，确保这项工程顺利推进。对基础较好、条件成熟的项目，各地要早着手、早推动，力争早建成、早受益。

（三）着力提高粮食经济增长质量和效益

李克强同志在中央经济工作会议上强调，要按照科学发展观的要求，引导社会各方面把推动发展的立足点转到提高质量和效益上来，引导到转方式、调结构上来，促进经济持续健康发展。我们要按照中央的统一部署，进一步深化企业改革，转变发展方式，实施创新驱动，增强粮食经济发展的内生活力和动力。

深化产权改革促进企业做大做强。积极推进以产权制度改革为核心的国有粮食企业改革，突出抓好县级国有粮食企业兼并重组，不断增强企业的经营活力和市场影响力。支持国有粮食企业进行跨产销区、跨所有制的资产重组，组建大型粮食企业集团。大力培育和规范发展多种经济成分的粮食市场主体，搭建合作平台，促进央企、地方国企、民营企业融合发展，鼓励粮油加工企业与购销企业对接整合，扶持粮食产业化龙头企业做大做强。

创新粮食经营体制机制。彻底改变收原粮、卖原粮的传统经营方式，主动适应粮食生产方式的变革，创新粮食经营体制机制和经营模式。粮食企业要通过土地流转等方式，主动融入农业、联合农户，参与粮食生产基地建设，构建生产、收购、加工、销售的全产业链经营模式，发展规模化生产、产业化经营；要通过控股、参股、合作、订单等形式，加强与粮食专业合作社、种粮大户、粮食经纪人的合作，结成利益共同体；要发挥自身优势，在粮食收储、市场信息、烘干设备、仓储技术等方面为粮食产前、产中、产后提供服务。

培育新的粮食经济增长点。要适应城乡居民膳食结构改善升级的新要求，大力推进主食产业化，实施主食产业化示范工程和"放心粮油"工程，提升加工工艺和装备水平，加快开发主食新产品，加强品牌建设，完善主食配送供应体系，增强口粮供应保障能力。要鼓励有条件的粮食企业积极参与油茶、核桃、油橄榄、油棕榈等木本油料产业发展，帮助山丘区农民增收，努力降低国家食用植物油进口依存度。要努力扩大米糠油、玉米油、棉籽油生产规模和市场占有率。要大力发展全谷物、杂粮产业，开发具有地方特色、高附加值的绿色杂粮杂豆产品，满足消费者对粮食的营养化、多样化、生态化需求。

（四）大力实施创新驱动发展和人才兴粮战略

科技创新和人才队伍是粮食事业兴旺发达的重要支撑和根本保证，要以提高创新发展能力和人才队伍素质为核心，全面推动科技兴粮和人才兴粮。

提升粮食科技自主创新能力。充分发挥国家级科研机构、高等院校和地方粮食科研机构的作用，与企业建立产业技术创新联盟，实现协同创新。重点推进粮食品质特性、储粮生态理论、质量安全标准等基础研究。建立健全公益性粮食科技推广服务体系和粮食产后技术服务体系，加强行业重大共性关键技术研发，组织实施粮食公益性行业科研专项，力争尽早在绿色储粮、现代物流、质量安全检验监测、粮油产品营养健康与综合利用等技术领域取得重大突破，在行业基础研究和基础数据库建设方面取得重大进展。

运用高新技术改造传统粮食产业。加强行业信息化建设，组织实施粮食储运监管物联网示范、粮食传感器产业化示范和数字化粮食物流等国家重点科技项目，加快全国粮食动态信息系统建设。继续扩大"四合一"新技术的推广应用，全面推广应急储备物流新技术、仓储管理信息系统和污染粮食无害化处理技术。大力推动科技创新与粮食流通产业紧密结合，促进科技成果的推广运用，为保障国家粮食安全提供技术支撑。

大力实施人才兴粮战略。以提高领导水平和执行能力为核心，加强党政人才队伍建设；以提高经营管理和创新发展能力为核心，培育支撑粮食产业发展的领军人才；以提升职业素质和技能水平为核心，培养高级技工和一线操作员工；以提高专业水平和科研能力为核心，实施粮食行业"百千万"人才工程。大力发展职业教育，推动校企合作。着力共建粮食高等教育，重点建设粮食专业博士点，培养高级专门人才。

四　切实保障粮食流通事业持续健康发展

做好2013年粮食流通工作，必须切实改进工作作风，加强党风廉政建设和反腐败工作，健全粮食法治，发展行业文化，为粮食流通事业持续健康发展提供坚强保障。

一要切实加强作风建设。改进工作作风是各级粮食部门一项重要的政治任务，各地要认真贯彻落实中央关于改进工作作风、密切联系群众的八项规定及其实施细则，结合自身实际制订具体实施办法。会议印发了《关于切实改进工作作风的具体措施（讨论稿）》，请与会代表提出修改意见，帮助我们把贯彻措施制定得更完善、更具有针对性。同时，也郑重请求各地支持和监督我们严格执行这些具体措施。要通过加强作风建设，在全系统大兴真抓实干、求真务实之风，使各项工作都有部署、有督查、有考核、有奖惩，能够落到实处、取得实效。

二要切实加强党风廉政建设。要认真学习贯彻十八届中央纪委二次全会精神，继续坚持"标本兼治、综合治理、惩防并举、注重预防"的方针，全面落实廉政风险防控机制，做到干部清廉、行业清正。要加强对基层国有粮食企业的检查指导，重点治理"转圈粮"、"出库难"等行业不正之风，促进基层企业干部职工廉洁从业。各级粮食部门领导班子都必须高度重视党风廉政建设和反腐败工作，坚持"两手抓、两手硬"，按照"一把手"负总责、班子成员"一岗双责"的要求，全面落实党风廉政责任制。关于今年全系统的党风廉政建设和反腐败工作，中权同志将在工作报告中作全面部署，各地要认真贯彻落实。

三要切实加强粮食法治建设。各地要认真总结《粮食流通管理条例》、《中央储备粮管理条例》

实施以来的经验，针对条例实施和执法过程中存在的问题，研究提出修订意见。同时，积极配合国家有关部门做好《粮食法（草案）》修改完善、提请审议的相关工作，积极推进立法进程，为推进依法管粮、确保国家粮食安全提供法律保障。

四要切实加强粮食文化建设。深入开展社会主义核心价值体系学习教育，全面提高粮食干部职工职业道德素质，弘扬粮食行业优秀传统文化，加强粮食文化宣传教育基地建设，丰富粮食职工精神文化生活，增强行业文化软实力，为推动粮食流通事业科学发展提供文化保障与智力支持。

同志们，粮食行业肩负着守住管好"天下粮仓"、保障粮食有效供给、确保国家粮食安全的神圣职责，使命光荣，任重道远。让我们高举中国特色社会主义伟大旗帜，在以习近平同志为总书记的党中央坚强领导下，锐意进取，扎实工作，加快推进粮食流通科学发展，为促进经济持续健康发展和全面建成小康社会作出新的更大贡献。

弘扬苏区粮食工作光荣传统　切实保障国家粮食安全

——在纪念中华苏维埃共和国中央粮食人民委员部成立80周年座谈会上的讲话

国家粮食局党组书记、局长　任正晓

2013年12月30日

同志们：

12月26日，习近平总书记在纪念毛泽东同志诞辰120周年座谈会上发表重要讲话，全面科学地评价了毛泽东同志和毛泽东思想的历史功绩和历史地位，系统论述了毛泽东思想活的灵魂的基本内涵和时代要求，强调要把党和人民90多年的实践及其经验，当作时刻不能忘、须臾不能丢的立身之本，毫不动摇地走党和人民在长期实践探索中开辟出来的正确道路，勿忘昨天的苦难辉煌，无愧今天的使命担当，不负明天的伟大梦想，把中国特色社会主义伟大事业继续推向前进。习总书记的重要讲话内涵丰富、思想深刻，具有很强的理论性、战略性、指导性，全国粮食系统要紧密结合全面深化粮食改革和扎实推进粮食流通事业科学发展的实际，深入学习领会，认真贯彻落实。

习近平总书记强调指出："一切向前走，都不能忘记走过的路；走得再远、走到再光辉的未来，也不能忘记走过的过去。"80年前，中华苏维埃共和国中央粮食人民委员部宣告成立，谱写了中国共产党领导的苏区粮食工作的辉煌篇章。今天，我们在红色故都瑞金召开座谈会，纪念中央粮食人民委员部成立80周年，就是要回顾我党建立红色政权初期光辉灿烂的粮食工作史，缅怀苏区老一辈粮食工作者的历史功绩；就是要学习和传承苏区精神，继承和弘扬苏区粮食工作的光荣传统和优良作风，把老一辈无产阶级革命家开创的、一代又一代粮食人接续奋斗的粮食事业不断推向前进。

抚今追昔，饮水思源。早在中央苏区，党中央和毛泽东同志就高度重视粮食工作，时刻关心群众生活，随着革命根据地的不断创建和军队的发展壮大，粮食工作成为红色政权的一项重要工作。1934年1月，在毛泽东同志的提议下，中华苏维埃共和国第二次全国代表大会决定成立中央粮食人民委员部，领导苏区的粮食征收、保管和分配工作，各级苏维埃政府加强对粮食工作的领导，苏区粮食工作步入新的发展阶段。中央粮食人民委员部成立后，正值中央苏区第五次反"围剿"，粮食人民委员部先后组织3次大规模的粮食征集活动，有力保障了红军的粮食供给，提高了红军的战斗力。同时，还领导各级粮食部门发展粮食生产，增加粮食产量，发行苏维埃政府粮食票证，保障苏区粮食供应，大力开展节约粮食运动，加强中央苏区粮食干部的思想作风建设，提高粮食工作人员的政治业务素质，为做好革命战争时期的粮食工作积累了宝贵的经验。在建立红色政权、探索革命道路的实践中，包括粮食战线先辈在内的无数革命先烈，用鲜血和生命铸就了以"坚定信念、求真务实、一心为民、清正廉洁、艰苦奋斗、争创一流、无私奉献"等为主要内涵的苏区精神。这一精神是激励后人团结奋斗的宝贵财富，也是指导我们做好新时期粮食工作的动力源泉。

党的十八届三中全会作出了全面深化改革的决定，中央经济工作会议、中央农村工作会议确立了"以我为主、立足国内、确保产能、适度进口、科技支撑"的国家粮食安全战略，把"确保国家粮食安全"作为明年工作的首要任务。习近平总书记强调，解决吃饭问题始终是治国理政的头等大事，中国人的饭碗任何时候都要牢牢端在自己手上，我们自己的饭碗主要要装中国粮。我们一定要认真贯彻落实中央关于全面深化改革、保障粮食安全的重要决策部署，在全粮食行业切实树立起"首要意识"和"守责意识"，紧密结合新时期粮食工作的新特点，认真学习运用当年中央苏区粮食工作的历史经验和奋斗精神，更好地担负起确保国家粮食安全的部门职责与行业使命。

一　学习先辈们坚定信念、对党忠诚的革命意志，切实履行守住管好"天下粮仓"的神圣职责

当年创建和发展革命根据地时期，正是我们党处于革命环境极为艰难、斗争形势非常险恶的时期。面对大革命失败后国民党反动派实行白色恐怖的腥风血雨，面对敌人的"围剿"封锁，根据地军民怀着"星星之火、可以燎原"的信念，坚信中国革命必然胜利，不断战胜各种艰难困苦，前仆后继，勇往直前。中央苏区粮食战线的先辈们正是靠着对中国革命光明前途的坚定信念和不懈追求，不为官、不为钱，不怕艰苦、不怕坐牢，真正做到了为主义和信仰而奋斗、而献身，坚定地贯彻落实党的粮食工作方针，有力支持了根据地的革命和建设。今天，我们要继承先辈们的革命意志，始终保持对马克思主义的坚定信仰，对中国特色社会主义和共产主义的坚定信念，对改革开放和社会主义现代化建设的坚定信心，毫不动摇地贯彻执行党中央、国务院关于粮食工作的各项决策部署，牢固树立"端稳中国人自己饭碗"的思想，认真做好"广积粮、积好粮、好积粮"三篇文章，进一步完善和落实粮食安全省长负责制，全面实施"粮安工程"，确保国家粮食安全和粮食有效供给。

二　学习先辈们解放思想、实事求是的科学态度，全面深化粮食流通领域的改革

中央粮食人民委员部的先辈们，在当时开创红色政权粮食工作的进程中，毫无历史经验可供借鉴，唯一的法宝就是实事求是、一切从实际出发，"在战争中学习战争"，积极开展推销公债和借谷等措施收集粮食，不断总结成功和失败正反两方面经验教训，逐步积累和形成了做好苏区粮食工作的宝贵经验，确保了粮食筹集任务的完成。在今天，我们要始终坚持这种解放思想、实事求是的科学态度，积极稳妥地深化粮食改革，促进创新发展。要按照中央的决策部署，紧密结合粮食工作实际，进一步深化粮食管理体制改革，全面落实粮食安全省长负责制；深化粮食企业改革，切实转换企业经营机制；深化粮食行政管理机制改革，切实转变粮食行政管理职能；深化粮食购销储备体制改革，全面构建起动态开放的粮食安全保障体系，不断以深化改革来激活保障国家粮食安全的体制合力和内生动力。

三　学习先辈们心系群众、服务民生的宗旨意识，切实为广大种粮农民和城乡居民服好务

早在中央苏区时期，毛泽东同志就告诫党员干部："共产党员要像和尚念阿弥陀佛那样，时刻叨念争取群众，密切联系群众，一刻也不能脱离群众"，他还率先垂范，亲自带领军民挖"红井"、修"红军桥"，架起了联系群众的桥梁和纽带。中央粮食人民委员部的先辈们时时刻刻关心群众，千方

百计解决群众生产生活中的困难和实际问题，赢得了人民群众的拥护，出色地完成了促进生产、征集公粮、平抑粮价、保障供应的任务。今天，我们要更加牢固地树立为人民服务的意识，坚持"为耕者谋利、为食者造福"的服务理念，认真执行国家粮食收购政策，坚持"五要五不准"的收购守则，确保党的涉粮惠农政策落到实处，保护农民利益和种粮积极性，促进农民增产增收。要适应城乡居民生活水平日益提高的需求，积极引导发展优质粮油生产，大力推进主食产业化和"放心粮油"工程，为广大消费者提供安全、营养、健康的粮油食品。

四　学习先辈们艰苦奋斗、勤俭创业的优良传统，树立爱粮节粮、勤俭节约的新风尚

苏区时期，由于敌人残酷的军事"围剿"和严密的经济封锁，中央苏区的物资严重匮乏，广大军民的生活极其困难。从中央政府主席到乡苏维埃工作人员一律没有薪饷。党和苏维埃干部密切联系群众，艰苦奋斗，廉洁奉公，铸就了"血浓于水、鱼水相依"的党群关系。中央苏区的粮食工作先辈们在硝烟弥漫、艰苦卓绝的革命战争年代，始终保持两袖清风，勤俭创业，保障军粮安全、供应有力。今天粮食工作的环境和条件比过去有了翻天覆地的变化，但艰苦奋斗的本色不能变，我们要始终牢记"两个务必"，坚守思想道德和法纪底线，厉行节约，反对浪费，勤俭办事业，清廉促发展。粮食行业要带头开展爱粮节粮反对浪费活动，大力推广节粮减损设施和技术，广泛开展爱粮节粮宣传，增强全社会爱粮节粮意识。

五　学习先辈们无私奉献、争创一流的敬业精神，推动粮食流通工作的创新发展

在中央苏区的政权建设、经济建设、粮食征集等各项工作中，广大苏区干部示范带头，积极进取，努力拼搏，创造了"第一等的工作"，受到苏维埃中央政府的表彰，苏区各地形成了争创一流、争当先进的浓厚氛围，涌现出一大批先进模范。中央粮食人民委员部的先辈们靠着精益求精的钻研精神、敢为人先的创新精神，摸索建立了一整套苏区粮食工作的方式方法，形成了粮食工作发展史上的宝贵精神财富。我们要继承和发扬苏区粮食工作者的开拓意识和敬业精神，弘扬粮食行业"宁流千滴汗，不坏一粒粮"的优良传统，团结协作，勇于奉献，发奋努力，创先争优，不断开创粮食流通工作的新局面。

中央苏区和其他革命老区为中国革命作出了重大贡献和巨大牺牲，也为粮食事业发展创造了宝贵的精神财富。我们要时刻不忘苏区老区，支持老区粮食事业发展，确保老区粮食安全，关心老区群众的生产生活，帮助老区人民加快实现小康、发展致富的步伐，让老区人民群众生活过得越来越好。

同志们，历史风尘已经远去，革命创举永载丹青。中央苏区粮食工作的历史是我国粮食工作发展史上的光辉一页，是一部丰富生动的历史教材。各级粮食部门的领导干部和广大粮食职工都应当永远铭记这段辉煌的历史，不断从中汲取精神营养，受到教益与启迪，获得智慧和力量。让我们更加紧密地团结在以习近平同志为总书记的党中央周围，深化改革，开拓创新，扎实工作，切实守住管好"天下粮仓"，为确保国家粮食安全、全面建成小康社会、实现中华民族伟大复兴的中国梦作出新的更大的贡献！

在第三届粮食行业职业技能竞赛颁奖仪式上的讲话

国家粮食局党组成员、副局长　徐　鸣
2013年5月26日

尊敬的各位来宾，同志们：

大家好！第三届全国粮食行业职业技能竞赛总决赛经过紧张、激烈、有序的比赛，顺利完成了各项预定赛程，今天即将落下帷幕。竞赛以"节粮减损从技能开始"为主题，全面展示了粮食行业职工精湛技艺水平和良好精神风貌，赛出了水平，赛出了风格，完全达到了既定的目标和效果。

刚才举行了隆重的颁奖仪式，令人振奋，催人奋进。本次竞赛两个职业七个组别，共产生个人一等奖10名、二等奖28名、三等奖22名；团体一等奖1名、二等奖2名、三等奖3名，优秀组织奖8名，优秀院校奖4名。在此，我代表国家粮食局、代表竞赛组委会向全体获奖选手和单位表示热烈的祝贺和崇高的敬意！也借此机会向长期在基层一线的广大粮食职工表示诚挚的慰问！同时，向给予本次竞赛大力支持的人力资源和社会保障部、中华全国总工会、江苏省人民政府表示衷心的感谢！向南京财经大学、江苏省粮食局，在赛事组织、服务保障等各方面周到细致、卓有成效的工作表示衷心的感谢！向为竞赛付出辛勤劳动的各位裁判员、工作人员，向新闻界、企业界的朋友们，向南京财经大学全体师生员工，特别是本届竞赛的志愿者表示诚挚的谢意和崇高的敬意！

本次竞赛参赛选手水平高、范围广、组织好，是一届精彩的、成功的、高水平的竞赛。我感到本届竞赛有四个特点。一是主题突出。本届竞赛是国家粮食局贯彻落实习近平总书记"厉行勤俭节约、反对铺张浪费"重要指示精神所采取的有力举措，主题就是突出"节粮减损"。同时，本届竞赛不举行开、闭幕式，一切从简，精打细算，把勤俭节约贯穿于整个竞赛组织工作中。竞赛期间，还举办了爱粮节粮大讲堂、节粮减损仪器设备展示等系列活动，这些活动内容丰富，形式多样，达到了宣传和普及节粮知识的目的。二是影响广泛。各省（区、市）、有关中央企业和职业院校高度重视，普遍开展了选拔赛、技能培训和岗位练兵活动，广大职工踊跃报名，全国有近万名选手参加了各层次的技能比赛活动，人数和规模均超过以往。本届比赛还首次设立了学生组，有12个院校组队参加了比赛，体现了抓后备人才培养的长远打算。初赛和决赛得到了报刊杂志、电视台、广播、网络等新闻媒体大量报道，引起了社会各界的广泛关注，爱粮节粮意识逐渐深入人心。三是组织得力。竞赛组委会在总结历届竞赛经验的基础上，认真研究制定竞赛方案和技术文件，精心设计比赛命题，完善比赛规则，规范比赛程序，科学安排赛事。在竞赛的各个阶段特别是决赛阶段，承办和协办单位领导亲自挂帅，成立了相应的工作组，配备了能力强、经验丰富的骨干力量，投入了大量的人力、物力、财力，做了大量艰苦细致的工作，为竞赛提供了优质的服务，保证了比赛的顺利进行。四是公平公正。竞赛提前公布了技能操作赛题范围和试题，公布了奖项的评选办法。制定了各类工作规则、人员守则和有关保密办法，形成相互制约的机制，并聘请了监督公证人员，对比赛进行全程监督。比赛中，裁判员和工作人员认真履行职责，严格执行规定。各代表队和参赛选手认真按照比赛规则要求，紧密配合，通力合作，营造了公平公正的良好环境。

同志们！粮食行业正处在重要的发展关键期和机遇期。党的十八大明确提出要"确保国家粮食安全和重要农产品有效供给"，习近平同志在中央经济工作会议上强调，要把保障粮食供应能力牢靠地建立在我们自己身上，要把饭碗牢牢端在我们自己手中，确保国家粮食安全。2013年1月15日，李克强同志在视察粮食工作时，明确要求国家粮食行政管理部门要"守住管好'天下粮仓'"。中央领导的高度重视和提出的新要求，为我们做好粮食工作指明了努力方向。

我国是13亿多人口的大国，随着城镇化、工业化步伐加快，粮食需求将逐步增长，而受土地、水和环境的约束，粮食增产的空间越来越小。与此同时，我国粮食流通和消费环节的浪费惊人。据有关方面估算，我国粮食产后仅储藏、运输、加工等环节损失浪费总量达700亿斤以上，每年餐桌浪费食物价值达2000亿元。我国每年的粮食损失浪费量大约相当于2万公顷耕地的产量。因此，倡导和养成勤俭节约、爱粮节粮的社会风气刻不容缓。

粮食技能人才是节粮减损和守护"天下粮仓"的直接实施者和重要责任主体，关系重大。目前行业人才基础薄弱、青黄不接，面对这种情况，我们要以高度的政治责任感和历史使命感，加倍重视人才工作。今年，国家粮食局启动了"粮安工程"、创新驱动发展和人才兴粮战略等重点工作，行业上下要高度重视，认真抓好落实。

同志们，本次竞赛即将落幕，但攀登技能高峰永无止境。提三点希望：

一是高度重视人才培养。行业发展，关键在人。各单位、各部门要把人才工作摆上重要的议事日程，加大对人才的培养开发力度，从人员、经费上给予必要的保障。有关粮食院校要紧紧把握行业发展要求，抓住机遇，努力培养行业需要的优秀人才。也希望社会各界继续关心支持粮食行业和粮食人才发展。

二是努力提升专业技能。希望全体参赛选手以本次竞赛为新的起点，获奖选手要戒骄戒躁、再接再厉，没有获奖的也不要气馁，继续钻研技术、苦练本领。能来参加决赛，可以说都是本单位、本地区的佼佼者，你们回去后要充分发挥好骨干作用，努力做好传帮带，带动身边的同志共同进步，形成良好的学习氛围。

三是大力弘扬优良传统。一粥一饭当思来之不易，爱粮节粮是我国优良传统和社会美德。特别是粮食部门和粮食职工更要切实发扬"宁流千滴汗，不坏一粒粮"的光荣传统，树立节约粮食、反对浪费的良好社会形象，忠于职守、以身作则，为节粮减损贡献力量。各部门要大力宣传粮食行业干部职工储粮保粮工作先进典型和优秀事迹，广泛开展爱粮节粮科普宣传活动，进一步扩大影响力，增强全社会爱粮节粮的意识。

同志们！当今时代是一个呼唤人才而又造就人才的时代，粮食事业是一个充满梦想而又成就梦想的事业。人才创造未来，技能铸就辉煌。希望你们积极投身到粮食行业的大发展、大变革中，用行动诠释敬业奉献、务实创新的行业精神，用进取实现自身的价值，用业绩谱写绚丽的篇章，用奉献书写无悔的人生，为实现"中国梦"而努力奋斗！

在全国粮食财会工作会议上的讲话

国家粮食局党组成员、副局长　曾丽瑛
2013年4月2日

同志们：

2013年，全国粮食流通工作翻开了崭新的一页。李克强总理1月15日到国家粮食局视察指导粮食工作，并发表重要讲话，为做好今年和今后的粮食流通工作明确了目标、指明了方向，极大地鼓舞了全国粮食战线的工作者。国家粮食局党组按照李克强总理的讲话精神，及时召开了全国粮食流通工作会议，结合新形势的需要，作出了落实粮食安全省长负责制、实施"粮安工程"等一系列工作部署，并布置了2013年要着力推进的重点工作。近日，已组织开展由局领导带队对各地学习贯彻李克强总理视察粮食工作重要讲话精神进展情况的专题调研活动，加强对地方指导。我们召开这次会议，就是要认真学习贯彻李克强总理的重要讲话精神，紧紧围绕全国粮食流通工作会议的决策部署，认真做好粮食财会及国有粮食企业经营管理工作，更好地服务党的十八大提出的"确保国家粮食安全和重要农产品有效供给"的目标。国家粮食局党组高度重视粮食财会工作，局党组书记、局长任正晓同志对开好这次会议，提出了明确要求，作出了重要批示。下面，我讲几点意见：

一　粮食财会工作讲务实、有创新、见成效

过去的一年，全国粮食财会部门认真贯彻落实党的十八大精神，紧密围绕粮食流通中心任务，主动应对国际金融危机和粮食市场形势变化的影响，积极争取协调和落实各项财税政策，指导国有粮食企业深化改革、加快发展，加强部门预算管理，取得了实实在在的成效。

一是讲务实。各级粮食财会部门把工作重心切实放在推进行业发展上来，积极争取和协调各项粮食财税政策，体现了求真务实的工作作风。财务司去年年初就着手协调农业发展银行，在推进国有粮食企业改革的基础上，改善信贷政策，通过联合调研，加强与农业发展银行协商、争取，联合下发了《关于进一步加强合作推进国有粮食企业改革发展的意见》（国粮财〔2012〕205号）。这份文件从政策性金融支持入手，提出了进一步推动国有粮食企业战略重组，转变企业经营模式，建立现代企业制度，做大做强国有粮食企业的实施意见，并就进一步发挥政策性金融支持作用，加大信贷支持力度，改进信贷服务，提高办贷效率，改善基层国有粮食企业收购资金贷款供应环境等提出了切实可行的具体措施，不仅具有政策指导意义，而且提出的措施操作性、实施性较强，各地普遍反映较好。一些地方紧紧围绕当地实际，积极进行贯彻落实，已经取得了实实在在的效果。

二是有创新。在信贷资金争取工作中，各级粮食财会部门创新工作方式，加强与农业发展银行协调，通过建立共同担保和联保机制、选定重点支持企业、在产粮油大省奖励中安排贷款贴息、设立粮食担保基金等方式，努力缓解粮食企业自营收购中的资金压力，支持粮食龙头企业经营和发展。同时，各地还积极创新工作思路，主动加强与商业金融机构的联系沟通，研究探索多渠道融资方式，争取商业银行贷款支持主食产业集群、粮油加工园区、优质粮基地建设和发展。一些粮食企业还打破常

规，通过发行企业债、票据融资等方式，筹措所需资金，走出了粮食企业融资的创新之路，增强了企业发展后劲。

三是见成效。一年以来，各级粮食财会部门积极协调财政、税务等部门，努力落实有关财税政策，争取财政投入支持，为粮食行业发展创造了有利的政策环境。河北、辽宁、黑龙江、安徽、江西、山东、河南、广西、四川、新疆等省（区）粮食部门积极争取财政支持，加大了对粮食行业基础设施建设、维修改造、粮食产业化、粮油加工等方面的投入，取得了良好效果。同时，各地努力争取财税部门的支持，在政策允许的情况下，对粮食企业减免相关税收，支持了企业的发展。各级粮食财会部门，还切实加强部门预算管理，争取粮食事业发展所需经费，为部门正常运转提供了有力的经费保障。

在各级粮食部门的共同努力下，国有粮食企业经济效益明显。经初步统计，2012年全国国有粮食企业统算盈利79.5亿元，同比增长12.8%，经营绩效继续保持了平稳发展的态势。

二　李克强总理关于粮食工作重要讲话精神是近一时期指导粮食财会工作的首要方针

今年1月15日，李克强总理亲临国家粮食局视察，充分说明了李克强总理对粮食工作的高度重视。李克强总理关于粮食工作的重要讲话，站在全面建成小康社会、协调推进"新四化"建设的战略高度，强调要"守住管好'天下粮仓'，做好'广积粮、积好粮、好积粮'三篇文章"，这是对党的十八大关于"确保国家粮食安全和重要农产品有效供给"重要决策的深刻阐释，是对当前和今后一个时期做好粮食流通工作、保障国家粮食安全的总部署、总要求。

我们要认真学习李克强总理的重要讲话，切实领会总理提出的中央对粮食工作的总体要求，深刻理解当前粮食流通工作面临的新形势，结合粮食财会工作，扎扎实实地把总理的要求落到实处。

（一）守住管好"天下粮仓"是粮食流通工作的总要求

守住管好"天下粮仓"是粮食部门的基本职责，也是粮食流通行业的安身之本、立业之基，更是全国各级粮食流通工作者责无旁贷的重任，需要粮食行业各个部门相互协调、密切配合。粮食财会工作是粮食流通工作的重要组成部分，承担着指导、协调、监督、服务等职能，广大粮食财会人员要充分认清肩负的重要职责和使命，切实按照李克强总理提出的要求，将守住管好"天下粮仓"作为一切工作的出发点和落脚点，加强财税、金融政策的争取、落实，强化企业经营管理指导，提高部门预算管理水平，充分发挥粮食财会职能，为守住管好"天下粮仓"夯实基础。

（二）协调推进"新四化"为粮食流通工作带来了新挑战

"新四化"的协调推进，必将通过粮食生产方式的变化等途径，直接或间接地影响到粮食流通领域。比如说，随着农业生产现代化程度的提高，以粮食专业合作组织和种粮大户为主体的集约化、规模化、现代化的粮食生产方式，迫切需要粮食流通部门进一步延伸经营链条，建立产前、产中、产后一体化体系，为生产者提供收粮、烘干、整理、储粮、加工、销售等全程服务，充分发挥粮食生产和流通的协同效应；城镇化水平的差异也使区域经济分工越来越显著，粮食生产重心北移、生产区域集中度提高的粮食供给特点，客观需要进一步加强粮食调控手段，优化粮食库存布局，构建与粮食区域特点相匹配的、功能完备的粮食物流和仓储体系；工业化的发展则对粮食生产带来两方面影响，一方面，工业化进程必将加快粮食生产、加工的现代化，促进粮食生产力的提高，提高粮油加工业的技术水平。另一方面，工业化生产也可能给粮食生产环节带来污染，对保障粮食质量安全提出了更高的要求；信息化的发展需要粮食流通行业不断适应信息化发展趋势，从而带动粮食流通各环节生产效率的提升，提高管理和经营水平。因此，粮食流通工作要不断适应"新四化"的要求，积极转变发展方式，努力适应新形势发展变化的需要。

（三）扎实做好"广积粮、积好粮、好积粮"这三篇文章是重要的具体任务

广积粮，强调的是一个"广"字，就是要有粮食数量的有力保障，以应对国际风云变幻莫测的环境，满足国内的需要，真正做到"手中有粮，心中不慌"。对粮食流通工作来说，粮食存储的越广、越多，就越需要大量的财政、信贷资金作保障。目前，收购资金问题仍然是广积粮的一个重要约束，尽管中央和地方储备以及政策性粮食收购的资金是有保证的，但企业自主经营、自主储粮的资金瓶颈问题还很突出，这就需要各级粮食财会部门千方百计加强和农业发展银行协调，努力探索和创新融资新途径，为广积粮提供坚实的资金保障。

积好粮，强调的重心则是这个形容词的"好"，即指粮食的品种和质量要好，也就是除了数量的保障外，还需要有质量的提升。近年来，城乡居民粮食消费已从满足温饱向改善膳食结构，维持营养均衡转变，更加注重粮食消费的品质化、营养化、多样化、健康化。粮食质量安全问题越来越受到社会普遍关注，粮食部门肩负的保障流通领域粮食质量安全的责任重大。同时，随着城镇居民生活节奏加快和人口老龄化，居民粮食消费的便捷性、方便化要求越来越高，很多消费者希望能够享受到主食成品化供应及送货上门等便捷服务，这就需要粮食企业不断创新经营和服务方式。为此，粮食流通工作要紧跟市场需求导向，向市场提供优质的粮油，最大程度地满足消费者的需求。

好积粮，强调的重心也是"好"，但这个"好"是个副词，是做好积粮工作的意思。好积粮是广积粮、积好粮的重要基础和保障，没有良好的存粮设施和条件，就无法实现广积粮和积好粮的目标。要做好这项工作，一方面要依靠企业自我积累，加强经营管理，形成良好的自我发展能力，不断提升粮食仓储管理水平。另一方面，也需要粮食财会部门积极争取财税、金融等部门的大力支持，加大对粮食流通产业的投入，为好积粮创造良好条件。

（四）发挥市场机制作用，深化国有粮食企业改革

各级粮食部门要高度重视国有粮食企业改革工作，充分认识到国有粮食企业在实施粮食宏观调控、促进农民增收、维护粮食市场与价格稳定等方面的重要作用。要站在确保国家粮食安全的高度，积极推进国有粮食企业改革和发展，加大企业兼并重组力度，努力实现粮食企业由粗放型向集约型发展模式转换，从传统初级经营业态向新型高级经营业态升级转变，不断增强国有粮食企业的经济活力，为国家粮食宏观调控夯实微观基础。

三　全面落实全国粮食流通工作会议部署，重点抓好几项具体工作

在年初召开的全国粮食流通工作会议上，任正晓局长所做的工作报告，提出了要在扎实完成"抓收购、保供给、稳粮价"这一中心工作任务的同时，着力推进"粮食安全省长负责制全面落实、启动实施'粮安工程'、提高粮食经济增长质量和效益、实施创新驱动发展和人才兴粮战略"等四项重点工作。2013年的全国粮食财会工作，要紧紧围绕全国粮食流通工作会议的总体部署，切实抓好以下几项重点工作。

（一）全力服务于"粮安工程"建设

实施以"打通粮食物流通道、修复粮食仓储设施、完善应急供应体系、保证粮油质量安全、强化

粮情监测预警、促进粮食节约减损"等六方面为主要内容的"粮安工程",是新形势下增强国家粮食安全保障能力,提升区域间粮食资源配置效率,保障市场供给安全的重大战略举措,对于粮食产业的振兴和发展具有十分重要的意义。各级粮食财会部门要加强协调,把争取落实配套资金和有关政策支持作为全年的重要任务,积极为推进"粮安工程"创造良好条件。同时,要充分调动企业积极性,引导国有粮食企业主动参与"粮安工程"建设。

（二）用好、用足205号文件的有关政策

国粮财〔2012〕205号文件为各地争取更多的政策性金融支持提供了有利条件。下一步,就是要牢牢抓好这些政策的落实工作,充分利用重组贷款、呆坏账处置等政策,减轻企业负担,推动企业兼并重组。积极争取当地政府的支持,通过加快发展贷款担保机构、建立共同担保基金、创新担保方式等途径,增大对企业融资额度,缓解企业融资难问题。各地在实际操作中,首先要加强自身监管力度,认真执行国家信贷政策,确保农业发展银行信贷资金安全,遇到困难和问题要主动与当地农业发展银行沟通协调,并及时向财务司反馈情况。财务司也要加强跟踪了解各地贯彻执行情况,将各地反馈的信息归纳整理后,进一步与农业发展银行总行沟通协调。

（三）指导粮食企业创新经营体制机制

要不断适应"新四化"协调推进,以及粮食生产、消费变化的新形势,引导粮食企业及时调整经营思路和理念,创新经营体制机制,向生产和消费"两头延伸"。一方面,引导粮食企业积极参与专业合作社建设和管理,依托粮食生产基地,向生产领域延伸。另一方面,引导企业适应现代消费需求,加快绿色粮食产品、杂粮产品开发,丰富产品种类。通过引导粮食企业积极参与主食产业化工程,给社会提供方便快捷的粮食食品。鼓励粮食企业积极探索多种经营模式,开展电子商务营销策略,依托大型食品配送网站,或者利用小区便利优势,构建区域性营销网络。

（四）进一步加强财务政策协调

协调财税部门完善税收政策,争取和落实好有关免征增值税、城镇土地使用税、房产税、印花税等政策。积极与有关部门协调,努力争取地方政府支持,通过多渠道筹集资金,积极稳妥地做好企业富余职工的分流安置工作,切实维护职工合法权益。在农业发展银行等部门的大力支持下,通过多种方式,处置企业经营性亏损,减轻企业负担,特别是要努力将企业划拨土地改变为出让用地,盘活现有资产。

（五）切实提高预算管理水平

要加强部门预算管理,积极争取财政部门支持,合理安排资金,保障粮食行政和事业单位正常运转。建立健全财务监督考核体系,加大对项目经费使用情况的监管和内部审计力度,保证财政资金安全。加强政府采购管理,规范财务收支,提高资金使用效益。

（六）加强财会队伍建设

认真开展粮食财会人员培训,加大《企业会计准则》和《小企业会计准则》的学习贯彻力度,提高粮食财会人员业务素质和工作水平。进一步加强粮食财务管理体系信息化建设,提高会计信息采集和利用效率。

同志们,粮食财会工作责任重大、使命光荣。让我们紧密团结在以习近平同志为总书记的党中央周围,牢记肩负的重任和使命,开拓创新、扎实工作,深化改革、加强管理,以实际行动贯彻落实党中央、国务院关于粮食流通工作的部署,努力开创粮食财会工作新局面,为服务国家粮食宏观调控、确保国家粮食安全作出更大的贡献。

谢谢大家。

优化整合 完善管理 推动粮食公益专项健康发展

——在粮食公益性行业科研专项工作会议上的讲话
国家粮食局党组成员、副局长 吴子丹
2013年11月22日

同志们：

大家好，今天我们召开的会议很重要，主要任务是贯彻落实十八届三中全会精神和习总书记关于科研工作的批示要求，优化整合，完善管理，推动粮食公益专项健康发展。下面我谈谈相关的工作要求：

一 认真贯彻三中全会精神和总书记批示，切实做好公益专项工作

财政部在落实习总书记关于科研工作重要批示的会议上，明确要求各部门深入领会批示精神，推进科研项目和经费管理体制机制改革，集中力量办大事，把钱花在刀刃上。我们在实施的粮食公益性行业科研专项工作中，一定要认真贯彻落实十八届三中全会和习近平总书记批示精神，按照主管部门要求，全面加强制度建设和项目的监督管理。

公益性行业科研专项是国家科技改革的一项重要举措，旨在充分发挥政府部门在公益性创新引领方面的重要作用。专项要充分体现行业科研的特点与重点，坚持行业需求导向，政府指导与专家论证相结合，科学合理地编制和安排预算，杜绝随意性。要加强科技资源的统筹协调和有效整合。专项经费纳入单位财务统一管理，单独核算，专款专用，并建立面向结果的追踪问效机制。专项经费在管理和实施上不同于国家科技计划项目，在内容上与国家科技计划支持的项目合理区分层次，有机衔接。

国家粮食局已经制定了《粮食公益性行业科研专项经费管理暂行办法》和《粮食公益性行业科研专项实施方案》，结合粮食行业的特点明确了具体管理要求，结合粮食工作重点提出了近年专项研究的重点任务。2013年首次启动的专项，获得财政部的认可。但认真分析起来，也还存在有的项目比较分散，有的项目层次不高，有的项目存在体量较小的情况，内部管理机制、竞争和稳定支持关系把握等还需要进一步提高和完善。

粮食公益性行业科研专项的优化整合和完善的目标是，全面梳理项目研究目标和研究内容，确保目标突出，能够解决行业急需的问题；确保研究内容集中，消除"小散低"和任务无边界的问题，将研究力量集中聚焦，确保项目研究内容的整体性。

优化整合的管理措施是建章立制。建立健全管理制度，突出量化考核。国家粮食局将修订《粮食公益性行业科研专项管理办法》，明确加强项目过程管理的具体要求和强化项目内部管理、规范经费使用的措施。制度在会前已经征求过部分科研单位和科研人员的意见，本次会议再次征求大家意见，修改完善后印发。

二　　对粮食公益性行业科研专项的工作要求

（一）2013年公益性行业科研专项的工作要求

2013年的12个项目，安排上主要突出了落实李克强总理在我局调研时提出的工作要求，着重考虑了行业创新体系和人才队伍建设。但由于我局首次启动公益性行业专项，科研单位和科研人员有强烈的参与要求，并且积累的行业科研需求也很多。因此，项目安排上突出体现行业需求，但承担单位相对分散。有的项目承担单位偏多，内容聚焦不够。有的承担单位对专项预算编制不熟悉，导致经费被大量核减。这给我们加强实施管理提出了更高的要求。在优化整合中，要结合批复的预算，认真梳理项目目标和研究任务，消除"小散低"现象，加强研究内容的整体性，形成体现新的管理要求的项目实施方案和任务书、任务合约。

项目承担单位要落实法人责任，签订项目承诺书，直接对项目管理负责。项目负责人要认真组织项目任务书和研究任务合约的签订，切实履行好内部协调职能，保证合作单位高效得力。项目牵头单位还要做好资金管理，按规定做好合作单位间的经费管理和服务。

我们要研究和完善专项管理新机制、新办法，创新管理形式，尝试建立由应用方面的专家和管理专家组成的项目督导评估组，加强对项目过程的量化评估，强化对项目出成果的要求。重点项目从今年开始，成员不是项目承担人员，对项目执行中有没有聚焦、有没有偏离、有没有实现应用目标进行评估。将保证项目出成果的关口前移，早监督、早检查，及时发现问题，解决问题。确保项目都能实现预期成果。2013年项目的重点是粮食生物脱毒技术研究、清仓查库技术研究和粮食物流装备研究，这几个项目要进行重点督导评估。结合督导评估，对项目预算实行浮动管理，对于执行不好和出现问题的项目，核减或停拨资金，并在今后的项目安排上进行限制。

（二）2014年公益性行业科研专项的工作要求

2014年的7个项目，主要围绕国家粮食局提出的"粮安工程"布局，主要工作任务完全按照"粮安工程"展开，结合局党组关于加强科技创新体系建设的要求，加强了省级科研单位和企业作用的发挥。总体设计的目标清晰、方向明确。由于2014年度的专项工作和2013年专项工作在时间上衔接很紧，不可避免地在一些细节上存在不细致、不严密的情况。在目标和任务聚焦方面也可能存在不足。因此，要遵照优化整合的要求，对项目内容进行认真梳理，与目标不紧密的内容要削减，增加与目标紧密的内容。要划清任务边界，不能使项目无边界，什么内容都装。

要结合财政部关于加强制度建设和量化评估的要求，加强对项目实施过程的管理，明确需要重点管理的项目，明确需要重点管理的任务，完善内部管理制度和措施。我局将强化管理，全面推行督导评估组制度，开展量化评估，加强管理部门、项目承担单位、合作研究单位的管理协调，确保研究任务成为承担单位与合作单位的硬责任。

（三）2015年公益性行业科研专项的安排

2015年的公益性行业科研专项工作要在总结前两批项目工作经验的基础上，在管理工作和项目方案方面有所提升。要着眼"十三五"战略布局和全面建成小康社会的目标，按照粮食公益性行业科研专项实施方案及分领域规划形成粮食公益性行业科研专项创新体系框架，研究服务于支持行业发展和产业转型升级的新技术。实现支撑"粮安工程"，培养行业领军人才，建设行业创新体系的目标。

要考虑围绕"粮安工程"目标，合理确定项目规模。一是项目数量规模；二是项目单体规模。继续立足大项目。要保持长期持续的创新能力，继续以储藏、质量安全、物流装备、宏观调控技术、加工等行业重点环节为主要支持领域，培育新的创新力量，承担单位更多面向支持省级科研单位和企业。

三　建章立制，规范管理

公益性行业科研专项对我们而言是一项全新的工作，因此，在起步阶段就建立高的标准十分重要。要结合当前科技体制改革的大形势，认真研究粮食行业的特点和粮食科技规律，特别要针对科技项目小散乱问题、项目重复交叉问题、经费管理不规范、递条子打招呼等问题，继续建立健全规章制度，加强项目立项阶段程序管理，加强项目经费的预算和支出管理，加强项目实施阶段的督导评估，加强项目验收阶段成果评估。项目承担单位要从加强自身管理考核着手，积极支持项目实施过程的督导评估，结合项目管理程序，严格执行考核规定，提高项目研究质量。国家粮食局将强化对项目的量化评估考核，并结合考核结果，对有关单位进行必要调整，考核评估的结果还将以适当形式上报财政部。要切实规范科研专项项目实施全过程的管理，使专项真正地发挥资金效益，为行业创新能力的提升发挥作用，创造出管用实用的成果，为粮食产业发展和国家粮食安全作出直接的、看得见的贡献。

做好粮食公益性行业科研专项工作是一项重要的工作，不能掉以轻心。各相关单位和管理人员要抓住深化科研项目和经费管理体制机制改革的大好时机，统筹考虑科研工作和科研人员需求，充分激发广大科技人员的积极性和创造性，有效遏制科研领域违法违规行为，为实施国家创新驱动发展战略、保障国家粮食安全提供有力保障。

深入贯彻党的十八大精神 加强和改进工作作风
不断推进粮食系统党风廉政建设和反腐败工作

——在全国粮食系统纪检监察工作会议上的工作报告
国家粮食局党组成员、纪检组长   赵中权
2013年1月22日

同志们：

　　经国家粮食局党组研究决定，今年的全国粮食系统纪检监察工作会议首次与全国粮食流通工作会议一起套开。这是国家粮食局党组认真贯彻落实中央关于改进工作作风，密切联系群众的"八项规定"，高度重视和加强粮食系统党风廉政建设的重要举措。这次会议的主要任务是：认真学习贯彻党的十八大和第十八届中央纪委第二次全体会议精神，总结2012年全国粮食系统的纪检监察工作，交流工作经验，研究部署2013年工作任务。刚才，国家粮食局党组书记、局长任正晓同志作了重要讲话，对今年的粮食流通工作作了全面部署，对加强粮食系统党风廉政建设和反腐败工作提出了明确要求，各级粮食部门纪检监察机构要认真学习领会，切实贯彻落实。下面，我受局党组的委托着重就贯彻落实十八届中央纪委第二次全会精神，做好今年粮食系统的纪检监察工作讲几点意见。

一　2012年全国粮食系统党风廉政建设和反腐败工作的回顾

　　2012年，全国粮食系统认真贯彻落实十七届中央纪委第七次全会和国务院第五次廉政工作会议精神，纪检监察机构在当地党委、政府和驻在部门党组的领导下，围绕粮食中心工作，坚持标本兼治、综合治理、惩防并举、注重预防的方针，认真履行监督职责，坚持改革创新，狠抓工作落实，党风廉政建设和反腐败工作取得新进展，为粮食流通事业的科学发展，保障国家粮食安全提供了有力保证。

　　（一）以加强重大决策部署的落实情况为重点，监督检查工作力度进一步加大

　　各级粮食部门纪检监察机构紧紧围绕中央关于强农惠农富农政策和国家粮食宏观调控措施的贯彻落实，会同有关部门开展监督检查。

　　加强对国家粮食收购政策执行情况的监督检查。各级粮食纪检监察机构，把抓好粮食收购的监督检查作为一项重要工作，配合有关部门开展监督检查，严肃查处违法违规行为。在夏粮收购中，共查处违法违规行为1984起，责令改正939例，警告430例，罚款309例，暂停收购资格15例，取消收购资格67例。湖北、湖南、四川、安徽等省粮食纪检监察机构会同有关部门加强对本省粮食系统粮食收购政策落实情况的监督检查，强调纪律要求，防止和切实纠正损害种粮农民利益的不正之风。山西省粮食局协调农业发展银行对各市粮食生产和收购中存在的困难问题进行调研，积极探索帮助农民种粮增收的有效办法。

　　加强对粮食库存检查工作的监督检查。上半年驻局纪检组、监察局协助有关部门，组织开展对全国粮食库存检查工作。制定公布十八条纪律要求，并协助有关部门对检查中反映的突出问题，按照两

个《条例》的有关规定进行处理。国家粮食局对涉及中央企业粮食库存管理中的突出问题向中储粮总公司下达了书面整改通知。中储粮总公司高度重视，对提出的问题逐条落实整改措施。给予违纪违规直属企业责任人行政处分或经济处罚38人（次），对16个直属库及5名相关责任人进行通报批评。广西、四川、安徽、江苏、河南、辽宁6省区粮食部门作为国家委托省级、市级粮食部门对在地中央储备粮进行检查的试点单位，认真组织开展了粮食库存检查工作。河南省粮食局成立333个检查组，抽调检查人员3810人次，对3000多个库点的500多亿斤粮食的数量和质量情况进行全面检查。辽宁省农委（粮食局）对社会粮食流通开展监督检查，出动检查人员12800余人次，检查单位1万余户次，查办涉粮违法案件296起。

加强对中央投资农户科学储粮项目落实情况的监督检查。驻国家粮食局纪检组、监察局会同有关单位派出检查组到安徽、山东等省就中央投资农户科学储粮项目落实情况进行检查，深入农户听取意见，并向国家粮食局党组报送检查情况报告。吉林、广东、山东、福建、新疆等省区粮食部门的纪检监察机构对辖区内农户科学储粮项目资金管理使用情况、配套资金落实情况、项目质量等情况进行检查，确保惠农项目取得实效。贵州省粮食局开展涉农资金审查，检查农户科学储粮补助资金4222万元，确保资金安全，专款专用。

（二）以解决人民群众反映强烈的突出问题为重点，专项治理工作进一步推进

各级粮食部门纪检监察机构按照中央有关部署，针对人民群众反映强烈的突出问题，继续深入开展专项治理。结合粮食行业的实际，各地开展对工程建设领域突出问题的监督检查，查办和纠正了违纪违法案件。开展落实党政机关厉行节约规定的专项治理，行政成本明显降低。开展论坛、庆典活动过多过滥问题的专项治理工作，取消、减少了一批活动，取得良好的社会效益。进一步巩固治理"小金库"、制止党政干部公款出国（境）旅游和规范公务用车等专项治理工作成果，着力于长效机制建设，取得了新的成效。黑龙江省粮食局对全省国有粮食企业进行满意粮库评议和专项治理，完善监督管理和财务审计制度21项，查找整改问题56个，提出意见建议22条。广西壮族自治区粮食局纪检组监察室围绕建设粮食储备体系和粮食仓储设施建设工程等"五大体系"和"五大工程"开展专项检查，服务与监督并重，实现了纪检监察与中心工作的有效融合。福建省粮食局纪检组监察室严肃招投标纪律，切实履行监督职责，及时叫停下属单位违反公开招标的行为，实现了廉政风险预警。浙江省粮食局开展行政审批效能建设专项工作，简化审批办事程序，省本级粮食收购资格许可审批，承诺办结时限压缩50%，许可项目提前办结率100%，有效提升了群众满意度。

（三）以保持党的纯洁性为重点，党风廉政宣传教育工作进一步深入

各级粮食部门围绕保持党的纯洁性这个主题，大力开展理想信念、革命传统和党性党风党纪教育，积极推进廉政文化建设，教育引导党员干部提高筑牢反腐倡廉思想防线的自觉性。国家粮食局机关开展以"迎接党的十八大，保持党的纯洁性"为主题的廉政宣传教育周活动。在为期一周的时间内，围绕主题开展了"五个一"活动：举行一场保持党的纯洁性为主题的报告会、组织一次警示教育参观、开展一次廉政教育支部活动、观看一次警示教育片、赠送一批廉政教育书籍，取得了良好的效果。加强党风廉政宣传工作，去年，《中国纪检监察报》、《中国监察》杂志报道有关粮食系统党风廉政建设情况7篇（次），国家粮食局政府网站、中国粮食经济杂志、粮油市场报等媒体也加大了推介和宣传粮食系统党风廉政建设成果的力度。

（四）以加强案件查办工作为重点，惩治腐败的治本功能进一步显现

各级粮食部门纪检监察机构认真履行职责，把查办案件放在突出位置，案件查办工作力度明显加

大、效力明显增强、质量明显提高。据不完全统计，2012年全国省级粮食部门纪检监察机构共受理举报295件，初核90件，结案13件，给予党纪政纪处分15人。驻国家粮食局纪检组监察局共受理各类举报55件，与2011年同期相比下降22.5%。据了解，去年中储粮总公司及分公司共查办信访举报案件62件，有29名干部职工被移送司法机关。河南省粮食局纪检组监察室查处"出库难"和"转圈粮"案件3件，给予党纪政纪处分2人，保持了惩治腐败的强劲势头。山西省粮食局纪检组监察室积极追回涉案款项580余万元，帮助基层粮食企业走出困境。湖南省粮食局纪检组监察室严肃查办了某企业部分干部职工虚假入库、骗取私分国家粮款案件，挽回国家经济损失40余万元。江西省粮食局查处了彭泽县大白湖粮管所在收购粮食中向售粮农民"打白条"的行为，对违规的相关责任人进行了严肃处理。

（五）以强化对权利运行的制约监督为重点，制度建设和体制机制创新进一步深化

按照十七届中央纪委第七次全会精神和中央纪委监察部关于廉政风险防控工作的有关部署，各级粮食部门普遍开展了建立机关廉政风险防控机制和企业廉洁风险防控机制工作。初步建立了以岗位为点、以程序为线、以制度为面、环环相扣的廉政风险防控机制，取得了丰富的思想成果、实践成果和制度成果。国家粮食局在局机关和直属联系单位全面开展建立廉政风险防控机制工作，通过学习动员、廉政风险排查、防控措施制定和总结提高四个阶段，历时7个多月，初步建立了廉政风险防控机制。目前，正在研究制定《国家粮食局党组关于加强廉政风险防控管理工作的实施办法》，进一步推进这项工作的常态化、制度化。浙江、江西、青海、甘肃、天津、四川、河北等省市，在机关和系统内全面开展建立廉政风险防控机制工作。山东省粮食局在建立廉政风险防控机制的基础上，认真开展"回头看"工作，深化认识，抓好动态管理。江苏省粮食局在所辖国有粮食企业内积极推行廉政风险防控机制，加强对基层国有粮食企业的监督和指导，建立健全企业廉洁从业内控机制，进一步增强了国有粮食企业的活力和竞争力，取得了显著的成效。经驻国家粮食局纪检组监察局推荐，得到了中央纪委监察部的肯定，被国家预防腐败局列为全国廉政风险防控工作联系点。

各级粮食部门纪检监察机构以改革创新的精神，不断加强制度建设。认真贯彻落实《廉政准则》，严格执行领导干部个人重大事项报告制度，加强对制度执行力的监督检查。天津市粮食局纪检组制定企事业单位领导干部向职代会定期述廉制度，着力构建行业风险防控线。重庆市商委（粮食局）纪检组通过对照《廉政准则》开展廉政谈话，收到良好效果，干部职工自觉清退上交礼金、购物卡等贵重礼品，党员领导干部廉洁自律意识进一步提高。内蒙古自治区粮食局制定《贯彻落实"三重一大"制度实施细则》，努力提高决策的科学化、民主化水平。陕西省粮食局纪检组监察室对几年来制定的《失职追究制》、《首问负责制》等9项制度的执行情况进行检查，查漏补缺，充实完善，力求实效，有效提高了制度的执行力。

（六）以推进政风行风建设为重点，服务水平和工作效能进一步提高

各级粮食部门坚持践行"为耕者谋利，为食者造福"的理念，继续深入开展政风行风建设。国家粮食局认真总结各地粮食文化建设的成果，研究起草《加强粮食文化建设的指导意见》。上海、海南等省市粮食局把治理"庸、懒、散、贪"问题作为机关作风建设的突破口，机关干部作风明显转变。江西省粮食局专题开展领导作风"假、浮、蛮"突出问题自查整改工作，工作效率明显提高，群众认可度得到提升。云南省粮食局认真开展"群众观点、群众路线、群众利益、群众工作"主题教育活动，领导干部带头驻村入户为农民解决实际问题，党群干群联系进一步紧密。甘肃省粮食局开展效能风暴专项行动，狠抓行业形象建设，针对查找到的7个方面主要问题和不足，制定措施，积极整改。湖北省粮食局深入开展转变机关文风、会风、话风、事风工作，各类会议同比精减27%，发文总量同

比下降29%。北京市粮食局大力推进政务公开和政府信息公开工作，依法主动公开"三公经费"使用情况和各类政府信息600余条。

但是，我们必须清醒地看到，目前粮食系统党风廉政建设和反腐败工作形势依然严峻、任务依然艰巨。一是涉粮违纪违法案件时有发生；二是违纪违法方式有由暗转明、由个人向集体串通转变的趋势；三是个别基层企业"小官大贪"案件和个别中央企业涉及政策性粮食的大案、窝案增多；四是监督的机制体制不够健全；五是少数地方和单位反腐倡廉的力度有待加强。因此，我们要不断增强政治意识、忧患意识、风险意识、责任意识，积极采取有效措施，认真加以解决。

二　切实把思想和行动统一到中央关于反腐倡廉建设的重要决策部署上来

认真学习贯彻党的十八大精神，是全党全国当前和今后一个时期的首要政治任务。中央印发了《关于认真学习贯彻党的十八大精神的通知》，习近平总书记发表了一系列重要讲话，刚刚召开的中央纪委二次全会对纪检监察机关带头学习领会、贯彻落实十八大精神作出了重要部署，提出了明确要求。各级粮食部门的纪检监察机构要认真学习贯彻，切实把思想和行动统一到中央的一系列重要部署和要求上来，把力量凝聚到落实党的十八大关于党风廉政建设的重要精神和中央纪委二次全会确定的重要任务上来，结合粮食工作的实际，更好地担负起党和人民赋予的神圣职责，不断取得党风廉政建设和反腐败工作的新成效。

（一）切实把思想和行动统一到党的十八大对反腐倡廉建设的新要求上来

党的十八大对党风廉政建设和反腐败工作提出了许多新的理论、新的论述、新的要求。我们要着重从以下几个方面认真学习，深刻领会：一是深刻认识干部清正、政府清廉、政治清明的目标要求和丰富内涵，全面把握作风建设、反腐倡廉建设和纪律建设的决策部署，坚定不移地走中国特色反腐倡廉道路；二是深刻认识标本兼治、综合治理、惩防并举、注重预防方针，准确把握惩治和预防的关系，既在坚决惩治腐败上有新突破，又在预防腐败上有新进展；三是深刻认识以人为本、执政为民的最高标准，坚决纠正损害群众利益的不正之风，认真解决群众反映强烈的突出问题，密切党同群众的血肉联系；四是深刻认识党章赋予纪律检查机关的重要职责，自觉学习党章、遵守党章、贯彻党章、维护党章，做到党章规定什么就坚决维护什么，党章禁止什么就坚决纠正什么。各级粮食部门纪检监察机构要把这些新思想、新部署和新要求，贯彻落实到加强党的作风建设之中、贯彻落实到加强反腐倡廉建设之中、贯彻落实到加强党的纪律之中、贯彻落实到加强纪检监察机关自身建设之中，做到学深学透，入脑入心，用以指导党风廉政建设和反腐败工作。

（二）切实把思想和行动统一到习近平总书记的重要讲话和十八届中央纪委二次全会精神上来

在十八届中央纪委二次全会上，习近平总书记发表了重要讲话，从党和国家全局的高度，要求全党认真学习贯彻党的十八大精神，深入推进党风廉政建设和反腐败斗争；要严明政治纪律，自觉维护党的团结统一；要抓好八项规定的落实，下大气力改进作风；要依纪依法严惩腐败，着力解决群众反映强烈的突出问题，这是我们加强党风廉政建设和反腐败斗争的重要思想武器。这次全会对党风廉政建设和反腐败工作作出了全面部署，明确了主要任务，提出了更高要求。要按照全会提出的坚决维护党章的权威性和严肃性、不折不扣落实中央关于改进工作作风、密切联系群众的"八项规定"、坚持惩治和预防腐败两手抓、两手都要硬和用铁的纪律打造人民满意的纪检监察干部队伍的重大工作部署和要求，紧密结合粮食行业的实际，全面领会、统一思想、坚定信心、开拓进取、扎实工作，把全会提出的各项任务落实到粮食流通工作的各方面，切实解决党风廉政方面存在的突出问题，为实现粮食流通工作的扎实开局提供保证。

（三）切实把思想和行动统一到全国粮食流通工作的重要工作部署上来

这次全国粮食流通工作会议，对今年粮食流通工作的指导思想、总体要求和重点工作，作出了具体部署。粮食纪检监察机构要充分认识全面建成小康社会对粮食流通工作提出的新要求，准确把握粮食流通工作面临的新形势、新任务，认真贯彻落实李克强同志在视察国家粮食局时的重要讲话精神，紧紧围绕抓收购、保供给、稳粮价的粮食流通中心工作，开展监督检查，为实现"守底线、保安全、惠民生、促发展"的目标，推动粮食流通工作重要部署的贯彻落实，提供坚强的纪律保证。要按照全国粮食流通工作会议提出的要求，加强对国家粮食收购政策落实情况的监督检查，切实保护种粮农民利益；加强对粮食宏观调控政策执行情况的监督检查，保障粮食有效供给；积极参与推进依法管粮工作，维护粮食流通正常秩序。

三　认真落实今年粮食系统纪检监察工作的各项任务

2013年是全面贯彻落实党的十八大精神的开局之年，做好党风廉政建设和反腐败工作意义重大。全国粮食系统党风廉政建设和反腐败工作，要以邓小平理论和"三个代表"重要思想、科学发展观为指导，认真贯彻落实党的十八大和中央纪委二次全会精神，紧紧围绕全国粮食流通工作会议的重要部署，以严明党的政治纪律为重点，着力加强党的纪律执行情况的监督检查；以转变工作作风密切联系群众为重点，着力加强党的作风建设的监督检查；以专项治理为重点，着力加强损害农民利益的不正之风的监督检查；以建立惩治和预防腐败体系为重点，着力加强反腐倡廉建设的监督检查；以基层党风廉政建设为重点，着力加强解决发生在群众身边的腐败问题的监督检查，进一步提高反腐倡廉的科学化水平，为落实全国粮食流通工作会议作出的各项重大工作部署提供有力的保证。

（一）严明党的纪律，加强对中央重大决策部署落实情况的监督检查

加强对党的纪律执行情况的监督检查。要认真学习党章、遵守党章，教育和引导广大党员自觉按照党的组织原则和党内政治生活准则办事，坚决维护党章的权威性和严肃性。要开展政治纪律教育，引导和督促党员干部坚定中国特色社会主义道路自信、理论自信、制度自信，在思想上、政治上、行动上同以习近平同志为总书记的党中央保持高度一致，维护中央权威，保证党的集中统一。绝不允许发表同中央决定相违背的言论，绝不允许"上有政策、下有对策"，绝不允许有令不行、有禁不止的行为。同时，要加强对党的组织纪律、宣传工作纪律和群众工作纪律执行情况的监督检查。

加强对落实中央关于改进工作作风，密切联系群众"八项规定"情况的监督检查。各级领导干部要深刻领会中央"八项规定"的重要意义，从自身做起、从点滴做起、从现在做起，严格执行各项规定，自觉接受监督。粮食纪检监察机构要认真履行职责，把监督执行国家粮食局党组关于贯彻落实中央"八项规定"的具体措施作为改进党风政风的一项经常性工作来抓，加强日常监督。要重点加强对党员领导干部调研出差、文风会风、住房、公务用车、公务出国（境）和厉行节约等情况的监督检查，对没有做到的要及时提醒，督促做到；对违反规定的要责令整改，批评教育；对情节严重的，要严肃处理并予以通报。

加强对中央强农惠农富农政策落实情况和国家粮食宏观调控政策措施执行情况的监督检查。围绕全国粮食流通工作会议提出的"一个中心、四项重点"的工作部署，重点抓好对推动粮食安全省长负

责制、启动实施"粮安工程"、推进科技创新和人才兴粮、提升粮食经济增长质量和效益等重点工作落实情况的监督检查。同时，要进一步加强对军粮供应、救灾等政策性用粮购销活动的监督检查；进一步加强对粮食收购、落实粮食最低收购价、临时存储和解决"出库难"、"转圈粮"等涉粮政策执行情况的监督检查；进一步加强对粮食库存检查、农户科学储粮项目等方面的监督检查。通过有效的监督检查，切实把中央的强农惠农富农政策中的涉粮政策落到实处。

（二）加强反腐倡廉教育，引导党员干部特别是领导干部廉洁自律

加强反腐倡廉教育，是防止腐败的重要前提和基础。要围绕社会主义核心价值体系建设，加强对党员干部的理想信念和宗旨教育、党性党风党纪和廉政法规教育。按照中央的统一部署，认真开展为民务实清廉为主要内容的党的群众路线教育实践活动。重点抓好从政道德教育、警示教育和粮食廉政文化教育。经国家粮食局党组同意，驻国家粮食局纪检组监察局计划在今年7月底前，组织举办一次"全国粮食行业反腐倡廉图片展览"。这次图片展览，以正面教育为主，以"展示廉政成果、推介典型经验、剖析反面案例、促进政风行风"为主要内容。组织这样的图片展览，在全国粮食行业还是第一次，其教育的意义非常深远。各级粮食纪检监察机构要高度重视，积极参与这项工作。在这次会议上印发了一个《工作方案》，请大家认真讨论，提出意见。会后，对这项工作，还将作出专门部署。

（三）抓好基层党风廉政建设，切实解决发生在群众身边的腐败问题

基层党风廉政建设关系到群众的切身利益，关系党的执政基础，直接影响党和政府在人民群众中的形象。粮食流通工作与人民群众联系紧密，加强基层党风廉政建设尤为重要和迫切。要把基层反腐倡廉作为今后一个时期工作的重点和推进粮食系统党风廉政建设的重要抓手，切实解决损害人民群众切身利益的腐败问题。要充分发挥江苏省粮食局作为全国廉政风险防控工作联系点的作用，积极推进基层党风廉政建设。任正晓同志对这项工作作了重要批示，要求全力支持江苏省局当好联系点，探索新经验，成为好典型，推动全国粮食系统廉政风险防控和党风廉政建设工作持续健康发展。各级粮食纪检监察机构要学习借鉴江苏省基层国有粮食企业廉洁风险防控经验和做法，积极探索有效途径和方法，加强对基层国有粮食企业党风廉政建设和反腐败工作的检查指导，促进基层企业干部职工廉洁从业，不断健全和完善粮食系统基层反腐倡廉工作的体制机制。

（四）加强反腐倡廉体制机制和制度建设，巩固廉政风险防控工作成果

加强反腐倡廉的制度建设，是从源头上有效预防腐败的治本之策。要认真总结经验，深入调查研究，制定实施《粮食系统惩治和预防腐败体系2013－2017年工作规划》，从教育、制度、监督、改革、纠风、惩治等各方面，整体推进粮食系统党风廉政建设和反腐败工作。要认真总结建立廉政风险防控机制经验成果，加强廉政风险防控管理工作。要结合粮食工作，深化行政管理体制、干部人事制度、粮食企业经营管理、国有资产管理体制等方面的改革，加大反腐倡廉制度落实力度，建立健全制度执行监督和问责机制，切实提高制度执行力。

（五）深入开展专项治理，坚决纠正损害种粮农民利益的不正之风

中纪委二次全会报告明确提出，要针对反腐倡廉建设中人民群众反映强烈的突出问题，深入开展专项治理工作。要继续推进工程领域突出问题的专项治理、开展市场中介组织突出问题的专项治理工作。进一步巩固对庆典研讨会论坛和展览会交易会过多过滥问题、公务用车和公款出国（境）旅游、"小金库"的专项治理工作成果。今年，要结合粮食行业特点，针对具有较为普遍性和高发性的损害种粮农民利益的不正之风，开展专项治理。集中一段时间，在全国粮食系统重点开展对粮食收购"五要五不准"守则执行情况的专项治理，重点查处和纠正"打白条"、"压级压价"等损害种粮农民利益

的行为。要通过专项治理，确保中央有关涉粮政策落到实处。

（六）加大案件查办工作力度，保持惩治腐败高压态势

要保持惩治腐败高压态势，坚持有案必查、有腐必惩。要严肃查办发生在粮食系统领导机关和领导干部中滥用职权、贪污贿赂、腐化堕落、失职渎职案件；严肃查办发生在重点领域和关键环节的案件；渎职侵权问题背后的腐败案件；严肃查办商业贿赂案件；依法惩处行贿行为；严肃查办发生在粮食系统的严重侵害群众合法利益、政治权益和人身权利的案件；严肃查办在中央和地方储备粮购销活动中弄虚作假套取费用补贴、挪用侵吞中央、地方储备粮和临时存储粮粮款，私自倒卖库存粮食非法牟利的案件。加强和改进信访举报工作，畅通和规范网络举报渠道，完善保护证人、举报人制度。建立健全查办案件组织协调机制。严格依纪依法、文明办案，保障被审查人员合法权益。

同志们，今年我们面临的反腐倡廉任务依然十分繁重。我们要严格按照党的十八大对反腐倡廉建设的整体战略部署，认真贯彻落实中央纪委监察部和局党组的要求，抓住重点、扎实推进，改革创新、攻坚克难，努力开创粮食系统党风廉政建设和反腐败斗争新局面，为保证粮食流通事业科学发展作出新的贡献！

在全国粮食调控与统计工作会议上的讲话

国家粮食局党组成员、副局长　卢景波
2013年3月28日

同志们：

这次全国粮食调控与统计工作会议的主要任务是，深入学习领会李克强同志在国家粮食局座谈会上的重要讲话精神，认真贯彻落实全国粮食流通工作会议的部署，总结交流2012年粮食调控与统计工作，研究分析当前粮食供求形势，安排部署2013年的工作。国家粮食局对这次会议非常重视，党组书记、局长任正晓同志认真审阅了我的讲话稿，并作出了重要批示，我们一定要认真学习领会，切实贯彻落实。下面，我讲两点意见。

一　2012年粮食宏观调控工作取得了显著成效

2012年，粮食调控工作坚持以科学发展观为指导，深入贯彻落实党中央、国务院的决策部署，紧紧围绕年初确定的"稳市场保供给"的中心任务，认真执行国家粮食政策，抓好粮食购销，夯实储备基础，健全监测预警和应急体系，积极应对国际粮价大幅波动的冲击，有效保证了粮食市场供应和价格基本稳定，为保障国家粮食安全，实现国家宏观调控目标，促进经济社会持续健康发展作出了积极贡献。

（一）认真抓好粮食收购，促进农民持续增收

一是粮食收购总量继续增加。粮食收购事关种粮农民利益，各级粮食部门对此高度重视，及早作出安排部署。一方面认真抓好政策性粮食收购，促农增收；另一方面引导企业开展市场化收购，搞活流通。各地积极探索粮食收购新模式，努力掌握粮源，浙江、福建、广西等地将粮食直补与储备粮订单收购挂钩；新疆将粮食直补与农民交售商品粮数量挂钩，敞开收购，敞开直补。收购期间，各级粮食部门及时派出工作组，深入一线检查指导收购工作，督促企业严格遵守"五要五不准"收购守则，规范收购市场秩序，确保了收购工作顺利进行。初步统计，2012年全国各类粮食企业收购粮食6275亿斤，同比增加51亿斤，其中国有粮食企业收购2628亿斤，同比增加94亿斤。

二是政策性收购托市效果明显。2012年国家继续在主产区实行小麦、稻谷最低收购价政策，及时在部分主产区启动玉米、大豆、油菜籽临时收储，继续对新疆小麦实施国家临时收储。国家有关部门不断完善相关政策，有关地方和企业积极抓好落实，确保国家强农惠农富农政策执行到位。全年共收购政策性粮食624亿斤，油菜籽87亿斤。初步匡算，由于政策性收购带来的托市效应，促进农民增收350亿元以上。

三是收购中出现的新情况新问题得到妥善处理。坚持把保护农民利益放在首位，及时解决遇到的困难和问题。明确了部分地区赤霉病小麦收购政策，加强技术指导和服务，帮助农民减少损失。下达政策性粮食露天设施存储计划117亿斤，解决了主产区仓容不足问题。适当放宽青海临储菜籽油入库质量标准并延长收购时限，避免了农民卖菜籽难的问题。适当降低东北地区政策性粳稻、玉米水分扣

量标准，并对粳稻给予烘干费用补贴。明确将东北地区色变粒玉米纳入临储收购范围，鼓励企业为农民提供代烘干服务，防止发生坏粮问题。这些措施的实施收到了良好效果，有效地保护了种粮农民的利益。

（二）多措并举，稳定了市场供应和价格

一是政策性粮食销售操作稳健。坚持常年常时向市场投放国家政策性粮食，适时调整竞价销售品种、数量和底价，释放明确的调控信号，引导和稳定市场预期。比如，在小麦启动托市收购后适当减少投放数量，在托市结束价格上涨时果断加大投放力度，对稳定小麦市场价格发挥了重要作用，这也说明我们在调控市场的具体操作上日益成熟和稳健。全年共成交政策性粮食370亿斤，保证了市场有效供给，维护了市场稳定。

二是储备吞吐调节规范有序。在加强中央储备粮计划管理的同时，根据市场供求形势适时调整轮换计划，指导企业把握好轮换时机和节奏，坚持高抛低吸、削峰填谷，发挥好"蓄水池"作用，使储备轮换成为顺应市场调控的"正能量"。各地着力做好保供稳价工作，及时动用地方储备增加市场供给，山西、福建、广东、广西、云南等地积极利用平价粮店等供应网点，适时投放平价粮油，保持了市场价格稳定。2012年国际市场玉米、大豆等价格波幅超过50%，国内市场粮油价格则保持总体平稳。

三是灾区市场供应及时有力。云贵交界地区发生地震后，国家局及时下发电报指导做好灾区粮油供应工作；两省粮食部门第一时间采取应急措施，迅速组织救灾粮油投放。"7·21"特大洪灾后，北京动用区县储备成品粮220吨投放市场，河北省保定市向灾区调运、供应成品粮62万斤、食用油4917桶。山西省临县"7·27"特大洪灾后，省粮食局紧急支援20万斤面粉，并启动市级粮食应急预案，有力地保障了灾区粮油供应。

（三）完善储备和应急体系，保障能力进一步提升

一是粮油储备库存继续得到充实和提高。通过直接收购、轮换收购、进口转储等方式，补充储备粮库存，进一步夯实了宏观调控物质基础。各地抓住粮食丰收的有利时机适时增加地方粮油储备库存，部分地区完成国家指导性计划后还适当增加了储备规模。当年地方储备库存增加较多的有河北、江苏、广西、黑龙江、甘肃、河南、云南、福建、北京等，成品粮储备库存增加较多的有安徽、内蒙古、四川、黑龙江、山西等。2012年底，全国地方储备粮和储备油库存同比分别增长5.8%和5.3%，其中成品粮和成品油库存分别增长8.7%和5.4%，地方政府的市场调控能力进一步增强。

二是粮食应急处置能力有所提升。各地注重加强应急网点建设，山西、广西等地粮食部门积极与财政等部门协调，加大资金投入，升级改造应急加工企业和供应网点，提高了应急保障能力。目前全国已确定粮油应急加工定点企业4668家、应急供应定点企业12626家。2012年国家局组织举办两期培训班，交流应急工作经验，提升了应急管理水平。湖北、重庆等省（市）开展了省级应急演练，还有13个省（市、区）开展了地（市）级演练，应急实战能力进一步增强。

三是粮食跨区流动和产销合作稳步推进。2012年共下达国家政策性粮食移库调运计划70亿斤，促进粮食跨区流动，优化了库存布局，提高了销区和库存薄弱地区应对市场波动的能力。黑龙江、福建等省成功举办金秋粮食交易洽谈会、七省粮食产销协作洽谈会等大型产销合作会议，全年共签订购销合同487亿斤，有力地促进了粮食区域平衡。

（四）扎实做好统计信息工作，为调控决策提供科学依据

一是认真做好粮食统计日常工作。各级粮食部门克服人手少、经费不足等困难，较好地完成了

购、销、存统计等各项基础性工作。开展统计专项检查，促进了数据质量的提高。及时报送和发布统计信息，提升了统计服务水平。去年黑龙江、浙江、陕西、安徽等省统计工作突出，综合考核名列前茅。

二是强化市场信息监测。完善市场监测直报点布局，实时跟踪市场价格，加强重点地区重点时段的监测力度，适时调整监测频率，增强市场反应的灵敏度和准确度，及时掌握和反映市场动态变化情况，监测能力和水平有所提高。

三是改进供需平衡调查工作。继续推进全社会粮油供需平衡调查工作，增加6个杂粮品种指标，并对转化用粮（油）企业消费情况开展了重点调查，基本掌握了我国粮油生产、流通、消费和库存等供求情况，调查结果为有关部门和地方政府决策提供了重要参考。天津、福建、河南和云南等地调查工作做得比较扎实。

二　扎实做好2013年粮食调控各项工作

做好2013年粮食宏观调控工作，要认真贯彻落实党的十八大精神，按照"守住管好天下粮仓，做好三篇文章"的总部署，紧紧围绕"抓收购、保供给、稳粮价"这个中心任务，认真落实粮食安全省长负责制，切实做好粮食购销、保供稳价、储备管理、统计信息等工作，着力完善粮食收储服务体系，着力完善粮食储备体系，着力完善应急供应体系，着力完善监测预警体系，加强和改善宏观调控，确保国家粮食安全。

"抓收购、保供给、稳粮价"是粮食部门的行业职责和重要任务，更是粮食调控战线始终不渝的工作目标。它直接关系到种粮农民和消费者的切身利益，必须抓紧抓实抓好。要以保护农民利益为目标，坚持不懈地做好粮食收购工作。认真落实国家粮食收购政策，及时启动最低收购价和临时收储等政策性收购；积极支持和引导多元主体入市收购，活跃收购市场；加强监督检查，督促企业严守"五要五不准"收购守则，确保落实好国家强农惠农富农政策不折不扣落到实处，让种粮农民有效益、不吃亏、得实惠。要以保护消费者利益为目标，坚持不懈地做好粮油保供稳价工作。适时投放政策性粮油，增加市场粮源；组织好跨省移库，推动产销合作，促进区域平衡；灵活发挥储备吞吐调节作用，认真做好粮食应急工作，稳定粮食市场。

要全面完成"抓收购、保供给、稳粮价"的工作目标，必须切实加强保障能力建设，重点完善以下四个体系：

（一）完善收储服务体系

做好粮食收购工作，切实保证"种粮卖得出"，直接关系到农民的切身利益，关系到粮食生产稳定发展，要大力增强粮食收储服务能力，做到应收尽收，避免出现农民卖粮难。要适应粮食生产组织方式的变化，积极探索粮食收购新模式，融入新型农业经营体系，大胆采用订单收购、补贴收购、一体化经营等多种方式，主动加强与家庭农场等专业生产经营组织的合作、对接，灵活地开展粮食收购。努力健全粮食收购网络体系，对于收储能力不足、交通条件相对较差、农民卖粮不便的地区，要完善国有粮食企业布局，增加收储网点，切实发挥好主渠道作用，方便农民售粮。要加强制度建设，提升管理水平，自觉接受监督，为售粮农民提供优质服务，做到让政府放心、让农民满意。要拓展服务领域，积极与林业等部门联手合作，大力推动木本油料产业发展，鼓励有条件的粮食企业全面参与，搞好购销等服务，有效增加国内食用油市场供给。

（二）完善粮食储备体系

粮油储备是保障粮食安全的重要物质基础，是粮食宏观调控的有力抓手。要着力健全库存充足、结构合理、管理规范、运转高效、调控有力的粮食储备体系，服务国家宏观调控，确保国家粮食安全。李克强同志在国家粮食局座谈时指出，目前中央储备是基本够用的，但地方储备还显不足，需要加强。我们要认真落实这一指示，抓住粮食生产连续丰收的有利时机，积极充实储备库存，增强市场调控物质保障能力。要进一步调整优化储备粮品种结构和区域布局，增强库存薄弱地区和价格敏感地区的储备调节能力，加强中央储备与地方储备的衔接协作，满足市场调控需要。要适当增加小包装成品粮油储备数量，使之与当地消费需求和市场调控需要相适应，增强市场调控的及时性、针对性和有效性。加快储备粮管理体制和运行机制建设，推进储备粮管理的法制化、规范化、科学化，特别是要加强储备粮购销、轮换、监管等方面的制度建设，确保储备粮油数量真实，质量良好，储存安全，确保需要时调得动、用得上。

（三）完善应急供应体系

做好粮食应急供应工作，对于提高政府应对突发事件的能力和水平，稳定市场、稳定人心、稳定社会意义重大。要建立健全准备充分、责任明确、响应迅速、处置有力的粮食应急供应体系，切实提升粮食应急能力和水平，确保紧急状态下的粮食供应和价格稳定。加快推进应急网点建设，按照"合理布点、全面覆盖、平时自营、急时应急"的原则，在2013年全面完成粮食应急加工、应急储运、应急供应网点布局。确保每个乡镇、街道（社区）至少有一个应急供应点，京、津、沪、渝等36个大中城市人口集中的社区，每3万人至少有一个应急供应点。应急供应网点建设要统筹考虑，注重实效，在现有粮油应急点、军粮供应站、放心粮油示范店的基础上，积极争取地方政府支持改造、新建部分粮食应急供应点，仍不能满足应急工作需要的，可以从多元主体经营的商场、超市、粮油经销店中择优选定。要明确应急网点的职责和运行机制，所有应急网点平时按市场化运作，应急救灾时作为政府保供稳市的载体。加强制度建设，进一步健全粮食应急工作机制，根据需要修改完善粮食应急预案，细化粮油储备应急动用方案，健全应急协调联动机制。加强粮食应急培训和演练，切实做好应对突发事件和市场异常波动的思想准备、组织准备、物质和技术准备，不断提高应急实战能力。

（四）完善监测预警体系

做好监测预警工作，及时全面掌握粮情动态信息，是改善和加强国家粮食宏观调控的前提和保障。中央1号文件对此提出明确要求。我们要建立健全指标科学合理、数据权威可靠、监测灵敏全面、分析准确高效的粮情监测预警体系，打造粮食市场的"千里眼"和"顺风耳"，力争做到"未涨先知，未抢先知"，切实增强宏观调控的前瞻性、针对性、有效性。建立健全科学合理的数据采集系统，加强统计信息基础工作，扩大统计范围，推进供需平衡调查，开展专项调查，强化市场监测，及时采集粮食生产、购销、库存、进出口、价格等信息，增强数据的代表性、准确性、及时性。建立健全粮情监测预警分析系统，加强对国内外市场信息的分析和研判，建立主要粮油品种会商机制，建立粮情预警模型，健全预警机制，总结趋势性规律，发现苗头性问题，实现先兆预警，为市场调控提供可靠的决策依据。从长远看，还可以探索建立粮食价格指数，形成权威的粮食价格发现机制。健全信息发布系统，科学设定预警、预报的内容和发布方式，综合利用多种媒介，及时发布相关信息，积极引导生产和流通，为政府、企业、农户和消费者服务。

今年的粮食宏观调控任务十分繁重，我们要统一思想认识，明确目标任务，建立健全责任制，使每项工作切实落到实处。完善应急供应体系、强化粮情监测预警，是"粮安工程"的重要内容，这次会上要对这两大体系建设问题进行认真讨论，大家要结合本地实际，畅所欲言，多提出一些建设性意见和建议，力争使这两个实施方案更切合实际，更具有可操作性。实施方案中既要有目标要求，又要有相关措施，还要提出明确的时间表和路线图，以便落实和考核。各地要按照实施方案的要求，积极推进，按时完成。有关落实和进展情况，要及时上报。我们也将适时组织开展检查。

同志们，守住管好"天下粮仓"、保障粮食有效供给是粮食调控战线的光荣使命和神圣职责。让我们在党的十八大精神指引下，解放思想、开拓创新，求真务实、扎实工作，为保障国家粮食安全、促进经济持续健康发展和全面建成小康社会作出新的贡献！

3

第三篇

全国粮食工作

粮油生产

一　粮油生产情况

2013年，党中央、国务院着眼全局，出台了一系列强农惠农富农政策，各地坚决贯彻中央决策部署，紧紧围绕"千方百计确保国家粮食安全"的目标，凝心聚力，攻坚克难，全年粮食产量首次突破6亿吨大关，实现新中国成立以来首次"十连增"。10年里，粮食产量累计增加17124.4万吨，单产每公顷提高1044.1公斤，是新中国成立以来粮食总产增加最多、单产提高最快的时期。2013年油料生产继续保持较好的发展势头，面积、总产、单产"三增"，特别是总产和单产再创历史新纪录，总产实现自2008年以来的"六连增"。粮油稳定增产，为保障国家粮食安全，保持经济平稳较快发展发挥了重要作用。

（一）2013年粮食生产特点

1.粮食面积稳定增加。2013年粮食播种面积11195.6万公顷，比上年增加75.1万公顷，增幅0.7%，是新中国成立以来第一次连续十年增加。

2.粮食单产提高。2013年粮食平均单产每公顷5377公斤，比上年提高75公斤，增幅1.4%。

3.粮食总产连续第十年增产。2013年粮食总产60193.8万吨，比上年增产1235.8万吨，增幅2.1%，实现新中国成立以来第一次连续十年增产。

4.三季粮食季季增产。

夏粮增产：2013年夏粮播种面积2758.9万公顷，比上年减少0.1万公顷，持平略减；总产13184.8万吨，比上年增产191.1万吨，增幅1.5%；单产每公顷4779公斤，比上年提高69公斤，增幅1.5%。

早稻增产：2013年早稻播种面积580.4万公顷，比上年增加4.0万公顷，增幅0.7%；总产3413.5万吨，比上年增产84.4万吨，增幅2.5%；单产每公顷5881公斤，比上年提高106公斤，增幅1.8%。

秋粮增产：2013年秋粮播种面积7856.3万公顷，比上年增加71.2万公顷，增幅0.9%；总产43595.5万吨，比上年增产960.4万吨，增幅2.3%；单产每公顷5549公斤，比上年提高73公斤，增幅1.3%。

5.主要粮食品种"两增两减"。

稻谷减产：2013年稻谷播种面积3031.2万公顷，比上年增加17.5万公顷，增幅0.6%；总产20361.2万吨，比上年减产62.4万吨，减幅0.3%；单产每公顷6717公斤，比上年降低60公斤，减幅0.9%。

小麦增产：2013年小麦播种面积2411.7万公顷，比上年减少15.1万公顷，减幅0.6%；总产12192.6万吨，比上年增产90.3万吨，增幅0.8%；单产每公顷5056公斤，比上年提高69公斤，增幅1.4%。

玉米增产：2013年玉米播种面积3631.8万公顷，比上年增加128.9万公顷，增幅3.7%；总产21848.9万吨，比上年增产1287.5万吨，增幅6.3%；单产每公顷6016公斤，比上年提高146公斤，增幅2.5%。

大豆减产：2013年大豆播种面积679.1万公顷，比上年减少38.1万公顷，减幅5.3%；总产1195.1万吨，比上年减产109.9万吨，减幅8.2%；单产每公顷1760公斤，比上年降低60公斤，减幅3.3%。

（二）2013年油料生产特点

据统计，2013年全国油料总产达3517.0万吨，比上年增产80.2万吨，增长2.3%，增产量和增长幅度均小于上年。2013年油料生产主要有以下特点：

1.产量增加主要靠单产。2013年全国油料平均单产每公顷2508公斤，比上年提高41公斤，增幅1.7%，再创历史新纪录。因单产提高增产油料57.5万吨，占油料增量的71.7%。花生、油菜籽、芝麻、胡麻、向日葵五个油料作物单产均比上年增加，均创历史新纪录。其中，花生每公顷3663.3公斤，提高65.3公斤；油菜籽1922.8公斤，提高37.8公斤；芝麻1490公斤，提高27公斤；胡麻1274.6公斤，提高45.6公斤；向日葵2624.3公斤，提高10.3公斤。

2.面积小幅增长是支撑。在上年略增的情况下，2013年油料面积继续保持恢复性增加。全国油料面积1402.3万公顷，比上年增加9.3万公顷，增长0.7%。分作物看，油菜、向日葵面积有所扩大，花生、芝麻、胡麻面积稳中略减。其中，油菜面积为751.9万公顷，比上年增加8.8万公顷；向日葵92.3万公顷，增加3.5万公顷。其余3种作物共减少2.9万公顷，其中芝麻减少近1.9万公顷，花生、胡麻总体稳定。

3.主要油料作物增的多。5种油料作物"四增一减"，即花生、油菜、向日葵、胡麻增产，芝麻减产。增产主要靠油菜、花生和向日葵。其中，油菜籽产量1445.8万吨，增45.1万吨，花生产量1697.2万吨，增28.1万吨，向日葵242.3万吨，增10.1万吨。芝麻及小油料略有减产，其中芝麻62.3万吨，减1.6万吨。

4.主产省增的多。2013年全国油料产量达100万吨及以上的省由11个增加到12个，广东省油料产量首次突破百万吨大关，达到101万吨。12个省区中，除辽宁、安徽、山东3省减产外，河北、内蒙古、江苏、江西、河南、湖北、湖南、广东、四川9个省（区）增产，增减相抵百万吨大省（区）共增产油料72.9万吨，占增量的90.9%。增的最多的是河南省，增19.6万吨，约占全国增量的1/4，产量达到589万吨，是全国产量最大的省。减产最多的是辽宁省，减7.2万吨。

5.食用植物油自给率有所下降。2013年油料增产80.2万吨，大豆减产109.9万吨，棉花减产53.7万吨，茶籽油、玉米油、米糠油等稳中略增，扣除食用部分，国产油料折油总量持平略减，由于消费继续增加，食用植物油自给率有所下降。

2013年油料生产持续增产的主要因素：一是气候条件总体有利。油菜生长前期尽管遭遇长时间低温阴雨，造成营养生长不足，但后期气温平稳，昼夜温差大，病害轻，有利于油菜灌浆成熟。千粒重和含油率比上年明显提高，含油率比受灾的2012年提高2个百分点左右。部分花生产区遭遇干旱灾害，但花生比较耐旱，没有造成大面积减产。西北地区雨水条件较好，有利于向日葵、胡麻等作物生长。二是油料高产栽培技术得到进一步普及推广。2013年国家继续实施粮油高产创建，共实施664个万公顷示范片，其中油菜454个、花生200个、其他油料10个。同时开展油菜增产模式攻关。各地以项目为抓手，大力开展技术培训，召开各种技术现场会，组织技术观摩活动，在作物生长关键季节开展技术指导，推广普及油料高产栽培技术。三是国家加大政策支持和保护力度。在继续实施油菜、花生良种补贴和油料大县奖励政策的同时，国家将2012年夏收油菜籽临储价格由每公斤4.6元提高到每公斤5.0元，对稳定当年油菜秋冬种面积发挥了一定作用。一些油料主产区地方政府也出台政策支持油料生产。四是2013年油料播种期间，花生等油料市场价格继续保持高位运行。2013年上半年花生果价格基本保持在每公斤7元左右，油菜籽市场价格也高于上年，稳定了农民的生产积极性。

二　粮棉油糖高产创建

高产创建以万公顷示范片为单元，以促进粮食稳定发展和农民持续增收为目标，依靠科技进步，推广集成技术，已成为农业部门推进工作的重要抓手。为适应现代农业专业化、标准化、规模化、集约化的新要求，提升高产创建原动力，扩大科技支撑在保障国家粮食安全上的深层效果，全面启动粮食增产模式攻关，打造高产创建的"升级版"。

（一）基本情况

2013年，粮食生产迎来首个"十连增"，高产创建和粮食增产模式攻关成效显著。农业部在全国建设了12500个万公顷高产创建示范片，继续推进5个整地市、50个整县、500个粮食整乡及100个棉糖整乡试点建设。新增10个油菜整县试点，集成技术、集约项目、集中力量，不断延伸万公顷示范片工作机制、技术模式等。启动了粮食增产模式攻关，选择50个试点，强化动员部署，创新科技服务方式，充分整合育种、栽培、植保、土肥、农机等各行业力量，搭建农教科、产学研大联合、大协作、大攻关的新平台；将星罗棋布的高产创建万公顷示范片的成熟技术凝练提升、集成组装，形成区域性、标准化的高产高效技术模式，不断提升粮食综合生产能力。集成推广58种涉及玉米、小麦、水稻、马铃薯、油菜五大作物，涵盖东北、黄淮海、长江中下游、西南西北地区29个粮食生产优势区域的高产高效技术模式。通过创新示范推广，带动更大范围均衡增产。

（二）实施成效

1.产量水平不断提升。各地在总结历年高产创建经验的基础上，不断完善技术模式，集成推广高产品种和配套栽培技术，涌现了一批高产典型。据严格测产验收，全国2349个小麦万公顷示范片中，亩产超过600公斤的有942个，占40.1%。其中，河南省、山东省、安徽省的49个万公顷示范片平均亩产均超过650公斤，最高的平均亩产708.6公斤，创万公顷集中连片小麦高产纪录。2988个单季稻万公顷示范片中，亩产超700公斤的有1900个，占63.6%。3579个玉米万公顷示范片中，亩产超800公斤的有1297个，占36.2%。447个大豆万公顷示范片亩产超过200公斤的有342个，占76.5%。412个马铃薯万公顷示范片亩产超过3000公斤的有134个，占32.5%。454个油菜万公顷示范片亩产超过200公斤的有239个，占52.6%。200个花生万公顷示范片亩产超过300公斤的有187个，占93.5%。全国还建设了86个高粱等特色粮豆和10个油葵等特色油料万公顷示范片。

2.辐射带动能力不断增强。各地以万公顷示范片、整建制、粮食增产模式攻关试点为平台，在重要农时和生育时期展示示范深松整地、播后镇压、抗旱保苗、一喷三防、一促四防等关键技术措施，以点带面，辐射带动所在乡（镇）和县（市）平衡增产。据统计，2013年11161个粮食（不含杂粮）万公顷示范片平均亩产623.0公斤，比全国平均水平高264.5公斤；664个油料万公顷示范片平均亩产249.6公斤，比所在县平均水平高111.6公斤。

3.科技成果转化力度不断增大。各地建立农业科研对接平台，不断创新技术模式，加快了农业生产关键技术的组装配套和推广应用。

4.防灾减灾应对能力不断强化。高产创建和粮食增产模式攻关整合资源、加大投入，不断夯实农业生产基础，健全技术推广网络，狠抓技术落实，在监测预警、灾害应对等方面都做了大量工作，提升了农业综合防灾减灾能力。

5.新型种粮主体凝聚效应日益凸显。高产创建和粮食增产模式攻关通过行政推动，构建了规模生产的初级形式，并通过多种形式探索，促进了新型种粮主体的发生、发展。

三　基层农技推广体系建设

为深入贯彻落实新修订的《中华人民共和国农业技术推广法》和中央有关文件精神，加快推进基层农技推广体系改革与建设工作，2013年，中央财政安排26亿元，在31个省（区、市）、3个计划单列市、2个农业部直属垦区和新疆生产建设兵团共37个省级单位实施"全国基层农技推广体系改革与建设补助项目"，基本覆盖全国所有农业县。各省按照要求，围绕种植业、畜牧业、渔业等主导产业，遴选22.87万名技术指导员，建设10498个农业科技试验示范基地，培育208.5万科技示范户，辐射带动3568万周边农户，培训基层农技推广人员53.8万人次。农业部以补助项目为抓手，加强监督管理，全面推进农业科技进村入户，有力支撑了现代农业发展，取得良好进展和明显成效。

（一）促进了基层农技推广体系改革与建设工作不断深化

各地以实施补助项目为抓手，不断深化乡镇农技推广机构管理体制改革。一是明确了公益性定位，落实了公益性编制，稳定了基层农技推广队伍。二是落实了"一个衔接、两覆盖"政策，推动各地基层农技人员的工资待遇逐步与当地其他事业单位相衔接。三是加强了县级农业主管部门对乡镇农技推广机构的指导。截至2013年年底，全国乡镇级农技推广机构管理体制实行以县管为主的占60%以上，使农技推广人员真正回归主业，主要精力用于开展农技推广服务工作。四是引导地方加强对农技推广工作的投入。据初步统计，仅2013年一年，在中央财政投入的引导下，省级财政投入农技推广工作的经费达到8.8亿元，同时各市县也相应增加了对县乡农技推广机构条件建设和工作经费的投入。

（二）促进基层农技推广工作活力不断增强，效能不断提升

一是调动了农技人员下乡服务的积极性。通过补助项目，很大程度上解决了农技人员愿意下乡和能够下乡的问题，干多干少不一样，干好干坏不一样，充分调动农技推广人员下乡服务的积极性，农技人员年平均为科技示范户指导服务11.6次。二是提升了农技人员素质能力。通过补助项目支持基层农技人员开展知识更新培训，在干中学，在学中干，全年多渠道、分层次对基层农技人员进行培训，并通过集中培训、参观考察、学历提升等多种形式，对农技推广骨干人员进行强化培训，提升了服务能力，受到农技人员的普遍欢迎。三是强化绩效考核。通过项目实施，各地普遍实行了对农技推广的三方考核。在农业部延伸绩效考核的基础上，各地也对项目县、农技推广人员和科技示范户进行考核，实行奖优罚劣、末位淘汰。

（三）促进了粮食生产"十连增"、农民收入增长"十连快"

通过补助项目的实施，一方面实现了农技推广体系自身建设的目标；另一方面也有效促进区域主导产业的稳定发展。据初步统计，2013年各地主导产业产量（产值）较上年增长5%以上，特别是示范户增产增收效果显著。

四　农机购置补贴

农机购置补贴是党的强农惠农富农政策的重要内容。为实施好这项利国利民的好政策，全面实现政策目标，各级农机化主管部门认真贯彻党中央国务院的决策部署，求真务实，开拓创新，奋力拼

搏，扎实工作，取得了利农利工、利国利民、一举多效的好效果。

（一）基本情况

2013年中央财政继续扩大农机购置补贴资金规模，全年共安排农机购置补贴资金217.5亿元，比上年增加2亿元，实施范围继续覆盖全国所有农牧业县（场）。补贴机具种类达12大类48个小类175个品目，在此基础上，各地还可以在12大类内自行增加不超过30个品目的其他机具列入中央资金补贴范围。中央财政农机购置补贴资金实行定额补贴，即同一种类、同一档次农业机械在省域内实行统一的补贴标准。一般机具单机补贴限额不超过5万元；挤奶机械、烘干机单机补贴限额可提高到12万元；100马力以上大型拖拉机、高性能青饲料收获机、大型免耕播种机、大型联合收割机、水稻大型浸种催芽程控设备单机补贴限额可提高到15万元；200马力以上拖拉机单机补贴限额可提高到25万元；甘蔗收获机单机补贴限额可提高到20万元，广西壮族自治区可提高到25万元；大型棉花采摘机单机补贴限额可提高到30万元，新疆维吾尔自治区和新疆生产建设兵团可提高到40万元。

（二）主要成效

1.推动农机总量较快增长和结构持续优化，有力提升了农业技术装备水平。近年来，在补贴政策的有力推动下，农机装备水平显著提高，2013年全国农机总动力达10.4亿千瓦，比上年增加1348万千瓦。农机装备结构进一步优化，重点作物关键环节机械大型化、复式化、配套化趋势明显，丘陵山区农机装备发展提速。先进适用农业机械广泛应用，促进了农业生产规模化、标准化、集约化和产业化，有效提升了农业综合生产能力，实现了农业节本增效。

2.推动了农机化技术推广应用，促进了农业生产方式转变。在补贴政策的强力促进下，农机作业水平持续提高。2013年全国农作物耕种收综合机械化水平达59.48%，同比提高2.31个百分点。重点作物薄弱环节机械化水平进一步提高，水稻机械种植、玉米机收水平分别达36.1%、51.57%，同比分别提高4.43个、9.1个百分点；油菜、花生、马铃薯、棉花、甘蔗等作物机械化取得有效进展，新疆生产建设兵团棉花机收水平超过62%。

3.培育了新型农业生产经营主体，激活了现代农业建设和新农村发展活力。通过农机购置补贴政策的实施，培育和壮大了农机合作社等新型农业生产经营组织，2013年全国农机合作社数量达到4.24万个，农机专业户超过520万户。新型农业生产经营组织的蓬勃发展，推进了农业生产经营体制创新，激活了现代农业建设和新农村发展活力，为加快农业现代化进程发挥了重要作用。

4.激发了农村有效需求，推动了农机工业快速发展。农机购置补贴进一步激发了农民购买农机的热情，2013年共补贴购置各类农机具594.64万台（套），拉动农民和农业生产经营组织直接投入548亿元，同时带动农机工业快速发展，全国规模以上农机工业企业主营业务收入3571亿元，同比增长16%，增幅位居机械工业前列。

农机购置补贴政策的稳定连续实施，使我国农业机械化进入了健康发展的快车道，有效缓解了农村青壮年劳动力短缺的突出矛盾，有力保障了农业稳定发展，引领了耕作制度改良，推动了农业技术集成、节本增效和规模经营，挖掘了粮食增产潜力，为实现粮食生产"十连增"、农民增收"十连快"起到了保障作用，成为促进"四化同步"发展和全面建成小康社会最有效的农业政策之一。

五　测土配方施肥

2013年，在中央财政支持下，农业部依托测土配方施肥补贴项目，开展全国农企合作推广配方肥工作，着手解决测土配方施肥中配肥、施肥薄弱环节。一年来，通过各级农业部门和肥料企业的共同努力，配方肥推广应用面积和数量实现了较大幅度增长，各地也探索建立了许多配方肥进村入户到田的推广模式和工作机制，为深入开展测土配方施肥打下了坚实基础。

（一）搭建了农企合作平台

继续采取"百企连百县"的方式，以农企合作整建制推进测土配方施肥为抓手，强化配方肥应用和施肥方式改进。全国农企合作推广配方肥企业由100家扩大到200家，与整建制推进测土配方施肥的100个示范县（场）进行产需对接，签订农企合作协议。省级、县级农业部门也组织农企合作推广配方肥企业与整建制推进测土配方施肥的1000个示范乡（镇）和10000个示范村进行产需对接，做到每个县（场）、示范乡（镇）和示范村都有明确的工作方案、推广模式和农企合作推广配方肥企业，形成了农业部门科学提供肥料配方、肥料企业严格按方生产、肥料经销网点根据测土配方施肥方案供应、农民凭施肥建议卡施用配方肥的良好格局，构建了农业部门、肥料企业与农户之间的互动平台，既增强了农业部门推广配方肥的责任意识，也极大地调动了肥料企业生产供应配方肥、农民施用配方肥的积极性。

（二）探索了配方肥推广模式

各地因地制宜探索配方肥推广应用的有效模式：农民自主选择模式。农业部门负责取土化验，为农民提供施肥建议卡和技术指导，农民按照建议卡到肥料经销店购买肥料。这是以农民为主体的市场"按方抓药"方式，充分发挥了农民自主选择性，优化了农民施肥结构。农企合力推进模式。农业部门负责制定肥料配方和指导服务，肥料企业负责配方肥生产，经销网点负责配方肥销售。这种方式适合"中成药"配方肥的推广，结合了农业部门公益职能和企业经营行为两个方面的优势，有力推动配方肥应用落到实处。定点供销服务模式。通过筛选认定测土配方施肥定点供应服务网点，引导肥料经销网点装备智能化配肥设备，为农民提供现配现混服务，采取"中草药代煎"的方式，引导农民选用配方肥。农化服务组织带动模式。以种粮大户、家庭农场、农民合作社为载体，建立专业化农化服务组织，通过为农民提供统一测土、统一配方、统一供肥、统一施用的"四统一"农化服务，充分发挥农化服务组织的科学施肥技术优势，带动了配方肥进村入户、施用到田。

（三）建立了推广工作机制

为确保工作顺利开展，各地从制度建设入手，在实践中探索建立了许多有效的工作机制，包括肥料配方发布机制。制定发布了小麦、玉米、水稻三大粮食作物的32个区域大配方和156条施肥建议，不仅为肥料企业"大配方制定、大规模生产、大区域推广"提供了便利，也为广大基层配肥服务网点因地制宜开展施肥"小调整"提供了技术支撑。

（四）实现了工作重心转移

为适应测土配方施肥工作新形势、新任务的需要，各级农业部门以技术普及和配方肥推广应用为重点，将工作重心由化验室转向田间地头，由试验示范转向推广普及，由单纯的测土配方转向配方肥推广应用。工作范围实现了由粮油作物向园艺作物拓展，向配肥、施肥环节深化，向改进施肥方式延伸。各级农业部门在推广应用配方肥过程中，主动与肥料企业合作，加强产需对接，引导肥料产业由生产主导消费向消费主导生产的转变。

据统计，2013年全国有1258家肥料企业参与了农企合作推广配方肥工作，配方肥施用量达900万吨（折纯）以上，推广面积6亿多亩。全国100个整建制推进示范县配方肥用量占基施化肥比例60%以上，1000个示范乡镇、10000个示范村基本实现了辖区内耕地土壤类型、主要农作物测土配方施肥技术全覆盖。同时，全国减少不合理施肥150多万吨，相当于节约燃煤400万吨、减少二氧化碳排放量约1000万吨。

六　病虫害防治

2013年粮食作物病虫总体偏重发生。其中，水稻"两迁"害虫、小麦赤霉病、穗期蚜虫、玉米螟、粘虫、蝗虫等重大病虫害对粮食安全生产构成严重威胁。初步统计，全国主要粮食作物病虫害发生面积24467万公顷次，累计实施防控面积30333万公顷次。农业部高度重视，全力以赴打好防控战役，有效控制病虫危害，有力保障了粮食生产"十连增"。

（一）小麦病虫害

总体中等发生，累计发生5933万公顷次。其中，虫害发生3467万公顷次，病害发生3.7万公顷次。小麦穗期蚜虫在黄淮海主产麦区偏重发生，发生面积1560万公顷，接近2001年以来的平均值。吸浆虫在黄淮麦区继续保持上升为害的趋势，陕西、河南局部发生较为严重，发生面积229万公顷，与2012年持平。小麦纹枯病在鄂西北部、安徽沿淮、鲁西南部和半岛地区偏重发生，发生面积867万公顷，是2001年以来发生第三重的年份。小麦赤霉病在江淮、黄淮南部麦区呈大流行态势，经有效预防控制，实际发生面积426.7万公顷，病穗率大部在3%以下，危害显著轻于2012年。小麦条锈病经大力推行秋播药剂拌种、秋冬季"带药侦查、打点保面"、春季严控发病中心防扩散蔓延措施，实际发生面积仅136.7万公顷，是2001年以来第二轻发年份。

（二）水稻病虫害

总体轻于2012年，发生面积9667万公顷次，同比减少7.7%。其中，虫害发生7000万公顷次，病害发生2667万公顷次。稻飞虱呈"前轻后重"态势，总体重于常年。华南、江南早稻区中等发生，江南、长江中下游、西南东部单季稻区偏重至大发生，华南西部晚稻区中等至偏重发生，累计发生面积2800万公顷次；稻纵卷叶螟大部中等发生，江南、长江中下游单季稻区偏重发生，总体轻于2012年和常年，累计发生面积1667万公顷次。稻瘟病在江南、东北、西南部分稻区中晚稻感病品种偏重发生，累计发生368万公顷；南方水稻黑条矮缩病经突出浸种和秧苗期预防控制，仅在西南、江南局部偏重发生，发生面积22.8万公顷，为近年来发生危害最轻的一年。

（三）玉米病虫害

总体偏重发生，累计发生8200万公顷次。其中，虫害发生6000万公顷次，为2000年以来发生面积最大的年份；病害发生2200万公顷次。玉米螟在东北和黄淮大部、西北和西南局部偏重发生，发生面积发生2400万公顷次；玉米粘虫继续呈重发态势，东北、华北、黄淮和江南局部、西南部分地区偏重发生，山西、河北、辽宁、山东局部出现集中危害，累计发生面积625万公顷；玉米蚜虫在东北、黄淮和西南局部偏重发生，发生面积667万公顷；地下害虫在华北、东北局部偏重发生，累计发生800万公顷次；棉铃虫在黄淮海偏重发生，发生面积484万公顷，比上年明显上升。大斑病在东北大部、华北局部偏重发生，发生面积603万公顷，接近2012年水平。

（四）农区蝗虫

总体中等发生，与近年持平。飞蝗偏轻发生，累计发生145万公顷。其中，东亚飞蝗在环渤海湾沿海、华北湖库和沿黄滩区发生131万公顷次（夏蝗发生756万公顷，秋蝗发生55万公顷）；亚洲飞蝗在新疆阿勒泰哈巴河县、吉木乃县、南疆阿克苏温宿县等农区发生5.3万公顷；西藏飞蝗在四川、西藏等金沙江、雅砻江流域河谷地带发生8.7万公顷。北方农牧交错区农区土蝗大部中等发生，河北和山西北部、内蒙古中西部、新疆北部均出现迁入农田危害现象，农田发生233.3万公顷。

另外，马铃薯晚疫病在西南、西北、东北马铃薯主产区发生较为严重，累计发生232.5万公顷。

针对重大病虫发生危害严峻形势，农业部立足"虫口夺粮"保丰收，组织各地一个作物一个作物研究部署，一个环节一个环节紧抓不放，突出主要作物、重大病虫、关键环节，落实"政府主导、属地责任、联防联控"工作机制，狠抓大区联合监测、信息共享、实时预警，强化统防统治、绿色防控、应急防治，全力以赴打好防控攻坚战，实现"飞蝗不起飞、土蝗不扩散"，重大病虫不大面积暴发成灾，重大植物疫情不恶性蔓延的治理目标。初步统计，"虫口夺粮"减损保产达10100万吨，占总产的16.6%。

七　农业防灾减灾

2013年我国农业气象灾害重于2012年。干旱、洪涝偏重发生，台风灾害偏轻发生。各级农业部门大力推动科学抗灾，克服了东北低温春涝、西南西北春旱、夏季南旱北涝、多次强台风、秋冬种局地干旱等多重灾害的严峻考验，粮食和农业生产在高基数、高起点上再夺丰收。

2013年，农作物受灾面积31350万公顷，比上年增加638.8万公顷，增加20.4%；其中，成灾面积1430.3万公顷，增加282.8万公顷，增加19.8%；绝收面积384.4万公顷，增加201.8万公顷，增加52.5%。全年因灾损失粮食3710万吨，增加1215万吨，增加32.7%。

（一）夏季南方干旱历史罕见

2013年7～8月，江南等地出现持续高温少雨天气，湖南、浙江部分地区连续30天日最高温度超过35℃，创1961年以来最长纪录，最大受旱面积超过6600多万公顷，导致多省中晚稻减产。2013年全国农作物因干旱受灾1410万公顷，其中成灾5852万公顷，绝收141.6万公顷，比上年分别增加4761万公顷、234.3万公顷和104.2万公顷。因干旱全年损失粮食1375万吨，比上年增加670万吨。

（二）洪涝灾害重于上年

2012年10月1日至2013年4月20日，东北地区降水量创1952年以来新高，加之冬季平均气温达到近12年来最低，出现严重的低温、春涝"双碰头"，导致东北地区春播延后7～10天。汛期，东北、华北地区降水比常年偏多3～5成，特别是8～9月连续出现数次强降雨过程，导致东北地区出现流域性洪涝灾害，河流沿岸行洪区和低洼地带农作物受灾较重。2013年全国农作物因洪涝受灾887.2万公顷，其中成灾489.6万公顷，绝收154.6万公顷，比上年分别增加113.9万公顷、75.1万公顷和65.6万公顷。因洪涝全年损失粮食1475万吨，比上年增加405万吨。

（三）登陆台风多于常年

2013年共有9个台风在我国登陆，较常年偏多2个，登陆区域主要在东南沿海。8月16～25日，在"尤特"、"潭美"和西南季风的共同作用下，安徽、浙江、福建、江西、湖北、湖南、广东、广西、云南、贵州等省区出现明显降雨过程，累计雨量在100～400毫米，江南等地旱情迅速缓解，局部地区旱涝急转。9月下旬，台风"天兔"给浙江、福建和广东带来持续强降雨，造成部分地区洪涝成灾。10月7日，台风"菲特"在福建沿海登陆后重创浙江，累计降水量达200～350毫米，给农业生产造成一定损失。2013年全国农作物因台风受灾267万公顷，比上年减少82万公顷，其中成灾98.7万公顷，绝收28.9万公顷，分别减少67万公顷和增加8.3万公顷。

（四）南方风雹灾害较重

3～4月，我国南方地区出现多次雷雨大风、冰雹等强对流天气，平均强对流天气日数为7.1天，为近15年来同期最多，江西北部、湖南中部、贵州东部、广西大部、广东西部等地偏多5～10天。2013年全国农作物因风雹受灾338.7万公顷，其中成灾168.2万公顷，绝收41.2万公顷，比上年分别增加60.7万公顷、31.4万公顷和19.9万公顷。

（五）局地低温冻害严重

3～4月，西北地区东部、华北、黄淮先后出现多次强降温过程，江苏省部分地区小麦和大麦造成不同程度冻害。2013年全国农作物因低温冻害受灾232万公顷，其中成灾88.5万公顷、绝收18.1万公顷，比上年分别增加70.2万公顷、91万公顷和3.8万公顷。

全国新增1000亿斤粮食生产能力建设

2013年，各地区、各部门继续按照《全国新增1000亿斤粮食生产能力规划（2009－2020年）》（以下简称《规划》）的要求，完善扶持政策，加大投入力度，加强产能建设，强化科技支撑，落实建设任务，不断提高粮食综合生产能力，逐步构建粮食生产稳定发展的长效机制。

一　加大投入力度，改善粮食生产条件

2010～2013年，国家发展改革委、财政部累计安排各类建设资金1430多亿元，用于800个产粮大县高产稳产粮田、水稻育秧大棚、大中型灌区、大型灌排泵站、农业气象保障工程等建设，累计建设高产稳产粮田1.45万公顷，新增和改善灌溉面积近1万公顷，粮食生产防灾减灾能力进一步增强。其中，2013年，国家发展改革委安排中央投资67.5亿元，用于800个产粮大县田间工程建设，建设高产稳产粮田1687万公顷；安排中央投资92亿元，用于大型灌区续建配套和节水改造、新建灌区和大型灌排泵站改造工程建设。各地也结合自身实施，努力增加地方投入，加强粮食生产基础设施建设。河南省整合相关项目资金，实施"百千万"工程，建设一批万公顷方、千亩方、百亩方高标准粮田；河北省政府出台加强粮食生产能力建设的实施意见，明确了财政奖励、绩效考核等政策措施。

在各地区、各有关部门的共同努力下，《规划》实施进展顺利，改善了粮食生产条件，提高了粮食综合生产能力。初步统计，800个产粮大县累计新打或修复机井近9万眼，铺设各类输水管道5万多公里，修建灌排渠道6.8万公里，排灌泵站3万多个，水稻育秧大棚12万栋，建成高产稳产粮田400多万公顷，新增和改善有效灌溉面积133万多公顷，形成了一批田成方、渠相连、旱能灌、涝能排的粮食生产基地，为粮食稳步增产奠定了坚实的基础。2012年，800个产粮大县粮食播种面积约6533万多公顷，比2009年增加133万多公顷；粮食产量4亿多吨，比2009年增加3500万吨以上，粮食平均亩产410多公斤，高出全国平均亩产50公斤以上，为粮食连年增产作出重要贡献。

二　加强科技支撑能力建设，提高粮食生产水平

为提升粮食生产科技支撑能力，2013年，国家发展改革委安排中央预算内资金2.52亿元，启动了粮食科技支撑能力项目和区域性粮食作物良种繁育基地建设，围绕水稻、小麦、玉米三大主粮品种培育、栽培技术和农机装备科研创新，支持河南、福建等省农科院和西北农林科技大学等一批农业科研院校，改善实验室、试验田、良繁田等基础设施条件，添平补齐科研仪器设备，加快高产、优质、广适、抗逆、抗病新品种和配套栽培技术研究；支持吉林、山东等省建设17个区域性良种繁育基地，提升粮食作物种子质量，保障粮食生产用种需要。此外，我委还会同财政部、农业部组织实施了生物育种能力建设与产业化专项，支持水稻、玉米、小麦生物育种项目41个，提升了企业品种培育与产业化能力。

　　财政部、科技部等部门结合相关科研计划，开展了粮食生产重大科技攻关，实施了现代农业产业技术体系、粮食丰产科技工程，加快优良品种和先进栽培技术的推广应用。农业部加强了粮食生产技术指导服务，加大了测土配方施肥、粮油高产创建、农机跨区作业等组织实施力度。在各方面共同努力下，粮食生产的科技水平明显提升，2013年，全国粮食平均亩产达到358.5公斤，农业科技进步贡献率达到55.2%，耕种收综合机械化水平超过59%。

三　强化流通设施建设，提高粮食仓储水平

　　根据《粮油仓储设施建设方案（2009－2020年）》，2010～2013年，国家发展改革委安排中央预算内投资60多亿元，新建一批粮食仓容，其中粮食主产区约占70%。同时，根据《"十二五"农户科学储粮专项建设规划》，2011～2013年，国家发展改革委安排中央预算内投资14亿元，为478.8万户农户配置了标准化储粮装具，占建设任务的60%，其中粮食主产区260万户，占全国的54.3%。

粮食流通

一　粮食收购有所增加

2013年粮食市场需求不旺，主产区农民卖粮变现面临较大困难。国家有关部门进一步完善相关政策，及时制定并公布收购预案，进一步简化启动程序，督促各地合理布设收购网点，较好地满足了农民售粮需要。小麦、早稻和中晚稻最低收购价执行预案全部启动，在新疆继续实施国家临时存储小麦收购。东北三省和内蒙古自治区适时启动大豆、玉米临时收储，及时出台生霉粒超标玉米收储政策，进一步强化地方政府责任，加大监督检查力度，督促企业严格执行国家粮食收购政策，收购工作进展顺利，收购总量明显增加。2013年，各类粮食企业（包括国有粮食企业、非国有粮食企业和转化用粮企业）共收购粮食31016万吨（贸易粮，下同），与上年相比增加2001万吨。其中，收购小麦7619万吨，同比减少804万吨；大米7426万吨，同比增加1012万吨；玉米14839万吨，同比增加2139万吨；大豆741万吨，同比减少295万吨。

（一）国有粮食企业收购大幅增加

国有粮食企业收购粮食16887万吨，与上年相比增加4524万吨，增幅较大。其中，收购小麦4024万吨，同比减少848万吨；大米3979万吨，同比增加1405万吨；玉米8473万吨，同比增加4212万吨；大豆317万吨，同比减少247万吨。受低价进口大米、南方镉超标大米、东北地区生霉粒超标玉米，以及市场需求不旺等因素影响，国内稻谷和玉米市场价格低迷，市场需求不旺，而农民售粮积极，国有企业政策性大米和玉米收购增加较多。2013年稻谷、玉米等国家政策性粮食收购7409万吨，同比增加4346万吨，导致国有粮食企业粮食收购量大幅增加。

（二）非国有粮食企业和转化用粮企业粮食收购量有所减少

2013年非国有粮食企业粮食收购9629万吨，比上年减少1125万吨。其中，大米、玉米和大豆与上年同期相比，收购量分别减少455万吨、965万吨和18万吨，小麦增加349万吨。转化用粮企业粮食收购4500万吨，比上年减少1398万吨，其中小麦减少230万吨，玉米减少1108万吨。

二　粮食销售增加较多

2013年，国有粮食企业累计销售粮食19442万吨，比上年增加2613万吨。其中，销售小麦7624万吨，同比增加694万吨；大米3064万吨，同比增加93万吨；玉米6180万吨，同比增加1632万吨；大豆2418万吨，同比增加230万吨。为保供稳价，国家有关部门根据市场情况和调控需要，适时适量安排政策性粮食投放市场，全年政策性粮食销售有所增加。2013年国家政策性粮食销售出库3277万吨，同比增加2031万吨，其中小麦3056万吨。

三　粮食库存持续升高

　　由于粮食生产连获丰收，为切实保护种粮农民利益，国家加大了托市收购力度，政策性粮食库存增幅较大，国有粮食企业库存持续升高，但其他多元主体库存相对减少，社会粮食库存总量持续增长。分性质看，国家临时存储和最低收购价粮食库存大幅增加，商品周转库存、中央和地方储备库存微升；分品种看，稻谷和玉米库存比例有所提高。从布局看，主产区库存比例上升，主销区和产销平衡区库存比例下降。受市场低迷影响，非国有粮食企业入市谨慎，自营粮食库存减少；转化用粮企业粮食库存基本持平。

粮食调控

一   认真抓好粮食收购，农民利益得到有效保护

（一）粮食收购进展顺利

近几年我国粮食生产连获丰收，商品率不断提高，2013年粮食收购面临的收储矛盾较前些年更为突出。各地高度重视，按照全国夏季粮油、秋粮收购工作会议要求，以保护好农民利益为出发点和落脚点，科学研判粮油供求形势，及时安排部署，加强业务指导，积极督促企业严格执行国家粮食收购政策，充分发挥国有企业的主导作用和各类市场主体的积极作用，收购工作进展顺利。各地认真落实国家粮食收购政策，督促各类粮食企业严格执行"五要五不准"收购守则，确保中央涉粮惠农政策落实到农民身上。通过提价托市、优质优价、帮助农户整粮减损等措施，促进种粮农民增收430亿元以上。

（二）政策性收购成效显著

国家粮食局会同有关部门修改完善并及时公布2013年小麦、早籼稻和中晚稻最低收购价执行预案，大力简化启动程序，督促各地合理布设收购网点，强化督促检查，狠抓贯彻落实，较好地满足了农民售粮需要。早稻、小麦和中晚稻最低收购价执行预案全部启动，在新疆继续实施国家临时存储小麦收购。14个省份启动了国家临时存储油菜籽收购。东北三省和内蒙古自治区适时启动了大豆、玉米临时收储，并实行"分贷分还"，进一步强化地方政府责任，有效调动了地方抓好收购的积极性，一些地区地方政府加大了粮食收储设施投入，有的地区恢复了专门的粮食行政管理机构和国有粮食企业。

（三）有效解决收储工作中的新情况新问题

及时下达政策性粮食露天设施存储计划，缓解部分主产区仓容不足矛盾。在2013年粮食收购中，将部分地区不完善粒10%～20%的超标小麦纳入最低收购价收购范围；明确非标准品玉米的收购中水分扣量扣价标准，将东北地区临时收储玉米生霉粒标准从2%放宽到5%，同时继续把色变粒玉米纳入临储收购范围。内蒙古、黑龙江等省（区）积极指导农户整理粮食，促进提等进级，增加农民收益。黑龙江开展粮食收购攻坚月活动，满足农民春节前售粮变现的需要；内蒙古、吉林、辽宁等省（区）加大促销力度，缓解仓储压力，确保了收购工作顺利开展。

二   综合施策保障供给，粮油市场保持总体稳定

（一）政策性粮食投放有效稳定了市场预期

全年共安排国家政策性粮油公开竞价销售90批次，累计成交政策性粮食3710万吨。根据市场走势和调控需要，适时调整竞价销售品种、数量和底价，切实满足市场需求，保持了市场基本稳定。青海等省加强储备吞吐，组织政府平价粮油投放，实现了稳定区域物价水平的调控目标，得到了当地政府的肯定。

（二）重点时段和重点地区市场供应保障有力

提前安排部署"两节"和"两会"期间等重点时段，以及自然灾害易发地区、退耕还林地区、水库移民区等重点地区粮油供应工作，维护市场稳定。四川芦山、甘肃定西、吉林松原地震发生后，粮食部门立即行动，全力做好救灾粮油粮源筹集、加工、调运、供应等工作，地震灾区民食军需和市场粮食供应得到有效保障。

（三）产销协作取得新进展

2013年国家粮食局会同有关部门分四批安排政策性粮食跨省移库1360万吨，省内跨县移库69万吨，充实销区库存，增强了销区调控市场的物质基础。积极实施关内企业采购东北地区粳稻和玉米费用补贴政策，引导和促进主产区粮食资源向销区加速流通。截至2013年年底，东北粳稻和玉米补贴采购运抵当地325万吨。黑龙江金秋粮食交易洽谈会、福建粮食产销协作洽谈会、内蒙古玉米产销协作洽谈会等组织产销对接2000万吨。北京、上海等市加快推进到主产区建立粮源生产基地，四川、浙江、福建、云南等省地方政府拿出专项资金，补贴采购省外粮源，保障区域粮食市场供应和价格稳定。

三　强化储备和应急管理，综合保障能力进一步提高

（一）地方储备库存继续增加

各地积极充实地方粮油储备，2013年年末全国地方粮食和食用油储备库存同比分别增长3.9%和5.7%，其中江苏、黑龙江、内蒙古、甘肃等省（区）增加较多，地方政府调控市场的能力继续增强。部分地区有针对性地增加了成品粮油储备，成品粮和成品食用油库存同比分别增长2.9%和7.7%，36个大中城市小包装成品粮油应急储备进一步增加，应急应灾快速反应物质基础进一步增强。

（二）储备粮油轮换总体顺利

及时下达2013年度中央储备粮油轮换计划，安排中央储备粮跨省轮换和品种串换，分批下达进口转临时储备计划，优化了库存布局和品种结构，确保了中央储备粮质量良好、储存安全。各地积极应对市场形势变化对储备轮换带来的不利影响，探索实施订单收购、成品粮油滚动轮换等运作模式，认真抓好地方储备粮油轮换，较好地发挥了储备粮油吞吐调节作用，保障了储备粮油质量安全。

（三）粮食应急供应体系取得阶段性成果

2013年5月，国家粮食局下发《关于进一步健全和落实粮食应急供应网点的通知》，就进一步健全和落实粮食应急供应网点等工作作出具体安排部署。各地努力克服时间紧、任务重等困难，在2013年年底前按时完成了粮食应急供应、配送、加工网点的布局工作，应急网点由上年的不足1.5万个增加到约4.3万个，基本实现了城乡全面覆盖、辐射村屯社区的布局目标，应急供应体系建设取得阶段性成果。山东、湖北、四川、广西等省（区）积极争取地方财政的资金支持，有力地推进了应急网点设施的建设和维护。各地采取措施，切实做好应对突发事件和市场异常波动的思想准备、组织准备、物质和技术准备，北京、天津、山东开展了应急培训，陕西、山西组织了市县级粮油应急演练，不断提高应急实战能力。

粮食流通体制改革

2013年，各地粮食部门围绕粮食安全省长负责制的贯彻落实，进一步转变职能，深入推进粮食流通体制改革各项工作。

一　贯彻中央粮食工作方针，全面部署粮食流通各项工作

2013年年初，国家粮食局召开全国粮食流通工作会议，认真贯彻落实中央关于粮食工作的方针政策。会议强调要按照稳中求进的总基调、扎实开局的总要求和"守住管好'天下粮仓'，做好'广积粮、积好粮、好积粮'三篇文章"的总部署，坚持以抓收购、保供给、稳粮价为中心，以深化改革、强化创新为动力，积极推动粮食安全省长负责制的全面落实，启动实施"粮安工程"，着力提升粮食经济增长质量和效益，大力推进创新驱动发展和人才兴粮战略，切实保护种粮农民利益，切实保障粮食有效供给，切实维护国家粮食安全。强调要以全力保障"种粮卖得出、吃粮买得到"作为粮食流通工作的"底线目标"，绝不允许发生农民"卖粮难"，绝不允许出现粮食供应脱销断档。要在守住这一底线的基础上，力求更好更优。会上对《关于进一步完善和落实粮食安全省长负责制的意见（讨论稿）》征求了意见，对推动粮食安全省长负责制全面落实、深化产权改革促进企业做大做强、创新粮食经营体制机制等粮食流通体制改革工作进行了具体部署，提出了明确要求。会议对于全国粮食系统进一步统一思想认识，准确把握当前形势，坚定进取意识和自信心，增强忧患意识和紧迫感，积极推进粮食流通领域改革工作，具有重要意义。

二　各地结合实际，积极开展粮食流通体制改革实践

各地粮食部门认真贯彻落实中央精神和全国粮食流通工作会议部署，以贯彻落实粮食安全省长负责制为中心，因地制宜开展改革实践活动。山西省出台包括加强粮食生产能力建设、扩大粮食直补范围、增加粮食风险基金规模等多项措施促进粮食生产和流通；省政府向各市政府颁发"粮食安全目标责任状"，省粮食局将年度粮食工作目标任务进行细化分解，向所属粮食企事业单位颁发粮食经营目标责任状和工作目标责任状，形成了较为完整、科学的工作目标考评体系。浙江省制定粮食安全责任制考核办法，省政府与市政府签订《粮食安全责任书》，考核内容包括粮食市场保供稳价、粮食生产、粮食生产能力、粮食储备落实和管理等四个方面，考核结果被列为省管领导干部实绩分析评价的重要内容。广东省规定省人民政府在地级以上市人民政府每届任期的中段和任期届满前，对政府粮食安全责任工作进行两次考核，要求按照实事求是的原则采取有效措施落实粮食安全责任，建立和强化政府粮食安全问责制度和行政过错责任追究制度。云南省政府成立粮食行政首长负责制考核工作领导小组，每年年底以省委或省政府名义进行综合考评，制定并细化考核方案，形成粮食安全政府领导负责、相关部门齐抓共管、具体机构认真落实的长效机制。贵州省出台《关于进一步落实粮食行政首长

负责制确保省内粮食安全的意见》，对落实粮食行政首长负责制、确保省内粮食安全提出目标要求和新任务。宁夏回族自治区将"粮食安全"列入政府效能目标管理考核，考核内容包括粮食产量、粮食行政执法、粮食应急体系、应急成品粮储备、农户科学储粮等。这些地区的实践，为推进粮食安全省长负责制的全面落实积累了经验，提供了借鉴。

围绕国有粮食企业改革，江苏、黑龙江、安徽、湖北、陕西等省结合自身实际，研究制定了深化地方国有粮食企业改革的措施和办法，从国有粮食企业改革的土地政策、企业布局调整和资源整合重组、完善法人治理结构等多个方面推动国有粮食企业改革。各地"一县一企、一企多点"的产权制度改革进程加快，国有粮食企业经营活力和市场影响力不断增强，经济效益明显提高。辽宁、江苏、江西、浙江、广西等省（区）还分别在推进全省现代粮食流通产业发展、稳定国有粮食购销企业管理体制、种粮农民直接补贴挂钩等方面，开展了有益实践，取得了良好效果。

三　及时交流总结，着力解决改革过程中存在的问题

国家粮食局在年中召开全国粮食局长研讨会，对各地粮食部门认真学习贯彻李克强总理视察粮食工作时的重要讲话、贯彻落实全国粮食流通工作会议精神的情况进行总结，对在落实粮食安全省长负责制、"粮安工程"建设等重点工作中取得的经验进行交流，对粮食流通工作存在的问题和困难进行梳理，并就如何抓好粮食安全责任的落实和"粮安工程"的启动实施，抓好粮食收购、产业优化升级、国有粮食企业改革和依法行政等粮食流通工作进行了深入研讨。与会者反映，基层粮食工作存在的问题主要有：一是粮食流通基础设施薄弱。地方粮食仓储设施老化落后，粮食物流通道不畅，应急加工供应网络不完善，粮食质量检验检测能力较低，粮食产后损失浪费严重。二是基层国有粮食企业改革发展面临瓶颈制约。部分基层国有粮食企业改革滞后，企业"小、散、弱"问题突出，产业化程度低，科技含量不高，品牌影响力不大，对粮食生产、农民增收乃至地方经济发展的促进和带动作用不强。三是粮食机构队伍建设亟待加强。部分基层地区粮食部门职能和地位弱化，职能关系没有理顺，人员编制和经费预算没有得到落实，难以履行粮食行政监督检查和行业管理等行政管理职能。四是粮食价格形成机制有待完善。自2013年8月以来，国内市场粮价普遍高于进口完税价格，依靠上调粮价促进农民增收空间有限，实现农民持续增收任务艰巨，需要统筹研究完善粮食调控、储备和补贴制度，更好地引导粮食生产并保障农民利益。

针对存在的问题，各级粮食部门共同努力，积极推进改革，加快行业发展。一是继续完善和落实粮食安全省长负责制。国家粮食局在积极准备国务院有关文件出台的同时，对各地在推进粮食安全行政首长负责制工作中的做法经验进行总结，督促指导各地粮食部门进一步完善和落实粮食安全行政首长负责制。二是大力启动实施"粮安工程"，重点安排粮食统计信息体系、放心粮油工程、军粮供应网点、粮食科研专项建设资金，加快粮食仓储、物流、质检、农户科学储粮项目建设和加工业技术改造升级，积极推广应用新技术、新工艺，减少粮食产后损失损耗。三是加快推动国有粮食企业产权制度改革，优化企业布局和结构，增强可持续发展能力，同时积极协调有关部门，出台财税金融政策，减轻承担政策性粮油储备任务的企业的负担，提高粮食企业资产质量和信用等级，为粮食企业做大做强创造良好条件。四是完善最低收购价和临时收储政策。继续实行稻谷、小麦最低收购价格政策，对玉米、油菜籽、大豆实行临时收储措施，并适当提高价格水平，有效保护和调动农民种粮积极性。

2013年11月12日，党的十八届三中全会通过了《中共中央关于全面深化改革若干重大问题的决定》，国家粮食局党组立即召开专题会议认真学习传达贯彻党的十八届三中全会精神，强调要牢固树立"全面深化改革"的意识，在谋划和推进粮食改革的进程中，切实理顺和处理好四个方面的关系：一要处理好市场与政府的关系，使政府和市场各就其位、共显其能；二要处理好中央与地方的关系，在明确界定中央和地方政府责任的前提下，切实落实好粮食安全省长负责制；三要处理好国有企业与多元主体的关系，毫不动摇地继续支持国有粮食企业发挥好主渠道作用，毫不动摇地鼓励支持多元主体搞活粮食流通，共同维护国家粮食安全；四要处理好国内市场与国际市场的关系，科学合理地运用两个市场、两种资源，构建统一开放的粮食安全保障体系。

国有粮食企业经营管理与改革

2013年，按照"守住管好'天下粮仓'，做好'广积粮、积好粮、好积粮'三篇文章"的总部署，国有粮食企业在改革中谋发展，在促进农民增收、服务粮食宏观调控、保障国家粮食安全中发挥了主导作用。

一　加强对国有粮食企业改革指导，各地制定了国有粮食企业改革实施方案

（一）分类指导

国家粮食局于2013年4月在福州召开全国粮食财会工作会议，5月在北京召开部分中央和地方粮食企业座谈会议。对国有粮食企业改革发展工作进行部署。对于中央国有粮食企业，支持其与地方粮食企业采取多种方式合作，打破行政区划、所有制界限，实行强强联合，做大做强。对于地方国有粮食企业，要求各地粮食部门认真贯彻落实国家粮食局和中国农业发展银行联合印发《关于进一步加强合作推进国有粮食企业改革发展的意见》（国粮财〔2012〕205号）精神，采取一县一企、一企多点的形式，加大企业产权制度改革力度，承接政策性粮食业务，确保粮食宏观调控的需要，做好做优。各地按照党中央、国务院关于粮食流通体制改革的总体部署，结合当地实际，制定了地方国有粮食企业改革发展实施方案，稳步推进。辽宁、江苏、浙江、安徽、湖北、广东等省以政府发文形式，出台了加快地方国有粮食企业改革和粮食流通产业发展的意见。

（二）典型推介

采用简报、网络、报纸等多种媒体形式，向各地粮食部门转发了江苏省政府办公厅关于深化地方国有粮食企业改革的意见，介绍了河北粮食集团开展粮食产业化经营、上海良友集团创新转型发展、安徽省争取政策支持推进国有粮食企业改革发展、四川省做优做强国有粮食企业、青海省加快放心粮油工程建设、宁夏自治区深化国有粮食企业改革推动现代粮食流通业发展的做法。

（三）加强联系

国家粮食局通过多种方式与各地粮食部门和基层国有粮食企业沟通，及时了解国有粮食企业改革发展动态信息。各地粮食部门和国有粮食企业也互相实地考察，互相学习，取长补短，交流经验。按照国家发展改革委完善粮食流通体制及相关政策研究工作方案的要求，国家粮食局派出工作组赴天津、辽宁、江苏、安徽、河南、湖北等地开展专题调研，提出了加快国有粮食企业改革发展的政策措施建议。

二　国有粮食经济实行战略性调整，布局和结构得到优化

近几年来，在实施《全国新增1000亿斤粮食生产能力规划（2009－2020年）》过程中，各地粮食主产县（市）、主销县（市）发生了较大变化。国有粮食企业及其购销网点依据有进有退的原则，进行布局和结构调整。

（一）国有资本向承担保障国家粮食安全、粮食宏观调控等政策性粮食业务的国有粮食企业集中

部分省级储备粮管理公司划转上收一批辖区内基层国有粮食购销企业。多数县（市）通过兼并重组国有粮食购销企业，形成了一县一企、一企多点的模式。国有粮食购销企业基本采取国有独资或控股的形式。

（二）在不具备粮食比较优势的地区和领域，国有粮食企业主动退出

粮食主产省份，粮食购销业务量相对较小、山区、边远地区等基层国有粮食购销企业，实行了兼并和租赁。粮食主销省份，部分不承担中央和地方储备粮业务同时在粮食流通中没有竞争力的国有粮食购销企业，退出了国有粮食企业行列。

经过近几年的调整，特别是2013年的调整力度较大。截至年底，全国国有粮食企业总数12255个，其中购销企业数9373个，同比分别减少2612个、975个，减幅17.6%、9.4%。

全国现有国有粮食企业改制总数8760个，其中购销企业改制数6784个，分别占企业总数的71.5%、72.4%。全国现有国有粮食企业改制比例，同比增加2.5%。

截至2013年年底，全国有中央粮食企业4个，省级大中型粮食企业120个，市县级小型粮食企业11000多个。基本形成了全国国有粮食企业大、中、小型功能互补，结构相对合理。

三   多措并举，减轻国有粮食企业包袱

（一）分流安置企业富余职工

一是各地多渠道筹集改革成本。按照粮食工作省长负责制的要求，地方政府从财政预算中安排专项资金，企业通过变现资产等方式自筹资金。二是落实职工各项社会保障政策，加大对职工转岗就业培训。各地粮食部门以人为本，引导职工转变就业观念，优化创业环境，降低创业成本，鼓励职工自主创业。企业全面推行全员劳动合同制度，从扩大就业数量向提升就业质量转变，提高就业相对稳定性。截至2013年年底，全国国有粮食企业职工总数445205人，其中购销企业职工337413人，同比分别减少134636人、85986人，减幅23.2%、20.3%。同时，2013年全国国有粮食企业不在岗职工数82858人，同比减少116220人，减幅58.4%。主要是不在岗职工已到退休年龄，办理了相关手续，这是职工人数大幅减少的一个重要因素。

（二）消化企业历史经营性粮食亏损

粮食部门主动与农业发展银行协商，采取多种方式，2013年核销了部分全国国有粮食企业附营业务占用贷款和其他经营性亏损金额。

（三）出台了政策性粮食业务免税接续文件

由于政策性粮食业务免税于2012年年底到期，粮食部门主动协商财税部门，财政部、国家税务总局印发了《关于部分国家储备商品有关税收政策的通知》（财税〔2013〕59号）、《关于职业教育等营业税若干政策问题的通知》（财税〔2013〕62号）等，政策性粮食业务免税政策得以延续。

四   国有粮食企业积极进入粮食市场，增强市场调控力和竞争力

国有粮食企业认真执行国家粮食最低收购价政策和粮油临时收储政策，托市收购价格稳中有升，有效保护了种粮农民积极性。同时，承担粮食宏观调控任务，确保国内粮食市场基本稳定。同时，积

极应对国内外复杂多变粮食市场行情，主动参与市场竞争。2013年度，全国国有粮食企业收购粮食量16887万吨，占全社会收购粮食总量31016万吨的54.4%。同比收购粮食量增加4524万吨，增幅7%。

| 五 | 国有粮食企业加强经营管理，经济效益显著 |

　　国有粮食企业在千方百计扩大粮食购销业务经营量，增加收入的同时，还通过落实各项经营管理目标考核制度，节约开支，开源与节流并重，取得了较好的经营业绩。截至2013年年底，全国国有粮食企业统算实现利润77.3亿元。

粮食流通监督检查

2013年，全国粮食监督检查工作认真贯彻落实党的十八大精神，按照"守住管好'天下粮仓'，做好'广积粮、积好粮、好积粮'三篇文章"的总部署，紧紧围绕全国粮食流通中心工作和重点任务，坚持稳中求进，积极破解难题，扎实做好粮食流通监督检查工作。在政策性粮食购销检查、粮油库存检查、社会粮食流通监管、涉粮案件查办和体系建设等方面都取得了新进展，为保障国家粮食安全、维护粮食流通秩序作出了积极贡献。

一　服务宏观调控，加强粮食购销政策落实和社会粮食流通的监督检查

在粮食收购专项检查方面。2013年，国家粮食局组织各地粮食行政管理部门开展了粮油收购"五要五不准"守则执行情况的专项检查，及时解决了收购打"白条"、农民"卖粮难"等问题。各地粮食行政管理部门在收购专项检查中抓住重点开展工作，黑龙江省重点检查了中储粮直属企业违规设立延伸库点租仓储粮问题；广西壮族自治区在收购季节开展了储备粮订单收购与粮食直补专项检查；内蒙古自治区结合收购检查，对政策性粮食跨省移库进行了检查。先后查处了江苏盐城建湖、射阳，吉林磐石、永吉、长春，河南南阳、沁阳等地个别委托收储库点拖欠农民售粮款问题，江西新建县粮食收购仓容准备不足、农民"卖粮难"问题，湖南益阳个别收购人员向农民乱收费问题，湖北、湖南、四川个别中央和地方企业临储菜籽（油）收购"顶包"问题，安徽六安"转圈粮"问题，并责成当地和相关央企对有关企业和责任人作出了严肃处理。据统计，2013年各地粮食行政管理部门共查处纠正收购违规案例7842例，暂停或取消收购资格365例，为农民追回拖欠售粮款4156万元。

在政策性粮食出库检查方面。为治理"出库难"，2013年国家粮食局综合施策，多次约谈中储粮总公司，并发出整改通知，较好地解决了河南省2010年最低收购价小麦"出库难"问题。河北省粮食局在每次粮食竞价拍卖成交后，制作《国家政策性粮食竞价销售出库专项检查通知单》和《国家政策性粮食竞价销售成交情况分市汇总表》，下发有关市粮食局，加强出库督导工作。山西省粮食局建立了出库报告制度，省粮油批发市场每天向省粮食局报送国家临储粮出库进度，及时协调解决纠纷。安徽省粮食局结合党的群众路线教育实践活动，对群众反映的"出库难"问题，开展了为期3个月的专项整治活动，收到了很好的效果。甘肃省粮食局对竞价销售出库的粮食跟踪检查、全程监控。山西、河南等省还严肃查处了个别面粉加工企业转卖政策性粮食的问题。辽宁、黑龙江、陕西、山东等省也对"出库难"问题进行了重点治理。据统计，2013年各地粮食行政管理部门共开展政策性粮食销售出库检查3362次，出动人员14125人次，检查企业6430个次，查处粮食出库难案件100多件，有效地维护了粮食市场的稳定。

在社会粮食流通监督检查方面。2013年各地粮食行政管理部门结合本地实际，有针对性地开展了粮食收购资格、粮食经营者收购活动、执行粮食统计制度和粮食质量安全情况等检查工作。天津市对粮食经营企业最低最高库存量标准进行了核定并开展检查督导，河北省对粮食统计制度执行情况"一

月一梳理，一季一检查"，上海市每季度开展成品粮油质量卫生抽查，湖北省加强对外购粮食和省内个别地区呕吐毒素超标小麦和重金属超标粮食质量安全的监控，广东省对粮食入库质量和流通市场质量严格监管，江苏省加强对放心粮油店的监管，宁夏自治区加强对粮食经纪人的日常监管，云南省配合有关部门开展节假日期间粮食市场检查，新疆生产建设兵团联合有关部门对粮食企业仓储和安全生产进行了检查，海南省开展了粮食应急预案落实情况检查，四川省加强了"4·20"芦山地震救灾粮食加工供应检查，青海省对平价粮油投放点进行了检查。据初步统计，2013年各地粮食行政管理部门开展各类检查9.6万次，出动人员39万人次，检查企业32.8万个次，查处纠正违法违规问题1.7万例，有效维护了社会粮食流通秩序。

二　认真开展粮油库存检查，强化问题整改

2013年，国家有关部门联合开展了全国粮食库存检查，并委托河北、山西、内蒙古、吉林、湖北、重庆等6省（区、市）省、市粮食行政管理部门对本行政区内储存的中央事权粮食库存进行了在地检查。其间各地共组织了12560名检查人员、2287个企业自查督导组、389个普查组、137个复查组，检查了库存粮食数量、质量、储存安全情况，发现库存管理问题1116个，其中中央事权粮食库存管理问题56项266个，地方事权粮食库存管理问题179项850个，分别向中储粮总公司和有关地方省级粮食行政管理部门下达了书面整改意见，布置了整改"回头看"。中储粮总公司在整改中给予6个直属库经济处罚，23个直属库通报批评，并对相关责任人进行了严肃处理。地方粮食部门也按要求进行了认真整改。北京、辽宁、上海、山东、广东、陕西6省（市）省级粮食行政管理部门，采取不打招呼突击检查方式，对区域内中央和地方储备油库存进行了专项检查。对检查发现的中央和地方储备油管理的20个和49个问题，均责成有关企业落实了整改措施。各地还加强了对地方储备粮油的监管，北京、浙江等地组织了地方储备粮油专项检查，福建省建立了储备粮油承储企业库存检查数据库，促进企业合法合规经营。从总体上看，库存检查达到了"以检查促整改、以整改强管理"的目的。

三　加大涉粮案件查处力度，规范粮食经营行为

2013年，国家粮食局高度关注网络舆情，及时受理群众举报41件，高质量地查处了拖欠农民售粮款、政策性粮食"出库难"、"转圈粮"、违反临储菜籽油收购政策、粮食库存管理和粮食质量等方面的涉粮案件4起，惩治了违规行为，解决了一些长期积累的问题，提升了粮食流通监督检查的影响力和威慑力。在对重大涉粮案件直接派员查处的同时，国家粮食局还加强对各地案件查处工作的指导，督促各地及时从严查处涉粮案件。据统计，2013年各地粮食行政管理部门共查处涉粮案件16937起，暂停或取消粮食收购资格1375户，罚款2207起，处罚金额397万元，维护了粮食流通法规政策的严肃性，规范了粮食经营行为。

四　认真开展第三批示范单位创建活动

2013年国家粮食局开展了第三批全国粮食流通监督检查示范单位创建活动，确定了58个示范单位。全国示范单位创建活动的开展进一步带动了省级示范单位创建活动，有效推动了体系建设和监督

检查工作的均衡发展。各地认真总结推广示范单位的经验和做法，加强对示范单位的指导和管理，做好示范单位的年度考核，积极支持示范单位破解粮食监督检查难题，成效显著。地方党委政府对监督检查工作也愈加重视，在编制、经费等方面不断加大支持力度，进一步提升了粮食部门的地位和监督检查工作的社会认知度。

五　稳步推进监督检查基础工作，促进行政执法科学规范

一是监督检查机构和队伍稳中有增。截至2013年年底，全国市县两级粮食部门设立监督检查机构分别达到316个和1950个，同比分别增加了14个和131个，比例分别达到90%和78%；市、县级建立粮食执法队分别达到152个和1496个，同比分别增加10个和90个。全国取得行政执法资格的检查人员达到25013人，检查人员队伍基本稳定。

二是监督检查工作机制日趋完善。各地不断创新和完善工作机制，进一步提高了粮食流通监督检查工作的规范化、科学化水平。山东省制定了《全省粮食执法效能提升活动考核标准》，对各项具体执法工作进行量化。河北省制定了《监督检查处工作手册》和《涉粮案件查处控制程序》，对监督检查工作实行标准化管理。贵州省制定了粮食流通市场监管联合执法实施意见，形成相关部门间的有效互补，增强执法合力。黑龙江省印发了《全省粮食系统行政执法案卷评查标准》和《全省粮食系统行政执法案卷评查工作方案》，细化和规范工作流程。

三是粮食企业经营活动守法诚信评价工作稳步推进。为创新监管方式，实现分类监管，促进粮食经营者守法诚信经营，国家粮食局制定了《粮食企业经营活动守法诚信评价办法（试行）》，选择江苏、安徽和江西3省开展了试点工作。试点地区结合本地实际，细化了评价项目和评分标准，及时组织实施。除试点省份外，各地都在积极探索建立粮食经营者守法诚信档案，部分地区已实现对粮食经营者的分类监管。

四是粮食流通监督检查专业人才库初步建立。为打造一支熟悉政策、精通业务、经验丰富、能胜任重大检查任务的专家型队伍，各省（区、市）均建立了监督检查专业人才库，入库人员达　6293人。在各地省级专业人才库的基础上，国家粮食局确定了第一批589人入选国家级专业人才库。在国家有关部门和地方组织的库存检查、案件查办、专项核查等工作中，入库人员发挥了骨干作用。

五是粮食监督检查对象信息库和工作日志建设进度加快。截至2013年年底，各地区已将6.6万户粮食经营企业纳入监管对象信息库，建立了信息档案，占企业总数的85%，较2013年增加1.3万户。河北、辽宁、吉林、上海、江西、湖北、湖南、四川、贵州、西藏、青海、宁夏等12省（区、市）建立粮食经营企业监督检查信息档案的比例达90%以上。监督检查工作日志制度得到较好落实，推动了基层执法工作有序、规范开展，也为加强层级监督提供了依据。

六是监督检查信息化建设稳步推进。国家粮食局积极建设全国粮食动态信息系统项目，做好粮油库存检查、诚信体系建设等监督检查子系统建设工作，积极开展粮食库存检查新技术、新设备的研究开发工作。各地也在提升监督检查信息化水平方面开展了有益探索，取得了一定成效。

粮食法治建设

2013年，粮食部门坚持依法行政、依法管粮，有效维护了粮食流通市场秩序。

一　积极推进粮食立法

积极推进粮食法立法进程。争取粮食法列入十二届全国人大五年立法规划和全国人大、国务院2013年、2014年立法工作计划。国家粮食局主动加强与国务院法制办的沟通，研究提出完善粮食法的意见建议，配合做好调研工作。全国粮食系统献计献策，共同推进粮食法立法进程。

加强中央储备粮管理研究，积极做好《中央储备粮管理条例》修订前期准备工作。积极推进《粮食质量监管实施办法（试行）》（修订）、《粮食批发市场管理办法》、《国家粮油仓库仓储设施管理试行办法》三项规章的立法工作。

二　认真搞好粮食法治宣传教育

根据粮食行业"六五"普法总部署，结合粮食流通重点工作，制定《2013年全国粮食系统普法依法治理工作要点》，继续做好粮食行业普法依法治理工作。各地粮食部门结合夏粮、秋粮收购，因地制宜开展《粮食流通管理条例》宣传活动。认真组织开展"六五"普法中期督导检查工作，通过组织自查、总结经验、查找问题，认真整改提高。国家粮食局在各省级粮食局推荐的基础上，经认真评选，向全国普法办推荐粮食系统"六五"普法先进单位和个人。安徽省粮食局，广东省江门市粮食局聂炳健同志、四川省粮食局柳易同志被全国普法办评为"全国'六五'普法中期先进单位"和"全国'六五'普法中期先进个人"。

三　完善粮食行政许可

粮食行政管理部门按照《行政许可法》和国家有关规定，健全行政审批制度，规范审批流程，提供便民服务。截至2013年12月底，全国各级粮食行政管理部门共审核批准了各类粮食收购主体达84343个，其中非国有主体69077个，占82%。全国共有2069户中央储备粮代储资格企业，其中粮食类企业1884户，资格仓容10345万吨；油脂类企业185户，资格罐容349万吨。

四　加强全社会粮食流通监管与服务

按照《粮食流通管理条例》的有关规定，各级粮食行政管理部门认真开展以落实"五要五不准"粮食收购守则为主要内容的收购专项检查，切实保护种粮民利益。加大粮食流通统计制度的执行检查。加强对政策性粮食出库工作的监督检查。组织开展全国粮食库存检查和储备食用油库存专项检查。加强粮油统计和监测预警。进一步落实粮食经营者质量安全主体责任。加大粮油标准体系建设力度，全面推进粮食质量检验监测能力建设。

粮油标准化与质量安全监管

一 粮油标准制修订和标准化体系建设

（一）标准制修订和实施工作

2013年，国家粮食局组织审定国家和行业标准76项。国家标准委发布实施粮油国家标准4项；国家粮食局发布实施了23项粮食行业标准。

2013年，国家粮食局积极配合有关部门做好食品安全标准工作。按照卫计委（原卫生部）的统一要求，对粮油标准进行逐项梳理，完成了食品添加剂标准、食品相关产品标准、食品生产经营规范标准、食品理化检验方法标准、食品产品标准、食品微生物学检验方法标准以及特殊膳食类食品标准等7类食品安全标准清理整合工作；提出了食品中可能违法添加的非食用物质名单意见；组织专家对《食用植物油》等重要粮油产品的食品安全标准进行了深入研究并及时反馈食品安全国家标准管理部门，以确保食品安全标准工作能更好地服务粮食流通工作。

2013年，受异常气候、种植品种、农户储粮不当等因素影响，部分地区出现了区域性粮食收购质量异常情况，苏皖豫鄂四省部分地区小麦不完善粒含量较高、东北部分地区玉米生霉粒含量较高、江苏晚稻谷外糙米含量较高等。针对这种情况，有关地方粮食部门组织粮食质检机构采样，开展专项质量调查，并将调查结果及时报送当地人民政府，当地省级人民政府、省级粮食部门将相关情况报告国家发展改革委、国家粮食局、财政部等部门。在接到地方情况报告后，国家粮食局会同（配合）有关部门赴当地进行实地调研，了解质量异常粮食的数量、分布和实际质量状况等。及时下发文件，明确粮食收购质量标准，有效保护农民、国家和粮食企业三方利益。国家粮食局还和有关地方粮食部门及时采取有效措施，组织专家小组深入受灾乡村指导农户科学储粮、提质增收，编印下发农民科学储粮指导手册，并录制农户科学储粮宣传短片，宣传引导农民科学储粮，减少产后损失。

（二）国际标准化工作

2013年，作为国际标准化组织谷物与豆类分技术委员会（ISO/TC34/SC4）秘书处具体承担单位，国家粮食局标准质量中心踏踏实实做好分委员会的管理、组织和协调工作，稳步推动谷物与豆类国际标准化各项工作向前发展。正式发布了《ISO17718小麦"全麦粉"和面粉—混合和升温对面团流变学特性影响的测定》、《ISO17715小麦粉—安培法测定破损淀粉含量》、《ISO5526谷物、豆类和其他食用粮食—术语》、《ISO5530-1小麦粉—面团物理特性 第1部分:流变学特性的测定—粉质仪法》和《ISO20483谷物与豆类氮含量和粗蛋白质含量的测定》5项国际标准，其中《ISO5526谷物、豆类和其他食用粮食—术语》标准以英语、法语、德语、拉丁语和汉语五种语言发布，汉语首次出现在粮食类国际标准中，是我国在粮食国际标准中话语权的具体体现；《ISO/FDIS5527谷物—词汇》、《ISO/DIS6647-1稻米—直链淀粉含量测定—第1部分:参考方法》、《ISO/DIS6647-2大米—直链淀粉含量测定—第2部分：常规方法》、《ISO/NP27971谷物和谷物制品—普通小麦（小麦Triticum aestivum L.)—商业或试验面粉和试验制粉中恒定水合作用下面团的面筋拉伸性能的测定》、《ISO/DIS21415-2小麦和小麦粉—面筋含量—第2部分：仪器法测定湿面筋》、《ISO/NP7304-1杜伦麦颗粒粉制通心面—感官分析法评定蒸煮品质—第1部分：参考方法》、《ISO/CD11085谷物，谷物原料产品和动物饲料—兰德尔提取法测定粗脂肪和总脂肪含量》、《ISO/NP16624小麦粉及杜伦麦颗粒粉—漫反射比色法粉色的测定》8项标准正在稳步推进；《ISO4174:1998谷物、油料和豆类—单向气流穿过散粮的单位压力损失测定》、《ISO7305:1998谷类研磨制品—脂肪酸的测定》、《ISO8981:1993小麦—用电泳法进行品种识别》、《ISO11050:1993小麦粉及杜伦麦颗粒粉—动物源杂质的测定》、《ISO14864:1998大米—蒸煮过程中米粒胶凝时间的评价》、《ISO15141谷物和谷物制品—赭曲霉毒素A含量的测定—免疫亲和柱净化荧光检测高效液相色谱法》6项标准已经完成复审投票工作，其中前5项将在今后5年内继续有效，后1项由我国专家提出了修改建议。

2013年4月，在加拿大温哥华成功组织召开了ISO/TC34/SC4第36届年会，讨论了17个国际标准的技术问题，形成了23项会议决议，会议决定成立豆类和玉米两个工作组，分别由加拿大和中国作为牵头国。

2013年，秘书处积极引导更多国家参与谷物与豆类国际标准化工作。通过利用各种机会与有关国家联络，智利、德国、爱尔兰、埃塞俄比亚和厄立特里亚已经从观察员（Observing Member，O成员）升级为正式成员（Participating Member，P成员）国，澳大利亚成为观察员（O成员），P成员国由原来的21个上升到26个，O成员由原来的33个变成了29个，参与分委员会国际标准化工作的队伍得到了发展壮大。

作为国际标准化组织谷物与豆类分委员会国内对口负责单位，在认真履行国际义务的同时，充分利用ISO平台，为我国承担国际标准制修订任务创造有利条件，进一步提升我国在国际标准化舞台上的地位和作用，为国家争取话语权，让国际标准更好地为我服务。组织专家对《ISO15141谷物和谷物制品—赭曲霉毒素A含量的测定—免疫亲和柱净化荧光检测高效液相色谱法》进行了研究，向国际标准化组织提交了修改提案。同时，组织专家对有关玉米国际标准和相关国家的玉米标准进行了研究，在第36届大会上争取到了玉米工作组牵头国家，为我国争取承担制定玉米国际标准奠定了基础。

2013年，为配合"粮安工程"的中心任务，紧紧围绕保障粮食安全这一主题，进一步加强和扩大了对外交流和合作。10月，组织了来自10个省（区）的18位粮食质量管理和检验技术人员赴新西兰进行为期21天的"粮食质量安全法律法规及标准制修订"培训，开展了对新西兰农业食品安全立法、标准法规、质量监管、检验检测、食品质量追溯、食品生产过程质量控制等内容的学习培训；11月，北京组织召开了"粮食质量安全管理及追溯制度"专题报告会，邀请了新西兰和日本的4位专家详细介绍了日本大米生产和流通相关法律，日本大米品质检验法，日本粮食安全保证，日本大米标识法，日本大米品质管理技术，日本食品安全分析技术，日本食品质量安全追溯制度；新西兰食品质量安全控制体系的构成及作用，新西兰食品质量安全追溯制度体系及追溯方法和手段，新西兰食品质检体系的构成，新西兰食品质量保证体系等。通过开展请进来、走出去的对外交流和合作，为我国吸收发达国家成功经验，完善我国粮食安全体系，提供了很多的启示和多方位的借鉴。

二　粮食质量安全监管体系建设

2013年，各级粮食行政管理部门认真贯彻落实党中央、国务院关于粮食质量工作的决策精神以及国务院食品安全委员会的各项工作部署，按照"机构成网络、监测全覆盖、监管无盲区、系统无风险"的工作目标，积极开展粮食质量安全监测和库存粮油质量安全检查，建立健全粮食质量安全监管长效机制，着力推进粮食质量检验监测体系和粮油标准体系建设，妥善处置应对突发性粮食质量安全事件，有效保障了流通环节粮食质量安全。

（一）认真组织开展粮食质量安全监测抽查，切实履行监管职责

1.强化政策性粮食质量安全监管。为确保政策性粮食质量安全，各级粮食部门严把政策性粮食的入、存、出"三关"，做好隐患排查消除、案件查处工作。在储粮企业实行专人管理、专仓储存、专账记载、日常监测的基础上，各级粮食部门通过定期开展春、夏、冬季三次粮油普查或春秋两季储粮安全检查及不定期抽查等方式，对储存粮食质量、储存品质和原粮卫生情况进行动态监控，确保各级储备粮数量真实、质量良好、储存安全。北京在货位平仓整理后，由市粮油检验所进行平仓检验，有效杜绝了不合格的粮食进入储备，连续六年实现了宜存率100%。黑龙江16个国家粮食质量监测机构全面承担2013年国家政策性粮食收购质量验收检验工作。湖北、广东等省进一步加强了外购粮食的质量安全监管工作。宁夏由财政专项资金用于自治区储备粮油轮换入库验收检验等，不向被检单位收费。2013年全国库存粮食质量安全抽查结果显示，库存粮食质量总体良好，但个别库点存在水分、杂质、不完善粒较高等储粮安全隐患，少数粮食受到真菌毒素、重金属等污染。此外，山西、内蒙古、吉林、上海、江苏、湖北、四川、云南、宁夏等省（区、市）粮食部门还积极开展或配合开展市场粮油质量安全监管，发挥了行业主管和指导作用。辽宁圆满完成"世园会"和第十二届"全运会"用粮质量安全监管任务。江苏省常州市积极开展"花博会"期间餐饮单位粮食质量巡查抽样工作。四川认真做好"4·20"芦山地震、"7·10"洪涝泥石流灾害救灾粮食供应质量安全把关工作。

2.组织开展全国库存粮食质量安全专项检查。进一步加强专项检查力度，在全国31个省（区、市）扦取样品2181份，重点对储存环节的中央储备粮、最低收购价粮、国家临时存储粮、国家临时存储进口粮、地方储备粮、商品粮等粮食的质量、储存品质、主要食品安全项目及收储企业执行粮食质量安全政策制度情况进行了检查。抽检样品涉及624个粮食储存库点，代表数量411.73万吨，其中，中央储备粮占66.0%，国家临时存储粮占28.0%，地方储备粮和商品粮占6.0%。分品种所占比例为：稻谷32.9%，小麦45.4%，玉米18.8%，大豆1.3%，青稞1.5%，成品粮（大米、小麦粉）0.1%。检验结果显示，库存粮食质量总体良好，质量达标率99.1%，品质宜存率99.6%，但个别库点粮食水分、杂质、不完善粒较高。

3.积极开展收获粮食质量安全监测工作。按照《2013年国家食品安全风险监测计划》的总体部署，组织开展了国家级粮食质量安全监测工作，并要求各省（区、市）按照国家级监测计划的2～3倍开展本省监测工作。2013年，在夏粮和秋粮收获两个节点，32个国家粮食质量监测中心组织各地粮食质量监测站，通过深入农户采样，并对粮食生产和收获期间的农药施用、环境污染、气候条件和是否霉变等情况进行调查等方式，在全国1218个县采集样品10952份，其中小麦2444份、稻谷6494份、玉米2014份，监测项目主要为粮食中重金属、真菌毒素、农药残留等项目，共获得检验数据16.9万个。监测结果显示，我国小麦、玉米质量安全状况总体良好，个别地区存在稻谷重金属污染情况。辽宁省在监测中对超标样地块进行连续监测，对超标地区粮食进行全程跟踪监管的做法，为国家食品安全风险监测工作提供了借鉴经验。江苏省绘制了江苏粮食质量电子地图，逐步实现监管监测电子化，并在秋粮收购前完成稻谷质量预测报告，提供了收购指导时效性。云南省协调省财政出台了《云南省粮食质量安全监测和品质测报系列项目财政预算资金标准》，为开展粮食质量安全监测检验工作提供了重要保障。针对河南小麦生霉、江苏稻谷谷外糙米超标、东北玉米生霉粒超标、玉米色变粒等粮食收购

质量异常事件，各地部署早，动作快，黑龙江购买了流动检测车进行实时检查，内蒙古与质检机构签署任务责任书，由于措施得力，未发生影响粮食收购，造成市场波动等情况。为更好地服务"三农"，河南、湖北等粮食部门通过新闻发布会或政务网站公布等形式向社会提供粮食质量信息。

（二）强化粮食质量安全监管责任，推进落实企业主体责任

1.推进监管重心下移，落实粮食质量安全属地监管责任。目前全国省级和部分市级粮食行政管理部门建立了粮食质量安全监管协调机制，明确了粮食质量安全监管职能处室，形成了粮食质量安全工作有人抓、有人管、有人负责的监管格局。并积极推进落实属地管理责任，将本行政区域内各种性质原粮和政策性成品粮油的质量安全纳入监管范围。山西明确了各级粮食部门质量安全属地监管职责；福建提出各级粮食部门要按照"管业务必须管质量"、"一岗双责"的要求，落实监管责任；湖南印发了《关于湖南省粮食局粮食质量安全监管工作职责分工的通知》；河南编制发放了《河南省粮食质量工作手册》。

2.加强督促检查，建立目标考核机制。为进一步督促粮食质量安全工作，检查监管责任落实情况，国家粮食局定期对各省落实粮食质量安全重点工作情况进行考核评价并通报。2013年，对各省（区、市）粮食行政管理部门落实《国家粮食局关于做好2013年粮食质量安全重点工作的通知》的有关情况进行了考评，考评采取各省（区、市）自查并报送自查报告和国家粮食局派员现场抽查的方式进行。考评结束后，国家粮食局对被评为"2013年度全国粮食质量安全监管工作考核优秀单位和优秀个人"进行了全国通报表彰。浙江、河南、湖北、湖南、广东等省将粮食质量安全监管作为年度目标责任考核管理的重要内容，北京、河南、广西、陕西等省（市）启动了对市级粮食部门质量安全监管工作的考评工作，广东省政府还将粮食质量安全监管纳入各级政府、有关部门今后五项重点工作之一。

3.督促粮食经营者执行粮食质量管理制度，落实质量安全主体责任。各级粮食行政管理部门通过宣传教育、营造氛围、加强督查，进一步指导粮食经营企业坚持质量第一的方针，严格遵守国家有关法律法规及政策标准，自觉执行粮食出入库质量检验制度、索证索票制度和质量安全事故报告制度，规范建立粮食经营台账和粮食质量档案，增强粮食质量安全责任意识和服务意识，完善企业内部质量管理制度，加强自律，诚信经营。山西为98%的企业建立了信息档案，11个市和60%以上的县实行了电子化管理；辽宁、上海、江苏、浙江等省（市）粮食局规范了粮食收购经营者检验能力的认定程序；浙江将粮油质量安全管理纳入"星级粮库"评定考核内容；江苏、浙江、湖北、湖南、广东、陕西、宁夏等省（区）粮食部门与粮油经营者签订质量安全责任状或承诺书，增强企业主体责任意识。

（三）推进粮食质量检验监测体系建设，提升粮食检验能力

2013年，各级粮食行政管理部门抢抓机遇，按照《全国粮食质量安全监测能力"十二五"建设规划（2011－2015年）》要求，上下互动、多措并举，着力推进粮食质量安全检验监测体系建设，为粮食质量安全监管提供了坚强有力的技术支撑和保障。

1.全面加强体系建设。2013年，各地粮食部门重点推进了粮食主产地区及薄弱地区和不平衡地区的体系建设工作。截至2013年年底，全国粮食系统共有专业粮食检验机构763家，其中省级机构32家，市级机构284家，县级机构447家。已取得计量认证的429家。在新增机构编制比较困难的情况下，河北、山西、辽宁、黑龙江、浙江、安徽、河南、湖北、湖南、广东、广西、四川、云南、西藏、甘肃等省（区），全年新增检验机构56家，其中市级30家，县级26家。还有27家机构转变为全额拨款事业单位。粮食质检队伍专业素质水平也不断提高，目前全国粮食质检机构在岗人员5000余名，

其中专业技术人员近4000名，中级职称以上的占42%。各级检验机构全年检测样品近32万份，为确保国家粮食质量安全、维护粮食流通秩序起到了重要作用。

2.大力加强粮食检验能力建设。按照国务院关于加强食品安全监测能力建设的要求，各级粮食行政管理部门积极争取财政资金，加强监测机构的仪器设备投入和基础设施建设。2013年国家发展改革委下达粮食质量安全检验监测能力建设项目中央预算内投资1亿元，地方配套1亿元。天津、黑龙江、安徽、江西、湖南、重庆、贵州、西藏、青海、宁夏等省（区、市）及新疆生产建设兵团已全面完成项目可行性研究报告批复及资金申请报告编制工作。河北、吉林、江西、山东、云南等省按要求及时报送了项目建设进度。河北、吉林、黑龙江、江西、山东等省已完成项目招投标工作，仪器设备基本到位。黑龙江省积极争取到省级统一配套项目建设资金2900余万元，一揽子解决了各项目单位地方配套资金问题。截至2013年年底，全国粮食检验机构办公场所和实验室总面积达37万平方米，现有检验仪器设备（单价2000元以上）2.3万台套，总原值达10亿元。粮食检验监测机构布局和检验检测技术资源配置得到进一步优化，各级监测机构充分发挥粮食质量安全技术服务和前哨作用，积极开展检验监测、社会公共服务和基础研究等工作，成为加强粮食质量安全监管的重要基础性技术力量。

3.进一步提升检验队伍技术水平。2013年，国家粮食局组织省级粮食质量监测中心开展了粮食中真菌毒素项目测定的现场比对考核工作。各省（区、市）加强对行政区内各级粮食检验机构的技术管理和培训考核，全年共培训质检人员近1万人次，粮食质检从业人员的技术水平和执业素质得到显著提升。天津还研究编制了《天津市级储备粮油承储库化验室标准》，规范和提升全市承储库化验室水平；江苏提出实施"1440工程"，根据区域特点打造区域重点检测中心。江苏省无锡市粮食局质监站，是全国唯一市政府直接赋予行政执法权力的粮食质检机构，既是参公管理单位，又挂粮食执法支队的牌子。

（四）加强科普宣传，扎实开展食品安全宣传周活动

2013年，国家粮食局进一步加强粮食质量安全宣传工作，根据国务院食品安全办的部署要求，与国务院有关食品安全监管部门共同配合开展食品安全宣传周活动，并认真组织粮食局主题宣传日活动，通过开展放心粮油主题活动、粮油科普讲座、粮油科普展示等活动，宣传普及粮食质量安全政策法规和科普知识。各级粮食部门也积极开展形式多样、内容丰富的粮食质量安全宣传和科普教育，努力营造人人关注粮食质量安全的社会氛围，对粮食质量安全监管工作起到了积极的推动和促进作用。

三　主要粮食收获质量与品质状况分析

2013年，国家粮食局继续组织开展小麦、稻谷、玉米、大豆和油菜籽等主要粮食和油料收获质量调查和品质测报工作。在粮食产量较大的省份，新粮收获后第一时间从农户采集样品进行集中会检。会检工作共采集检验样品7957份，获得检验数据8.7万个，涉及20省200余市的800余县（区），及时掌握了新收获粮食的质量状况，并将会检结果通报各地粮食行政管理部门，为指导粮食收购发挥了重要作用。

19省（区）的粮食行政管理部门组织开展了本区域粮食收获质量调查工作，共计采集检验样品2.3万份，扦样范围累计涉及这些省（区）207个市的1000多个县（区），获得检验数据23.4万个；14省（区、市）的粮食行政管理部门组织开展了品质测报工作，共采集检验样品8061份，扦样范围累计涉及这些省151个市700多个县（区），获得检验数据13.5万个。质量调查和品质测报工作在开展省

份、覆盖范围、样品数量等方面均较往年有所增加。各级粮食行政管理部门通过多种形式和渠道及时发布粮食质量信息，指导当地粮食收购和种植结构的调整，社会效益明显。

（一）稻谷质量和品质

1. 早籼稻。收获质量。2013年，全国早籼稻整体质量基本正常。受干燥气候影响，各省不完善粒均为近年来最少，有利于出糙率的提高；但部分地区水分较低，对整精米率产生一定影响。安徽、江西、湖北、湖南、广东、广西6省（区）质量会检总体情况为：出糙率平均值77.9%，一等至五等的比例分别为29%、43%、22%、4%、1%，等外品为1%，中等（三等）以上的占94%，各等级比例均与上年基本相当。整精米率平均值58.1%，其中不低于50%的比例为83%，不低于44%的比例为91%，为近年来较低水平。不完善粒平均值3.7%，为近年来最少，主要为未熟粒。分省看，安徽整体质量为近年来较好水平。江西、湖北等级比例为近年来最好，但整精米率有所下降。广东等级比例正常，整精米率下降。湖南、广西基本正常。

品种品质。2013年，湖北、广东两省品质测报结果表明：早籼稻样品全项目符合国家优质籼稻标准的比例，湖北为2.6%，与上年持平；广东为15.4%，较上年提高7个百分点。

2. 中晚籼稻。收获质量。2013年，我国中晚籼稻总体质量良好，整精米率正常，但中等以上比例较低，不完善粒较多。湖北、湖南、江西、四川、安徽、广西、河南、广东8个主产省（区）质量会检结果为：出糙率平均值77.5%，一等至五等的比例分别为23%、44%、22%、7%、3%，等外品为1%，中等以上的（出糙率在75%以上）占89%，为近年来最低，较正常年景下降约5个百分点。整精米率平均值60.3%，其中不低于50%的比例为88%，不低于44%的比例为94%，均属正常水平。不完善粒含量平均值5.1%，为近年来最多。谷外糙米含量平均值0.4%，超标比例2%。分省看，四川整体质量为近年来最好水平；江西、广东、广西整体质量正常；湖南整体等级比例正常，但整精米率水平有所下降；安徽、河南、湖北为近年来最低水平。

品种品质。2013年，浙江、福建、湖北、广东4省主要种植的优质（优良）中晚籼稻品种，全项目符合国家优质籼稻标准的比例，浙江5.8%，较上年降低12.6个百分点；福建为19.1%，较上年提高8.3个百分点；湖北为1.2%，较上年再次降低5个百分点；广东为55.4%，较上年再次提高10个百分点。

3. 粳稻。收获质量。2013年，我国粳稻总体质量为近年来较好水平，各地一等品比例均较高，平均近七成，较正常年景提高超过两成；整精米率和不完善粒水平正常。黑龙江、吉林、辽宁、江苏、安徽5个主产省质量会检结果为：出糙率平均值81.7%，变幅71.7%～85.7%；一等至五等的比例分别为69%、23%、5%、2%、1%，中等以上占97%，其中一等品比例为69%，较正常年景提高约25个百分点。整精米率平均值68.8%，变幅11.0%～77.0%；不低于61%（一等）的比例为93%，不低于55%（三等）的比例为98%。不完善粒含量平均值3.3%，变幅0.3%～22.9%，主要为未熟粒和病斑粒。谷外糙米含量平均1.1%，超标比例16%。分省看，东北三省一等品比例较正常年景提高10～25个百分点。江苏、安徽也延续了上年一等品比例较高的表现，保持在九成左右，但江苏整精米率有所下降，谷外糙米含量增加。

品种品质。2013年，辽宁、吉林、黑龙江、江苏、浙江、宁夏6省（区）品质测报结果表明：优质（优良）品种粳稻全项目符合国家优质籼稻标准的比例，辽宁为47%，较上年大幅降低；吉林为46.7%，与上年基本持平；江苏为16.2%，较上年提高约10个百分点；浙江为5.3%，较上年大幅下降35.3个百分点；宁夏为30%，较上年提高两个百分点。

（二）小麦质量和品质

收获质量。2013年，全国小麦容重、千粒重和等级比例总体正常，但受收获期间阴雨气候影响，除山东、四川外，其他地区不完善粒（主要是生芽粒）均较正常年景偏高。河北、山西、江苏、安徽、山东、河南、湖北、四川、陕西9省小麦质量调查会检结果为：容重变幅684～834 g/L，平均值775 g/L，与上年持平，一等至五等的比例分别为28%、38%、22%、8%、3%，等外品占1%，中等（三等）以上的占88%，各等级比例与上年基本相当。千粒重变幅24.7g～57.4g，平均值39.6g，与上年持平。硬度指数变幅34～80，平均值63。不完善粒平均值6.4%，较上年明显增加，主要是生芽粒增多，不完善粒符合国标要求（≤10%）的比例为84%。降落数值变幅62s～413s，平均值240s，较上年明显下降。分省看，河北、山东、山西、陕西4省2013年入春以后特别是小麦返青期间遭遇低温或干旱气候，部分地区在小麦灌浆期间还遇到阴雨天气，小麦整体质量为近年来最低，等级下降明显；安徽、湖北容重和等级比例为近年来最好水平；江苏、河南容重和等级比例基本正常；四川整体质量为近年来最好水平。

品种品质。2013年，山西、江苏、山东、河南、湖北、陕西、宁夏、新疆8省（区）测报结果表明：优质（优良）品种小麦全项符合国家优质小麦标准的比例。江苏为14.5%，较上年大幅提高；河南为3.6%，较上年下降超过20个百分点；湖北为13.2%，较上年下降4.4个百分点；陕西为4.8%，较上年略有提高。

（三）玉米质量和品质

收获质量。2013年，全国新收获的玉米质量整体较好，几乎全部为中等以上，其中一等品比例接近八成，较正常年景提高约两成。但由于产后受异常气候、农户储粮方式、品种等影响，东北地区玉米生霉粒比例较高，部分地区还出现玉米色变粒，导致玉米质量下降。河北、山西、内蒙古、辽宁、吉林、黑龙江、山东、河南、陕西9个玉米主产省（区）质量会检结果为：百粒重平均值33.0g，变幅19.0g～48.6g。容重平均值735 g/L，较正常年景提高超过10 g/L，为近年来最高，变幅618～798 g/L；一等至三等的比例分别为78%、16%、6%。不完善粒含量平均值3.1%，最大为31.2%，符合中等要求的比例为94%；其中，生霉粒平均值1.2%，超过5%的比例只有不到3%，属于正常年景。分省看，河北、内蒙古、辽宁、山东、河南整体质量均为近年来最好，一等品比例明显提高，山西、吉林、陕西也为近年来较好水平，黑龙江质量正常。

品种品质。2013年，山西、辽宁、吉林、黑龙江、陕西5省测报结果表明：山西共采集优质玉米样品210份，涉及11市55县，主要包括先玉335、先锋335、永玉3号、晋单77、浚单958、农大302、潞玉36等品种。全部样品平均容重749 g/L，较上年略有增加，平均淀粉含量71.7%，平均粗蛋白含量9.2%，几乎全部符合国家淀粉工业和饲料专用玉米标准要求。平均粗脂肪含量4.1％。

（四）大豆质量和品质

收获质量。2013年，黑龙江、吉林、内蒙古3省（区）质量会检结果为：3省（区）大豆整体质量较好，完整粒率较高，损伤粒较少。完整粒率平均值为89.2%，与上年持平，变幅71.8%～98.5%，一等至五等的比例分别为16%、36%、27%、11%、8%，等外品为2%，中等以上的占79%，与上年持平；损伤粒率平均值6.0%，变幅0.2%～27.5%，其中符合等内品要求的（不大于8.0%）比例为76%，为近年来最好。

品种品质。2013年，吉林、黑龙江两省测报结果表明：吉林省共采集优质大豆样品30份，主要包括黑农、绥农、吉育等系列品种。全部样品平均粗脂肪含量为19.6%，平均粗蛋白质含量为39.2%。分地区和品种看，舒兰市的绥农14粗脂肪含量超过20%；磐石的长农13、吉育47，临江的吉丰14、临选1号，敦化的绥农4、黑农54粗脂肪含量超过40%。

粮油市场体系建设

一 粮食现货与期货市场发展状况

（一）粮食现货市场

2013年是实施"十二五"规划承前启后的关键年，国家粮食局继续认真组织实施《全国粮食市场体系建设与发展"十二五"规划》，扎实开展规划实施中期评估，进一步加强对粮食收购、零售、批发市场发展的指导和支持，粮食现货市场建设取得了积极成效，实现了稳步发展。

一是主要粮食品种现货市场运行平稳。2013年，稻谷供需形势比较宽松，总量平衡略有结余。受大量低价进口大米涌入和镉大米事件的双重冲击，广西、湖南等南方籼稻产区市场需求不旺，价格低迷。在国内稻米市场价格整体走低的情况下，主产区纷纷启动托市收购预案，有效拉升了中晚籼稻和粳稻价格。国内小麦供求格局发生新变化，连续两年产不足需，小麦进口明显增加，企业入市收购积极，政府托市收购减少，在供应总量偏紧、市场需求旺盛等因素的作用下，小麦价格8~9月出现快速上涨，10月以后趋于平稳。受饲料业和深加工业低迷的影响，国内玉米消费增长速度减缓，供求呈现阶段性宽松，玉米市场价格走低，政府托市收储数量较大。大豆国内产需缺口较大，进口大豆数量继续增加，再创历史新高，在全球大豆连续增产的背景下，大豆进口成本有所下降，大豆库存比较充裕，市场供应增加，供求基本面整体宽松。

二是粮食收购市场秩序总体良好。各级粮食部门加强粮食收购市场监管和巡查，依法严格办理粮食收购资格申请，督促企业严格执行"五要五不准"收购守则，维护了良好的粮食收购市场秩序。截至2013年年底，全国取得粮食收购资格的经营者达8.43万个，其中国有及国有控股企业1.52万个，占18%；其他多元主体6.91万个，占82%。2013年，全国各类粮食企业收购粮食34445万吨，其中最低收购价和临时收储粮食8319万吨。

三是粮食零售业态稳步发展。以城镇集贸市场、大型超市、便民连锁店为主要形式的城乡粮油零售供应网点快速发展，已初步形成网点覆盖面广、质量安全有保障的粮油零售供应网络，在满足城镇居民多元消费需求方面发挥了重要作用。同时，农村粮油产品连锁经营、物流配送等新型零售业态发展较快，农村粮食零售市场交易活跃，功能日趋完善。放心粮油进社区、进农村活动继续深入开展，目前全国建立"放心粮油店"和示范销售店6000家以上，放心粮油销售网点23万多个，其中农村网点7万多个，创建示范配送中心达300多家，已成为政府保障粮食质量安全的重要抓手。

四是粮食批发市场继续保持较好发展态势。2013年，各类粮食批发市场在做好批发主营业务的同时，重点在市场信息服务、质量安全管理、发展模式创新等方面取得新进展。截至2013年年底，全国各类粮食批发市场数量达512家，其中商流市场106家，成品粮市场406家；粮食年批发交易量超过1.5亿吨，约占全社会商品流通量的43%，在服务国家粮食宏观调控和合理配置粮食资源方面发挥了重要作用。全国统一的粮食竞价交易平台不断健全和完善，全年适时、适量、适价投放政策性粮食3480万吨，较好地完成了国家粮食宏观调控任务。

（二）粮食期货市场

2013年全国粮食期货成交量和成交金额分别为112759.66万手和439809.75亿元，分别比2012年增加9.58%和减少0.78%。全年市场呈现"粕强油弱"的销售局面，其中菜籽油和豆油期货成交比较活跃，菜籽油成交量、成交金额分别比上年增加103.24%和199.68%；豆油成交量、成交金额分别比上年增加39.9%和12.26%；其余品种则出现不同幅度下跌，其中强筋小麦交易下跌幅度较大，成交量、成交金额分别比上年减少88.75%和80.21%；由于大豆市场对外依存度较高，国际市场对国内市场影响较大，2013年黄豆价格一直呈下降趋势，黄大豆一号交易减弱，成交量、成交金额分别比上年减少75.83%和76.40%；早籼稻期货交易仍受需求疲软以及进口大米的严重冲击影响，延续了2013年的低迷态势，成交量、成交金额继续下滑。2013年10月中国证监会下发了《关于郑州商品交易所上市粳稻、晚籼稻期货的批复》，备受市场关注的粳稻期货于11月18日正式在郑州商品交易所挂牌交易，2013年粳稻成交量和成交金额分别为8.09万手和49.66亿元。粳稻期货上市以后，对早籼稻期货的影响较大，粳稻和早籼稻同属于稻米系列，价格波动受一些共同因素的影响。

二　粮油竞价交易

（一）竞价交易已成为我国粮食宏观调控的有力抓手

1.国家临时存储粮食竞价交易工作顺利开展，为稳定国内粮食价格发挥积极作用。2013年成功举办了182次国家政策性粮食竞价销售交易会，累计销售临储粮油3712.70万吨，成交小麦3469.11万吨（其中统一平台成交1756.94万吨，河南成交1712.17万吨），大豆242.92万吨，菜油0.67万吨，约占我国大宗商品粮流通数量的7%。统一平台可以快速传导出国内粮食现货价格的异常波动，有关部门通过竞价交易成交量及成交价的变化，能随时掌握真实的现货行情，通过调整临储粮油的投放计划，及时改变市场供需状况，宏观调控意图短期内即可实现。

2.统一平台网络已基本覆盖全国，为落实宏观调控意图提供有效支撑。已与25个省（区、市）的26家粮食批发市场联网，拥有系统管理员321人，系统会员1.7万余家，其中1.27万家会员可应用密钥远程登录系统参与竞价交易活动。交易商品涵盖了除西藏外的国内所有省份的国家临时存储粮食，交易品种包括小麦、稻谷、玉米、油脂油料等大宗粮油，可以实现全国快速联动，有针对性地实施宏观调控举措。

3.统一平台为粮食宏观调控提供及时准确的交易信息，推进临储粮食竞价销售工作顺利开展。一是各联网市场及时将临储粮食成交结果、出库计划等交易信息报送上级粮食行政管理部门及中储粮分公司，便于中储粮相关分公司通知相关粮库做好成交标的出库准备工作，利于合同履约；中心市场汇总成交结果、撰写政策性粮食竞价交易快讯，报送国家粮食局、财政部等有关部门，使得宏观调控决策者能及时准确掌握销售情况，利于合理地安排下批次销售计划。二是系统提供完善的交易、履约、结算等信息，国家有关部门相关管理人员登录系统即可对政策性粮食销售全程实施有效的监督管理。

（二）不断完善全国粮食统一竞价交易体系，确保竞价交易系统平稳运行

1.不定期开展竞价交易培训及业务交流工作，强化统一平台管理体系，提升总体业务水平及服务意识。4月在乌鲁木齐召开国家政策性粮食竞价交易及财务座谈会议，一是集中组织学习《国家政策性粮食出库管理暂行办法》，要求在实际工作中认真落实；二是要求联网市场严格执行财务制度，确保国家政策性粮食资金安全封闭运行；三是通过竞价交易业务座谈交流，统一商务处理方式，分享商

务处理好经验，共同做好竞价交易服务工作。

2.根据宏观调控需求修改交易系统软件，确保竞价交易系统平稳运行。相关行政管理部门2013年先后修订了国家临时存储粮食（东北大豆）、国家临时存储粮食（菜籽油）竞价销售交易细则，在新细则正式实施前，按细则要求认真修改系统软件并进行反复测试，确保实际应用时能满足宏观调控要求。

3.不断完善竞价交易系统。合理优化系统软件及流程，提升系统操作功能，及时更新防火墙等安全设施，确保应用更加安全及人性化，最大限度地方便市场管理员及客户使用。

4.继续开展统一平台市场联网及系统操作培训工作。严格按照国家粮食局的指示，继续对符合条件的粮食批发市场开展联网及业务培训工作，确保新市场尽快熟悉业务流程并熟练掌握系统应用。

（三）大力开展地储竞价交易系统的推广应用

17家统一平台联网市场先后开通了地方储备粮食竞价交易系统，2013年有14家联网市场应用地储系统成功举办268次地储粮油竞价交易会，累计成交地方储备粮油148.34万吨。其中：竞价销售244次，成交127.14万吨；竞价采购24次，成交21.20万吨。统一竞价交易系统与地储系统之间会员信息相通，提高了全国粮食统一竞价交易系统利用率，同时也极大地方便了交易商户，降低了交易成本。

三　粮油统计信息

（一）日常统计和专项调查扎实开展

各级粮食部门以确保统计数据准确、及时为目标，认真做好购销存统计等日常工作，为粮食宏观调控提供了有力支撑。黑龙江实现了粮食统计职能整合，归口管理，运行情况良好。江苏、山东、黑龙江开拓性地实现了省内企业网上直报，在推进统计信息化中走在前列。山东部分地方与县统计局、乡镇农经站联合开展统计调查，有效利用社会资源获取相关数据。湖北、四川、云南、西藏等省级财政加大投入，有力保障了统计经费。安徽、黑龙江、江苏、湖北、青海等省统计工作基础扎实，报送及时，数据可靠，亮点较多，综合考核成绩突出。

（二）社会粮油供需平衡调查工作如期完成

进一步完善调查方案，大幅提高调查费用补贴标准，较好地完成了社会粮油供需平衡调查工作，对社会粮油生产、库存、进出口、省间流通和口粮、饲料用粮、工业用粮等数据进行认真分析，并形成调查报告。调查结果作为重要决策依据，得到了各地和有关部门的广泛认可。

（三）市场监测体系覆盖面进一步扩大

各地按照强化粮情监测预警的要求，调整补充国家粮食局市场价格监测点，优化网点布局，2013年市场监测直报点达到569个，比上年增加231个，覆盖范围进一步扩大，监测灵敏度和准确度进一步提高。及时向各级政府和相关部门报送监测数据，为政府决策服务。及时通过网站、杂志发布监测信息，为企业和社会服务。

四　粮食产量统计调查工作

（一）粮食产量统计调查工作简介

1.工作组织。我国粮食统计调查是国家统计调查项目，由国家统计局实行集中统一调查统计。粮食产量调查以抽样调查为主，同时辅之以全面统计的方式开展。粮食产量抽样调查工作包括以省级行政区为总体的抽样调查和以县级（产粮大县）为总体的抽样调查两部分。

以省为总体的粮食产量抽样调查工作由国家统计局组织所属各省级调查总队开展，具体调查工作由国家统计局所属各县级调查队负责承担，直接调查、直接上报。目前全国粮食产量抽样调查在848个国家调查县中开展，农作物播种面积调查抽取8890个村民小组、48万农户，稻谷、小麦、玉米等主要粮食作物的单位面积产量调查抽取8890个村民小组、6万多地块。

以县为总体的粮食产量抽样调查，由国家统计局统一领导，各调查总队会同各省级统计局组织，产粮大县的调查队或统计局承担具体调查工作，直接调查、直接上报。每个产粮大县共抽取20个抽样调查村（村民小组），其中开展对户调查的调查对象为样本村内全部农户，开展对地调查为行政村内的3~5个样本调查地块；单位面积产量调查，对户调查为预产排队抽中的3个农户的种植地块，对地调查为样本地块内的3个自然地块，目前已经开展产粮大县调查的县，总共调查18000多个样本村，调查54000多个村民小组（或样本点地块）。

2.调查内容与方法。粮食统计调查对象包括农业生产经营户和农业生产经营单位，其中农业生产经营户生产的粮食占全国粮食产量的95%以上，稻谷、小麦、玉米等主要粮食又占粮食生产的90%以上，因此对农业生产经营户主要品种采用抽样调查，取得面积和单位面积产量，两个结果相乘获得产量数据，小品种采用小域估计、重点调查相结合的方法取得数据。农业生产经营单位生产的粮食通过全面统计取得数据。

一是主要粮食品种统计调查。主要粮食品种包括稻谷、小麦、玉米、大豆（黑龙江），对农业生产经营户生产的主要粮食品种的播种面积和单位面积产量调查采用抽样调查方法。通过以省（产粮大县以县为总体）为总体抽选的具有代表性的村民小组、农户和地块，由各级调查队（或统计局）开展调查，播种面积调查是在调查时点上对样本区内所有农作物进行清查登记，推算得到粮食播种面积。

主要粮食品种单位面积产量开展实割实测，即在粮食品种收获前，各调查村的基层调查员对相应品种粮食种植地块逐块进行踏田估产、排队，抽选一定数量样本地块作为测产样本地块；待收获时各县级调查员或者辅助调查员对抽中样本地块上粮食作物进行放样，收割，再通过脱粒、晾晒、测水杂、称重、核定割拉打损失等环节，计算出地块单产。

二是小品种统计。对农业生产经营户生产经营的其他小品种粮食作物的面积和产量，利用重点调查及小域估计等方法进行统计推算。

三是农业生产经营单位。对于农业生产经营单位生产的粮食，采用全面统计的方法，由各省级统计局通过层层统计上报的方式，取得数据。最终将抽样调查取得农业生产经营户以及农业生产经营单位的粮食产量相加，推算得到全省、产量大县的粮食产量数据。

3.调查频率和数据发布。国家统计局各调查总队按夏粮、早稻和秋粮三个收获季节组织开展现场调查工作，在作物生产的关键节点分别开展意向调查、播种面积调查、产量预计、产量实测调查。国家统计局每年在7月中旬、8月底、12月初分别发布夏粮、早稻及全年粮食产量调查结果。

（二）2013年的主要工作

1.常规调查抓质量。2013年国家统计局以抓好农产量调查基础工作建设为重点，组织了主要农作物面积和产量调查数据基层基础检查工作，采取上下联动、点面结合、自查复查与抽查分阶段进行的办法，由地市和县级单位负责基层自查，各调查总队和省统计局负责复查，国家统计局负责组织抽查。检查内容包括：样本资料是否齐全，网点管理制度是否落实到位，调查网点是否与抽选和批复的一致，同时检查资料的完整性和准确性，数据来源渠道、数据处理和上报的规范性等。通过检查与整改，源头数据质量进一步提高。

在做好全国性农作物基础数据质量检查工作的基础上，进一步完善了基础数据检查工作标准规范与程序，对各地调查取得的夏粮、早稻、秋粮地块基础数据进行了审核检查，共处理审核30多万笔原始数据，对发现的问题逐一核实，确保粮食产量的真实可信。

2.加强粮食生产形势调研。2013年，粮食生产形势总体良好，但局部地区气候情况变化多端，江南、江淮遭遇高温干旱，四川盆地、东北地区、西北东部等地遭遇强降雨，发生较为严重的水灾，东部沿海台风数量偏多。为了解气候灾害对生产形势的影响，准确把握粮食生产形势，先后派出22个调研组，到79个粮食大县181个村350个地块开展实地调研，深入了解农业生产第一手真实情况。与此同时，全国各级农业统计调查人员，在粮食生产的每个关键环节都深入调查研究，了解生产一线的实际情况，为准确判断全年粮食生产形势获取宝贵资料和数据。

3.稳步推进产粮大县抽样调查工作。2012年，国家统计局、国家发展改革委、农业部联合下发了《关于开展县级粮食产量抽样调查工作的通知》，全面启动县级粮食产量抽样调查工作，各省级调查、统计、农业、发展改革、财政等相关部门高度重视，积极推进产粮大县抽样调查各项工作。2013年产粮大县抽样调查已经扩大到所有的粮食主产省，在全国900多个产粮大县开展抽样调查工作。

各产粮大县高度重视抽样调查工作，大部分都组建了以主管农业的县领导为组长的粮食产量抽样调查领导小组，制定了严格的工作制度。特别是坚持直接调查、直接上报的原则，严格以抽样调查数据为法定数据，确保了产粮大县粮食产量数据的真实可信。

此外，为提高基层调查人员的统计调查能力，提高数据质量，2013年国家统计局组织了两次大型的产粮大县县级统计调查人员培训班，分别就统计调查、统计分析等工作开展培训，提高了基层人员的统计调查和分析研究能力。

4.稳步扩大农作物对地抽样调查范围。农作物对地调查是以全国第二次土地调查耕地图斑、第二次农业普查数据为基础，通过空间抽样方法抽取调查地块，实现对耕地地块直接调查，在农业生产的各个时间点由调查人员直接到地观测播种、作物生长情况，并对单产进行测量。2012年起国家统计局正式在辽宁、吉林、江苏、河南和湖北省布置开展农作物对地抽样调查，5省粮食产量数据由农作物对地抽样调查取得。农作物对地抽样调查是以耕地为调查对象的"客观调查"，是我国农作物抽样调查的重大变革和创新：一是实现以耕地为调查对象，增强了调查的客观性，基本消除了人为因素干扰；二是摆脱人为因素限制，调查更及时、全面、灵活；三是建立了规范的农业生产空间抽样调查标准。

5.遥感等新技术手段在粮食统计调查中的应用步伐加快。卫星遥感、全球定位系统和空间地理信息系统是现代空间信息技术的主要内容，这些技术的应用将对农业调查统计方式的变革，进一步增强统计客观性发挥重要作用。2013年的主要应用包括：一是粮食播种面积测量。遥感和地面调查相结合，测量获得可靠的粮食播种数据，为面积数据的确定提供科学的辅助作用。2013年在河北、江苏、安徽、山东、河南、湖北等省开展了分县夏粮面积遥感测量，在河北、辽宁、黑龙江、山东、湖北等省开展了秋粮面积遥感测量。二是全球定位技术的调查中的应用。目前开展对地抽样调查的省、产粮大县野外调查中采用了具备导航定位模块的手持电脑等设备，大大提高了野外调查的技术能力。

| 五 | 粮油市场信息体系建设 |

2013年，在各级粮食行政管理部门和粮食信息系统广大干部职工的共同努力下，我国粮油市场信息体系建设稳步推进，粮油市场信息服务机构继续完善，国内粮食市场动态监测工作得到进一步加强，中长期预测工作开始推进，同时注重加强对国际粮油市场信息的采集工作，市场监测预测能力有了进一步提高。

国家粮油信息中心根据市场变化，跟踪监测市场热点问题，并且深入分析，及时报告，为粮食宏观调控提供了强有力的信息支持，同时为粮食生产者和经营者提供了及时的信息服务。

（一）认真做好国内外粮油市场常规监测工作，及时反映市场动态

国家粮油信息中心和各省（区、市）粮油市场信息机构认真做好市场监测工作。高度关注市场变化，通过各类定期信息报告按时反映市场情况，基本做到"实时监测市场变化，对市场行情波动及时报告，对重大问题和事件不错报、不漏报"。国家粮油信息中心编发《粮油市场报告》，及时向国家粮食局和有关部门报告最新粮油市场情况，2013年全年编发64期，其中被中办采用了2期、国办采用了1期。

（二）不断推进粮油市场信息体系建设，提升信息服务水平

为进一步提高信息工作质量，应对国内外粮油市场出现的新变化，国家粮油信息中心和各省（区、市）粮油市场信息机构，积极开展信息工作，不断完善信息业务体系，加强队伍建设，不断提高工作效率和工作水平。各级粮油市场信息机构通过粮油市场信息服务网站、专业媒体、广播和电视、微信平台编发专业性的市场报告等多种手段，面向社会提供了大量有价值的信息，提供了比较优质的信息服务。

黑龙江粮食批发市场在信息服务方面，继续强化信息公共服务理念，通过引入先进的技术和经验以及跨行业合作，不断提升服务水平。一是采取服务外包的形式与相关专业媒体公司合作，联手打造"龙粮网"门户信息网络平台，2013年元旦新版龙粮网正式上线，网友的认可度明显升高，日访问量将近400人次，较改版前有了明显的提高。二是《黑龙江粮食》编辑部和龙粮网市场化运作成功举办了2013年中国粮食市场展望论坛会，共有近200家企业到会，聆听了权威信息机构9位专家的精彩报告，取得较好效果，为企业经营和农民卖粮提供了有价值的参考依据。三是将省局调控处的市场价格信息采集直报系统，与自有的采集单位合并成341个采集点与发布直报点，并于2013年5月1日前全面更新完毕，使粮食价格指数的权威性得到进一步的提高。黑龙江粮食价格指数已形成5年的走势图。四是做好信息报送工作。每周向国家发展改革委、国家粮食局调控司、国家粮油信息中心、省物价局、省粮食局调控处上报一次价格信息，共245次。每周完成黑龙江省电台《乡村信息大市场》直播对话节目。在节目中向广大听众解答农民朋友提出的问题，并就农民朋友适时卖粮献计献策，受到了农民朋友的信任和称赞。五是利用手机上网开展信息服务。组建了黑龙江金谷农产品信息服务有限责任公司，与中国电信黑龙江分公司合作，共同开发了"粮信通"粮情信息服务业务，并在全省范围内推广普及。其主要用于对省内政府决策部门、粮食经营者、粮食经纪人、种植户提供粮油市场相关信息的短信和通话服务，适时向他们传递相关农产品信息。截至2013年年底已经发展粮信通业务用户2000余户。

安徽省粮油信息中心紧密围绕"服务粮食宏观调控、服务粮食流通、服务粮食企业经营"这一中

心工作，牢固树立大局意识和服务意识。根据工作实际和形势发展需要，不断完善"中国粮食网"的功能作用，有力促进了安徽省粮食工作信息化、网络化建设。安徽省形成了价格监测体系化、价格上报系统化、工作制度化，全省100多个监测点的粮油价格监测资料，全面地反映了安徽粮食市场行情和价格动态，通过整理加工，开发出了自己的粮油信息产品。一是建立品种价格走势图。从1997年到2013年，连续17年反映安徽粮食市场价格走势；二是每周整理一份分品种、分类型、分点和汇总的价格信息资料，有较高的参考价值。为了更好地反映安徽省各地粮食市场动态和行情，建立专门的信息员队伍，在市县粮食行政管理部门和企业聘用专职或兼职人员做信息工作，做到了信息工作有人抓、有人管，使信息报送工作形成了网络化，信息报送渠道畅通。利用批发市场客户众多的优势，通过与广大客户紧密接触，了解成交动向，掌握大量的第一手行情，为做好市场分析奠定了基础，较大地丰富了信息内容，为粮食安全、粮食宏观调控、粮食市场的基本稳定提供实时的信息支持。

北京市粮油信息中心继续加强市区两级粮油市场信息监测预警体系建设，进一步加强对全市各监测点的实地调研，在春节、五一、中秋、十一等节假日和禽流感疫情、面粉涨价以及镉大米事件等关键时期，积极赴各大粮油批发和零售市场实地调研或电话咨询，掌握市场货源、购销状况和价格动态，将获取的一手信息以《信息快报》和《信息专报》等方式汇报市局，及时反映市场动态，顺利开展监测预警工作，并对北京真正起到了市局"耳目"的作用。密切关注市场变化，深入分析粮油市场，准确把握粮食脉搏，针对禽流感疫情抑制玉米价格、玉米播种期延迟、食用油市场跌跌不休、早籼稻托市启动、国家提高2013年小麦最低收购价、临储小麦余量不多等市场热点等进行深入剖析，并对后市作出判断。

武汉国家粮食交易中心一方面整合完善湖北粮食监测系统，与全省45家价格监测点开展了价格报送工作的良性互动，承接新版粮油价格周报的编撰报送任务，积极履行粮油市场监测职能，被国家发展改革委授予全国价格监测先进单位；另一方面继续加强7个信息发布平台建设，陆续新推微信公众服务平台和粮食市场季度报告，截至2013年年底，交易中心微信平台关注用户超过2100人；同时不断创新信息服务模式，配合省委开展粮食供求专题调研和进口大米的调查研究，积极举办研讨会，信息产品得到了质的飞跃，在第三届全国信息分析师会议上作为重点发言单位交流经验。

南方粮食交易市场通过各种服务方式，使交易会员通过平台交易得到实惠，方便了贸易，节约了成本，市场的影响力也在江西粮食行业中不断扩大。信息工作继续向移动设备延伸，随着移动互联网的发展，微信平台逐渐成熟，使用人群也开始增加，转向微信平台发布交易信息。从发布交易结果和每周交易提醒每周通过微信发布，增加到每工作日下午发布，收集周边省当天稻谷成交信息、当天热点市场新闻、地区稻谷大米行情等重要信息向微信客户发布。微信平台创建不到3个月，加入客户数已经达到400人，并以平均每日2～5人次新加入微信平台，使用微信的客户满意度非常高。

（三）积极开展面向社会服务，发挥信息引导作用

国家粮油信息中心2013年4月召开了油脂市场形势分析会，8月召开了秋粮形势研讨会，11月召开了中国粮油市场展望会，积极监测市场，深入分析市场变化，传递最新信息，引导市场预期，促进市场发展。

中国粮食行业协会每年举办"中国粮食论坛"，为粮油企业家、专家学者、政府官员以及业内相关人士搭建一个开放互动的交流平台。通过这一平台，研究产业政策，沟通行业信息，分析市场行情，发展经贸合作，从而更好地为粮油行业和企业的发展服务，为国家粮食安全和宏观调控服务。

2013年8月28日，第十六届中国粮食论坛和2013年粮食行业年会、中国粮食行业协会第五届会员代表大会暨理事会、中国粮食经济学会第七届会员代表大会暨理事会在北京中国铁道大厦召开。来自全国各地的粮油企业、粮食行业协会以及粮食行政管理部门、大专院校的代表、专家学者共500余人参加了会议。

《中国粮食经济》是国家粮食局的机关刊物和中国粮食行业协会、中国粮食经济学会的会刊，也是各级粮食行政管理部门和粮食行业协会的舆论阵地和宣传平台。近两年来，在各级粮食行政管理部门和粮食行业协会的支持配合下，杂志的影响不断扩大，组稿、发行等工作都有了新的进展。在协会工作方面，杂志还增设了"协会通讯"、"放心粮油"和"品牌建设"等栏目，对扩大粮食行业协会影响力、推进协会工作、提升会员企业形象、推动粮油品牌建设等营造了良好的舆论氛围，发挥了积极的促进作用。

《粮油市场报》是中国粮油行业唯一一份财经大报，每周5期，彩色印刷。自1985年创刊以来，密切关注中国粮食流通体制改革进程，及时反映世界粮食经济格局及变化，全方位反映中国粮食生产、流通、加工、消费图景，服务于国家粮食战略，传递政府主张，为企业解惑，为农民引路，为消费导航，以其不可替代的权威性、公信力和专业度，确立粮油行业媒体领军地位，发行覆盖国内31个省、自治区、直辖市，影响广泛。在发展平面媒体的同时，《粮油市场报》积极探索新媒体业务，多方整合内容资源，创新传播渠道，建立中国粮油网、粮油市场手机报、放心吃吧微刊、客户端等新媒体平台，实现粮油新闻更广泛、快捷、精准传播。同时，还策划组织了中国粮油财富论坛、中国粮油榜等活动，构建了"放心粮油资源库"、"爱粮节粮"等公共信息服务平台，出版了《中国粮油书系》等系列图书，实现专业化、多元化发展。目前，《粮油市场报》正以"中国权威粮油信息供应商"战略定位为核心，以"传媒、信息、文化"为导向，致力打造成为集新闻出版、数字媒体、信息服务、文化产业等于一体的涉粮、涉农现代传媒机构。

大连商品交易所和郑州商品交易所作为国务院批准并由中国证监会监督管理的两家农产品期货交易所，坚持规范运作，加强市场一线监管，安全组织交易，深化市场功能，期货价格已成为国内市场的主要价格之一，为相关各类生产经营企业提供了价格"指南针"和"避风港"的作用，并为国家宏观调控提供了有效的价格参考。全国数百家期货经纪公司拥有一大批技术力量雄厚的研发团队，在农产品市场技术分析和数量分析方面有着很大优势，对期货市场与现货市场的关系有着深刻的认识和理解，也对国内粮油市场分析有着非常重要的引导和补充作用。

除粮食系统信息机构之外，其他一些与粮食经营有关的部门和企业建立的信息服务网站也是"百花齐放、百家争鸣"，如中华粮网、面粉网、大米网、大豆网、玉米网等。这些网站从不同的视角，跟踪粮油市场变化，提供粮油市场信息服务，是全国粮油市场信息服务的重要组成部分。

（四）进一步开展市场重点与热点问题研究，参加重大课题研究工作

中国粮食经济学会、中国粮食行业协会紧紧围绕国家粮食安全这一重大课题，开展了一系列的调查研究，提交有分量的课题报告，对政府决策提出政策建议，受到国务院领导同志和有关部门的高度重视，有关部门都进行了认真研究、吸收采纳。国家粮油信息中心与国家开发银行、农业部、大连商品交易所、美国Informa经纪公司等多家单位展开课题研究合作，均取得很好成果。

粮食流通与科技发展

一　"粮安工程"建设

2013年，为贯彻落实党中央、国务院关于切实保障国家粮食安全的一系列重要指示精神，按照《国家发展改革委关于印发国务院2013年专项规划审批计划的通知》等要求，为守住粮食流通工作的底线，在有关部门和地方政府支持下，国家粮食局启动实施了"粮安工程"（"粮食收储供应安全保障工程"的简称），成立了"粮安工程"建设领导小组，加强了仓储设施建设，开展了重大课题研究，在广泛调研和组织各省编制地方《"粮安工程"建设规划》的基础上，会同国家发展改革委、财政部等有关部门编制了《"粮安工程"建设规划（2014－2020年，送审稿）》（以下简称《规划》）。

（一）《规划》编制背景

近年来通过实施粮油仓储设施建设方案和粮食现代物流发展规划，粮食仓储物流设施条件不断改善，宏观调控能力不断增强，为保障国家粮食安全打下了一定基础。但是，现代粮食收储供应安全保障体系远没有建成，随着粮食产量增加和粮食市场变化，粮食收储仓容能力严重不足、物流通道不畅、应急供应能力薄弱、质量安全隐患较大、粮情监测预警滞后、产后损失浪费严重等问题突出，给国家粮食安全带来严峻挑战。为坚决守住"种粮卖得出，吃粮买得到"的底线，确保不出现农民卖粮难，确保不发生粮食供应脱销断档，国家粮食局提出抓紧实施粮食收储供应安全保障工程，包括建设粮油仓储设施、打通粮食物流通道、完善应急供应体系、保障粮油质量安全、强化粮情监测预警、促进粮食节约减损等六个方面的内容，以全面提升粮食收储和供应保障能力，保障国家粮食安全。实施"粮安工程"是粮食流通工作的"守底线"工程。

（二）《规划》简要内容

《规划》的定位：一是立足守住粮食流通工作的底线；二是着眼全面建成小康社会对确保国家粮食安全的新要求；三是着力突出十八届三中全会全面深化改革精神的新要求。第一部分：明确指导思想、基本原则、总体目标、区域布局和进度安排。第二部分：明确建设粮油仓储设施、打通粮食物流通道、完善应急供应体系、保障粮油质量安全、强化粮情监测预警、促进粮食节约减损六大建设任务，全面提升粮食收储供应安全保障能力。第三部分：明确投资来源，完善政策保障措施。

（三）《规划》编制过程

2013年上半年，组织有关单位完成了17项重大课题研究报告，起草了《规划》初稿。6月，国家粮食局印发了关于做好《"粮安工程"建设规划》编制工作的通知，向各地和中央企业布置了规划编制工作。下半年，在广泛征求地方、中央粮食企业和各有关部门意见的基础上，不断对《规划》进行了修改补充，并与国家"十二五"规划纲要和相关专项规划进行了有效衔接。10月，《规划》通过专家评审论证。12月，又根据中央经济工作会议、中央农村工作会议等的工作要求和有关部门的意见进行修改完善，形成了《规划》（送审稿）。2014年1月经国家发展改革委主任办公会审议通过。

（四）"粮安工程"建设进展顺利

2013年国家发展改革委安排投资近35亿元，用于粮油仓储、物流、质检、农户科学储粮项目建设和加工业技术改造升级；财政部在财力趋紧的情况下重点安排粮食统计信息体系、放心粮油工程、军粮供应网点、粮食科研专项等"粮安工程"建设资金，特别是将"危仓老库"维修改造资金由4亿元增加到10亿元，带动地方财政投入40多亿元。粮食储运监管物联网应用示范项目列入国家重点支持的10个物联网专项计划。全国粮食应急供应网络布点工作初步完成，应急网点由上年的14987个增加到42656个。试点开通了（吉林）白城—（安徽）蚌埠、（吉林）松原—（湖南）岳阳两条散粮铁路运输线路，集装箱散粮运输试点进展顺利。主食产业化快速推进，放心粮油工程取得新进展。各级粮食部门把节粮减损摆上粮食工作的重要日程，深入开展粮食行业带头爱粮节粮反对浪费的活动，积极推广应用新技术、新工艺，减少粮食产后损失损耗。农户科学储粮专项2013年新增171万户，累计达677万户，每年可减少粮食损失75万吨。

（五）各地实施"粮安工程"成效明显

各省级粮食局和中粮集团有限公司、中国储备粮管理总公司、中国中纺集团公司3个中央企业也都高质量地完成了规划编制工作，特别是江苏、河南、湖北、广西、重庆、西藏、陕西、宁夏、新疆等省级政府出台了推进"粮安工程"建设的意见。如：2013年5月，重庆市人民政府印发《关于实施粮食收储供应安全保障工程建设的意见》；2013年11月，湖北省人民政府印发《关于实施粮食收储供应安全保障工程的意见》。

二　粮食流通基础设施建设及投资统计

（一）粮食流通基础设施建设

2013年各地认真贯彻落实党的十八大和十八届二中、三中全会精神，各级政府继续加大投资扶持力度，企业积极筹措资金，加强粮食流通基础设施建设。国家共安排中央补助投资39.4亿元用于支持粮油仓储设施、储粮罩棚、粮食现代物流设施建设、"危仓老库"维修改造、农户科学储粮专项和粮食质量安全检验监测能力建设项目建设，取得了显著成效。

1.粮油仓储设施建设取得较大进展。2013年国家安排中央预算内投资10亿元，用于补助有关中央企业和地方建设粮食储备仓容和储备油罐。安排中央补助投资6.6亿元，在东北三省一区及安徽、江西、湖南、湖北、四川等主产区建设储粮罩棚400万吨。为解决我国粮食连续十年丰收后主产区收储能力不足的矛盾，中央财政安排10亿元补助资金，用于全国26个省（区、市）的"危仓老库"维修改造。

2.农户科学储粮专项建设稳步推进。2013年国家安排中央投资补助5亿元，加上地方配套和农户自筹资金，总投资约16.6亿元，在河北、山西、内蒙古、辽宁、吉林、黑龙江、安徽、福建、江西、山东、湖北、湖南、广西、重庆、四川、贵州、云南、陕西、甘肃、青海、宁夏、新疆和西藏等23个省（区、市）为171.4万农户建设标准化小型粮仓。初步测算，全部装具可存储粮食约300万吨，每年可减少储粮损失约18万吨，为农户增收3.7亿元左右，减损增收效果显著。

3.粮食质量安全检验监测能力建设继续推进。在2012年安排中央补助投资3亿元的基础上，2013

年度国家再安排中央补助投资1亿元，为45个检验机构配置粮食检验检测仪器设备。项目建设当年共完成投资3.2亿元，新增检化验设备6831台套，有效提升了全国粮食质量安全检验监测能力和水平。

4.粮食现代物流体系建设继续加强。国家安排中央补助投资6.785亿元，重点用于支持八大跨省流通通道和重要物流节点的粮食现代物流项目，建设中转仓容及相应的接发设施。为加快推进散粮火车入关运营，打通"北粮南运"主通道，国家粮食局积极沟通协调有关部门开通了"吉林白城—安徽蚌埠"和"吉林松原—湖南岳阳"散粮火车运输线路，以及"辽宁开原—四川青白江"铁路集装箱散粮运输试点。为加强粮食现代物流企业规范化建设和管理，国家粮食局研究制定了《国家级粮食现代物流示范单位管理暂行办法》，并启动示范单位申报和遴选工作，遴选出14家全国粮食现代物流建设示范单位。

5.粮食系统对口援助工作进展顺利。在做好全国粮食系统对口援疆、援藏工作的基础上，为促进安徽振兴、中部崛起，国家粮食局和安徽省人民政府签订了共同推进安徽现代粮食流通产业发展战略合作协议。为贯彻落实《国务院关于支持赣南等原中央苏区振兴发展的若干意见》、《国务院办公厅关于印发中央国家机关及有关单位对口支援赣南等原中央苏区实施方案的通知》精神，支持于都县及赣州市粮食流通工作发展，制定了《国家粮食局关于支持于都县及赣州市粮食流通工作发展的实施方案》。为贯彻落实《国务院办公厅关于同意深入推进毕节试验区改革发展规划的函》精神，印发了《国家粮食局办公室关于支持毕节试验区粮食流通工作加快发展的指导意见》。

（二）粮食流通基础设施建设投资统计

1.统计结果总体情况。据统计，2013年度全国粮食流通基础设施建设项目共8045个，其中竣工项目5329个（占项目总数的66%），在建项目1522个（占19%），前期项目1194个（占15%）；本年度新开工项目4476个，占项目总数的56%，占竣工和在建项目的65%。中央项目566个（占7%），地方项目7479个（占93%）。中央项目中竣工项目388个，占中央项目的67%；地方项目中竣工项目4941个，占66%，两者基本持平。分项目类别看，各类项目进展程度也存在较大差异。

2013年度全国粮食流通基础设施建设项目总投资801亿元，年度完成投资247亿元。总投资中，财政性资金212亿元（其中中央财政资金60亿元，地方财政资金152亿元），企业自有资金395亿元（其中退城进郊置换资金约70亿元）。年度完成投资中，财政性资金88亿元（其中中央财政资金32亿元，地方财政资金56亿元），企业自有资金119亿元（其中退城进郊置换资金约9亿元）。

2013年度完成建设仓容2204万吨，其中平房仓1704万吨，立筒仓226万吨（其中钢板筒仓32万吨），浅圆仓120万吨，其他仓型154万吨；上述仓容中成品粮应急储备仓83万吨。

新建油罐129万吨，维修改造仓容2387万吨（其中大修仓容835万吨）。新建粮食专用码头泊位41个，能力1564万吨；新建铁路专用线24千米，其中有效长度14千米；新建罩棚175万平方米，其中铁路罩棚19万平方米，储粮罩棚144万平方米；新建地坪524万平方米；新增散粮接收能力2.9万吨/小时，发放能力2.3万吨/小时；新增烘干能力8947吨/小时；新增机械设备2.6万台套，其中散粮汽车574辆，散粮火车皮6节，散粮船舶2艘，检化验设备6831台套；新建办公、业务用房82万平方米。此外，全年完成农户科学储粮仓建设175万套；信息系统建设1426套，其中电子政务系统87套，粮情监测预警系统1028套，仓储信息系统220套。

2.统计结果反映的主要特点和问题。一是建设项目年度完成规模较上统计年度有所增加。与上年度相比，粮食仓容增加了54万吨，增幅为2.5%。其中，浅圆仓增幅最大，增长了22%。平房仓和立筒仓增长较少。维修改造仓容和大修仓容略有下降，减幅分别为10%、9.7%。

二是政府引导性投资加大，但以企业投融资为主。2013年度项目总投资801亿元中，中央和地方财政投资约212亿元，占总投资的27%。年度项目完成投资247亿元中，中央和地方财政投资约88亿元，占总投资的35%。但项目投资仍以企业投资为主，项目总投资中，企业自有资金约占总投资的49%，银行贷款筹资方式仍占较大比例（20%）；年度完成投资中，企业自有资金约占总投资的49%，银行贷款约占12%。

三是项目总投资、年度完成投资以粮食物流和粮油仓储项目为主。2013年度内建设项目和已具备建设条件的前期项目总投资中，主要是粮食现代物流项目（占41%）和粮油仓储设施项目（占50%），两类项目约占总投资的91%。本年度各类项目共完成投资247亿元，粮食现代物流项目占25%、粮油仓储设施项目占56%，两类项目约占完成投资总额的81%。

四是粮食现代物流项目各通道投资差异较大。粮食现代物流项目总投资为324亿元，年度完成投资62亿元。分通道看，各通道投资差异较大，总投资中，长江流出通道所占比重最大，其次是华南、西南和黄淮海通道，最小为京津通道。年度完成投资中，长江流出通道所占比重最大，其次是华南、黄淮海和东北通道，最小为京津通道。

五是地区分布不平衡，西部地区投资能力弱。地方项目中，主产区项目总投资占57%，完成投资占66%；产销平衡区项目总投资占21%，完成投资占17%；主销区项目总投资占22%，完成投资占17%。三大中央粮食企业项目总投资约78亿元，占全国的10%；完成投资约28亿元，占全国完成投资总量的11%，与2013年基本持平。

从统计数据来看，年度完成投资较多的省份及单位主要有黑龙江、中储粮公司、湖北、安徽、浙江、湖南、江苏、四川、吉林、广东等地区，都在10亿元以上。年度完成投资中地方财政投资额较多的省份主要有黑龙江、江苏、安徽、湖南、四川、陕西、上海、浙江和广东，都在2亿元以上。项目总投资中，中央财政投资较多的省份和单位主要有中储粮公司和辽宁、吉林、黑龙江、安徽、湖北、四川等地区，都在2亿元以上。

总的来说，2013年度粮食流通基础设施建设取得了显著成效。中央进一步加大了粮食流通基础设施建设力度，在"危仓老库"修复、储粮罩棚建设、粮食质量安全检验监测能力建设项目上进一步增加了投资，以保障粮食安全，推进粮食流通产业发展。但由于粮食仓储、物流项目和仓房维修改造项目分属发展改革、财政部门负责安排，一些省份粮食行政管理部门对中央补助投资和财政资金安排项目进行行业管理、指导力度较弱，在年度投资统计中对相关项目投资安排情况难以核查，对企业投资统计的监管也缺乏手段，甚至个别项目单位不填报统计数据。

三　粮食仓储管理及设施统计

2013年度全国共有粮油仓储企业19495户，可用仓容25975万吨，可用罐容1970万吨，"危仓老库"仓容9058万吨，简易仓房容量3504万吨，罩棚2145万平方米，地坪21528万平方米。

（一）企业数量

截至2013年年底，全国共有粮油仓储企业（以下简称企业）19495户，其中：仓容规模在2.5万吨以下的企业14913户，占企业总数的76.5%；2.5万吨~5万吨的企业2338户，占12.0%；5万吨~10万吨的企业1414户，占7.2%；10万吨以上的企业830户，占4.3%。

与上年度相比，企业户数增加266户。其中：国有企业11455户，较上年度减少406户，减幅为

3.4%。减少较多的省份有福建、黑龙江、宁夏、江苏、山西、湖南；非国有企业8040户，较上年度增加672户，增幅为9.1%。增加较多的省份有黑龙江、江西、吉林、湖南、湖北、广东。

（二）可用仓容

本年度全国共有可用仓容25975万吨，较上年度增加934万吨，增幅3.7%。

按企业性质分，国有企业可用仓容1.81亿吨，较上年度减少185万吨，减幅为1.0%。减少较多的省份是河北、河南、湖南、江苏、江西、福建；非国有企业可用仓容7849万吨，较上年度增加1119万吨，增幅为16.6%。增加较多的省份是黑龙江、内蒙古、湖北、江西、广东、辽宁。

按企业规模划分，2.5万吨以下规模企业的可用仓容5713万吨，占22%；2.5万吨~5万吨规模企业的可用仓容5181万吨，占19.9%；5万吨~10万吨规模企业的可用仓容6172万吨，占23.8%；10万吨以上规模企业的可用仓容8909万吨，占34.3%。

按仓型构成分，平房仓可用仓容2.1亿吨，占全部可用仓容的80.4%；浅圆仓可用仓容1113万吨，占4.3%；立筒仓可用仓容2586万吨，占10.0%；楼房仓可用仓容341万吨，占1.3%；地下仓可用仓容164万吨，占0.6%。利用国家补助或自筹资金，已完成维修的各类型仓房可用仓容889万吨，占3.4%。

按企业主营业务类型划分，储备类型企业可用仓容2.00亿吨，占全部可用仓容的76.9%；加工类型企业可用仓容5015万吨，占19.3%；物流类型企业可用仓容983万吨，占3.8%。

（三）危仓老库

本年度全国共有"危仓老库"9058万吨，占总仓容的16.0%，较上年度增加了3.4个百分点。其中：需维修改造、需重建仓容分别为7062万吨、1996万吨，较上年度需大修仓容、待报废仓容分别增加了2360万吨、1143万吨。

（四）简易储粮设施

全国共有简易仓容3504万吨，罩棚2145万平方米，地坪21528万平方米。

（五）油罐

全国共有油罐2.34万个，可用罐容1970万吨。其中：国有企业有油罐9820个，可用罐容850万吨，占全部可用罐容的43.1%；非国有企业有油罐1.35万个，可用罐容1120万吨，占全部可用罐容的56.9%。

（六）主要粮食流通设施

全国共有1225户企业有铁路专用线，专用线总长度1620千米，有效长度922千米；908户企业拥有专用码头，拥有泊位数1946个，泊位总吨位467万吨。

（七）主要保粮设备

全国各企业共有1.68亿吨可用仓容实现了计算机测温，占全部可用仓容的64.8%；有1.16亿吨仓容实现了环流熏蒸，占44.6%；有2.21亿吨仓容实现了机械通风，占84.9%。

全国各企业（不含各级粮食行政部门质检机构）共配备检化验仪器设备23.28万台（套），通风机20.47万台，输送机17.03万台，其他移动式设备4.80万台，汽车衡2.46万台，运粮汽车1.57万辆，火车皮6368节，船舶40艘，谷物冷却机1610台。

（八）烘干能力

全国各企业共有烘干设备8371套，烘干能力11.76万吨/小时，全年实际烘干粮食9555万吨。

（九）储粮药剂

全国各企业2013年度共使用储粮药剂2021吨，其中熏蒸剂1674吨。

（十）散粮中转设施

全国各企业共有散粮接收能力92万吨/小时，发放能力85万吨/小时。散粮接收能力同比增加 20万吨/小时，散粮发放能力同比增加18万吨/小时。

（十一）人员

全国各企业共有从业人员73.4万人，其中：粮油保管员12.5万人，粮油质量检验员4.5万人。

四　中央储备粮代储资格认定

2013年，国家粮食局按照《中央储备粮代储资格认定办法》及其实施细则（以下简称《细则》）等的相关规定，于5月、10月开展了两批（总第17、第18批）中央储备粮代储资格认定工作、两次代储资格延续工作、两次代储资格变更工作，取消了两批代储资格到期企业。完成了局软科学课题《关于完善中央储备粮代储资格认定制度的研究》，针对代储资格仓容规模总体偏大、非国有企业和特殊地区企业申请代储资格等三个问题进行了深入研究，并提出了完善相应政策制度的措施建议。对《细则》部分条款进行了修订，提高了代储资格认定审核标准，强化了安全生产管理要求，优化了工作程序。

（一）中央储备粮代储资格认定情况

2013年，共有483户企业提出了新申请或补充申请，通过审核246户，通过率50.9%。其中：粮食类通过审核企业229户，取得资格仓容972万吨；油脂类通过审核企业17户，取得资格罐容47万吨。

（二）中央储备粮代储资格企业延续情况

2013年，共有234户企业提出了延续申请，通过审核140户，通过率59.8%。其中：粮食类通过审核企业131户，延续资格仓容694万吨；油脂类通过审核企业9户，延续资格罐容13万吨。

（三）中央储备粮代储资格企业变更情况

在已取得资格企业有效期内，共有169户企业提出了变更申请，通过审核148户，通过率87.6%。变更的主要事项为企业名称、法定代表人、仓（罐）容等。

五　粮食行业安全生产

（一）2013年粮食行业安全生产概况

2013年共发生9起安全生产事故，死亡12人，事故起数、死亡人数同比分别下降36%、40%。分企业性质看，中央企业2起，死亡2人。从事故类型看，作业事故6起，死亡7人；设施事故2起、死亡5人；火灾事故1起，无人员伤亡。2013年6～9月，国家粮食局按照国务院统一部署，在粮食行业开展了安全生产大检查"百日行动"，将露天储粮消防安全等作为重点整治防范环节。全行业安全生产形势明显好转，安全生产环境明显改善。

（二）开展的相关工作

1.成功应对中储粮林甸直属库"5·31"火灾事故和黑龙江肇兴、临江粮库防汛险情。5月31日，中储粮林甸直属库发生火灾事故，国家粮食局派员第一时间赶赴现场协调救灾，抢运粮食，指导企业进行防霉作业，避免事故损失的扩大。在7月汛期组成专项工作组，指导黑龙江省粮食局成功应对肇兴、临江两个粮库的防汛工作，成功处置险情，近10万吨粮食平安渡汛。

2.组织开展安全生产大检查"百日行动"。2013年6～9月，粮食行业组织开展了安全生产大检查"百日行动"。活动期间，按照"四不两直"的方式，对地方和企业加强检查指导，做到了安全生产大检查"全覆盖、零容忍、严执法、重实效"。"百日行动"期间，各级粮食部门共开展安全生产专项检查23371次，检查企业41932户，累计发现安全生产隐患39829项，其中32257项已完成整改，其他隐患正在进行整改或已采取了监管措施。

3.组织召开安全生产专题工作会，加强重点领域的检查督导。2013年7月在吉林长春组织召开了"粮食行业安全生产大检查'百日行动'中期督查会议"，安排与会代表参观了作为安全生产示范库的中央储备粮松原直属库，对露天囤防火改造、空气呼吸器使用、平房仓系留装置、输送机配电箱及插座绝缘处理、消防演练、药品库管理等9个方面容易发生安全生产事故的重点环节的安全技术与安全措施进行了示范展示，观看了"粮食行业安全生产典型事故案例警示片"，增强各地做好行业安全生产和"百日行动"工作的主动性，国家安全生产监督管理总局派员参加了会议。同时，与公安部消防局开展了粮食企业消防工作联合检查，先后派出6个工作组对黑龙江露天储粮安全进行检查指导。

4.制作安全生产事故动漫，加强安全生产宣传培训。4月15日，与中粮集团有限公司联合举办安全生产培训班，对进出仓作业、药剂管理、机械设备等重点环节安全生产特点及技术规程进行了培训，进一步推动央企加强安全生产工作。开发制作了第二辑安全生产事故案例警示片（共18个），在国家粮食局政府网站上对社会公开，并制作成光盘发放至各省（区、市），要求各地组织学习观看，起到了良好的安全生产宣传教育效果。

5.启动了局机关和直属系统安全生产大检查工作。根据国家发展改革委的要求，在局机关和直属系统开展了安全生产大检查工作。为配合做好第三届全国安全生产书画展和"以人为本、聚焦安全"摄影展作品推荐工作，国家粮食局于5～8月面向粮食行业组织征集了安全生产书画和摄影作品。9月，在国家粮食局机关举办了全国"安全生产月"书画和摄影展。

6.做好露天储粮消防安全和储粮安全工作。先后5次赴黑龙江对露天储粮消防安全进行调研，3次召开专家会议研究露天储粮消防工作，两次参加相关部门和单位组织召开的露天储粮消防会议。多次与公安部消防局沟通协调，研究落实露天储粮消防措施。与中储粮总公司联合向财政部申请露天储粮费用补贴，财政部同意将露天储粮费用补贴标准从每吨70元提高到每吨117元。建立露天储粮防火改造月度统计制度，加强对地方和中央企业露天储粮防火改造工作。

7.深入调研安全生产典型事故。先后对江苏泰兴过船港务公司、河南平顶山湛南国家粮食储备库以及黑龙江大庆、安徽蚌埠等粮食企业事故进行了深入调查。通过调查首次发现了进出油作业可能导致油罐爆炸、平房仓挡粮板设计不合理等系统性隐患。

六　粮食行业信息化

（一）粮油仓储信息化建设进程加快

2013年，为贯彻落实新的国家粮食安全战略，创新粮食流通管理，完善粮食流通管理机制，国家粮食局启动了"库存粮食识别代码"试点工作，提出了"智慧粮食"建设思路，完成了"国家粮食局粮油仓储地理信息系统"项目的招投标和初步设计工作。地方粮食行政管理部门和粮食企业顺应信息时代新变化和现代粮食流通产业科学发展的新要求，按照国家粮食局下发的《粮油仓储信息化建设指南》和《大力推进粮食行业信息化发展的指导意见》两个文件精神，结合当地实际，制定信息化发展规划、勇于探索实践，积极推进信息化建设。

1.各地信息化建设进程明显加快。一些重点领域的信息化应用逐步推开，电子政务建设取得明显成效，粮油仓储领域信息化建设得到加强。无论是发达地区，还是欠发达地区，都在信息化建设方面进行了有益的探索和实践，粮食信息化建设呈现由点到面、遍地开花的良好态势。初步调查，全国有16个省份（单位）累计投入资金6915.31万元用于粮食行业信息化建设并取得初步成效。其中：浙江、上海、江苏、河北、山东、宁夏、甘肃、贵州8个省（区、市）信息化建设总体工作开展较好，制定了信息化发展规划，开发建设了电子政务、市场监测预警、应急保供、质量追溯、远程监管等信息系统，并在省市县三级信息共享方面进行了一些有益的探索。部分省正在拟订信息化建设规划或建设方案，并抓紧推进。

2.提出了"智慧粮食"建设思路。以说全、说准、说清粮情为目标，以大数据、物联网、云计算等信息技术为依托，在总结江苏、山东等省粮食信息化建设经验的基础上，国家粮食局组织有关专家提出了"智慧粮食"建设思路。目前，正在组织专家编制"智慧粮食"可行性研究报告和标准体系。

3.粮食识别代码试点工作取得重要进展。为实现粮食流通全过程可定位、可追溯，研究建立库存粮食识别代码标识制度，2013年，多次组织相关专家到江苏、山东等重点省份进行调研，研究粮食识别代码建码规则及试点方案，探讨实现路径。着手编制了《库存粮食识别代码标准》、《粮食基础信息标准》等系列标准及规范。为下一步开发库存粮食识别代码软件，实现代码的生成、解码、传输奠定了坚实基础。

（二）粮食动态信息系统建设进展

全国粮食动态信息系统项目自2013年正式进入实施阶段以来，为确保项目建设的"先进性、实用性、安全性和保密性"，经过大量需求调研对接和多次修改完善，积极引入大数据、可视化、数据挖掘等先进技术，各标段详细设计方案通过专家评审并先后进入系统开发或施工阶段。截至年底已完成15项配套标准试用稿，机房改造主体基本完工，数据处理中心正陆续搭建，业务系统开发已完成总工作量的60%以上，部分子系统已开始试用，项目建设总体有序推进，2014年全部竣工投入使用。建成后的粮食动态信息系统，涵盖局本级行业管理主要的业务应用，关键信息可实现数据、图片、录像和地理信息等多种形式展现，初步形成以全局日常核心业务为主，兼顾应急管理需求的信息管理共享平台和数据处理中心，经过分阶段建设，将在粮食信息化中发挥中枢作用，为构建"智慧粮食"奠定基础。

（三）推动物联网技术应用取得初步成效

获得国家发展改革委批复立项的"国家粮食储运监管物联网应用示范工程"，依托"北粮南运"通道上的黑龙江、江苏和深圳等省市70个粮库，中储粮40个直属库进行物联网新技术成果的应用示范。技术支撑单位和建设单位攻克了粮食出入库作业及日常保管自动化、储备粮远程监管、储备粮在线常态化清仓查库、智能通风控制、虫害自动检测、磷化氢浓度在线检测、基于压力传感器的储粮数量监测、多传感器集成与数据融合等技术难题。工程建设过程中，技术支撑单位根据各建设单位的实际需求不断引入新技术，比如水源热泵低温储粮控制技术，基于智能电表、RFID出入库系统的能耗分析技术，磷化氢浓度在线检测、虫害自动检测等新型传感器及应用技术、激光测重技术等。目前已初步应用的示范库点，能够减少仓储库内作业成本30%左右，以RFID、各类传感器为代表的物联网技术实时准确直观地采集各级储备粮仓储保管情况，能够实现库区内及区域化的远程实时监管。

七   粮油加工业发展与指导

2013年1月，中共中央、国务院发布《关于加快发展现代农业进一步增强农村发展活力的若干意见》（中发〔2013〕1号）提出，培育壮大龙头企业，支持龙头企业通过兼并、重组、收购、控股等方式组建大型企业集团，逐步扩大农产品加工增值税进项税额核定扣除试点行业范围，适当扩大农产品产地初加工补助项目试点范围。

2013年1月，国务院《关于印发循环经济发展战略及近期行动计划的通知》（国发〔2013〕5号）要求，按照减量化、再利用、资源化，减量化优先的原则，推进生产、流通、消费各环节循环经济发展，加快淘汰落后产能，加快推广节能、节水、节粮工艺技术和装备，推进食品加工副产物和废弃物资源化利用。粮食加工行业要重点推进利用稻壳、米糠、麦胚、麸皮等副产物生产稻壳碳、米糠油、米糠蛋白、玉米油、麦胚油、膳食纤维等。构建稻谷加工—稻壳—稻壳碳、生物质能，稻谷加工—米糠—米糠油、米糠蛋白，小麦加工—麦胚、麸皮—麦胚油、膳食纤维等产业链。

2013年1月，工业和信息化部、国家发展改革委、财政部等十二部门联合印发《关于加快推进重点行业企业兼并重组的指导意见》（工信部联产业〔2013〕16号），支持农业产业化龙头企业通过兼并重组、收购、控股等方式，组建大型企业集团，培育壮大龙头企业，打造一批自主创新能力强、加工水平高、处于行业领先地位的大型龙头企业，引导龙头企业向优势产区集中，形成一批相互配套、功能互补、联系紧密的龙头企业集群，培育壮大区域主导产业，增强区域经济发展实力。

2013年10月，国务院《关于化解产能严重过剩矛盾的指导意见》（国发〔2013〕41号）提出，控制增量、优化存量，"消化一批、转移一批、整合一批、淘汰一批"过剩产能。为保护种粮农民利益和稳定原粮价格，国家继续实施稻谷和小麦最低收购价政策，在东北启动了玉米和大豆临储收购，鼓励销区企业到东北地区采购粮食运回关内，给予每市斤0.07元财政补贴标准。

2013年国家继续通过技术改造专项资金扶持粮油加工业企业，分别在东北等老工业基地调整改造、中小企业和技术改造专项中安排中央补助资金5.2亿元，扶持粮油加工业项目195个，带动投资66.3亿元。

2013年，国家粮食局继续加强全社会粮油加工业产能监测工作，5月完成了粮油加工业年报统计，8月完成了重点加工企业半年报统计，12月开展了2012年度产能过剩专项调查，基本掌握了产能过剩的基本特征和原因。为制定粮食加工业结构调整、优化布局、适度加工、食品安全质量体系建设等政策措施提供了依据。

八   推进主食产业化

2013年，各地认真贯彻落实《关于大力推进主食产业化增强口粮供应保障能力的指导意见》，扎实推进主食产业化工作，取得了良好效果。以河南、安徽、天津、陕西西安、河北石家庄、山东东营等地主食产业化发展迅猛，并在新产品开发、质量安全提升、技术装备升级、全产业链建设等方面积累了经验。据统计，2013年全国粮食食品产量2310万吨，比2012年增加17.4%，增速远高于米、面、油等产品增幅，其中：米制主食品产量126万吨，同比增幅11.5%；速冻米面制品产量156万吨，同比增幅9.1%；杂粮主食品产量33万吨，同比增幅12.0%；面制主食品产品产量843万吨，同比下降3.4%。

（一）落实指导意见，加强主食产业化宣传和指导

2013年，国家粮食局研究起草了《全国主食保供应急产业化企业遴选办法》；组织河南省面制食品工程研究中心等科研机构在山东、河北等8省开展了主食产业化理论科技巡讲；加强科企对接，征集了一批主食产业化科技成果；加强对主食产业化典型企业的扶持力度，积极协调争取"国家产业振兴和技术改造"专项支持。

（二）出台相关政策文件，科学指导主食产业化发展

2013年8月，安徽省人民政府出台《关于大力推进主食产业化的意见》。河南、安徽、黑龙江、内蒙古、江苏、江西、湖南、湖北、新疆、陕西、广西、北京12个省（区、市）人民政府或粮食行政管理部门印发了主食产业化发展规划或实施意见，明确了工作目标、重点任务、保障措施等。

（三）财政配套支持力度大

2012年以来，各地主食产业化项目共得到各级财政扶持资金3.6亿元。其中：河南省财政整合涉粮、涉农资金2亿元予以贴息，支持带动了134个主食产业化和粮油深加工项目；河北省从中央财政新增农资综合补贴和超级产粮大省奖励资金中安排1000多万元，支持5个重点主食产业化项目；湖南省在粮油"千亿产业"工程专项资金中，安排了1400多万元扶持主食产业化项目；安徽省财政从省级粮食产业化财政贴息资金中，安排了278万元支持了24个主食产业化项目。年初国家粮食局积极协调"国家产业振兴和技术改造"专项支持了全国10个主食产业化项目。

（四）积极开展试点并做好各项服务工作

广西、黑龙江、吉林等省（区）主食产业化工作起步较晚，为积累工作经验，均采取了示范企业"先行先试"、"有序推进"的探索发展模式。选择条件好、带动力强、影响力大的企业进行试点，并指导企业编制总体规划、设计方案，协助办理相关审批手续；湖北、安徽、湖南等省粮食部门强化主食生产企业质量管理，参与主食产品地方标准的制定；陕西省粮食部门积极参与主食产业名牌产品评审，有效发挥行业指导作用，做好行业服务、监管工作。

（五）通过"示范项目"建设实现产业模式的快速复制

2013年，河南省依托河南兴泰科技有限公司打造"主食产业化示范项目"，实现面制主食品产业化的快速布局。兴泰公司销售馒头生产设备的同时，向"合作示范企业"提供从原料筛选、产品配方到工艺流程等全方位的技术支持，达到产业模式的快速复制。目前兴泰公司已经在河南省建成永城永新、新蔡麦佳、开封天丰等12个项目，在省外建成哈尔滨米旗、牡丹江谷厚嘉、青岛帅睿等5个项目。

（六）加强销售供应体系建设

一是充分利用现有销售渠道，主食产品进超市。2013年石家庄市已在各大型超市中设立放心馒头销售专柜343个，天津市"放心馒头"产品实现了与全市14家超市系统的对接。二是支持大型企业建立自身的配送中心和销售网点。2013年陕西西安爱菊集团"群众厨房"新建销售点50个，全市加工销售网点已达1048个，放心馒头市场覆盖率70%，天津津粮集团已建成900余家"放心粮油及主食品销售点"，基本覆盖市内六区和部分郊区。三是发展多渠道配送。天津实施"放心主食"与学校和机关企事业单位相对接，实行"按需批发，定时配送，直营直供"。四是创新销售模式。2013年爱菊集团推进放心馒头等主食品"电商+店商"的销售模式，实行"网上购物，门店取货"，还计划在社区设立自动售货机销售馒头，树立主食产品"方便快捷"的购买新理念。五是打造中央厨房和配送中心。安徽省主食企业共建成163个主食配送中心，辐射全省3.8万个销售网点。

（七）建立农业生产基地

各地均积极探索形成"公司+基地+农户"的产业化经营模式。河南省主食生产企业与农业部门"百千万"亩小麦示范方项目合作，充分发挥农业部门科技优势，确保原料来源及品质稳定；湖南省春晖集团流转土地10万公顷建立生态农业园；湖北监利福娃集团投资成立福娃三丰水稻专业合作社，提高农业生产效率，有效带动了农民增收。

（八）做好宣传，强化质量安全和营养健康理念

各地在主食产业化发展过程中重视产品质量安全，兼顾有质量保障的数量增长。2013年河南省粮油食品安全倡议主题日活动主题定为"打造放心粮油品牌、惠及人民幸福生活"。河南省开展了"放心主食"为主题的"2013年食品安全宣传周"活动，开展馒头、面条、速冻食品、油条、方便米面制品行业的综合治理和达标创优，建立储运、加工、包装、销售全覆盖的主食品安全体系。国家公众营养改善项目办公室认定河南省太康县为国内首个营养强化主食推广专项试点县，并依托河南迪普森农业开发有限公司启动营养强化主食推广项目。

九　粮油加工业统计

（一）统计范围继续扩大，企业数量增幅2.8%

根据《国家粮食局办公室关于做好2013年度粮油加工业统计工作的通知》（国粮办展〔2013〕242号）工作安排，各省积极组织本地粮油加工企业填报统计年报表，有效扩充了统计覆盖范围，纳入统计企业数量继续增加，同比增幅2.8%，同时剔除了一部分停产一年以上的粮油加工企业。2013年，粮油加工业企业数量近2万个，比上年增加550个，增幅2.8%。民营企业近1.8万个，占企业总数的90.0%，占比与2012年相比增加了0.5个百分点。粮食主产区、产销平衡区、主销区企业数量占比分别为74.9%、15.5%、9.5%。2013年，根据《国家粮食局关于进一步健全和落实粮食应急供应网点的通知》要求，各地均增补了粮油加工企业作为应急加工企业。2013年全国应急加工企业4787家，比上年增加1014家，增幅26.9%。

（二）粮油加工业产量继续保持平稳增长

1.大米产量增幅3.7%。稻谷加工业年处理稻谷能力共计3.3亿吨，比上年增加2507万吨，增幅8.2%，增速与上年基本持平。大米产量9215万吨，比上年增加333万吨，同比增幅3.7%；实际处理稻谷1.45亿吨。稻谷加工业平均产能利用率43.6%，比上年下降了0.9个百分点。

2.小麦粉产量增幅2.6%。年处理小麦能力2.2亿吨，比上年增加产能1423万吨，增长6.9%；小麦粉产量9873万吨，比上年增加246万吨，增幅2.6%；制粉用小麦消耗量1.3亿吨。小麦加工业产能利用率61.1%，比上年下降了2.9个百分点。

3.食用植物油产量增幅7.2%。2013年食用植物油加工业油料处理能力为1.72亿吨，比上年增加1148万吨，增幅7.1%；精炼能力5144万吨，比上年增加38万吨，增幅0.7%。全国食用植物油产量2879万吨，比上年增加194万吨，增幅7.2%；实际年处理油料9009万吨。

4.玉米加工产品产量增幅2.2%。年处理玉米能力7789万吨，增幅2.6%；玉米加工企业产品产量3571万吨，同比增幅3.8%；加工玉米用量5506万吨，比上年减少29万吨，同比略有下降。

5.粮食食品产量增幅较快达20.1%。粮食食品产量2310万吨，增幅20.1%。其中：面制主食品规模较大，产品产量843万吨，占比36.5%，同比下降3.4%；米制主食品产量126万吨，占比5.4%，同比

增幅11.5%；速冻米面制品产量156万吨，占比6.7%，同比增幅9.1%；杂粮主食品产量33万吨，占比1.4%，同比增幅12.0%。

6.饲料产量增幅10.6%。饲料加工企业年生产能力2.1亿吨，比上年增加2191万吨，增幅11.4%；产量1.6亿吨，比上年增加1573万吨，增幅10.8%。其中：配合饲料、浓缩饲料、预混合饲料的产量分别为1.4亿吨、956万吨、540万吨，占比分别为88.8%、5.9%、3.3%，同比增幅12.5%、7.4%、−12.5%。

7.杂粮及薯类产品产量增幅8%。杂粮及薯类加工企业年生产能力1029万吨，比上年减少127万吨，同比下降11%；杂粮及薯类产品336万吨，比上年增加25万吨，增幅8%。

8.粮机设备产量增幅22.0%。粮机设备制造企业年生产能力41.4万台（套），同比增加16.8%，年产量33.2万台（套），同比增加22.0%。分产品类型，稻谷加工主机设备4.4万台（套），比上年减少1万台（套），同比下降17.9%；小麦加工主机设备1.6万台（套），比上年增加0.4万台（套），同比增幅29.9%；油脂加工主机设备8723台（套），比上年增加3345台（套），同比增幅62.2%；饲料加工主机设备6.9万台（套），比上年增加2万台（套），同比增幅40.5%。

（三）产业化龙头企业数量同比增幅39.0%

国家级、省级产业化龙头企业2220家（其中省级产业化龙头企业420家，同比增幅1.0%），占企业数量的11.2%，比上年增加153家，同比增幅7.4%，实现工业总产值9556.2亿元，比上年增加774.9亿元，同比增幅8.8%。其中，米、面、油产业化龙头企业数量分别为654家、406家、426家，占比分别为29.5%、18.3%、19.2%；产能分别为7240万吨、6463万吨、7955万吨，占比分别为21.8%、29.7%、46.2%；产量分别为3262万吨、3784万吨、1674万吨，占比分别为34.5%、38.3%、36.5%。

（四）应急加工企业数量同比增幅27.9%

省、市、县级应急加工企业4783家，比上年增加1010家，增幅26.8%，其中，省级应急加工企业761家。其中，稻谷、小麦、食用植物油应急加工企业数量分别为2742家、1383家、524家，占比分别为57.3%、28.9%、11.0%，同比增幅26.5%、29.3%、30.3%；产能分别为12724万吨、11784万吨、8707万吨，占比分别为38.3%、54.2%、50.5%，同比增幅25.0%、36.4%、23.0%；产量分别为4645万吨、5850万吨、1921万吨，占比分别为49.1%、59.2%、41.9%，同比增幅21.0%、28.9%、28.2%。

（五）放心粮油工程加工企业数量同比增幅20.2%

放心粮油工程加工企业2874家，其中中粮协认定示范企业658家，占比22.9%，省级及以下示范企业2406家，占比83.7%。工业总产值7710.5亿元，占粮油加工业总产值的31.0%，其中中粮协认定示范企业工业总产值3483.3亿元，占粮油加工业总产值的14.0%。分行业，稻谷加工业、小麦加工业、食用植物油加工业的产能分别为9121万吨、9123万吨、8720万吨，占比分别为27.4%、42.0%、50.6%；产量分别为3771万吨、4935万吨、2170万吨，占比分别为39.9%、50.0%、47.4%。

✛ 促进节粮减损

为贯彻落实习近平总书记关于"厉行勤俭节约，反对铺张浪费"的重要批示精神，国家粮食局高度重视，推动开展系列专项行动，加强了爱粮节粮宣传，在全社会培养爱粮节粮意识、推广爱粮节粮新技术和新设备等方面取得了初步成效。

（一）联合有关部门开展爱粮节粮减损系列专项行动

2013年5月，国家粮食局联合教育部、国家机关事务管理局印发了《关于支持全国高校师生爱粮节粮倡议的通知》（国粮展〔2013〕112号），在高校发起了广泛宣传活动。

6月，国家粮食局与总后勤部联合印发了《关于开展"粮油服务进军营、餐桌节约促强军"活动的通知》。国家粮食局军粮中心、山东省粮食局7月联合开展了"粮油科技进军营"主题宣传活动，通过走访慰问部队、召开军地座谈会、举办科技讲座、赠送科普读物等方式宣传爱粮节粮。部队陆续开展了"军营餐桌节约行动知识竞赛"和"军中名厨走基层"等活动。

6月，教育部、中央文明办、共青团中央、中国科协联合推进青少年专项行动，共同主办了以"节约粮食、从我做起"为主题的"节粮在行动——2013年青少年科学调查体验活动启动仪式"，组织节粮体验项目、节粮实验，举办节粮论坛等。

10月，国家粮食局联合教育部印发《关于公布第二批"全国中小学爱粮节粮教育社会实践基地"名单的通知》（国粮办发〔2013〕215号），认定了第二批85个爱粮节粮教育实践基地并集中授牌，目前全国建立爱粮节粮教育实践基地95个。同月，联合中华全国妇女联合会印发了《关于开展"爱粮节粮进家庭"活动的通知》，在"世界粮食日"纪念活动上正式启动爱粮节粮进家庭专项行动。

5月，中央财政下达中央补助投资5亿元为全国171.4万户农户配置标准化储粮装具，继续实施农户科学储粮专项行动。

（二）节粮减损科普活动及新技术研究取得初步成果

2013年5月，国家粮食局成功举办粮食科技活动周，以河南工业大学、武汉轻工大学和南京财经大学为主会场，开展了以"科学节粮，保障安全"为主题的高校书法篆刻摄影艺术展、主题辩论赛、大学生文艺节目演出及主题海报设计评选等活动。国家粮食局联合教育部、国务院机关事务管理局向全国高校师生发出了爱粮节粮倡议书。

2013年，国家粮食局科学研究院大力加强新技术研究，在储粮安全、适度加工营养健康新产品开发、节粮减损加工技术和超标粮食消减技术等方面加大投入，取得了一批技术成果。如：研发的"大农户组挂式粮食干燥仓"在降低积粮大农户粮食损耗污染、保证粮食品质等方面具有明显的社会和经济效益。惰性粉杀虫、富氮低氧气调储粮等系列化绿色储粮新技术能有效延缓储粮品质劣变、减少储粮损失；开发了全谷物速食方便粥、重组速煮杂粮米、新型多谷物冲调营养粉、稳定化全麦粉等系列产品。真菌毒素生物降解技术取得进展，对生芽及芽萌动小麦进行合理利用有重要意义。

（三）广泛加强全社会宣传

2013年5月，国家粮食局印发了《国家粮食局关于粮食行业带头爱粮节粮反对浪费的指导意见》（国粮发〔2013〕105号），动员粮食行业广大干部职工带头爱粮节粮、反对浪费，促进全社会树立爱粮节粮新风尚。联合中国就业培训技术指导中心等共同主办了以"节粮减损从技能开始"为主题的职业技能大赛。

2013年7月，国家粮食局联合教育部、农业部印发《关于组织开展2013年中小学生"爱粮节粮"征文活动的通知》，在中小学生中征集了一批优秀作品并表彰。9月，国家粮食局印发《国家粮食局办公室关于开展爱粮节粮主题征文活动的通知》（国粮办政〔2013〕204号），向全社会开展爱粮节粮主题征文、动漫征集活动，征集了一批优秀作品。

2013年10月，国家粮食局在北京大学举办了以"发展可持续粮食系统，保障粮食安全和营养"为主题的2013年"世界粮食日"暨以"爱粮节粮，传承美德"为主题的"全国爱粮节粮宣传周"纪念活动，同期对爱粮节粮征文比赛获奖作品进行了颁奖、公布了爱粮节粮教育实践基地名单等。

2013年，国家粮食局积极运用媒体宣传和科普读物加强爱粮节粮宣传教育。一是在中央电视台多套栏目中报道"世界粮食日"纪念活动；在中央人民广播电台中国之声、中国乡村之声公益报时开展为期一个月的爱粮节粮和农户科学储粮宣传活动；与工信部合作，通过中国移动、中国联通、中国电信向全国广大手机用户发送"爱粮节粮、传承美德"的手机短信；在主流报刊刊载相关爱粮节粮的报道等，机关刊物《中国粮食经济》编辑出版了"爱粮节粮"增刊。二是国家粮食局组织编写并印发了7万余册《科学节粮减损　保障粮食安全》、《农户科学储粮实用知识》、《家庭储存粮油科普小知识》、《科学消费粮油小知识》、《粮油营养健康常识》，在科技活动周、"进军营"等活动中向消费者和部分官兵免费发放；在食品安全周主题日、"科技列车湘西行"等活动中举办节粮减损科普讲座等。

十一　科技进步与创新

◆国家粮食局

2013年，粮食科技创新工作围绕储藏、流通、检测、加工、信息等方面，聚集科技创新人才资源、设施资源，以行业发展为重，以服务产业升级，促进产业进步为己任，在高新技术、基础研究、应急保障等领域加大投入力度，不断开拓创新，推动构建产学研一体化的科技创新体系。

（一）首次启动实施公益性行业科研专项

2013年国家粮食局首次作为公益性行业科研专项承担部门开始组织、申报、推荐粮食公益性行业科研专项。该专项以基础性、前瞻性、应急性的研究为重点，为保证国家粮食安全提供有力支撑。

1.建立粮食公益性行业科研专项管理制度。2013年1月召开了第一次粮食公益性行业科研专项经费管理咨询委员会专家会议，成立了管理咨询委员会，并通过了《粮食公益性行业科研专项经费管理咨询委员会章程》，明确了专家咨询委员会职能。2月，召开了专家委员会会议，公布了《粮食公益性行业科研专项实施方案》，明确了储藏、质量安全、粮食物流及装备、宏观调控保障技术和粮油加工领域的工作目标。

2.启动实施2013年公益性行业科研专项。在"十二五"粮食科技发展规划的基础上，组织专家制定了储藏、质量安全、宏观调控、物流装备、粮油加工分领域实施方案。在广泛征求意见建议的基础上，最终凝练为12个项目建议。将粮食污染物消解研究和粮食信息化物联网技术开发，以及清仓查库技术等作为支持重点，并重点考虑支持了行业的基础性研究。共安排相关项目8个，包括粮食污染物监测与消解、粮油质量安全检测、粮库数量在线监测、数量安全预警、储粮通风干燥、储粮虫霉监测控制、大农户储粮、储粮安全防护等。同时支持需培育的方向，包括物流装备节能减损、加工技术装备、主食品及油脂品质研究、品质资源数据库等。经2013年3月、4月会议评审和专家进一步凝练，最终形成2013年粮食公益性行业科研专项候选项目，批复预算总额2.13亿元。

3.启动2014年粮食公益性行业科研专项。2013年5月，启动了2014年粮食公益性行业科研专项立项评审工作。2014年公益性行业科研专项主要围绕"粮安工程"，突出了粮食应急供应、监测预警、质量安全、节约减损、物流和仓储等6个重点领域，提出15个候选项目。经财政部评估审批，共计7个项目立项，其中围绕"智慧粮食"开展创新研究的信息化研究项目全部获批立项，粮油储运、粮食储藏技术研究开发项目继续深入研究，财政部批复预算1.5亿元。

4.召开全国粮食公益性行业科研专项工作会议。2013年11月，全国粮食公益性行业科研专项工作会议在北京召开。国家粮食局党组书记、局长任正晓和局党组成员、副局长吴子丹出席。会议认真贯彻落实党的十八届三中全会精神和中央领导同志关于科技工作的重要批示精神，对粮食行业全面实施公益性科技专项工作作出了安排部署。任正晓在讲话中强调，要统一认识，严格管理，务求实效，做好粮食公益专项各项工作。坚持攻尖端、应急需、夯基础，选好项目；坚持要专款专用、紧把细用、杜绝滥用，用好项目资金；坚持奖优、罚劣、问责，定好规矩；要加强内部监管，做好跟踪监督，积极争取财政监管；要多出成果，早出人才，务求实效。

（二）支撑计划项目

1.节能增效绿色储粮关键技术研究与示范项目取得丰硕成果。2013年该项目完成了热力真空组合干燥研究，形成两条粮食保质节能烘干装备生产线，建立了基于水势的玉米干燥模型和玉米颗粒内部水分分布方程，在玉米热风真空组合干燥试验中节能约10%～20%。研制开发了粮食干燥机控制系统；完成了分布式测控技术，并自主研发设计了在线玉米水分传感器、玉米料位传感器等传感元件，通过电阻式水分仪，分析出薄层干燥解析曲线；开展了地下节能型储粮新仓型关键技术、膜下制冷通风用谷物冷却技术的研发；建成了小麦、稻谷、玉米储粮粮情关键因子控制技术应用示范平台，研究了新收获高水分小麦、稻谷、玉米的抑菌技术、中温（闪热）杀除害虫技术关键参数，形成"偏高温空气通风控霉调控技术"一套和"高水分粮闪热杀虫调控技术"一套，开发了粮温监测研究系统、智能通风控制系统、循环制氮杀虫系统、全孔板通风模拟研究装备及视频监视系统等配套设备，开发了多功能熏蒸模拟装置、闪热处理模拟试验装置。项目研究围绕生态储粮技术理论，摸索出了有效的烘干节能、储藏节能、降温节能技术，并形成国际先进水平的技术示范体系。取得的技术成果在研究示范中的应用得到了行业的认可。

2.数字化粮食物流关键技术研究与集成项目顺利启动。2013年10月，"数字化粮食物流关键技术研究与集成"国家科技支撑计划项目由科技部批复立项，国家拨经费5635万元。该项目围绕粮食流通过程中储藏、收购、监管、检测等领域的技术需求，开展粮食业务管理与粮食流通信息应用的衔接技术研究。通过数字化的粮食特性模拟、粮食收购品质、储藏数量和质量安全检测、运输装卸、应急处理方法与设备研制与应用示范，建立基于物联网的管理网络，实现粮油数量和质量的跟踪管理，提高从收购、储藏到消费环节的粮油流通全程数字化检测与管理水平，提高粮食流通领域的信息化水平。

（三）其他国家科技计划项目管理

1.农业科技成果转化资金项目。2013年国家粮食局共向科技部推荐了9个储藏、加工类候选粮食农业科技成果转化资金项目。经过科技部评审，批复"储粮生物杀虫剂多杀菌素的生产技术中试"、"原粮风筛组合清理装置"、"低酸价花生油吸附脱酸工程化技术中试"、"稻谷收获集约化干燥技术与设备"、"小麦擦皮除菌机的转化"、"采用混合溶剂从茶籽饼中提取茶油和皂素技术转化"等6个项目。

2.政策性引导类项目。2013年共推荐了4项软科学研究计划项目，包括中国粮食立法疑难问题研究，以信息化驱动粮食流通发展的对策研究，我国"北粮南运"物流体系构建研究、减少我国粮食产后损失浪费的财税政策研究。"我国粮油加工业集聚及发展对策研究"等研究成果，为国家有关规划制定提供了支持。麦胚黄酮研究作为重点新产品计划向科技部推荐。火炬计划项目《基于三维激光扫描的粮食仓储智能监控系统》获科技部批复立项。

（四）粮食科技创新平台体系建设

1.2013年，粮食储运国家工程实验室建设进展顺利，承担了"十二五"科技支撑计划项目"数字化粮食物流关键技术研究与集成"、国际合作项目"储粮害虫捕食螨生物技术合作研究"、"粮油仓储害虫诱杀治理技术合作研究"和粮食公益专项"储粮通风、临界温湿度及水分控制技术研究"、"储粮安全防护技术研究"、"规模化农户储粮技术及装备研究"、"北粮南运关键物流装备研究开发"等项目，并以平台为支撑，为粮食行业科技创新及技术工程化提供技术、人员、条件支撑。该创新平台建设期3年，预计2015年完成建设。

2.小麦和玉米深加工国家工程实验室建设进展顺利，2013年开展了支撑计划"玉米主食工业化生产关键技术及其产业化示范"、国家自然基金项目"鲜食玉米品质变化机理及质构特性研究"，围绕小麦、玉米精深加工，开展了一系列技术研究开发。该创新平台建设期3年，预计2015年完成建设。

3.粮食加工机械装备国家工程实验室建设进展顺利，2013年该平台开发了磨粉机升级技术、新型高方平筛、小麦擦皮除菌机等多款小麦加工机械装备，高效冷粕器、食用油干式冷凝真空脱臭系统新型节能装备等油脂加工机械装备，并且在水源热泵（单冷）谷物冷却机组、新型低温循环式烘干机、粮油仓储管控一体化信息管理系统等粮油产业装备领域开展创新研究。该创新平台建设期3年，预计2015年完成建设。

4.2013年稻谷及副产物深加工国家工程实验室开展了"主食米制品及其关键技术研究"、"稻谷副产物高效综合利用"等加工产业技术研究开发。该创新平台建设期3年，预计2015年完成建设，目前建设进展顺利。

5.2013年粮食发酵工艺及技术国家工程实验室完成建设。该实验室围绕发酵生物工程技术，开展纺织用酶产业化、稻米加工副产品增值利用技术、竹红菌素的产业化开发、无醇啤酒生产技术及成套设备、黄酒传统酿造技术升级等项目的研究，并取得多项专利。

（五）粮食科技活动周

2013年5月19～25日，成功举办了以"科学节粮减损，保障粮食安全"为主题的粮食科技活动周。在河南工业大学、南京财经大学和武汉轻工大学主会场通过辩论赛、文艺演出、书画摄影展等形式，宣传"节粮爱粮"知识。全国31个省（区、市）粮食部门积极开展宣传活动，发放资料4万余份，开展70多场主题宣传活动，包括中央电视台在内的全国30多家主流媒体予以报道。期间，国家粮食局联合湖南省粮食局，配合"科技列车湘西行"活动，向农户捐赠价值40余万元的800套新型农户储粮仓，举办科普讲座，开展列车营养咨询、进村入户咨询。据不完全统计，全国粮食科技活动周期间共设立展板2000余张，发放相关宣传资料30万份，集中发放科学储粮仓51000余套，累计接受咨询20余万人次，受众30余万人。

国家粮食局、教育部、国家机关事务管理局等单位以《关于支持全国高校师生爱粮节粮倡仪的通知》（国粮展〔2013〕112号），支持由河南工业大学、南京财经大学和武汉轻工大学等三所粮食特色学校师生发出的"爱粮节粮从我做起"倡仪。倡仪号召全国大学生积极行动起来，争做爱粮节粮倡导者、践行者、宣传者，爱惜粮食，杜绝浪费，共创节约型校园，为实现中华民族伟大复兴的"中国梦"而奋斗。同时，三部门也号召本系统内单位响应倡仪，开展形式多样的宣传活动，充分发挥对全社会的爱粮节粮的示范作用，带动全社会形成爱粮节粮的良好风尚。

（六）粮食物联网技术研发取得多项技术成果

2013年"国家粮食储运监管物联网应用示范工程"获得国家发展改革委批复。该示范工程依托

"北粮南运"，以粮食流通通道"三省一市"进行新技术成果的应用示范。2013年7月国家发展改革委组织有关专家，对项目建设情况进行了现场考察。经过近两年的建设，项目技术支撑单位和建设单位攻克了粮食出入库作业及日常保管自动化、储备粮远程监管、储备粮在线常态化清仓查库、智能通风控制、虫害自动检测、磷化氢浓度在线检测、基于压力传感器的储粮数量监测、多传感器集成与数据融合等技术难题。工程建设过程中，技术支撑单位根据各建设单位的实际需求不断引入新技术，比如：水源热泵低温储粮控制技术，基于智能电表、RFID出入库系统的能耗分析技术，磷化氢浓度在线检测、虫害自动检测等新型传感器及应用技术、激光测重技术等。通过工程的实施，在粮食物联网应用技术方面已取得8项软件著作权，申请的5项发明专利已进入实审阶段。创新了清仓查库模式，以RFID、各类传感器为代表的物联网技术实时准确直观地采集各级储备粮仓储保管情况，实现远程实时监管，变大规模运动式现场查库活动为信息技术支撑的远程和现场结合的清查方式。通过物联网技术的应用，创新了粮库管理模式和粮食物流服务模式，提高粮食出入库和保管作业自动化水平和效率，提高了客户满意度。

（七）科技管理

1.科技规划中期评估。为配合科技部《关于开展〈国家中长期科学和技术发展规划纲要（2006－2020年）〉中期实施情况调查的通知》（国科发计〔2013〕24号），2013年4～6月开展《规划纲要》粮食科技中期评估工作。评估工作从中央级科研院所、院校，地方科研院所及大型国有粮食企业等层面，定性地总结了粮食科技创新体系建设、科技创新引领、项目管理体系、成果转化及科普体系建设等方面工作开展情况。截至2013年国家已投入粮食科技创新资源约3.5亿元，通过技术创新体系、产业创新平台体系、物联网技术成果转化体系，共同构建形成的行业创新体系，实现了粮食流通技术水平的显著提升。以公益性行业科研专项、国家支撑计划项目及转化类项目为主体的国家级科技计划项目作为重要的粮食创新资源，5个粮食产后领域国家工程实验室和14个国家粮食局工程技术研究中心、3个重点实验室等国家级平台，有效支撑了粮食行业发展。在物联网应用、节能、质量安全、主食及精准加工等共性技术研究方面落实了规划重点任务。

2.建立粮食科技专项调查体系。为落实粮食科技"十二五"规划，全面掌握行业内的科技发展水平、科技成果创新资金投入、产出及转化等情况，有针对性地对行业科研机构、创新平台进行指导，国家粮食局研究制定了科技专项调查体系，并通知各省（区、市）按照要求填报数据，为粮食行业制定创新政策、提升粮食科技管理水平提供支持，评估粮食行业科技创新对产业发展提供依据。

◆国家粮食局科学研究院

2013年，国家粮食局科学研究院（以下简称粮科院），在局党组领导和局各司室的大力支持下，围绕粮食中心工作，积极履行科技服务职责，认真开展党的群众路线教育实践活动，扎实推进各项工作，在服务行业发展、加强科技创新能力和人才队伍建设等方面取得了新的成效。

（一）落实李克强总理视察粮食工作重要讲话精神

按照守住管好"天下粮仓"和做好"广积粮、积好粮、好积粮"三篇文章的要求，围绕提高科技创新能力，发挥科技支撑作用，在科研管理制度改革、人才队伍建设、突破重点科技难题和服务行业等方面取得了一系列新成效、新进展。

粮科院以"解决行业问题"作为科研工作的出发点和落脚点，整合科研力量，确立了各个科研团队的职责任务和重点研究方向，结合组织申报和实施行业专项，围绕粮食品质与质量安全、粮油加工、粮食储运、粮食战略研究等四个重点领域加强了科研顶层设计和规划布局，积极推进科技创新和成果转化服务。

在质量安全领域，将真菌毒素污染超标粮油的安全合理利用作为科研工作的重中之重，加快推进毒素削减技术研究；加强粮食污染监测预警和应急处置技术研究。在粮油加工领域，重点开展谷物营养成分与健康关系研究，建立粮食品质与营养特性数据库，推广全谷物和杂粮类"健康食品"；建立粮油资源合理利用技术及评价体系，在木本油料等新油源开发方面取得进展。在粮食储运领域，突出粮食减损保鲜和智能粮库研究，在"四合一"技术基础上升级形成智能生态粮食储运技术体系。在粮食战略研究领域，密切配合局中心工作，开展粮食供需平衡、支持政策和现代粮食储备体系研究。

（二）扎实有效推进各项重点工作

1.积极推进粮食品质和质量安全领域技术创新与服务。一是真菌毒素生物降解技术研发方面取得重要进展。筛选获得10株高效降解玉米赤霉烯酮、呕吐毒素和伏马毒素菌株；完成了以芽孢杆菌为宿主菌的玉米赤霉烯酮和呕吐毒素降解酶工程菌的构建及高效表达，建立了工业化培养技术条件；对3家大型燃料乙醇和粮食深加工企业进行了深入考察，结合实际生产流程和工艺条件，有针对性地开展了毒素降解模拟实验，取得了比较理想的效果。获得基因、工程菌和应用方法等中国发明专利授权3项。同时，还全面分析了用不同毒素污染程度的小麦作原料，对面粉、小麦淀粉和谷元粉中毒素含量的影响，为完善相关标准和污染小麦处置政策提供了重要依据。

二是完成了食用植物油塑化剂含量摸底调查任务。根据局领导的批示，粮科院开展了在北京市场上采集了24个主要品牌193个食用植物油样品进行塑化剂检测分析，向国家粮食局和国家食安办及时报告了食用植物油中塑化剂含量情况及存在的问题，为国家有关部门妥善处置塑化剂事件提供了重要依据。

三是完成了转基因菜籽油应急检验鉴定任务。媒体曝光转基因菜籽油掺混（即"顶包油"）事件后，根据局领导和局有关部门的要求，粮科院承担了部分菜籽及菜籽油样品的转基因成分检测任务，相关科研人员奋战一个月，完成了菜籽、菜籽粕、饼和菜籽油的定性、定量检测，并建立了高灵敏度的毛油转基因成分检测方法，为修订相关国家标准提供了技术依据。

四是开展了2013年河北新收获小麦品质评价。针对2013年河北省新收获小麦生芽及芽萌动情况比较突出的情况，受河北省粮食局的委托，对河北省典型小麦样品进行了全面研究。确认2013年河北芽萌动小麦对馒头面条等加工产品食用品质影响不显著，建议企业在小麦收储和加工时可适当放宽对芽萌动粒的控制标准，对保护农民利益，指导企业生产具有重要作用。

五是开发了8种真菌毒素高效液相色谱同时检测方法。在液质联用同时检测16种毒素方法的基础上，针对实验室通用的高效液相色谱仪，开发了同时检测常见的8种真菌毒素的快速检测方法，大大提高日常检验监测工作的效率。粮食中镉、铅检测前处理技术取得重要突破，样品前处理时间由以往4～6小时，缩短到半小时以内。初步建立了粮食霉菌菌落总数快速检测方法，缩短检测时间约2/3。

六是开展了中国工程院重大咨询项目《粮食质量安全发展战略课题研究》。

2.积极推进粮油加工领域技术创新。一是绿色杀虫剂——多杀菌素的产业化开发取得新进展。开发生产了小批量多杀菌素原药，配合完成农业部多杀菌素农药登记。开发出0.5%含量的多杀菌素储粮防护剂新剂型，用于实仓实验，取得显著防治效果。

二是粮食加工增值利用方向取得了重大进展和突破。开展了中国工程院重大咨询项目"农产品加工业发展的技术路线和战略选择研究"等战略课题研究和"粗粮及杂豆食用品质改良及深度加工"、

"杂粮代餐饮品稳定性及其快速评价方法研究"等"十二五"科技支撑计划课题研究。在"无面筋质杂粮面条加工技术"、"加工过程中食品安全控制"、"加工过程中植物活性的变化规律"等方面取得了突破性进展。其中与德州峰宇等公司开展了"高杂粮含量挂面及其专用预混合粉加工技术与产业化"、"高杂粮豆含量鲜湿面条系列产品开发"等产业化加工项目，部分加工产品已经上市并通过了山东省科技厅成果鉴定（鉴定结果为国际先进水平）。主持"全麦粉"行业标准的制定工作，目前已经提交报批稿。开发了全谷物速食方便粥、重组速煮杂粮米、新型多谷物冲调营养粉、高/低水分组织化蛋白、稳定化全麦粉、杂粮代餐饮品、稳定化小麦胚芽粉等系列产品加工技术。申请国家发明专利2项，获得专利授权1项。

三是开展了"粮油及其加工产品的营养价值及健康功效的评价"和"居民粮油产品健康消费模式"研究，完成不同加工程度的小麦粉、大米产品营养健康特性评价和分析；建立小麦、稻谷、杂粮和杂豆中多酚和黄酮等植物化学素、抗氧化特性的评价新方法；开展了粮油功能活性物质与人体慢性疾病的关系研究，并建立用细胞和动物模型评价粮油产品健康特性的分子营养学研究平台，促进粮油营养健康产业的发展。

四是继续深入开展油料提油新技术与增值加工技术研究。主持国家863课题"油料生物解离关键技术"，已申请技术发明专利4项，获得授权发明专利2项。并在油茶籽应用中取得新的突破，油脂得率超过90%，同步得到高效饲用抗生素替代产品糖萜素，目前新技术正在院油脂深加工平台实施中试放大。农业科技成果转化项目"酶催化菜籽油改性制备结构脂质"通过专家验收，该项研究大幅降低了生产成本，实施了产品安全性评价，开发的结构脂质产品关键质量指标优于国外同类进口产品。磷脂改性技术研究中，底物转化率超过90%，并可应用于粗磷脂体系以提升浓缩磷脂的加工效益。

五是植物油适度精炼技术和质量控制技术研究取得新成果。全面研究了油脂精炼过程中微量物质含量、油脂存储和食用品质三者的关系，明确了适度精炼关键控制点，为完善相关技术规范提供了重要依据；油茶籽油加工过程质量安全保障和加工效益提升技术研究取得新成效，可为我国特色木本油源的开发和产业技术进步提供指导。

六是利用酶解技术开发小麦水解蛋白饲料取得显著成效。针对小麦水解蛋白中富含的谷氨酰胺（Gln）对崽猪肠道发育重要性和我国高档次崽猪料需求大的情况，开发出小麦水解蛋白产品，其关键指标明显优于进口产品和国内同类产品。

七是粮油副产物微生物转化技术研发迈上了新台阶。开展了米糠粕的微生物增值转化研究。从土壤、棉粕等样品中筛选获得多株可降解棉酚的菌株，进行了发酵棉粕中试试验，优化了中试工艺参数；新型发酵棉籽蛋白中试产品在蛋鸡和崽猪日粮中优于豆粕。开发了益生菌泡腾片，将泡腾片技术首次应用于益生菌制剂。完成了乳化凝胶化新型微胶囊的制备工艺研究，该技术既可用于乳酸菌等微生物的发酵前包被，也可用于包被动物细胞等生物大分子活性物质，该技术应用前景大。另外开展了大豆可溶性膳食纤维的提取、脱盐、脱色、浓缩研究。

3.积极推进粮食储运领域技术创新。一是建立了高水分粮食短期安全储存的边界条件。通过实验室研究和大量实仓验证，建立了微生物生长与粮食（小麦、稻谷、玉米和大豆）水分、温度、储存时间的关系，为解决粮食收购期间高水分粮食安全储存提供了重要依据。

二是通过多项技术组合，在大米应急保鲜储备技术领域取得了重要进展，全面研究建立了大米安全储藏技术条件，为延长大米储备期提供了重要依据。

三是开展了储粮生态理论和机械通风研究，首次证明粮层表面阻力和各向异性，提出了工程化计算方法。

四是充环气调富氮低氧储粮技术成果在浙江实仓应用取得成功，节能效果非常显著。

五是完成了大农户组合式粮食干燥储存仓课题，并通过鉴定，达到了产业化水平。

4.积极推进工程设计与咨询。粮科院所属国贸院围绕国家粮食局中心任务积极开展咨询服务，作为主要技术依托单位，参与了"修复粮食仓储设施实施方案"、"粮安工程建设规划"、"稻谷小麦产业政策"、"仓房维修改造投资测算和技术方案"等一系列重大课题的研究，为推进粮安工程的实施作出了重要贡献。积极巩固和拓展工程服务业务，全年签订咨询、设计、监理、总承包和科研项目合同152个。

5.积极推进粮油检测技术与仪器设备研发。粮科院所属北京东方孚德技术发展中心发挥科技研发优势，克服各种不利因素，取得了较好经营成绩。在新产品研发方面：与佐竹公司合作研制出稻谷新鲜度测试仪样机，并开展了应用试验。开展了食味计量线扩展。完成了"稻谷出米率检测仪"的改进设计，并开始小批量生产。完成粉质仪、拉伸仪、面筋仪3项国家标准报批稿；完成"整精米率图像分析法"国家标准征求意见稿。小麦粉稳定时间国家标准样品获得批准。

6.扩大对外交流与合作。积极开展国际学术交流活动，派出14批26人次出访，其中参加国际学术会议7次，执行国际合作项目1次，参团培训考察6次，跟踪了国际标准化组织谷物与豆类标准、国际真菌毒素研究进展、食品工程与生物技术、谷物科技、油脂化学、日本食品工业发展、亚太经济合作组织论坛等情况，并作了相关专题的国际交流，带来了新的技术信息共享，给粮科院各研究方向增加了新的思路。执行了2个"引智项目"，引进了美国、英国、德国、澳大利亚4个国家的8位学术专家来院对粮食安全储存与检测技术研究和粮油产品健康消费模式研究方面进行了专题讲座和专项研究技术指导，推进了粮科院相关研究课题的顺利执行。接待了50余名国际同行来访交流。

7.加强干部队伍和人才队伍建设。一是加大力度推进人事制度建设，充分发挥人事制度在人才队伍建设中的作用，激发人的积极性和工作热情。研究制定、修订了考核办法、聘用人员进岗办法、博士后留院考评办法等8项制度规定，为人才队伍建设发挥了积极作用。

二是人才引进渠道进一步拓展，解决科技人员的不足。除从高校公开招聘应届毕业生外，实施课题聘用人员竞聘进岗办法，首批竞聘进岗19人，实行同岗同酬，从而稳定了人才队伍，开通了其他途经无法解决的快速补充人员的途径。同时作为人才进岗的基础，从社会招聘课题聘用人员36人，解决了科研用人急需；建立了从在读博士后中选拔优秀人选留院工作的途径。

三是进一步优化科研人员结构。2013年竞聘上岗正高5人、副高8人、中级20人（含聘用人员进岗）；专业技术职务任职资格评审推荐正高15人，6人通过局高评委评审，评定副高3人，整体提高了高级技术人员的结构比例。

8.积极推进科研条件建设。圆满完成了财政资金修购项目，组织实施条件建设项目3个，总投资970万元。采购设备43台（套），提升了粮科院粮食分子营养学等多个研究方向的硬件条件；完成了粮油分子营养实验室、储粮熏蒸和人工气候室、院本部和基地科研基础设施、公共实验设施等16个修缮子项目，并全部投入使用，尤其是闲置多年的SPF实验动物房实验量饱满。制定发布了《院实验室安全管理办法》、《废弃物管理规定》，组织了4批180人次的科研人员安全培训，全年未出现实验室安全事故。举办了9次大型仪器使用和实验技能培训，促进了闲置仪器的功能应用和大型仪器的共享使用。

◆ 中国粮油学会

在国家奖励办和国家粮食局、中国科协等有关部门的大力支持和指导下，根据《中华人民共和国科学技术进步法》、《国家科学技术奖励条例》和科学技术部《社会力量设立科学技术奖管理办法》，并按《关于组织申报和推荐2013年度中国粮油学会科学技术奖的通知》（中粮油学发〔2013〕9号）和《中国粮油学会科学技术奖管理办法》的要求，中国粮油学会（以下简称学会）本着认真扎实、客观公正、开拓创新的原则，较好地完成了2013年度中国粮油学会科学技术奖（以下简称粮油科技奖）的各项评审工作。评审委员按照评审程序规范进行评审，保证评审工作的科学性、公正性和权威性。评选出一批优秀的粮油科学技术成果以及为粮油科学技术进步作出突出贡献的科技人员和企事业单位，为加速粮油科技进步发挥了重要的作用。

中国粮油学会于2013年3月底至7月开展粮油科技奖的推荐与申报工作，截至7月初，共收到28个推荐单位的47个科研项目的申报材料，其中有44个项目通过了形式审查并于2013年8月13～27日在中国粮油学会网站上进行了受理项目的公示。根据本年度项目申报的实际情况，分为油脂、食品、信息与自动化、储藏、物流、质检和饲料7个专业评审组，学会奖励工作办公室将受理项目的申报材料按专业分类提交相应的专业评审小组进行初评。各专业组分别聘请本领域的资深学者、专家百余人，于9～10月组织开展了各专业组的初评工作。各专业评审组分别召开了评审会议，并采取定量和定性评价相结合的方式进行，最终投票表决产生初评结果，专业组推荐项目共33项。11月30日至12月2日在北京召开了评审会议，经过评审委员23名专家评审、量化打分，不记名投票表决，理事长办公会复审及公示，最终评选出推荐获奖项目30项，其中一等奖5项，二等奖10项，三等奖15项。

中国粮油学会科学技术奖每年评审一次，评审工作现已逐步制度化、规范化，在行业中已具有较大的影响力和权威性。2005～2012年，申报项目共561项，受理项目共506项，获奖项目共273项，其中特等奖1项、一等奖33项、二等奖80项、三等奖159项，获奖人数达1836人，获奖单位503个；获得2009年粮油科技进步特等奖的"粮食储备'四合一'新技术研究开发与集成创新"项目，经推荐并获得2010年度国家科学技术进步一等奖。大豆磷脂系列产品工业化技术获2010年度国家科学技术进步二等奖。粮油科技奖励评审工作取得了明显的效果和行业认可，在营造尊重知识、尊重劳动，鼓励科技创新等方面发挥了重大作用。近年来学会努力争取推荐国家奖资格，积极参加国家科学技术奖励推荐工作培训，力争充分发挥粮油科技奖的导向作用，为粮油行业的科技进步和健康发展作出更大贡献。

粮食行业人才队伍建设

一 行业教育培训

2013年全国粮食系统积极开展教育培训工作，加大政策和业务培训力度，全国粮食系统共组织职工职业技能、学历教育、政治理论和业务培训267109人次，参训率达43.35%，参训人次同比增加3.4%。

从时间上看，职工以参加12天以内的短期培训为主，共244014人次，参加13天以上1个月以内培训13164人次，参加1个月至3个月培训7880人次，参加3个月以上培训2051人次。

从人才结构上看，2013年公务员参加培训32420人次，参训率达97.13%；企事业管理人员参加培训73459人次，参训率为68.27%；专业技术人员参与培训45703人次，参训率为59.73%；工人参加培训共111083人次，参训率为37.63%。

从培训机构上看，粮食系统职工参加党校、行政学院培训31220人次，参加粮食系统教育培训机构培训117154人次，参加高校科研机构培训15171人次，参加其他培训机构培训103564人次。

此外，全国各级粮食部门共举办培训班17621期，同比增加4.33%；培训398871人次，同比减少7.17%。其中，中央单位举办培训班5181期，同比增加9.21%，培训120605人次，同比增加3.86%；各省（区、市）粮食行政管理部门及下属机构举办培训班1702期，同比减少4%，培训70057人次，同比减少13.1%；省辖市、自治州、行署粮食行政管理部门及下属机构举办培训班3100期，同比增加7.27%，培训63989人次，同比增加2.53%；县（市、区）粮食行政管理部门及下属机构举办培训班7638期，同比增加2.09%，培训144220人次，同比减少15.43%。

二 高层次人才队伍建设

一是继续加强粮食行业高层次专业技术人才培养工作。2013年9月23～27日在河南省郑州市举办了第三期全国粮食行业高层次专业技术人才研修班。研修班以为"粮安工程"提供人才保障，提升专业技术人才的创新意识和科研能力为重点。各省（区、市）粮食行政管理部门推荐了50名学员参加研修，参训学员均具有副高级及以上职称，普遍在相关学术研究或工程技术、管理工作方面有突出的业绩。该研修班属于国家专业技术人才知识更新工程2013年高级研修项目，具有公益性、示范性和引导性特点。截至2013年，该项目已累计为粮食行业培训了151名科技创新领军人才培养对象。

二是成功举办第三届全国粮食行业职业技能竞赛决赛。2013年5月25～26日，国家粮食局联合中国培训就业指导中心、中国财贸轻纺烟草工会，在江苏省南京市成功举办了以"节粮减损从技能开始"为主题的第三届全国粮食行业职业技能竞赛决赛。决赛包括粮油保管员和粮油质量检验员两个职业，分职工组和学生组两个组别。共有来自29个省（区、市）和中国储备粮管理总公司、中粮集团有限公司的31支代表队226名选手参加决赛。经过激烈角逐，中国储备粮管理总公司代表队荣获优秀团体一等奖，江苏省粮食局代表队、安徽省粮食局代表队荣获优秀团体二等奖，山东省粮食局代表队、江西省粮食局代表队、广东省粮食局代表队荣获优秀团体三等奖。河北省粮食局代表队、辽宁省粮食局代表队、江苏省粮食局代表队、安徽省粮食局代表队、江西省粮食局代表队、湖北省粮食局代表队、中国储备粮管理总公司代表队和中粮集团有限公司代表队荣获优秀组织奖。安徽科技贸易学校、山东商务职业学校、云南商务信息工程学校和新疆工业经济学校荣获优秀院校奖。决赛发现了一大批优秀的高技能人才和后备人才，6人获"全国技术能手"荣誉称号，24人获"全国粮食行业技术能手"荣誉称号，1人推荐申报"全国五一劳动奖章"，2人推荐申报"全国粮食系统劳动模范（先进工作者）"。竞赛的成功举办，进一步在全国粮食行业树立了"学技术、讲技能"的新风尚，激发起广大职工学习知识、苦练技能的积极性，有力地推动了粮食行业高技能人才队伍建设工作。

三是稳步推进粮食行业高技能人才队伍建设。2013年10月，国家粮食局分别委托河南工业大学、武汉轻工大学举办了1期粮油保管员高级技师研修班和1期高级粮油质量检验师研修班；11月，中国储备粮管理总公司举办首期高级粮油质量检验师研修班，全年新增高级技师102人。中国粮食行业协会，安徽、河南、浙江等省和中国储备粮管理总公司先后组织5期技师研修班，新增技师200人。截至2013年12月，全国粮食行业特有职业（工种）技师达1421人、高级技师达297人，高技能人才队伍结构进一步优化。

三　特有工种职业技能鉴定

2013年，全国共组织开展粮食行业特有工种职业技能鉴定137期，涵盖粮油保管员、粮油质量检验员、粮油竞价交易员、制米工、制粉工、制油工和粮食经纪人等职业。全国组织鉴定9630人次，同比增加0.22%。其中，有6920人通过鉴定获得相应的国家职业资格证书，通过率为71.8%，同比上升2.3%。

从鉴定职业（工种）上看，粮油保管员和粮油质量检验员职业仍是鉴定的主要职业，其中，参加粮油保管员职业鉴定4842人次，占鉴定总人数的50.3%；参加粮油质量检验员职业鉴定4148人次，占鉴定总人数的43.1%；参加其他6个职业（工种）鉴定640人次，占鉴定总人数的6.6%，与2012年相比略有上升。

从职业资格等级上看，参加初级工鉴定3924人次，占鉴定总人数的40.74%；参加中级工鉴定4136人次，占鉴定总人数的42.94%；参加高级工鉴定1268人次，占鉴定总人数的13.16%；参加技师、高级技师鉴定302人次，占鉴定总人数的3.13%。

2013年6月，安徽省粮食局组织部分粮食经纪人较为集中的地区，开展粮食经纪人培训试点，培训了102名粮食经纪人。黑龙江、吉林等省也因地制宜，组织开展粮食经纪人技能培训和鉴定工作。全年共组织培训粮食经纪人209人。

四　行业职业教育

一是举办中国职业教育与粮食行业发展对话活动。2013年8月29日，国家粮食局联合教育部在京举办首届中国职业教育与粮食行业发展对话活动，教育部和国家粮食局领导出席活动并讲话，来自全国各省（区、市）粮食局人事教育部门负责人、30余所行业院校和上百家知名粮食企业近300名代表参加活动。活动安排8家院校和企业代表围绕校企合作、人才供需情况进行发言交流；集中展示近年来粮食职业院校发展的优秀成果；汇编参加院校招生就业部门和参加企业人力资源部门的联系方式，印发校企合作通讯录。活动的成功举办，达到了在全行业加快形成发展现代粮食职业教育的共识，促进校企双方对接人才供需，探索校企合作有效渠道的效果。

二是调整重组全国粮食职业教育教学指导委员会（以下简称粮食教指委）。根据教育部的工作要求，为进一步提升粮食教指委的指导能力，促进中高职衔接和校企合作，国家粮食局对粮食教指委进行了调整重组。经组织推荐和遴选，重组后的粮食教指委规模为50人。其中，粮食行政管理部门、行业协会和科研院所委员9人，院校委员28人（中职院校14人、高职院校11人、本科院校3人），中央和地方粮食企业委员13人。同时，为满足粮食行业对财会、营销等通用人才培养工作的需要，粮食教指委还增设了粮油购销与物流分委员会。

三是参与《高等职业学校专业目录》（以下简称《目录》）粮食专业修订工作。根据教育部修订高等职业院校粮食专业目录的安排，国家粮食局组织行业职业教育专家，在充分调研粮油储运、加工、检验等岗位的技术技能要求，征求行业院校对《目录》修订意见的基础上，研究提出了将粮食专业上升为专业大类、新增部分专业的修订意见。

四是加强粮食财经类专业师资队伍建设。为在通用财经类专业中融入"粮食元素"，增强院校培养粮食财经专业人才的能力，国家粮食局遴选了8名财经类专业教师，赴粮食行政管理部门、企业进行为期4个月的实践锻炼，使参训教师全面了解粮食购销政策、企业经营管理和财务运营情况，提高处理具体工作问题的能力，培养了下一步推进粮食财经类专业建设的专家力量。

粮食行业发展与交流

一　粮食政务信息体系建设

2013年，国家粮食局紧紧围绕实施国家粮食安全战略和粮食流通工作中心任务，全面推进粮食政务信息体系建设，粮食信息报送工作进一步加强，政府信息公开进一步深化，政务信息网络和系统进一步完善，信息安全保护工作进一步推进。

（一）加强粮食政务信息报送

2013年，国家粮食局紧密围绕粮食流通工作中心任务，切实加大政务信息工作力度，及时主动报送粮食政务信息。同时，健全政务信息工作制度，首次将局内各单位信息报送情况纳入年终实绩考核。全局各信息报送单位积极挖掘本单位政务信息资源，认真撰写信息材料，全年提供信息材料共计278条，经筛选、编辑并报领导审核后，向中央办公厅、国务院办公厅报送信息123条，其中被中办采用24条，被国办采用31条，被采用率较往年显著提高，得到了中央办公厅和国务院办公厅的肯定。被采用量居前的是粮食收购、质量安全、粮食库存和应急保障等方面的政务信息，为领导决策提供了重要参考。

认真做好《情况通报》和《粮食工作通讯》等信息刊物的编印工作，全年共编印《情况通报》及增刊100期、《粮食工作通讯》12期。中央领导同志多次对国家粮食局报送的重要信息作出批示。各地方政务信息报送单位进一步充分利用粮食系统纵向网平台向国家粮食局报送政务信息，2013年度（2012年11月至2013年10月）各地共通过纵向网报送政务信息9300余条，报送量较上年度大幅增加，信息内容涉及粮食工作各个方面，为各级领导及时了解各地粮食流通情况、指导粮食工作和宏观调控决策发挥了重要作用。

（二）搞好政府信息公开

2013年，国家粮食局认真贯彻落实国务院办公厅《关于印发当前政府信息公开重点工作安排的通知》（国办发〔2013〕73号）和《关于进一步加强政府信息公开回应社会关切提升政府公信力的意见》（国办发〔2013〕100号），进一步落实《政府信息公开条例》，政府信息公开工作有序、有效地开展，更好地满足公民、法人或其他组织对政府信息的要求。

在主动公开政府信息方面，国家粮食局及时宣传中央关于粮食工作的政策信息，认真做好粮食政策和流通工作的宣传报道。2013年局政府网站共发布信息2981条，被中央政府网采用110条，网站的访问量近120万次，日均访问量3260次。同时，积极通过新华社、人民日报、中央电视台等中央媒体和行业主流媒体，认真做好粮食政策和流通工作的宣传报道，主动向社会公开抓收购、保供给、稳粮价等涉及群众切身利益的工作信息，做好粮食收购许可、中央储备粮代储资格认定等粮食行业行政审批项目审批过程、审批结果的信息公开工作，推进财政预决算和"三公"经费公开，对局长信箱、门户网站的各类投诉、建议、咨询等诉求及时进行处理和回复。

在依法申请公开政府信息方面，2013年国家粮食局共收到政府信息公开申请12件，内容主要涉及公车采购、办公经费、人员编制、工资和公务用车、行业标准等问题，已全部办结。对于申请答复的内容中涉及不属于条例中要求公开的事项，我们都对申请人进行了说明，建议其通过相应渠道办理。

（三）进一步完善政务信息网络和系统

一是进一步完善电子政务网络系统，实施内网信息系统安全加固，确保信息安全。按照有关规定，国家粮食局完成了对局机关办公内网信息系统的分级保护工作。二是加强向中央办公厅、国务院办公厅政务信息报送终端的维护管理，为政务信息报送提供可靠渠道。根据粮食系统电子政务发展需要，国家粮食局先后建设和接入了"二邮"系统、政务信息专网和国家电子政务外网，电子政务信息报送网络基本完备，实现了粮食信息处理和传输的安全、顺畅、高效。

二　国际交流与合作

2013年国家粮食局围绕粮食行业中心任务，积极开展粮食领域的对外交流与合作，全年共接待来国家粮食局访问的外国政府和跨国企业粮农高级代表团20多个，来访外宾200多人次；举办国际研讨会3个；签订双边合作协议1个。

（一）热情接待国外来访的团组

2013年来国家粮食局访问的外国政府和跨国企业粮农高级代表团20多个，来访外宾200多人次，国家粮食局的领导分别会见和接待了秘鲁农业部长、以色列驻华大使、澳大利亚农业部常务副部长、加拿大农业与农业食品部助理副部长、美国农业部世界农业展望局局长、美国内布拉斯加州农业部长、新西兰亚太经济合作组织高官、国际谷物理事会理事长等外国政府和国际组织高级代表团，以及美国谷物协会董事会主席、加拿大谷物委员会副主任、法国粮食出口协会主席、瑞典波通公司总裁等率领的外国企业高级代表团。通过接待和交流，使来宾对我国粮食生产、消费、贸易、储藏、质检和科技等情况，以及深化粮食流通体制改革的情况等有了明确的了解，进一步加强了国家粮食局与国外粮食主管部门、协会和大企业的合作。国家粮食局有关司及直属单位的领导还分别会见了其他来访的团组，回答外宾所关心的问题，并探讨进一步加强合作与交流的方式和途径。国家粮食局还接待了商务部主办的"发展中国家粮食安全研修班"26位学员到国家粮食局科学研究院考察学习。这期学员来自尼日尔、布隆迪、毛里塔尼亚等15个国家，大部分为农业部、食品卫生安全办公室等政府机构的司处级官员。国家粮食局流通与科技发展司领导和粮科院总工程师分别向学员们介绍了中国粮食仓储和物流设施基本情况及发展远景，以及中国粮食科学研究现状和发展趋势，并且回答了学员们提出的问题。学员们参观了粮科院自主研发的系列粮油检测仪器和粮油安全、品质、加工等实验室。这次考察学习给他们留下深刻的印象，他们表示将详细向国内汇报，以后多派专家到中国考察学习，也希望中国派专家去指导粮食仓储和物流设施的建设。

（二）积极借鉴国外粮食科学技术和管理经验

2013年，为提高我国粮食质量和标准化工作水平，解决粮食综合加工利用、油脂技术开发以及粮食储藏先进技术等方面的问题，国家粮食局为局标准质量中心、粮食科学院和中粮集团营养健康研究院向国家外国专家局申请引进国外智力项目。共获批引进国外技术、管理人才项目10项，合计聘请外国专家42人次，资助项目经费84万元。这是国家粮食局获批引智项目、聘请外国专家和资助经费最多的一年。在实施引智项目过程中，项目单位严格执行国家外专局的有关规定，缜密策划，精心组织，实施好这些项目，取得了较好的成效。

国家粮食局粮食科学院的"粮油产品健康消费模式研究"项目，邀请了英国帝国理工大学、美国农业部和美国哈佛大学的4位专家。外国专家分别作了"不同膳食油脂摄入模式与人类健康关系"、"大豆食品生物加工和合理利用"、"全球营养危机和食品生产的发展机遇"等报告，并对粮科院开展的大豆健康消费及大豆中的功能活性物质研究、大豆肽的产品开发等研究给予指导和提出建议。英国专家还将他们的最新科技成果——英国居民粮油食品健康参数数据库无偿地捐献给粮科院使用。双方还就"粮油健康参数数据库的构建研究"签署了合作协议。粮科院还与美国专家就国产大豆健康消费及大豆中的功能活性物质研究和相关产品开发、粮油营养与健康课题等达成合作意向。通过与国外专家的交流，进一步拓宽了相关领域研究人员的学术视野、丰富了研究方法，对提高粮科院粮油营养研究的水平有促进作用。也为以后与国际一流学术单位合作申请国际科研项目、培养科技人才以及科研项目的应用等奠定了基础。

粮食科学院的"粮食安全储存与检测技术研究"项目。邀请了德国图宾根大学、澳大利亚默多克大学和美国阿肯色州大学、堪萨斯州州立大学4位专家参加安全储粮研讨会，外国专家分别作了内容涉及熏蒸技术在储藏领域的应用进展、储藏害虫检测技术进展以及生物技术和物理技术在储藏害虫防控领域的发展趋势、谷物营养对于人类和动物健康影响的生理机制等方面的报告。外国专家还到实验室，对青年科技人员的研究和实验进行指导，就科研工作中试验系统设计、数据处理技术等进行了现场分析和指导，使青年科研人员受益较大。双方就派科技人员到德国和美国大学实验室进行学习及实验达成合作意向。这将有助于粮科院进一步提高在开发安全高效的新型生物杀虫剂，真菌毒素污染的检测和消减，以及绿色储粮技术等方面的研究水平。

国家粮食局标准质量中心的"粮食质量安全追溯制度及相关政策"项目，邀请了两位新西兰初级产业部（农业部）负责食品法规制修订的专家和日本谷物检定协会负责粮食质量监管的专家来华，同我国300多位从事粮食质量管理和粮油标准制修订的管理及技术人员进行了交流。外国专家分别介绍了新西兰和日本粮食质量安全法律法规制定的情况，以及日本大米生产和流通相关法律，粮食安全性保证，食品安全分析技术；新西兰食品质量安全追溯制度体系及追溯方法与手段等情况，并解答了与会质检人员提出的问题。通过与外国专家交流，开拓了我国质检人员的思路，为建立粮食"从农田到餐桌"的全程质量控制制度和品质评价体系，完善我国粮食质量追踪体系及粮油标准体系提供了借鉴。也对开展污染粮食无害化处理和重金属快速检测等方面的研究，开展粮食收购、储存、运输、加工等过程的操作规范制修订工作有所帮助。

通过执行这些引智项目，有关单位与国外粮油科研机构建立起了良好的合作关系，及时了解和掌握国外最新的粮油科技成果与动态，有效地解决了当前我国粮油产业和科研中面临的一些问题，促进了我国粮油科技水平的提高。

为了提高我国稻米食味评价方法，国家粮食局粮食科学院与日本佐竹公司于签订了"中国稻米食味评价方法共同研究协议"，借鉴日本的稻米食味评价方法和应用体系，研究建立中国稻米食味感官评价方法，促进中国稻米资源的合理利用。粮食科学院还开展了《中国粳稻基准米的研究》课题研究，目前已经建立了以粮科院科研人员为骨干的20余人的品尝员队伍，对我国粳稻主产区的主要产品的食味品质和相关指标进行研究。

国家粮食局粮食科学院还根据与日本佐竹公司签署的"科技合作框架协议"，与日本佐竹公司于11月7~8日，在江苏省苏州市共同主办了"中日稻米标准学术研讨会"。来自国内外粮油质检机构、科研院所、大专院校、粮食加工和贸易企业等单位的100多人参加了研讨会。与会代表交流研讨了中国和日本稻米标准研究的最新成果，围绕进一步完善稻米标准，纠正在大米消费中的认识误区和提高稻谷加工水平等进行了讨论，取得了预想的会议效果。

（三）认真组织出访合作和出国培训

为了深化我国的粮食流通体制改革，借鉴国外粮食宏观管理政策和经验，加强在粮食储藏、流通、质量检测、科技、加工和贸易等方面的对外交流与合作，2013年国家粮食局领导分别率团出访以色列、土耳其、南非、埃及、澳大利亚、新西兰、匈牙利和俄罗斯等国。进一步了解了出访国家的粮食流通体制和粮食管理政策，商谈了在粮食储藏、检测和加工等方面的合作，取得了较好的出访成果。

2013年，国家粮食局共获国家外国专家局批准出国（境）培训项目4个，包括调控司的赴德国"粮食监测预警和宏观调控培训"项目、检查司的赴俄罗斯"粮食市场管理制度及监管实务培训"项目、标准质量中心赴新西兰"粮食质量安全监管及标准化培训"项目，以及法规司赴法国"保障国家粮食安全的政策措施和法律规定"项目（延迟到2014年执行）。在执行培训项目过程中，各有关单位严格遵守国家有关出国（境）培训项目的规定，认真研究和设计培训内容，合理安排培训计划，严格选拔培训人员。通过赴国外培训，使地方粮食管理部门和企业的干部及技术人员，了解了国外先进的粮食管理经验和粮食质量安全标准及技术和，开阔了眼界，增长了知识，为提高粮食管理与粮食安全标准及技术水平起到了积极的促进作用。

国家粮食局还选派人员出国参加有关粮食的国际会议，包括赴法国参加国际标准化组织食品技术委员会主席顾问团会议，赴印尼参加亚太经合组织（APEC）粮食安全政策伙伴关系（PPFS）有关会议，赴瑞士参加世界贸易组织农业委员会特会，赴美国参加第104届美国油脂化学家学会年会，赴日本参加国际食品工业展暨学术研讨会，赴印度参加2013年国际淀粉年会，赴德国参加第4届国际食品工程与生物技术大会，赴意大利参加欧洲真菌毒素国际会，赴英国参加2013年国际谷物理事会年会，赴加拿大参加北美谷物研讨会，赴澳大利亚参加国际谷物化学大会，赴日本参加APEC粮食安全政策伙伴关系管理委员会会议等。在有关粮食的国际会议上，国家粮食局参会代表客观地介绍了当前中国粮食的实际情况，阐明中方对世界粮食形势的看法和对有关问题的立场，扩大了我国在国际粮食领域的影响。同时，在会议期间积极与国外同行交流和沟通，增进了解和理解，探讨合作的可行性和方式，为以后的交流与合作奠定了基础。

（四）积极筹备APEC有关粮食安全的会议

2014年中国将再次主办亚太经济合作组织（APEC）领导人非正式会议，以及相关部长级会议和高官会议等。国家粮食局将负责承办APEC粮食安全政策伙伴关系（PPFS）有关会议，同时与农业部共同承办APEC第三次粮食安全部长级会议。经与多方沟通和协商，国家粮食局拟定了PPFS有关会议方案。为承办好PPFS有关会议，国家粮食局专门成立了由局领导担任主任的筹备委员会，抽调有关人员组成外联组、文件组、协调组、行政财务组和展览组。详细研究和提出PPFS有关会议的主题、议题和会议筹备方案，派人考察了拟用会场和接待参观的粮食港口、仓储设施和批发市场等，确定了PPFS政府与企业粮食安全和贸易对话会暨PPFS第一次管理委员会会议的具体安排方案等，努力保证PPFS有关会议取得圆满成功。

三   粮食文化建设

2013年1月，在全国粮食流通会上，国家粮食局党组对切实加强粮食文化建设作出部署，要求深入开展社会主义核心价值体系学习教育，全面提高粮食干部职工职业道德素质，弘扬粮食行业优秀传统文化，加强粮食文化宣传教育基地建设，丰富粮食职工精神文化生活，增强行业文化软实力，为推动粮食流通事业科学发展提供文化保障和智力支持。4月，印发《国家粮食局关于加强粮食文化建设的指导意见》（国粮发〔2013〕78号，以下简称《意见》），从加强粮食文化建设的重要性和紧迫性，粮食文化建设的指导思想、基本原则和目标，粮食文化建设的主要内容，加强粮食文化建设的保障措施等方面，提出了指导性意见。各地粮食部门紧密联系实际认真贯彻落实《意见》，有力地促进了粮食文化建设。

1月，中国粮食书法家、美术家协会承办了中央国家机关"贯彻八项规定，弘扬清风正气"迎新春书画笔会，国家粮食局领导、中央国家机关工委统战（群工）部及有关部委领导出席。中央国家机关美术家协会主席王阔海致辞，称赞国家粮食局多年来书法美术活动在中央国家机关中表现十分出色。来自中央国家机关的30余位书法家美术家和多位国内知名书法家美术家，现场挥毫泼墨，创作了近百幅以保障国家粮食安全、贯彻八项规定、加强党风廉政建设等为主题的书画艺术作品。

8月，国家粮食局羽毛球协会组织参加中央国家机关首届"公仆杯"羽毛球比赛，13名运动员参加了混合团体和局级A组男双比赛。运动员们敢打敢拼，表现出良好精神状态，取得较好成绩，获混合团体甲组优秀奖和局级男双优秀奖。

9月，中国粮食书法家、美术家协会举办 "安全生产百日行动"书画展和"以人为本、聚焦安全"摄影展， 全国28个省区市粮食局和中央粮食企业报送600多幅作品，展出190多幅优秀作品。在此基础上，择优推荐一批优秀作品参加全国"安全生产月"书画摄影展。国家粮食局获"安全生产书画展和摄影展"优秀组织单位。

10月，中国粮食书法家、美术家协会组织全国粮食系统的11名书法家、美术家参加《2013金秋文化月——国家发展改革委干部职工书画展》。他们创作的作品充分展示了近年来我国粮食书画新成果，展现了粮食干部职工的文化修养和精神风貌。国家发展改革委领导参观展览，对国家粮食局书画组织工作给予了充分肯定，对粮食系统作者创作的作品给予了好评。国家粮食局获优秀组织奖。

中国粮食行业协会编辑出版《中国百名优秀企业家奋斗史（粮食卷）》，2013年8月28日在北京举行首发式。该卷充分展现了河北柏乡国家粮食储备集团有限公司董事长尚金锁等100名粮食行业优秀企业家的奋斗历程和精神。

《中国粮食经济》杂志开设"粮食文化"栏目，刊发10余篇理论研讨文章和10余篇文艺作品，为行业干部职工提供了文化交流园地。

四   世界粮食日暨全国爱粮节粮宣传周

2013年10月16日，国家粮食局、农业部与联合国粮农组织驻华代表处在北京大学百周年纪念讲堂共同组织了2013年"世界粮食日"主题纪念活动。当年"世界粮食日"的活动主题是"发展可持续粮食系统，保障粮食安全和营养"。

（一）主会场活动

2013年主会场活动在北京大学百周年纪念讲堂举行。国家粮食局副局长曾丽瑛主持活动，国家粮食局局长任正晓、农业部副部长牛盾、全国妇联书记处书记崔郁以及联合国粮农组织驻华代表伯西·米西卡、"世界粮食日"（中国）和"全国爱粮节粮宣传周"活动形象大使张国立先生先后致辞。教育部、中国科协、解放军总后勤部以及北京大学等部门和单位的负责同志出席了活动。

来自农业部、国家粮食局、联合国粮农组织驻华机构的代表、北京大学师生代表、中小学生代表、全国妇联代表、解放军代表、企事业单位代表以及新闻媒体等共计1000余人参加了活动。会场发放宣传材料1500份，制作节粮胸贴上千份，滚动播放爱粮节粮视频短片，同时北京实验二小的师生现场与参会人员进行了"认识粮食"和"数出来的余粮和营养"的小实验。活动结束时与会领导、嘉宾和志愿者纷纷在爱粮节粮签名长卷上签下了自己的名字，加入到"爱粮节粮从我做起"的行列中。

（二）致全国高校师生的爱粮节粮倡议书

2013年5月，河南工业大学、南京财经大学、武汉轻工大学联合发布"爱粮节粮从我做起"倡议书，大学生的节粮宣传热情被点燃。10月16日主会场活动期间，北京大学青年志愿者协会向全国高校师生发出了"厉行节约，反对浪费"的倡议，倡议全社会青年共同担起责任，弘扬中华民族勤俭节约的优良传统。

（三）爱粮节粮公益展览

设计制作了62块宣传展板在主会场活动期间展示，占地800平方米。展览以图文并茂的形式介绍了"世界粮食日"活动的背景，回顾了近年来组织开展活动的有关情况，全面展示了2013年国家粮食局与有关方面联合开展的"粮食科技活动周"、"中小学生爱粮节粮征文"、"创建中小学爱粮节粮教育社会实践基地"、"青少年节粮调查体验"以及"爱粮节粮进社区、进军营"等活动的具体情况。

（四）分会场活动

据统计，全国包括陕西、河南、吉林、湖南、宁夏、贵州、四川、新疆、云南、广东、上海、河北、黑龙江、江西、福建、浙江等20余家省（区、市）粮食局，结合活动主题和地方特色，相继开展了形式多样的"世界粮食日"宣传纪念活动，受到社会各界的广泛关注。

（五）加大了对全社会爱粮节粮的宣传

中央主流媒体10月16日以电视、电台等形式向社会宣传爱粮节粮约11批次，收看收听群体覆盖全国，特别是在中国之声公益报时邀请张国立宣传爱粮节粮，引起社会广泛重视。局政府网登载了《2013年世界粮食日和全国爱粮节粮宣传周活动举行》的消息，中央政府网对消息进行了转载，同时新浪财经、搜狐、腾讯、凤凰、央视网、网易财经、和讯等30余家主流网站对该消息进行了转载。在局政府网站开设"2013世界粮食日暨全国爱粮节粮宣传周"专栏，专栏分为八个版块，全面介绍活动情况，宣传爱粮节粮典型经验，介绍爱粮节粮常识。在访谈专栏播发了对任正晓局长就"爱粮节粮、传承美德"进行的专访。中国电信公司、移动公司、联通公司于10月14～16日向广大手机用户发送爱粮节粮、传承美德的短信。

五 · **爱粮节粮活动**

为贯彻落实习近平总书记关于"厉行勤俭节约，反对铺张浪费"的批示精神，全面实施"粮安工程"，促进各环节粮食节约减损工作，提高社会各界的爱粮节粮意识，2013年粮食部门根据《局粮食节约减损工作司级联席会议工作机制方案》确定的工作任务，牵头组织开展了以下一些爱粮节粮活动。

（一）开展创建第二批"全国中小学爱粮节粮教育社会实践基地"活动

2013年5月，国家粮食局办公室下发了《关于组织推荐第二批"全国中小学爱粮节粮教育社会实践基地"的通知》（国粮办发〔2013〕87号），各省、区、市粮食局及大中型粮油企业积极响应，踊跃申报，共有105家粮油企事业单位递交了申报材料。国家粮食局和教育部联合组成了评审组，对申报材料进行了初步审核，确定了95家单位作为实践基地候选单位。7~8月，两部委组成联合考察组，对95家实践基地逐一进行了实地考察和测评，并再次组织专家进行了审核，选定河北省石家庄市家家惠大众厨房食品有限责任公司等85家单位为第二批实践基地。10月16日上午，在"2013年世界粮食日和全国爱粮节粮宣传周"主会场为实践基地代表颁发了由国家粮食局和教育部联合制作的铜牌。

10月16日下午，两部委联合召开了"全国中小学爱粮节粮教育社会实践基地"交流座谈会，会上，第一、第二批共9家单位的代表交流演示了实践基地创建、管理以及组织中小学生参观实践的基本情况，对《全国中小学爱粮节粮教育社会实践基地管理办法（试行）》进行了认真讨论和修改，国家粮食局主管此项工作的领导及教育部基础教育一司的负责同志到会并做了重要讲话。会后，代表们实地观摩了益海嘉里（北京）粮油食品有限公司的实践基地。

被授牌的两批95家实践基地中，共有仓储物流企业39家，大米加工企业17家，面粉加工企业11家，植物油加工企业13家，主食品加工企业3家，质检及科研院（校）所11家，其他类型的实践基地1家。各实践基地结合自身生产经营特点，组织开展了实地参观、动手实验、体验操作、互动问答、观看展板视频、发放宣传手册等众多体现粮食行业特色的、互动参与性的体验活动，取得了良好的教育宣传效果。

（二）继续开展"中小学生爱粮节粮征文活动"

2013年国家粮食局继续与教育部在全国部分省区开展中小学生征文活动，今年征文范围主要是在北京、河北、山西、内蒙古以及部分青少年宫的中小学生中开展，共有近千所学校的40万名中小学生参与了活动，经教育部组织专家评审，最终评出220篇获奖作品。在北京大学"2013年世界粮食日和全国爱粮节粮宣传周"主会场活动中，参会领导嘉宾为北京地区部分获奖学生代表颁发了奖状、奖章以及由联合国粮农组织驻华代表伯西·米西卡亲笔签名的感谢信。来自北京市史家小学的程凯琪同学现场朗诵了获奖征文作品《让节约成为习惯，让传统成为时尚》，受到了与会代表的普遍好评。

（三）开展"节约粮食、从我做起——2013年青少年科学体验活动"

2013年5月，国家粮食局与教育部、中央文明办、共青团中央和中国科协共同主办了青少年科学体验活动，活动主题为"爱粮节粮，从我做起"，通过引导广大中小学生自我设计爱粮节粮体验项目、实验项目、组织中小学生开展论坛交流以及主题绘画、摄影、DV比赛等活动，提高中小学生爱粮节粮意识。活动吸引了近1400所学校的20余万名中小学生参与，9.8万名中小学生在活动门户网站在线签名。在北京大学"2013年世界粮食日和全国爱粮节粮宣传周"主会场活动中，来自北京市实验二小的同学为大家现场演示了该次活动的部分成果——"认识粮食"和"数出来的余粮和营养"两个互动动手小实验，受到了与会代表的普遍好评。

六　放心粮油工程

2013年，放心粮油工程在党中央、国务院及各级党政部门的亲切关怀和正确领导下，在各级粮食行政管理部门和粮食行业协会坚持不懈的推进下，在广大粮油企业的积极参与和社会各界的共同关注下，全国放心粮油工程稳步推进，深入发展，取得良好成效，得到业内外的充分肯定和广大消费者的普遍欢迎。

（一）深入开展放心粮油示范企业创建工作

在总结前一阶段创建工作经验的基础上，经过严格审核，中国粮食行业协会新认定放心粮油示范企业231家，并对原有1008家放心粮油示范企业进行年审，加强监管，确保合格。截至2013年年底，全国放心粮示范企业已达13520家，中国粮食行业协会认定的放心粮油示范企业占全国总数的9.16%。其中示范加工企业2677家、示范销售店（含放心粮店）10015家、其他示范企业828家。

（二）加强质量安全管理，防范塑化剂等有害物质污染粮油制品

针对2012年以来部分食品发生塑化剂超标、引起社会密切关注的问题，中国粮食行业协会组织专家和企业进行专题调研，并召开专题会议，研究提出了《关于加强质量安全管理防范塑化剂溶入粮油制品的实施意见》，印发各省市粮食行业协会和所有会员企业，指导粮油企业加强质量安全管理，防范塑化剂。

（三）大力推进放心粮油进农村进社区

各地粮食部门和粮食企业积极建设销售服务网点，发展主食厨房、连锁配送，开展便民服务，深受群众欢迎。2013年陕西省启动实施了放心粮油全覆盖工程，以保障粮食安全、推动粮食流通产业发展、服务民生的新定位，以各级政府主导、粮食局和协会共同实施、多个政府部门联动的新机制，以加大投入、改造提升、动态监管的新举措，以覆盖全省城乡的新目标，推动放心粮油工程全面升级。印发了《陕西省人民政府关于实施放心粮油全覆盖工程的意见》（陕政发〔2013〕6号），决定在今后3年里，充分整合利用现有粮食行业及社会各类资源，在城市社区、县城城区和乡村，培育扶持一批放心粮油企业和产品，规范认定挂牌一批放心粮油示范店和经销点。到2015年，在陕西省城乡基本形成规范化、标准化、网络化放心粮油经营网络，努力实现放心粮油城乡全覆盖。

西藏自治区人民政府办公厅印发《西藏自治区人民政府关于放心粮油工程建设的实施意见》（藏政办发〔2013〕25号），决定在全区实施放心粮油工程，成立了以自治区政府分管副秘书长为组长，自治区发展改革委、财政厅、粮食局、食品药品监管局等12家单位为成员的自治区放心粮油工程指导小组，先后制定下发了《西藏自治区放心粮油配送中心建设标准及管理办法（试行）》、《西藏自治区放心粮油店管理办法（试行）》、《西藏自治区放心粮油店申报评审办法（试行）》等一系列管理办法，规范放心粮油经营管理，保障放心粮油工程建设工作扎实有序进行，力争在"十三五"初期，初步建成放心粮油经营网络。

湖北省人民政府印发《湖北省人民政府关于实施粮食收储供应安全保障工程的意见》（鄂政发〔2013〕54号），强调大力推进放心粮油工程，作为各级政府重要民生工程，构建放心粮油市场体系。力争到2020年建成省级粮食营销平台1个、区域性批发市场20个、成品粮油配送中心100家、放心粮油连锁店1600家、应急加工企业210家、省级军粮供应综合保障中心10个，构建覆盖全省的放心粮油市场供应及应急网络。

（四）不断加强粮食行业信用体系建设

为加强行业信用体系建设，促进企业健康发展，按照商务部和国资委关于开展行业信用评价试点工作的部署及《粮油行业信用评价实施办法》规定，中国粮食行业协会对首批粮油行业信用评价试点企业进行了复评工作，同时对第二批和第三批粮油行业信用评价试点企业进行了年审工作，并配合商务部完成粮油行业信用评价结果备案工作。经省级粮食行业协会审核推荐，并经专家委员会严格

评审，首批71家试点企业共有56家通过复评被确定为A级以上信用企业，其中AAA级39家，AA级16家，A级1家，第二批88家和第三批46家A级以上信用企业全部通过年审。

（五）深入开展调查研究工作

5月13～20日，中国粮食行业协会联合有关单位赴宁夏、陕西两省（区）就推进放心粮油工程，保障和服务于改善民生情况进行专题调研。先后到宁夏银川市兴庆区、吴忠市红寺堡区、青铜峡市、陕西西安碑林区、宝鸡市扶风县、眉县等地，调查走访了22家单位，与省、市、县粮食局、粮食协会、企业多次进行了座谈，并召开了三次社区居民座谈会，听取群众意见，并最终形成调研报告上报国家粮食局。

（六）认真总结推广实施放心粮油工程的先进经验

7月11日，中国粮食行业协会在吉林省长春市召开全国放心粮油进农村进社区经验交流会，总结交流十几年来实施放心粮油工程、推进放心粮油进农村进社区的经验和做法，研究讨论如何在新形势下深入推进放心粮油工程，进一步搞好粮食安全，造福人民。听取了吉林、陕西、贵州、江苏、宁夏、四川等省市粮食局、粮食行业协会及典型企业的经验介绍，并为第四批全国放心粮油示范企业代表颁发了标牌。

（七）广泛开展放心粮油科普宣传

各级粮食管理部门、粮食行业协会和放心粮油示范企业积极参加全国"食品安全宣传周"、"诚信兴商宣传月"、"质量月"、"粮食科技周"等活动，积极组织开展"放心粮油宣传日"活动，通过街头宣传、媒体宣传、产品展销、科普讲座、专家咨询等多种形式，宣传食品安全法规，普及食品安全知识，增强了企业和消费者的质量意识、安全意识，树立了品牌形象和企业形象。6月24日上午，国家粮食局、中国粮食行业协会、江苏省粮食局、苏州市人民政府、江苏省粮食行业协会在苏州市联合举办放心粮油宣传日主题活动，作为全国放心粮油宣传日活动的主会场。北京、黑龙江、安徽、四川、云南、陕西、甘肃、青海、新疆等省区也因地制宜地开展放心粮油宣传日活动，宣传日活动共有万余人参加，出动车辆2000余台，展板近千块，发放宣传材料近百万份，受众千万余人，为推进放心粮油工程、保障粮油质量安全营造了良好的社会氛围。

经过多年来坚持不懈的努力，放心粮油工程不断发展，越来越深入人心，受到政府、企业、消费者等各方面的肯定和欢迎。如今，放心粮油工程已不仅是全国粮食部门的一项重点工程，而且成为许多省、市、县的一项重要的"民生工程"，被列入党委和政府工作计划。通过实施放心粮油工程，有力地促进了粮油企业经营管理水平和产品质量安全水平的提高。

粮食财政财务管理

2013年，各级粮食财会部门紧紧围绕粮食流通工作中心，深入贯彻落实中央一系列强农惠农富农政策，积极应对国内外经济和粮食市场复杂形势，协调资金满足粮食收购需求，争取财税政策减轻企业负担，做好部门预算，加强行业管理，不断推进国有粮食企业改革和发展，各项工作都取得了新的进展。

一　争取出台粮食财税政策，协调解决历史遗留问题，粮食企业经营发展环境不断改善

一是积极协调财政部、国家税务总局相继出台了《关于部分国家储备商品有关税收政策的通知》（财税〔2013〕59号）、《关于职业教育等营业税若干政策问题的通知》（财税〔2013〕62号）等文件，在继续对承担政策性粮油储备任务企业免征印花税、房产税和城镇土地使用税的同时，并对其取得的利息和价差补贴收入免征营业税，切实减轻了企业负担。二是协调财政部印发《国家最低收购价临时存储粮食财政财务管理办法》，并就小麦和稻谷最低收购价预案涉及信贷、补贴政策，以及跨省移库粮食开具销售发票等问题提出了建议，进一步完善了有关粮食财税政策，规范了企业财务会计行为，维护了国有粮食企业尤其是基层代储企业的正当权益。三是会同国家发展改革委等部门联合印发《关于切实解决"开仓借粮"遗留问题的通知》（国粮财〔2013〕17号），妥善解决了10省（区）因灾借粮产生的且仍由地方国有粮食企业背负的10亿元债务等遗留问题。

二　完善粮食信贷政策，协调粮食收购资金，保证了粮食收购工作的顺利进行

一是夏粮和秋粮收购期间，及时下发通知，指导各地加强粮食收购资金筹集和管理，保障了粮食收购工作顺利进行。重点协调解决吉林、江西等仓容紧张、贷款困难省份做好粮食信贷工作，确保不出现"打白条"现象，促进了农民售粮变现和增产增收。对县级储备粮贷款及规模落实等情况进行调查，提出了加强储备粮贷款管理的措施。协调解决了西藏因历史欠账影响储备粮贷款等问题。二是加强与农业发展银行沟通，下发《关于有效落实政策指导性粮油收购贷款双结零措施的通知》（农发银发〔2013〕137号），增强双结零政策的灵活性，有效解决了企业反映双结零政策执行过于机械、影响企业正常经营等问题。在2013年玉米和大豆临储收购中实行收购资金"分贷分还"，协调农业发展银行适度降低贷款门槛，支持够条件企业参与政策性收购。此外，还协调农业发展银行核销国有粮食企业附营业务占用贷款和其他经营性亏损挂账100多亿元，提高了企业资产质量和信用等级。三是探索收购资金供应新渠道。尝试与中国农业银行建立战略合作关系，取得积极进展。探索与中国农业产业发展基金合作，就设立粮食贷款担保公司等进行了可行性研究。

三 争取财政资金，做好预算管理，粮食流通工作财务保障能力进一步增强

一是2013年财务司在争取各项财政资金、保障全局各项粮食事业顺利开展的基础上，重点做好了"粮安工程"相关资金的协调工作。协调财政部增加或保留与"粮安工程"相关的项目预算，并争取设立了"粮安工程"专项预算。落实2013年地方粮食仓库维修改造中央财政补助资金16亿元（当年下拨10亿元），并通过公开竞争性分配方式确定了4个重点支持省份。将粮食行业纳入财政部公益性行业科研专项资金预算，首批落实资金2.1亿元（当年下拨9218万元）。设立"高边岛特"军供网点维修补助专项资金3000万元。为推动放心粮油工程进展，还向河南、湖北、广西等省（区）下拨了放心粮油工程试点补助资金。此外，协调民政部将四川省粮食部门的报灾、核灾和中央灾后恢复重建补助资金安排实行单列，协调财政部同意贵州省从结余的粮食风险基金中拿出部分资金用于粮食流通设施建设，为粮食部门在重大灾后争取补助资金、拓宽粮食风险基金使用范围等开创了新途径。二是做好部门预算管理工作。认真贯彻落实中央"八项规定"和厉行节约反对浪费条例，合理安排各项资金，严把支出审核关，努力降低"三公经费"开支。同时，积极推进预算绩效管理，严格执行政府采购制度，提高了财政资金使用效益。

四 推进粮食财会信息化建设，加强财会队伍建设，粮食行业财会管理水平不断提高

一是建立全国粮食财会信息数据库，从仅收集省级汇总粮食企业财务数据拓展为同步采集所有独立核算粮食企业财务数据，提高了粮食财会统计数据的全面性和准确性。二是组织专家编写了《粮食企业会计实务操作手册》，指导企业执行会计准则，促进粮食行业新旧会计制度顺利接轨，规范企业会计核算。三是在进藏调研的基础上，国家粮食局组织专家对西藏粮食财会人员进行培训，还赠送了部分电脑设备和财会书籍，支持西藏做好粮食工作。北京、天津、山西、江苏、浙江、海南、甘肃等省（市）也组织了粮食财会人员培训班，进一步提高了财会人员的业务素质和技能，增强了粮食财会队伍的凝聚力和战斗力，提高服务粮食流通工作的能力和水平。

软科学研究

一 粮食战略性问题研究

2013年，国家粮食局继续组织开展粮食战略性问题研究，选择《建成全面小康对粮食供应保障的新要求》、《全球粮食发展趋势与我国的粮食安全》、《我国粮食储备规模、品种结构、区域布局以及储备机制研究》、《深化粮食流通体制改革的目标和任务》、《建立开放型粮食安全保障体系》等5个项目作为研究题目，按照"选择研究能力强、影响力大的专家学者作为课题带头人，组成高水平研究团队"的原则，确定胡鞍钢、温铁军、徐从才、任兴洲和程国强等知名专家分别作为课题牵头人。

项目研究过程中，国家粮食局加强与课题研究单位的沟通，跟踪项目进展，要求各课题承担单位集中研究力量，确保项目及时完成。从研究成果看，各研究项目具有一定的理论价值和应用价值，对制定粮食政策、指导粮食工作具有重要参考作用。

二 粮食政策性课题研究

2013年，国家粮食局组织开展粮食政策性课题研究，围绕局中心工作和全国粮食流通工作会议上的重要部署，确定了《关于推进木本油料产业发展的研究》、《关于人才兴粮战略的研究》、《全球玉米市场供求现状、发展趋势及其对我国粮食安全的影响研究》、《关于粮情监测预警体系的研究》、《关于引导和规范粮食经纪人发展的研究》、《关于规范和引导粮食银行发展的研究》、《关于粮食批发价格指数的研究》、《粮食收购"打白条"问题剖析及对策研究》、《关于国有粮食企业经营方式创新的研究》、《关于完善中央储备粮代储资格认定制度的研究》、《培育爱粮节粮风气，促进粮食节约机制研究》、《粮食系统基层党风廉政建设和反腐败工作研究》、《浅谈机关后勤的软实力建设》、《我国城镇居民主食食品产业化发展研究》、《我国粮食市场体系建设研究》、《军粮供应军民融合式发展战略研究》等16个研究题目，研究单位涉及局机关业务司室、中心。

从研究成果看主要分三类：一是转化为政策措施的成果7个；二是转化为实际工作中的2个；三是对粮食流通工作提供参考建议的7个。各课题研究成果具有不同的理论和应用价值，对制定粮食政策、指导粮食工作具有参考作用。

新闻宣传

◆国家粮食局

2013年，机关新闻宣传工作在局党组的正确领导下，深入贯彻落实党的十八大、十八届三中全会和全国粮食流通工作会议精神，围绕全局中心工作，坚持正确舆论导向，重点突出，为粮食流通工作营造良好舆论氛围，新闻宣传工作取得新进展。

一　组织全国粮食系统认真学习贯彻李克强同志关于粮食工作重要讲话精神

1月15日，李克强总理到国家粮食局考察调研并作重要讲话，强调要守住管好"天下粮仓"、做好"广积粮、积好粮、好积粮"三篇文章。国家粮食局组织全国粮食系统学习贯彻李克强同志关于粮食工作重要讲话精神，并通过《国家粮食局简报》、《情况通报》以及局政府网站开辟专栏等形式宣传报道各地学习贯彻李克强同志关于粮食工作重要讲话精神进展情况，在全国粮食系统范围内迅速掀起学习宣传贯彻李克强重要讲话精神的热潮。

二　围绕粮食流通中心工作，全方位多角度组织开展新闻宣传

一是深入宣传报道2013年全国粮食流通工作会议情况。邀请《人民日报》、中央电视台、《经济日报》、《农民日报》、《粮油市场报》等媒体对会议情况进行了深度报道，中国政府网、新华网等网站转载相关信息。二是切实做好"粮安工程"、粮食宏观调控、粮食收购、库存检查、粮食科技活动周、第三届全国粮食行业技能竞赛、粮食质量安全、节粮减损、促农增收等重点工作的新闻宣传，积极宣传报道粮食部门深入一线指导督促粮食流通政策落实情况。配合中央电视台开展了《告别粮票20年　粮食安全不放松》的相关报道；中央电视台《聚焦三农》栏目制作播放了"节粮减损从技能开始"的专题报道。全年，通过中央电视台对粮食收购政策、粮食安全、粮食价格、科学储粮、爱粮节粮等相关信息进行了23条报道，中央人民广播电台报道4条。三是创新组织形式，深入宣传倡导爱粮节粮。在全国范围内组织开展"爱粮节粮"主题征文。联合教育部、共青团中央开展全国"爱粮节粮"主题动漫宣传片征集。充分利用世界粮食日暨全国爱粮节粮宣传周、粮食科技活动周、"粮油服务进军营、餐桌节约促强军"等专题活动进行集中宣传。通过中央电视台一套《新闻直播间》、二套《经济信息联播》、四套滚动新闻、七套《聚焦三农》等栏目对上述活动进行多视角报道；在中央人民广播电台中国之声、中国乡村之声公益报时开展为期一个月的爱粮节粮和农户科学储粮宣传活动；与工信部合作，通过中国移动、中国联通、中国电信向全国广大手机用户发送"爱粮节粮、传承美德"的手机短信。中国政府网、新浪财经、搜狐、腾讯等20余家主流商业网站转载报道了我局政府网登载的《2013年世界粮食日暨全国爱粮节粮宣传周活动》相关信息。四是举办新闻媒体通气会，正确

引导社会舆论。2月6日召开"减少粮食损失、反对粮食浪费",邀请人民日报、新华社等媒体参加；10月15日召开"世界粮食日暨全国爱粮节粮宣传周活动"新闻媒体通气会,邀请中央电视台、新华社、《人民日报》、《经济日报》、中央人民广播电台、中央人民国际广播电台等主流媒体参加。

三　加强局政府网站建设管理和涉粮舆情监测,确保网络信息安全

一是做好政府网站内容保障工作。进一步提高信息发布的质量和数量,科学规划重点工作专题专栏,积极协调和组织有关司室、单位做好局政府网站内容保障工作,加强信息审核把关,做到按规定公开、按程序发布,确保上网信息的准确性、权威性和时效性。据统计,全年局政府网站共发布信息2981条,中国政府网转载110条,群众路线网转载27条。二是抓好网站安全管理工作。继续做好网络信息安全的日常管理工作。安排专人监测网站安全,防止遭受恶意攻击,确保做到及时发现问题,快速解决问题。不定期组织开展局政府网站运行和管理情况检查,对发现的问题和漏洞及时进行整改,进一步提高局政府网站运营管理水平。加强网站信息系统的运行维护、管理制度、安全防护等方面的建设,确保信息系统运行达到网络安全等级测评标准。三是继续做好涉粮舆情监测工作,密切跟踪网上舆情,及时发现和掌握互联网上集中关注的涉粮热点、敏感问题,对关注度较高的涉粮信息进行筛选、整理、编辑,以《互联网粮食信息摘编》的形式反映,全年共编印《摘编》信息51期。

◆《中国粮食经济》杂志社

2013年,《中国粮食经济》杂志社认真学习贯彻党的十八大和十八届三中全会精神,深入开展党的群众路线教育实践活动,围绕粮食中心工作进行宣传报道,积极转作风、改文风,通过多种形式的新闻宣传报道,营造粮食事业科学发展的有利氛围,《中国粮食经济》的权威性、可读性、影响力进一步提升。

2013年,共编辑出版《中国粮食经济》13期,其中包括"爱粮节粮"增刊一期。全年共甄选刊发稿件300余篇,消息250余条,信息公开近20则,共计140万字。

一　围绕粮食中心工作,发挥舆论引导作用

2013年,《中国粮食经济》杂志社坚持围绕中心,服务大局,加强专题策划和深度报道,充分发挥《中国粮食经济》在粮食行业的宣传平台和舆论引导作用。

(一)注重宣传粮食行业大政方针、重要工作和热点问题

对全国粮食流通工作会议、"粮安工程"、节粮减损、进口大米冲击、新型城镇化建设和农村经营主体对粮食安全的影响等粮食行业重点热点问题以专题形式进行深入宣传报道和交流探讨。

(二)创新方式报道党的群众路线教育实践活动

为规避期刊时效性差的不足,一改以往对重大活动照本宣科的报道方式,以通讯的体例对国家粮食局局教育实践活动的整体情况进行挖掘,进行全面、深入的系列报道,同时对各省级粮食部门教育实践活动情况进行综合报道。

(三)发挥行业内舆论宣传主阵地作用,引领调查研究之风

2013年,为更加贴近基层、贴近实际,更好地践行党的群众路线,开设了"调查"栏目,刊登了

一批走基层、转作风、接地气的调查研究类文章，反映基层情况，倾听基层呼声，引领全行业大兴调查研究之风。

（四）宣传基层粮食部门先进典型，推广优秀经验做法

增加了"放心粮油"、"品牌建设"、"粮食企业"等栏目，加大对放心粮油工程和优秀粮食企业、粮食品牌的宣传力度，并在"交流"、"区域粮食"等栏目交流、推广各地粮食工作先进经验。

（五）用再生纸印刷出版"爱粮节粮"增刊

为深入贯彻习近平总书记厉行节约的批示精神，全面反映国家粮食局在爱粮节粮方面所做的工作和取得的成绩，报道节粮减损典型经验和先进事迹，营造爱粮节粮的有利氛围，除对爱粮节粮工作进行经常性宣传报道外，还编辑出版了"爱粮节粮"增刊进行集中宣传。厉行节约从自身做起，增刊用再生纸印刷。

二 充分利用《〈中国粮食经济〉内部摘编》平台，反映系统内或与粮食行业相关的重要情况及问题

2013年，为增强时效性，《〈中国粮食经济〉内部摘编》由定期编发改为不定期适时编发，全年共编发17期。其中有关黑龙江"卖粮难"、山东河南等地小麦价格暴涨等信息受到国家粮食局领导批示，要求有关部门研究解决。

三 地方粮食经济类期刊再上新台阶

2013年，各地粮食经济类期刊围绕各地粮食中心工作，不遗余力地进行粮食新闻宣传和粮食理论研究，在内容上和形式上均再上新台阶，在当地乃至全国的影响力进一步提升。

一是大力宣传粮食重点工作。如对各地粮食流通工作会议进行全面报道，对国家有关政策进行传达、解读等。二是加强策划意识，加大专题制作力度。如《黑龙江粮食》、《贵州粮食》、《陕西粮食经济》等刊物在2013年对栏目进行了全新的设置，尤其是每期一个专题使宣传效果大为提升。三是立足当地粮食工作实际创建品牌栏目。如《江苏粮食研究》的"转型升级"、《安徽粮食》的粮食产业化、《广西粮食经济》的"粮食直补"、《齐鲁粮食》的"放心粮油"、《福建粮食》的"粮食储备与安全"等栏目，已经成为品牌栏目，突出地展示了各地粮食工作的亮点。四是关注爱粮节粮。许多粮食期刊如《黑龙江粮食》、《粮食问题研究》、《冀粮经济》、《安徽粮食》、《广西粮食》等通过专题或设立专栏等形式宣传粮食行业爱粮节粮工作，营造有利氛围。五是改版杂志，美化形式。绝大多数粮食经济类期刊均改为大16开开本，部分刊物改用全彩印刷，印刷质量逐步提高。在编排形式上图片运用逐渐增加，封面和内文设计各具特色。编校质量也有所提升，一些刊物如《云南粮食经济》等在省内内部刊物评比上获奖。

机关党建

2013年，国家粮食局各级党组织和广大党员干部深入学习贯彻党的十八大，十八届二中、三中全会精神和习近平总书记系列讲话精神，深入扎实开展党的群众路线教育实践活动，积极推动机关作风转变，加强"学习型、服务型、创新型"党组织建设，着力提高机关党的建设科学化水平，为促进粮食流通事业科学发展提供了坚强有力的政治、思想和组织保障。

一　加强思想政治建设，坚决维护中央权威

各级党组织和广大党员干部深入学习贯彻党的十八大，十八届二中、三中全会精神和习近平总书记系列讲话精神，努力用以习近平同志为总书记的党中央治国理政的新思想、新观点、新论断武装头脑、指导实践、推动工作，在思想上、政治上、行动上与党中央保持高度一致，坚决维护中央权威，确保中央政令畅通。

（一）认真学习习近平总书记系列重要讲话精神

按照局党组的要求，各基层党组织、党员干部把学习贯彻习近平总书记系列重要讲话精神作为重要的政治责任，作为政治理论学习的重中之重，及时组织学习，深入领会其基本内涵和核心要义，准确把握其立场、观点和方法，增强紧密联系实际贯彻落实的自觉性。

（二）集中学习贯彻党的十八届三中全会精神

机关党委认真落实局党组部署，为局党组中心组集中学习做好组织服务工作。各基层党组织采取多种形式，组织党员干部认真研读全会文件，联系实际深入思考，把学习贯彻全会精神与谋划2014年工作紧密结合起来，认真研究提出全面深化粮食流通改革的思路、措施和政策建议。

（三）认真学习贯彻中央一系列重要会议精神

中央经济工作会议和中央城镇化工作会议、中央农村工作会召开后，局党组和各基层党组织迅速传达学习会议精神，研究部署贯彻落实的具体措施，强化"首要意识"和"守责意识"，进一步增强了保障国家粮食安全的责任感、使命感，理清了全面深化改革、保障粮食安全的思路。

（四）深入学习贯彻李克强总理在视察国家粮食局时的重要讲话精神

2013年1月李克强总理视察国家粮食局并作重要讲话，各级党组织组织党员干部深入学习、深刻理解李克强总理关于粮食流通工作要守住管好"天下粮仓"、做好"广积粮、积好粮、好积粮"三篇大文章的总部署、总要求，统一党员干部思想和行动，动员组织党员干部以昂扬的精神状态投入各项工作，积极为粮食流通事业改革发展作贡献。

二　深入开展党的群众路线教育实践活动

按照中央统一部署，在中央第26督导组的具体指导下，国家粮食局从2013年7月上旬开始，深入

开展党的群众路线教育实践活动，按照中央提出的"照镜子、正衣冠、洗洗澡、治治病"的总要求，围绕保持党的先进性和纯洁性，以为民务实清廉为主题，以局党组和司级领导班子、处级以上领导干部为重点，坚持领导带头，一级带一级，一级抓一级，一步一安排，一步一回头，环环相扣，扎实推进，认真解决形式主义、官僚主义、享乐主义和奢靡之风方面的突出问题，确保活动不虚、不偏、不空，不走过场，取得明显成效，达到了预期目的。

（一）加强组织领导，确保教育实践活动高起点

国家粮食局党组对搞好这次教育实践活动高度重视，认真做好各项准备工作，从2013年3月开始，利用3个多月时间，开展"走基层、察实情、听民意、解难题"专题调研活动，先后派出14个调研组，由局党组成员和各司室主要负责同志带队，深入基层调研，广泛听取基层企业、农民群众、消费者和科技工作者对粮食流通工作和国家粮食局党员干部作风方面的意见建议，了解掌握局机关和直属联系单位党员干部对教育实践活动的思想反映，作了充分的前期准备。中央党的群众路线教育实践活动工作会议召开后，局党组迅速传达学习中央精神，紧密联系实际，认真研究制定《国家粮食局深入开展党的群众路线教育实践活动实施方案》，成立领导小组及办公室，加强对教育实践活动的组织领导。2013年7月10日，召开全局教育实践活动动员大会，认真学习贯彻中央精神，局党组书记、局长任正晓对搞好教育实践活动进行动员部署，提出明确要求。各司室、单位都组织进行了再动员，进一步统一全局党员干部思想认识，为教育实践活动顺利进行奠定了思想和工作基础。

（二）深入学习教育，不断提高思想认识

把认真学习研读习近平总书记重要讲话精神和教育实践活动有关文件材料，不断提高思想认识，贯穿教育实践活动始终。局党组中心组带头先学一步，学深一步，先后组织17次专题学习讨论，进行2次封闭式集中学习，原原本本学原著，交流学习体会；邀请中国社会科学院副院长李慎明、原国家粮食储备局副局长赵凌云为全局党员干部分别作了坚持党的群众路线和传承弘扬粮食人传统优良作风的辅导报告；举办"全国粮食行业反腐倡廉图片展"，历时半个月，组织8个专场，1200余人次参观，展出图片408幅，用"身边的人、身边的事"，教育警醒党员、干部廉洁自律，增强群众观点、树立为民务实清廉的优良作风；召开"树立群众观点、践行群众路线"调研成果交流会，研讨交流调研中了解到的民情民意民盼和走进基层群众的所感所思所悟，展示了"走基层、察实情、听民意、解难题"专题调研活动取得的丰硕成果。各司室、单位采取分散学与集中学相结合、个人学与集体议相结合、观看辅导报告录像等形式，组织党员干部进行了3天以上的集中学习讨论，紧密联系个人思想和工作中的突出问题进行理论思考，提高了辨别是非的能力。

（三）采取多种形式，广泛听取意见建议

坚持"一把手"带头，以真诚的态度，从系统外、系统内、本局机关和直属联系单位等三个层面，广泛征求意见。党组书记、局长任正晓先后亲自主持召开各省（区、市）粮食局长、机关职工群众、离退休老干部等7个座谈会，听取不同层次和类型干部群众的意见；局党组向各省（区、市）政府分管粮食工作的负责同志和地方粮食局、有关部委、单位发征求意见函；登门或约请粮食主产区分管粮食工作的政府领导和中国人民解放军总后勤部领导，面对面听取意见。局党组收集到各类意见建议245条，其中反映局领导班子及成员和机关在"四风"方面的问题和意见建议75条。全局19个司室、直属联系单位也都采取多种方式征求到群众意见建议568条。8月下旬至9月中旬，由党组同志带队"走下去、走出去、走进去"，进一步带着问题听意见，听了意见改问题。

（四）召开高质量专题民主生活会，深入开展批评与自我批评

国家粮食局党组和各司级领导班子把开好专题民主生活会作为教育实践活动取得实效的重要举措，坚持时间服从质量，周密制定实施方案，召开了高质量的专题民主生活会。会前，局党组和各司室、单位领导班子深入学习习近平总书记在指导河北省委常委班子专题民主生活会时的讲话等一系列重要讲话精神，集中组织观看《周恩来的四个昼夜》、《苏共亡党二十年祭》等教育片，强化宗旨意识和群众观念，准确把握中央关于聚焦"四风"、剖析根源、开好专题民主生活会的精神实质，不断提高思想认识，打消了"自我批评怕丢面子、批评别人怕得罪人"等思想顾虑，为开好专题民主生活会打下坚实的思想基础。班子成员普遍开展"一对一"、"面对面"谈心交心活动，通过群众提、自己找、上级点、互相帮，深刻查摆问题，沟通思想，把矛盾解决在了会前。任正晓同志主持认真撰写局领导班子对照检查材料，班子成员自己动手撰写个人对照检查材料，深入查摆"四风"突出问题，紧密联系工作实际和个人成长经历，深挖思想根源，使灵魂受到触动。会上，坚持以整风精神开展批评和自我批评。领导班子认真检查了执行党的政治纪律和贯彻落实中央"八项规定"情况，提出了在反对"四风"、加强作风建设方面需要重点解决的问题，深刻剖析了原因，提出今后的努力方向和整改措施。班子成员聚焦"四风"，直奔主题，既查摆剖析自己的问题，也积极承担班子问题的责任；既联系现在工作岗位和责任，也联系个人成长经历；既从工作中找原因，也从党性上找差距，做了诚恳的自我批评。本着对党、对事业、对同志高度负责的精神，互相提出中肯的批评意见。专题民主生活会后，局党组和各司室、单位及时向党员干部通报会议情况，召开专题组织生活会，处级以下党员进行对照检查，局党组和司局级班子成员都以普通党员身份参加了所在党小组或党支部的专题组织生活会。

（五）采取切实措施，抓好整改落实、建章立制

国家粮食局党组把整改落实、建章立制作为教育实践活动取得实效的关键环节、决战阶段，把解决突出问题、取信于民作为教育实践活动的攻坚战，把建立长效机制、转变作风、服务群众作为教育实践活动的持久战，按照"狠、准、韧"的要求和"真改、实改、深改"的标准，局党组针对查摆出来的问题，认真制定了整改落实方案和"四风"突出问题专项整治工作方案，明确整改落实任务书、时间表、党组责任人和责任落实单位。两级领导班子成员分别制定了个人整改措施，并按照中央关于严肃整治"会所歪风"要求作出承诺。围绕贯彻落实中央"八项规定"，形成改进工作作风的长效机制，对局机关建设和粮食部门服务基层、维护消费者权益的制度规定进行认真梳理，做好立、改、废工作。

（六）活动成效显著，群众反映良好

经过全局党员干部共同努力，教育实践活动总体上达到中央提出的思想认识进一步提高、作风进一步转变、党群关系进一步密切、为民务实清廉形象进一步树立的要求。党员干部受到了一次深刻的马克思主义群众路线教育，切实增强了领导班子解决自身问题的能力，及时有效地解决了一些关系群众切身利益的突出问题，取得了一批促进工作作风转变的制度成果，有力地推动了机关作风转变，促进了粮食流通各项工作的开展。党员干部群众对活动好和较好的评价占98.8%。

三　加强基层党组织建设，努力建设"三型"党组织

围绕建设"三型"党组织的目标任务，积极推动基层党组织建设，增强了基层党组织的凝聚力、战斗力，促进了战斗堡垒作用的发挥。

（一）进一步健全组织，落实党建工作责任制

筹备召开第三次党员代表大会，选举产生了新一届直属机关党委和纪委。指导有关党支部及时改选、增补、健全组织。为落实党建工作责任制，将机关党建纳入领导班子年终考核，促进党支部负责人履职尽责。

（二）加强党员教育管理和发展

积极发扬党内民主，推进党务公开，利用网络、文件、简报、会议等，及时传达上级精神，公开党员发展、党费收支等重要工作情况，保障党员民主权利。进一步加强党员发展工作，坚持实行发展党员公示制，进一步加强新发展党员审批前的谈话考察，严把新党员质量关。在重大节日及敏感时期，及时通报有关情况，组织观看教育片，对党员干部进行教育，严防邪教组织渗透，确保内部安全稳定。组织开展"我与十八大"征文活动，上报工委征文39篇，其中1篇获得三等奖，2篇获得优秀奖。

（三）积极探索建立党内激励、关怀、帮扶机制，进一步服务党员、职工

建立困难党员、职工档案，积极开展"送温暖"活动，对家庭困难及患病的及时慰问看望，发放特殊困难补助9万多元，帮扶33位困难党员、职工；开展"小手拉大手"庆祝"六一"儿童节活动、举办高考问题辅导讲座、"八一"前组织复转军人观看合唱表演、为全局党员干部职工申报心理健康检查卡500余张、及时购买发放各类党员学习教育材料、制作宣传栏、建好职工阅览室，努力为党员干部学习、生活提供方便。

（四）搭建青年工作平台，促进青年干部健康成长

指导局直属机关团委换届改选并围绕局党组工作和机关党建工作大局开展活动、发挥作用，组织召开青年干部学习贯彻十八大精神座谈会，任正晓同志出席并作重要讲话；挑选6名青年负责全国粮食行业反腐倡廉图片展讲解，在圆满完成任务过程中，也使青年同志受到深刻教育。组织召开中青年干部座谈会向局党组建言献策，召开"弘扬粮食部门好传统好作风"专题学习讨论会，开设"青年课堂"，组织开展"根在基层·中国梦"、"接地气、察实情"调研实践、"青春拓展队运动季"等活动，组建QQ群、微信群，着力为青年干部打造交流学习平台，局直属机关团支部被中央国家机关工委评为2013年度最具活力团支部。

四　积极服务中心，推进粮食流通工作

认真贯彻落实局党组工作部署，充分发挥机关党组织和群众组织的优势，积极服务局党组中心工作，发挥了较好作用。

（一）深入推进粮食文化建设

认真贯彻落实局党组关于加强粮食文化建设的部署，印发《国家粮食局关于加强粮食文化建设的指导意见》，有力地促进了粮食文化建设；组织撰写的《在粮食文化建设中充分发挥机关党组织作用的几点思考》获国家粮食局软科学课题研究二等奖，被中央国家机关工委评为三等奖并在《机关党建研究》全文刊登；《中国粮食经济》杂志开设"粮食文化"栏目，刊发10余篇理论研讨文章和10余篇文艺作品，为行业干部职工提供了文化交流园地；中国粮食行业协会编辑出版《中国百名优秀企业家奋斗史（粮食卷）》，展现了粮食行业优秀企业家的奋斗历程和精神。中国粮食书法美术家协会承办中央国家机关"贯彻八项规定，弘扬清风正气"迎新春书画笔会；举办国家粮食局"安全生产百日行动"书画、摄影展，择优参加全国展出，一幅摄影作品和一幅书法作品获优秀奖。

（二）积极开展爱粮节粮教育

起草印发《国家粮食局关于粮食行业带头爱粮节粮反对浪费的指导意见》，在全行业深入开展"爱粮节粮"活动。局直属机关团委和妇委会联合向全局女职工发起"爱粮节粮"倡议；与全国妇联联合开展"爱粮节粮进家庭"活动，并在"10·16"世界粮食日庆祝活动上正式启动。

（三）充分发挥群众组织作用，营造和谐稳定、健康向上的机关工作环境

领导机关工会、机关团委等群众组织，服务中心大局、服务机关建设、服务职工需求、加强自身建设。直属机关工会认真传达学习中国工会第十六次全国代表大会和中国妇女十一次全国代表大会精神，指导组织开展各项活动，参加中央国家机关工会"评家"活动，评选出2个职工之家、3个职工小家、2个优秀工会工作者、2个工会积极分子、1个优秀工会之友。积极向中央国家机关妇工委推荐参加中国妇女十一大代表和全国妇联十一届执委候选人，曾丽瑛同志顺利当选，成为有史以来粮食系统唯一的全国妇联执委。组织开展"书香三八"征文活动、推荐到工委29篇，获一、二、三等奖各1名，局妇委会获优秀组织奖；组织参加中央国家机关《女职工劳动保护特别规定》知识竞赛，10人获得优秀奖，局妇委会获得优秀组织奖；参加中央国家机关公仆杯乒乓球赛，获男子丙组第四名；羽毛球获发展改革委比赛团体第二名；太极拳协会在"三八"节为机关女职工作精彩演出，3名职工加入中央国家机关太极拳协会并参加全国太极拳比赛；登山、保龄球、篮球、游泳等协会也积极组织活动并参加工委和片区比赛，有力促进了和谐机关建设。

五　加强党风廉政建设，建设廉洁机关

认真贯彻落实党的十八届中央纪委二次、三次全会和国务院第一次廉政工作会议精神，加强反腐倡廉教育，党员干部遵规守纪、廉洁从政意识和拒腐防变能力进一步增强。

（一）认真学习贯彻十八届中央纪委二次全会精神

局党组认真传达学习了习近平总书记在十八届中央纪委二次全会的重要讲话和王岐山同志的工作报告，结合粮食流通工作实际，认真讨论研究贯彻落实的具体措施，作出了严明党的政治纪律，不折不扣贯彻落实中央八项规定，加强反腐倡廉教育，深入开展专项治理，切实纠正侵害农民利益的不正之风等具体部署。各基层党组织都组织党员干部进行了认真学习讨论，增强了政治意识、大局意识、责任意识、担当意识，提高了遵守党的纪律，坚决贯彻执行中央八项规定，切实转变工作作风、廉洁从政的自觉性。

（二）加强党风廉政宣传教育

结合开展党的群众路线教育实践活动，以保持党的纯洁性为重点，深入开展反腐倡廉宣传教育，组织干部职工参观了中央国家机关廉政文化建设书画展览，举办以"加强教育、严明纪律、倡导清廉、惩治腐败"为主题的"全国粮食行业反腐倡廉图片展"，展出各类图片408幅，组织1200余人次参观，用身边事、身边人教育引导党员干部职工廉洁自律，树立为民务实清廉优良作风，收到良好效果

（三）狠抓中央"八项规定"的贯彻落实

及时组织学习传达中央纪委关于坚决刹住中秋国庆期间公款送礼等不正之风、严禁公款购买印制寄送贺年卡等物品、严禁元旦春节期间公款购买赠送烟花爆竹等年货节礼的通知，组织党员干部认真学习讨论，对有无违反"八项规定"、以各种名义突击花钱和滥发津贴、补贴、奖金、实物等问题，进行自查自纠，及时通报违反八项规定的问题，增强了党员干部自觉贯彻落实八项规定的意识。

廉政建设

2013年，各级粮食部门党组织和纪检监察机构认真贯彻落实党的十八大和中央纪委二次全会精神，紧紧围绕守住管好"天下粮仓"，做好"广积粮、积好粮、好积粮"三篇文章的总目标和粮食中心工作，坚定不移转变作风，坚定不移执纪监督，坚定不移惩治腐败，党风廉政建设和反腐败工作取得了新进展。

一　抓监督检查，切实保证中央重大决策部署在粮食系统的贯彻落实

认真开展粮油收购"五要五不准"守则执行情况的专项治理活动，帮助解决农民"卖粮难"问题，严肃查处"打白条"、"压级压价"、"克斤扣两"等行为，切实纠正损害种粮农民利益的不正之风。先后查处了江苏省盐城建湖、射阳等地个别委托收储库点不及时支付售粮款、给农民"打白条"问题，江西省新建县仓容准备不足、农民"卖粮难"问题，湖南省益阳个别收购人员向农民乱收费问题，责成当地对相关责任人作出了严肃处理。加强对粮食库存检查工作的纪律监督，对上年度全国粮食库存检查中发现的235项问题，分别向中储粮总公司和有关地方粮食部门下达了书面整改意见，提出限期整改要求。

二　抓执纪监督，切实贯彻落实中央八项规定精神

加强对党员领导干部贯彻执行中央"八项规定"精神情况的监督检查，坚决刹风肃纪。驻国家粮食局纪检组监察局制定了《关于加强对〈中共国家粮食局党组关于切实改进工作作风的具体措施〉执行情况的监督办法》，定期对局机关处级以上领导干部调研出差、文风会风、公务用车、公务接待、公务出国（境）和厉行节约等情况逐项进行监督检查。严格按照中央纪委的要求，抓好对"元旦、春节"，"五一、端午"，"中秋、国庆"等重要节点的监督检查，狠刹公款请客送礼等不正之风。

三　抓宣传教育，切实提高党风廉政教育的实效

首次举办"全国粮食行业反腐倡廉图片展"。这次图片展坚持以正面教育为主，集中展示了全国粮食行业党风廉政建设和反腐败工作取得的成果，推介粮食行业反腐倡廉的经验，剖析典型腐败案例，以身边的人、身边的事教育和警醒党员干部。各省（区、市）粮食局和中储粮总公司、中粮集团等中央粮食企业积极参展，共展出各类图片408幅。图片展在北京集中展出7天，组织8个专场，有1200人（次）参观了展览。集中展览结束后，将图片展的全部内容制成电子光盘，发送地方县级以上粮食部门和中央粮食企业组织粮食行业党员干部职工观看。通过举办"全国粮食行业反腐倡廉图片展"活动，营造了粮食行业风清气正的良好氛围。

四　抓案件查处，切实发挥惩治腐败的治本功能

加大对涉粮案件的查处工作力度。抓住粮食收购重要时间节点、粮食库存检查和政策性业务监管等重点环节，坚决纠正损害农民群众和消费者利益的行为，对违反党纪政纪和涉嫌违法的案件，一查到底，绝不姑息。

五　抓风险防控，切实加强对权力运行的制约和监督

在全面深化惩治和预防腐败体系建设中，重点抓好廉政风险防控工作机制制度的建立和延伸工作。国家粮食局在全面建立廉政风险防控机制的基础上，制定《国家粮食局党组关于加强廉政风险防控管理工作的实施办法》，对各类风险等级岗位职权的检查考核作出具体规定。在南京市召开全国粮食系统基层反腐倡廉工作座谈会，总结交流粮食系统基层党风廉政建设工作经验，充分发挥江苏省粮食局作为国家预防腐败局廉政风险防控联系点的示范作用。

六　抓自身建设，切实增强纪检监察干部队伍素质

以落实中央八项规定精神，改进工作作风为切入点，深入开展党的群众路线教育实践活动，切实解决自身存在的"四风"方面突出问题。各省级粮食部门纪检监察机构，既作为教育实践活动的参与者、推动者，又当好教育活动的监督者，执纪监督能力进一步提高。举办全国粮食系统纪检监察干部培训班，认真学习党的十八大和中央纪委二次全会精神，研究探讨转职能、转方式、转作风的途径，粮食纪检监察干部政治理论水平和履职能力进一步提高。按照中央纪委监察部的统一部署，在粮食纪检监察干部中开展会员卡专项清退活动，切实做到了零持有、零报告。

老干部工作

一　总体情况

2013年，在局党组和离退休干部工作领导小组的正确领导下，离退休干部办公室认真贯彻落实党的十八大精神和全国老干部局长会议精神，紧紧围绕粮食流通工作大局，以"让党更加放心、让老干部更加满意"为标准，以党的群众路线教育实践活动为抓手，狠抓思想建设和作风建设，积极落实离退休人员政治待遇和生活待遇，较好地完成了工作任务，有效促进了新形势下老干部工作的全面发展。

截至2013年12月底，国家粮食局共有离退休人员299人。其中，离休96人，退休203人。为老干部服务的工作人员34人。

二　抓两项建设不动摇，扎实落实离退休人员政治待遇

在思想政治建设方面，及时组织离退休人员开展形势教育和政治学习，参与党的群众路线教育实践活动，向老同志通报粮食工作情况。开展党的十八大知识竞赛、"老干部忆传统"征文活动和"中国梦"的宣传工作，举办了离退办"幸福养老大课堂"远程教育和"同心共筑中国梦"书画展；积极参加中央国家机关工委老龄办举办的中国象棋比赛，荣获第七届"怡寿杯"中国象棋赛体育道德风尚奖。组织开展了老年文体活动和重大节日走访慰问活动。积极做好捐助工作，离退休和在职人员向四川芦山地震灾区人民捐款52580元。

在离退休党支部建设方面，组织召开了2013年度党务工作会议，举办了办两委委员、支部委员、党小组长和各处负责人参加的党务人员学习班。配合局直属机关党委做好党委、纪委换届选举工作。负责组织完成了推荐局机关党委"两委委员"候选人和党代会代表工作。

三　抓困难帮扶不动摇，扎实落实离退休人员生活待遇

针对"双高期"老干部工作特点，努力加大对有困难的离退休人员的帮扶力度。一是在元旦春节期间，积极开展走访慰问活动。二是坚持开展健康长寿评比活动，为长寿老人发放健康长寿奖。三是认真做好离退休人员"夕阳红"救助工作，积极为老同志办实事。四是对在册遗属中的困难人员，给予一次性救助。五是加大了个性化服务的力度。为75岁以上退休人员配备"一键通"。继续为老同志购买社会服务，组织身体健康、相对年轻的老干部自费出游。

认真做好日常服务工作。一是加强经费使用和管理，保证离退休费按时足额发放、医疗费按规定据实报销，保证各项工作有序开展。二是组织离退休人员参观活动，实地考察了北京世博园。认真做好老干部丧葬工作、遗属服务工作、老同志供暖费的核发工作、老同志来信来访工作。三是认真做好

医疗保健工作。坚持活动站医务室的日常门诊和离退休干部健康教育，改革完善离退休干部的健康体检，提高了离退休干部的参检率。四是加强了活动站建设。给各活动站、部分处室配备了办公桌椅、冰箱、空调、电脑、打印机、娱乐设备等办公设备。发挥中央国家机关老干部活动分中心的作用，新接收民政部部分老干部来报国寺分中心活动，扩大了资源共享的范围。同时，加强与片区居委会的联系，深入了解了老同志的生活和思想动态。

四　抓自身建设不动摇，努力提高老干部工作服务管理水平

一是积极推进党的群众路线教育实践活动。认真贯彻落实党的十八大和十八届三中全会精神，紧紧围绕保持党的先进性和纯洁性，紧密结合粮食流通工作和老干部工作实际做工作，把贯彻落实中央八项规定精神作为切入点，坚决反对形式主义、官僚主义、享乐主义和奢靡之风，采取有效措施，集中解决离退办领导班子和工作人员队伍作风建设方面存在的突出问题。做到了思想重视，行动迅速，落实有力。通过参加教育实践活动，加强了理论学习，强化了宗旨意识，培养了过硬作风，营造了团结向上、勤政务实、廉洁自律、开拓创新氛围，为"落实好离退休人员的政治待遇和生活待遇，做好老干部工作"奠定了思想基础和作风基础。

二是努力加强学习培训工作。除了及时组织大家学习党的路线方针政策和时事政治外，还进行了老干部政策业务工作培训，请有经验的工作人员当老师，就丧葬工作原则、程序、抚恤金发放标准，财务工作要求和老干部医疗保健等内容进行了学习讲解。同时，积极参加有关单位组织的业务培训，如财务部门组织的内部控制、政府采购，公安部门组织的安保防控，医务部门进行的医生继续教育等。

三是积极开展调研工作。年初组织了老干部工作研讨会，结合"深下去、实起来，两不误、两促进"专题调研活动，对"高龄和有特殊困难的离退休干部的帮扶问题"进行了初步研究，也取得了一些阶段性成果。

四是加强了老干部信息报送工作。截至11月，在"老干部园地"栏目登载23条动态信息，向局办报送信息6篇，在《中国老年报》发稿3篇，在《全国政协报》发稿1篇，在中组部《老干部工作情况交流》发稿1篇，编辑《工作动态》2期。在拓宽工作渠道，提高离退休干部服务管理工作影响力的同时，注意提高稿件质量和遵守有关规定，减少了信息的图片。

4

第四篇

各地粮食工作

北京市粮食工作　基本情况

北京市位于华北平原西北边缘，东南距渤海约150公里，西、北和东北群山环绕，东南是缓缓向渤海倾斜的大平原，地势西北高、东南低。全市土地面积16410平方公里，其中平原面积占38.6%，山区面积占61.4%。北京市常住人口2069万。其中：户籍人口1298万，外来人口774万；城镇人口1784万，乡村人口286万。2012年，北京市粮食播种面积19.4万公顷，比上年减少1.5万公顷；粮食产量113.8万吨，比上年减产6.6%。

从2013年粮食供需平衡调查情况看，北京市粮食消费582.3万吨，同比增长3.0%。其中口粮消费355.3万吨，增幅2.7%；饲料用粮179.7万吨，增幅1.9%，人口增加促进了粮食消费的刚性增长。粮食总供给692.2万吨，其中自产粮食占14.9%，其余全部从外埠购进和进口，共计购入数量482.5万吨。全市7家重点粮食批发市场上市量和交易量再创新高，分别达到262.1万吨和259.9万吨，同比增长8.8%和8.6%。市储备粮年末库存较年初增长13.8%，储备品种结构进一步优化。食用油消费57.3万吨，同比增长0.3%。

2013年粮食工作

2013年，北京市粮食行业认真贯彻落实党的十八大关于确保国家粮食安全的战略部署，深入贯彻习近平总书记关于"把保障粮食供应能力牢靠地建立在自己身上"、"把饭碗牢牢端在自己手上"的重要指示和李克强总理关于守住管好"天下粮仓"、做好"广积粮、积好粮、好积粮"三篇文章的重要讲话，加大粮源组织力度，保持了充足的粮源供应和价格基本稳定；落实市储备粮增储计划，进一步夯实了政府调控的物质基础；完成粮食和食用油库存检查工作，促进了库存管理规范化建设；加强行政执法和监督检查，维护了良好的市场秩序；强化行业管理和服务，提升了粮食经济增长质量和效益。经过共同努力，完成了"守底线、保安全、惠民生、促发展"的工作目标，为首都经济社会持续健康发展作出重要贡献。

一　粮油市场平稳运行

利用粮食竞价交易平台，开展市储备粮、国家临时储备粮、区县储备粮、军粮竞价交易，调节市场粮油供求和价格，引导大宗粮油贸易开展。全年举办交易会27次，交易量69万吨，交易金额19.9亿元。1～12月，北京市居民消费价格总水平累计上涨3.3%，高于全国0.7个百分点；粮食上涨4.4%，低于全国0.2个百分点；油脂下跌0.2%，低于全国0.5个百分点。保持了粮油价格涨幅低于全国平均水平的好成绩。

二　利用市储备粮轮换带动产业发展

全面完成了市储备粮两年增储计划。认真做好轮换工作，粮食购入63.9万吨、销售52.7万吨，食用油购入4万吨、销售3万吨。区县储备全部落实到位，管理逐步规范，在稳定区域市场中发挥了重要作用。完善"千分制"考评体系，促进了企业规范化管理。全市规范化管理优秀企业28家，占承储企业的56%。鼓励本市企业直接入市收购，采取委托采购和收购转储的方式支持贸易经营。委托本市企业到主产区收购粮食6万吨，郊区收购转储3万吨，储备粮轮换机制带动产业发展取得新成效。国有粮食企业调结构、转方式、增效益取得明显成效，全行业连续7年保持盈利，购销企业连续11年保持盈利。

三　粮食应急保障能力进一步提高

全市16个区县完成了《粮食供给应急预案》的修订和与市级预案的衔接工作。加强粮油市场信息监测和预警体系建设，实时监测粮油购销、储存、加工、批发、零售等各环节的情况，准确掌握粮油价格、供求、库存信息。增加了成品粮油储备品种和小包装比重，夯实了应急投放的物质基础。调整了应急供应网点数量和布局，供应网点由342个增加到673个，布局和结构进一步优化。应急加工企业增加到21家，加工能力储备进一步提高。统筹考虑本市及周边地区的应急加工企业，形成4小时、12小时、24小时三层送达圈范围，建立有效的加工和运输保障机制。门头沟区粮食局、怀柔区粮食局、房山区粮食局坚持做好市场信息采集和报送工作，东城区组织开展应急演练工作，为完善应急保障机制积累了宝贵经验。

四　外埠粮源基地年收购能力达到400万吨以上

巩固和发展与粮食主产区的产销合作关系，利益协调机制进一步完善。支持本市国有粮食企业与粮食产销合作，扩大合作规模，丰富合作方式。市财政近5年累计投入产销合作资金1.5亿元，支持外埠粮源基地建设，基地数量达到220个。其中拥有完全产权的粮源基地17个，仓储能力95万吨，粮食烘干能力达到40万吨/年，年收购能力达到400万吨以上。

五　开展面向全社会的粮食流通执法检查工作

重点开展对本市储备粮数量、质量和技术规范执行情况、粮食收购政策执行情况、政策性粮油购销情况、粮食流通统计制度执行情况的监督检查，进一步落实各项相关工作制度，加强对全社会粮食流通的监管与服务。市和区县粮食行政管理部门共出动执法3112人次，检查企业1567家，有效地维护了粮食流通秩序。大兴区粮食局、昌平区粮食局、密云县粮食局发挥了很好的示范作用。

六　粮油库存数量真实、质量良好

年内，按照国家有关部委的统一部署，市和区县粮食、发展改革、财政、农发行等部门密切配合，相关企业大力支持，按照"有仓必到，有粮必查，查必彻底"的原则，开展了粮食和食用油库存检查工作。共涉及粮食企业87个、粮食465万吨，食用油企业11个、食用油13万吨，达到底数清、管理好的目的。

七　绿色储粮范围同比扩大

度夏期间，市储备粮免化学药剂熏蒸的比例达到63%，同比增长6%；采用惰性粉和硅藻土防虫技术的比例达到23%，同比增长3%；应用准低温储粮技术的比例为34%，与上年持平；应用压盖控温等其他技术的比例为11%，同比增加5%。其中，市储备稻谷全部应用了准低温储粮技术并实现了免化学药剂熏蒸，连续两年实现绿色储藏。市储备粮宜存率连续7年达到100%。

八　储备粮油承储企业申报补贴取得新进展

年内，全市共有91家储备粮油承储企业申报免税，比2011年增加20家。其中北京佐竹精麦面粉有限公司、北京冰灯米业有限公司、北京金秋睡丰贸易有限公司等11家合资、民营和私营企业首次纳入申报补贴范围，支持了粮食流通产业发展。

九　基础设施建设稳步推进

完成《北京市"粮安工程"建设规划（草案）》编制工作，初步完成与国家规划的衔接工作，加快粮食仓储设施、应急供应体系、质量监管体系、监测预警体系建设。开展了《北京市粮食流通"十二五"时期发展规划》中期检查和评估工作，加快基础设施建设，当年落实市储备粮仓储设施维修资金1600万元，6个项目1.2亿元的投资计划进入市发展改革委审批环节。

十　开展职业技能鉴定工作

人才兴粮战略稳步推进，行业教育和职业技能培训取得新成绩。开展粮油保管员初级、中级，及粮油检验员初级职业技能鉴定及培训工作，共有115人参加培训鉴定，86人取得了相应国家职业资格证书。按照"全员参与、层层选拔"的原则，举办第三届北京市粮食行业职业技能大赛，并组织北京市代表队参加全国第三届粮食行业职业技能竞赛。其中，一人荣获全国二等奖和全国技术能手称号。

十一　开展"爱粮节粮——你我的责任"主题宣传日活动

5月17日，在翠微广场举办2013年度北京市粮食科技周主题宣传日活动。活动延续"保障粮食安全、普及粮油知识、关注大众健康"的总体思路，传承"为耕者谋利、为食者造福"的粮食文化，广泛宣传粮油科普知识，大力推广放心粮油品牌，向市民发放粮油科普知识宣传书籍物品近万份，取得良好宣传效果。

十二　"放心粮油宣传日"主题活动深入区县

6月25日，围绕"社会共治、同心携手维护食品安全"主题，在通州运河文化广场面向社区居民开展"放心粮油宣传日"主题活动。市粮食行业协会向6家放心粮油示范企业颁发证书和标牌。展示了品种丰富、质优物美的放心粮油产品，邀请粮油专家和专业技术人员讲解食品安全知识，发放食品安全科普宣传材料和宣传品，受到参与市民的热烈欢迎和一致好评。

十三　党的群众路线教育实践活动深入开展

市粮食局机关和直属单位，围绕保持党的先进性和纯洁性，深入开展以为民务实清廉为主要内容的党的群众路线教育实践活动。认真查摆了"四风"方面存在的突出问题，梳理了工作中存在的不足，制定了整改方案，明确整改工作目标、措施、责任人和完成期限。通过教育实践活动，进一步增强了忧患意识和责任意识，坚定了做好工作的决心和信心，促进了行风、政风的转变。

◆　**北京市粮食局领导班子成员**

李广禄　　党组书记、局长
张　强　　党组副书记、副局长
杨　牧　　党组成员、副局长
徐志坚　　党组成员、副局长
刘　军　　局长助理（2014年11月22日挂职）

2013年6月，北京市举办放心粮油宣传日活动。

2013年11月，北京市粮食局局长李广禄（中）到双河农场调研稻谷收割情况。

2013年11月，北京市粮食局局长李广禄（左三）到双河农场调研粮库改造情况。

天津市粮食工作   基本情况

天津地处华北平原东北部，太平洋环渤海经济圈的中心，东临渤海，北依燕山，西北与首都北京相距120公里，背靠华北、西北、东北地区，面向东北亚，是中国北方十几个省（市、区）对外交往的重要通道，也是中国北方最大的港口城市。天津市行政区划面积1.19万平方公里，下辖16个区县。

2013年末全市常住人口1472.21万，比上年末增加59.06万；其中外来人口440.91万，增加47.95万，占常住人口增量的81.2%。年末全市户籍人口1003.97万，其中农业人口371.74万，非农业人口632.23万。全年实现地区生产总值（GDP）14370.16亿元，按可比价格计算，比上年增长12.5%；地方一般预算收入2078.30亿元，增长18.1%；城市居民人均可支配收入32658元，增长10.2%；农村居民人均可支配收入15405元，增长13.5%。

全市粮食播种面积99.95万公顷，比上年增加0.99万公顷；粮食总产量174.71万吨，比上年增加8%；粮食商品量162.5万吨，比上年增加24.9万吨，粮食商品率达到93%。

小麦、稻谷、玉米等主要粮食作物全年产量分别为57.28万吨、12.92万吨、102.14万吨，大豆0.9万吨，其他1.47万吨；全年粮食消费量619.1万吨，比上年增加44.5万吨，增长7.7%；粮食产消缺口444.39万吨，比上年增加缺口31.55万吨。市内粮食收购量37.3万吨，国有粮食购销企业收购粮食17.1万吨，占收购总量的45.8%。

全市进口粮食505.9万吨，比上年增加41.6万吨；出口粮食2.6万吨，比上年减少0.9万吨。

2013年粮食工作

2013年，天津市粮食流通工作在市委、市政府正确领导下，在市发展改革委直接指导下，按照全国粮食流通工作会议部署和国家粮食局各项工作要求，全面贯彻落实党的十八大精神，紧紧围绕学习贯彻李克强总理视察粮食工作时的重要讲话精神，积极做好"广积粮、积好粮、好积粮"三篇文章，突出工作重点，扎实各项措施，狠抓工作落实，确保了全市粮食安全。

一　以建立体系、保证供应为中心，增强了粮食宏观调控能力

（一）加强粮食收购工作组织指导

各级粮食行政管理部门努力工作，发挥好国有粮食购销企业的主渠道作用，引导和推动社会粮食收储企业入市收购。全年共计收购本市新产粮食37.3万吨，其中：小麦25.5万吨、稻谷3万吨、玉米8.8万吨，占收购总量的34.8%。

（二）深化粮食产销合作

市局主要领导赴黑龙江、吉林等省稻谷主产区进行走访，就2013年粮食生产、收购、市场流通等基本情况进行了充分调研和沟通，对如何做好新形势下的粮食产销合作进行了深入探讨，进一步巩固了双方合作关系。

与黑龙江等7省市粮食局共同主办黑龙江金秋粮食合作洽谈会，组织天津市9家粮食企业与黑龙江省粮食企业进行产销对接和合作洽谈，实现引粮进津12万吨。

积极为天津市粮食加工、经营企业提供服务，协调解决天津市粮食企业在粮食购销、出库、运输等环节遇到的问题，保证天津市粮食企业引粮进津的顺利进行。

（三）完善粮情监测预警机制和应急供应保障体系

会同市相关部门组织开展了《天津市粮食应急预案》的修订工作，并报请市政府审核重新发布。《预案》进一步健全了粮食应急工作组织机构，明确了工作职责，完善了监测预警、应急处置等措施，为确保应急状态下的粮食市场供应平稳提供了组织保证。

完善了天津市国家级粮油市场信息监测点布局，监测点从原有的9个增加到19个，监测点类型更加全面、分布更加广泛、监测内容更加丰富。

加强了重点地区、重要品种的跟踪监测，建立了市场异动即时反馈机制，及时掌握市场动态变化情况。同时，适时调整价格监测频率，增强市场反应的灵敏度和准确度。

按照每3万人至少有1个供应网点的要求，将天津市应急网店从284个增加到452个。同时，重新确定了14家应急配送中心、14家定点加工企业和18家应急储运企业，进一步增强了天津市粮食应急保障实力。

积极开展了粮食"保供稳价"工作。根据天津市粮食市场供应实际，在春节、中秋、国庆等重大节日，提前谋划，加强货源组织，确保成品粮油市场供应充足，保持了粮食市场供应和价格基本稳定。

（四）搞好粮食流通统计工作

社会粮油供需平衡调查取得新的成绩。通过完善调查方案、培训调查人员、采取"三上三下"和"两级汇总两级平衡"的方法，使调查方式更加科学，调查结果更加真实，并通过了天津市权威部门科学论证，得到了市政府崔津渡常务副市长、任学锋副市长的充分肯定。

扎实开展了日常粮食流通统计工作。按照《天津市粮食流通统计制度》要求，切实履行粮食流通统计职责，认真做好粮食统计月报、价格监测周报、收购进度五日报和粮油加工业半年报、年报等常规统计工作，为各级领导科学决策提供了准确的数据和良好的服务。

二   以提高质量、保障安全为重点，进一步加强了储备粮油管理

（一）充实食油储备

经过努力，市政府批准了新增0.4万吨地方储备食油，增强了天津市粮食宏观调控物质基础；根据天津市常住和流动人口增加的情况，会同财政等部门对地方成品粮油储备达到13天市场供应量作出了安排，提出了调增天津市地方储备粮规模，增加玉米储备，调增稻谷储备数量的建议。

（二）适时组织储备粮油轮换

全年14次地储粮竞价交易总成交55.33万吨，实现成交额15.36亿元，成交率均为100%；19次中储粮网上竞价交易总成交22.32万吨，实现成交额5.19亿元。

（三）开展储粮安全和安全生产大检查

春、夏、冬季粮油安全检查累计检查库点65个，查粮306万吨，查油10万吨。经查，全市地方储备粮油数量真实、质量良好、储存安全。

加强汛期储备粮安全检查，落实各项防汛措施，确保了储备粮安全度汛。

全市安全生产"百日行动"累计开展安全检查94次，检查企业101家，共查出安全隐患53项，已整改完成52项，1项正在整改中。

（四）加强粮食质量安全管理

组织开展了地方储备粮油质量强检，经对全部在存地方储备粮油进行强检，判定天津市市级储备粮油的储存指标全部合格。

组织开展2013年天津库存粮食质量安全专项检查，所扦取的40份粮食样品（其中：中央事权粮食35份、地方事权5份）全部合格。

完成了2013年收获环节夏粮质量安全监测，经市粮油质量检测中心对重金属含量、真菌毒素含量和农药残留等进行检测，夏粮小麦样品全部合格。

（五）强化政策性粮食销售出库检查

在所查的天津市竞价销售的45.9万吨政策性粮食中，未发生人为设置障碍阻扰、拖延出库和额外收取费用等违法行为。

三   以科学执法、加强监管为保障，有效地维护了粮食流通正常秩序

（一）认真开展粮食库存检查

会同市相关综合部门，组织全市146名专业检查人员分4个阶段，历时3个月，复查粮食近70万吨，圆满完成了2013年天津市粮食库存检查工作。经查，全市政策性粮食库存账实相符，储存安全，扦样粮质感官鉴定良好。

（二）组织夏、秋粮食收购市场专项检查

重点检查了夏、秋两季粮食收购期间粮食经营者是否执行了国家粮食质价政策、是否及时支付农民售粮款、有无压级压价等坑农害农违法违规行为、是否按规定公示政策信息、是否建立粮食经营台账及是否严格执行统计制度等。经查未发现问题。

（三）检查督导粮食经营者履行最低最高库存量义务

组织全市粮食流通监督检查人员对天津市纳入粮食流通统计范围的粮食经营企业的最低最高库存量标准进行了核定，对其履行义务情况进行了检查督导。通过督导核查，全市295家执行最低最高库存量义务的企业全部达标。

（四）加强军粮供应管理工作监督检查

对全市军供大米和小麦粉质量进行了抽样送检，全部被检样品符合国家标准；对全市各军粮供应企业财务工作进行了复查，严格规范了军粮差价补贴资金、网点改造资金和军粮业务管理费的使用和管理；加强了军粮差价补贴款专户的监管，确保资金封闭运行，专款专用，杜绝违反军供政策的事件发生。

（五）推进依法行政工作

制定了《天津市粮食局2013年依法行政工作方案》，并细化抓好落实。

深入贯彻落实《天津市粮食行政管理"三步式"执法实施办法》和《天津市粮食行政管理部门规范行使行政处罚自由裁量权实施细则》，规范了粮食行政执法人员执法行为。

与市发展改革委联合制定了《天津市粮油仓储单位备案管理办法》和《天津市粮油仓储单位熏蒸作业备案管理办法》，认真开展粮油仓储备案工作，确保了作业安全。

四　以加强基础、促进发展为抓手，夯实了粮食经济工作发展基础

（一）科学编制《天津市"粮安工程"建设规划（2013－2020年）》

历经半年时间，通过认真研究、专题部署、专家咨询、筛选汇总、征求意见、多次修改，编制了《天津市"粮安工程"建设规划（2013－2020年）》，并上报国家粮食局和市政府。同时，积极克服困难，大力组织推动实施。在各有关单位的努力和区县政府的大力支持下，市粮油集团利达粮食现代物流中心二期粮食综合加工、东丽区粮库等4个项目已开工建设，实现了"粮安工程"的良好开局。

（二）适时调整机关处室职责分工

按照市粮食局处室职能与国家粮食局司室职能相对应及处室职责清晰、任务相当、总体对应、关系理顺、称谓统一的原则，调整了市局机关各处室职责分工，减少了扯皮，提高了效率。

（三）推动粮食仓储设施建设

会同市财政局修改完善了《天津市储备粮仓储设施改造和维修专项资金管理办法》，建立起天津市粮库维修改造长效机制。

（四）积极推进市粮油质检中心升级改造

市粮油质检中心《粮食质量安全检验监测能力建设项目可行性研究报告》已获得市发展改革委批准，并报国家粮食局待批复。

（五）认真搞好受理中央储备粮代储资格申请认定工作

全年共开展2次代储资格申报工作，共受理4家申请企业，获批粮食类仓容12.1万吨、油脂类罐容9.8万吨。

（六）推广农户科学储粮工作和粮食科技工作

为天津市储粮数量大于1000公斤的农户，制定了2014年配备专用彩钢板小粮仓1万个计划。

推动"不同方法防治书虱实验"等3个粮油科技检测项目通过市粮油学会专家组鉴定。

（七）重新修订《天津市粮食风险基金管理办法》

取消了已不适应形势的陈化粮管理等内容，增加了仓房维修基金等相关内容，《天津市粮食风险基金管理办法》已获市政府办公厅批转施行。

（八）减免国有粮食购销企业房产税、土地使用税和印花税

主动沟通协调市财税部门，按国家政策规定免征了天津市国有粮食购销企业房产税、土地使用税和印花税。同时，积极争取2013年对承担三级储备任务以外的16家国有粮食购销企业全部减免了房产税和土地使用税。

（九）提出《关于加强粮食系统宏观调控做大做强市粮油集团整合方案》

根据市领导意见，研究提出了《关于加强粮食系统宏观调控做大做强市粮油集团整合方案》，为提高天津市国有粮食企业竞争力、影响力和控制力，打造区域性大型粮食集团规划了思路。

（十）积极开展粮食行业职能技能培训鉴定

先后举办2期69人粮油质检员和保管员中、高级培训鉴定班，承办了中储粮北京公司邯郸库技能培训鉴定工作，举办了2013年天津市粮食行业职业技能比赛，选拔出6名优秀选手参加全国粮食技能大赛，并取得历史最好成绩。

五　以转变作风、落实责任为目标，积极推进党的建设和廉政建设深入开展

（一）认真开展党的群众路线教育实践活动

按照市委统一部署，自7月以来，市粮食局机关全体党员领导干部和广大党员深入开展了以为民务实清廉为主题的党的群众路线教育实践活动。通过强化组织领导、加强理论学习、深入调查研究、广泛征求意见，边查边改，边整边改，务求教育活动取得实效。同时，指导帮助直属单位开展党的群众路线教育实践活动。活动严格按照市委第四督导组要求完成了各环节内容，保证了教育实践活动质量。

（二）认真落实党风廉政建设责任制，推动党风廉政建设和反腐败工作深入开展

认真组织开展《建立健全惩治和预防腐败体系2013－2017年工作规划》落实情况监督检查，结合贯彻《天津市贯彻落实2013年反腐倡廉工作任务的分工意见》和党的群众路线教育实践活动要求，制定《天津市粮食局2013年加强党风廉政建设和反腐败工作安排分工意见》，并加强建立惩治和预防腐败长效机制及廉政风险防控机制的调查研究。

细化分解全年党风廉政建设工作任务，制定局领导干部落实党风廉政建设工作任务的责任制实施方案，实行"一把手"负总责、党组成员"一岗双责"责任制，党组成员严格按照责任制分工，做到明确具体，任务到人，责任到位。同时明确党风廉政建设责任制落实是否到位、储备粮轮换、粮食购销、军粮供应、粮食市场监督检查、政府采购及相关其他行政采购等六项重点领域和环节自查自纠工作重点；针对主要领导、行政管理人员、业务经营干部三个层次，抓好反腐倡廉和党风廉政建设；局纪检组和组织部门密切配合，加大检查力度，推动天津市粮食局党风廉政建设和反腐败工作的健康发展。

深入开展党的群众路线教育实践活动，认真查摆"四风"问题。局党组要求每位党员干部做到：加强学习，在强化观念上下功夫；深入调研，在听得到真意见上下功夫；查摆问题，在触及灵魂深处上下功夫；强化整改，在取得实效上下功夫。通过开展教育活动达到提高制度执行力，端正学风、文

风、会风，坚持艰苦朴素的优良传统，使社会感受到改进作风的新成效，让人民满意的效果。

着重抓好处级以上领导班子和领导干部廉政建设。把抓好各级"一把手"作为重中之重，认真带好班子，纯洁队伍。同时，定期研究天津市粮食局党风廉政建设和反腐败工作状况，分析问题，拿出措施，认真加以解决。

积极开展会员卡清退工作，确保天津市粮食局清退对象无一遗漏、清退范围不留死角、清退时限按时完成、清退过程不走形式、清退效果不打折扣。天津市粮食局共有104人作出会员卡零持有报告，其中：局级领导干部5人、处级干部35人，报告率达100%。

◆ **天津市粮食局领导班子成员**

杨振江	党组书记、局长
周庆平	党组成员、副局长（2013年3月退休）
李久彦	党组成员、副局长（副巡视员）
周　海	党组成员、副局长（副巡视员）
吴维吉	党组成员、中国天津粮油批发交易市场总裁

2013年2月26日，天津市粮食局召开全市2013年粮食流通工作会议，天津市粮食局局长杨振江（左三）做年度工作报告，天津市发展改革委员会副主任管理年（右三）出席会议并讲话。

天津市粮食库存检查复查组对津南区粮食购销公司粮食库存自查情况进行复查。

天津滨海新区大港地区地方储备粮轮换工作圆满结束，将露天存放的1.3万吨地方储备小麦已全部等量轮入新粮新仓，结束了多年来大港地区储备粮露天存储的历史。图为粮食轮换作业现场。

2013年4月28日上午，天津市东丽区粮店员工现场为市民讲解粮油安全知识、放心粮油知识，向居民实物展示利达大米、面粉、食用油和粮食熟食品。

河北省粮食工作   基本情况

河北省环抱首都北京，东与天津市毗连并紧傍渤海，东南部、南部衔山东、河南两省，西倚太行山与山西省为邻，西北部、北部与内蒙古自治区交界，东北部与辽宁省接壤。全省总面积18.8万平方公里，占全国土地总面积的2%。河北省的地势有三大地貌单元，其中坝上高原平均海拔1200～1500米，占全省总面积的8.5%，燕山和太行山地，其中包括丘陵和盆地，海拔多在2000米以下，占全省总面积的48.1%，河北平原是华北大平原的一部分，海拔多在50米以下，占全省总面积的43.4%。河北省属温带大陆性季风气候，大部地区四季分明。

2013年，全省生产总值实现28301.4亿元，比上年增长8.2%。河北省是全国13个粮食主产省之一。2013年，全省粮食播种面积631.6万公顷，比上年增加1.4万公顷，增长0.2%。主要生产小麦、玉米。正常年景粮食产需总量平衡有余，油脂油料缺口较大，主要靠省外购入和进口弥补。2013年全省粮食总产量3365万吨，比上年增加118万吨，其中小麦1387万吨，玉米1704万吨，稻谷59万吨，大豆24万吨。全省各类粮食企业累计收购粮食2379万吨。国有粮食经营企业收购粮食771万吨，销售粮食1187万吨。

2013年粮食工作

2013年，河北省各级粮食部门在省委、省政府的正确领导和国家粮食局的关怀指导下，深入学习贯彻习近平总书记和李克强总理关于保障粮食安全、做好粮食工作的重要指示，认真执行既定部署，履职尽责，锐意进取，各项工作稳中有进、稳中有为，取得了明显成效。

一   "粮安工程"建设开始起步，工作推进积极稳妥

一是规划编制初步完成。制定了《河北省"粮安工程"建设规划（2013-2020年）》（草案），围绕六个方面的基本内容，制定了建设目标，明确了推进重点，提出了保障举措，确立了河北省"粮安工程"建设的基本取向。二是应急网络更加完善。出台了《关于进一步健全和落实粮食应急供应网点布局的意见》，以河北军粮供应网络为主脉，建立全省粮食应急保障体系，确定粮食应急供应网点

3033个，覆盖了所有乡镇、街道。"河北军粮"军民融合式工作深入开展，建立了由1个省级配送中心、11个区域配送中心和181家军粮应急网点组成的保障网络体系，并与6个主要品种种植基地实现了对接。11月26～27日，国家粮食局在河北省召开现场会，推广了河北省军粮供应"军民融合发展"的做法。三是仓房维修开始启动。对全省粮食流通基础设施进行了全面调查，摸清了国有企业危仓老库的底数，争取财政资金1.9亿元，安排仓房维修项目186个，危仓老库的维修改造已经起步实施。四是小粮仓建设深入推进。积极响应省委号召，把农户科学储粮作为粮食部门参与教育实践活动和全省农村面貌改造提升行动的重要载体，组织了4万套农户科学储粮小粮仓计划的实施。深入东北地区考察学习农户储粮技术，向省委、省政府提出工作建议，启动了用于储存玉米穗的钢骨架网箱仓试点工作，得到了省委领导的高度关注。五是粮油质检体系建设和质量监管工作大力推进。省粮油质检中心、邯郸市粮油质检中心通过国家认证，进一步加强了粮食质量监管，开展了收获粮食质量安全监测工作，取得了较好成效。

二　粮食调控工作持续改善，收储保障能力进一步增强

2013年，全省各类粮食企业收购粮食2379万吨，比上年增加186万吨，粮食商品率达75%，比上年提高6个百分点。省、市、县三级储备体系进一步完善，省级储备粮计划全部落实，财政补助资金足额到位，新增了成品粮油储备，完成了省储粮信息化管理系统一期建设任务。探索改革轮换方式，17家有轮换计划的企业通过省粮油批发交易中心以公开竞价方式销售省储粮，逐步规范了轮换业务。指导和推动市、县级粮食储备体系建设，全省市级粮食储备总量超过省下达计划的11.3%，有93个县（市、区）建立了县级粮食储备，唐山、廊坊、秦皇岛、邯郸实现了县县有储备。省、市、县三级储备体系日渐完善，调控能力进一步增强。按照《河北省粮油经营企业库存量核定办法》规定，完成了2438家企业最高最低库存标准的核定工作。加大了粮情监测力度，调整了价格直报监测网络。以提升统计工作质量为目标，加强统计报表、专项调查的审核力度，提高粮食流通统计分析的准确性和时效性。开展了2012年度社会粮食和食用植物油供需平衡、粮油加工业重点行业专项调查，完成了政策性粮油竞拍资格审核和国家直报价格监测点调整等工作，粮情监测能力和水平进一步提升。

三　国有企业改革继续推进，经济效益保持稳定

继续推进国有粮食企业改革发展，加快企业转型升级。在整合重组上，衡水市加快组建市粮油产业集团，市粮食局成立了集团组建工作领导小组，制定组建方案，制定了衡水市粮油产业集团章程，将4个直属企业整合建立市粮油产业集团；张家口市把推进市直企业整合与产业园区建设相结合，以冀北粮油物流园区项目为平台，通过整体搬迁重建，实现企业重组整合与转型升级同步推进；秦皇岛中泰裕丰国家粮食储备有限公司同样进行了重组改制，都取得了良好效果。在完善机制上，加强了企业内部建设，按照现代企业制度转换运营机制，企业人事、用工、分配、奖惩等制度建设不断完善。省粮食产业集团先后制定了多项内部管理制度，强化激励约束机制建设，广泛推行岗位目标责任制，管理的提升直接促进了经济效益提高；邢台市采取股份制改革和公司化改造，加强企业负责人队伍建设，深化人事、用工、分配制度改革等三项措施加强企业管理，促进了企业规范运行，发展活力进一步增强。在政策扶持上，落实国家粮食财政扶持政策，核销企业经营性财务挂账1.5亿多元，减轻了

企业负担，助推了改革发展。2013年，全省国有粮食企业实现利润9700多万元，省粮食产业集团、柏粮集团、衡粮集团等大型企业经营总量和经济效益位居全省前列。全省国有粮食企业净资产达到46.1亿元，较上年增加1.6亿元，夯实了发展基础。

四　依法行政规范有序，执法监管成效明显

各级粮食部门坚持把加强监督检查作为维护流通秩序的重要手段，大力开展粮食流通监督检查各项工作，组织开展了国家政策性粮食销售出库、夏粮收购入库、省级储备粮油等监督检查和粮食流通统计制度执行情况、收购资格核查等专项检查。在检查工作中，各级粮食部门严格按照规定的方法、步骤、范围、内容，严肃认真、一丝不苟地开展每个环节、每个步骤的工作。分两批共确定24个县（市）粮食局为全省粮食流通监督检查示范单位，元氏、磁县、迁安等3个县（市）粮食局被命名为第三批全国示范单位。通过认真细致的监督检查，加强了日常监管，维护了粮食流通秩序，确保了国家和省粮食宏观调控政策落实到位。一年来，全省开展各类专项检查5375次，查办各类涉粮案件560起。同时，省局第一次在全省范围开展了粮食行政执法监督工作，收到良好效果。

五　库存检查扎实细致，安全生产形势保持稳定

2013年，受国家粮食局委托，河北省对包括中央储备粮在内的粮食库存进行了在地检查。库存检查分为企业自查、市级普查、省级复查、国家抽查四个阶段进行。在企业自查阶段，据统计，全省共有4900多人参加了自查工作，县级粮食部门共派出500多人（次）对企业自查工作进行了督导；在市级普查阶段，做到了物质、人员、工作三到位，即物质准备充分、普查人员精干、普查认真细致；在省级复查阶段，认真做到了"四严"，即严密组织、严格挑选人员、严格要求、严肃认真；全省各级粮食部门严格程序，认真督导，规范操作，圆满完成了库存检查各项任务。结果显示，全省粮食库存数量真实、账实相符、质量良好、储存安全。8月，国家粮食局在河北省召开2013年库存检查工作座谈会，对河北省的粮食库存检查工作给予了充分肯定。根据省政府和国家粮食局工作部署，在全省范围开展了粮食行业安全生产大检查。各级粮食部门高度重视，加强领导，制定方案，认真开展督导检查，累计投入检查人员8295人（次），检查企业3839个（次），排查治理各类隐患2294处，这些工作为全省粮食行业安全生产奠定了基础，全年没有发生大的安全生产责任事故。年终经省政府考核，省局被评定为优秀单位。

六　教育实践活动深入开展，行风政风明显转变

按照中央和省委的部署，省局认真开展党的群众路线教育实践活动，坚持规定动作与自选动作相结合、开门搞活动与领导带头示范相结合、解决突出问题与建立长效机制相结合、开展活动与履职尽责推进工作相结合的总体思路，充分调动领导干部和广大群众两个积极性，认真打好学习教育和查摆问题两个基础，切实抓住整改落实和建章立制两个关键，深入动员、周密部署、整体推进、重点突破，圆满完成了教育实践活动各项任务。广大党员干部群众观点进一步牢固，工作作风进一步转变，党群干群关系进一步密切，为民务实清廉形象进一步确立，推动粮食流通工作科学发展的动力活力进

一步加强。通过活动开展，省局机关制度建设不断完善，建立了由37项制度组成的机关制度体系；对超标准办公用房，采取腾退、调换等方式全部按标准整改到位；通过开展卫生环境大清理、大整治，机关办公和生活环境得到改善；电子政务系统顺利推行，机关标准化管理认证阶段性工作圆满完成；党风廉政建设和反腐败工作，坚持标本兼治、综合治理、惩防并举、注重预防的方针，着力严明党的政治纪律，严格执行党风廉政建设责任制，切实加强作风建设，惩治和预防腐败体系全面推进，有力促进了行风政风的转变。

◆ **河北省粮食局领导班子成员**

张　宇　　党组书记、局长（2013年4月任职）

卢瑞卿　　党组副书记、副局长

赵学敏　　巡视员

伍　林　　党组成员、省纪委驻粮食局纪检组长

杨洲群　　党组成员、副局长

佟军亭　　党组成员、副局长

刘志勇　　副巡视员

2013年11月12日，省政协主席付志方（前中）、省政协副主席郭华（右一）带领省发改委、省食药局、省农业厅等部门负责同志，到石家庄市调研指导军粮供应军民融合式应急保障工作。

2013年4月11～12日，第三届河北省粮食行业职业技能竞赛在石家庄市成功举行。

2013年5月3日，河北省粮食局局长张宇（左二）在邢台市调研粮食工作。

2013年8月1日，全省粮食局长研讨会在石家庄市召开。

2013年11月26～27日，国家粮食局在石家庄市组织召开全国军粮供应集约化保障观摩会。

山西省粮食工作　基本情况

山西省位于黄河中游，黄土高原东部，因位于太行山之西而得名。全省总面积为15.66万平方千米，地形多为山地丘陵，辖11个设区市，119个县、市、区。据2013年人口抽样调查，年末全省常住人口为3630万人。山西属于典型的温带大陆性气候，干旱少雨，晋南和晋中盆地是重要的商品粮基地。山西素有"小杂粮王国"之称，品种有120多种，是我国重要的杂粮生产基地。山西的小杂粮种植分布广泛，品种齐全，极具开发潜力。山西省委、省政府高度重视粮食深加工、小杂粮开发，把发展特色农业确定为山西经济发展的重要战略。

2013年，山西农作物种植面积有389.83万公顷，比上年增加0.74万公顷。其中，粮食种植面积327.43万公顷，减少1.72万公顷；油料种植面积14.03万公顷，减少0.55万公顷；棉花种植面积2.34万公顷，减少1.39万公顷。在粮食种植面积中，玉米种植面积167万公顷，增加0.11万公顷；小麦种植面积67.75万公顷，减少1.15万公顷。2013年全省粮食总产量1312.8万吨，比上年增加38.7万吨，增产3.0%。其中，夏粮总产231.7万吨，减产11.3%；秋粮总产1081.1万吨，增产6.7%。其中玉米产量955.5万吨，比上年增长5.7%；小麦产量230.7万吨，比上年减少11%；谷子产量36.8万吨，增长17.8%。年消费粮食一般在1300万吨左右，小麦缺口250万吨，稻谷缺口100万吨，全部靠调入，玉米需销往省外420万吨。总体上看，总量不足，结构不平衡，产粗吃细，小麦不足，玉米有余。

2013年，全省各类粮食企业收购粮食864万吨，比上年增加32万吨，增长3.9%。其中，国有粮食经营企业收购241万吨，占总收购量的28%。全年销售粮食852.9万吨，比上年增长6.2%。其中，国有粮食经营企业销售300万吨，占总销售量的22.28%。

截至2013年末，全省共有国有粮食企业600户，在册职工20791人。其中，国有粮食购销企业263户，在册职工14176人。山西国有粮食企业总仓容780万吨，符合储粮要求的仓房容量541.3万吨。

2013年粮食工作

2013年，山西省粮食工作紧紧围绕全面落实粮食省长负责制和全省粮食流通工作"十二五"主要工作任务，着力抓好粮食保供稳价工作，启动实施"粮安工程"建设，加快行业转型发展步伐，维护了粮食市场稳定，确保了粮食安全。

一 加强宏观调控，保障粮食市场繁荣稳定

（一）精心组织粮食收购

省、市、县及时调研安排夏、秋两季粮食收购工作，适时分别召开了全省夏粮收购工作会议和秋粮收购工作会议，积极帮助基层落实好收购资金，发布市场信息服务收储企业和农户。督促基层粮食企业严格执行国家粮食局"五要五不准"收购守则，确保国家粮食收购政策落实。按照"积好粮"的要求，把好粮食收购质量关，确保入库粮食质量合格，储存安全。按照"好积粮"的要求，提前做好仓容、检化验仪器、人员培训等各项准备，保证收储能力。全年收购粮食777万吨，比上年增加47万吨，增长6.4%。在全省粮食大丰收的形势下，粮食购销顺畅有序，有力地保护了农民的利益。

（二）适时投放储备粮源

充分发挥市场的决定性作用，同时成立保供稳价领导组，加强对市场动态的监测预警，适时调控，通过山西省粮油交易中心公开竞价，向市场投放政策性粮食24万吨，增加市场有效供给。全省粮食市场呈现了开放有序、繁荣稳定的好形势。同时，省粮食局对重要节日粮油市场供应工作及时作出安排部署，太原、晋城、运城、阳泉等市安排市级成品粮油储备1.17万吨，以低于市场5%左右的价格投放市场，稳定和丰富了节日市场供应。

（三）引深省际产销合作

针对山西省粮食产需品种结构严重失衡的特点，省粮食部门不断加强省际间粮食产销对接，保障粮食供需平衡。全年省际间产销衔接调入粮食完成206.5万吨，有效保障了省内粮食供给。2013年10月下旬由中国粮食行业协会、山西省粮食局主办的"2013山西粮食（玉米、小杂粮）产销衔接会"在山西省忻州市召开，山西11个市62个县及120家企业展示了730种小杂粮产品，共达成粮食产销合作协议253份，签约总量926万吨，其中，调出玉米、小杂粮530万吨，调入小麦323万吨，大米10.5万吨，面粉29万吨。

（四）加快构建应急体系

2013年，山西省将省级粮油价格监测直报点由47个增加到80个，实行价格周报制度。建立粮食应急供应网点1517个，覆盖全省11个市119个县的所有乡镇（社区）。建立粮食应急配送中心140个，确定粮食应急加工企业107个。投资1763万元，在全省实施4个粮油应急加工提升改造项目，提升面粉日处理能力380吨、大米日处理能力400吨、小包装食油日罐装能力230吨。充实应急成品粮油储备，市级应急成品粮油储备分别保持在6万吨和1.132万吨以上。另外，积极充实粮油储备库存。协调有关部门，落实新增省级粮油储备800万公斤。向国家粮食局争取从省外移入国家临时存储粮50万吨，已完成37万吨。

（五）提升军粮供应水平

进一步加强军粮应急储备管理，军粮供应保障能力进一步提高。一是加强军粮质量管理，建立军粮供应厂家军粮质量档案，从源头上把好质量关。二是切实做好节日期间的调供工作，在节日期间为驻晋部队官兵调剂粮油品种。三是开展优质服务，坚持军粮送货上门。

二 加强监督检查，维护粮食流通秩序

（一）认真开展粮食库存监督检查工作

2013年，山西省被列为全国粮食库存检查的6个重点省份之一，省粮食局下发《山西省粮食局

2013年粮食库存检查工作方案》周密安排部署，并进行实地演练。先后完成了企业自查、市级普查、省级复查、国家抽查四个阶段的工作，国家联合抽查组对山西省的检查工作给予了充分肯定。对检查发现的问题，省粮食局分别向各市粮食局、省粮油集团公司、中储粮山西分公司下达整改通知，责成完成整改。

（二）抓好粮食收购市场专项检查和收购企业核查

组织开展了夏秋两季粮食收购市场专项监督检查。2013年6月和10月，省粮食局分别下发《山西省粮食局关于开展2013年夏粮收购专项检查工作的通知》和《关于做好2013年秋粮收购检查工作的通知》，对所有从事秋粮收购的经营主体的收购活动进行了全程监督，重点检查质价执行情况、粮款结算情况、制度规定执行情况和政策性粮食购销情况。还对粮食收购资格、收购政策、储备粮轮换、统计制度执行情况等环节进行专项检查。全年全省共检查从事粮食收购活动的经营者和收购主体4375个，累计出动检查人员8225人次，查处违规案件553起。

（三）组织开展政策性粮食销售出库检查

重点是对中央政策性粮油和省、市储备粮油购销活动进行监督检查。着力解决企业出入库合同、交割方面出现的争议，督促企业履行协议，承担职责，确保国家和各级政策粮食宏观调控政策的顺利实施。

（四）推进监督检查体系建设

2013年4月，山西省粮食局制定了《山西省粮食流通监督检查示范单位创建活动方案》、6月印发了《省级粮油库存检查人才库管理办法》、7月出台了《关于创建粮食收购资格行政审批电子监察平台的实施意见》和《山西省粮食行政审批电子监察绩效量化考核办法》，并起草和印发《山西省省级政策性粮食出库管理暂行办法》，明确出库监管的职责分工、出库管理、纠纷处理和罚则，填补了省级政策性粮食出库监管空白，解决了省局监管面广、人力不足的矛盾，强化了升级粮食宏观调控和监督实施。另外，省局在库存检查中，主动将纪检监察人员纳入检查组，对检查纪律进行监督，邀请人大代表和政协委员92人次全程参与监督，增强了监督检查透明度。

三　加强仓储设施建设，储粮技术创新取得新突破

2013年，省级安排了仓储设施提升改造和维修改造资金总额7150万元，比上年增长90.3%；农户科学储粮专项安排3440万元。重点推进了四方面的项目建设：一是仓储技术现代化项目。在全国率先整体推进地方储备粮绿色储粮新技术，在建的4个绿色充氮气调储粮技术改造试点项目和48个无线数字式粮情检测项目，已全部竣工并投入使用，仓储设施提升改造项目运行效果达到预期目的。当年安排的10个储备库实施绿色充氮气调储粮技术和2个储备库实施墙体外保温隔热项目试点，已完成招标进入实施阶段。二是简易建筑费和建仓贴息资金项目，共安排资金2158万元为全省81个企业的仓库进行维修改造和设备购置。三是"危仓老库"提升和维修改造共安排59个项目，涉及仓容45万吨，以国家启动"粮安工程"为契机，从2013年起，计划5年内完成全省"危仓老库"改造。四是农户科学储粮项目。在2010～2012年累计为全省10.5万户农户配置标准化储粮装具的基础上，2013年实施建设的8万套科学储粮标准化储粮装具建设任务全部完成。其中，中央投资补助1040万元，省级配套资金1334万元，农户自筹1066万元，专项计划涉及10个市55个县。计划到"十二五"末，完成全省40万户任务，每年可为全省农民减少12000吨粮食产后损失，能够帮助农民减损增收近3000万元。

四 加强质量监管，粮食质量安全工作取得新进展

一是省粮食局2013年3月下发《关于做好2013年度收获粮食质量安全监测工作的通知》，组织开展收获粮食的质量安全监测，全年完成小麦样品160个、玉米样品280个的检测任务。国家级计划监测样品共为110份，其中，小麦样品40份，玉米样品70份；省级质量安全监测与品质测报样品为330份，其中，小麦样品120份，玉米样品210份。监测范围涵盖11个市57个县。二是开展储备粮质量抽查，全年共扦样检测82份。对轮换入库粮油全部由省质量监测中心进行质量检验，安全储粮省级抽查增加质量检验项目；对储存期间发生异常情况的粮食，进行跟踪检验。三是推进粮食质量监测体系建设。山西省粮食质量监测中心项目建设获得省发展改革委批准，建设面积4500平方米，总投资2300万元，其中发展改革委投资1800万元。三个市级质检站向国家粮食局申报纳入国家粮食质量体系。山西粮食质量监测中心和太原市粮食质监站新增250万元的先进检验设备。

五 加强经营管理，国有粮食企业改革发展取得新成效

2013年改革的重点是县级国有粮食企业按照"一县一企，一企多点"的模式进行重组改革，截至年底超过40个县完成改革重组。2013年初，省粮食局与各市粮食局、集团公司，各市粮食局、集团公司分别与各县粮食局、集团公司所属储备库层层签订扭亏增盈责任状，强化责任，明确目标。同时，加强经营指导，及时跟踪了解，强化经营考核，分月对各市及集团扭亏增盈指标完成情况进行通报。在2012年全省国有粮食企业实现粮食市场放开8年来首次统算盈利的基础上，2013年全省国有粮食企业统算实现利润1669.32万元，保持良好发展势头。粮食部门招商引资落地项目9个，新签订合同协议项目11个。

六 深入开展党的群众路线教育实践活动，为做好粮食工作提供思想和组织保障

根据中共中央和山西省委的统一部署，山西省粮食局扎实开展了党的群众路线教育实践活动，结合直属单位发生的案件、三次审计和两次库存检查发现的问题，认真查摆了党员干部在"四风"方面存在的突出问题，深刻剖析了根源，制定了努力方向和整改措施。通过开展"管理年"活动，省粮食局制定、修订了40项制度。对立整立改的工作，省粮食局党组进行了专门研究，严格要求做到牵头领导、责任处室、责任人、规定时限四落实。教育实践活动中，总结了坚守理想信念不动摇、无怨无悔为党工作的原省局机关党委专职副书记白喜明同志先进事迹，得到省委组织部和省直工委的充分肯定。

◆ 山西省粮食局领导班子成员

杨随亭	党组书记、局长
马　珩	党组成员、副局长
吕苕青（女）	党组成员、副局长
梁　政	党组成员、总经济师
薛愿兵	党组成员、副局长
李春泽	党组成员、纪检组长

2013年3月8日，山西省粮食工作会议暨纪检监察工作会议在太原召开。

2013年6月20日，山西省粮食局局长杨随亭（右三）在运城国家储备库调研夏粮收购。

2013年8月7日，山西省粮食局召开党的群众路线教育实践活动动员大会。

2013年10月25日，2013山西粮食（玉米、小杂粮）产销衔接会在山西省忻州市召开。

内蒙古自治区粮食工作

基本情况

内蒙古自治区总面积118.3万平方公里，约占全国总面积的12%，居全国第三位。内蒙古自治区是全国成立的第一个少数民族自治区。全区共划分12个盟（市）、两个计划单列市、79个旗（县、市）、24个市辖区（含经济开发区）。2013年，全区常住人口2497.6万，比上年增加7.7万，其中，城镇人口1466.4万，乡村人口1031.3万。城镇化率58.7%，比上年提高1个百分点。

2013年全区实现生产总值16832.4亿元，按可比价格计算，比上年增长9%。其中，第一产业增加值1599.4亿元，增长5.2%；第二产业增加值9084.2亿元，增长10.7%；第三产业增加值6148.8亿元，增长7.1%。全年完成地方财政总收入2658.4亿元，增长6.5%；其中公共财政预算收入1719.5亿元，比上年增长10.7%。全年公共财政预算支出3682.2亿元，比上年增长7.5%。全年粮食作物播种面积561.7万公顷，比上年增长0.5%。粮食总产量创历史新高，达2773万吨，比上年增长9.7%；油料产量15万吨，比上年增长9%。

2013年粮食工作

2013年，经济形势错综复杂，粮油购销任务十分繁重，秋粮收储压力前所未有。内蒙古自治区粮食系统深入贯彻落实党的十八大精神和自治区"8337"发展思路，认真落实粮食流通各项政策和李克强总理"守住管好天下粮仓，做好广积粮、积好粮、好积粮三篇文章"指示精神，坚持以"守底线、保安全、惠民生、促发展"为目标，以抓收购、保供给、稳粮价为中心，以深化改革、强化创新为动力，积极推进新形势下粮食安全行政首长负责制的实施，规划启动"粮安工程"，着力提升粮食经济增长质量和效益，促进了全区粮食有效供给和粮食安全，为自治区经济持续健康发展和社会和谐稳定提供了保障。

一　　粮食生产实现"十连增"

2013年，全区粮食产量达到2773万吨的历史新高，比上年增长9.7%，实现了"十连增"，其中，小麦180.4万吨,较上年下降4.3%;玉米2069.7万吨,比上年增长16%;稻谷56万吨,较上年下降23.6%;大豆119.7万吨,较上年下降1.9%;油料产量158.1万吨,比上年增长9%。

二　粮食收储压力大、销售平稳

2013年,内蒙古自治区粮食商品量达到2000万吨以上。全区各类粮食企业收购商品粮1357.8万吨,其中,地方国有收储加工企业收购107.2万吨。面对中央企业、地方国有企业共同承担国家临储粮收购任务的新政策、新形势,收购任务重、收储压力大、仓容和烘干能力不足的问题前所未有。各地粮食部门认真贯彻落实全区秋粮收购工作会议精神,准确把握收购形势,充分做好收购准备,严格落实收购政策,加强收购的组织领导。粮食收储企业和用粮企业,从讲政治、讲政策、讲大局的高度出发,把保护种粮农民利益放到首位,立足早收粮、多收粮、收好粮,切实履行粮食收购"五要五不准"守则;临储粮定点收购库点严格执行最低收购价和临时收储政策,及时启动政策性收购,并从实际出发,合理增设、延伸收购网点,方便农民售粮,做到想农民之所想,急农民之所急,把中央强农惠农富农政策落到了实处;地方商品粮收购企业和用粮企业,采取融资贷款等多种办法,多渠道筹措收购资金,为农民开展代储代销业务,深入农户上门收购,委托经纪人代收等各种有效方式,随行就市积极开展自营收购,帮助农民实现增产增收,努力掌握更多粮源,为进一步搞活粮食流通,增强企业经营奠定了基础。全年粮食收购做到了高度重视,及时部署,应收尽收,执行政策到位,没有发生拒收、限收和拖欠售粮款甚至"打白条"现象,农民比较满意,市场平稳有序。

2013年,全区消费粮食2020万吨,其中:小麦305万吨,稻谷185万吨,玉米1033万吨,大豆253万吨,其他244万吨。无出口,无进口。全年粮食市场平稳,价格基本稳定。

三　粮食宏观调控进一步加强,粮食行业"十二五"总体规划稳步推进

认真贯彻执行国家和自治区粮食流通工作各项方针政策,研究提出并组织实施了自治区粮食宏观调控、总量平衡及粮食流通中长期规划;对自治区粮食行业"十二五"总体规划执行情况进行了中期评估,评估结果显示:基础设施投入资金15.41亿元、仓容建设资金7.76亿元、维修改造资金1.59亿元,分别完成规划投资的31.1%、40.53%和29%;农户科学储粮4.6万户,完成规划近20%,由此节约粮食近15000吨,为农民减损增收3000多万元;粮油加工业生产总值年均增长25.71%。全区粮食行业"十二五"总体规划进展比较顺利。

四　粮食购销平稳有序

2013年,国家为解决中央粮食企业秋粮收购网点少、仓容不足的问题,对秋粮收购政策做了较大调整,由中央企业和地方企业共同承担临储玉米、大豆收购任务。自治区根据国家秋粮收购新的政策,结合实际制定了全区秋粮收购政策。对此,自治区政府及时召开了全区秋粮收购工作会议暨玉米产销衔接洽谈会,全面贯彻落实秋粮收购政策,研究部署秋粮收购工作,积极扩大玉米外销。全年收购粮食2155万吨,其中:政策性收购645万吨,经营性收购1510万吨,做到了应收尽收,粮食收购平稳有序;销售粮食1625万吨,粮食销售货源足、品种全、价格稳。

五　地方粮油储备数量进一步充实，管理进一步规范

完成了自治区级新增15万吨地储粮收购入库工作；盟市及旗县新增地储粮24.5万吨，全区完成国家下达的指导性计划的138%。地储食用植物油自治区本级新增入库0.4万吨，盟市及旗县基本持平，全区完成国家下达的指导性计划的82%。自治区级储备粮轮换7万吨，食用植物油轮换6000吨。处理高水分粮180万吨。提出了《内蒙古自治区级储备粮轮换管理办法（试行）》修订意见、修订了《内蒙古自治区级成品储备粮动态管理办法（试行）》。开展了"打非治违"和安全生产"百日行动"，对地储粮油承储企业进行了安全生产大检查及安全生产"回头看"。9月召开了全区地方储备粮工作会议，全面部署加强地储粮油管理工作，促进了地储粮数量增加、管理规范，宏观调控的物质基础进一步增强。乌兰察布市还与各旗县签订了地储粮管理承诺书。

六　粮食企业改革不断深化

围绕内蒙古自治区地方国有粮食企业现状及存在的问题，以及如何改革创新粮食行政首长负责制，实现"粮安工程"的制度保障等，进行了认真调研；一些盟市的国有粮库组建成新型国有独资企业、股份制企业、企业集团等，多种改革形式稳步推进。呼伦贝尔市政府以土地投资入股方式，实现粮食企业国有控股；兴安盟的乌兰浩特市结合粮库"退城进郊"建成乌兰浩特粮食物流中心；乌海市结合粮库"退城进郊"和"放心粮油工程"建设，推动企业改革与发展，实现多种经营；通辽市通粮集团进行了重组，独立研发出农畜产品网上竞价交易系统并投入使用；赤峰市联合中纺集团打造杂粮品牌，联合非公经济推进"食安集供"主食供应工程建设，联合蒙东云计算中心，建立了蒙东地区首家粮油电子商务平台，实现了名优特粮网上交易配送；巴彦淖尔市首家粮食网站"河套粮网"开通，在做好政策性银行贷款的基础上，与建设银行签署了贷款框架协议，粮食局负责推荐优质企业，并协助建行对发放的贷款进行监管，建行对核准的企业提供固定资产抵押、粮油实物抵押、信用贷款等多项金融服务，在国家规定利率基础上按优惠比率浮动，为国有粮食企业解决贷款难问题进行了积极探索；为适应向北开放战略，满洲里市粮食局以试验区建设为动力，引进投资3亿元的中俄农产品换装中转平台项目全面开工建设。粮食企业改革呈现多元化、规模化、混合型的发展态势。

七　依法管粮规范有序

根据国家四部门通知要求，按照"有仓必到，有粮必查，有账必核，查必彻底"的原则，结合实际，按照企业自查，旗县普查，盟市复查，自治区督查，国家抽查的程序，与财政、农发行、中储粮共同完成了全区粮食库存检查和对中储粮委托检查工作。检查结果显示：库存数量真实，保管账、统计账、财务账，账账相符。开展了夏粮和油菜籽收购专项检查、政策性粮食出库检查、秋粮收购专项检查。对举报和委托查处的涉粮违法违规案件进行了查处。全面清理了粮食行政执法证件。建立了全区粮油库存检查人才库，其中17人入选全国粮油库存检查人才库。依法管粮配套制度进一步健全，执法程序进一步规范，查处力度进一步加大。

八 基础设施建设步伐加快

经自治区政府同意，"十二五"期间在11个盟市和满洲里、二连市建设6.5万吨成品粮应急低温储备库，总投资1.3亿元，其中已经批复了包头、鄂尔多斯、赤峰、通辽市可行性研究报告，总投资8400多万元。同时，提前启动了呼伦贝尔等五个盟市的建设项目，总投资3000多万元。内蒙古自治区成品粮应急低温储备库建设走在了全国前列，为自治区粮食应急供应和调控粮食市场提供了保障，也得到了国家粮食局的充分肯定。截至2013年底，呼伦贝尔、兴安盟、通辽、鄂尔多斯市农户科学储粮小粮仓建设已经完成近10万套，由此增加农户储粮仓容近50万吨，每年减少农民粮食产后损失近3万吨，减损增收6000多万元。配合有关部门落实国家粮油仓储设施和现代物流2013年中央预算内投资计划项目共10个，投资4亿多元，落实中央粮食仓库维修改造项目资金3000万元。全年共落实项目投资计划6亿多元。积极申报农户科学储粮、粮油质检设施建设、粮油仓储物流建设、危仓老库维修改造、简易罩棚建设、烘干设施等2014年项目建设投资计划。粮油基础设施建设步伐明显加快。

九 军粮供应更符合部队实际需求

按照让部队"吃出体力、吃出智力、吃出战斗力"的现代化军粮供应工作要求，做好"能打仗，打胜仗"军队建设总要求的后勤保障，本着"以兵为本"的服务理念，严格执行军粮供应标准，保质保量按时供应，及时拨补军供粮油差价补贴款，严守保密制度，圆满完成了全年军粮供应任务。做到了部队满意，政府放心。同时，结合放心粮油工程建设活动，各地军粮供应单位在完善"放心粮油进军营"活动的基础上，积极拓展服务和经营领域，推动"军队吃上放心粮，居民吃上军供粮"活动的开展。呼和浩特市开展了军粮供应"四个一统"教育活动；乌兰察布市调整优化了军供网点；锡林郭勒盟从实际出发，对边境军粮供应工作进了专题调研。

十 行业管理和机关建设进一步加强

截至2013年底，全区核准粮食收购企业和用粮企业4496家，确定粮食应急供应点878家，应急加工企业149家。国家、自治区、盟市、旗县四级放心粮油示范企业和示范店达到340个，自治区级放心粮油产品达到131个。呼和浩特、鄂尔多斯、巴彦淖尔、乌海、阿拉善等盟市，将放心粮油工程建设列入当地政府年内为民办实事之一，其中乌海市还把放心粮油列入市政府年度政绩考核指标。坚持对主要粮油品种收购价、批发价和零售价的市场监测，坚持对国有及国有控股企业经营状况、购销情况的统计分析。赤峰在玉米收售间隙开展了农民庭院降水"为农服务季活动"。全区科学储粮、绿色储粮、爱粮节粮工作稳步推进，成效显著。粮食行业职业技能鉴定和培训工作进一步加强，年内先后举办两期培训班，共141人，其中87人获得了国家资格证书。组织参加了全国第三届粮食行业职业技能竞赛。粮食经济理论研究、信息服务、行业协会工作成效显著。党的群众路线教育实践活动取得阶段性成果，机关作风明显好转。帮扶工作取得实实在在的效果。老干部工作更加规范化、程序化、人性化。

◆　内蒙古自治区粮食局领导班子成员

冯有恩	党组书记、局长
康昱幸（蒙古族）	党组成员、副局长
张忠何	党组成员、副局长
王斯琴（女，蒙古族）	党组成员、副局长
刘永旺	党组成员、副局长
张天喜	党组成员、总经济师
赵长青	党组成员、副局长
高　晗	党组成员、纪检组长（2013年12月任职）

2013年12月4日，内蒙古自治区人民政府副主席王玉明在全区秋粮收购暨玉米产销衔接洽谈会议上讲话。

2013年6月20日，内蒙古自治区粮食局局长冯有恩（前排左二）率第一督查组在阿拉善盟粮食企业督查安全生产工作。

2013年4月18日，内蒙古自治区粮食局副局长康昱幸（左一）率考察组在吉林省"大粮仓储粮装具"生产企业参观考察。

辽宁省粮食工作　基本情况

辽宁位于我国东北地区南部，南临黄海、渤海，是东北地区唯一的既沿海又沿边的省份，也是东北及内蒙古自治区东部地区对外开放的门户。全省国土面积14.8万平方公里，大陆海岸线长2292公里，近海水域面积6.8万平方公里。已发现各类矿产110种，保有储量列全国前10位的有24种，其中硼、铁、菱镁等矿产储量居全国首位。全省地形概貌大致是"六山一水三分田"，地势北高南低，山地丘陵分列东西。辽宁属温带大陆性季风气候区，四季分明，适合多种农作物生长，是国家粮食主产区和畜牧业、渔业、优质水果及多种特产品的重点产区。

2013年粮食工作

2013年，在辽宁省委、省政府的正确领导下，在国家粮食局的精心指导和大力支持下，辽宁省粮食系统全面贯彻落实全国粮食流通工作会议精神，坚持"抓收购、保供给、稳粮价"，全面落实国家宏观调控政策，保障粮食有效供给，切实保护种粮农民利益，维护粮食市场稳定，实现粮食经济增长质量和效益的同步提升，确保了粮食安全，为辽宁经济社会发展作出了重要贡献。

一　粮食生产实现"十连丰"

全省粮食生产克服了春涝、低温、洪灾等诸多不利因素的影响，粮食生产实现"十连丰"，总产量达到2195.5万吨，创历史最高水平，在全国粮食主产省的位次上升到第12位。全省粮食播种面积达到312.7万公顷，其中玉米和水稻面积占粮食播种面积的90.3%。共落实农业和粮食生产专项资金72.9亿元，比上年增加3.8亿元，同比增长6%；建设高产创建万亩示范区600个，示范推广优良新品种38个，高产稳产作物种植比例稳步提升；开展良种良法集成展示示范，展示品种3868个、示范品种212个，示范面积484公顷；大田作物良种推广面积352万公顷，良种覆盖率达到96.8%；实施测土配方施肥面积400万公顷，农作物病虫害统防统治面积154万公顷。

二　粮食市场繁荣稳定

（一）粮食购销平稳顺畅

全年收购粮食1827万吨，同比增加62万吨；销售粮食2860万吨，同比增加110万吨。适时启动国家临时储存粮食收购工作，收购国家临储玉米478万吨，农民卖粮难问题得到有效解决，种粮农民利益保障有力。

（二）地方储备粮管理持续加强

省级储备粮轮换进展有序，安排省级储备粮轮换计划37.65万吨。地方储备粮油账实相符，质量良好。66家企业通过省级储备粮承储资格认定，4家企业获中储粮代储资格。

（三）粮食应急体系建设不断完善

全省选定成品粮油应急供应网点1600个，实现每个乡镇（农场）、街道（社区）至少一个应急供应点，实现城乡全覆盖目标。在抚顺"8·16"洪灾发生后，及时启动粮食应急供应机制，省里向灾区调运200吨大米、50吨面粉，当地投放应急储备成品粮150吨，为灾区社会稳定和抗灾自救发挥重要作用。

（四）军粮供应保障有力

为确保海岛、边境、困难地区军供站顺利完成军粮供应任务，对8个军供站点适当提高差价补贴标准，对2个军供站实行定额困难补助，每年增加补助资金80万元；对5个站点实行一次性补助，补助资金100万元。较好地解决了多年来困扰部分军供企业生存和发展的老大难问题。深入开展"粮油服务进军营，餐桌节约促强军"活动，严格执行"一批一检一报告"制度，粮源保障有力，实现军供任务完成率、军粮质量合格率、部队满意率3个100%。

三　粮食流通规范有序

（一）监督检查任务圆满完成

全省深入开展粮食库存检查、中央和地方储备油专项检查、政策性粮食购销检查，粮食和储备油库存数量账实相符，质量良好，储存安全，粮食库存检查工作成效显著。全省市、县两级共抽调683名业务骨干，组成95个自查督导和普查组，对纳入检查范围的438家企业进行认真督导和检查。省级复查共抽调25名专业人员，组成了3个复查组，对沈阳等6个地区的28家企业进行了认真复查。

（二）粮食市场执法监管扎实有效

全省建成县级执法队伍45个，占全省县级粮食行政管理部门总数的68%。共处理各类涉粮案件686件，暂停粮食收购资格6家，取消粮食收购资格23家。先后创建省级示范单位12家、国家级示范单位8家。全省共组织秋粮收购、统计制度、粮食质量卫生等检查3272次，出动检查人员14631人次，检查各类收购主体7092个次。查处各类问题企业633户，其中：警告100例、罚款101例，罚款金额13.1万元；暂停或取消粮食收购资格29例。通过检查，有效维护了全省粮食流通秩序，保护了种粮农民的利益。

（三）质量安全监管力度持续加大

粮食质量调查、品质测报、污染调查和风险评估工作不断推进。先后采集样品4665份，取得检验数据35157个。粮油质量监测不断加强，深入企业766家，抽取样品5723份。锦州世园会和第十二届全运会用粮质量安全监管工作扎实有效，先后组成16个工作组，对全省184家粮食储存、加工企业、超市粮食质量进行专项跟踪检查。

（四）粮食收购资格审核逐步规范

坚持规范与服务并重的原则，严格粮食收购准入，公开简化审批程序，提高审批效率，实现了严格审核与便民服务的统一。全省取得粮食收购资格企业达3626户，其中非国有粮食市场主体占89%，已经形成了粮食购销主体多元化的格局。

四 粮食企业发展后劲增强

（一）粮食流通产业发展步伐加快

省政府制定出台了《关于加快推进辽宁省粮食流通产业化发展的指导意见》，指导今后一段时期全省粮食流通产业化发展工作，开创了辽宁省粮食流通产业化发展的新局面。省财政安排专项资金1.37亿元，重点支持14个国有粮食流通产业发展项目，连续两年累计投入资金2.4亿元，带动地方企业及社会资金5亿元投向国有粮食产业化项目，粮食产业化龙头企业队伍不断壮大，为促进全省粮食经济的大发展、快发展创造了有利条件。

（二）仓储设施维修改造工作稳步推进

"危仓老库"修复和地方粮食仓储设施维修改造建设项目全面启动，有108个粮食仓储设施维修改造项目纳入项目库。用于仓储设施维修改造的省级财政资金达9465万元。骨干粮食企业收储能力大幅提升，确保粮食储存安全。

（三）农户科学储粮专项建设任务全面完成

全省14个市45个县实际建成储粮仓15.2万户，项目总投资4.6亿元。截至2013年底，全省农户科学储粮专项工程先后争取国家投资3.6亿元，省本级投资2.7亿元，市县投资8100万元，农户自筹3.7亿元，总投资达到10.81亿元。科学储粮专项建设共完成41万户，累计减损粮食3.6亿斤。

（四）军供网点维修改造取得新进展

全省共争取国家和省财政资金781万元，维修改造军供网点25个，军粮供应企业办公和营业面积达3万多平方米，库容达6万余吨。

（五）检验监测装备水平大幅提升

省发展改革委、财政及地方共投入资金2804万元，重点支持33个质检机构建设，新增实验室面积1400平方米，新增大中型检验仪器设备25台（套）。

五 粮食企业经营形势总体向好

（一）制定政策促进产业发展

以省政府办公厅名义下发了《关于加快推进辽宁省粮食流通产业化发展的指导意见》，为今后一段时期全省粮食流通产业化发展奠定了基础，明确了方向。

（二）国有粮食企业经济效益稳定增长

全省核销待剥离粮食财务挂账22亿元，97家地方国有粮食企业减轻税务负担5000余万元；经营总量和经济效益稳步增长，连续两年保持扭亏增盈态势。

（三）粮油加工业快速发展

全省粮食加工业实现销售收入789亿元，利税总额达到25亿元。

（四）科技兴粮取得新成果

一是重大科研项目取得新进展。粮食主产区农户储粮减损关键技术创新与示范已进入储粮试验与示范阶段，大豆保水储藏技术研究开发与集成示范课题通过验收，农户自然通风绿色储粮装备的研制在全省农户科学储粮专项建设中推广应用16488套，高水分粮食烘干降水减量研究项目进入实仓试验阶段。二是粮食行业人才队伍建设取得新成效。2414人取得国家职业资格证书，29人荣获高级技师和技师资格，全国粮食行业职业技能竞赛取得新佳绩。三是培训力度持续加大。举办粮食检验、粮食流通监督检查、绿色储粮、军粮供应信息技术等特色培训班41期，培训业务骨干3625人。

六　党的群众路线教育实践活动成效显著

根据中央和省委的统一部署，省粮食局在第一批党的群众路线教育实践活动中聚焦"四风"，边查边改，促进了工作作风转变和服务基层能力的提升，广大党员干部"四风问题"得到较大改善，机关建设、党的建设和干部队伍建设呈现了新气象，中央八项规定和省委十项规定得到有效落实。

◆ 辽宁省农村经济委员会（省粮食局）领导班子成员

刘长江	党组书记、主任、省农办主任、粮食局局长（兼）
杨　军	党组副书记、副主任、省农办专职副主任（正厅级）
高　伟	党组副书记、副主任
王长宏	党组成员、副主任
陈　健	党组成员、副主任
于　衡	党组成员、副主任
王　洪	党组成员、纪检组长
滕增泰	党组成员、副主任（省粮食局副局长）
柴久凤	党组成员、扶贫办主任
李　军	党组成员、省农办副主任

辽宁省农村经济委员会主任（粮食局局长）刘长江在全省粮食流通工作会议上讲话。

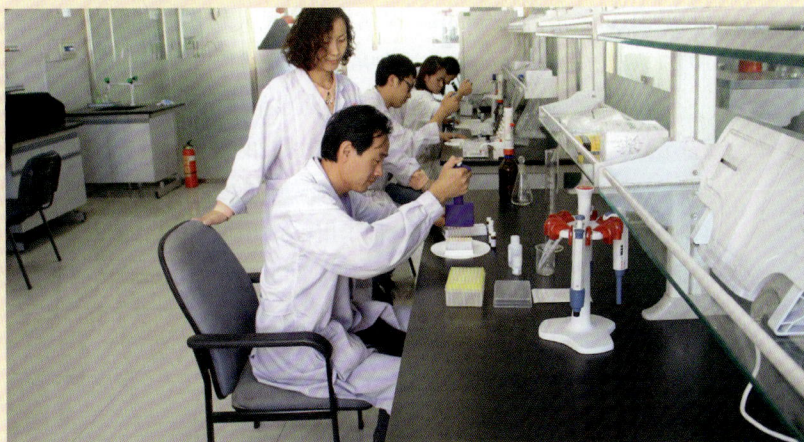

粮油检测现场。

辽宁昌图粮食储备库40座砖圆仓。

吉林省粮食工作   基本情况

吉林省位于中国东北地区中部，东接俄罗斯，东南隔图们江、鸭绿江与朝鲜民主主义人民共和国相望，南连辽宁省，西接内蒙古自治区，北临黑龙江省。总面积187400平方公里，约占全国总土地面积的2%，居全国第14位，省会长春市。现辖1个副省级市、7个地级市、延边朝鲜族自治州和长白山管委会，60个县（市、区），21个县级市、16个县、3个少数民族自治县、20个市辖区，418个镇、5个少数民族镇、170个乡、28个少数民族乡。全省耕地面积696.4万公顷，其中粮食作物面积461万公顷。截至2013年末，全省常住人口为2751.28万，其中，城镇人口1491.09万。2013年，全省实现地区生产总值12981.46亿元，增长8.3%。全省城镇居民人均可支配收入达到22274.6元，同比增长10.2%；农村居民人均纯收入达到9621.2元，增长11.9%。

粮食产量为3551万吨，主要品种为水稻、玉米和大豆，其中水稻563万吨、玉米2776万吨、大豆及杂粮212万吨。粮食收购2895万吨，商品率89%。全年粮食消费总量2065万吨，其中，口粮消费539万吨（城镇口粮245万吨，农村口粮294万吨），饲料用粮473万吨，加工用粮1020万吨，种子用粮33万吨。分品种，小麦1640万吨，稻谷334万吨，玉米1283万吨，大豆219万吨，其他65万吨。2013年底，全省有效仓容1790万吨。

2013年粮食工作

一　粮食收购再创新高，农民利益得到保障

2013年以来，受经济增速放缓、市场需求不旺等因素影响，加之全国粮食连年增产，市场粮价出现了产销区、国际国内"双倒挂"的新情况，吉林省科学研判、超常运作，一年内连续两次有序启动政策性粮食收购，有针对性地破解了一系列突出问题，保护了农民利益。2012/2013年度全省累计收购粮食2895万吨，比上年增加261万吨，每市斤收购平均价格比上年提高3～5分钱，使农民增收20亿元以上。2013年秋粮上市以来，面对前所未有的收储矛盾，各级政府和有关部门主动承担保护农民利益的责任，认真落实"分贷分还"政策，最大限度地布设收购库点，满足了农民售粮需求。截至2014

年4月底，全省累计收购新玉米3539万吨，其中临储玉米2847万吨，均创历史同期最高纪录，做到了政府满意、农民高兴、企业盈利。与此同时，积极采取产销衔接、竞价销售、省间移库等措施，全年调销粮食2535万吨，有效缓解了收储压力。

二　调控能力显著增强，应急供给保障有力

加强库存管理，全面完成了国家重点省份库存检查任务。建立和完善省级储备粮库存检查和轮换验收监管机制，两条大米应急生产线建成投产；启动省级储备成品粮油应急供应预案，保证洪涝灾区群众口粮供应；提前启动地震灾区临储玉米收购，解决了转移群众的后顾之忧。吉林、抚松成品粮批发市场二期工程竣工，辽源、四平、白山、延边、大安、洮南等地市场建设稳步推进；应急供应网点重新确认，价格监测与预警机制进一步完善。军粮保障能力得到增强，应急反应迅速。全省粮、油、盐货源充足，品种丰富，价格稳定、质量安全。

三　加工转化克难求进，品牌建设作用凸显

各地坚持统筹谋划，分类指导，重点突破。针对玉米深加工行业原料价格上涨、产成品价格低迷等诸多困难，通过突破国家政策限制、让深加工企业收购临储玉米、享受政策性粮食收购、储存各项费用补贴等措施，帮助企业走出困境，巩固产业基础。全年加工转化玉米115万吨，同比增长8.2%。培育"万昌大米"、"查干湖大米"、"梅河大米"等12个国家地理标志品牌，进一步强化品牌营销，"查干湖"大米建设282个销售网点，产品遍布28个省会城市；吉林市粳稻贡米系列宣传推介活动陆续展开。全年加工稻谷400万吨，中高端大米达到10.5%，产值利税同比增加17.8%。洮南"葵中宝"杂粮成功进入中石油和中石化超市。吉林省粮油品牌增值效果进一步显现。

四　"粮安工程"稳步实施，基础设施持续改善

坚持"统筹规划、合理布局、综合集成、注重实效"原则，编制完成了全省"粮安工程"建设规划，争取国家支持，协调地方投入，多渠道筹措企业配套资金，基础设施、物流、应急保障等10大重点项目有序推进，完成投资8.25亿元。新建标准仓容75万吨，简易罩棚40万吨，维修改造仓容100万吨，维修烘干能力50万吨。新建农户科学储粮仓10万套。14个国家挂牌质检站设备购置全面完成，检验监测能力进一步提升。

五　安全生产进一步强化，行业管理日趋规范

面对严峻的安全生产形势，各级粮食部门着力构建安全管理长效机制及评价体系，指导企业加强制度建设，推进规范化管理。深入开展"打非治违"专项整治、"百日安全"行动，加强督导检查，落实整改措施，消除安全隐患，先后清查整改各类安全生产隐患4068项，建立安全生产隐患台账表1867份，下达隐患整改通知405项，向属地安监部门移交300项，杜绝了较大以上责任事故的发生，企

业管理水平进一步提升。涌现出30户规范化管理示范企业、100户粮油仓储规范化管理优秀企业。全行业经济效益明显提高，职工生活得到了改善。

| 六 | 行业建设不断加强，服务能力明显提高 |

2013年，省局深入开展了党的群众路线教育实践活动，按照"照镜子、正衣冠、洗洗澡、治治病"的总要求，祛"四风"，解决工作作风漂浮问题；根治"一顽症"，建立工作落实长效机制；确定"自选动作"，提升业务水平和驾驭工作的能力。通过活动开展，全局干部职工的精神状态明显改观，工作积极性、主动性明显增强。同时，各地粮食部门结合自身实际，转变职能，主动作为，创新工作方式和方法，行业精神风貌正发生积极的变化。在省局对市州的绩效考核中，吉林市、四平市、延边州、长春市粮食局被评为先进单位。桦甸市、梨树县粮食局被国家粮食局评为全国粮食流通监督检查示范单位。

◆ **吉林省粮食局领导班子成员**

韩福春	党组书记、局长
李毅勇	党组成员、副局长
冯春梅（女）	党组成员、纪检组长、监察专员
张宏明	党组成员、副局长
张卿槐	党组成员、副局长
沈启地	副巡视员
杨　光	副巡视员

2013年12月4日，吉林省副省长隋忠诚到白城松原调研粮食收储工作。

2013年9月14日，吉林省粮食行业组团参加中国优质稻米（盘锦）交易会。

2013年12月11日，吉林省舒兰农户收获玉米装入科学储粮仓。

黑龙江省粮食工作   基本情况

黑龙江省位于中国的东北边陲，北、东部与俄罗斯为界，西部与内蒙古自治区相邻，南部与吉林省接壤。地势主要由山地、台地、平原和水面构成，西北部为大兴安岭山地，北部为小兴安岭山地，东南部为张广才岭、老爷岭、完达山脉，东北部为三江平原，西部为松嫩平原，平原占全省总面积的37%。黑龙江省属中温带、寒温带大陆性季风气候，四季分明，夏季雨热同季，冬季漫长。

黑龙江省是我国重要的商品粮基地，粮食产量、商品量和净调出量均居全国第一位。全省土地总面积47.3万平方公里，居全国第六位。松嫩平原和三江平原为世界仅存的三大黑土带之一，土壤有机质是黄土、红土的5~10倍，土质肥沃，地势平坦，耕地连片，水源充足，具有发展农业生产的良好自然条件，盛产大豆、水稻、玉米、小麦、马铃薯等粮食作物。2013年，黑龙江省粮食产量再创新高，达到6004万吨，同比增加4.2%。2012~2013粮食年度，全省各类粮食经营企业累计收购粮食5235万吨，销售4944万吨（含转化及政策性粮），其中国有粮食经营企业收购粮食2531.9万吨，销售2390.1万吨。全年工业用粮669万吨、种子用粮91万吨、饲料用粮658万吨；城镇口粮364万吨、农村口粮338万吨；销往省外粮食2295万吨，出口量达到84万吨。

2013年粮食工作

2013年，黑龙江省各级粮食行政管理部门在各级党委和政府的正确领导下，认真落实国家和省对粮食流通工作的总体部署，紧抓科学发展主题，贯穿转变发展方式主线，以提高产业发展质量和效益为核心，坚持稳中求进、稳中有为，大力实施"七个提升"行动，锐意创新，真抓实干，全面搞活粮食流通，全力推进企业改革和产业项目建设，不断强化企业经营管理，着力加强市场调控和监管，促进了农民增收、企业增效，增强了粮食流通产业实力，确保了市场粮油供给充足、价格稳定，为全省经济社会发展和保障国家粮食安全作出了积极贡献。

一   粮食生产

2013年，黑龙江省认真落实中央关于实施粮食稳定增产行动的重大部署，深入实施粮食产能稳定提高工程，粮食生产取得"十连增"。黑龙江省粮食作物播种面积1156.4万公顷，同比增加0.4%，其中：玉米播种面积544.7万公顷，同比增加4.9%；水稻播种面积317.6万公顷，同比增加3.5%；大豆播种面积243万公顷，同比减少8.8%；小麦播种面积13.3万公顷，同比减少36.7%。全省粮食总产量6004万吨，比上年增加4.2%，商品量4896万吨，同比增加5.3%。四大粮食作物产量"两增两减"：水稻产量2220.5万吨，同比增加2.3%；玉米产量3216.5万吨，同比增加11.4%；大豆产量386.5万吨，同比减少16.6%；小麦产量39万吨，同比减少44.3%。粮食的成熟度和等级指标等质量状况与历年水平基本相当，但受降雪多、气温高等因素影响，部分地区玉米品种水分大，质量不均衡，生霉粒及色变粒含量较多。

二　粮食流通

　　针对全国粮食市场复杂多变和全省粮食大丰收的实际，粮食行政管理部门围绕贯彻落实国家"守住管好'天下粮仓'，做好'广积粮、积好粮、好积粮'三篇文章"的重要部署，早谋划、早部署、早准备、早动手，全面搞活粮食流通，确保了农民丰产增收。一是农民余粮销售顺畅。及时主动向国家有关部门汇报争取并认真落实国家水稻最低收购价、玉米和大豆临储收购等支持政策；强化粮食购销指导服务，加大对粮食生产、流通、消费市场的监测和调研力度，全面、客观分析市场形势，指导国有粮食购销企业坚持政策性收购和市场化经营齐抓并举，引导农民适时适价出售余粮；在加大政策性粮食调销力度的同时，集中开展秋粮收购攻坚行动，有效解决了收储矛盾突出和部分玉米主产市、县玉米生霉粒、色变粒多等问题，促进了农民余粮顺畅销售，持续增收。按三大品种粮食商品量和平均出售价格计算，因产量增加和价格提高因素，估计2013～2014年收购期全省农民卖粮可比上年增收103亿元。二是粮食企业储粮安全。粮食行政管理部门强化安全工作措施，认真开展粮食行业安全生产"百日行动"，及时发现并整改储粮和生产管理中存在的问题，坚决防止发生火灾和各类人员伤亡事故，为确保储粮安全和安全生产奠定了基础。尤其是2013年8月在黑龙江省启动Ⅰ级防汛应急响应期间，第一时间派工作组赴相关市县指导防汛工作，要求沿江粮库24小时设专人值班，掌握每日汛情、粮情，组织开展同江临江、萝北肇兴等沿江粮库防汛保粮工作，确保了库存粮食安全度汛。严格落实国家《粮油仓储管理办法》和粮油仓储企业规范化管理的要求，不断提高企业管理水平，全省纳入考核范围的310户购销企业中有244户达到规范化管理标准，达标率78.7%。三是新粮实现购销平衡。继续推进和深化粮食产销合作，以建立完善利益协调机制为重点，提高市县和企业间产业项目和基地建设等实质性合作效果，拓宽了销售渠道，扩大了粮食销售。与云南、甘肃省和北京市签订粮食购销合作协议；引进北京粮食集团、重庆粮食集团、浙江农发集团在黑龙江省建立了粮食收购、加工和物流等基地；引导省内外有实力的粮食企业与农民专业合作社、种粮大户、家庭农场等新型农业生产主体搞好产销对接。成功举办了2013·金秋粮食交易合作洽谈会（省政府主办的绿博会重要组成部分），共达成粮食购销合同及协议1051.2万吨；招商引资项目18个，投资总额8.4亿元；现场销售粮油产品84.6吨，成交额94.9万元。按全省粮食流通统计口径计算，2012～2013粮食年度，全省各类企业累计收购粮食5235万吨，销售4944万吨（含转化及政策性粮），自主经营粮食实现了当年购销基本平衡。全年通过铁路发运粮食2599万吨，同比增加107万吨。2013年，省粮食局被国家粮食局评为粮食收购先进单位；被省委、省政府授予全省粮食生产贡献奖，评为全省抗洪救灾先进集体。

三　粮食调控

认真落实国家保供稳价总体部署和相关调控政策，加强了市场调控和应急措施，保证了市场粮油盐有效供应和价格基本稳定。一是加强保供稳价政策执行工作。督促政策性粮食承储企业完成国家政策性粮油销售和调拨出库任务，确保国家调控政策落实到位；严格落实军粮供应管理政策和食盐调拨计划，确保了军粮和食盐供应。二是加强地方粮食储备建设。省级储备粮油和市级食用植物油储备按规模实储到位，市级储备粮实储率达到88％；落实市级储备粮管理各项制度，强化储备粮库存管理，确保了数量真实、质量良好、储存安全。三是加强粮食应急体系建设和价格监测预警工作。全省13个地市级政府制定了粮食应急预案，确定粮食应急供应网点1638家、加工企业235家、配送中心94家、储运企业228家，加强应急演练和培训；完善价格监测直报系统，设置价格监测网点410个，加强粮油市场供求和价格等动态情况的预警监测与信息整理报送发布工作，做到市场异常时早预警、早决策、早应对，提高了应急反应能力，保证了当地粮食市场和价格基本稳定。四是继续完善粮食流通统计基础工作。加强统计队伍建设，搞好统计人员培训，扩大统计覆盖面，提高了统计数据质量；加大统计信息收集整理分析利用工作，为政府决策和企业经营提供了可靠依据。2013年，省粮食局被国家粮食局评为粮食流通、粮油加工业统计先进单位。

四　粮食企业改革

认真贯彻国家和省关于深化粮食流通体制改革的总体部署，因地、因企制宜采取有效措施，大力推进国有粮食购销企业改革，企业布局调整和资源整合重组取得了阶段性成果。一是加快布局调整精干国有粮食购销企业主体。19个资质差、没有政策性粮食库存、经营亏损、难以生存发展的粮库，退出了国有粮食购销企业序列，退出企业数量累计达到140个。正确处理改革、发展与稳定的关系，积极化解各类矛盾，妥善解决了企业富余人员分流安置等问题。二是积极推进国有粮食购销企业资源整合重组。采取资产划转等措施，对已进入地方新型国有粮食购销和仓储物流网络体系的粮库进行资源整合重组。18个县（市、区）完成了企业资源整合重组任务；完成企业资源整合重组任务的县（市）累计达到39个，6个县（市）建立了"一县一企、一企多库"的经营管理模式。整合重组粮库52个，累计达到92个。三是做实做强优势骨干国有粮食购销企业。在推进企业资源整合重组过程中，把附属库点和分库的土地、房产等各类资产规范过户，明晰企业产权。按照现代企业制度要求，建立完善法人治理结构，转换经营机制，增强经营活力。已组建的区域性和县级企业集团进一步完善法人治理结构，建立以"产权链条"为核心，以"利润"和"分配"为激励驱动的紧密型集团化经营管理模式和以国有资产经营管理为核心、以经营目标考核为保障的新型管控和激励约束机制，增强了企业持续发展能力。

五　行政执法

依据《粮食流通管理条例》赋予的职能，全面推进落实依法行政、依法管粮各项工作，加大市场监管力度，规范了粮食经营行为，有效维护了粮食流通秩序。一是落实了依法行政和行政执法责任制。全面完善和强化推进依法行政和行政执法的责任制度和工作措施，进一步健全行政执法工作体系，提高了依法行政和市场监管能力。完善和规范行政许可审批工作，有效发育粮食市场主体，保证了全省粮食市场规范有序运行。二是加强了粮食市场监管。强化政策性粮食收购和销售出库政策执行的监督检查，实施了"监督检查、护农增收"行动，加强全社会粮食流通行政监管和监督检查，加大了违法违规案件查处力度，确保了国家粮食购销政策严格规范落实，切实保护了农民利益。三是加强了粮食库存监管。建立完善库存监管制度措施，对全省国有粮食企业的中央储备粮、最低收购价粮和临储粮、省级储备粮和商品粮库存进行全面检查，及时发现和整改重点问题，确保了地方国有粮食购销企业储存的政策性粮食不短量、不降等、不坏粮、调得动。

六　行业发展

按照省委、省政府产业项目建设总体部署，主动承担推进责任，进一步落实责任，加大工作推进力度，粮食流通产业取得了健康发展。一是粮食加工产业转型升级步伐加快。全省粮食加工企业产品销售收入实现1108.7亿元，全系统引进涉粮项目65个，引进到位资金26.2亿元。省政府确定的59个亿元以上涉粮大项目已建成投产9个，新增加工能力57.5万吨；重点培育的粮食加工龙头企业达28户，实现销售收入576.5亿元，生产规模和产品市场集中度不断提高；已建成的20个稻米加工园区产品销售收入实现68.2亿元，园区功能进一步完善。二是粮食基础设施建设取得新突破。争取国家和省投入资金20.1亿元，启动了粮食基础设施建设工程，实施"危仓老库"维修改造，修复和新增仓容449.8万吨；维修和新建烘干塔106座，恢复和新增烘干能力465万吨；翻建地坪141.7万平方米，新增潮粮堆场240.89万吨；新建储粮罩棚增加储粮能力125万吨；完成了3万套农户科学储粮仓建设任务；加强粮食质量检验监测体系建设，提升完善粮食检验监测水平和能力；为企业配备413台消防车。三是强化粮食市场体系建设。按照市场配置资源的总体思路，在推动区域性粮油批发市场建设上，结合两大平原现代农业综合配套改革实验总体目标，积极推进地市级粮油批发市场建设，在全省重点选择7个已经初具规模的批发市场纳入规划。哈尔滨香坊粮食物流中心、大庆市粮食综合批发市场和牡丹江粮食批发市场已先行列入2014年全省重点建设项目。四是企业经济效益创历史新高。全省国有粮食购销企业统算实现利润10870万元，同比减少95万元；83个县（市、区）全部实现盈利，企业盈利面达到96%；当年消化处理经营性挂账6.17亿元，80亿元经营性挂账经过三年不懈努力全部消化处理完毕。五是推进了人才队伍建设。举办了全省粮食系统地方国有企业负责人和纪检监察干部培训班，全省共480人参加；举办了4次粮食行业特有工种职业技能培训与鉴定，全省共751人参加，其中有641人取得了国家职业资格证书；组织实施了高级职称专业技术人员的任职资格评审，全省粮食行业共有9人通过复审；积极参加全国粮食行业职业技能大赛，黑龙江省选手获得粮油保管专业个人三等奖。

七　党群工作

认真贯彻落实中央、省委和省政府关于党风廉政建设的新要求，坚持党要管党、从严治党，强化对全省粮食系统党风廉政建设和反腐败工作统一领导，为中心工作提供了有力保障。一是全面推进党的建设。切实加强执政能力建设、思想理论建设、精神文明建设、服务型机关以及学习型党组织建设；认真贯彻民主集中制原则，对全局性的重大事项都按规定程序集体讨论研究，做到民主决策、科学决策，并落实了重大事项通报制度；加强党的纪律建设，强化对基层党组织政治纪律、组织纪律、财经纪律的监督检查，对有令不行、有禁不止的行为坚决纠正；认真开展党的群众路线教育实践活动，局领导班子带头深入查摆"四风"方面存在的问题，严格落实整改措施，切实加强和改进工作作风。二是严格落实党风廉政建设责任制。认真履行党风廉政建设一岗双责，坚持集体领导与个人分工负责相结合，做到谁主管、谁负责，一级抓一级、层层抓落实；注重机制体制建设，严格执行组织人事纪律，深化源头治腐成效，加大对违法违纪案件的惩治力度；加强监督考核，将考核结果作为对班子和领导干部业绩评定、奖励惩处、选拔任用的重要依据；深入开展群众满意粮库评议活动，端正了粮食行业风气，树立了行业良好形象，为全省粮食流通产业健康发展创造了有利条件。三是加强领导班子建设。认真学习党的十八大、十八届三中全会和省委重要会议精神，把握习近平总书记一系列重要讲话要求，坚定共产主义理想信念、牢固树立宗旨意识，坚定政治立场、增强政治敏锐性，在思想和行动上与中央和省委保持高度一致；坚持走群众路线，切实加强和改进工作作风，做到敬业、求实、创新、奉献；严格遵守执行《廉政准则》等廉政规定，严格执行重大事项报告制度，坚决抵制"享乐主义和奢靡之风"。2013年，省粮食局机关党委被省直工委评为省直机关先进机关党委。

◆ **黑龙江省粮食局领导班子成员**

胡东胜	党组书记、局长
金　辉	党组副书记、副局长
王乃巨	党组成员、副局长
谢功臣	党组成员、纪检组长
吴久英	党组成员、副局长
张　赋	巡视员（2013年9月退休）
陈立祥	副巡视员

2013年9月24日，黑龙江省省长陆昊（左三）参观2013·黑龙江金秋粮食交易合作洽谈会展区。

2013年5月15日，黑龙江省委副书记陈润儿（左中）到省粮食局调研粮食流通工作。

2013年3月5日，黑龙江省粮食局局长胡东胜（左一）赴绥化市检查粮食收购工作。

2013年8月18日，黑龙江省粮食局局长胡东胜（右二）深入萝北县肇兴粮库指导防汛保粮工作。

上海市粮食工作 基本情况

2013年，上海粮食播种面积16.85万公顷，比上年减少1.91万公顷，减幅10.2%；粮食总产量114.2万吨，比上年减少6.7%；单产为每公顷6776公斤，比上年增加3.8%。夏粮播种面积5.9万公顷，比上年减少1.47万公顷，降幅19.9%；总产23.26万吨，比上年减少5.74万吨，减幅19.8%。其中：小麦播种面积4.44万公顷，比上年减少1.22万公顷，降幅21.6%；总产17.64万吨，比上年减少4.92万吨，降幅21.8%。秋粮播种面积10.95万公顷，比上年减少0.44万公顷，降幅3.9%；总产90.89万吨，比上年减少2.51万吨，降幅2.7%。其中：水稻播种面积10.19万公顷，比上年减少0.32万公顷，降幅3%；总产86.83万吨，比上年减少2.3万吨，降幅2.6%。

上海市年粮食需求量619万吨左右，其中口粮438万吨，饲料用粮123万吨，工业用粮56万吨，种子2万吨；上海市食用油年消费量在49万吨左右。上海市郊区提供粮源约20%，80%以上粮源从国内采购和国外进口。全市累计收购市内小麦10.5万吨，同比减少35.2%，其中国有购销企业收购4.42万吨，同比减少23.8%；收购粳稻56.1万吨，同比减少1.46%。其中国有购销企业收购26.92万吨，同比减少14.1%。指导和推进10个大中型粮食批发市场完善设施和功能，全年粮食交易总量达116.3万吨，其中粳米交易量101.4万吨、食用油3.5万吨，发挥了吸纳粮源、活跃流通、保障供应的重要作用。

2013年粮食工作

一年来，在上海市委、市政府的领导下，在国家粮食局的指导下，上海粮食行业广大干部职工按照"守住管好'天下粮仓'，做好'广积粮、积好粮、好积粮'三篇文章"的总要求，以"抓粮源、保供应、稳粮价"为中心，加强调控，强化监管，全力确保上海市粮食安全，各项重点工作取得新的成效。

一 有效组织粮源，夯实粮食调控和安全保障基础

（一）深化粮源基地建设和发展

进一步加大了产销合作力度，做强做优粮源基地合作企业，提高企业掌控粮源和经营运作能力。良友集团、光明米业等建设的8个粮源基地，充分发挥作用，年调运粮食约45万吨，其中虎林基地调

运27.6万吨。同时，积极督促有关粮食企业落实购销协议，协调调运东北粮食12.63万吨，有效保障了上海粮食供给。

（二）抓好本地粮源收购

2013年，上海市收购工作难度较大，特别是秋粮收购期间，多元主体入市收购意愿不强，粮源集中流向国有粮食企业。为防止出现农民"卖粮难"，国有粮食企业克服困难，做到价格不降、应收尽收，充分发挥了市场主导作用，维护了收购市场稳定，保护了种粮农民利益。据统计，全市国有粮食企业共收购粮食31.34万吨，同比增加4%。

二 加强宏观调控，确保粮食市场供应和价格基本稳定

（一）提升储备运行效能

进一步完善储备轮换机制，启动实施了《上海市市级储备粮轮换实施细则》，在储备粮轮出竞价销售的基础上，首次推行轮入竞价采购，市场机制作用更加显现。据统计，竞价销售的市级储备粮占轮出计划80.5%，竞价采购数量占轮入计划16.6%，储备库存保持动态平衡、常储常新，较好发挥了调节供应和稳定粮价的作用。有关区县切实加强区（县）级储备粮管理，积极开展竞价销售，为保障地区粮食稳定供应发挥了积极作用。

（二）提高保供稳价能力

通过指导经营企业组织粮油货源，安排好市场投放，加强粮油市场监测预警，深化流通统计和数据分析，搞好全市粮油供需平衡调查，完善新形势下的上海市粮食应急保障体系，落实帮困粮油供应，推进"副补"一门式发放，确保了全市粮油市场货源充裕，供应稳定，价格平稳。优化军供粮源统筹和质量管理，保障了驻沪部队粮食需求。

三 启动实施上海市"粮安工程"，提升粮食收储和供应保障能力

（一）编制建设规划初步框架

根据国家粮食局部署，研究编制了初步的《上海"粮安工程"建设规划框架（2013 – 2020）》。重点规划建设粮源保障、市场流通、政策调控、仓储设施、质量安全和节粮减损等"六大体系"，为打造上海市"粮安工程"奠定了基础。

（二）重点项目取得阶段性成果

根据先行启动实施的有关项目安排，重点推进良友新港物流基地内外配套建设，并结合物流园区功能运行，规划建成了上海粮食中心批发市场，经国家粮食局审定成为重点联系粮食批发市场。在市、区建设财力支持下，良友新港新建16万吨筒仓主体结构已经完成；邬桥粮库改建散粮仓计划改造33栋，已完成22栋；金山区粮食储备库项目一期工程4万吨仓容已完成，二期4万吨也已开工建设；松江区横山粮库迁建项目基本完成。加强粮食质量卫生检验监测能力建设，协调落实地方配套资金，结合中央投资，推进设施改造和检测仪器更新升级，拓展了卫生指标检测范围，提升了检验监测能力。

四　加强粮食科技创新和信息支撑，提高粮食流通现代化水平

（一）积极推进粮食科技发展

鼓励粮食科研机构和粮食企业围绕产业发展需求，积极开展创新研究和技术服务。有关粮食企业加强低温和气调储粮技术应用，松江区在新建粮库中推广应用充氮保管技术，绿色储粮水平进一步提高。深入开展爱粮节粮反对浪费的活动，积极推广应用新技术、新工艺，推进爱粮节粮宣传教育基地建设，促进了粮食减损降耗。

（二）深入推进粮食信息化建设和应用

完善"上海粮食网"、"长三角粮食网"建设，较好发挥了粮食政务信息平台和区域粮食信息交流平台作用。投入使用了"副补"业务管理信息系统，提高了"副补"发放效率和管理水平；升级改造并运行了粮食批发（零售）市场监测预警预报子系统，提高了监测预警能力；推进了地方储备粮管理、原粮（储备粮）质量监测、粮食流通数据分析子系统建设，为服务粮食宏观调控和流通管理提供技术支撑。

五　扎实推进依法管粮，维护粮食流通正常秩序

（一）强化监督检查和质量监管

组织开展了一年一度的粮油库存检查，市、区县粮食部门和有关单位按时完成企业自查、区县普查和市级复查。经查，上海市粮油库存数量真实，账实相符，储存安全，质量良好。加强上海市收购粮食、政策性用粮和加工企业原粮质量卫生的监督检查，按季度开展上海市流通领域粮食质量卫生调查，全年抽检各类粮油样品，总体状况良好。

（二）严抓行业安全生产管理

按照国务院、市政府和国家粮食局有关部署和要求，组织开展了上海市粮食行业"百日"安全生产大检查，并深化"打非治违"专项行动，全面排查、整治安全生产隐患437件，明确企业主体责任，督促整改落实。注重完善安全生产应急预案，加强应急值守，促进粮食生产安全。

六　加快管理创新和职能转变，促进了粮食行政管理简政增效

（一）深化粮食法治建设

根据国家有关部门的要求，加强对上海市完善和落实粮食安全省长负责制的前期调研，探索研究有关具体措施、建议。组织开展上海市贯彻落实粮食行业"十二五"规划纲要中期评估。深入推进上海市粮食普法依法治理，认真开展粮食依法行政示范创建工作，加强粮食行政执法培训，深化粮食法制宣传教育，组织《粮食流通管理条例》周年宣传、食品安全宣传、粮食安全"六进"等活动，提高了粮食法制水平。

（二）深入开展职能转变和行政审批制度改革调研

面向全系统广泛征求转变职能意见，集中梳理"三定"主要职责履行情况，查找履职难点以及与

其他部门职责交叉情况，明确职责"强化、弱化、转化"事项，并开展深化行政审批制度改革专题调研，研究制定部门简政放权和批后监管工作方案，促进减政增效。

一年来，上海市粮食系统认真贯彻中央八项规定和廉政准则等各项规定，在党风廉政建设、人才和干部队伍建设等方面都取得了新的成绩。市粮食局还深入开展了党的群众路线教育实践活动，聚焦"四风"，整改提高，为粮食流通工作提供了坚强保障。

◆ **上海市粮食局领导班子成员**

盖国平	党组书记、局长，市商务委副主任
	（2013年8月任党组书记，2013年9月任局长）
张新生	党组书记、局长，市商务委副主任（2013年8月离任）
夏伯锦	党组成员、副局长
王建忠	党组成员、副局长
陈士豪	党组纪检组长（2014年2月离任）
洪文明	党组成员、副巡视员

2013年3月5日，上海市召开粮食流通工作会议。副市长周波（主席台中）出席会议并做重要讲话，市商务委副主任、市粮食局局长张新生（主席台左一）做2013年上海市粮食流通工作报告。

2013年11月7日，市商务委副主任、市粮食局局长盖国平（右二）赴嘉定调研秋粮收购工作。

2013年6月24日，市粮食局副局长王建忠（右一）出席上海市2013年食品安全周宣传活动。

2013年1月下旬，市粮食局副巡视员洪文明（左一）带队检查春节粮油市场供应准备工作。

江苏省粮食工作　基本情况

　　江苏是全国粮食生产大省、流通大省、产业大省，2013年全省粮食播种面积536.1万公顷，比上年增加2.4万公顷，新增设施农业面积6.03万公顷。全省粮食总产量达3423.0万吨，比上年增产50.5万吨，增长1.5%。实现新中国成立以来"十连增"。其中，夏粮1195.8万吨，增长4.6%；秋粮2227.2万吨，基本持平。全省地方国有粮食企业收购粮食1557万吨，销售2709万吨，促进农民增收35亿元。全省粮食总仓容2507.72万吨，油罐总罐容225.84万吨。总投入14.9亿元的全省粮库维修改造工程全面启动，粮食收储库点数量减少至855个。推进物联网技术应用，建成29家数字粮库。

　　2013年，江苏省粮油工业生产总值和销售收入均突破2200亿元，新增省级名牌10个，米、面、油加工总量在全国名列前茅，粮机装备制造全国领先。地方国有粮食企业改革纵深推进，实现经营利润2.8亿元，位居全国前列，"粮食银行"、"粮宝宝"网上粮店等新型流通业态不断涌现。建立粮食专职执法队伍56家，创新储备粮检查机制，开展粮食流通信用体系建设，执法力度和质检能力不断增强。深入开展党的群众路线教育实践活动，打造江苏廉政粮食品牌，提升行业人才队伍建设水平。

2013年粮食工作

　　2013年，江苏省粮食行业坚持以保障粮食安全和促进农民增收为中心，在提高粮食收购水平、增强粮食市场调控、加快粮食产业发展、加强粮食流通监管、推进粮食企业改革、改善粮食行业建设等方面取得了明显成效。

一　粮食生产

　　2013年全省农业生产形势较好，粮食连续10年增产，全年总产量达3423.0万吨，同比增产50.5万吨，增幅1.5%。其中，小麦总产1101.3万吨，同比增产52.6万吨，增幅5.0%；稻谷总产1922.3万吨，同比增产22.2万吨，增幅1.2%（粳稻总产1666.7万吨，同比增产36.7万吨，增幅2.3%）；玉米总产216.4万吨，同比减产13.8万吨，减幅6%。油料总产150.4万吨，同比增产3.4万吨，增幅2.3%。其中：油菜籽总产113.3万吨，同比增产4.1万吨，增幅3.8%；花生产量35.3万吨，同比减产0.8万吨，减幅2%。粮食单产6385.3公斤/公顷，同比增加65.7公斤/公顷，增幅1.0%。

二   粮食流通

2013年，全省国有粮食购销企业粮食购销总量3875万吨，同比增加681万吨，四大主要粮食品种除大豆外购销总量均有所增加。

（一）粮食收购

全省各类企业粮食收购量2218万吨，同比增加179万吨。国有粮食企业收购粮食1557万吨，同比增加150万吨，占社会收购总量70.2%，主渠道作用明显。其中，收购小麦893万吨，稻谷1045万吨。全省执行最低收购价政策收购粮食478万吨，同比减少53万吨。其中，小麦361万吨，列全国首位，同比减少170万吨；稻谷117万吨，同比增加117万吨。收购油菜籽76万吨，其中临储油菜籽61万吨，同比增加17万吨。

（二）粮食销售

全省国有粮食企业全年粮食销售2709万吨，同比增加531万吨。其中，小麦1495万吨，同比增加291万吨；稻谷636万吨，同比增加113万吨。最低收购价小麦销售545万吨，同比增加541万吨。国有企业销往省外粮食723万吨，其中小麦307万吨，稻谷67万吨。

（三）粮油进出口

全省粮食进口总量1248万吨，其中，大豆1126.2万吨、大麦58.3万吨、玉米37.5万吨、大米13.3万吨、小麦13.1万吨。全省粮食出口总量4.8万吨，其中，大米2.8万吨、小麦0.3万吨、大豆0.2万吨。全省食用油进口总量284.3万吨，出口总量0.1万吨。

三   粮食调控

2013年，全省粮食部门紧紧围绕"抓收购、保供给、稳粮价"中心任务，全力抓好粮食收储服务，着力推进粮食储备、应急供应、质量监管、统计监测体系建设，积极做好粮食市场调控工作，较好地守住了"种粮卖得出、吃粮买得到"的粮食流通工作"底线目标"，粮食收购量创近十年新高，储备规模和库存继续增加，应急管理和供应网点得到增强，统计监测质量与信息化水平提升，质量监测能力进一步提高，促进农民增收35亿元。

（一）收储保供

严格执行国家粮食收购政策，加强收购市场管理，创新工作举措，切实掌握粮源。省粮食局、省农发行、中储粮江苏分公司联合印发《关于做好2013年中晚稻最低收购价收购工作的通知》、《关于进一步加强粮食收购管理工作的意见》，按照"三个绝不允许"（绝不允许出现卖粮难、打白条、压级压价）的要求，强化收购市场监督管理，确保收购工作平稳有序。根据国家粮食最低收购价执行预案规定，及时启动粮食托市收购。6月6日全省启动小麦托市收购，一次性布设委托收储库点851个；9月29日、11月2日，首次在江苏省先后启动中晚籼稻、晚粳稻最低收购价收购，分别布设委托收储库点128个、425个。确定临时收储油菜籽委托收购加工企业47个。

（二）储备管理

按照省政府"粮食丰产增储行动计划"要求，经省政府批准，分解下达苏中、苏北六市新增地方粮食储备计划26.25万吨，进一步增强保供物质基础。强化地方储备粮监管与检查，规范省级储备粮轮换操作，开发试用省级储备粮可视化管理系统，确保储备粮数量真实、质量完好。采取定期安排、企业自主轮换的方式，适时、有序、均衡安排储备粮轮换吞吐，积极发挥储备粮调控市场的功能。首次组织安排88846吨省级储备小麦通过江苏粮油商品交易市场进行竞价交易，定向销售给省内面粉加工企业，增加市场有效供给。7～9月，按照一定比例，均衡安排省储稻谷轮出，有序投放市场，保障市场供应。

（三）应急供应

根据国家有关应急工作要求，结合全省粮食应急现状，重点围绕增强应急保障能力、优化应急保障机制、提高应急处置水平等方面，对《江苏省粮食应急预案》进行了修订。全省积极充实和调整应急加工、供应网点，改善储备库、加工企业与供应网点间的衔接，部分地方对应急网点实行了挂牌。全省落实应急加工企业394家，应急供应网点1998个，应急粮食日加工能力10.5万吨、油料日处理能力4.5万吨、油脂日精炼能力1万吨、成品粮日供应能力10万吨、成品油脂日供应能力0.8万吨。2013年全省投放食用油0.45万吨、最低收购价小麦570.4万吨，增强江苏省粮食市场调节能力。

（四）产销衔接

印发《省粮食局关于进一步加强粮食产销合作的通知》，推动省内粮食产销衔接向纵深发展。加强省外产销合作关系，参与第九届九省粮食产销协作福建洽谈会、2013·黑龙江金秋粮食交易合作洽谈会等，签订省际间购销合同90万吨。推进合作建设粮食生产基地和粮食专业合作组织建设，全省销区（市）共在粮食产区协议建立跨地区粮食生产基地46666.7公顷。鼓励和支持省内粮食企业采购东北地区粳稻（米）和玉米，12月采购粳稻米0.76万吨、玉米6.54万吨。

四　国有粮食企业改革

2013年，江苏省出台了《关于深化地方国有粮食企业改革的意见》（苏政办发〔2013〕79号），提出"通过改革形成县（市、区）粮食购销总公司（集团）+子公司、分公司+收储库点的经营模式，促进资产、资源向优势企业集中，切实提高企业融集资金、掌控粮源和抵御市场风险的能力"，全省各地坚持以改革为重要抓手，完善各项政策措施，积极推进地方国有粮食企业兼并重组，促进国有粮食企业做大做强，转变企业经营模式，建立现代企业制度，取得了初步的成效。截至2013年年底，全省24个县（市、区）的改革方案获政府批复，7个县（市、区）的改革方案正在报批。全省国有粮食企业实现利润3.38亿元，同比增长21.8%；全省国有粮食企业847个，同比减少198个；资产总额466.6亿元，净资产103.4亿元，同比分别增长14.1%和14.8%。下一步，江苏地方国有粮食企业改革将逐步向混合所有制经济、建立现代产权制度、公司法人治理结构、职业经理人制度等方面发展，向更深层次推进。

五　行政执法

（一）粮油专项检查

开展省级储备粮和中央储备粮库存检查，检查数量占总库存量20%，中央事权粮占48%，下达整改通知书47份，全省区域内粮食库存账实相符、账账相符，粮食质量总体良好、储存安全。开展夏秋粮收购专项检查，加强联合执法和全面巡查，严肃查处违法违规行为，维护粮食收购市场秩序。开展收购资格核查，加强对放心粮油店的监管。开展统计执法检查工作，指导企业粮食流通统计编制工作。全省共开展粮食监督检查3809次，出动人员22853人次，查办案件1098例，罚款140例，罚款金额19.97万元，暂停粮食收购资格72例，取消粮食收购资格116例，有效维护了粮食流通市场秩序。

（二）粮油质量安全

面向社会宣传粮食质量安全，会同省食品安全委员会分别在南京和苏州举办省级和国家粮食质量安全宣传周活动。落实省政府"加快推进放心粮油工程建设，加大粮油安全监测力度"要求，加强质量监管机制建设，与省发展改革委、省财政厅等五部门协商，提出全省重金属粮食检测及处置实施方案，初步建立"不合格粮"处置机制。加大在库粮食质量检查以及粮食收购前后的质量把控，开展收购前粮食质量调查、品质测报和原粮卫生监测，严格收购后入库粮食质量标准，确保安全储存。开展粮食质量安全隐患排查，防止2012年赤霉病超标小麦流入口粮市场，督促企业严格落实强制检验制度和索证索票制度。开展粮食质量调查、品质测报和原粮卫生监测，摸清质量状况，确保原粮卫生安全。

（三）粮食督查规范化建设

开展粮食流通监督检查示范单位创建活动，评选出全省粮食流通监督检查示范单位16家，太仓市粮食局、泰州市粮食局海陵分局、新沂市粮食局荣获第三批全国示范单位。加强粮食行政执法队伍建设，56个市县粮食行政主管部门建有专职执法队伍。提档升级行政执法信息系统，集成工作日志模块，实现与省信用信息中心有关数据对接，并开发和试点运行移动执法系统。组织全行业粮食企业基本信息采集工作，将市县粮食行政机关信用体系建设情况纳入年度考核范围，统一考核标准、细化考核内容，组织现场督查考核。建立粮食流通信用体系建设长期规划、三年计划和相关管理制度，出台粮食流通行业信用评价实施办法并组织实施。全省3778家粮食企业申报评定，评出A类企业2205家、B类企业998家、C类企业539家、D类企业36家。加强诚信评价结果应用，将企业信用信息作为确定储备粮油承储资格、政策性粮食委托收储库点、承担政策性粮食收储加工等任务、申报各级放心粮油示范企业等称号以及评优评先的重要条件，引导企业依法、规范和诚信经营。

六　行业发展

（一）粮食流通基础设施建设

优化全省国有粮库布局规模，确定855个粮库规划点，形成物流中心、中心库和收储库三级仓储体系。2013年，全省粮食总仓容2507.72万吨，油罐总罐容225.84万吨。全省粮食仓储企业共1301户，库区数2043个，从业人员有23795人。全省粮食铁路专用线总长度14.3公里，粮食专用码头泊位数1295个，总吨位达137.88万吨。全省粮食仓储企业有烘干设备502套，烘干能力4202.5吨/小时。全省散粮中转设施接收能力9.6万吨/小时，发放能力9.1万吨/小时。企业粮油经营量达7253.9万吨，其中散进散出量为6007.8万吨。2013年度各类粮食流通基础设施建设项目163个，完成投资11.34亿元。

（二）危仓老库维修改造

2013年成功争取"中央补助地方粮食仓库维修资金"全国重点支持省，争取中央财政维修资金2.27亿元和省财政配套定额补助 6.5076亿元。结合《江苏省粮食流通"十二五"发展规划》中期评估，重新规划布局全省粮食仓储库点，库点数量由1728个减少至855个，促进布局更加科学合理。与省财政厅联合下发了《关于做好全省危仓老库维修改造工作的通知》，制定《江苏省粮库建设维修改造技术导则》、《江苏省粮食危仓老库维修改造项目管理办法》，指导并规范全省粮库维修改造工作，使全省仓储设施达到统一仓储标识、统一外部色彩、统一建设标准。全省计划维修库点633个、总仓容663.4万吨、总投资14.9亿元，其中10.3亿元用于一般维修和大修改造、3.6亿元用于粮库功能提升、1亿元用于粮库收储可视化信息系统建设。

（三）粮油加工业

2013年，全省粮油工业生产总值2228.61亿元，销售收入2226.21亿元，利润47.66亿元，同比分别增长6.26%、9.35%、9.97%。其中，粮机制造业工业总产值和销售收入占全国总量的68.20%、70.37%，米、面、油加工总量在全国名列前茅。全省国有企业及国有控股企业61家，外商及港澳台投资企业66家，民营企业1016家。全省销售收入超亿元企业347家，超20亿元企业17家。拥有粮食产业化国家级龙头企业22家，省级龙头企业93家。全省拥有隆元大米、射阳大米、双兔大米、苏垦大米、南山面粉、苏三零面粉、丹星面粉、福临门豆油、福临门菜籽油、禧万年菜籽油、牧羊粮机11个粮油类"中国名牌产品"，居全国第一。

（四）粮食信息化建设

开展粮食流通信息化标准规范课题研究，出台《粮库信息化建设规范》、《粮食流通信息基础数据元规范》、《储备粮可视化管理系统功能规范》三项地方标准。制定《江苏省标准化粮库建设和维修设计技术导引》、《江苏省粮食收储可视化信息系统技术导则》，明确粮库管理信息化分类指导建设。2013年建成物联网数字粮库29家。加强网络基础设施与网络安全建设，在粮食地理信息系统一期的基础上，完成1000个粮食企业的地址标注，夏秋粮收购品质数据的GIS展示，以及洪泽湖库、新海库、无锡粮食物流中心的三维制作。建成并推广省级储备粮可视化系统，通过与GIS、中心数据平台、数字粮库、粮情测控、电子印章等系统的对接，实现省级储备粮业务中实物、流程、数据的可视化管理，为省储粮政务、业务提供综合的管理能力和决策分析支持。开发公众服务系统，初步建立粮食质量监管及溯源，搭建全省放心/精品粮油导购平台，试点建设全省粮食银行综合交易平台，保障群众用粮安全。

（五）市场体系建设

2013年底，全省现有各类粮食批发市场33个，交易量约1145万吨，交易额约385亿元，年成交量40万吨以上的粮食批发市场达到7家。南京、苏州、无锡等销区先后在市区及所辖县（市）改造或兴建了8个成品粮油批发市场。口粮批发市场建设成效明显，粮食销售达到当地消费量50%以上，发挥了动态"储备库"和价格"晴雨表"作用。区域批发与中转市场发展良好。盐城阜宁古河、兴化戴窑等粮食批发市场在组织大宗粮食、饲料品种交易，调剂粮食品种余缺，形成市场价格，传递市场供求和价格信息方面发挥了重要作用。利用信息技术、互联网、物联网等先进技术，探索发展粮食现代交易方式，出现了连锁配送、"粮食银行"、"网上粮店"等新型粮食流通业态。放心粮油工程深入推进，"放心粮店"进入社区服务城乡居民健康消费，无锡市引入电商模式创建"粮宝宝"放心粮油连锁店，深受广大市民欢迎。

（六）人才队伍建设

1.推进行业人才发展。评选全省粮食行业11名领军人才，在全省粮食工作会议上授牌、发证，引起全行业对人才的高度重视。组织120名市、县粮食局长参加全省粮食局长学习研讨班，提高履职能力和领导水平、提升引领产业发展和驾驭市场的能力。

2.组织粮食行业技能大赛。3月在无锡成功举办第三届全省粮食行业技能大赛。组织选手参加6月在南京举办的第三届全国大赛，取得总分第二、省区第一的优异成绩。指导11个市粮食局开展职业技能大赛。

3.开展粮食职业技能鉴定。与南京财经大学、省粮食局粮油质监所、江苏省财经职业学院联合开展职业技能鉴定工作。2013年全省共开展粮油质量检验员、粮油保管员职业技能鉴定7批次，鉴定人数542人，通过率达80%以上。

4.建立行业联合办学机制。首次尝试校企合作，与南京财经大学和江苏财经职业技术学院建立联合办学机制，开办粮食工程、物流管理、会计等专业大专和本科学历教育，提升行业员工学历和技能。2013年，首批213名新学员进校学习。

七　党群工作

（一）作风建设

认真落实中央八项规定和省委十项规定，出台《关于贯彻落实省委<关于改进工作作风、密切联系群众的十项规定>的实施意见》。以"四查四治"为主线，深入开展以为民务实清廉为主题的党的群众路线教育实践活动，通过抓好"学习教育、听取意见，查摆问题、开展批评，整改落实、建章立制"三个环节工作，着力解决"四风"突出问题。修订或完善了15项局机关相关制度，实现了宗旨意识更加牢固，工作作风更加务实，长效机制更加完善的目标。扎实开展领导干部"三解三促"活动，夏粮收购期间，局机关领导干部26人分赴7个市、9个县（市、区）驻点调研，召开各类座谈会23个，走访慰问困难群众29户，帮助解决群众困难10个，撰写高质量调研报告6篇，服务基层、服务群众、服务发展的能力不断提高。

（二）廉政建设

落实党风廉政建设责任制，推进廉政风险防控联系点工作。修订完善《江苏省粮食局重点制度汇编》。在省级机关率先启动制度廉洁性评估试点，推动出台《财政资金补助项目管理暂行办法》，从制度层面保证财政资金分配、使用的廉洁规范。制定《关于加快推进国有粮食企业廉洁风险防控意见》，在国有粮食企业全面建立廉洁风险防控机制。在无锡科技物流中心试点建成数字粮库电子监察系统，实现科技防腐。打造"金谷清风"勤廉文化行业品牌，推进粮食行业诚信体系建设，推动勤廉文化进粮库活动制度化、规范化、常态化，建设"清风粮食"和"平安粮仓"。

◆ **江苏省粮食局领导班子成员**

陈　杰　　　　　党组书记、局长（2013年3月起任现职）

于国民　　　　　党组成员、副局长

朱新华　　　　　党组成员、副局长

张生彬　　　　　党组成员、副局长

陈一兵　　　　　党组成员、副局长（2013年4月起任现职）

蒋云峰　　　　　党组成员、省纪委驻省粮食局纪检组长（2013年5月起任现职）

韩　峰　　　　　副巡视员

2013年5月，全省小麦最低收购价执行预案启动工作会议在南京召开。

国家粮食局副局长徐鸣（左二）在省粮食局局长陈杰（左三）陪同下到无锡粮食物流中心调研。

江苏省委副书记石泰峰（前排中）在徐州视察夏粮收购工作。

江苏省副省长徐鸣（右三）在淮安市金湖县调研秋粮收购工作。

浙江省粮食工作　基本情况

2013年，浙江省认真贯彻中央和省委、省政府的决策部署，全省经济运行平稳，转型升级扎实推进，发展质量效益向好，民生保障进一步改善。

全省粮食播种面积1254万公顷，比上年增长0.2%；粮食单产和总产量分别为5854公斤/公顷和734万吨，分别比上年减少4.8%和4.7%。其中，春粮产量63.94万吨，比上年增加2.3%；早稻产量71.71万吨，比上年增加7.3%；秋粮产量598.3万吨，比上年减少6.6%。油料播种面积183万公顷，比上年减少3.1%。油料产量37.78万吨，比上年减少1.4%。其中，油菜籽产量31.67万吨，比上年减少1.3%；花生产量5.19万吨，比上年减少2.8%。

全省新建成粮食生产功能区1352个，面积7.1万公顷，累计建成4984个、31万公顷。全省已有农业龙头企业7492家；规范化农民专业合作社8328家，其中2013年新增1000家。全省国有粮食企业累计收购粮食92.69万吨，其中"订单粮食"78.62万吨，订单履约率达到96%。粮食收购量同比增长12.6%，其中晚稻收购同比增长24.5%。全省共销售粮食1937万吨；进口粮食335万吨，出口粮食0.3万吨；粮食商品量为338万吨，流通量达1272万吨。

全省30家粮食批发市场全年成交粮食690万吨，比上年增长5.5%，其中省外粮源占89.5%，丰富了省内市场的粮食供应，满足了城乡居民的粮食消费需求。全省报送粮油加工业统计报表的粮油加工企业（简称入统企业）366家（包括粮油机械制造企业2家）。在全部入统企业中，国有企业17家，占4.6%；外商及港澳台商投资企业11家，占3.0%；民营企业338家，占92.4%。入统企业全年完成工业总产值421.5亿元，产品销售收入439.9亿元，主营业务成本398.9亿元，利税总额15.8亿元，利润总额10.8亿元，资产总计247.9亿元，当年固定资产投资3.9亿元，负债合计161.1亿元，长期负债13.0亿元。

2013年粮食工作

2013年，在浙江省委、省政府的正确领导下，全省各级粮食部门认真贯彻党的十八大精神，深入实施"八八战略"，建设"物质富裕、精神富有"的现代化浙江，按照"守住管好'天下粮仓'，做好'广积粮、积好粮、好积粮'三篇文章"的总要求，紧紧围绕省委、省政府中心工作和保障全省粮食安全的总目标，以抓收购、管储备、保供给、稳粮价为中心任务，扎实完成各项工作任务，推动粮食事业科学发展。

一　加强责任制考核，落实粮食安全责任

做好粮食安全责任制的落实工作，进一步健全工作机制，严格考核，督促各地政府制定科学、合理的粮食政策，采取有效措施，保护粮食生产能力，稳定粮食生产，落实粮食储备，实现保供稳价。全面完成了对各市2012年度的粮食安全责任制考核，4月27日，省政府召开全省粮食工作会议，表彰了绍兴市、衢州市和嘉兴市3个2012年度考核优秀单位，并与各市政府代表签订了2013年度粮食安全责任书。进一步完善考核机制，认真修订了2013年度粮食安全责任制考核办法并颁发实施，有效发挥责任制考核的"指挥棒"作用。

二　抓好粮食收购，帮助粮农增加收入

落实"订单粮食"政策，帮助粮农增效。提高粮食收购价格，早稻订单价格从2012年的每50公斤128元提高到2013年的132元，农民每50公斤早稻收益提高4元。共向1058户种粮大户发放预购定金6191万元，省级财政共发放奖励资金近9000万元。抓好中晚稻收购工作，不折不扣执行粮食收购政策，切实保护农民利益，坚决守住三条线："农民种粮卖得出"这条底线、"不打白条"这条红线、"不违反收购政策"这条高压线。积极开展为农服务，帮助粮农解困。深入开展"五送"活动，建立粮情联系员工作制度，帮助粮农解决粮食生产中遇到的困难；在全省推广"一站式"粮食收购服务，积极投入资金，配置粮食散运进库的机械化设备，增添输送机、除杂机和粮食自动计量秤，帮助农户清杂及装卸作业，最大限度地降低了农户售粮的劳动强度和时间，为农户节省了大量人工成本和费用，深得农户好评。制定出台粮食最低收购价执行预案，给粮农"托底"。积极推动各地敞开收购农民粮食，让种粮农民吃上"定心丸"。部分市、县启动预案开展了"托市"收购，保障粮农"有粮卖得出"。此外，还配合中储粮浙江分公司积极做好国家临储油菜籽托市收购工作。

三　深化粮食产销合作，大力拓展省外粮源

进一步扩大与黑龙江等粮食主产省的产销合作。2013年5月底，省粮食局与黑龙江省农垦总局签订了建立粮食产销战略合作关系意向书。7月下旬，副省长黄旭明率团到黑龙江省落实产销合作，与该省签订粮食产销合作项目6个、数量34.6万吨、金额10.38亿元。9月，省粮食局组织100多家企业参加"2013·黑龙江金秋粮食交易合作洽谈会"，17家粮食购销企业与黑龙江省的粮食企业共达成粮食购销合同和意向性协议20项，总交易量约达28.3万吨。认真实施东北粳稻米采购运输补贴和东北粮食生产基地自产粳稻补贴两项政策，2013年17家骨干粮食企业采购运输东北地区新产粳稻（粳米）32.06万吨，超额完成运费补贴基数。积极协调解决好浙江企业粮食铁路运输车皮问题，为省内粮食加工经营企业申请车皮计划1216车。为缓解浙江"北粮南运"的瓶颈制约，打通"北粮南运"通道，省政府8月28日召开专题会议，确定在东北建设稳定的粮源基地和粮食物流中转基地。省粮食局与省农发集团一起开展了调查研究，寻求合作对象，进行合作谈判，谋划建设方案。浙江已与黑龙江、

江西、山东等12个主产省开展了多种形式的产销合作，建立粮食生产基地21.5万公顷、粮食加工线43条，购建和租赁仓容约80万吨，从省外引进大米加工线10条。各地也积极与粮食主产区开展各种形式的产销合作，多渠道引入省外粮源。

四　开展粮食市场统计监测分析，做好粮油市场应急供应工作

认真开展粮食流通统计调查，开展了全省2012年度粮食供需平衡调查，首次对全省上半年农户粮食生产及出售、存粮等情况开展调查。粮油市场行情监测预警不断加强。密切关注粮油市场动态，加强对全省122个监测点批发、零售价格的监测，认真研究分析粮食产销、供求和价格走势。粮油应急、供应体系进一步完善。共确定应急加工企业331家，应急供应企业1960家。积极做好元旦、春节等节假日和雨雪冰冻天气、"菲特"强台风自然灾害等非常时期的粮食供应，保证粮食市场平稳。进一步规范军粮供应管理工作，制定海岛军粮供应站初步建设规划，规范军粮质量管理，保证军供粮食质量安全。

五　加强储备粮管理，确保储粮安全和运作规范

省政府出台了《关于稳定国有粮食购销企业管理体制的通知》，稳定全省地方储备粮和国有粮食购销企业管理体制。明确了各级粮食行政管理部门管理同一级国有粮食购销企业的职能，并确保权责一致，人权、事权、财权统一。开展地方储备粮专项治理和专项检查活动，规范和强化储备粮管理，确保储粮安全和运作规范。持续推进科学储粮，开展低温储粮、富氮低氧气调储粮等绿色生态、低碳节能储粮技术的实践与应用。继续开展"星级粮库"建设，截至2013年末，全省已创建"星级粮库"115个。初步完成新增地方储备粮油规模测算的前期准备工作，向国家粮食局提出浙江新增地方储备粮油规模的意见。下达新一轮省级临时储备油计划，调整优化省级储备油区域布局。做好省级储备粮油轮换工作，首次采取网上公开竞价销售形式拍卖省级储备粮，省级储备小麦、早稻轮换出库和补库计划按期保质、保量完成。

六　推进"粮安工程"建设，提升粮食安全保障能力

2013年起，国家粮食局决定全面实施以建设粮油仓储设施、打通粮食物流通道、完善应急供应体系、保证粮油质量安全、强化粮情监测预警、促进粮食节约减损等为主要内容的粮食收储供应安全保障工作，简称"粮安工程"。根据国家粮食局的要求，结合浙江实际，编制了全省"粮安工程"规划，形成了具有浙江特点的科学储粮、畅通物流、质量监管、应急保供、信息支持、人才兴粮六项工程，规划了全省粮食物流、仓储、应急体系、质量安全监管体系、行业发展和信息化、粮油加工产业发展等六个方面的627个项目，初步预算总投资268亿元。"粮安工程"规划的启动实施，推动了浙江粮食安全保障能力再上一个新台阶。

2013年，全省粮食仓储、物流建设得到进一步加强。市、县中心粮库建设项目基本完工7个，正在开工建设17个；舟山国际粮油集散中心、金华、台州等粮食物流项目已部分完工，绍兴粮食批发市场项目主体工程完工；萧山等地的重点县（市、区）级粮食物流节点建设也在顺利推进中。农户科学

储粮专项工程稳步推进。绍兴、嘉兴、衢州、杭州等地的15个县（市、区）至年底基本完成38395套高标准农户科学储粮装具，每年将减损粮食2300吨。

七　提高依法管粮能力，确保粮油质量安全

开展地方储备粮专项检查活动，规范和强化储备粮管理，确保储粮安全和运作规范。深入开展安全生产大检查"百日行动"，粮食行业安全生产取得了明显成效。粮油质量监管进一步加强。认真开展粮油质量安全专项整治监测抽查工作，确保粮油质量安全。完成了收获粮食质量调查、品质测报和原粮卫生专项调查，加强出库销售粮食卫生监测和储存环节粮食质量监测，首次开展对全省18个重点粮食批发市场主要粮油品种重金属、农药残留等卫生质量指标的监测抽查，确保粮油质量安全。

全省粮食质量检验监测能力得到提高。省粮油产品质量检验中心转基因实验室已投入使用，微生物实验室项目和样品室及"三废"处理建设改造项目正在实施中；衢州市粮油质量检测中心通过了国家认证、授牌；绍兴市落实机构、人员编制，重新组建了粮油质量检测中心，丽水市粮油质量检测站也在积极筹备建设之中。

放心粮油工程深入开展。在继续实施"放心粮油进社区"活动的同时，引导各地粮食部门和粮食企业开展"放心粮油进农村"活动，净化农村粮油市场，让广大农民吃得放心、吃得安全。

八　全力做好抗灾救灾工作，最大限度减少受灾损失

2013年第23号强台风"菲特"带来的洪涝灾害造成浙江重大经济损失，也造成宁波、温州、杭州等地粮库不同程度受灾。全省粮食部门迅速行动，深入抗灾救灾工作第一线，全力以赴做好抗灾自救和灾后粮油供应。同时，加强粮油市场监测和监管，确保粮油质量安全，防止出现哄抬粮价、囤积居奇等不法行为。省粮食局对这次台风高度重视，全面部署防汛抗台工作，立即启动防汛抗台工作预案，落实各项防汛抗台措施。局领导第一时间赶赴省属各库点和受灾严重的市、县指导防汛抗台工作。台风过后，又召开专题会议，进一步研究部署防汛抗台后续工作，立即向各市、县粮食行政管理部门下发了关于全省粮食系统切实做好防汛抗台后续工作的紧急通知，并由局领导带队赶赴受灾严重的宁波余姚、温州平阳等地指导救灾工作。针对各地受灾情况，要求各级粮食行政管理部门迅速采取有效措施，合力做好抗灾救灾工作，最大限度减少受灾损失。一是组织干部职工抢修受损仓库、设施，尽快排除库区积水，尽早抢救受灾粮食；二是利用现有仓储设施，采用机械通风、控温等技术手段，防止粮食过快变质；三是迅速对受淹粮食开展抢运和移库工作，将入库两年的地方储备粮提前出库销售，尽量减少损失；四是及时与保险公司接洽，开展损失理赔工作。由于抗灾救灾和后续工作行动迅速、措施有力，灾区粮油供应正常，社会秩序稳定。

九　开展党的群众路线教育实践活动，机关作风呈现新气象

按照中央和省委的统一部署，深入开展党的群众路线教育实践活动，聚焦"四风"，边查边改，立说立行，为民务实清廉作风得到弘扬，行风政风进一步好转。省粮食局党组对查摆剖析出来的问题，逐项列出清单，明确整改方向，提出有针对性的整改措施，进一步健全完善靠制度管人、按制度

办事、用制度管权的体制机制。同时，党风廉政建设和反腐败工作进一步加强，廉政风险防控机制进一步落实，中央的"八项规定"和浙江的"28条办法"、"六个严禁"等规定要求得到严格执行，有力保障了粮食工作的顺利开展。机关党建工作紧紧围绕加强学习、服务中心、建设队伍、推进发展的工作思路，以建设学习型、服务型、创新型党组织为目标，在抓好局党组中心组理论学习、机关思想文化建设、群团组织建设等方面有了新的突破。局党组高度重视党风廉政建设工作，紧紧围绕示范带动、教育引导、制度约束、监督保障四个重点，抓本治源、注重预防，把党风廉政建设作为一项重大政治任务抓紧抓实。主要负责人切实履行第一责任人的职责，领导班子成员严格落实"一岗双责"，真正做到谁主管、谁负责，一级抓一级、层层抓落实，扎实推进具有浙江粮食部门特色的惩治和预防腐败体系建设。局党组坚持"一手抓业务，一手抓队伍"的工作方针，在抓好粮食业务工作的同时，始终不放松干部队伍建设，基层组织建设，工会、团委、妇委会工作，老干部工作等都有新成绩。干部队伍的教育培养工作扎实推进，作风明显好转，局机关和直属单位干部职工的精神面貌有了新变化，呈现出新气象。

十　开展部门职责清理，抓好粮食干部职工队伍建设

为认真贯彻落实党的十八届三中全会决定和《中共中央、国务院关于地方政府职能转变和机构改革的意见》精神，省政府决定开展政府部门职责清理、规范行政权力运行工作。省粮食局党组对此高度重视，成立了领导小组及办公室，抽调骨干人员加班加点认真梳理。共细化了213项外部工作职责、139项内部工作职责，制定和完善了12项监管制度，制作了32个工作职责流程图，并撰写了履职报告和调研报告，进一步规范职权行使。此项工作于12月15日全面完成。完成职责清理后，所有的工作要围绕权力清单开展，不得超越权力清单行使职权，真正做到"清单之外无权力"。职责梳理和规范行政权力工作，为省粮食局继续转变职能，健全粮食流通管理职责，推进依法管粮奠定了扎实的基础。为提高领导水平和加强执政能力，6月上旬在杭州举办了全省粮食局长培训班，取得良好成效。加强职业素质和技能培训，培养高级技工和一线操作员工，在5月底举办的第三届全国粮食行业职业技能竞赛中，取得了优异成绩。

◆　**浙江省粮食局领导班子成员**

金汝斌　　　　党组书记、局　长（2013年3月任职）

钟传厚　　　　党组成员、副局长

韩鹤忠　　　　党组成员、副局长

李立民　　　　党组成员、副局长

叶晓云　　　　党组成员、总工程师

龚震源　　　　副巡视员

何　震　　　　党组成员、人事处处长

浙江省委副书记王辉忠（左）在省粮食局调研。

浙江省副省长黄旭明（右一）在粮食部门调研。

浙江省粮食局局长金汝斌（前右）带队在诸暨开展"五送"为农服务活动。

浙江省粮食局局长金汝斌（前中）在基层粮食企业调研。

安徽省粮食工作   基本情况

　　安徽省地处长江、淮河中下游，长江三角洲腹地，东连江苏、浙江，西接湖北、河南，南临江西，北靠山东，土地面积13.94万平方公里，占全国的1.45%，居第22位。地跨长江、淮河、新安江三大流域，分为淮北平原、江淮丘陵、皖南山区三大自然区域。山地、丘陵、台地、平原、水域面积分别占全省土地总面积的15.3%、14.0%、13.0%、49.6%、8.1%。境内河流众多，大小湖泊有580多个，其中巢湖是全国五大淡水湖之一，面积800平方公里。安徽省气候南北过渡特征十分明显，淮河以北为温带半湿润季风性气候，淮河以南为亚（副）热带湿润季风性气候，夏季高温多雨，冬季寒冷干燥。

　　截至2013年末，全省常住人口6029.8万，比上年增加41.8万；城镇化率47.9%，比上年提高1.4个百分点。2013年，全省生产总值19038.9亿元，比上年增长10.4%，已连续10年保持两位数增长；人均GDP31684元，比上年增加2892。全年财政收入3365.1亿元，比上年增长11.2%。全年城镇居民人均可支配收入23114元，比上年增长9.9%；农村居民人均纯收入8098元，比上年增长13.1%。

　　安徽省农产品资源丰富，粮、棉、油产量均居全国前列，是全国重要的无公害农产品和绿色食品生产基地。主要粮食作物有小麦、稻谷、玉米三大品种。2013年，全省粮食种植面积662.53万公顷，比上年扩大0.33万公顷。全省粮食产量3279.6万吨，比上年减少9.5万吨。其中，小麦1332万吨，增加38万吨；稻谷1362.3万吨，减少31.2万吨；玉米426万吨，减少1.5万吨；大豆107万吨，减少6万吨。全省各类粮食企业累计收购粮食2480万吨，同比增加405万吨，刷新历史纪录；销售3496.8万吨，出口9.5万吨。全年全省粮食消费总量2579万吨，其中，口粮消费1410万吨（城镇口粮473万吨，农村口粮937万吨），饲料用粮697万吨，工业用粮368万吨，种子用粮105万吨。分品种分别为：小麦774万吨，稻谷990万吨，玉米608万吨，大豆159万吨，其他49万吨。

2013年粮食工作

　　2013年，安徽省各级粮食部门认真贯彻落实李克强总理关于"守住管好'天下粮仓'，做好'广积粮、积好粮、好积粮'三篇文章"的重要指示精神和省委、省政府决策部署，沉稳应对复杂多变的粮食形势，锐意进取，主动作为，坚持稳中求进，进中提质提效，粮食流通工作持续保持良好发展态势，为全省经济社会发展提供了坚实基础和有力支撑。

一　粮食收购量创历史新高，有效保护种粮农民利益

　　2013年是安徽省在国家确定粮食主要品种最低收购价政策以来，政策性收购品种最多、任务时间最长、库点覆盖最广、收购总量最大的一年。粮食部门认真贯彻落实国家粮食收购政策，第一时间在全省范围内启动小麦、早籼稻、中晚稻（含粳稻）最低收购价执行预案和国家油菜籽临时收储政策，实现首次全面启动主要粮食品种政策性收购。针对阜阳、六安等地小麦不完善粒超标严重情况，争取国家出台不完善粒超标小麦收购政策，最大限度保护种粮农民利益。千方百计克服中晚稻仓容不足等难题，优化服务措施，强化收购纪律，不折不扣守住"种粮卖得出"底线。全省累计收购粮食2480万吨，同比增加405万吨，刷新历史纪录，其中托市收购小麦293万吨、中晚籼稻426万吨，临时收储油菜籽58万吨，分别位居全国第二、第一和第四位，直接带动农民增收近35亿元。

二　调控能力明显增强，确保粮油市场价格基本稳定

　　一是不断夯实粮食储备基础。针对全省人口总数和结构发生的变化及国家粮食局要求，重新测算地方储备粮油规模。健全储备粮油管理制度，落实储备粮油补贴，对储存期满的8.1万吨省级储备粮和1.75万吨食用植物油进行轮换；督促市县成品粮油应急储备计划全面完成；各地新增储备规模3.8万吨。二是加快粮食应急供应体系建设。确定粮食应急加工企业327家、配送中心28个、网点1950个，配备粮食应急配送车30辆。三是提升军粮供应水平。编制了《安徽省军粮供应2013－2015网点改造规划》和《安徽省军粮应急保障规划》，军粮供应保障能力和水平持续提升，先后获得省、市3项双拥先进单位称号。四是不断加强市场粮油价格监测。建立粮油市场价格信息监测点195个，发布全省粮油价格监测周报50期。五是突出搞好产销协作。组织企业参加福建、黑龙江、山西和内蒙古的粮交会和粮食产销衔接会，销往省外粮食1144万吨，居全国第四位；组织粮食企业参与采购东北地区玉米、粳稻，124家企业共采购粮食300多万吨，为国家粮食购销平衡作出突出贡献。六是发挥合肥国家粮食交易中心稳盘作用。全年成交政策性粮食2029.98万吨，同比增加近1倍，"稳市"影响力凸显。

三　启动实施"粮安工程"，仓储物流建设快速推进

　　一是突出仓储设施建设。组织完成全省"粮安工程"建设规划（初稿）和2013年"危仓老库"维修改造实施方案，全省国有粮食企业开工建设仓储项目142个，计划建设仓容224万吨，完成建设项目70个，完成投资5.34亿元，新增仓容106.8万吨。中央和省配套投入1.01亿元，同比增长22%，维修改造仓容534万吨。省财政安排项目建设补助资金1.87亿元，同比增长35%，获中央预算内项目补助资金5250万元，安排下拨维修改造资金10099万元，同比增长22%。计划维修改造收储库点694个，维修仓容534万吨，新增机械设备1600台套，检化验设备（2000元以上）154台套。二是质检能力全面提升。全省10个国家质检机构纳入2013年国家项目建设范围，获中央项目建设资金2660万元。黄山、宣城粮油检测中心成功申报挂牌为国家粮油产品质量检验监测机构。芜湖等五市经当地编委会同意，正式设立了事业单位性质的粮油产品质量检验监测中心（站），并完成建设项目可行性研究。三是仓储管理水平上台阶。开展安全生产"百日行动"和储粮化学药剂、进出仓作业安全工作专项检查，主动与公

安消防部门建立协作机制，全省各类安全生产事故同比减少75%，国有粮食企业安全生产零事故。省现代物流中心库等3家储备库信息化建设试点成效初显。四是大力推进农户科学储粮。投资2790万元完成第8期农户储粮示范工程，直接惠及8万农户。

四　扎实开展"2000亿跨越工程提升年"活动，粮食产业发展速度和质量同步提升

安徽省政府办公厅出台了《关于大力推进主食产业化的意见》，各地积极贯彻落实。淮南、淮北等市政府结合实际也出台实施意见，大力推进主食产业化。主食产业开局良好，产能产量大幅提升，合肥、淮北等市已形成一批特色主食产业集群。2013年全省粮油加工值达到1864亿元，利税74亿元，同比分别增长14%和26.8%。落实优质粮油订单248.3万公顷，完成目标任务124%，订单收购量788万吨；企业流转土地29.6万公顷，参与政府粮食生产核心示范区建设38.6万公顷，以其他方式建设原粮基地39.3万公顷。年产值超亿元的龙头企业达579家，同福等4家企业名列全国同行业第一。新增省"著名商标"86个，"安徽名牌"18个。被认定为省级高新技术企业6家、创新型试点企业3家、企业技术中心5家、高新技术产品12个，46个精深加工项目相继建成投产，粮油精品产量同比增长15.3%，技术创新、品牌示范效应持续放大。企业牵头领办农民专业合作社410家，成立粮油专业协会83家。营销网络得到拓展，城市连锁店和农村服务社分别发展到3084家、2933家，销售收入分别达到28.2亿元、14.7亿元。粮食产业园区建设稳步推进，62个园区和企业列入省政府"861"项目，园区粮油加工能力628万吨，综合配套功能逐步显现。

五　多措并举深化改革，企业效益持续好转

强力推进国有粮食企业产权制度改革，结合"粮安工程"规划编制，全面摸排全省国有粮食企业个数、土地、资产质量等基本情况，为争取政策支持、深入推进改革打好基础。省粮食局出台了《关于进一步深化地方国有粮食企业改革的意见》，从加快国有粮食企业改革步伐、优化国有粮食企业改革环境、强化国有粮食企业改革保障措施三个方面提出了明确要求，指导企业改革。启动改革发展重点县（滞后县）的季度调度工作，每季度进行报表分析，供领导调研参考。积极推广铜陵市、明光市、寿县、无为县等地在品牌打造、土地确权、资源整合等成功经验，企业融资能力大幅提升。整合重组一批弱小困难企业，截至2013年底，全省独立核算的地方国有粮食购销企业547个，较上年减少18个；争取财政、税务部门减免企业税收8000多万元，消化新增财务挂账3.5亿元。抓住用好政策性收购机遇，积极开拓市场化经营，规范企业内部管理，激发企业内生活力。全省国有粮食企业实现连续10年盈利，2013年实现利润1.74亿元，较上年增加7.3%；资产负债率76.95%，同比下降2个百分点；所有者权益46.9亿元，同比增加4.7亿元，财务状况继续保持良好的发展态势。

六　坚持依法管粮，粮食流通发展环境进一步优化

集中开展粮食法制宣传月等系列活动，注重增强全行业法治观念，积极推进依法行政。注重加强粮食行政执法队伍建设，全省现有监督检查内设机构95个，行政执法支（大）队30个，其中编办

批准成立的18个，当年新增6个。持有效监督检查证人员759名。年度累计落实执法经费436万元，现有执法专用车15辆。根据《粮食流通管理条例》、《安徽省粮食收购资格管理规定》要求，组织对全省取得粮食收购许可证的法人、其他经济组织和个体工商户进行了粮食收购许可证年度审核工作。全省共核查粮食收购许可证7550个，通过审核7321个，其中法人和其他经济组织2882个，个体工商户4439个。坚持监督检查常态化、规范化，圆满完成粮食清仓查库，库存账实相符、质量良好。开展政策性粮食"出库难"专项整治，取得阶段性成效，新华网、中央政府门户网站等主流媒体进行了报道。全省立案查处涉粮案件929例，其中责令改正、警告处罚689例，罚款13.6万元。安徽省被列为诚信评价试点省，连续8年获得全国粮食流通监督检查工作先进单位称号，3个县荣获全国监督检查示范单位称号。

七　践行党的群众路线，政风行风进一步好转

坚持高标准、严要求，扎实开展群众路线教育实践活动。全面组织梳理清查机关各项规章制度，制定完善了《党组中心组学习制度》、《基层党组织"三会一课"制度》、《与农村基层党组织结对共建制度》、《廉政风险防控措施和制度》、《全省市级粮食行政机关政风行风建设考核细则》、《评比、考核、表彰管理办法》、《因公临时出国（境）管理办法》、《机关"三公"经费管理办法》、《领导联系龙头企业工作制度》、《省粮食仓库建设专项资金管理办法》和《省级储备粮油轮换实施意见（试行）》等11项制度，逐步形成"反对四风、服务群众、促进改革、创新发展"的制度体系，真正做到用制度管人、管事、管物，切实固化作风建设的成果。党风廉政建设和反腐败"一把手"负总责、"一岗双责"制度进一步落实，省粮食局廉政风险防控工作在全国粮食流通工作大会上作经验交流。深入开展"三反三正"和廉政文化"四进"活动，为民务实清廉风尚进一步弘扬。省粮食局荣获新一届省直机关文明单位称号，并进入第十届省级文明单位候选。成功举办第三届全省粮食行业职业技能大赛，并在全国技能大赛上荣获优秀团体二等奖和3金4银1铜好成绩。机关党建、行业文化建设、老干部工作都取得了新成绩，行业软实力不断提升。

◆　**安徽省粮食局领导班子成员**

牛向阳	党组书记、局长（2013年11月任现职）
孙良龙	党组书记、局长（任职至2013年11月）
刘　惠（女）	党组成员、巡视员
戴绍勤	党组成员、巡视员
陈学东	党组成员、副局长
王用华	党组成员、纪检组长
杨增权	副局长
马三九	党组成员、副局长
许维彬	副巡视员（2013年6月任现职）

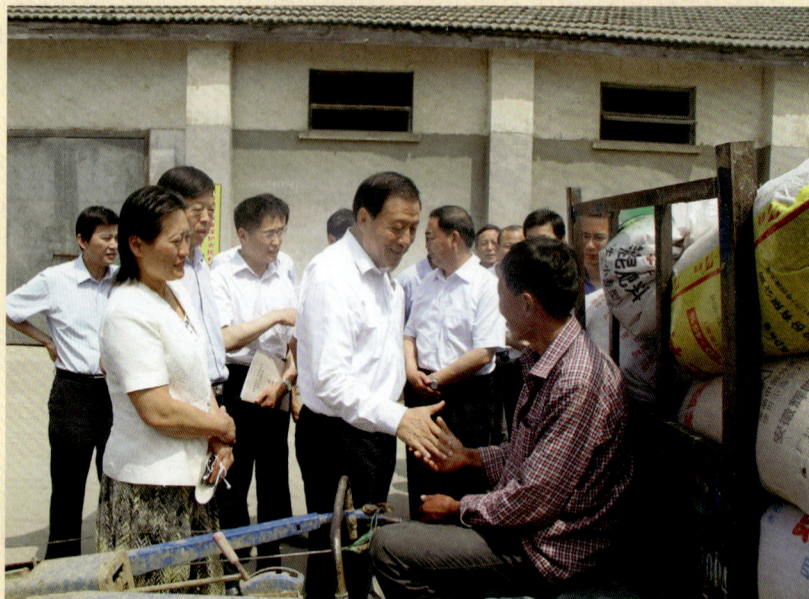

2013年6月，安徽省副省长梁卫国到滁州调研夏粮收购工作，时任省粮食局局长孙良龙陪同调研。

2013年7月，安徽省人民政府与国家粮食局签署战略合作协议。图为安徽省人民政府省长王学军和国家粮食局局长任正晓签署协议。

2013年12月，安徽省粮食局局长牛向阳陪同副省长梁卫国出席安徽省名优产品绿色食品（上海）交易会。

2013年12月底，安徽省粮食局局长牛向阳检查合肥市场"两节"期间粮油供应工作。

福建省粮食工作　基本情况

　　福建地处东南沿海，全省陆地面积12.4万平方公里，海域面积13.6万平方公里，总人口3774万，是我国粮食主销省之一。2013年全省粮食种植面积120.2万公顷，比上年增加0.1万公顷，粮食总产量664万吨，比上年增加5万吨，其中：小麦1万吨、早籼稻118万吨、中晚籼稻385万吨、玉米19万吨、大豆16万吨、薯类及其他125万吨。全年粮食消费总量1783万吨，其中口粮消费808万吨（城镇口粮419万吨，农村口粮390万吨），饲料用粮727万吨，工业用粮235万吨，种子用粮13万吨；分品种消费量：小麦180万吨，稻谷779万吨，玉米371万吨，大豆325万吨，其他128万吨。2013年度全省入统粮食企业购进经营量2517万吨，比上年增加193万吨；销售经营量2401万吨，比上年增加205万吨。2013年度全省从省外调入的粮食共973万吨，进口493万吨；销往省外粮食274万吨，出口1万吨。

　　截至2013年末，全省共有国有及国有控股粮食企业439家，企业从业人员6677人。全省粮食仓容总量为822万吨，比上年增加80万吨，其中国有粮食仓储企业库区979个，仓容568万吨，比上年增加50万吨，占全社会总仓容的69%。全省油罐容量61万吨，比上年增加17万吨；铁路专用线14065米；专用码头泊位9个，总吨位40万吨。

2013年粮食工作

一　提高最低收购价和订单补贴标准，进一步调动农民种粮积极性

　　经省政府批准，福建省2013年的早、中晚籼稻最低收购价由2012年的每50公斤120元、125元，分别提高到每50公斤132元、135元，分别比上年提高12元、10元；储备订单直接补贴标准由2012年每50公斤10元提高到每50公斤12元，进一步调动了农民种粮积极性。各地加强储备订单收购工作的组织领导，加大粮食政策宣传力度，坚持公开、公平、公正的原则，抓紧抓实储备订单分解到户工作，全省共签订储备粮食收购订单41.9万吨，其中省级30万吨，市县级11.9万吨。针对省内籼稻谷市场收购价格低于省定最低收购价的情况，省粮食局积极协调省财政厅、农业厅、物价局、农发行等部门先后制定出台福建省2013年早籼稻和中晚籼稻最低收购价执行预案，并及时启动，保护农民种粮积极性和合法权益。全省共托市收购粮食47.03万吨，其中早籼稻10.7万吨、中晚籼稻36.31万吨。

二　开展全省粮食库存检查，确保储备库存真实可靠

根据国家发展改革委、国家粮食局等部门统一部署，2013年4月，福建省粮食局联合省发展改革委、财政厅、农发行和中储粮福建分公司，结合春季粮食安全普查，认真开展了粮食库存检查工作。在各地自查基础上，抽调省直有关单位和各地粮食部门业务骨干49人组成省级联合复查组，对全省9个设区市和平潭综合实验区的重点企业和重点环节进行复查。2013年11月，省粮食局结合秋粮收购检查工作开展了秋季粮食库存抽查，重点抽查在春季粮食库存中发现问题的整改落实情况。从检查情况看，各级储备粮油承储企业都能严格执行储备粮管理的有关规章制度，全省粮情稳定，粮油库存数量账实相符、质量良好、储存安全、管理比较规范。

三　加大工作力度，加快推进粮食流通基础设施建设

加大对省级粮食储备库在建项目施工现场的抽查和巡查力度，切实做好项目的"三保一控"工作，长安、南安、长汀库等3个新建项目和晋江库扩建项目已通过竣工预验收并进行装粮压仓；长乐松下库项目已完工并通过竣工预验收；安溪库扩建项目已完成主体工程施工；通过福州库、永安库、漳平库、仙游库等省级老库土地资产盘活、置换异地重建方式，筹划新建省级库26万吨，其中光泽库拆旧建新项目可行性研究报告已批复，永安库、漳平库项目建议书已批复。加强市县中心粮库建设的指导，安排2000万元省级财政资金补助市县中心粮库建设，同时争取财政部820万元补助福建省地方粮库维修，进一步改善市县储备粮库设施条件。继续做好重点粮食批发市场建设的督促和指导，抓好建设进度跟踪，推进"全省统一粮食竞价交易系统"建设，2013年重点粮食批发市场新增投资3.85亿元。认真做好农户科学储粮专项建设，对往年完成的7.5万套农户科学储粮专项建设进行了省级验收。同时落实省级财政配套资金1074万元，2013年实际完成7.2万套农户科学储粮专项建设任务，其中国家有关部门下达任务6万套、利用招投标结余资金增加建设1.2万套。

四　加强产销协作，加大"引粮入闽"力度，进一步加强粮食市场体系和应急体系建设

成功举办第十二届省内产销区粮食购销协作洽谈会，签订粮食购销合同（协议）79项，粮食数量104.85万吨，比上年增加1.4万吨；成功举办第九届九省粮食产销协作福建洽谈会，福建省与各产粮省企业共签订项目299项，粮食购销合同（协议）数量达695万吨，比上届增加2万吨，达到了预期目的。会议期间，陈荣凯副省长、湖南省张硕辅副省长分别代表本省政府签订了两省粮食购销协作协议；省局与江苏省粮食局签订了长期稳定的粮食购销协作协议，进一步巩固和拓展了与粮食主产省的协作关系，提高了福建粮食安全保障水平。组织各类粮食企业代表49人参加2013·黑龙江金秋粮食交易合作洽谈会，福建粮食企业又与黑龙江省粮食企业签订粮食购销合同（协议)60.2万吨。根据《福建省引粮入闽奖励暂行办法》，认真做好申报引粮入闽奖励企业的审核工作，给予18家骨干粮食企业1576万元奖励，鼓励和支持骨干企业多调粮、调好粮。调整增加国家粮食局市场价格监测直报点4个、省粮食局市场价格监测直报点1个，加强粮情监测预警。加强粮食应急体系建设，全省

确定骨干粮食加工企业125家、骨干粮店248家，形成日加工能力2.6万吨、日供应3950吨的应急加工供应体系。

五　及时研究部署，抓紧抓好"粮安工程"建设规划编制工作

根据国家粮食局关于"粮安工程"建设规划编制的要求，省局成立了"粮安工程"建设规划编制工作领导小组，认真做好福建"粮安工程"建设规划编制工作，完成规划初稿并上报国家粮食局。

六　推进粮食依法行政，有效维护粮食市场秩序

根据省人大常委会法工委提出的修改建议，对《福建省粮食流通管理办法》(草案)作了修改补充，《福建省粮食流通管理办法》于2013年6月10日以福建省人民政府第123号令颁布，自2013年8月1日起施行。依照《粮食流通管理条例》等有关规定，各级粮食行政管理部门认真开展对粮食经营者从事粮食收购、储存、运输活动和政策性用粮的购销活动以及执行国家粮食流通统计制度的情况进行监督检查，维护粮食市场正常秩序。抓好各级粮油质量监测机构卫生检测人员的培训和监测机构比对考核，组织已获国家粮食局挂牌授权的10家粮油质量监测机构抓好机构检验监测能力建设项目可行性研究报告的报批工作，推进粮食质量监测机构建设。认真开展"餐桌污染"专项检查、收购和储存环节的原粮质量抽查、政策性用粮抽查以及收获粮食品质测报工作，从检测情况看，粮食质量水平处于稳定状态。

七　扎实开展党的群众路线教育实践活动，切实转变工作作风

认真贯彻落实中央和省委关于开展党的群众路线教育实践活动的部署，按照"照镜子、正衣冠、洗洗澡、治治病"总要求，以为民务实清廉为主要内容，坚持两手抓、两不误、两促进，认真搞好学习教育、听取意见、查摆问题、开展批评、整改落实、建章立制等各环节工作，做到"规定动作"不走样，"自选动作"有特色，扎实开展党的群众路线教育实践活动。召开15场征求意见座谈会，发放征求意见函95份，梳理整合建议意见44条，截至2013年底，已整改到位30条、正在整改5条、逐步整改9条。通过党的群众路线教育实践活动，统一了思想，增进了团结，明确了目标，密切了与基层、群众联系，进一步增强了做好粮食工作，确保粮食安全，推进福建粮食事业科学发展、跨越发展的信心和决心，有力推进粮食流通各项工作的开展。

◆ **福建省粮食局领导班子成员**

　　林锡能　　　局长、党组书记（2013年12月任职）
　　冯利辉　　　副局长、党组成员
　　吴添富　　　副局长、党组成员
　　郑小蕊　　　纪检组长、党组成员

2013年7月，福建省副省长陈荣凯（右一）和湖南省副省长张硕辅签订两省粮食购销协作协议。

2013年7月，第九届九省粮食产销协作福建洽谈会在福州举办。

2013年12月，福建省粮食局局长林锡能（右二）到福建粮油质量监测站调研。

2013年12月，福建省粮食局局长林锡能到长乐松下省级粮库检查工程建设工作。

江西省粮食工作　基本情况

　　江西省地处中国东南偏中部长江中下游南岸，古称"吴头楚尾，粤户闽庭"，乃"形胜之区"，东临浙江、福建，南连广东，西靠湖南、北毗湖北、安徽而共接长江。全省面积16.7万平方公里，境内除北部较为平坦外，东西南部三面环山，中部丘陵起伏，成为一个整体向鄱阳湖倾斜而往北开口的巨大盆地。全境有大小河流2400余条，赣江、抚河、信江、修河和饶河为江西五大河流。全省气候温暖，雨量充沛，年均降水量1341～1940毫米；无霜期长，为亚热带湿润气候。

　　2013年，全省生产总值14338.5亿元，增长10.1%。江西省是全国13个粮食主产省之一，以占全国1.8%的耕地，生产占全国3.8%的粮食，粮食产量位居全国第12位，其中稻谷产量居全国第2位，人均稻谷产量全国第1位，是新中国成立以来全国仅有的两个从未间断输出商品粮的省份之一。近年来，全省每年外销粮食500万吨左右。2013年全省粮食总产达到2116万吨，同比增加31万吨，实现"十连丰"；粮食总收购量1567万吨，同比增加550万吨，收购总量创历史最高。其中最低收购价粮约541万吨，早籼稻最低收购价收购335万吨，占全国早稻总收购量的58%，居全国第一。

2013年粮食工作

　　2013年，江西省粮食部门在省委、省政府的正确领导和国家粮食局精心指导下，认真贯彻落实习近平同志把饭碗牢牢端在自己手中和李克强同志守住管好"天下粮仓"，做好"广积粮、积好粮、好积粮"三篇文章讲话精神，围绕中心，服务大局，全力推进现代粮食流通产业科学发展，粮食工作取得明显成效。

一　粮食收购量创历史新高

　　2013年早稻、中晚稻均启动最低收购价执行预案，全省各级粮食部门充分发挥国有粮食企业主渠道作用，克服人手少、设施不足、仓容紧张等困难，坚持"五要五不准"原则，敞开收购，全年粮食总收购量创历史最高，达1567万吨，同比增加550万吨，其中最低收购价粮约541万吨，早稻最低收购价收购335万吨，占全国早稻总收购量的58%，居全国第一。政策性粮食收购带动农民增收超20亿元。

一是各级领导高度重视。省委书记强卫、省长鹿心社和分管省长等领导先后就做好粮食收购工作作出重要批示，入宜春、南昌、抚州等地收购一线视察指导工作。省政府先后两次召开全省粮食收购工作电视电话会，分别就做好早稻和中晚稻收购工作进行部署。二是收购工作准备充分。多次召开粮食收购部门协调会，加强对市场价格监测，研判市场走势，落实收购资金，指导各地国有粮食企业通过腾仓并库、抢修旧仓老库、新建钢罩棚、租借社会仓容等措施积极筹措收购仓容，努力确保粮食收得进、储得下。三是收购服务措施到位。为方便农民就近售粮，全省早稻收购设置957个、中晚稻收购设置873个委托收储库点，为历年最多，基本保证产粮区每个乡（镇）都有1个以上的收储库点。落实托市粮收购资金贷款128.83亿元，国有粮食企业自营粮贷款16.2亿元，也为历年之最。

二　产业发展站在新起点

一是产业发展获得政策和资金扶持。省政府办公厅印发了加快粮食流通产业发展的意见，全年争取粮食流通产业发展扶持资金3.2亿元，比上年增加1.7亿元，是近年来最多的一年。各地积极贯彻落实《意见》精神，宜春、吉安、九江市政府分别印发了加快现代粮食流通产业发展的实施意见。宜春市政府明确全市各县、区粮食产粮大县奖励资金的10%用于粮食流通产业发展，南昌市启动了多个流通基础设施项目建设。二是启动了"危仓老库"修复工作。作为全国首批"危仓老库"修复重点支持省份，2013年中央财政补助和省财政配套投入2.6亿多元用于修仓。各地积极推动"危仓老库"修复工作，宜春市政府把基层库点退城（镇）进郊新建和改造列入政府重要工作，明确由县级政府主导、各有关部门配套相关保障措施。三是粮油加工业稳步发展。在市场十分困难情况下，全省完成粮油工业总产值973亿元，比上年增长16.4%。吉安市粮油加工能力和经营效益均居全省前列。四是市场建设继续推进。赣州、新余、萍乡及鹰潭市在粮食市场体系建设方面推出了新举措。五是争取国有粮食企业2013～2015年继续享受相关税费优惠，增强了企业发展后劲。各地认真做好国有粮食企业经营管理工作，全省国有粮食企业盈利7000多万元，连续8年实现盈利。

三　保供稳价工作扎实推进

一是强化了省级储备粮管理。开展了省级储备粮春秋季普查。针对轮换出现的困难局面，提早下达轮换计划，采取时间和品种上更加灵活的轮换措施，最大限度减少承储企业轮换亏损。联合省监察厅制定规范国有粮食企业大宗粮食交易意见，所有已轮换的省级储备粮均通过网上竞价交易。二是保障粮食供应。做好了应急粮油和军粮供应保障工作，确保了"使命行动2013"跨区实兵军演的粮食支前供应。各地放心粮油工程稳步推进。九江市将放心粮油经营示范工程列为全市十大惠民工程，抚州、吉安、新余市政府印发了《放心粮油配送工程实施方案》，萍乡市基本形成放心粮油配送网络，新余市组建了股份制的粮油配送公司。三是加强监测预警和应急体系建设。完善了粮食市场价格监测方案，调整并充实价格直报点，全省共建应急供应网点1226个，应急配送中心100个，应急加工企业235个。四是深化粮食产销协作。举办了赣粤两省粮食产销合作洽谈会，组织企业参加省外举办的粮食贸易洽谈和精品展示。上饶市坚持每年与周边部分市县共同举办"网上粮食市场早稻交易会"，促进粮食产销合作。

四　市场监管规范有序

一是完善了监管制度。根据新颁布的粮食收购资格许可管理办法，制定了实施细则，对已办理及申请办理收购许可的换发和颁发了新证。二是精简行政审批事项。将省级粮食收购资格许可下放到县级粮食部门，简化审批流程，提高审批效率。三是强化了粮食流通监督检查。制定了收购工作纪律，督促粮食收购企业贯彻执行收购政策。省粮食局联合有关部门组成督查组，就最低收购价政策执行情况进行督查。各市县也都成立了专项督查组，及时发现并查处了一批违规违纪行为。全省开展各类行政执法检查4636次，无一例行政复议、行政诉讼案件。四是积极开展粮食企业经营活动守法诚信评价试点，完善了评价办法，建立了评价工作信息报告制度。五是加强执法队伍建设。继续开展粮食流通监督检查示范单位创建活动，南康市、婺源县、永新县等3县（市）粮食局获批为全国示范单位，9家单位被评为全省示范单位。

五　自身建设进一步加强

按照中央和省委部署，省粮食局机关深入开展了党的群众路线教育实践活动，聚焦"四风"，广泛征求意见建议，坚持边查边改，开展了39个方面的专项整治，完善了65项制度，办理了137条群众意见建议，办结了基层和群众反映的一些热点难点问题，为民务实清廉风气得到弘扬。各地粮食部门积极开展主题教育活动，行风政风进一步好转。坚持以教育培训为重点，加强各类人才的培训管理工作，全年共培训1210人次，组织参加第三届全国粮食行业职业技能大赛并获三等奖，队伍素质继续提高。认真贯彻落实中央八项规定和省委若干规定，党风廉政建设进一步加强。认真落实综治维稳、安全生产领导责任制，妥善处理各类上访案件，积极开展矛盾纠纷排查调处、粮食行政调解、安全生产大检查"百日行动"等工作，维护了全系统的和谐稳定。

◆　**江西省粮食局领导班子成员**

熊根泉	党组书记、局长
蔡厚勇	党组成员、纪检组长
罗　洪	党组成员、副局长
刘福元	党组成员、副局长
路　线	巡视员

2013年3月19日，全省粮食流通工作会议在南昌召开。

2013年6月6日，赣粤粮食产销合作洽谈会在南昌召开。

2013年12月13日，国家粮食局局长任正晓（右三）在江西省瑞金市调研。

江西省粮食局局长熊根泉（右二）赴基层开展群众路线教育活动调研。

江西省粮食局局长熊根泉（右三）调研早稻收购工作。

山东省粮食工作   基本情况

　　山东位于中国东部沿海，黄河下游，境域包括半岛和内陆两部分，山东半岛突出于渤海、黄海之中，同辽东半岛遥相对峙；内陆部分自北而南与河北、河南、安徽、江苏4省接壤。全境南北最长约420多公里，东西最宽约700多公里，总面积15.7万平方公里，约占全国总面积的1.6%。2013年，总人口9733.4万，城镇化率53.8%，辖17个市137个县（市、区）。山东气候属暖温带季风气候类型，降水集中，雨热同季，春秋短暂，冬夏较长。

　　2013年，全省实现生产总值54684.3亿元，同比增长9.6%。全省城镇居民人均可支配收入28264元，增长9.7%；农民人均纯收入10620元，增长12.4%。2013年，全省粮食播种面积729.5万公顷，比上年增加9.2万公顷，主要生产小麦、玉米。全年粮食总产量4528.2万吨，居全国13个粮食主产省第3位，连续11年增产，其中小麦2218.8万吨，稻谷103.6万吨，玉米1967.1万吨，大豆35.8万吨，其他杂粮202.9万吨。全年省内各类粮食经营企业从农民手中直接收购粮食3101万吨，同比减少150万吨；销售粮食4378.8万吨，同比增加384万吨。

2013年粮食工作

一　全省粮食市场供应充足价格稳定

　　2013年，山东省认真抓好粮食收购和产销衔接，粮食购销存全面增长。全年收购粮食6967万吨，销售粮食4379万吨，同比分别增加419万吨、384万吨，全省社会粮食年末商品库存保持较好水平。在夏秋粮集中收购期间，各地认真落实省政府要求，国有粮食企业及其他各类市场主体积极入市收购，全省收购小麦880万吨、秋粮394万吨。组织企业参加福建、黑龙江洽谈会，共签订粮食购销协议118万吨。加强政府调控和监测预警，粮食市场保持基本稳定。全省地方储备粮超额完成国家计划。全年组织地方储备粮轮换95万吨、拍卖政策性粮食157万吨、争取中央政策性粮食194万吨。同时，指导省内企业落实东北粳稻入关政策，积极采购东北粳稻满足省内需求。全省纳入统计范围企业2544家，建立国家及省级粮食价格监测点58个，城乡调查户7760个，统计监测功能进一步加强。认真落实军粮供应政策，军粮供应保障能力进一步提高。总体来看，2013年全省粮食流通活跃有序，粮食库存充裕，粮食价格保持基本稳定。

二　"粮安工程"建设开局良好

粮食收储供应安全保障工程是粮食安全的守底线工程。按照国家局部署，山东及早谋划、精心组织，在较短时间内，完成规划编制，规划初稿作为范本之一在全国粮食局长研讨会上印发。2013年9月，以"粮安工程"建设为主题召开全省粮食工作研讨会。各地积极推进规划编制和项目实施工作，修复仓储设施方面：省粮食局会同财政厅下发文件，安排35个县、市141处危仓老库维修改造项目，落实中央和省级补助资金1.26亿元。应急体系建设方面：省粮食局会同发展改革委、财政厅在全国第一家下发指导意见，全省认定应急供应网点2670个，比上年增加1213个。物流园区建设方面：落实粮食仓储物流项目10个，中央补助资金4500万元。枣庄等地物流园区列入市重点项目，巨野洙水河物流码头项目完成一期工程。信息化建设方面：山东被国家粮食局确定为信息化建设先导区和示范区，争取国家物联网示范项目1个，省粮油仓储管理系统功能进一步扩充，粮食信息化业务子系统一期上线运行，二期开发顺利实施。节约减损方面：高度重视"舌尖上的浪费"问题，省及各地采取多种形式，加大宣传力度，爱粮节粮的社会氛围进一步浓厚。继续推进农户科学储粮工程建设，省粮食局会同财政厅落实中央和省级补助资金3836万元，安排13市65个县农户科学储粮示范仓15万个。全省示范户累计达到63万个，占全国的1/10，年可减少粮食损失3万多吨。

三　粮食流通监管水平有新提升

扎实开展以"抓队伍、强素质、树形象"为主题的粮食执法效能提升活动，全省考核评定先进单位51个。市、县执法体系基本健全，执法队伍稳定，执法经费得到较好落实，粮食执法基础更加稳固。自全国粮食流通监督检查示范单位考核以来，山东有9个县级粮食局荣获国家粮食局表彰。认真抓好专项检查和日常监管工作，开展了包括中央储备油在内的油脂库存检查，摸清了省内油脂库存家底。认真组织粮食库存和夏秋粮收购等专项检查，并加大日常监管力度，较好地维护了粮食流通秩序。全年出动检查人员13000多人次，检查收购主体6322个次，查处违法违规案件845例。认真履行粮食质量监管职能，全省检测机构达到36家，其中国家挂牌机构12家，全年检测样品20000多个，比较准确地反映了省内粮食质量状况。

四　粮食经济运行质量和效益稳步提高

加快粮食产业"转调"步伐，粮油加工转化能力和主要经济指标继续保持全国前列，1302家入统企业全年产值突破2900亿元，利税110亿元。国有粮食企业集中向好，全年销售收入297亿元，综合经济效益3.87亿元，居全国第二位。积极拓展经营服务领域，继续推进放心粮油和居民厨房民生工程，10个市和大部分县（市、区）把放心粮油工程纳入当地政府为民办实事项目之一，省粮食局会同财政厅联合下发文件，对14市的40个县进行重点支持，落实省级扶持资金6000万元。全省放心粮油服务网点发展到23200个，居民厨房服务网点2912个，社会效益明显。

五　作风建议进一步加强

各地坚决落实中央八项规定和省委实施办法，大力改进工作作风、会风、文风，厉行勤俭节约反对铺张浪费，廉洁务实，干事创业，政风行风呈现新风貌。按照中央、省委部署，省局及济南、青岛市局作为第一批单位，扎实开展群众路线教育实践活动，在纠正"四风"突出问题、推动业务工作等方面取得明显效果。各级粮食部门严格遵守中央和省各项规定，认真抓好党风廉政建设，落实"一把手"负总责、"一岗双责"责任制，广大粮食干部职工廉洁意识更加坚定，执行规定更加自觉。

◆　山东省粮食局领导班子成员

孟庆秀	党组书记、局长，省发改委党组成员（2013年3月到省政协工作）
杨丽丽（女）	党组书记、局长，省发改委党组成员（2013年3月任职）
乔延亭	党组成员、副局长
丁兆石	党组成员、副局长
张　斌	党组成员、副局长（2013年6月到省政府工作）
王传民	党组成员、副局长（2013年6月任职）
崔秀顺	党组成员、纪检组长、监察专员（2013年6月任职）
李　伟	省粮食局副巡视员

2013年4月27日，全省粮食工作会议在济南召开。省委常委、常务副省长孙伟（左二）出席会议并做重要讲话，省粮食局局长杨丽丽（右一）做工作报告。

2013年5月20日，山东省粮食局局长杨丽丽（中）到德州市调研指导夏粮收购工作。

2013年5月27～31日，山东省粮食局局长杨丽丽（右三）带队赴湖北、安徽、江苏三省考察学习粮食工作。

2013年9月8～9日，山东省粮食工作研讨会在邹平召开。国家粮食局流通与科技发展司司长何毅（右三）就"粮安工程"和信息化建设做专题辅导报告，省粮食局局长杨丽丽（左三）讲话。

河南省粮食工作　基本情况

河南省位于我国中东部、黄河中下游、黄淮海大平原的西南部。介于北纬31° 23′~36°22′，东经110° 21′~116° 39′，南北纵跨550余公里，东西横亘580余公里。总面积近16.6万平方公里，约占全国面积的1.73%。河南省古代辖区位于黄河之南，故称河南；居九州之中，又称"中州"、"中原"；为九州之豫州，故简称"豫"。全省处于暖温带和亚热带气候交错的边缘地区，多年年均气温为12.8~15.5摄氏度。全省无霜期在190天~230天，一般可满足农作物一年两熟。年降水量从北到南大致在600~1200毫米。

全省生产总值32155.86亿元，比上年增长9.0%。全年地方财政总收入3686.81亿元，比上年增长12.3%。地方公共财政预算支出5578.23亿元，增长11.4%。全年居民消费价格总水平比上年上涨2.9%。全年全省粮食种植面积1008.181万公顷，比上年增长1.0%，其中，小麦种植面积536.666万公顷，增长0.5%；油料种植面积158.993万公顷，增长1.0%。全省粮食产量连续8年超千亿斤，达到5713.6万吨，实现"十连增"，占全国粮食总产量的9.38%；其中小麦3225万吨，占全国小麦产量的26%。油料产量589万吨，增长3.4%。

全省有18个省辖市和10个省直管县（市）及122个县市区粮食局。年末全省总人口10601万，常住人口9413万。城镇化率43.8%。全省居民人均可支配收入14204元，比上年增长11.3%。

2013年粮食工作

2013年，河南省粮食工作在省委、省政府和国家粮食局的正确领导下，深入实施粮食生产核心区战略，突出抓好宏观调控、产业发展、监督检查、安全储粮、质量监管等重点工作，圆满完成了省政府下达的年度责任目标任务，有力推进了粮食生产与流通协调发展。全社会粮食经营企业完成粮食收购2570万吨（不含中储粮系统），占省政府考核责任目标的143%，销售粮食4470万吨，在满足省内粮食需求的基础上，调销省外粮食及其制品2302万吨，其中原粮1400万吨。

一   搞好宏观调控，保证了粮食市场和价格合理稳定

（一）积极做好粮食收购工作，保证了农民持续增收

一是加强粮食收购政策宣传。开展"粮食收储政策三下乡"活动，借助省委组织部远程教育网络平台、发放宣传资料、张贴横幅标语、广播等多种形式，将粮食收购政策、农户科学储粮技术知识、为农服务和保护农民售粮权益的方式方法等有关内容传递给农民。二是提前腾仓备库。搞好收购企业基本情况及预测夏粮生产、市场价格调查；购置、配备和维修各种收购物资器材，对质检、保管、司磅、统计等人员进行专业培训。全省共腾出有效仓容3045万吨，满足了农民售粮需要。三是与中储粮河南分公司等部门建立了沟通协调机制。联合确定了1346家小麦托市收购企业和136家中晚稻托市收购库点。实行常时敞开收购，便于农民售粮。四是省粮食局印发了关于做好夏粮和中晚稻最低收购价收购工作的通知，对外公布3部投诉举报电话，24小时接听群众来电，积极受理农民群众的举报、投诉，促进了收购工作的顺利进行。五是针对今年豫南地区小麦不完善粒超标的情况，省粮食局及时组织小麦质量调查，并向上级反映情况，得到国家有关部门放宽不完善粒标准的同意，为争取农民增收创造了政策环境。六是成功举办了全省秋粮收购工作现场观摩活动。对信阳市建立完善联席会议制度、联合执法制度、市场价格联合监测制度，实现"三位一体"，即粮食局、中储粮、农发行共同定点、共同监管、共同验收、共同负责出入库，确保稻谷收购工作顺利进行的做法进行了总结和推介。2013年全省按最低收购价共收购粮食250万吨，比上年同期减少325万吨，其中按最低收购价收购小麦75万吨（主要是小麦市场价格一直偏高），中晚稻最低价收购175万吨。

（二）认真组织粮食销售，保障了粮食正常供应

一是积极组织国家政策性粮油销售工作。认真细致地做好入市企业资格的审核申报工作，组织好"河南专场"拍买，取得良好的效果。1~12月，全省共组织拍卖成交政策性粮食1712万吨，保证了市场有效供应和价格基本稳定。二是加强粮食产销衔接。巩固与销区的粮食产销合作关系，吸引省外企业来河南省建立生产基地、发展订单粮食或办厂加工消化粮源，拓宽农民售粮渠道。指导粮食经营企业采取灵活多样的销售方式，努力搞活粮食经营。积极组织河南省企业参加第九届福建9省粮食产销合作洽谈，共签订各类粮食购销合作项目24万吨。还与甘肃省签订了河南省每年向甘肃优先供应50万吨小麦的产销合作协议。三是积极争取北京市储备粮继续在河南省有关企业代储，并配合北京市粮食局做好代储粮轮换和协查监管工作。四是做好河南省粮食企业到东北采购稻谷（大米）相关工作，确定河南豫粮物流有限公司为到东北地区采购新产粳稻（米）委托企业，促进了东北稻谷（大米）入关采购和运销。五是全面做好军粮供应，驻豫部队比较满意。坚持实行"统筹粮源、联购分销"的军粮筹措供应机制，逐步实现市场化经营、企业化运作、规模化供应的军粮供应管理模式。同时牢固树立"以兵为本"的思想，建立军供站站长第一责任人制度，严格落实"一批一检一存档"制度和出入库检验制度，严禁不合格粮油进入部队，不断改善军供站设施条件，健全军粮供应服务体系。全省为驻豫部队义务送粮占供应总量的80%以上，驻豫部队官兵对河南省军粮质量和军供服务满意率均为100%。

（三）建立储备粮管理机制，增强了调控粮油市场能力

严格落实《河南省省级储备粮管理办法》，完善对省级储备粮的统一管理。协调落实地方储备粮规模和食用植物油增储计划，督促薄弱地区适当增加应急成品粮油储备，增强调控粮油市场的物质基

础，市、县两级新增地方粮食储备12万吨。同时向国家粮食局上报请示，争取增加从东北跨省移库到河南的玉米数量。认真做好包括代储企业重大变更事项管理在内的各项代储资格企业管理工作，确保中央、省级储备粮代储资格企业质量。全省共受理中央储备粮代储资格申请企业9家；上报中央储备粮代储资格重大变更6家；审核确认省级储备粮代储资格企业6家。

（四）建立健全粮食预警机制，粮油应急供应预案进一步完善

认真指导各地分级确定粮食预警调控指标、责任单位和应急保障单位。紧密结合河南省实际，对目前全省粮食应急体系建设进行了规划，确定了全省1557个应急供应网点。进一步完善粮油价格监测体系，对主要粮食品种的购销、批发零售价格实时监测，整理上报市场价格周报24期。成立了粮油信息化专门机构，夯实粮油信息化发展载体。圆满完成了2012年度社会粮食供需平衡调查工作，全面掌握了全省粮油供需基本形势，调查数据得到了国家粮食局的认可。

二　深化粮食企业改革，企业经营管理机制不断完善

一是积极创造条件，认真搞好河南粮食集团的组建工作。按照以省直粮食企业为依托，整合有条件的省辖市粮食企业，通过资产重组、业务整合、政策支持的思路，基本完成了跨行政区域、跨所有制的河南粮食集团的组建方案，目前已经上报省政府。二是积极协调财政厅、农发行等相关部门做好全省粮食企业占用商业银行贷款的政策性粮食财务挂账工作，挂账遗留问题得到突破性解决。积极争取国家拨付的超级产粮大省奖励资金用于粮食流通产业发展。协调督促落实，较好解决了信阳、三门峡等地基层粮食企业长期遗留的"开仓借粮"贷款问题。三是深化银企对接，积极稳妥地推行"粮食银行"。河南省粮食局与中国银行河南省分行、兴业银行郑州分行分别签订了银企战略合作协议。全省初步确定合作项目企业500家左右，金融支持金额超过100亿元。经过努力，河南粮食产业投资担保公司已经省政府批复同意成立。四是实行扭亏增盈目标考核。制定了国有粮食购销企业净资产收益率大于或等于零的考核目标，促进河南省国有粮食企业加强经营管理，逐步扭转了亏损局面。

三　深入推进依法行政，粮食流通秩序逐步好转

（一）圆满完成了全省粮食库存检查工作

全省各类粮食企业组织10415名检查人员，严格按照工作规范，认真测量粮堆体积，填写各类工作底稿和汇总表格，实事求是地反映企业粮食库存的真实情况。按照在地原则，对全省32个地方粮食企业存在的40项问题，已经全部整改到位，确保了全省粮食库存检查结果真实有效，账实基本相符，粮食储存安全。同时切实做好粮食收购专项检查工作。重点对照"五要五不准"执行情况进行粮食收购专项检查，严肃查处各类涉粮违规案件，确保夏、秋粮及时入库，收购秩序平稳。

（二）加大监督检查力度

坚持政策性粮油销售出库监督检查常抓不懈，执法检查和涉粮案件查处力度逐步加大，确保竞价销售的粮食按照交易规则和政策要求及时出库。截至2013年12月底，全省各级粮食行政管理部门共开展各种形式的监督检查行政执法活动5379次，检查企业19843个次，共查处各类涉粮案件1251例，其中责令整改797例。同时循序渐进推动粮食流通监督检查体系建设，提升执法水平和执法能力。建立了省粮油库存检查专业人才库，并对纳入全国粮油库存检查专业人才库的27名同志进行了考核。根据

国家粮食局通知精神，河南省通过自行申报、实地考查、严格评比等程序，评选出光山县等7家省级示范单位。并积极推荐沁阳市、偃师市、内乡县粮食局顺利通过国家粮食局考核验收，被命名为全国粮食流通监督检查示范单位。

（三）依法管粮水平不断提高

一是深入落实推进依法行政目标责任制，继续抓好"六五"普法工作，组织局机关全体公务员参加学法用法无纸化网上考试。全局53名公务员平均成绩为98.98分，优秀率达到了100%，在省直单位中名列前茅。积极举办法律法规知识专题讲座，重点抓好局党组中心组、机关公务员和党员干部学法工作的落实。认真做好规范行政处罚裁量权和省局公文的法律审核和规范性文件的报备、清理工作。全年共审核文件374份，局发公文的法律审核率和规范性文件报备率均达到了100%。按照省政府要求，对河南省粮食局2009年9月30日至2013年9月30日期间制定公布的规范性文件，以及经2010年清理后现行有效的规范性文件进行了全面清理，并及时将清理结果上报省法制办。加强粮食收购资格审核管理，进一步完善粮食行政许可制度。截至2013年12月底，全省具有粮食收购许可证的经营者共有7044家，其中非国有主体占67%。

四　加强行业指导，流通产业得到较快发展

（一）加强库存管理，确保粮油安全

一是完成了"一符四无"粮油率目标任务。制定《全省一符四无粮油率考核办法》，规范考核工作。严格按照《粮油储藏技术规范》、《河南省露天储粮技术管理规范》规定，对库存粮油进行规范管理。结合全省粮食库存检查工作组织开展了春季和冬季粮油安全普查，全省"一符四无"粮油率95%以上，储备粮实现"一符、三专、四落实"100%的目标。二是加强对粮食流通基础设施管理工作。按照要求严格控制国有粮食流通基础设施的处置，建立储备粮库发展长效机制。规范仓储设施建设，对仓库的所有仓储设施建立档案，严格仓储设施的转让、改用、报废和拆除管理，确保粮食仓储设施性能完好和正常运行。并且争取国家和省财政补助资金分两批联合财政厅组织评审粮油"危仓老库"维修改造项目397个，仓库容量90万吨。认真执行《河南省粮食行业储粮化学药剂管理办法》和省粮食局、农业厅、工商行政管理局《关于进一步加强粮食熏蒸化学药剂管理的通知》精神，加强对各地中心药库的管理，使河南省粮食熏蒸化学药剂的管理工作更加规范，杜绝了违规操作和各项事故的发生。

（二）贯彻落实科技兴粮战略，完成了农户科学储粮专项建设任务

联合团省委、河南工业大学等单位开展了以"科学节粮减损，保障粮食安全"大学生辩论赛。在郑州新密市举行了河南省2013粮食科技活动周暨农户科学储粮专项粮仓发放仪式，发放2012年度农户科学储粮专项建设小粮仓5万套。认真实施粮食物流节点建设规划，争取国家支持河南省粮食物流建设项目5个，中央财政直接投资1900万元，带动企业投资1.7亿元。

（三）突出做好主食产业化和粮油深加工工作

一是认真落实省政府大力推进主食产业化和粮油深加工的意见，落实扶持资金，坚持项目带动。省粮食局联合省财政厅集中使用产粮大省奖励资金4700万元，对河南省74家主食产业化和粮油深加工企业流动资金银行贷款予以贴息，贴息流动资金总额近50亿元。河南省主食工业化率突破18%，粮油加工转化率达到75%。2013年主食产业化和粮油深加工项目共计203个，其中粮油深加工项目76个，

主食产业化项目127个，总投资174亿元，国家粮食局推广了河南发展主食产业化的基本做法和工作经验。二是国家公众营养改善项目办公室依托河南省有关主食产业化企业启动了全国营养强化主食推广项目，开封市被授予国家"营养强化主食推广专项"首批试点市，太康县被授予"营养强化主食推广专项"首批试点县 。三是以主食放心工程为重点，做好粮油食品安全工作。主办了以"打造放心粮油品牌惠及人民幸福生活"为主题的2013河南省粮油食品安全倡仪主题日活动，组织河南省80家粮油龙头企业向全国同行发出《粮油食品安全倡议》。参加省委宣传部组织的媒体面对面活动，介绍河南省粮食行业食品安全监管工作以及放心粮油工作开展情况。"放心主食"工程被省政府列为年度食品安全工作重点和"十大民心工程"。

（四）招商引资对外经济技术合作与帮扶交流工作取得新成效

省粮食局组织永城市面粉企业代表团，赴我国台湾开展了粮油深加工暨主食产业化招商引资活动。成功召开了"河南·永城——台湾粮食产业合作会议"，共签署意向合作项目7个，意项合资金额24.8亿元。其中河南永粉投资管理有限公司与台湾企业联合意向签署的"30万亩富硒小麦种植及小麦产业链加工食品园区"项目已经奠基。通过中柬双方的多次交流和洽谈，柬埔寨财经部、农业部已与我方初步达成合作意向，由柬埔寨财经部出面担保向中国政府出借3.5亿美元援助性贷款，在其稻谷主产区的10个省份建设120万吨稻谷仓储及烘干设施，包括10个中央库、50个收纳库和500个收购网点及配套烘干设施，项目建设和运营由河南省相关企业联合体承担。

（五）健全粮油质检网络，全面完成了检验监测任务

检查范围涉及全省18个省辖市128个库点，扦取样品数量210个，代表数量384.5万吨。认真开展收获粮食质量调查、品质测报、质量会检和安全监测工作。全省共安排采集检验小麦质量调查样品3500份、小麦品质测报样品500份、会检样品1040份、安全监测样品660份。检测结果按时上报国家粮食局。推荐上报了省粮油质检中心等5家单位为国家粮油标准研究验证测试中心（站）候选单位，4家均已被国家粮食局初步认定通过并进行了公示。顺利完成了《2013年河南省收获小麦质量品质报告》编制工作，并与省农业厅共同举办了第二次河南省小麦质量信息发布会，产生了较好的社会影响。继续开展粮食产销和成本利润调研工作。调查品种包括小麦、玉米、稻谷、大豆和油菜籽等5个主要种植品种，调查农户480个，调查基础数据共9600个，为国家粮食局制定政策提供了依据。

（六）加强粮食干部队伍建设，粮食管理水平有所提升

按照局党组部署，重点组织开展了局机关5个副处级岗位竞争上岗工作，进一步深化了干部人事制度改革，创造了公开、平等、竞争、择优的用人环境。创新年度考核工作。采取由处长代表全处做工作总结、每个公务员在全体公务员大会上逐一进行述职的形式，达到了增进交流和沟通、调动工作积极性、激发干部队伍活力的效果。

（七）搞好粮食职业教育，积极实施人才战略

大力支持所属3所粮食院校加强基础建设，加强学校专业和师资队伍建设。加大对招生就业工作的指导力度，3所学校实现招生7900余人，圆满完成了年度招生目标任务，毕业生就业率保持在95%以上。组织参加全国第三届粮食行业职业技能竞赛取得1个二等奖、1个三等奖、团体总分名列前茅的好成绩；组织全省1000多名技术工人参加了粮油保管员等4个工种理论考试。强化职业院校社会服务职能，为粮食行业开展粮油保管员、质检员职业技能鉴定。首次开展了全省粮油保管员，质量检验员技师考核鉴定工作26人；申报2个全国中小学爱粮节粮教育实践基地；承接对青海省粮食行业的培训工作，受到青海省粮食局的充分肯定和赞扬。

| 五 | 加强机关党建设，党风廉政建设和反腐败工作力度不断增强 |

（一）深入开展党风廉政建设和反腐败工作

一是认真安排部署，加强督查考核。坚持"一岗双责"，建立工作台账。将反腐倡廉建设和政风行风建设作为一项重要定性指标，列入《2013年全省粮食流通工作责任目标》。二是加强和改进作风建设，认真贯彻落实中央八项规定和省委若干意见。局机关"三公经费"支出同比下降41.8%，局机关的办公用房已严格按照规定标准整改到位，文件简报数量同比减少63件，会议经费支出同比减少3.17万元。河南省粮食局在省纪委对省直单位工作纪律和作风建设暗访检查中受到表扬。三是创新廉政教育形式，深入开展反腐倡廉警示教育。重视群众信访举报，严肃查处违纪案件。全省粮食系统纪检监察组织共受理群众信访举报49件，初查核实45件，党政纪处分24人。四是认真开展纪检监察干部清退会员卡工作，切实做到了"零持有、零报告"。

（二）省粮食局成功创建为省级文明单位

根据省委统一部署，坚持以局党组中心组为龙头、以处级干部为重点，引导局直党员干部加强理论学习，在武装头脑、指导实践、推动工作上取得了实效。创建学习型党组织建设，着力推进基层党组织建设。加强思想作风建设，扎实推进为民、务实、清廉机关建设。按照省文明办考评体系的要求，逐一逐项制定河南省粮食局创建省级文明单位实施方案，进行详细部署，分块落实到人，细化责任时间表。收集、整理2011～2013年河南省粮食局精神文明活动的资料、照片。还组织开展了"道德讲堂"、"文明礼仪大讲堂"、"我们的节日·中秋"等系列活动。在9月底省文明办对河南省粮食局创建省级文明单位的考评中，以总成绩第二名跨入省级文明单位行列，被省委省政府正式命名为2013年度省级文明单位。

◆ **河南省粮食局领导班子成员**

赵启林　　　党组书记、局长（2014年10月任职）
苗永清　　　党组书记、局长（2014年10月免职）
杨天义　　　党组成员、副局长
于前锋　　　党组成员、驻局纪检组组长
刘大贵　　　党组成员、副局长
李国范　　　党组成员、副局长
乔心冰　　　党组成员、副局长
葛巧红（女）党组成员、副局长
李志强　　　副巡视员（任职至2013年7月）
　　　　　　党组成员、副局长（2013年7月任职）
轩益民　　　副巡视员（2013年12月任职）

河南省副省长王铁深入省粮食局调研指导粮食工作。

河南省副省长王铁到信阳检查稻谷收购工作。

河南省粮食局局长赵启林到信阳检查粮食质量检测体系建设情况。

2013年12月12日，豫甘两省在郑州签订小麦销售协议。

湖北省粮食工作　基本情况

　　2013年末，湖北省常住人口5799万（指常住本省半年以上人口），其中：城镇3161.03万人，乡村2637.97万人。城镇化率达到54.51%。全年全省城镇居民人均可支配收入22906元，增长9.9%；农民人均纯收入8867元，增长12.9%。全年全省完成财政总收入3565.10亿元，比上年增长15.4%，其中地方公共财政预算收入2189.98亿元，增长20.1%。在地方公共财政预算收入中，税收收入1603.69亿元，增长21.1%。全年财政支出4330.63亿元，增长15.2%。

　　湖北省是粮食主产省和全国重要的商品粮生产基地，主要粮食作物为水稻、小麦、油菜籽。2013年，全省粮食种植面积425.84万公顷，比上年增加7.83万公顷；油料种植面积151.7万公顷，增加1.54万公顷。粮食总产量2501.3万吨，比上年增产59.49万吨，增长2.4%；油料产量333.17万吨，增产13.51万吨，增长4.2%。全省纳入统计的各类粮食企业共收购粮食1576万吨，比上年多购239万吨（其中按最低收购价收购粮食353万吨），创历史最高水平。累计收购油菜籽207万吨（其中临时收储147万吨），托市收购助农增收28亿多元。

2013年粮食工作

一　粮食生产

　　2013年，湖北省粮食生产实现"十连增"，总产量2501.3万吨，其中小麦416.8万吨，稻谷1676.6万吨，玉米270.8万吨，大豆19.6万吨，杂粮117.5万吨。杂粮的主要品种产量：马铃薯74.1万吨，大麦8.7万吨，绿豆1.5万吨。全年油料总产量333.17万吨，其中油菜籽250.47万吨，花生果68.11万吨，其他油料13.6万吨。

二　粮食流通

　　2013年，全省共收购粮食1576万吨，其中国有粮食企业收购570万吨，重点非国有企业收购896.5万吨，分别占总收购量的36%、56.9%。全省各类粮食经营主体销售粮食1993.4万吨，同比增加110.15

万吨，其中国有粮食经营企业销售542.15万吨，占总销售量的27.2%。全年省外购进粮食316万吨，主要为玉米、大豆、小麦。销往省外575万吨，主要为中晚籼稻。进口粮食23万吨，主要为大豆。省外购进油料4.7万吨，主要为油菜籽。

2013年，全省口粮消费1172.2万吨，饲料和工业用粮消费分别为595.5万吨、260.9万吨。粮食商品量为1892.9万吨。油料的商品量为301.1万吨。

三　粮食调控

湖北省粮食局认真落实粮食宏观调控措施，抓好粮食收购和储备，提高粮食安全保障能力，维持了粮食市场稳定。

（一）做好保供稳价工作，保障粮食市场供应基本稳定

2013年，省粮食局争取省财政500万元专项资金用于粮食流通统计调查和市场统计分析监测，及时掌控市场的行情变化，以"粮情专报"形式向国家粮食局和省政府报送粮油价格周报、粮油收购动态分析和主要粮油品种产购市场分析报告。推行粮食收购联席会议制度，加强部门协调沟通，会同省农业厅、省物价局、中储粮湖北分公司、省农发行成立8个巡回督导组，督促收购主体认真执行国家粮食收购政策，维护正常收购秩序。考虑"储备稻谷轮出价格低，轮进价格高"的情况，与省财政厅、省农发行协商，对今年轮进的储备粮重新核定入库成本，允许承储企业用轮换风险准备金弥补价差。研究制定了《湖北省地方储备粮油公开竞价交易办法》，竞价交易销售地方储备粮6万多吨，确保粮油市场价格平稳。

（二）认真执行最低收购价政策，保障农民利益

2013年，湖北省各品种粮食市场价格均低于国家公布的最低收购价，省粮食局受省政府委托先后四次主持召开省粮食收购工作联席会议，研究确定预案启动等重要事项。省政府专门召开全省中晚稻收购工作电视电话会议，部署安排中晚稻收购工作。经国家批准，湖北省分别于5月30日、6月1日、7月19日、9月23日先后启动了小麦最低收购价预案、油菜籽临时收储、早籼稻和中晚稻最低收购价执行预案。同时，支持、鼓励和引导各类加工企业灵活制定收购策略，充分利用自身品牌和销售网络优势，积极入市开展市场化收购，减轻托市收购压力。按照《湖北省农户科学储粮专项实施细则》，完成2013年粮食"丰产仓"公开招标采购工作，8万套粮食"丰产仓"分解到县（市、区），指导农户科学储粮专项实施。

（三）加强规范管理，保障储备粮油安全

围绕地方储备粮中省级储备粮为主导、省级储备粮中省属储备企业为主导，通过股份合作等方式，与黄冈、咸宁、随州3个地市（州）级储备企业签订了重组整合协议，做强做大省储备公司。研究制定了地方储备粮油公开竞价交易办法，公开竞价交易销售地方储备粮已达6万多吨。积极与省财政厅、省农发行协商，对轮进的储备粮重新核定入库成本，允许承储企业用轮换风险准备金弥补价差。根据管理规定，取消1家企业的储备粮承储资格指标，调整到具备条件的企业。

四　粮食行政执法

全省粮食部门坚持以库存监管为主线，以政策性粮食监管为重点加大粮食流通监管力度。一是

成立全省粮食库存检查领导小组，落实省级财政专项经费，认真完成粮食库存检查和粮食收购检查。从检查的总体情况看，湖北省库存粮食数量真实，质量良好，管理比较规范。二是开展临储菜籽油的专项检查。针对进口转基因菜籽油充抵国家临储油的情况，及时组织专班调查，配合国家粮食局工作组的巡查和抽检，并对涉事企业的违法行为进行了处罚，督促中储粮湖北分公司将涉事企业收购加工的菜籽油全部退出国家临储油收购。三是突出案件查办。2013年全省共开展检查3568次，出动人员15859人（次），检查企业17423个（次），共查处各类涉粮案件558例，其中：责令改正360例，警告86例，罚款54例，金额26.68万元，暂停粮食收购资格10例，取消粮食收购资格36例，移交其他部门处理12例。省粮食局共受理的网上投诉、领导批办的来信举报投诉约60起，其中：省粮食局重点查办了谷城、枣阳等地拖欠粮款案、监利粮食短秤案、洪湖拖欠农民售粮款逃逸案等，并及时向相关单位和个人反馈情况，做到了案件查处率100%，有效震慑各类粮食违规行为，取得了良好的社会效果。

2013年，《湖北省地方储备粮管理办法》经省政府第363号令公布施行，地方储备粮油管理步入法制化轨道。省粮食局会同相关单位研究制定了地方储备粮油公开竞价交易办法、省级商业储备管理办法，重新修订了地方储备粮油财务管理、轮换风险准备金管理、质量管理、仓储管理等配套制度。这些规章制度的出台，进一步规范了地方储备粮管理，保障了储备粮油安全。

五　行业发展

（一）"粮安工程"建设

根据《湖北省现代物流业发展"十二五"规划》、国家粮食局《"粮安工程"建设规划（2013－2020年）》编制要求，编制了《湖北省"粮安工程"建设规划（2013－2020年）》，明确湖北省将逐步形成通道、节点、物流园区、重要物流企业各层次有效衔接，进出通畅、高效便捷、保障有力的粮食现代物流体系，增强各级政府粮食宏观调控能力和应急保障能力。2013年湖北省按照"集中资金，突出重点，滚动支持"的原则和《湖北省粮食物流"十二五"发展规划》、《省人民政府办公厅关于加快粮油产业转型升级推进粮油工业跨越发展的意见》要求，选择8家物流特性明显、粮食加工规模较大，且已落实土地、完成规划设计并开工建设的企业予以补助4500万元。

（二）基础设施建设

2013年，按照"保证最低需要，按维修改造和升级规模拉开分配档次，适当照顾困难县市和重点项目"的原则，对全省需要维修改造的收纳库和中心骨干粮库建设改造情况进行了调查统计，合理确定修复规模。采取"统筹安排，逐年到位"的办法，扎实推进收纳库和中心骨干粮库建设改造。

经县级财政、粮食部门申报，市（州）财政、粮食部门审核，省财政厅组织专家评审，2013年省财政安排6000万元资金和中央财政补助3317万元，对全省97个国有粮食企业694栋仓库、150万吨仓容量的仓库进行维修改造补助。国有粮食仓储设施体系得到进一步完善，确保了粮食收储安全。以管理规范化、设施现代化、人员专业化、储粮科学化、库区园林化为目标，在全省开展粮食仓储单位达标创优活动，进一步提升粮食仓储设施功能，提高企业管理水平，促进粮食仓储单位全面转型升级。按照《关于2013年粮食仓储单位达标创优目标任务的落实意见》，对11个"示范粮库"每库给予50万元奖励补助，对30个"达标粮库"每库予以20万元补助，合计安排奖励资金1150万元。

（三）市场体系建设

以实施放心粮油工程为载体，着力构建新型粮食流通市场体系。年初在仙桃市召开部分市县粮食市场体系建设工作座谈会，分解落实2013年粮食市场体系建设目标任务。11月在宜昌市召开全省粮食市场体系建设工作现场会，实地参观放心粮油配送中心和放心粮油店，进一步明确目标和规范建设。下发《省粮食局关于进一步加强和规范粮食体系建设的意见》。通过政府引导、企业主体、市场运作的方式，推动中百集团联合福娃、国宝、奥星、洪湖浪、洪森等17家省内大型粮油加工龙头企业按照"入股自愿、股权平等、收益分享、风险共担"的原则共同出资组建了湖北荆楚粮油股份有限公司。推动荆楚粮油公司与全省放心粮油工程相结合，构建覆盖全省城乡的放心粮油营销一张网。通过建立直营店、专卖店、加盟店完善零售网络，通过建立批发市场完善批发业务，通过建立面向机关、院校、部队的团购业务完善团购网络，通过建立网上销售渠道，实现线上线下销售全覆盖。

2013年，省财政投入4000万元支持粮食市场体系建设。截至年底全省共改造建成粮油批发市场3家，放心粮油配送中心42家，放心粮油连锁店368家。

（四）粮油加工业

2013年，围绕做强做大湖北粮油产业和省委省政府提出的"吃湖北粮"的要求，我们提出了通过政府引导、市场运作，打造能够代表湖北粮油加工水平的领军企业、旗舰企业，打造省级粮油加工航母企业的设想，提出了营销龙头带动型、民营企业成长型、国有企业联合重组型三种模式。2013年，全省在册粮油加工企业1708家，实现工业总产值2368亿元，销售收入2265.42亿元，同比分别增长19.72%、18.77%。

全省实施粮油精品名牌战略，三级粮油品牌体系日臻成熟，全省粮油加工行业打造了10个中国驰名商标、71个湖北名牌、84个湖北著名商标，全行业拥有国家级农业产业化龙头企业16个，省级农业产业化龙头企业140个，涌现了一批在省内外有一定知名度和市场占有率的粮油品牌产品进入省内超市和省外市场。

（五）粮食产业化

加大整合政策资源力度，安排粮油精深加工贷款贴息专项资金2000万元、积极争取到产粮产油大县奖励资金5000万元，按照扶大扶强扶优的原则，重点支持骨干龙头企业，通过政策导向，形成叠加效应，优化资源配置，取得了一定的成效。坚持推动科技创新和科技成果运用，引导企业大力发展循环经济，发展粮油精深加工和副产品综合利用，加快推进产业转型升级，使湖北省粮油深加工、综合利用比重大幅提高，粮油产业结构不断优化。

2013年初为表彰在全省粮油工业发展中业绩突出的企业，授予了福娃集团等十家企业"湖北粮油工业十强企业"称号。积极推广"福娃模式"和"春晖模式"，引导粮油工业龙头企业向生产领域延伸，建立优质粮源基地，既有效解决了企业加工原料问题，又密切了农企联系，实现了农民增收、企业增效。2013年底，全省优质粮油原料基地达到2055万亩。

（六）粮油质量监测体系建设

按照省委省政府的批示精神和省发展改革委《关于粮食质量安全检测重点实验室建设项目有关事项的复函》（鄂发改财贸函〔2013〕761号），湖北省粮油质量监测站实验室迁建落户于东湖国家自主创新示范区光谷生物城的高农生物园，已经签订购楼合同。该重点实验室将是集检、学、研于一体的国内领先的粮油质检实验室及华中地区的粮食质量安全检验检测及标准验证中心。2013年，省粮油质监站共鉴定轮换入库省级储备粮油157个批次，监测抽查库存样品308份；抽查鉴定军供大米、小麦粉177批次；鉴定中央储备粮油590批次。配合完成国家下达的粮食清仓查库的扦样和相关样品检测工作。为维护国家政策性粮油收购秩序、保护农民生产积极性，提供技术支撑。

　　2012年国家粮食局对湖北省投资粮食质量安全检验监测能力建设项目资金及省财政配套资金共5380万元，通过政府采购为全省22家粮食质监机构配置检验仪器设备，项目全部顺利完成。潜江市粮油质检站实验室资质认定工作的结束，标志着粮食质检机构地市全覆盖。

六　党群工作

　　2013年是全面贯彻落实党的十八大和省第十次党代会精神的开局之年，湖北省粮食局抓实党建工作，健全基层组织，开展了一系列主题学习教育实践活动。同时加强廉政教育，促进廉洁自律。强化制度建设，完善惩防体系清理行政权力和服务事项，规范用权行为。狠抓"四风"问题的专项整治。以上措施为推动发展、促进和谐发挥了重要作用。据统计，2012～2013年度共获得上级及有关部门表彰奖励和荣誉称号57项，其中：局机关42项、局直单位15项；集体32项、个人41人次；属国家粮食局及有关部门表彰奖励的15项，属省委、省政府及其办公厅表彰奖励的8项。这些荣誉和奖励集中展示了粮食部门的良好形象，集中体现了粮食干部职工克难奋进、创先争优的价值追求，为粮食行业科学发展、跨越式发展提供强大精神动力。

◆　**湖北省粮食局领导班子成员**

张爱国　　　党组书记、局长（2013年4月任职）
张忠宝　　　党组书记、局长（任职至2013年4月）
沈桥梁　　　巡视员（2013年4月退休）
马木炎　　　党组成员、副局长
邹海森　　　党组成员、副局长
费仁平　　　党组成员、副局长
胡新明　　　党组成员、副局长
姜卫新　　　党组成员、纪检组长
齐　明　　　党组成员、武汉国家粮食交易中心主任
谭富生　　　副巡视员（2013年10月退休）
邱建均　　　副巡视员

2013年9月4日，湖北省省长王国生（前排右一）由省粮食局局长张爱国（前排左一）陪同，在武昌国家粮食储备库调研。

2013年5月29日，省粮食局局长张爱国（左二）在洪湖浪米业有限公司调研。

2013年4月10日，全省粮油质检技能大赛现场操作环节。

湖北省仙桃市放心粮油批发市场。

湖南省粮食工作   基本情况

　　湖南省位于长江中下游，省境绝大部分在洞庭湖以南，故称湖南；湘江贯穿省境南北，故简称湘。地处东经108°47′~114°15′，北纬24°38′~30°08′，东西宽667公里，南北长774公里。全省土地总面积211829平方公里，占全国土地总面积的2.21%，在全国各省区市中居第10位。全省辖13个市、1个自治州，下辖122个县（市、区），2013年末常住人口6690.6万，居全国第7位。2013年，全省地区生产总值24501.7亿元，比上年增长10.1%；全省公共财政收入3307.3亿元，比上年增长12.6%。

　　湖南是全国重要的商品粮生产基地，是全国13个粮食主产省之一，稻谷和油茶产量常年居全国第一，一直以来为保障国家粮食安全作出了积极贡献。全省共有耕地面积378.76万公顷，2013年粮食播种面积493.7万公顷，比上年增长0.6%。常年以种植水稻为主，亦有部分小麦、玉米及杂粮杂豆。2013年全省粮食总产量为2926万吨，比上年减产2.7%；粮食商品量1280万吨，比上年增加35万吨，商品率为43.7%。

2013年粮食工作

　　2013年是近年湖南粮食行业遭遇挑战最大、遇到困难最多的一年，面对突如其来的镉米事件和进口大米的严重冲击，湖南省粮食局在省委、省政府、国家粮食局的坚强领导下，在有关部门的大力支持下，继续按照"三主"工作定位和"三版"努力方向（三主即：把抓好粮食收储、维护国家粮食安全作为始终不渝的主业，把保供稳价、维护正常粮食流通秩序作为矢志不移的主责，把产业发展、提升粮食经济效能作为始终如一的主攻方向；三版即："千亿产业"升级版、"粮安工程"湖南版、"粮油经济"增长版），逆中求进、化危为机，取得了良好成绩。

一　粮食生产、流通情况

（一）粮食生产

　　2013年，湖南省粮食总产量为2926万吨，比上年减少81万吨。分品种来看，其中稻谷产量2562万吨，玉米185万吨，大豆20万吨，小麦11万吨，其他148万吨。

（二）粮食流通

2013年全省收购量1015万吨（原粮，下同），销售量2000.5万吨；进口量23万吨；商品量1280万吨，省外购进703万吨，销往省外401万吨（收购量、销售量根据粮食流通统计年报统计，进出口量、商品量、流通量根据社会粮食供需平衡调查统计）。

二　粮食调控

（一）严格执行最低收购价政策

2013年国家实施稻谷最低收购价政策，根据当年市场行情，为保护种粮农民利益和切实维护国家粮食安全，先后于当年7月22日和10月20日启动早稻和中晚稻最低价收购执行预案，全省112个县市区共设立收储库点1071个，全省粮食系统开展"千名干部下收储点"，省市县三级粮食行政管理部门干部职工纷纷下到收购库点现场督导、服务，最大限度满足了农民售粮需要。全省全年共收购粮食1015万吨（含中储粮），同比增加64万吨，其中最低价收购351万吨；共收购油菜籽57万吨，其中国家临时存储油菜籽39万吨。稻谷托市收购实现农民增收15.6亿元。

（二）沉着有效应对"镉米事件"，积极推进湖南粮油外销"东进""西拓"

省政府出台了粮食出省外销奖励、定额补偿、免费检测、超储库存贴息、对仓储设施维修改造等一系列"救市"政策。积极实施"走出去"战略，推进粮食外销"东进""西拓"。湘沪两地签署全面合作协议，启动"湘米入沪"。同时，进一步加强了与广东、广西、云南、贵州、福建等地的产销衔接。全年全省外销粮食267万吨，同比增加47万吨。

（三）在抓好收购的同时，坚持把保供给、稳粮价作为行业职责放在突出位置

全省已落实的地方储备粮，库存数量真实、储存安全、质量良好。省级储备食用油保质保量完成入库，并通过验收。全省应急加工、供应、成品粮油储备、应急储运等保障体系建设取得新进展，全省应急加工企业422家，应急供应网点2182个，价格信息直报点96个，应急保障能力进一步提升。认真落实国家军粮供应政策，军粮保障水平有新的提高。全年全省粮食市场供应平稳有序，价格基本稳定。

三　流通体制改革

通过调整布局、整合资源，截至2013年底，全省国有粮食企业（含控股、参股）259家，已改制企业206家。在职人数11780人，其中在岗人数9257人。2013年度新增企业3家，通过改制、破产等减少企业32家。通过组建集团、盘活资产、果断处理遗留问题等方式，有效整合资源，发挥闲置国有资产效益，改革改制遗留资产管理关系得到进一步理顺，粮食系统遗留问题处理工作稳步推进。

四　行政执法

（一）监督检查

1.圆满完成2013年全省粮食库存检查工作。按照国家粮食局等四部委要求，结合湖南省实际，联合省发展改革委、财政、农发行下发了《关于开展2013年全省粮食库存检查工作的通知》（湘粮监联〔2013〕13号），并制定了《2013年粮食库存检查省级复查工作实施方案》。以3月25日为检查时

点，对全省所有中央储备粮、国家临时存储粮、地方储备粮以及国有粮食企业的商品粮库存进行了全面检查。选择长沙、株洲、湘潭、益阳、衡阳、郴州等6个市（州）的35个企业进行复查，同时，组织省粮油质检中心扦样143份，按规定进行检测。检查结果表明：库存数量真实、质量良好、账实、账账相符，储备粮轮换均按计划完成，费用补贴基本到位，仓储管理规范，粮食储存安全。

2.认真组织开展了油菜籽收购专项检查工作。下发了《关于开展2013年油菜籽收购专项检查工作的通知》（湘粮监函〔2013〕42号），截至8月底，共开展检查227次，出动检查人数858人次，检查收购主体703个（其中政策性粮油委托收储库点28个），查处纠正违法违规案件14起，责令改正14例，警告1例。

3.认真组织开展了早籼稻托市收购专项检查工作。为严格落实粮食最低收购价政策，督促粮食收购主体切实遵守"五要五不准"收购守则，省局下发了《关于开展2013年早籼稻收购专项检查工作的通知》（湘粮监函〔2013〕51号），截至8月底，共开展检查1469次，出动检查人数5776人次，检查收购主体1580个（其中政策性粮油委托收储库点655个），查处纠正违法违规案件257起，责令改正207例，警告53例，移交其他部门处理2例。

4.扎实推进"粮食流通监督检查示范单位"创建活动。根据《国家粮食局办公室关于做好第三批全国粮食流通监督检查示范单位推荐工作的通知》（国粮办检〔2013〕62号）精神，结合湖南省实际，3月开始开展"全国粮食流通监督检查示范单位"和"全省粮食行政执法示范单位"创建活动。

5.加强粮油经营企业监督检查信息系统档案建设。以市、县级粮食局为单位，对辖行政区内的粮油经营企业，按照一户一档建立信息档案。上半年，全省各市县3399家粮油经营企业，有2851家建立了信息档案，占83.9%。

6.做好中晚稻收购专项检查工作。国家粮食局自9月18日开始执行中晚稻收购预案，根据国家粮食局的要求，结合湖南省中晚稻托市收购启动情况，适时开展全省中晚稻收购专项检查工作。共开展检查1150次，出动检查人员4953人次；共检查收购主体1807个（其中政策性粮油委托收储库点525个），查处纠正违规违法案件330例，警告78例。

（二）法治建设

1.获评2013年度依法行政考核优秀单位。根据湘政办函〔2014〕23号《湖南省人民政府办公厅关于2013年度依法行政考核情况的通报》，湖南省粮食局获评2013年度依法行政考核优秀单位。

2.举行重大行政决策听证会。2013年10月，湖南省粮食局就全省粮食系统行政处罚裁量权制度及其基准修订举行了听证会，并分别在株洲、常德市召开专题座谈。通过成立听证会领导小组、制定工作方案、网上发布公告、公开报名、确定代表资格、公开听证代表名单、公开举行听证会等程序，广泛听取听证代表的意见与建议。年底根据有关意见建议就裁量权制度及基准的表述方式、概念界定、裁量阶次划分等进行了较全面的修订完善。

3.优化行政效能。对湘粮政务网站进行了全新改版，进一步完善网上政务服务信息平台，提高系统应用水平，优化行政效能。

4.下放行政审批项目。为贯彻落实国务院机构职能转变动员电视电话会议和《国务院关于取消和下放一批行政审批项目等事项的决定》文件精神，经《湖南省人民政府关于取消和调整一批行政审批项目的通知》（湘政发〔2013〕33号）确认，湖南省粮食局将粮食收购资格认定的行政许可按照属地管理原则委托下放至各市州粮食局。

五　行业发展

受宏观经济形势复杂多变的不利影响和低价进口大米数量急增、"镉米事件"持续发酵的多重冲击，2013年，湖南省粮油加工行业受到了前所未有的挑战。在省委、省政府的坚强领导下，全省粮食系统紧紧围绕"三版"努力方向，加快产业转型升级，培育产业龙头，加快行业整合步伐，提升竞争力，积极推进项目建设，全省粮油加工业再上新台阶。

（一）"粮安工程"建设

9月，在省粮食局、省财政厅两家单位的共同努力下，通过公开答辩和专家评审，最终以综合评分排名第一的成绩，成功进入四个重点支持省份，争取中央扶持资金2.79亿元。撬动总投入16.9亿元，其中省级财政配套资金6.24亿元，市县财政配套和企业自筹7.87亿元。按照"一市一中心、一县一骨干及若干一线收纳库点"的建设目标，认真编制完成了《湖南省"危仓老库"修复重建规划（2013－2017年）》和《湖南省"危仓老库"维修改造实施方案》。为全面做好"危仓老库"维修改造工作，省政府召开了全省"危仓老库"维修改造工作电视电话会议，并联合财政厅下发了《关于做好全省粮食"危仓老库"维修改造工作的通知》，制定了《湖南省粮食仓库维修改造技术导则》，提出了维修改造目标、任务和要求。各市（州）按照电视电话会议要求，成立了专门领导机构，出台了相关政策措施，加大了资金配套力度。

（二）基础设施建设和市场体系建设

2013年，湖南省共完成粮食流通基础设施项目312个，其中国有及国有控股企业项目227个，民营项目84个，外资项目1个。按项目进展来看，前期项目38个，在建项目105个，竣工项目169个。项目规划总投资523527.8万元，本年度完成投资146185.5万元，其中国有及国有控股企业完成投资86152.5万元，民营企业完成投资59848.0万元，外资企业完成投资185万元。全年完成中央财政投资10260.0万元，地方财政投资24326.5万元，银行贷款31310万元，企业自筹资金76743.1万元，其他投资3545.9万元。全年共完成仓库建设62.84万吨，新增油罐1.13万吨，维修改造仓容223.4万吨，其中大修仓容92.26万吨，购置设备1789台套，建设完成信息系统76套，农户科学储粮仓10万套。

（三）粮油加工业

截至2013年底，全省入统的粮油加工企业1468家，其中：大米加工企业1059家，年稻谷处理能力2750.2万吨；小麦粉加工企业5家，年生产能力46万吨；食用植物油加工企业102家，年油料处理能力524.4万吨，精炼能力167.3万吨。粮油食品加工企业91家，年生产能力244.4万吨，其中挂面生产企业42家，年加工能力64.2万吨；饲料加工企业165家，年生产能力1535.8万吨；粮油机械制造企业3家，年生产能力5798台（套）。2013年全省粮油加工企业加工大米786.9万吨，面粉22.5万吨，食用植物油182.9万吨，粮食食品177.1万吨，饲料1227.8万吨，粮油机械5431台（套）。2013年全省粮油加工业总产值再次突破千亿元大关，实现工业总产值1136亿元，利税49.3亿元，其中利润33.9亿元。

（四）粮食产业化

2013年，全省11家企业进入米、面、油、挂面、杂粮五大类企业全国50强，9家企业产品获"中国驰名商标"。到2013年底，全省粮油类"中国驰名商标"达34个，拥有国家级龙头企业15家，省级龙头企业85家，市级龙头企业近300家，企业规模不断扩大。湖南粮食集团成功控股金健米业，定向增发9732万股，募资4亿元；金霞粮食产业公司经国家发展改革委批准发行6亿元企业债券。全省133

个粮油精深加工、粮食物流园等项目争取省级财政资金支持8000万元，为粮食行业发展输入了新的血液。同时，全省7个粮油仓储项目、7个粮油物流项目共获得中央财政资金支持6450万元。

（五）教育科研

2013年，国家粮食局下达湖南省粮食质量安全检验监测能力建设项目12个，获得中央财政投资2460万元。湖南省粮油科学研究设计院、聚宝金昊农业高科有限公司获得第二批"全国中小学爱粮节粮教育社会实践基地"授牌。

六   党群工作

（一）党的群众路线教育实践活动

按照中央和省委部署，在省局和局直单位开展的党的群众路线教育实践活动，着力在夯实思想根基、注重实践特色、强化制度保障上下功夫。特别是结合行业特点，以早中晚稻托市收购为现场和考场，在全系统开展的以 "问题在一线发现、矛盾在一线协调、服务在一线兑现、作风在一线抓实" 的 "服务粮食收购千名干部下库点"活动，起到了锤炼干部、教育自身、推进工作和拉近与人民群众距离的作用。省市两级粮食部门在早稻收购期间共派出51个工作组下到464个收储库点，现场宣传政策、解答难题近1000人次，解决问题49起。

（二）党建工作

2013年的机关党建工作始终围绕教育实践活动来展开。为搞好学习，邀请有关专家、教授为局机关党员讲专题党课，组织干部收看警示专题片，在学习《论群众路线——重要论述摘编》、《党的群众路线教育实践活动学习文件选编》、《厉行节约、反对浪费——重要论述摘编》的基础上，组织机关各支部围绕"入党为什么，为党做什么，我为粮食事业奉献什么"和"守住管好天下粮仓，做群众贴心人"的讨论，强化党员的宗旨观念，基层组织的战斗力和凝聚力得到了增强。年内共召开四次机关党务工作座谈会，大家交流经验、汇报成果、相互促进。在活动中，召开支部组织生活会，局党组成员以普通党员身份参与其中，聚焦"四风"互相"照镜子、洗灰尘"，开展批评与自我批评，纠正存在的"四风"问题，进一步彰显了党的先进性和党员的模范性。省粮食局成为省委教育实践活动办在红网举办的"在一起"厅局长访谈录中的第一厅局。

（三）党风廉政建设

1.作风建设深入推进。在全省粮食系统组织开展了"千名干部下收储库点"等一系列作风建设主题活动，着力在强化民本意识、提升为民务实清廉的理念中转变作风，在维护国家粮食安全中转变作风，在坚决执行中央粮食收购政策、保护种粮农民利益中转变作风，在推进粮食产业的发展中转变作风，得到了省委的肯定和认可。

2.风险防控取得实效。重点围绕"权、粮、钱"和"购、销、储"活动，着力实施将廉政风险防控向直属单位和国有企业延伸，强化落实"三重一大"决策制度，推进机关预算和"三公"经费的公开，健全粮食流通和产业发展中权力规范运行的制约机制。省粮食局被评为全省纪检监察创新性工作先进单位，推进廉政风险防控的工作在全国粮食系统党风廉政建设工作会议上进行了交流。

3.廉洁自律明显增强。突出开展了"以案为鉴照镜子，观片思廉正衣冠"的廉政专题教育和以"转作风、倡廉洁"为主题的党风廉政知识竞赛活动，大力营造了崇廉尚廉的行业风气。被评为全省反腐倡廉宣传教育工作先进单位。

（四）综治维稳

2013年继续保持了湖南省粮食局"无群体性事件、无干部职工违法犯罪、无大小安全事故、无刑事治安案件、无邪教泄密事件、无进京上访、无危害国家安全的案事件"的"七无"目标，再次被省委、省政府授予"平安单位"。在信访工作中，省粮食局坚持变上访为下访，深入县区、企业调研解决信访问题。注重历史遗留问题的解决，消除信访源头，全年处理了11件重访、复访、缠访事项。坚持直面矛盾，领导接访。局领导共接访60余人次，有效化解了矛盾。为推动局直系统综治维稳工作，我们坚持了一季一次的维稳例会制度，通过现场参观、排查隐患、例会交办等形式，使矛盾和问题在基层解决，在萌芽阶段得到处理。全年例会共排查交办不稳定因素21起，得到处理16起，得到稳定控制4起，保障了全系统全年的平安。

◆ 湖南省粮食局领导班子成员

张亦贤	党组书记、局长（2013年5月任职）
向才昂	党组副书记、副局长
焦小毅	党组成员、副局长
邓德林	党组成员、副局长
石少龙	党组成员、副局长
彭利萍（女）	党组成员、纪检组长
周　辉	党组成员、副局长
田力民	副巡视员
胡检生	副巡视员

2013年7月30日，湖南省委书记、省人大常委会主任徐守盛（左一）在湖南粮食集团小河口国家粮食储备库视察时，与送粮农民亲切交谈，了解早稻收购有关情况。

2013年7月26日，湖南省委副书记、省长杜家毫（左二）深入衡山县粮食收储库点，检查指导早籼稻收购工作。

2013年7月29～30日，湖南省副省长张硕辅（左三）先后到湘潭市、岳阳市调研早稻收购工作。

10月16日，湖南省粮食局举行"世界粮食日"和"爱粮节粮宣传周"活动，湖南省政协副主席、中国工程院院士袁隆平出席活动。

在全省粮食系统"服务早稻收购千名干部下收储点"活动中，湖南省粮食局局长张亦贤（中间站立手拿草帽者）在收粮现场向粮农询问有关情况。

广东省粮食工作　基本情况

　　广东是我国大陆最南端的省份，北枕南岭，南临南海，全境共辖2个副省级市、19个地级市、23个县级市、54个市辖区、41个县、3个自治县。全省陆地面积18万平方公里，约占全国陆地面积的1.9%。2013年末广东常住人口10644万，其中城镇人口7212.4万。2013年，全省实现地区生产总值（GDP）62164亿元，比上年增长8.5%；全年城镇居民人均可支配收入33090.1元，比上年增长9.5%，扣除价格因素，实际增长6.9%；农村居民人均纯收入11669.3元，比上年增长10.7%；扣除价格因素，实际增长7.8%。

　　广东是全国最大的粮食主销区。2013年，广东粮食作物播种面积250.76万公顷，比上年减少1.3%；粮食产量1315.9万吨，比上年减少5.8%，其中：稻谷1045万吨、大豆15.9万吨、小麦0.3万吨、玉米81.6万吨、薯类及其他173.1万吨；全省粮食消费量4150万吨；粮食自给率32%。2013年，广东外购及进口粮食3310万吨，实现了粮食供需平衡；粮食消费价格指数累计涨幅1.9%，比食品消费价格指数涨幅低1.7个百分点。与年初相比，年末稻谷批发价下跌2%，大米零售价上涨0.68%；玉米批发价下跌6%；小麦批发价和小麦粉零售价均上涨6%；食用植物油零售均价下跌3.4%，其中花生油价格下跌4.2%，豆油价格下跌7%。

2013年粮食工作

　　2013年，广东粮食系统围绕全省稳增长、调结构、促改革、惠民生中心任务和保障国家粮食安全大局，扎实开展粮食安全保障工作。全省粮食安全保障政策不断完善，地方粮油储备进一步充实，粮油市场保供稳价工作有效开展，"粮安工程"规划编制完成，粮食流通监督检查得到加强，在粮油市场形势复杂多变的情况下确保了全国最大粮食主销区的粮食安全，为广东实现"三个定位，两个率先"总目标和保障国家粮食安全提供了有力支撑。

一　粮食安全保障政策和机制不断完善

　　根据李克强总理视察指导粮食工作的重要讲话精神以及国家粮食局部署，《广东省粮食局关于贯彻落实李克强同志关于粮食工作重要讲话精神进一步推进销区粮食安全保障示范区建设的意见》部署实施，促进提升全省粮食安全保障水平。广东在全国率先实行的粮食安全责任考核制度得到坚持和落实。根据省委、省政府关于撤并和规范省级考核检查评比表彰活动的意见，全省粮食工作考评并入全省粮食安全责任考核；省粮食局等9部门联合开展对各地级以上市新一届政府粮食安全责任届中考核工作。全省粮食系统开展了《粮食流通管理条例》施行9周年、《广东省粮食安全保障条例》施行4周年、"世界粮食日"和全国爱粮节粮宣传周广东省宣传活动；省粮食局组织开展了全省粮食流通法律法规知识问答活动。广东省"粮安工程"规划编制完成，提出2013～2020年全省"粮安工程"建设目标、主要任务以及保障措施等。经省政府同意，省府办公厅转发了省发展改革委、粮食局《关于加快发展粮食流通产业的意见》，提升全省粮食流通产业化水平。广东省发展改革委、粮食局在全国发展改革、粮食系统率先专题部署做好外资在粮食流通领域发展的引导和规范工作。

二　全国最大销区粮油市场保持稳定

广东省与多个粮食产区的产销合作不断推进。广东省粮食局与广西自治区粮食局联合举办粮食产销合作洽谈会并签订协议，广西每年可向广东提供商品粮40万吨以上。1～12月，全省新建粮油平价商店135家，累计建成600多家，超额完成年度计划；各地均有每市斤价格在2元以下的平价大米销售。全省21个地级以上市及顺德区全部完成粮食储备任务，粮食储备得到充实。省级储备粮收储轮换工作顺利完成，保管费用和包干轮换价差补贴标准得到调整。第二次修订后的《广东省粮食应急预案》由省府办公厅印发实施；粮食应急操作手册得到更新和完善；《关于应对可能波动保障市场粮食供应专项预案》出台，县、市、省相应采取的应急处置措施已分别拟定。截至2013年底，全省共建成粮食应急供应网点1988个，比上年底增加800多个。

三　粮食流通基础设施建设不断推进

省储备粮东莞直属库海港码头和汕头库工程有序推进。《广东省修复"危仓老库"规划（2013－2017年）》和实施方案编制完成，"危仓老库"维修改造工作有序开展。按照《广东省粮食质量安全检验监测能力建设规划（2010－2015年）》关于全省粮食质检机构"一核三区"的建设布局（以珠三角为核心，粤东、西、北区域布局），广州、深圳、汕头、佛山、韶关等地粮食质检机构获国家粮食局批准为国家粮食质量监测站。经省政府同意，《广东省粮油仓储单位备案管理暂行办法》颁布实施；修订后的《广东省粮油仓储企业规范化管理评价办法》出台。截至2013年12月底，全省已备案各类粮油仓储单位468家，总仓容1067万吨，总罐容117万吨。广东省2012年度收获稻谷质量调查、品质测报以及原粮卫生专项调查工作圆满完成；2013年度专项调查有序开展；收获稻谷质量总体良好，信息及时发布。

四　粮食流通监管不断加强

上半年全省粮食库存专项检查、下半年全省食用植物油库存专项检查和秋季全省粮食安全普查工作顺利完成。检查结果表明，在粤中央和地方储备粮油账实相符、账账相符、质量良好，能够在关键时刻调得动、用得上。在全省粮食收购专项检查中，共出动检查人员2500余人次，检查收购主体1500

余个，粮食收购秩序得到维护。全省粮食行业安全生产大检查"百日行动"有效开展，粮食行业消防安全隐患排查整治工作完成，全省粮食行业安全生产保持零事故的良好势头。储备粮入库重金属指标检测工作得到加强，入库粮食质量得到保障；库存粮食质量安全专项检查有效开展，库存粮食质量抽检力度加大，有效保障了储备粮质量安全。广东省南雄市、江门市新会区粮食局被国家粮食局评为第三批全国粮食流通监督检查示范单位。

五　军粮供应保障能力不断提高

3年来全省争当军供工作排头兵活动经验得到全面总结，全国军供工作会议精神得到落实，军供工作军民融合式发展部署实施。军粮地市级统筹工作继续推进，军供粮源筹措组织化、规模化水平不断提高，全省地市级军粮供应统筹率达95%。全省对军供大米来源地和库存大米质量监测工作进一步加强，严防重金属超标大米流入军营。《广东省军粮供应应急预案》出台工作有序推进，各地相应健全军粮应急体系。全省有序开展"粮油服务进军营，餐桌节约促强军"活动，深入驻粤部队基层伙食单位送技术、送服务，提升军粮供应和部队伙食管理科学化水平。

六　系统建设不断取得新成果

广东省粮食局联合河南工业大学举办了首期全省粮食局长培训班。广东省粮食局被国家粮食局评为2012年度全国粮食质量安全监管工作先进单位、全国粮食流通统计工作先进单位、全国粮油加工业统计工作先进单位、全国粮食行业人事统计全优报表单位。广东省代表队在第三届全国粮食行业职业技能竞赛中获得团体三等奖和个人"一银四铜"的好成绩。全省国有粮食企业保持良好发展势头，1～12月盈利2.01亿元，实现2007年以来连续7年盈利。

◆ **广东省粮食局领导班子成员**

张　军　　广东省发展和改革委员会党组副书记、副主任、
　　　　　粮食局局长（正厅级）
冯晓光　　省发展改革委巡视员
谢　端　　副局长（副厅级）

2013年1月18日，广东省召开全省粮食局长座谈会。

2013年7月29～30日，广东省粮食局局长张军同志（中）赴深圳、汕尾市开展党的群众路线教育实践活动调研，听取群众意见。

2013年10月11日，广东省发展和改革委员会巡视员冯晓光（左一）到韶关市开展军粮供应管理工作调研。

2013年7月29～30日，广东省粮食局副局长谢端（右二）赴江门、中山市监督指导粮食行业安全生产大检查"百日行动"。

广西壮族自治区粮食工作

基本情况

广西壮族自治区地处华南、西南结合部，从东至西分别与广东、湖南、贵州、云南四省接壤，南濒北部湾、面向东南亚，西南与越南毗邻，是国家实施西部大开发战略省份之一，是西部地区唯一既沿海又沿边的省区，是我国面向东盟的重要门户和前沿地带，在促进区域协调发展、深化与东盟开放合作、维护国家安全和西南边疆稳定中具有重要战略地位。全区总面积23.7万平方公里，占全国土地总面积的2.5%。广西壮族自治区是结构性缺粮地区，以生产和食用大米为主，丰年大米可自给，小麦、玉米均产不抵消，近年来粮食产销缺口一直位居全国第5位。

2013年广西全区生产总值（GDP）14378.0亿元，比上年增长10.2%。全区粮食种植面积307.6万公顷，比上年增加0.69万公顷。油料种植面积22.2万公顷，比上年增加0.89万公顷。全年粮食产量1521.8万吨，比上年增长2.5%。油料生产57.2万吨，增长6.1%。全区人均粮食占有量288公斤，粮食商品率为41.5%。全年全区国有和重点非国有粮食经营转化企业总购进粮食约1678万吨（贸易粮，下同），比上年增加268万吨；共销售粮食882万吨。2013年全区粮食消费量2067万吨，其中农村口粮698万吨，城镇口粮359万吨，饲料用粮827万吨，工业用粮163万吨。

2013年末，广西国有粮食企业共660家，从业人员6719人。其中国有粮食购销企业447家，从业人员5946人；粮食附营企业213家，从业人员773人。全行业实现利润4910万元，其中购销企业盈利5667万元，附营企业亏损757万元。

2013年粮食工作

2013年，广西粮食系统在各级党委政府的领导下，坚持稳中求进，努力克服经济增长下行压力加大的影响，积极应对国内外粮食市场风云变幻的冲击，开拓进取，扎实工作，努力做好各项工作任务，为保障广西粮食安全、促进全区经济持续健康发展、维护社会和谐稳定作出了积极贡献。

一　粮食流通

（一）抓好粮食购销，确保市场供应和价格稳定

2013年全区粮食企业总购进粮食1678万吨（贸易粮，下同），总销售882万吨，比上年同期分别

增加268万吨和111万吨，安排轮换出库35.8万吨自治区储备粮投放市场，确保粮食市场供应和价格稳定。全区粮食库存充足，市场粮食品种丰富，价格基本平稳。

（二）积极开展省际间粮食产销合作，搞好粮食余缺调剂

2013年全区粮食企业从区外采购和进口粮食（含大豆）达1260万吨。2013年10月10日在广州市与广东省粮食局联合举办2013年广西优质粮油产品推介暨桂粤粮油购销洽谈会，签订两省（区）粮食产销合作协议书，参展企业在会上签约粮食购销数量达17万吨，签约金额10亿多元。

二　粮食调控

（一）直补订单粮食收购工作

根据《广西壮族自治区人民政府办公厅关于转发自治区财政厅等7部门2013年对广西壮族自治区种粮农民实行直接补贴与储备粮订单粮食收购挂钩实施方案的通知》（桂政办发〔2013〕50号），广西壮族自治区继续安排直补资金2亿元在64个粮食主产县实施对种粮农民直接补贴与储备粮订单粮食收购挂钩政策。截至2013年12月31日，全区累计收购直补订单粮食77.4万吨，占年度计划的96.7%，比2012年同期增加3.4个百分点。

（二）放心粮油工程建设工作

全区各地认真贯彻落实自治区人民政府办公厅《关于实施放心粮油工程的意见》（桂政办发〔2010〕182号）精神，采取一系列有力措施，积极稳妥地推进放心粮油工程建设。2013年在原来已建成1000多个网点的基础上，又增加建设放心粮油经营网点425个，建成区域性配送中心8个，新审核批准了放心粮油生产企业31家。全区放心粮油生产和经营网络逐渐形成。

（三）粮食应急体系建设工作

2013年全区已建立了387个粮油价格监测点，担负粮油市场监测预警任务。自治区财政安排专项资金1020万元建设粮食应急加工网点，配备应急柴油发电机等加工设备。全区指定落实了221个粮食应急加工网点、1062个粮食应急供应网点承担粮食应急加工和供应任务，有力保障了当地粮食供应和应急需要。筹集2800万元资金建设维修了13个军粮仓储和供应网点项目，进一步改善了广西壮族自治区边防一线和铁路沿线驻军较多城市的军粮储存供应条件，提高了保障部队能打仗、打胜仗的应急供应能力。

三　流通体制改革

按照《国务院关于促进企业兼并重组的意见》（国发〔2010〕27号）和《国家粮食局中国农业发展银行关于进一步加强合作推进国有粮食企业改革发展的意见》（国粮财〔2012〕205号），积极开展企业改革和发展问题调研，加强国有资产管理，加强对直属和市县国有粮食企业改革改制、兼并重组、产权制度改革的指导，努力推进粮食流通体制。截至2013年末，全区已全面完成国有粮食企业改革职工分流安置工作。2013年全区国有粮食购销企业实现销售额53.8亿元，实现利税总额6338万元，分别比上年增加10.0亿元和380万元，分别完成自治区绩效目标的141%和127%。

四　行业发展

（一）积极实施"粮安工程"建设

为全面贯彻落实习近平总书记、李克强总理关于粮食工作的重要指示，按照国家粮食局的要求，自治区粮食局编制了《广西"粮安工程"建设规划》。全区各地继续按照《广西壮族自治区人民政府关于加快粮食仓储设施建设有关问题的通知》（桂政发〔2011〕54号）文件精神，进一步加快各地粮食仓储设施建设。2013年全区共建设44个粮食仓储设施项目，总投资4亿多元，建设仓容39万吨，全年完成投资近3亿元，竣工验收项目27个。此外，还安排3600多万元对15万吨"危仓老库"进行维修改造。南宁、黎塘、柳州、防城港、贺州等一批粮食产业园区正在加快建设并发挥重要作用。2013年11月26日，自治区人民政府在防城港市召开全区粮安工程建设工作现场会，提出了实施"粮安工程"建设的主要内容和基本目标，明确了有关部门的职责任务，进一步加快推进"粮安工程"建设。

（二）粮油加工业和产业化经营取得新发展

2013年全区粮油加工业总产值达600亿元，同比增幅33%；实现利税13.5亿元，同比增幅7.1%。广西鑫粮集团等3家粮油加工企业被评为自治区农业产业化重点龙头企业。同时，结合广西饮食特点，积极发展以糙米米粉为主的主食产业化经营，初步研制试产了口感舒爽、营养丰富、安全节粮的，无任何添加剂的纯米粉和糙米米粉，并将实行产业化生产和推广食用。

（三）农户科学储粮工程建设全面实施

2013年5月6日，自治区人民政府在河池市都安瑶族自治县举行广西农户科学储粮工程全面启动仪式。广西壮族自治区按照中央补助、自治区配套和农户投入3:5:2的比例，全面组织实施"农户科学储粮"工程建设，其中贫困县的贫困农户投入部分由自治区扶贫专项资金全部解决。全年全区共投入资金近4000万元，完成10万户建设任务。

五　行政执法

（一）开展全区粮食库存检查，摸清粮食家底现状

按照国家要求，2013年3~6月，自治区粮食局与自治区发展改革委、财政厅、农发行广西分行等部门组织对广西壮族自治区所辖范围内中央储备粮、国家临时储备粮、地方储备粮、国有粮食企业商品粮库存进行了全面检查，摸清了全区粮食库存现状，确保了全区库存粮食数量真实、质量可靠。

（二）开展粮食收购专项检查，维护粮食收购市场秩序

在2013年夏粮收购之前，各级粮食行政管理部门按照《粮食流通管理条例》的要求，认真组织对辖区内取得粮食收购资格的粮食经营者进行了全面检查。在广西壮族自治区粮食收购季节，自治区粮食局又组织开展了直补订单收购粮食、最低保护价收购粮食等政策性粮食收购专项检查，进一步落实了"五要五不准"的粮食收购政策，维护了正常的粮食收购市场秩序，保护了种粮农民利益。

（三）加强对储备粮管理的监督检查，进一步提高储备粮管理水平

2013年受理自治区储备粮代储资格申请企业26家，审核认定23家。严格执行《国家政策性粮食出入库管理暂行办法》，切实加强对储备粮出入库全过程的监督检查，并对全区83个自治区储备粮代储点实行分片监管，进一步规范管理。

六　党群工作

　　按照中央和自治区的部署，自治区粮食局认真组织机关和直属单位开展党的群众路线教育实践活动。在活动中严格对照中央"为民务实清廉"总要求、"八项规定"以及自治区有关规定，认真查摆机关存在的"四风"、"六病"问题，深入剖析原因，对查摆出来的问题立行立改，取得了实实在在的成效。加强制度建设，初步建立起反对"四风"、"六病"和加强党风廉政建设的长效机制。结合开展教育实践活动，自治区粮食局还组织粮食系统基层优秀共产党员到直属单位举办先进事迹巡回报告会11场，听众达700多人，在系统内反响强烈。在自治区粮食局党的群众路线教育实践活动总结会上，干部群众对自治区粮食局教育实践活动情况的民主测评满意度（好和较好）达到98.6%。同时，结合党的群众路线教育实践活动，积极投入定点扶贫和"美丽广西、清洁乡村"建设活动，派出1名处级干部担任贫困村党支部第一书记，协调落实近300万元用于定点帮扶村的基础设施建设和产业化发展扶持，带动村民增收脱贫；派出1名副厅级干部、2名处级干部长驻自治区粮食局对口帮扶指导的村镇，制定了清洁乡村改造规划，落实了80多万元改造资金，指导村民制定了村规民约，对口帮扶村屯的面貌发生了明显变化。

◆　**广西壮族自治区粮食局领导班子成员**

　　黄显阳　　　党组书记、局长（2013年1月任职）

　　庞栋春　　　原党组书记、局长（2013年1月调任自治区政协农业委员会主任）

　　秦全贵　　　副局长

　　谢　俊　　　党组成员、副局长

　　林愈溪　　　党组成员、副局长（2013年9月任职）

　　杨　斌　　　党组成员、副局长

　　刘文志　　　党组成员、驻自治区粮食局纪检组组长

　　冯俊英　　　副巡视员

2013年5月10日，广西壮族自治区党委常委、南宁市委书记余远辉（左一）在粮食局局长黄显阳（右二）的陪同下到广西国泰粮食集团有限公司调研。

2013年5月6日，广西农户科学储粮工程全面启动仪式在河池市都安瑶族自治县举行，时任自治区副主席陈章良出席启动仪式。

2013年10月10日，2013年广西优质粮油产品推介暨桂粤粮油购销洽谈会在广州市举行，广西壮族自治区副主席黄日波、广东省人民政府副秘书长陈世庆出席会议，两省区粮食局领导及两省区粮食行业代表参加洽谈会。

2013年7月11日，自治区粮食局党的群众路线教育实践活动动员大会在南宁召开，自治区教育实践活动第十二督导组组长冯成善，自治区粮食局党组书记、局长黄显阳等参加大会。

2013年11月26日，全区"粮安工程"建设工作现场会在防城港市召开，自治区副主席黄日波（主席台右二）出席会议，各市人民政府分管副市长以及自治区和各市有关部门分管领导参加会议。

海南省粮食工作　基本情况

　　海南省位于我国最南端，是唯一的热带海岛省份，包括海南岛和西沙群岛、中沙群岛和南沙群岛的岛礁及其海域，北隔琼州海峡与广东相望，西临北部湾与越南相对，东濒南海与台湾相望，东南和南边在南海中与菲律宾、文莱和马来西亚为邻。全省陆地面积约3.54万平方公里，海域面积约210万平方公里，常住人口895.28万。海南省风景秀丽，气候宜人，是中国最重要的热带旅游胜地。

　　2013年，全省粮食种植面积42.2万公顷，其中，稻谷种植面积31.2万公顷；粮食总产量190.9万吨，减产4.3%，其中，稻谷产量150万吨，减产3.7%。由于粮食需求量的增加，粮食自给率由52.5%降到43.9%。全省粮食总消费435万吨，居民消费口粮的中高档籼粳米、小麦粉和饲料用粮玉米基本依靠省外供给，全年省外购进和进口粮食250万吨。当年城乡居民口粮消费191.1万吨，食品及工业用粮5.1万吨，饲料用粮237.6万吨，种子用粮1.2万吨。

2013年粮食工作

　　2013年，全省粮食系统广大干部职工在省委、省政府的坚强领导下，在省级各有关部门的大力支持下，认真贯彻落实习近平总书记关于"把饭碗牢牢端在自己手上"的重要精神和李克强总理1月15日到国家粮食局视察指导工作时发表的重要讲话精神，认真贯彻落实省委、省政府的决策部署，锐意进取，真抓实干，实现了确保粮食市场供应和价格基本稳定的总体工作目标。

一　加强改善粮食调控，确保粮食供应和价格基本稳定

　　2013年，全省粮食部门以确保全省粮食有效供应为首要目标，因市施策，实现全省粮食供求平衡，保持粮食市场供应和价格基本稳定。一是根据夏秋两季粮食收获情况，及时部署粮食收购工作，引导各种粮食经营主体入市收购，强化售粮服务，认真执行国家粮食收购政策，全年收购粮食42.2万吨，在保护了种粮农民利益的同时，很好地掌握了粮食调控的基本粮源。二是扎实指导市县做好粮情监测，组织8次重点地区、重点市场供应和价格情况调研，做好13个国家直报点、31个省级粮情监测点基础数据采集、汇总和整理工作，全面掌握基础粮情。三是加强社会粮食流通统计工作，组织开

展2012年度全省粮食供求平衡专项调查、饲料生产企业转化用粮调查、农户粮情固定调查等6个专项统计和食用植物油供求平衡专项调查，掌握粮油消费、生产、流通、库存、余缺情况和城乡居民等基本粮情。四是完善粮油市场保供稳价工作机制，加强粮油市场供应和价格分析，做好全省粮情预测预警预报工作，提出保供稳价工作的意见和建议，为政府分析粮食形势、研究制定粮食政策提供决策依据。五是认真落实军粮供应政策，严格军粮质量管理，军粮质量合格率达到100%；努力提升南海驻岛和远航部队供给能力，做好西沙军粮供应站的移交工作，实行全天候24小时预约服务和送粮上门，军粮供应保障水平继续提高，确保军粮供应不断供、不断档，征求部队意见满意率达100%。六是指导粮食储备承储企业做好储备粮轮换工作，全年轮换省级储备粮油11.8万吨，完成轮换计划的140%，充分发挥主渠道作用，增加市场投放量，加强对粮食市场供需调节。七是加强服务，搞活流通，支持和引导各类粮食经营主体跨省间产销协作，全年省外购进粮食241.5万吨，确保了全省粮食供应和市场稳定。

二 加强储备体系建设，不断夯实粮食调控基础

加强储备体系建设，全面提升粮食仓储设施和管理水平，夯实粮食调控物质基础。一是充实粮油储备规模，省级粮油储备规模全部落实，市县粮食储备规模落实97.2%。二是组织开展每年春、冬两季储备粮库库存普查和质量抽样检验工作，组织开展粮食行业安全生产大检查"百日行动"和粮食安全生产隐患排查治理工作，积极推广应用省级储备粮信息管理系统和科学保粮技术，组织开展2012年度省级储备粮油承储企业管理考核，对承储管理存在的问题进行分类指导，有效地推动仓储管理规范化。三是争取财政部门支持，从粮食风险基金中安排95.16万元资金，统一购置78套空气呼吸器分配给26家省级储备粮承储企业，全面淘汰自吸过滤式防毒面具，改善储粮设施条件和环境。四是加强存量资产处置力度，完成八所粮食储备经营公司老库区资产征收工作，征收价款已全部划转到位。完成省国资委委托监管省直国有粮食企业的相关手续，理顺了资产管理和业务管理关系。研究制定目标管理和薪酬管理规定，签署目标管理责任书，建立奖罚机制，加强对省直7家国有粮食企业的监管。

三 实施"粮安工程"，不断增强粮食流通能力

启动"粮安工程"，不断加强粮食流通基础设施、质量体系、应急网络体系建设，夯实政府粮食调控基础保障。一是按照国家粮食局的统一部署，结合本地区实际和未来发展需要，从保障粮食安全战略高度，编制《海南省修复"危仓老库"实施规划（2013－2017年）》和《海南省"粮安工程"建设规划（2013－2020年）》，初步构建了海南省粮食安全的保障体系。二是儋州、琼海、陵水、定安等9个市县利用退城进郊、粮油大县奖励资金、中央投资补助资金改造建设的储备库5.43万吨仓容，基本完成并投入使用。三是海南洋浦储备库二、三期5万吨仓容项目建设资金全部落实并基本完成二期工程，海南美安粮食储备库5万吨库容项目6公顷建设用地，在海口市政府的支持下得到落实，海南丘海成品粮储备库3万吨仓容建设项目获得省发展改革委批准立项，并落实了一期项目资金4000万元。四是完成省直3家关闭、破产企业资产的整体划转工作，积极策划海南金马粮食物流园区项目，启动秀英公司、粮贸公司、三亚公司等3家企业粮库"退城进郊"项目建设前期工作。五是争取国家"危仓老库"维修补助资金394万元，落实省级储备粮库建筑维修改造资金991.6万元，投入22家省

级储备粮承储企业粮库维修改造。六是不断完善粮食应急保障网络，海口市按照国家要求，每3万人设置一个应急供应点，市县粮食部门与71家粮食应急加工企业、255家粮食应急销售企业签订应急加工、销售协议书。七是质检体系建设进一步加强，海口粮食质检站通过国家授牌验收，落实地方质量检验配套资金310万元投入省级检化室设备购置。八是重视节粮减损工作，组织开展全省食品安全宣传周、世界粮食日等活动，广泛宣传粮食政策和科普知识，全社会爱粮节粮意识得到提高。

四　扎实推进依法管粮，维护粮食流通秩序

积极开展各项粮食监督检查，不断优化粮食流通市场环境，维护粮食流通正常秩序。一是认真开展粮食收购许可管理，全省取得收购许可证的经营户196家；加强粮油重点企业监管，市县粮食部门与全省粮油重点企业签订市场保供稳价责任书；加强社会粮食库存标准管理，核定粮油经营者最高最低库存标准；组织开展粮食收购资格和收购环节的专项检查，规范粮食收购市场，维护粮食收购秩序。组织开展全省粮食库存检查，切实掌握国有粮食企业库存粮食的数量、质量和储粮安全情况。落实粮食质量安全监管责任，加强对粮食收购、储存、运输和政策性用粮购销活动中原粮质量的监管，加强粮食质量安全检验监测和库存粮油质量抽查，军粮质量合格率达100%，省级储备粮质量合格率、宜存率均达90%以上。强化粮油市场监管，协同质监、工商、物价等相关部门开展监督检查和行政执法，严禁不符合国家质量标准的粮食流入市场，维护粮食流通正常秩序。

五　加强粮食行业队伍建设，为粮食流通事业科学发展提供组织保障

继续加强粮食行业队伍建设，切实为粮食流通事业科学发展提供组织保障。一是根据中央和省委的统一部署，省粮食局党的群众路线教育实践活动，围绕为民务实清廉，广泛征求意见，查摆出"四风"方面存在的12个突出问题和10个基层需要帮助解决的问题，制定了四个方面31项整改措施，边查边改，立说立行，很好地整治了"四风"方面存在的问题和群众反映强烈的问题，建立和执行16项制度，进一步弘扬执政为民理念，行风政风和工作作风明显好转。二是贯彻落实党风廉政建设责任制，分解落实责任，抓好党员干部反腐倡廉教育，提高党员干部勤政廉政自觉性；将党风廉政建设的工作重心向基层企业单位延伸，加大对经营管理、粮食库存管理混乱的企业监管力度。三是加强全省粮食系统各层次的教育培训，组织了一次市县粮食局长和省直粮食企事业主要负责人集中培训和考察，进一步增强领导干部驾驭粮食工作的能力。全年举办全省粮食流通监督检查行政执法和企业财务软件、军粮供应软件、保管、检验、省级储备粮管理系统应用等业务培训班，共培训干部职工290人次，全面提升粮食队伍业务素质。四是成立海南省粮食行业特有工种职业技能鉴定站，承担海南范围内的职业技能鉴定工作。按照国家粮食局的统一安排，开展第一期中级粮油质量检验员培训和职业技能鉴定，9人获得国家颁发的中级粮油质量检验员证书。五是成立海南省粮食行业协会，第一批会员275个。协会受政府粮食主管部门委托，依据市场经济规则，在行业中发挥桥梁、纽带作用和服务、自律、协调、监督职能，进一步加强行业管理，搞活粮食流通，提高粮食企业的社会效益和经济效益，更好地为粮食调控服务，为农业生产者、粮食经营者和城乡消费者服务。

◆　**海南省粮食局领导班子成员**

杨树岷　　　党组书记、局长、省发展改革委党组成员

杨卫星　　　党组成员、副局长（2013年3月任职）

李志杰　　　党组成员、副局长、纪检组长

黄　驹　　　副巡视员（2013年12月退休）

重庆市粮食工作　　基本情况

重庆市位于中国内陆西南部、长江上游地区，辖区总面积8.24万平方公里，是中国面积最大的城市。全市共辖19个区、16个县、3个自治县。

2013年，重庆市粮食播种面积225.39万公顷，粮食总产量1148.1万吨（其中稻谷503.1万吨、玉米258.1万吨、小麦33.7万吨），比上年的1138.4万吨增产9.7万吨。按照全市2970万常住人口计算，人均粮食占有量386.6公斤。全市油料播种面积28.42万公顷，总产量53.1万吨，其中油菜籽播种面积21.56万公顷，油菜籽产量40.1万吨，比上年的37.7万吨增产2.4万吨。由于工业、饲料用粮的增长，粮食供需缺口不断扩大，全年需从市外净购入320万吨~350万吨，进口粮食43万吨。其中：稻谷需求量520万吨左右，自给率为97%左右；玉米需求量在350万吨左右，自给率75%左右，市外购进100万吨；小麦需求量140万吨左右，自给率24%，外购入110万吨左右；由于榨油、饲料、养殖行业的需要，每年需进口大豆60万吨左右、购进豆饼豆粕40万吨~50万吨。2013年重庆市食用油总消费约56万吨，本地油料折油11万吨左右，食用油自给率约为20%，缺口达45万吨以上。

2013年，重庆市入统粮油加工企业321个，其工业总产值218.26亿元，较上年减少26.6%；产品销售收入206.99亿元，较上年减少28.7%；主营业务成本218.65亿元，较上年减少13.9%；利税总额6.78亿元，较上年减少2.7%；原粮消耗量328.8万吨，较上年减少1.5%；产品产量427.2万吨，较上年增加14.9%。

2013年粮食工作

2013年，重庆市粮食局按照党的十八大精神和全国粮食流通工作会议精神，根据2013年粮油流通工作目标，围绕"一保两建三打造"，坚持以"加强宏观调控、保障市场供给、强化基础工作、促进产业发展"为抓手，切实推进"粮安工程"建设，搞活粮食流通，实现了重庆粮油的供需平衡，促进了重庆经济发展和社会稳定。

一　加强粮食工作科学规划，推动实施"粮安工程"

（一）认真贯彻落实全国粮食流通工作会议精神

根据会议精神，重庆市率先出台了《关于实施粮食收储供应安全保障工程建设的意见》（渝府发〔2013〕39号）；由市政府组织召开了全市"粮安工程"工作会议，拉开了推动重庆"粮安工程"建设的大幕。

（二）做好粮食规划工作

对照《重庆市粮食行业"十二五"行业规划纲要》，对全市粮食行业粮食流通基础设施建设、农户科学储粮专项、粮油加工业发展、粮食市场体系、粮食质量安全检验监测能力建设等方面实施"十二五"规划情况进行了中期评估；编制了《重庆市"粮安工程"建设规划（2013－2020）》。

（三）加快粮食仓储设施建设

编制了《重庆市加快粮食仓储设施建设实施方案》；重庆市政府投入资金1.5亿多元，启动了潼南、铜梁、永川、南川、梁平、万州、秀山、开县、江津等直属库50多万吨市级储备粮仓库改扩建；加强危仓老库改造力度，争取中央财政资金835万元，市财政配套1000万元改造全市粮食危仓老库；市商委专门安排150万元资金对全市5家应急大米加工企业进行技改。

（四）加强应急供应网点建设

在全市布局完成了1013个粮食应急供应网点和48个粮油配送中心任务，力争做到全市各乡镇粮油应急供应网点全覆盖。

二　增强粮食宏观调控物质基础，确保粮油市场基本稳定

（一）抓粮油收购，确保粮油有效供给

鼓励企业调整经营策略，改变经营方式，积极扩大粮油购销，实现了本地粮油市场的稳定和有效供给。2013年，重庆市规模以上粮油企业共购进商品粮食260.6万吨（原粮，下同），同比增长14.3%。其中，市外累计共收购粮食320万吨，同比减少13.7%；市内累计收购粮食170.7万吨，同比增长6.8%。全年全市累计共销售粮食670.3万吨，比上年的566.0万吨增长18.4%。其中，全市累计销往市外粮食191.9万吨，比上年的153.8万吨增长24.8%；市内销售粮食478.4万吨，比上年增长16.1%。全年规模以上企业共购进商品食用植物油（含油脂油料折油）55.0万吨（另外，大豆直接榨油收回豆油33.6万吨，进口4.5万吨），同比增长17.6%。全市累计共销售食用植物油（含油脂油料折油）148.3万吨，同比增长19.7%。

（二）抓粮油储备，增加宏观调控能力

2013年，重庆市又增加市级储备粮5万吨。下达2013年度市级储备粮油轮换计划，轮换市级储备粮16.42万吨，油1万吨，确保了储备粮的存储质量。争取国家给重庆市安排国家临时存储粮移库计划8万吨。

（三）抓补贴挂钩，促进农民增产增收

出台《市级储备粮收购与售粮农户补贴挂钩办法（试行）》（渝商〔2013〕72号），在有市级储备粮新增计划和轮换任务的区县，试行市级储备粮收购与售粮农户补贴挂钩办法，稻谷、小麦分别按

0.26元/公斤、0.20元/公斤进行补贴，增加对种粮农户补贴5000余万元。落实粮食安全行政首长负责制，调动农户种粮积极性，稳定粮食生产。

（四）抓军粮供应工作，保障部队粮油供应

保障部队供应需求和供货质量。

一是努力按时、保质、保量完成"前运粮"加工任务。

二是始终将保障部队供应作为政治任务放在首位，对部队的供应坚持做到了随要随送、保质保量。

三是确保满足部队新需求，保障部队对绿色蔬菜的供应、配送以及快餐、矿泉水、面包、食盐等食品的应急供应。

四是把好军粮质量关、价格关、质量监督检查关，千方百计保证军粮供应品质。

（五）抓基础工作，确保决策依据可靠

一是积极做好全社会粮油供需平衡统计调查工作，全面完成了国家粮食局下达重庆市的社会粮油统计调查的任务。

二是认真做好日常的粮油统计和信息报送工作。按照国家粮食统计制度的要求，重庆市加强了对粮食统计制度执行情况的监督检查以及统计数据的质量抽查和报送，克服了各地人手少、数据收集难的困难，较好地完成了向国家粮食局报送粮油统计、粮油工业统计的各种报表的任务。

三是加强对粮油市场的监测，掌握粮油市场的动态情况，为有效应对粮油市场波动、采取措施提供了依据。

三　强化粮油流通基础设施建设，推进现代粮食流通产业发展

（一）大力推进规范化储粮工作，实现储粮管理科学化

一是继续实施农户科学储粮工程。按照"集中成片推广，能覆盖一个乡镇则覆盖一个乡镇，不能覆盖一个乡镇的就集中覆盖几个村"的原则，在江津区石蟆镇发放彩钢仓1万套，集中成片推广。全面完成国家粮食局下达的10万套农户科学储粮彩钢仓生产发放任务，深受广大农民好评。

二是着力加强市级储备粮管理工作。对市级储备粮的全部存储企业储存一年以上的市级储备粮进行数量核查和质量鉴定，完成40多万吨市级储备粮和8800吨应急成品大米的数量核查和质量鉴定工作。合格宜存率达90%以上，"四无"粮油储存率达100%，完成年度"四无"储粮工作目标。指导完成了市级储备粮油的轮换及新增市级储备粮20万吨的实物验收工作。继续开展市级储备粮油代储资格认定。2013年，有13家粮油企业申报市级储备粮代储资格认定，4家粮油企业获得市级储备粮代储资格。

（二）扎实开展市级放心粮油示范企业年审和创建工作

对30家放心粮油示范加工企业、24个示范配送中心、530户示范销售店（以下统称"放心粮油示范企业"）、80个"放心粮油示范超市"开展年审，共计581个放心粮油示范企业年审合格，占应年审总数664个的87.5%。全年创评全国放心粮油示范加工企业4家、全国放心粮油示范销售店2家。

（三）加强粮油基础设施建设

争取财政资金1.6亿元，全面启动直属库的改扩建工程。开工建设铜梁、潼南、永川、江津、南川五个直属库17万吨储备库。规划批复了万州、开县、梁平、丰都、秀山等五个直属库改扩建计划。

启动实施全市危仓老库修复专项规划，争取中央财政资金835万元，市级财政配套资金1000万元，对全市56个粮食危仓老库进行改造，使储粮条件得到初步改善。

（四）完成本年度储备粮油代储资格管理及认定工作

受理1个中央储备粮代储企业信息变更申请，初审后已上报国家粮食局审定。区县上报市级储备粮代储资格申请企业13个，组织专家评审，其中4个企业通过评审取得市级储备粮油代储资格。

（五）启动粮食应急加工企业技改

安排150万元资金，实施了垫江、荣昌等五个应急大米加工企业的技改，技改完成后五个大米加工企业的产能和技术水平明显提高。

四 加强粮油市场监督检查，维护粮油市场秩序

（一）扎实做好粮油库存检查

2013年，作为国家粮食局委托检查行政区内中央储备粮库存工作的省份之一，重庆市抽调统计、财会、仓储管理、质量检查和粮食库存检查人才库专业人员70多人，组成2个巡查组，4个市级复查组，对万州等14个区县辖区内的14个中储粮存储（代储）库点，300多个仓间的所有性质、所有品种的粮食进行了全面的复查。对部分中央事权和地方事权的粮食库存检查发现问题的整改落实情况进行检查。同时，表彰了2013年粮食库存检查工作先进的单位和个人。

（二）狠抓粮油监督检查基础体系建设

一是继续推进示范单位创建工作。重庆市在做好第三批全国粮食流通监督检查示范单位推荐工作的基础上，从商贸发展经费中安排40万元专项经费，开展了商贸（粮食）综合执法示范单位创建活动。

二是加强执法人员业务提高培训力度。狠抓执法人员思想教育，积极组织粮食行政执法人员树立执法人员的良好形象，把业务培训、岗位自学、经验交流放到重要位置，2013年，培训各类执法人员共计约200人。

三是加强日常监管。重点围绕粮食库存、政策性用粮、粮食质量、市场准入等内容，采取定期、不定期和专项检查等方式强化日常监管。开展各项检查及抽查800余次，出动执法人员2900余人次，对2330余户粮食经营企业（户）进行了检查。

四是抓好专项检查。开展了2013年夏粮和油菜籽收购及秋粮收购等专项检查工作。深入开展粮食行业安全生产大检查"百日行动"。组织38个区县对粮食安全生产开展百日大检查，组成2个工作组对12个重点区县进行了抽查。全市累计检查153次，检查粮食企业380个（次），累计查出隐患223起，并于11月底前全部完成隐患整改，全市粮食行业没有发生1起安全责任事故。

五是严格执法力度，重视涉粮案件查处。依法对涉及政策性用粮、粮食库存、托市收购等严重侵害国家利益、扰乱正常粮食流通秩序的违法、违规涉粮案件进行查处。查处违法经营涉粮案件79件，其中：责令整改41件；警告10件；经济处罚1例，罚款0.05万元；取消粮食收购资格26件；移交其他部门处理1件。

（三）加强粮油质检体系建设

召开全市粮油质检体系建设座谈会，专题研究全市粮油质检体系建设，对全市粮油质检体系建设提出了明确工作目标。完成了第二批（2012年）国家投资的995万元设备招投标工作和验收工作，使

重庆市在农药、重金属等安全卫生检测领域的检验监测能力有了大幅提升。制定发布《2013年度重庆市粮食收获质量安全监测实施方案》。在全市21个粮食主产区县对稻谷、玉米开展质量和卫生指标监测，并要求区县结合开展新产粮食质量调查。

（四）全面开展冬季粮油安全普查和"四无"粮仓鉴定工作

完成年度储粮"四无"检查及储粮"四无"单位鉴定工作。共检查储粮库点172个，储粮（油）仓间（罐）1944个，检查粮油150多万吨。经"一符四无"鉴定，"一符四无"粮油占检查库存粮油总数的99.9%。储备粮油"四无"占100%，储备粮"双低"储粮占89.7%，储备粮"规范化"储粮占87.6%。

五　加强粮食行业宣传培训，提升行业专业能力水平

一是举办了重庆市第三届粮食行业职业技能竞赛。全市39个区县组织粮油企业和粮油质检机构开展技能竞赛和岗位练兵活动；组织粮油保管员和质检员职业技能竞赛；组队参加了第三届全国粮食行业职业技能竞赛决赛，取得优异成绩。

二是做好粮食行业粮油质量检验员职业资格培训鉴定工作。根据国家的规定，举办了"重庆市2013年粮食行业粮油质量检验员职业技能培训鉴定班"，75人获得了国家粮食局颁发的粮油质量检验员职业资格证书。

三是加强干部培训，在全市粮食系统挑选了50名业务骨干，选送到四川省工业贸易学校进行了为期20天的集中培训。

四是2013年粮食科技活动周效果明显。按照国家粮食局和重庆市政府的统一部署，围绕"科学节粮减损，保障粮食安全"主题举办的2013年科技活动周中，10个区县共制作宣传展板200余块；现场接受老百姓咨询上万人次，解答问题800多个，发放各类资料约20万份。

五是完成年度储粮"四无"检查及储粮"四无"单位鉴定工作。总结"四无粮仓"活动经验，开展"四无粮仓"创建60周年纪念活动，推荐"四无粮仓"典型单位、统计从事30年以上保管工作的一线粮油保管员等。

六　扎实开展群众路线教育实践活动，加强粮食系统自身建设

认真开展党的群众路线教育实践活动，严格执行中央八项规定，广泛听取意见，认真对照检查，及时进行整改。简政放权，大力精简文件会议，认真开展"厉行勤俭节约、反对铺张浪费"系列活动，进一步凝聚粮食系统党员干部职工。加强党风廉政建设。认真落实党风廉政建设责任制，推进从源头上治理腐败工作，加强廉政教育和党纪国法教育，加大监督检查力度，坚决纠正和治理不正之风，严肃查处违纪违规行为。认真做好信访、稳定、安全、保密、档案等工作，加强粮食系统文化建设，增强队伍向心力和创造力。

◆ **重庆市商业委员会（市粮食局）领导班子成员**

周克勤	党组副书记、主任（局长）
张　敏	党组书记、副主任
黄　伟	党组成员、副主任
陈国华	党组成员、副主任
刘天高	党组成员、副主任
蒋寿光	党组成员、副主任
廖红军	党组成员、副主任（2013年7月任职）
付灿忠	党组成员、纪检组长、监察专员
尤祖才	党组成员、主任助理
孙华培	党组成员、主任助理
王　伶（女）	副巡视员

2013年4月，重庆市商业委员会主任周克勤（右三）在北碚调研粮食供应工作。

2013年7月，重庆市"粮安工程"工作会召开，副市长陈和平（中）出席会议并讲话。

2013年7月，重庆市粮食行业第三届职业技能大赛顺利闭幕。

2013年9月，重庆市商业委员会在江津区为农户发放一万套储粮彩钢仓。

四川省粮食工作   基本情况

　　四川省辖区面积48.6万平方公里，居全国第5位，辖21个市（州），183个县（市、区）。2013年末，全省常住人口8107万，比上年末增加30.8万。其中，城镇人口3640万，乡村人口4467万，城镇化率44.9%，较上年提高1.37%。2013年，全省实现地区生产总值（GDP）26260.8亿元，比上年增长10.0%。全省人均地区生产总值32454元，比上年增长9.6%。全年城镇居民人均可支配收入22368元，比上年增长10.1%。全年农村居民人均纯收入7895元，比上年增加894元，增长12.8%。

　　全省有粮食行业机构1438个，其中行政管理部门125个，各级粮食行政管理部门所属事业单位165个，全社会粮食经营企业1148户（国有及国有控股企业517户）。粮食行业从业人员40620人，其中：行政管理部门1973人，事业单位2003人，国有及国有控股企业13427人。全系统总资产216.81亿元，其中：固定资产54.88亿元、固定资产净值37.83亿元、流动资产150.45亿元。

2013年粮食工作

　　2013年，全省粮食系统认真贯彻落实党的十八大、十八届三中全会、省委十届三次全会和全国粮食流通工作会议精神，切实履行守住管好"天府粮仓"职责，强化调控保稳定，加大投入促转型，深化改革提效益，服务"三农"促增收，转变作风强管理，保证了粮油市场有效供给和价格基本稳定，较好地完成了各项工作任务。

一　粮食生产

　　2013年，全年粮食作物播种面积与上年持平，粮食总产量3387.1万吨，比上年增长2.2%，其中：小春粮食减产2.1%，大春粮食增产3.1%。稻谷产量1549.5万吨，小麦产量421.3万吨，玉米产量762.4万吨，大豆产量51.8万吨，其他602.1万吨（其中马铃薯产量281万吨）。油料作物播种面积126.5万公顷，增长1.4%，油料产量290.4万吨，增产1.4%；其中油菜籽总产224万吨，比上年增产0.8%。

| 二 | 粮食流通 |

2013年，面对市场粮油价格大幅波动及地震、泥石流等自然灾害的压力，全省粮食系统积极采取有效措施，认真抓好粮油收购，全力保障市场供应，切实保障了重要时段和重点地区的粮油供应和价格稳定。2013年全年收购粮食825万吨、油菜籽85万吨；销售粮食1194万吨、食用油118万吨；4·20芦山地震灾区供应救灾粮28904吨，覆盖受灾人口490970人。

| 三 | 粮食调控 |

1.及时启动并抓好2013年国家临时存储菜籽（油）收购工作。累计收购国家临时储存油菜籽72.7万吨，使市场油菜籽收购价格稳定在2.55元/斤的托市价以上，助农增收2.5亿元，有效保障了农民利益。

2.严格执行稻谷最低价收购政策。9月27日在17个市启动了《四川省2013年中籼稻最低价收购执行预案》，全省分三批共落实495个委托收储库点，严格按照1.35元/斤的保护价格敞开收购农民交售的新产稻谷。启动托市收购至2014年1月末政策执行结束，全省共按托市价收购稻谷130万吨。预案启动后，四川省稻谷平均收购价格上涨了0.13元/斤，农民增收近5亿元，切实保护种粮农民利益。

3.开展"引粮入川"工作。加强产销衔接，实施"引粮入川"补贴政策，15家企业获得"引粮入川"补贴1125万元，全年经铁路调入粮食1419万吨。

4.不断完善粮食应急体系建设。在反复研究基础上，编制了《泛珠三角州协作区域粮食应急保障预案》；按照国家粮食局通知要求，编制完成了粮食应急体系建设2013－2020年发展规划，已建成粮食应急供应网点4080个、应急配送中心220个、应急加工网点309个、应急储存网点303个，应急供应网点基本覆盖了所有乡镇。

| 四 | 流通体制改革 |

全省国有粮食购销企业净资产总额达到463251万元，同比增长6.2%；实现利润5260万元，同比减少19.96%。深化粮食流通体制改革后，全省国有及国有控股粮食购销企业摘掉了长期亏损的帽子，虽然盈利基础仍较弱，但已连续11年实现统算盈利。粮食企业政策性挂账和"开仓借粮"等历史遗留问题的消化处理工作，切实减轻了企业负担。会同省财政厅多次调研、反复测算，适当提高了省级储备粮费用标准，降低了政策性粮食业务亏损风险。

| 五 | 行政执法 |

1.加强粮食流通市场监督。着力强化粮食流通监督检查，全面完成粮食库存检查工作，全省粮食库存数量真实，质量总体良好，储存较为安全，管理比较规范。重点加强夏、秋粮收购检查，确保国家油菜籽和中籼稻托市收购政策落实。全年共开展各类粮食流通监督检查5509次，出动执法人员21701人次，检查企业13558户次，处罚案件895例，有效维护了粮食流通市场秩序。

2.继续推进依法行政。推进依法行政，优化审批流程，规范权力运行，提升服务水平。简政放权，将行政职权目录中的41项行政权力调整为30项，通过省行政权力依法规范公开运行平台，实现了网上阳光运作。全省共发放有效粮食收购许可证6452个，其中：国有及国有控股企业612个、民营企业1183个、个体工商户4657个；全省共办理粮食收购资格证1816件，其中新增505件，变更124件，延续696件，注销491件。行政复议和行政诉讼案件为零。

六　行业发展

1．"粮安工程"建设。全省上下通力合作，认真编制了《四川省"粮安工程"建设规划》，扎实推进"粮安工程"建设进度。成都市"北粮南运"铁路集装箱散粮运输项目，经国家发改委审批后已开始了试运行。成都市粮油储备（物流）中心、中粮（成都）粮油工业有限公司被评为首批全国粮食现代物流示范单位。在省财政统筹安排和大力支持下，中央和省本级用于粮食流通发展的资金达9.4亿元，可带动市县级企业投入5亿元以上，其中，省级财政投入仓储设施新建和维修改造资金达4.4亿元。

2．基础设施建设。联合省发展改革委、财政厅和农业厅编制下发了《四川省粮食仓储设施建设实施方案（2013－2015年）》。2013～2015年，拟投资39.76亿元，维修改造仓容量669万吨，重建一线收纳库和储备库仓容350万吨，力争通过三年的建设维修，如期建成与四川作为全国粮食生产大省、消费大省和转化大省地位相匹配的、足量的、安全的粮食仓储设施体系。

3．市场体系建设。四川省大力加强各类粮食市场建设，努力完善市场体系，初步形成了以省中心批发市场（成都国家粮食交易中心）为龙头、省内区域批发市场和产业园区为骨干、城乡粮食集贸市场和乡村粮油超市连锁店为基础，商流与物流相互补充，市场与园区相互依托，覆盖全省城乡的粮食市场体系。目前，四川省有各类粮油批发市场30个，其中省级1个、市级9个、县级20个，2013年粮油累计成交量1093.25万吨，成交金额319.57亿元。

4．粮食产业化。全力实施粮油加工业"千亿工程"，推进粮食产业转型升级。全省粮油加工业龙头企业共230个，占粮油加工业入统总数的28.3%，实现工业总产值393.4亿元，占粮油加工业工业总产值的47.6%。落实省级财政粮食产业园区专项补助资金3000万元、粮油精深加工资金2378万元。全省涉粮产业总产值达5000亿元左右，约占全省GDP总量的1/5，涉粮产业在全省经济工作中发挥着越来越重要的作用。

5．仓储管理和安全生产工作。为了规范项目申报、评审，加强专项资金和项目管理，提高资金使用效益，推进项目有序实施，制定了《四川省粮食仓储设施维修改造专项资金分配管理方案》、《四川省粮食仓储设施维修改造专项评审办法》、《四川省粮食仓储设施建设专项资金管理办法》、《四川省粮食仓储设施维修改造专项实施管理办法》等一系列规章制度。认真开展安全生产大检查"百日行动"、"安全生产百日竞赛"、粮食进出仓作业管理专项治理等活动，有力应对了"4·20"芦山强烈地震安全生产、汛期暴雨洪涝泥石流灾害、保障粮食安全抗震及度夏度汛，确保了库存粮食安全。

6．人才队伍建设。按照《四川省粮食行业中长期人才发展规划纲要》（2011－2020年），大力开展党政人才素质能力提升工程、企业经营管理人才结构优化工程、专业技术人才科技创新工程、高技能人才职业技艺工程、粮食宏观调控人才建设工程和人才培训基地支撑工程。与省委党校联合举办了全省粮食局长培训班，与省人社厅、省总工会联合举办了全省第二届粮食行业职业技能大赛，2名同志获省"五一"劳动奖章，11名同志破格晋升粮食行业职业技能资格，省内5家企业首次挂牌"全国中小学爱粮节粮教育社会实践基地"。

七　党群工作

1.加强党风廉政建设。深入贯彻中央纪委、省纪委全会和全省粮食系统纪检监察座谈会议精神，制发了四川省粮食局2013年党风廉政建设和反腐败工作《实施意见》和《任务责任分解意见》，签订了党风廉政建设责任书。加强廉政文化建设，编印《廉政格言警句作品集》、《纪检监察业务知识问答》等书籍，发放机关、直属单位及市（州）粮食系统纪检监察干部。

2.认真开展党群工作。广泛开展"实现伟大中国梦、建设美丽繁荣和谐四川"主题教育活动，积极开展"挂包帮"活动，定点帮扶的盐源县泸沽湖镇海门村村容村貌有了很大变化。按照中央和省委的安排部署，突出粮食行业特点，紧扣中心扎实深入开展党的群众路线教育实践活动，聚焦"四风"问题，构建长效机制，工作激情明显提升，工作作风明显转变。各项走出机关、走进基层"解难题、办实事"的活动受到了种粮农民、基层企业、粮油消费者及部队官兵的欢迎和肯定。

◆　**四川省粮食局领导班子成员**

张书冬　　　　党组书记、局长、省发展改革委党组成员

黎　明　　　　党组成员、副局长

付昌友　　　　党组成员、省纪委驻省粮食局纪检组长

王海林　　　　党组成员、副局长（2013年12月任职）

伍文安　　　　党组成员、副局长（2014年3月任职）

吴晓玲（女）　副巡视员

2013年6月21日，四川省政府副省长王宁（右一）到四川粮油储备调控中心调研，进入粮仓察看粮情，省粮食局局长张书冬（右三）陪同调研。

2013年10月15日，四川省粮食局局长张书冬（右一）到绵阳检查秋粮托市收购工作。

"4·20"芦山强烈地震后，四川省粮食局紧急组织加工调运救灾粮油。图为运输车辆整装待发。

2013年四川省成都市"北粮南运"铁路集装箱散粮运输项目开始试运行。图为首趟散粮集装袋专列作业现场。

贵州省粮食工作   基本情况

贵州是全国唯一没有平原支撑的省份，在近年来的各种自然灾害中，旱情对粮食生产影响最大，2011年遭遇有气象记录以来最为严重的旱情，粮食产量仅为877万吨（为1993年粮食产量水平），导致2011/2012年度贵州省粮食产需缺口达493万吨左右；2013年再次遭遇严重旱情，全省粮食产量1030万吨，同比减产近50万吨，粮食产需缺口400万吨左右。因贵州省粮食生产能力受生产资源制约较大，加之各种大小自然灾害频发多发，粮食生产总量2004年以来始终处于徘徊状态，对外依存度逐年提高，贵州省已由过去的紧平衡省份转变为输入性平衡省区。

2013年，全省粮食系统独立核算单位2812个，较上年减少381个；在职职工16345人，较上年减少3254人。其中，粮食行政机构92个，在职职工972人；事业机构56个，在职职工392人；流通企业728个，在职职工7193人；加工企业356个，在职职工3974人；多种经营企业1580个，在职职工3814人。

2013年粮食工作

2013年，贵州省粮食局在省委、省政府的正确领导和国家粮食局的指导帮助下，认真贯彻落实党的十八大和全国粮食流通工作会议、省委农村工作会议精神，紧紧围绕省委省政府的工作部署，坚持以保障省内粮食安全为核心，以推动落实粮食行政首长负责制为主线，以"守底线、保安全、惠民生、促发展"为目标，以粮安工程建设为主抓手，守住管好"贵州粮仓"，做好"广积粮、积好粮、好积粮"三篇文章，加强粮食"三个能力"（供给能力、综合流通能力、调控能力）建设，较好地服务了全省后发赶超、同步小康大局，为全省经济社会发展作出了积极贡献。

一　认真学习贯彻落实李克强同志年初视察粮食工作时的重要讲话精神

一是及时安排部署、掀起学习热潮。转发国家粮食局《关于认真学习贯彻李克强同志关于粮食工作重要讲话精神的通知》，要求全省各级粮食行政管理部门认真组织传达学习，切实把思想统一到李克强同志的讲话精神上来，增强做好新形势下粮食流通工作的紧迫感和责任感，为全省后发超越、同步小康建设大局作贡献。同时，省粮食局机关召开干部职工大会和党组中心学习组专题学习会认真贯彻落实，原原本本学习文件，把讲话精神传达到每个干部职工，并结合全省粮食流通工作实际，搞好学用结合，推动工作、推动发展。二是结合实际认真贯彻落实。着力加强调研指导，按照局党组统一部署，由局党组成员带队组成6个调研组，分赴各市（州）开展调研指导，重点对学习贯彻李克强同志讲话精神情况、粮安工程实施等工作进行督促检查和帮扶指导。通过召开座谈会、深入基层一线调研，掌握实情，摸清底数，增强了工作的针对性和主动性。三是着力推动粮食行政首长负责制的落实。经过积极争取，10月20日，贵州省政府办公厅印发了《贵州省人民政府办公厅关于进一步落实粮食行政首长负责制确保省内粮食安全的意见》（黔府办〔2013〕53号，以下简称《意见》），从全省经济社会发展全局的战略高度，深刻阐述了新时期强化落实粮食行政首长负责制、确保省内粮食安全的重要意义，明确提出了当前和今后一个时期的主要任务，内涵丰富、目标明确、要求具体，具有很强的针对性和指导性。《意见》出台后，贵州省粮食局立即下发通知要求各地认真学习贯彻，要求与学习贯彻李克强同志年初视察国家粮食局时的重要讲话精神和全国粮食流通工作会议精神结合起来，与学习贯彻省委农村工作会议、全省经济工作会议和全省粮食流通工作会议结合起来，与当前工作实际结合起来，开展多形式的学习宣传活动，积极争取党政领导重视和支持，从上到下齐心协力抓好粮食安全保障工作，不断增强各级政府宏观调控能力。

二　"保供稳价"成效显著

一是按时完成粮食流通统计、调查和分析工作。按时完成了每月的各项粮油商业流通统计和2012年全省粮油社会供需平衡调查，通过分析有关资料，为指导工作开展和领导决策服务发挥了重要作用。二是粮油购销工作进展顺利。2013年4月中旬贵州省粮食局下发了关于做好夏季粮油收购工作的文件，要求各地切实提高对做好夏季粮油收购工作重要意义的认识，早安排、早布置、早落实，力争购多销，并与中储粮贵州分公司密切配合，抓住国家实施临时存储油菜籽(油)收购的机遇，委托了23家省内油脂业参与收购，促进了农民增产增收。油菜籽收购量为2003年粮改以来最高。截至12月末，全省入统企业累计收购粮食85万吨，较上年同期减少13.9万吨。国有企业销售粮食94万吨，较上年同期增加16.8万吨。省外购进粮食416万吨；入统企业累计购进食用油30.1万吨，销售食用油31.8万吨，较上年同期增加1.2万吨。全年市场价格水平总体保持基本稳定。三是积极争取国家支持。贵州省粮食局2013年继续向国家粮食局汇报，寻求支持。国家于3月在贵州省新增10万吨小麦和2万吨粳稻中央储备粮规模，用于支持贵州省实现供需平衡和开展保供稳价工作，宏观调控物质基础进一步夯实。

三　认真谋划、启动实施"粮安工程"建设

国家粮食局启动实施"粮安工程"后，贵州省粮食局极为重视，加强研究，采取措施，深入推动实施。一是领导重视。成立了"粮安工程"建设领导小组，党组书记、局长沈健亲自任组长，各分管副局长任副组长，相关处负责人为成员，负责统筹谋划、实施贵州省"粮安工程"建设。二是出台方案。结合贵州粮食流通工作实际，在制定出台《贵州省粮食系统开展"粮安工程建设年"活动实施方案》的基础上，制定完善了《贵州省"粮安工程"建设总体规划》（2013－2017年），明确

了指导思想和目标任务，并要求各级粮食行政管理部门加强组织领导、明确活动要求、广泛宣传动员并注重效果提升。三是继续抓好粮食物流项目建设。紧紧抓住实施粮安工程这一重要契机，重点规划和实施一批基础设施建设项目，尤其是重点抓好对宏观调控有保障功能、对市场有可持续辐射能力、对行业发展有龙头带动作用、对经济总量有支撑贡献的大项目好项目的规划实施。目前，一批项目已经被选定并列为省市政府重点项目，贵阳西南粮食物流园区、遵义市粮油食品工业园区等124个项目建设正在有序推进实施中。省级财政从粮食流通专项资金中投入800万元用于仓储物流项目建设。

四 强化储备体系建设

一是落实储备规模计划，增强调控能力。适时深入基层调研，与地县政府和粮食等部门交流沟通，督促其建立和充实地方粮油储备；坚持季度库存台账汇总制度，坚持季度库存通报制度，使各级政府适时了解本地储备状况；会同省财政厅、农发行省分行等批复省级储备粮2013年度轮换计划、批复铜仁国储库1万吨省级储备粮移库江口计划、批复兴仁直属库搬迁置换请示；向省财政厅报送核拨2012年省级储备粮轮换损失损耗补助。2013年，全省各级地方储备粮规模和实际库存量增长较快，9个市（州）、83个有粮食行政管理部门的县（市、区）、2个省直管县（市）都具备有一定的规模库存，全省地方储备粮库存超国家下达指导性计划。二是加强仓储管理，确保库存粮油安全。认真抓好日常仓储管理，继续推进"示范粮库"创建评比活动；坚持每年夏、冬两季全省粮油安全大普查工作；加强仓储安全生产管理，强化检查指导，严防储粮安全事故发生；认真开展中储粮代储资格初审核报工作，抓好行政审批。从夏季粮油普查情况看，全省粮情较为稳定，储粮基本安全，库存粮油账账相符、账实相符，达到了数量真实、质量合格、储存安全。三是做好"顶层设计"，规划部署项目建设。为统筹规划仓储物流设施建设，根据国家粮食局部署和省局安排，认真制定《贵州省修复"危仓老库"总体规划（2013－2017年）》并印发各地。同时，加强和国家粮食局司室的联系沟通，积极争取中央财政资金支持，制定了《贵州省"危仓老库"维修改造实施方案》（2013－2015年），上报维修改造规模141.79万吨，总投资2.61亿元。全省在建仓储物流项目为43个，概算投资15.47亿元，累计完成投资6.58亿元，年内实际完成投资6256万元。

五 大力推进民生工程建设

一是大力发展特色粮油产业，促农增收。全年完成优质粮油订单410万亩，占计划的103%，预计促进农民增收 5.7亿元以上，比上年增长10%。出台了《贵州省特色粮油食品产业发展规划》，明确下一步将重点发展有机米、特色米、香禾糯、薏仁米、苦荞、芸豆、酿酒高粱、茶油、菜油、特色食品等十大特色粮油食品产业。二是扎实推进放心粮油工程建设。全年建成放心粮店426个；放心粮油进学校5000所、占学校总数的30%、比上年增加388所；实现销售利润4000万元，比上年增加526万元。三是扎实做好农户科学储粮工作。2013年，国家下达贵州省专项计划15万户，争取得到中央补助资金2025万元，省里配套资金450万元。2013年15万户科学储粮项目的投入使用，受益农户储粮损失率由8%降至2%，户均减少储粮损失约72公斤，户均增收187.2元；15万户即减少储粮损失10800吨，助农增收2808万元（1.3元/市斤），项目经济效益明显。

六　扎实做好军粮供应工作

一是确保了军粮供应及时到位。及时下达了全年军粮供应计划；分季度审核下拨军粮购粮款；积极争取国家明确了军粮差价补贴标准；与省财政厅联合对部队节日增供和预备役训练用粮差价补贴进行了清算。二是贵州省粮食局与武警贵州省总队后勤部签订了《军粮应急保障供应协议》，明确将粮油、副食品、调料以及主食、熟食、热食等纳入应急保障范围。三是开展了军粮质量和军粮财务专项检查，确保了部队食用安全和军粮资金专款专用。四是启动了省级军粮应急保障中心建设。6月9日，局党组明确组建"贵州省军粮应急保障中心"后，对全国各省市区军粮供应管理机构方面的情况进行了调查摸底；与国家粮食局军粮供应中心进行了对接，上报了专题请示；与省财政厅进行了初步磋商，阐述了组建中心的必要性和紧迫性；向省编委办报送了有关材料，申请将"贵州省军粮应急保障中心"纳入省级财政差额预算管理。各项工作正在推动落实之中。五是与省编制委员会办公室联合下发了《关于明确军粮供应机构属性的通知》，将军粮供应站定性为"直接为部队建设提供保障服务的公益性机构"。通过各地积极争取，2013年以来，六盘水市、铜仁市、花溪区、乌当区军粮供应站已纳入财政全额预算管理。到目前为止，已有11个军粮供应站编制经费问题得到解决。六是深入基层检查指导，深入部队进行走访慰问。

七　认真开展粮食流通监督检查各项工作，抓好质监体系建设

一是开展2013年粮食库存检查，结果表明，粮食库存账实、账账基本相符，库存粮食数量真实，质量良好，粮食质量均属宜存，储粮安全，管理较为规范，没有发生储粮安全和被盗事故。二是做好粮食流通监督检查工作。开展油菜籽收购专项检查、粮食流通专项检查、夏粮及秋粮收购专项检查、粮食收购资格核查等各项检查，全省共进行执法检查4227次，出动人员14024人次，检查企业12863个次，实施行政处罚266例，确保了原粮卫生质量和粮油市场秩序。三是认真实施粮食收购行政许可。全省共核发《粮食收购许可证》2235户，其中国有及国有控股企业（包括集体企业）284个，民营企业353个，个体工商户1591个，其他7个。

质检体系建设方面，编制了《贵州省粮食质量安全检验监测能力建设项目可行性研究报告》、及时上报全省质检体系建设2014年年度投资计划，编制《贵州省粮食质量安全检验监测能力建设项目资金申请报告》、开展粮食质量检验检测能力建设实施情况中期评估。2013年，省局继续加大对全省质检体系建设的扶持力度，省粮油质检站及9个市（州）粮油质检站所购置仪器设备全部安装到位并通过验收，由此全省粮油质检体系阶段性建设目标全面完成。

八　加强党的建设和干部队伍建设

认真组织学习贯彻落实党的十八大、十八届三中全会精神，领会精神实质，统一思想认识；加强基层组织建设，夯实党建工作基础；认真开展以"十破十立"为主要内容的解放思想大讨论活动；认真开展党的群众路线教育实践活动。重点按照中央和省委的统一安排和部署及"照镜子、正衣冠、洗洗澡、治治病"的总要求，牢牢把握省委提出的"忠实务实实干兴省，同心同苦同步小康"总载体，

以"管好贵州粮仓，聚力同步小康"为具体载体，牢固树立"为耕者谋利，为食者造福"的服务理念，努力追求"崇德、奉献、创新、卓越"的粮食系统核心价值观，扎实开展党的群众路线教育实践活动。活动通过学习教育、听取意见，查摆问题、开展批评，整改落实、建章立制等阶段，党员干部思想进一步提高，作风进一步转变，服务发展能力进一步增强，党群干群关系进一步密切，为民务实清廉形象进一步树立。

◆ **贵州省粮食局领导班子成员**

沈　健	党组书记、局长
张和林	党组成员、副局长（2013年4月明确为正厅级）
章　萍（女）	党组成员、机关党委书记
何武林	党组成员、总经济师
吴青春	党组成员、副局长
龙　林	党组成员、副局长
蒋兴勇	党组成员、纪检组长

2013年4月11日，贵州省人民政府副省长刘远坤（右三）调研指导贵州西南粮食城项目建设。

贵州省人民政府副秘书长张家团（中）在省粮食局局长沈健（左二）陪同下检查贵阳市粮油批发市场。

贵州省粮食局局长沈健（中）调研"粮安工程"建设。

贵州省粮安工程项目观摩暨半年粮食经济运行分析会召开。

贵州省瓮安县把发放小粮仓作为帮扶困难户增收的措施之一。

云南省粮食工作　基本情况

　　云南省是中国通往东南亚、南亚的窗口和门户，地处中国、东南亚、南亚三大市场结合部，与越南、老挝、缅甸接壤，国境线长4060公里。全省土地面积39.4万平方公里，占全国陆地总面积的4.1%。全省设16个州（市），129个县（市、区），是全国少数民族最多的省份，世代居住有26个民族。2013年，全省人口总数4686.60万，完成生产总值11720.91亿元，农牧渔业总产值3056.04亿元，财政总收入2975.68亿元，城镇居民人均可支配收入23236元，农民人均纯收入6141元。

　　2013年，全省粮食总产量1824万吨，其中稻谷667.9万吨，小麦80.5万吨，玉米734.2万吨，大豆19.7万吨，薯类和其他杂粮321.7万吨。从生产者购进粮食240.6万吨，粮食总销售618.5万吨。粮食商品量528.96万吨，进口粮食35.2万吨。粮食消费量2118万吨，其中城镇口粮307.1万吨，农村口粮662.8万吨，饲料用粮856.6万吨，工业用粮234.5万吨，种子用粮57.08万吨。据铁路部门统计，全年调入粮食447.9万吨，调出粮食86.9万吨，销往省外的粮食主要以稻谷（过境小白米）以及马铃薯、玉米和其他杂粮为主。

2013年粮食工作

　　2013年，全省各级粮食部门深入贯彻落实党的十八大、十八届二中、三中全会精神，深入学习贯彻习近平总书记系列重要讲话，深入开展党的群众路线教育实践活动，按照党中央、国务院和省委、省政府确保粮食安全的决策部署，克服经济增长下行压力的影响，积极应对旱灾、地震的影响和境外低价大米的冲击，进一步坚定端牢云南人自己的饭碗、守住管好云南粮仓的信心和决心。贯彻落实粮食行政首长负责制，执行国家粮食最低收购价政策，加强粮食产销合作，做好粮食收购、储备、调运和市场平抑工作，全年从粮农手中购进粮食240.6万吨，销售618.5万吨。深入开展粮食行业带头爱粮节粮反对浪费活动，积极推广应用新技术、新工艺，减少粮食产后损失损耗。承办第九届中国昆明泛亚国际农业博览会，举办"世界粮食日暨全国爱粮节粮宣传周"、"粮食科技活动周"、"粮油服务进军营"等活动，加大爱粮节粮宣传，全社会爱粮节粮意识得到提高。推进国有粮食企业兼并重组，企业布局和结构进一步优化，可持续发展能力增强，全省国有粮食企业实现统算盈利6327.54万元，15个州（市）实现统算盈利。全社会粮油加工业实现产值150亿元，同比增长22.4%。多元粮食经营主体进一步发展壮大，对搞活粮食流通、繁荣粮食市场发挥了重要作用。

一　执行粮食最低收购价政策

经省政府批准同意，春耕生产前，确定云南省中晚籼稻和粳稻最低收购价执行国家价格水平，即：每公斤中晚籼稻最低收购价为2.70元/公斤，粳稻最低收购价为3.00元/公斤。秋粮上市后，根据部分中晚稻主产区反映收购价偏低的问题，为贯彻落实国家粮食收购政策，切实保护种粮农民利益，9～10月，与省发改委等有关部门，深入云南省粮食主产区实地调研，针对境外大米流入云南省波及周边省份，严重影响到种粮农民利益的实际，拟定《云南省2013年中晚稻最低收购价执行预案》，报经省政府批准同意，从2013年11月28日至2014年2月28日，在曲靖、西双版纳、德宏、普洱、楚雄、保山、红河、大理等8个稻谷主产区启动预案。当中晚籼稻市场价格低于每公斤2.70元，粳稻市场价格低于每公斤3.00元时，由省、州（市）、县国有粮食购销企业及国有参股的粮食企业按最低收购价格，挂牌收购农民交售的中晚稻，并作为省级临时储存，保管费用补贴标准为每公斤0.10元/年，由省财政据实结算。预案的启动执行保证了粮农"种粮卖得出"，有效防止谷贱伤农，切实调动了粮农种粮积极性。

二　切实做好粮油保供稳价工作

积极应对旱灾、地震和周边国家低价大米的冲击，综合利用平价粮油销售、投放政策性粮食、储备粮油轮换、组织到东北调粮和接受跨省移库及省级动态储备产销合作等手段，有效实施粮食宏观调控。据铁路部门运输统计，2013年全省各类粮食企业从省外调入粮食比上年同期减少42.9万吨，减幅35%。全省542个平价销售点共销售粮油23.8万吨，投放政策性粮食13万吨，组织政策性粮食跨省移库11.5万吨，省级动态储备产销对接15万吨，军粮供应保障水平继续提高，灾区粮食供应得到有效保障。粮食市场价格保持基本稳定，为云南省控制物价涨幅、稳定通胀预期发挥了重要作用。

三　实施启动粮安工程

草拟形成《云南省人民政府关于加快发展现代粮食流通产业的意见（送审稿）》、《云南粮食流通产业五年行动计划（2013－2017年）》上报省政府研究决策。编制上报《云南省修复"危仓老库"实施规划（2013－2017年）》，加强粮食安全保障能力建设。启动实施云南粮安工程、放心粮油工程和主食产业化工程。国家下达了4个中央补助粮库和油罐建设项目，总投资达17089万元，其中争取中央预算内投资补助资金1975万元。中央财政下拨云南省粮库维修补助资金1365万元，加上地方财政和企业配套，全省每年投入仓库新建及维修资金将达到1.2亿元左右。争取国家产业振兴和技术改造项目5个，总投资24146万元，中央补助2417万元。加强粮食物流通道建设，将省粮油工业公司上报国家作为"北粮南运"班列物流节点，并做好试点项目前期准备工作。重点推进3个省级物流园区的建设，金马物流园区现已开工建设，晋宁（益海）青山物流园区已完成项目选址和征地，昆明黄龙山物流中心正在积极规划和筹备当中。争取省级粮油质检中心中央补助资金310万元、7个州（市）质检机构中央补助资金1954万元的能力建设，争取省级财政配套资金200万元，落实省级食品安全监管专项补助经费114万元，推进了全省国家粮食安全质量监测机构检验监测能力建设。

四　实施农户科学储粮专项

2013年国家安排云南省20万套农户科学储粮专项建设任务，云南省及时制定工作实施方案，明确各级粮食部门职责，争取落实地方配套资金，5月底，按照《农户科学储粮专项管理办法》要求启动全省统一招投标工作，局纪检监察部门对全过程进行监督，确保项目实施公开、透明、公平、公正。专项建设于8月初在全省全面铺开，于11月底保质保量如期完成了全年农户科学储粮建设任务。云南省中标单仓价格为425.2元，实际实施20.36万套，总投资9000万元，其中：中央补助30%（2700万元），地方配套30%（2700万元），农户自筹40%（3600万元）。大幅减少农户储粮损失，增加农户收入，深受广大农民群众欢迎。

五　提高依法管粮水平

健全粮食行政首长负责制检查考核评价体系，充实收购、销售、调运、储存、加工和企业盈亏量化指标，开展2012年度全省粮食行政首长负责制考核工作，进一步强化各州（市）、县（市、区）政府和相关部门重农抓粮供应的责任意识。加强省级储备粮轮换工作指导，组织省级储备粮"以奖代补"考核，开展粮油库存检查，完善粮食供应应急预案。年末粮食库存总量继续保持历史较高水平，库存消费比继续处于安全合理的水平，库存粮食质量总体良好，宜存率达100%。加强粮油统计工作，提高统计质量和效率，认真组织开展供需平衡调查。认真做好中央储备粮代储备资格认定受理和管理工作。加强监督检查，维护粮食市场秩序。对各类粮油收购主体在夏粮、油菜籽和秋粮收购活动中执行有关政策法规，遵守"五要五不准"收购守则的情况进行专项检查，加大对违法违规行为的查处力度，维护粮食流通秩序，确保粮食市场平稳运行，全省各地共开展检查3068次，出动人员14223人次，检查企业13826个次。加强粮食质量安全监管，维护人民群众"舌尖上的安全"。开展粮食行业安全生产"百日行动"，行业安全生产的基础工作得到加强，全年没有发生大的安全生产事故。

六　开展党的群众路线教育实践活动

根据中央和省委的统一部署，扎实开展党的群众路线教育实践活动，聚焦"四风"，坚持领导干部带头示范，坚持开门搞活动，边查边改，立说立行，为民务实清廉作风得到弘扬，行风政风进一步好转。党风廉政建设和反腐败工作进一步加强，"一把手"负总责、"一岗双责"责任制和廉政风险防控机制进一步落实。搞好干部选拔任用和教育培训，加强粮食行业职工队伍建设，参加第三届全国粮食行业职业技能竞赛并取得好成绩，粮食财务、流通统计等工作受到国家粮食局表彰。机关党的建设、精神文明建设和老干部工作等方面都取得了新成绩，为推动粮食流通工作顺利开展提供了有力保障。

◆ **云南省粮食局领导班子成员**

马红跃	党组书记、局长
许建平	党组成员、副局长
杨韵玲（女，白族）	党组成员、纪检组长
龚国富	党组成员、副局长（2014年2月任职）
官悠房	党组成员、副局长

2013年2月21日，云南省政府副省长和段琪到省粮食局调研，听取粮食局的工作汇报。

2013年9月4日，云南省粮食局党组召开党的群众路线教育实践活动工作会议，传达学习省委教育实践活动领导小组第二次（扩大）精神。

2013年10月16日，云南省粮食局、昆明市粮食局、中储粮云南分公司、云南省粮食行业协会、昆明市粮食行业协会在云南省科技馆共同主办2013中国"世界粮食日"和全国"爱粮节粮宣传周"主题活动。

2013年 5月7日，云南省粮食局组织局机关全体公务员、机关服务中心全体职工和局直属单位中层以上领导干部参观云南省反腐倡廉警示教育基地。

西藏自治区粮食工作

基本情况

西藏是我国重要的边疆民族地区。全区有6地1市、74个县（市、区），2013年底常住人口312万。西藏地处祖国西南边陲，是青藏高原的主体。地域辽阔，全区总面积120多万平方公里，约占全国国土面积的1/8。边境线长4000多公里，内与新疆、青海、四川、云南等省区相连，外与印度、尼泊尔、不丹、缅甸等国家接壤。平均海拔4000米以上，地势总体上西北高东南低，素有"世界屋脊"之称。

西藏地理和气候条件特殊，粮食生产品种主要以青稞、小麦为主，内地粮靠省外购入调剂余缺。2013年，全区粮食播种面积17.59万公顷，其中：青稞12.39万公顷，小麦3.78万公顷。2013年，粮食总产量96.2万吨，比上年增加1.3万吨，连续15年稳定在90万吨以上水平，创十年来新高，其中青稞65.7万吨，小麦24.1万吨。2013年，全区国有及纳入统计范围的非国有粮食经营企业收购粮食9.5万吨，销售粮食28.8万吨，省外调入粮食40.8万吨。

2013年粮食工作

2013年，西藏自治区党委、政府高度重视粮食工作，自治区副主席坚参赴自治区粮食局、部分粮食企业调研指导，对做好粮食流通工作作出重要指示。一年来，在自治区党委、政府的坚强领导下，在国家粮食局的关心帮助和全国粮食系统的大力支持下，全区粮食系统深入贯彻落实党的十八大、十八届三中全会和区党委八届五次全委会精神，认真贯彻李克强总理关于粮食工作重要讲话精神和坚参副主席重要指示精神，以确保粮食安全为目标，按照"守住管好'天下粮仓'，做好'广积粮、积好粮、好积粮'三篇文章"的总部署，围绕"五个着力"，突出重点、强化措施，各项工作扎实推进，取得明显成效

一　抓收购、保供给、稳粮价中心工作取得实效，促进了农民增收，维护了粮食市场稳定

各地严格执行"五要五不准"收购守则，积极开展粮食收购，掌握粮源，促进种粮农民增收。青稞最低收购价提高到3.00元/公斤，为保护种粮农民收益提供政策保障。积极开展粮食产销合作，首

次落实国家政策性移库小麦，市场粮源充裕，供应正常，价格基本稳定。认真做好全社会粮食流通统计，加强粮食市场监测、供求形势分析预测。完成了2012年度自治区储备粮轮换任务，组织粮食库存检查、收购市场专项检查和安全生产检查，加强市场监管，维护了粮食流通正常秩序。组织开展了食品安全、爱粮节粮、放心粮油等宣传活动。

二　启动实施"粮安工程"，粮食流通设施建设加强

编制完成西藏自治区"粮安工程"建设规划。完成国家粮食局下达的日喀则地区3000套科学储粮仓建设任务，编制了35个粮食生产县农户科学储粮专项建设方案。完成2012年度边远易灾乡镇粮食仓库仓储设施维修改造工作，落实自治区财政厅、发展改革委专项资金，用于粮库建设和维修改造。争取财政部"危仓老库"维修改造资金23万元。完成了国家粮食局下达的150万元自治区粮食质量监测中心仪器设备配置，成立了昌都、那曲、阿里3个地区粮食质量监测站，开展了青稞储存周期专项研究。

三　放心粮油工程试点工作积极推进，口粮供应保障能力逐步提升

根据《西藏自治区人民政府办公厅关于放心粮油工程建设的实施意见》，成立了放心粮油工程指导小组，启动了自治区放心粮油工程建设工作，拉萨试点初步完成，共建设1个自治区放心粮油配送中心，5个放心粮油示范店。2013年销售放心粮油928万公斤，经营品种达135个，试点工作实现了开局好、起步好、效益好。

四　国有粮食企业改革不断深化，区直国有粮食企业持续发展能力进一步增强

2013年4月，《西藏金谷粮食产业集团有限责任公司组建方案》经自治区政府批复同意。相继完成了集团公司组建、子公司改制、职工安置方案制定上报等工作。各地市继续推进以内部制度改革为重点的改革工作，努力提高经济效益。国有粮食企业政策性粮食财务挂账占用银行贷款部分从企业剥离上划到自治区粮食局集中管理，政策性粮食贷款逐步得到落实。

五　加大协调力度，援藏工作取得新成效

截至2013年底，共落实援藏资金1952万元；国家粮食局援助基层粮食部门电脑、打印机各55台。区内国有粮食企业与29个内地粮食企业建立了长期稳定的粮食购销合作关系，全区国有粮食企业代理国内粮油知名品牌29个。累计61名人员到国家和对口援藏省市参加培训和挂职，中组部选派1名援藏干部到日喀则地区粮食局援藏。

六　作风进一步改进，服务群众能力提高

通过深入开展党的群众路线教育实践活动，局直系统"四风"、"两问题"得到有效解决，党员干

部思想认识水平进一步提高，党群干群关系进一步密切。紧紧围绕粮食收购、放心粮油工程和农户科学储粮专项建设三项民生工程，创新活动载体，组织开展粮食收购、青稞最低收购价、储备粮管理等专项调研。实践活动中，组织局机关全体党员干部和局属单位县处级以上干部与62户村民及2户局属单位困难职工结成对子，三次深入结对户。加大粮食干部培训力度，200余人次参与培训。扎实推进党风廉政建设和反腐败工作，促进领导干部廉洁从业。扎实开展强基础惠民生活动，继续围绕"五项任务"，扎实为群众办好事实事。

◆ **西藏自治区粮食局领导班子成员**

次旺诺布（藏族）　党委书记、副局长

张　虹（女）　　　党委副书记、局长

达　拥（女，藏族）党委委员、副局长

何长春　　　　　　党委委员、副局长

李　军　　　　　　党委委员、办公室主任

陕西省粮食工作

基本情况

陕西省简称"陕"或"秦",位于中国内陆腹地。东邻山西、河南,西连宁夏、甘肃,南抵四川、重庆、湖北,北接内蒙古,居于连接中国东、中部地区和西北、西南的重要位置。中国大地原点就在陕西省泾阳县永乐镇。全省总面积20.58万平方公里。陕西地域狭长,地势南北高、中间低,有高原、山地、平原和盆地等多种地形。南北长约870公里,东西宽200～500公里,从北到南可以分为陕北高原、关中平原、秦巴山地三个地貌区,其中高原面积926万公顷,山地面积为741万公顷,平原面积391万公顷。陕西横跨三个气候带,南北气候差异较大,陕南属北亚热带气候,关中及陕北大部属暖温带气候,陕北北部长城沿线属中温带气候,大部分地区四季分明。

2013年,全省生产总值实现16045.21亿元,比上年增长11%。2013年,全省粮食播种面积310.51万公顷,比上年下降0.7%。主要生产小麦、玉米、稻谷,辅以各类杂粮。2013年全省粮食总产量1216万吨,其中小麦389.9万吨,玉米586.5万吨,稻谷91万吨,大豆25万吨,杂粮123.3万吨。全省各类粮食企业累计收购粮食511万吨,销售粮食798万吨。2013年全省粮、油消费量分别达到1450万吨和63.6万吨,产消缺口分别为236万吨和37万吨,自给率分别为83.9%和29.5%,且粮油供需缺口呈逐步扩大态势;总消费量中城乡居民口粮795万吨,工业用粮253万吨,饲料用粮366万吨,种子用粮36万吨。

2013年粮食工作

2013年,陕西省各级粮食部门认真贯彻落实省委、省政府和国家粮食局关于粮食工作的决策部署,紧紧围绕全省工作大局,认真执行粮食购销政策,完善调控措施,深化企业改革,维护流通秩序,夯实设施基础,推进产业发展,实现了"守底线"、保安全、惠民生、促发展的目标,为陕西省经济社会发展作出了积极贡献。

一   粮食生产

2013年,全省粮食总产量1215.8万吨,实现十年连续丰收,总产量居全国第19位。2013年粮食总产量比上年减少29.3万吨,减幅2.4%。其中,夏粮总产量423.6万吨,因遭遇严重干旱产量比上年减少48.9万吨,减幅10.3%;秋粮总产量792.2万吨,同比增加19.6万吨,增幅2.5%。

二　粮食流通

各级粮食部门加强市场形势研判，加强粮源组织调度，有力保证了全省粮食购销工作的顺利开展。一是主动与农发行协商解决收购资金贷款问题，共落实全年收购资金规模48亿元。积极指导收购企业拓宽融资渠道，通过代收代储、合作经营等多种方式突破信贷瓶颈。二是积极引导民营经济进入粮食购销市场，粮食收购市场主体日益多元化，全省累计发放粮食收购许可证2213个，其中非国有粮食收购主体1838个，占83%。三是认真落实国家强农惠农政策，严格执行"五要五不准"政策规定，开展粮食收购市场专项监督检查，向粮农提供政策咨询和信息服务，增加收购网点，方便农民售粮。充分利用媒体和简报加大粮食政策宣传和工作动态报道，营造良好的政策和市场氛围。2013年，陕西省各类粮食企业累计从生产者手中收购粮食511万吨，累计销售粮食798万吨，粮食购销均超额完成省委、省政府下达的年度目标任务。

三　粮食调控

（一）粮食储备

各级粮食部门进一步落实储备规模，调整品种结构，着力加强储备体系建设，有效夯实了"米袋子"省长负责制的物质基础。积极贯彻落实粮食安全新战略，向省政府上报了《全省粮食安全报告》，就全省粮食安全保障能力等重大问题提出了政策建议。持续强化指导和督查市县级储备粮油规模及应急成品储备建设，完善应急动用方案，市县政府调控保障能力有所提高。年末粮食库存总量继续保持历史较高水平，库存与消费的比例相对安全合理且质量总体良好，宜存率均达到国家标准。在全行业开展了规范粮食进出仓作业管理活动、安全生产大检查"百日行动"和消防安全大排查大整治活动，仓储管理规范化水平进一步提高。

（二）保供稳价和应急工作

巩固省内外粮食产销合作关系，组团参加2013年黑龙江金秋粮食交易合作洽谈会，共达成大米、大豆等粮食购销合同3.5万吨。及时掌握骨干企业粮食加工、库存情况，主动协调落实粮源，调入跨省移库粮45万吨。落实国家稻谷运费补贴和政策性粮食销售政策，指导企业积极采购优质大米20万吨，确保了全省粮食供应和价格基本稳定。完善军粮统筹采购供应办法，保证了全省军粮供应。做好应急工作，在充分调研的基础上，向有关部门上报了《关于陕西省粮食应急工作有关情况的报告》；结合全省"放心粮油全覆盖"工程，积极指导市、县做好应急粮油储备、应急网点建设等工作。

（三）统计调查和价格监测工作

组织完成了2012年度全省粮油供需平衡调查和粮食流通统计年报的编报任务、2013年全省粮食库存检查分解登统表的汇总工作、陕西省国家政策性粮油交易报名企业的初审报送工作及2012年统计报表情况、2013年陕西省国家临时存储菜籽（油）委托企业审核情况、2012年度各类粮油企业基本情况年报网上填报任务，更新完善了全省各类粮油企业名录库。同时强化人员培训，提高统计服务质量。加强粮油价格监测工作，推荐上报了陕西省国家级粮油市场监测点，调整了省级粮食市场价格监测点，及时报告市场信息，为上级机关和领导做好粮食宏观调控提供依据，为基层粮食部门开展工作搞好信息服务。2012年度，陕西省粮食局被国家粮食局评为全国粮食流通统计工作先进单位。

四　企业改革和扭亏增盈

（一）企业改革

积极指导基层国有粮食企业完善法人治理结构，健全内部管理机制，重点实施县级基层企业兼并重组，试点县区工作全面展开。2013年底，全省国有粮食企业总数315个，比2005年减少647个，有50%的县（市、区）实现了国家粮食局提出的"一县一企、一企多点"的企业改革新要求。全省累计化解经营性财务挂账37亿元，其中化解政府认定的经营性财务挂账22.1亿元，占政府核定的经营性财务挂账总额近74%，化解其他经营性财务挂账15亿元。

（二）扭亏增盈

全省国有粮食企业不断加强和改善财务管理，拓展经营领域，盘活存量资产，开辟新的利润增长点。2013年，实现营业收入104.8亿元，同比增加27.5亿元；盈亏相抵后实现盈利4486万元，超额完成年度盈利目标任务。全省盈亏统算连续6年实现盈利。年底资产总额209.72亿元（其中流动资产162.9亿元），负债总额177亿元（其中流动负债139.3亿元），资产负债率84.4%，同比下降1.4个百分点。

五　行政执法

（一）监督检查

截至2013年底，全省经编办批准单设的市级粮食监督检查机构有9个，市级执法队伍8个，县级监督检查机构由上年底的95个增至101个，县级执法队伍由上年底的78个增至83个，具有执法资格的粮食执法人员有1042人。继续开展粮食流通监督检查示范单位创建活动，商州区、靖边县粮食局被国家粮食局审定为第三批全国粮食流通监督检查示范单位。全省粮食行政管理部门积极开展夏秋季粮食收购专项检查、年度粮食库存检查、政策性粮油委托收储库存检查等5项专项监督检查活动。全年省、市、县三级粮食行政管理部门共查处涉粮案例643例。

（二）法制建设

积极推进粮食依法行政，组织开展全省粮食行业"六五"普法规划中期督导检查工作。从着力提升行政机关工作人员依法行政意识和能力，提高行政决策水平入手，积极加强对粮食行政行为和行政执法活动的监督，进一步深化和完善粮食行政执法责任制，全行业依法行政能力和依法管粮水平得到明显提高。

六　粮食行业发展

认真贯彻落实党的十八大关于"确保国家粮食安全和重要农产品有效供给"的决定和李克强总理"守住管好'天下粮仓'，做好'广积粮、积好粮、好积粮'三篇文章"的重要指示精神，加大力度，着力推进粮食收储、供应安全保障工程（"粮安工程"）建设。

（一）放心粮油全覆盖工程

2013年2月，省政府印发了《关于实施放心粮油全覆盖工程的意见》，计划用3年时间，在全省城乡基本实现放心粮油全覆盖。省粮食局按照省政府的部署，积极推动实施放心粮油全覆盖工程，研究制定了《"放心粮油全覆盖工程"实施方案》和相关规章制度，召开动员部署会议，举办两期培训班，加强质量抽检，推进工程顺利实施。截至2013年底，全省已规范认定369个放心粮油示范店、375个放心粮油经销点。全省国家级、省级放心粮油加工企业分别达到了25家和59家，其中新增国家级放心粮油示范加工企业5家、省级放心粮油加工企业12家。国家粮食局对陕西省实施放心粮油全覆盖工程的经验给予了充分肯定，在全国放心粮油进农村进社区经验交流会上予以推广。

（二）基础设施建设

在多方征求意见和反复讨论修改的基础上，组织编制完成《陕西省"粮安工程"建设规划（2013－2020年）》，为全省粮食收储供应安全保障工程建设提供指导依据。稳步实施《陕西省粮油仓储设施建设规划》，批复2013年度粮油仓储项目7个，批准建设粮食总仓容13万吨。从2010年《规划》启动实施以来，全省总共实施粮油仓储设施项目50个，批复粮食仓容119万吨、油罐罐容15.5万吨，分别占规划建设目标的68%和77%；累计完成投资9亿元，落实省级投资资金4.3亿元，累计新增粮食仓容80万吨、油罐罐容12.7万吨，分别占批复的67%和82%。

（三）"危仓老库"维修改造

组织开展了"危仓老库"专项调查，编制完成《陕西省修复"危仓老库"实施方案（2013－2017年）》，争取2013年中央补助陕西省粮食仓库维修改造资金1831万元，顺利启动"危仓老库"维修改造工作，安排落实粮食仓库维修改造项目22个。

（四）粮食质量安全检验监测能力建设

经过努力，陕西省10个设区市市级粮食质检机构和省粮油质检所全部获得了国家粮食局的授权挂牌，以省市机构为主体的粮油质检体系基本形成。积极争取国家粮食质量检验监测能力建设项目，截至2013年底，共争取国家粮食局批复陕西省11个建设项目，落实中央预算内建设资金3300万元，提前实现"十二五"规划的建设目标。陕西省粮食局2011～2013年连续三年被国家粮食局评为全国粮食质量安全监管工作先进单位。

（五）农户科学储粮专项

2013年，完成3万套农户新型储粮装具的制作发放任务，涉及全省9市36个县（区）。自2009年以来，累计为全省12.6万户农户配置新型储粮装具，使受益农户每年降低粮食损失5个百分点。

七　党群工作

（一）党的群众路线教育实践活动

组织全系统深入学习党的十八大精神和习近平总书记系列讲话精神，举办了十八大精神专题培训班。按照省委统一部署，把开展党的群众路线教育实践活动调研工作，作为贯彻落实李克强总理视察粮食工作时重要讲话精神的具体行动，围绕制约粮食事业发展的焦点难点问题，由局领导带队，深入基层一线，认真调查研究，提出保持区域粮食安全、提高粮食职工收入、破解企业收购资金瓶颈的政策措施，并形成专题报告上报省委。周密安排，科学筹划，聚焦"四风"问题，积极转变作风，深入开展了党的群众路线教育实践活动，扎实做好"规定动作"，紧贴粮食工作实际，创新"自选动作"，有力地促进了局系统教育实践活动的深入开展。

（二）党风廉政建设

认真贯彻落实八项规定，制定印发了《省粮食局党组改进工作作风、密切联系群众实施办法》。

紧紧围绕领导班子和领导干部这个重点，进一步加强党风廉政建设。深入开展清理公务用车、压缩"三公"经费、深化政务公开等，全系统作风建设得到深入推进，党风廉政建设和反腐败工作取得新进展。

（三）行业精神文明建设

在全行业广泛宣传和号召学习第四届全国道德模范提名奖获得者、西安爱菊粮油工业集团董事长贾合义先进事迹。充分利用"粮食科技周"和"世界粮食日"等有利时机，积极号召全社会爱惜粮食、节约粮食。陕西省西瑞集团、陕西大荔丰图义仓粮食储备库和陕西省粮油产品质量监督检验所等5个单位被国家粮食局、教育部联合授予第二批"全国中小学生爱粮节粮教育社会实践基地"，其中2个单位被团省委授予"陕西青少年教育基地"。

◆　**陕西省粮食局领导班子成员**

吴新成	省发改委党组成员、副主任（正厅级），省粮食局党组书记、局长
王　勇	巡视员（2013年3月任职）
赵　策	党组成员、副局长（副厅级）
张　翔	党组成员、副局长（2013年7月任职）
王晓森	党组成员、副局长（2013年12月任职）
郭　明	副巡视员（2013年12月任职）

2013年6月17日，陕西省政府资政郑小明（右一）在省粮食局参加的全省食品安全宣传周首日活动现场调研。

2013年5月8日，陕西省粮食局局长吴新成（右二）在杨凌区粮食物流园区调研。

2013年5月9日，陕西省粮食局召开全省实施放心粮油全覆盖工程动员部署会议。

2013年10月16日，陕西省粮食局结合"世界粮食日"宣传活动，组织中小学生参观陕西省青少年教育基地——陕西省粮油产品质量监督检验所。

甘肃省粮食工作　基本情况

　　甘肃省位于我国的地理中心，地处黄土、蒙新、青藏三大高原交汇地带，横跨长江、黄河、内陆河三大流域，东接陕西，南控巴蜀青海，西倚新疆，北扼内蒙、宁夏，并与蒙古国接壤。全省总面积45.4万平方公里，地貌复杂多样，地势自西北向东南倾斜。全省辖12个市、2个民族自治州、1个矿区管委会和86个县市区，总人口2600多万。省内有55个民族，回族、藏族人口较多，东乡族、裕固族和保安族是甘肃特有的少数民族。

　　2013年，全省实现生产总值6300亿元，城镇居民人均可支配收入19044元，农民人均纯收入5093元。全省粮食播种面积285.9万公顷，总产量1138.9万吨；油料播种面积33.1万公顷，总产量69.7万吨。但全省小麦年均缺口一半、大米基本不产、食用油缺口1/3的基本粮情没有改变，对省外粮源的依赖程度还比较高。

　　2013年，全省收购粮食398万吨、同比增长5.2%，其中省内收购268万吨、同比减少0.7%，收购食用油4.4万吨、同比增加51%；销售粮食348.6万吨、同比减少1.6%，销售食用油7.4万吨、同比增加4.7%。12月来，全省粮食总库存同比增加3.1%，食用油总库存同比增加17.8%。全年全省国有粮食企业实现盈利1729万元，13个市州、省粮食局所有直属国有粮食企业实现盈利，盈利面达到93%、同比提高3个百分点。

2013年粮食工作

一　抓收购、保供给、稳粮价取得明显成效

　　严格执行国家粮油质价政策和"五要五不准"收购守则，全年应收尽收省内农民手中余粮268万吨、食用油4.4万吨。为解决企业收购资金困难的问题，会同省农发行下发了《关于做好粮食收购工作的通知》，放宽了贷款条件和门槛，有效缓解了粮食企业收购资金紧张的问题。为弥补省内口粮缺口，进一步完善和巩固省际间产销协作关系，与河南省、黑龙江省签订小麦采购协议65万吨、大米25万吨。努力创造宽松的市场、政策环境，支持、鼓励、引导多元市场主体开展粮油经营，大力引进国际国内知名品牌粮油产品进入市场，全年销售粮食348.6万吨、食用油7.4万吨，市场粮源平稳、供应正

常。继续为政府宏观调控充实物质基础，落实到位省级储备粮、储备食用油当年计划得到落实，提前完成"十二五"规划任务；会同省发展改革委、省财政厅、省农发行下发《省级储备粮管理办法》，加强了对省级储备粮的管理；制定下发《关于进一步加强省级储备粮经营管理工作的指导意见》，先期开展了新增25万吨省级储备粮、1.3万吨省级储备油动态经营管理；落实了市县级储备粮、储备油计划，6个市超额完成储备任务，81个县建立县级粮食储备；11个市州建立了近2.7万吨成品粮储备。综合施策，多措并举，全省粮食价格除小麦因政策因素比上年略有上涨外，其他品种基本平稳。

二 "粮安工程"顺利启动实施

在深入调研14个市（州）基本粮情、粮食仓储基础设施、国有粮食企业土地资源可利用等情况的基础上，明确提出全省"粮安工程"建设"1333"的工作思路，并积极破解发展难题，努力寻求政策机遇，取得了实实在在的成效。"一体两翼"现代粮食仓储物流网络构架确立，甘肃兰州粮食物流产业园区项目开始衔接选址；争取中央资金2550万元，建设粮食仓储物流项目6个；争取省级资金600万元，建设仓储项目6个；各市（州）开工建设千万元以上的项目大幅增加，如兰州焦家湾粮油批发市场提升改造项目完成投资1.45亿元，酒泉玉疆捷达铁路仓储物流项目完成投资5000万元，平凉五丰粮油批发市场项目总投资7100万元。13个市（州）、62个县区设立粮食监督检查执法机构，700人获得粮食行政执法资格。加快粮食应急网点建设，全省确定粮食应急供应网点1369个，配送中心126个，加工企业138个，储运企业121个。建成市级粮食质检机构14个，9个纳入国家粮食质检体系。努力提高仓储管理科学化、精细化水平，规范化管理达标企业115户，"一符四无"粮仓占到99%。制定了《甘肃省修复"危仓老库"实施规划（2013－2017年）》，争取中央和省级财政补助2042万元，启动了30多万吨的"危仓老库"修复计划。

三 惠民工程基础不断夯实

进一步树立惠民意识，不断强化服务理念，优化服务效能，提升服务质量。全年国有粮食企业通过收购粮油，助农增收7亿多元，保护了农民利益和种粮积极性。在保证粮油市场平稳供应的基础上，注重提质升档和从"粮"到"食"的转变，大力推进放心粮油工程，在全省以往实施396户放心粮油进社区示范店的基础上，继续扩大放心粮油覆盖面，受到当地居民群众好评，兰州、白银、酒泉新建放心粮店41家；武威与12所院校、4家企业签订配送协议，为4万多名师生和企业员工配送粮油16670吨，质量合格率100%；平凉投资200万元，建成放心粮油食品加工配送项目；临夏投资1446万元，开展清真放心食品工程一期项目建设。大力开展节粮减损工程，近几年共为农户配备科学储粮仓11万个，每年减少储粮损失11000多吨，折合经济收入近3000万元。会同省教育厅、省妇联开展了全国中小学爱粮节粮教育社会实践和爱粮节粮进家庭活动，全民爱惜节约粮食的意识不断增强。深入推进联村联户工作，千方百计筹措资金近100万元，为联系村硬化道路5.8公里，配备农户科学储粮仓533个，省粮食局被省委双联行动领导小组评为"全省联村联户为民富民行动'民心奖'单位"，在全省双联行动考核中被评为"优秀等次单位"。粮食收购、放心粮油、科学储粮、爱粮节粮、联村联户等，已成为全省粮食部门的常态化工作，正在逐步形成长效机制，为粮食部门开展惠民工程奠定了坚实基础。

四　军粮供应保障能力不断加强

认真贯彻国家军粮供应政策，紧贴部队后勤需求，切实抓好军粮储备、筹措、加工、配送各环节的工作，有效保证了驻甘部队日常供应和重大活动、应急用粮需要。始终把质量安全视为军粮供应的生命线，军供面粉、大米、食用油全部从知名品牌企业购入，并逐步实现了省级统一配送，确保了军供粮油质量卫生安全。认真履行服务公约，坚持"全天候"服务，并根据不同季节和节日，调剂、增加粮油花色品种和副食品，得到了部队官兵的一致好评。

五　安全生产扎实有效推进

认真履行粮食行政主管部门安全生产的监管责任和企业安全生产的主体责任，全面落实安全生产责任制，坚决落实安全生产一票否决制和事故责任追究制。按照国家粮食局统一安排，从6月9日至9月30日在全省粮食系统开展了以"提高安全意识、消除安全隐患"为主题的安全生产大检查"百日行动"。行动期间开展了拉网式自查、市县普查、省局复查和"回头看"抽查等工作，共计投入资金843万元，排查整治安全生产隐患274处，印发整改通知书26份，增加硬件设施743台套，制定完善管理制度210项，开展安全教育培训94次，提高了安全防范意识，消除了安全方面存在的一些"痼疾顽症"，真正达到了"全覆盖、零容忍、严执法、重实效"的目的。期间，省政府副省长李荣灿亲自带队，检查了全省粮食系统的安全生产工作，并对一些好的做法给予了肯定。

六　抗震救灾取得阶段性成果

"7·22"岷漳地震发生后，省粮食局第一时间启动应急预案，成立抗震救灾工作领导小组，并实行24小时处级以上干部应急值班制度和重大事项报告制度。地震发生当天，省粮食局领导带领工作组，奔赴灾区一线，组织粮源调度，加强粮油价格监测，掌握企业损坏情况，迅速摸清了灾区群众口粮供应和粮食部门受损情况。提前做好灾区群众口粮供应准备工作，按照就近就地原则，准备应急面粉7085吨、大米795吨、食用油1430吨，随时准备供应灾区群众。全力保障军粮供应，及时与救灾部队取得联系，安排最近的军供网点，紧急为救灾部队准备了所需的粮油及副食品；在重灾区设立供应点，累计供应大米9925公斤、面粉11600公斤、食用油2790公斤、副食品1280公斤、方便食品230箱，满足了救灾部队的需求。紧急筹措优质面粉4万公斤，解决受灾严重群众的口粮。想方设法筹资125万元，帮助灾区粮食部门顺利开展救灾工作。组织省粮食局系统干部职工开展了爱心捐款活动，735人共捐款127050元。同时，及时部署争取粮食系统震灾损失和灾后恢复重建工作，争取中央和省上资金7000万元，确定恢复重建项目17个。省抗震救灾指挥部认为，省粮食局在抗震救灾工作中反应迅速、工作有力、应对突发事件能力强，做到了让政府放心、部队肯定、群众满意，并有一名同志被评为全省抗震救灾先进个人。

七　国有粮食企业改革继续深化

把深化企业改革作为一项重点工作来抓，全力推进全省国有粮食企业改革发展。继续实行和强化扭亏增盈目标考核制度，不断完善企业扭亏增盈信息通报制度和重点企业经营分析制度，引导企业规避金融风险，加强企业审计，提高经济运行质量。积极协调财政、税务、农发行等部门，落实粮食企业国家税收减免政策，及时拨付政策性补贴，切实减轻企业负担，支持企业发展。引导企业充分利用现有仓储设施和营销网络，立足购销抓主业，多种经营抓创收，有效提高了企业经济效益，继续保持了利润增加、费用下降的良好势头。不断壮大发展多元粮食经营主体，推动非公有制粮食经济发展。全年全省国有粮食企业实现盈利1729万元，13个市（州）、省粮食局所有直属国有粮食企业实现盈利，盈利面达到93%、同比提高3个百分点。

八　依法管粮措施具体到位

按照"有库（点）必到、有粮必查、有账必核、查必彻底"的原则，会同省发展改革委、省财政厅、省农发行和中储粮兰州分公司，历时3个多月时间，通过企业自查、市级普查、省级复查和落实整改四个阶段的工作，对全省粮食库存进行了彻底检查，结果表明，全省粮食库存账实、账账相符，储备粮轮换按计划完成，粮食库贷结构合理，企业管理规范，储存粮食安全。在全省开展了春、秋两季粮油安全大普查，两次共组织3524人次，对166个储粮单位的全部存粮进行了检查。组织开展"粮食科技周"宣传活动、食品安全宣传周活动，普及粮食政策和粮油知识，引导居民群众健康安全消费。深入开展粮食收购资格核查、粮食收购政策落实检查、政策性粮食销售出库检查、粮食流通统计制度执行情况检查等专项行动，强化对粮油批发市场、重点超市、农贸市场的监督检查。据统计，全年全省共出动近1万人次，开展各类监督检查2270次，检查企业8972个，查处违法违规案件354例，有效维护了正常的粮食流通秩序。

九　群众路线教育实践活动达到预期目的

认真完成了学习教育、听取意见，查摆问题、开展批评和整改落实、建章立制各个环节的工作任务。活动中严格程序把"规定动作"做到位，成立领导小组，制定实施方案，召开工作会议，集中学习39次，研讨交流25次，谈心谈话130多次，广泛征求意见，制定整改方案，召开了专题民主生活会和情况通报会。在做好"规定动作"的同时，创新开展了"自选动作"，如利用双休日参观华池县南梁革命烈士纪念馆，重温了革命光辉历史，坚定了理想信念；召开40岁以下青年干部座谈会，了解了青年干部的思想和需求，取得了很好的效果。省委第13督导组对甘肃省粮食局教育实践活动开展情况进行了民主评议，好和较好满意率100%。

十　党风廉政建设各项任务得到落实

坚持把党风廉政建设与业务工作同部署、同落实、同检查、同考核，分解下达了重点工作任务，签订了党风廉政建设责任书。健全完善了局党风廉政建设领导小组，局领导班子成员各司其职，认真落实"一岗双责"，形成了齐抓共管的工作机制。配全了各直属单位的纪检书记（组长），做到了纪检机构全覆盖。加强对党员领导干部贯彻落实中央"八项规定"、国务院"约法三章"和省委"双十条"规定精神情况的监督检查，坚决刹风肃纪。同时，制定了《省粮食局党组关于切实改进工作作风的实施意见》，从改进调研检查、精简会议活动、精简文件简报、厉行勤俭节约和转变工作作风5个方面提出了26条具体措施，严肃了工作纪律。

◆ **甘肃省粮食局领导班子成员**

韩卫江	党组书记、局长
王学东	党组成员、副局长
成文生	党组成员、副局长
陈玉皎	党组成员、副局长
罗凤存（女，藏族）	党组成员、纪检组长
王水兵	巡视员

2013年4月27日，全省粮食工作会议在兰州召开。省政府副省长李荣灿出席会议并讲话。

2013年6月9日至9月30日，全省粮食系统开展了安全生产大检查"百日行动"。甘肃省政府副省长李荣灿检查了全省粮食系统的安全生产工作。

"7·22"岷漳地震发生后，甘肃省粮食局全力以赴抗震救灾。2013年7月27日，省粮食局局长韩卫江带队，将第一批8万斤救灾面粉护运到岷县、漳县地震灾情最严重的乡镇。

2013年8月10日，甘肃省粮食局领导班子举行党的群众路线教育实践活动专题学习，集体参观了南梁革命烈士纪念馆，重温了入党誓词。

青海省粮食工作　基本情况

　　青海省位于青藏高原，因境内的青海湖而得名，面积72万平方公里，全省平均海拔3000米以上。2013年全省总人口 577.8万。国民经济持续快速发展，经济结构进一步优化，全省生产总值 2101.1亿元，按可比价计算，比上年增长10.8%。公共财政预算收入368.6亿元，比上年增长15.3%。其中，地方公共预算收入224.4亿元，增长20.4%。中央公共预算收入144.2亿元，增长8.1%。城镇居民人均可支配收入19498.5元，比上年增长11%，人均生活消费支出 13539.5元，比上年增长9.7%；农牧民人均纯收入6196.4元，比上年增长15.5%，人均生活消费支出 6060.2元，比上年增长9.7%。

　　2013年全省农作物播种面积55.58万公顷，比上年增长0.3%。其中，粮食作物播种面积28万公顷，下降0.1%。粮食作物中，小麦播种面积9.54万公顷，增加1.3%；豆类2.71万公顷，减少18%；薯类9.37万公顷，增加11.9%；油料播种面积15.84万公顷，下降3.7%，其中油菜籽15.42万公顷，下降3.6%。粮食总产量102.4万吨，同比增加0.9%。其中小麦 36万吨，增加2.2%；豆类5.7万吨，下降20.4%；薯类 35.9万吨，增加10.5%；油料32.6万吨，下降7.5%，其中油菜籽31.9万吨，下降7.5%。

　　2013年全省粮食总需求223.3万吨，产量102.4万吨，产销缺口108.6万吨，粮食自给率为45.8%，粮食供需平衡主要通过省际间市场流通解决。全年全省粮食消费量为211万吨，其中，农村口粮70.7万吨，城镇居民口粮44.8万吨，种子用粮9.1万吨、饲料用粮72.4万吨、工业用粮14万吨。

2013年粮食工作

　　2013年，青海省粮食工作在省委、省政府、国家粮食局和省发展改革委党组的正确领导下，以邓小平理论、"三个代表"重要思想、科学发展观为指导，深入贯彻落实党的十八大、省第十二次党代会精神和全国粮食流通工作会议精神，按照稳中求进的总基调、扎实开局的总要求和"守住管好'天下粮仓'，做好'广积粮、积好粮、好积粮'三篇文章"的粮食工作总部署，以启动实施"粮安工程"为主线，着力在粮油保供稳价、粮食流通监管、推进重点项目建设、促进国有粮食企业健康发展、确保粮食行业安全生产等方面有新的提升。

一　切实做好保供稳价工作，确保了全省粮食市场稳定

（一）全力做好粮油保供稳价工作

落实省政府市场价格调控联席会议统一部署，做好粮油市场价格调控工作。制定政府平价粮油投放实施方案，报经省政府同意，从8月2日起在全省范围内投放政府平价粮油。投放共三大类8个品种，品种为特一粉、特二粉、馒头粉、牛肉面专用面粉、标准粉、一级粳米、一级菜籽油（西宁地区）、四级菜籽油。根据市场行情，9月30日进一步下调四级菜籽油和一级大米的挂牌销售价格，一级菜籽油的销售区域由西宁地区扩大至全省。为方便群众，平价粮油供应网点在原有125个的基础上增至205个。会同教育部门推进落实了政府平价粮油进学校，进一步扩大了政府平价粮油投放的覆盖率。加强粮油市场监督检查，保证了投放销售各环节的顺畅和粮油的质量安全。政策性粮食投放有效稳定了市场预期。截至2013年年底，投放政府平价粮28446吨，其中，面粉25157吨、大米3289吨；投放平价食用油5080吨。销售平价粮食26265吨，其中，面粉23483吨、大米2782吨；食用油4485吨。

（二）完善应急调控供应体系

争取财政支持，将粮食应急供应体系建设纳入各级政府国民经济和社会发展规划。积极与省发展改革委等部门沟通衔接，将粮食应急供应网络列入全省农副产品平价商店建设项目，享受相关优惠政策。截至年底，全省建立粮食应急供应网点363个，基本实现了布局目标。组织各市（州）着力落实"8+5"模式应急成品粮储备，充实应急粮油库存，提高应急调控能力。积极与河南、黑龙江等粮食主产省衔接，建立粮食战略合作关系，保证粮源采购渠道畅通。积极争取国家粮食局支持，调入国家临储小麦2万吨，增加了粮食储备量，增强了应急和调控能力，确保了市场供应。市场监测体系覆盖面进一步扩大。按照强化粮情监测预警要求，优化网点布局，2013年市场监测直报点达到36个，为政府决策提供依据，为企业和社会提供服务。

二　加强粮食流通监督管理，确保粮食数量和质量安全

（一）强化粮食流通监管工作

以"抓收购、保供给、稳粮价"为中心，加大全省粮食流通监管力度。组织开展政府平价粮油供应、节日粮油市场、油菜籽收购、粮油经营者信息档案、粮食经营台账和经营粮食流通统计制度执行情况等专项监督检查工作，维护了全省粮食流通秩序。组织开展全省粮食库存检查，经检查，全省粮食库存账实相符，数量真实、质量良好、储存安全；中央和地方储备粮质量整体状况良好，抽查样品质量指标综合合格率、宜存率均为100%；无虫粮、高水分粮、霉变粮、发热粮等储粮安全隐患。加大涉粮案件查处力度，加强监督检查行政执法体系建设，全省各级粮食行政管理部门共组织各类检查729次，出动人员1982人次，检查企业1798个次。

（二）提升储备粮管理水平

制定下发《青海省地方储备粮油仓储规范化管理办法（试行）》，组织开展全省春秋季省级储备粮油普查和"四无粮仓"评比鉴定活动，提升了粮油仓储规范化管理水平。早计划、早安排，指导企业积极应对市场波动，把握商机，于11月底全面完成了2013年度省级储备粮轮换任务。加强省级储备粮补贴资金绩效评价工作，进一步规范业务流程，强化财务管理，提高了企业综合管理水平。加强省

级储备粮出入库质量监管，选择检验能力较强的省西宁粮食储备库、省大通粮食储备库作为试点，先行开展企业自行逐车皮粮食质量监督检验把关工作，提升企业自检能力，增强省级储备粮出入库质量监管能力。

（三）提升粮油质检能力

编制上报《青海省粮食质量安全检验监测能力建设项目中期评估报告》，完成了项目建设可行性研究报告的编制、论证、批复及上报工作。完成了第二轮仪器设备招标采购和招标采购后结余资金的追加采购工作。扎实做好全省粮食质量检验监测工作，完成国家级收获粮食质量安全监测和库存粮食质量安全专项检查工作。组织开展政策性粮油质量监督检验工作。全面完成了2013年度省级储备补库粮油的质量监督把关和库存省级储备粮油的定期监督检验工作。全年抽取、接受各类粮油检测样品共计2023份，代表数量共计61.2万吨。

三　全力推进两个规划，确保重点项目建设有效落实

（一）编制启动"粮安工程"规划

按照国家粮食局在全国范围内启动实施"粮安工程"的统一部署，成立了青海省"粮安工程"建设规划工作领导小组。按照国家粮食局"粮安工程"建设规划编写大纲及相关要求，编制了《青海省"粮安工程"建设规划（2013－2020年）》。规划涉及"打通粮食物流通道、修复粮食仓储设施、完善应急供应体系、保证粮油质量安全、强化粮情监测预警、促进粮食节约减损"等6个方面，并组织专家论证后上报了国家粮食局。2013年中央下达青海省"危仓老库"维修改造资金256万元，并积极争取到省财政配套资金171万元。

（二）推进落实"十二五"规划项目

全力抓好《"十二五"粮食安全与流通发展规划》重点项目建设，组织开展了"十二五"粮食安全与流通发展规划中期评估工作。从评估情况看，24个重点项目中省玉树粮食储备库灾后重建、省大通粮食储备库二期扩建、青海省国粮公司（西宁市粮油配送中心）以及海西州、海东地区和西宁市农户科学储粮专项等6个项目建设已基本完成，玉树州粮食物流中心、海西州粮油储备中心、青海新丁香迁建项目、青海康润工贸有限公司新建项目、省级国家粮食质量监测中心、海北州粮油（军粮）应急配送中心、海南州粮油应急配送中心、海西州粮油应急配送中心等8个项目已开工建设，西宁粮食储备库物流中心、大通粮食物流中心、青海安康粮油集团建设项目、西宁仁杰粮油批发市场迁建项目、省粮食应急配送中心（军粮）项目、国有骨干粮食购销企业化验室建设、海东地区粮油配送中心、黄南州粮油应急配送中心等8个项目已启动并即将开工建设，西宁国家粮食交易中心、果洛州粮油应急配送中心2个项目还未启动。

四　狠抓安全管理，确保粮食行业安全生产

按照国家粮食局的统一部署，6月20日召开全省动员大会，在全省范围内正式启动了粮食行业安全生产大检查"百日行动"。全省各级粮食行政管理部门迅速行动，按照全覆盖、零容忍、严执法、重实效的总要求，全面开展安全生产大检查。省局派出由主管副局长带队的督导组深入到企业的库区、办公区、生活区、仓储区、油罐区、药品库、机械库、消防设施、锅炉房、配电室、库区用电线

路、值班监控室、出租库房（门面房）等，对各个安全生产环节的所有安全事项进行了全面督查。全省各市、州、县级粮食行政管理部门和涉粮单位共累计开展安全生产检查198次，累计检查企业519户，累计排查发现隐患89件。

五 加大指导管理力度，确保国有粮食企业健康发展

通过制定直属单位年度经济目标和国有粮食购销企业扭亏增盈指标，强化扭亏增盈、预算管理、财政专项补贴资金绩效考核和年度经济目标考核，完善落实财务管理制度，严格内部审计，指导企业创新经营管理，开展复合型经营，培育企业经济利润增长点等系列措施，有力推进了国有粮食购销企业持续健康发展，全省国有粮食企业经营运行状况态势良好，截至2013年12月末，全省国有粮食购销企业盈亏相抵后实现利润854万元，较上年的620万元增加234万元，实现了连续7年盈利递增。放心粮油工程建设成效明显，全省建设放心粮油门店92个，充实了青海省粮食应急供应网点。

六 坚持服务宗旨，提升服务水平，确保军粮供应

坚持"以兵为本"的服务宗旨，严格贯彻落实军供粮质量管理规章制度，加强军粮储存管理，对军粮采购、加工、包装、运输、保管、销售实施全过程的监督、管理，严格把好粮源关、入库关、检验关、储存质量关和销售运输关，建立质量台账，严格实行一批一检一报告制度，军供粮质量指标合格率和宜存率均达到100%。组织召开全省军粮供应座谈暨管理信息系统培训工作会，交流座谈军粮供应军民融合式发展工作，对全省30名军供业务人员进行了军供管理信息系统软件培训。加强了军供文化建设，"平时服务、急时应急、战时应战"的服务理念和"忠诚、敬业、责任、严纪、守节"的军供文化已初步形成。

七 开展专题调研，落实职工培训

（一）开展专题调研

为促进青海省青稞、油菜籽特色种植产业发展和农业增产、农民增收，与中储粮兰州分公司联合开展了放心粮油工程建设和油菜籽、青稞产业发展三个专题调研。对青海省放心粮油工程建设的总体情况、发展思路和油菜籽、青稞的产购销加及发展趋势等进行了深入的调研，形成了专题研究报告，研究提出了相应政策措施和意见。

（二）落实职工培训

落实《青海省粮食行业储检人才教育培训规划(2011－2015年)》，对全省6个粮油质量监测站的8名检验员进行了基础理论知识和实际操作能力的培训。组织10名直属单位检化验员、保管员在河南省工业贸易职业学院进行了20天的专业培训。在河南工业大学举办了第二期高级研修培训班，共有22人参加培训。组织人员参加第三届全国粮食行业技能大赛。组织开展全省2013年粮食行业特有工种职业技能鉴定工作。

八　加强党建工作，确保了全省粮食工作有序推进

（一）推进粮食文化建设

制定了加强粮食行业文化建设实施意见，开展粮食文化建设，赴省内外粮食部门和企业进行调研，通过实地参观、听取汇报、与干部职工座谈等方式，对全省粮食文化建设现状进行了深入的调查研究，完成《关于加强青海粮食文化建设提升区域粮食行业软实力的思考》课题报告。粮食文化建设有力地推动了精神文明建设上台阶，2013年局机关被评为省直机关文明单位；省军队粮油采购供应站、省大通粮食储备库晋升为省级文明单位；省西宁粮食储备库保持了省级文明单位标兵、全国精神文明单位称号；省西宁陶家寨粮食储备库保持了省级文明单位称号；局机关后勤服务中心、省粮油检测防治所保持了西宁市文明单位称号，省果洛粮食储备库保持了州级文明单位称号。

（二）党风廉政建设落到实处

制定了《省粮食局直属机关党委2013年党风廉政建设目标责任制考核细则》，组织召开了省粮食局党风廉政建设工作会议，签订了2013年党风廉政建设和反腐败工作责任书，安排部署了2013年全局党风廉政建设工作。成立省粮食局贯彻落实中央改进工作作风密切联系群众八项规定和省委省政府21条措施工作领导小组。制定《省粮食局改进工作作风密切联系群众的制度》和《省粮食局厉行节约反对浪费工作的实施意见》，大力倡导开展"一线工作法"和"厉行节约、反对浪费"活动。组织人员到江苏学习考察粮食行业廉政风险防控管理工作的先进经验，制定了全局加强廉政风险防控管理工作的实施办法，印发了《青海粮食局廉政风险防控制度汇编》，对直属各单位落实党风廉政建设责任制情况进行了考核。

（三）党的群众路线教育活动取得实效

成立省粮食局党的群众路线教育实践活动领导小组，制定活动实施方案，召开动员大会，做好各环节工作安排。集中组织全体党员开展学习教育宣传活动，组织党务干部培训，认真开展"两转三大"活动和党的群众路线教育实践活动交流会及读书笔记展评交流会，认真完成规定动作和自选动作。向省直有关单位、各市（州）粮食行政管理部门、局机关处室、直属企事业单位、有关粮油加工经营企业征求对局领导班子和领导干部及机关各处室在"反对形式主义、反对官僚主义、反对享乐主义、反对奢靡之风"等作风建设方面的意见和建议。在此基础上形成了《省粮食局关于教育实践活动查摆问题情况的通报》，将12条意见及时反馈给局领导班子和各处室查摆剖析、整改。周密组织，开好开实局领导班子和直属单位领导班子及各支部民主生活会。着力整改，制定了《省粮食局领导班子整改方案》，下大力气抓紧抓好整改任务的督导和落实，不断巩固活动成果，确保改进作风、联系群众常态化长效化。

◆　**青海省粮食局领导班子成员**

顾艳华	直属机关党委书记、局长
乔正善	直属机关党委委员、省发展改革委副巡视员
陈倩如	直属机关党委委员、副局长(2014年2月调至省发展改革委)
闵建平	直属机关党委委员、副局长（2014年2月任职）
张柴斌	直属机关党委委员、副局长

青海省粮食局局长顾艳华赴果洛州，就反对"四风"、加强作风建设、保障粮食安全、推进放心粮油工程建设和粮食企业发展等进行调研。

青海省粮食局局长顾艳华赴化隆县牙什尕镇城车村慰问对口帮扶群众冶哈尕。

青海省粮食局召开深入开展党的群众路线教育实践活动动员会。

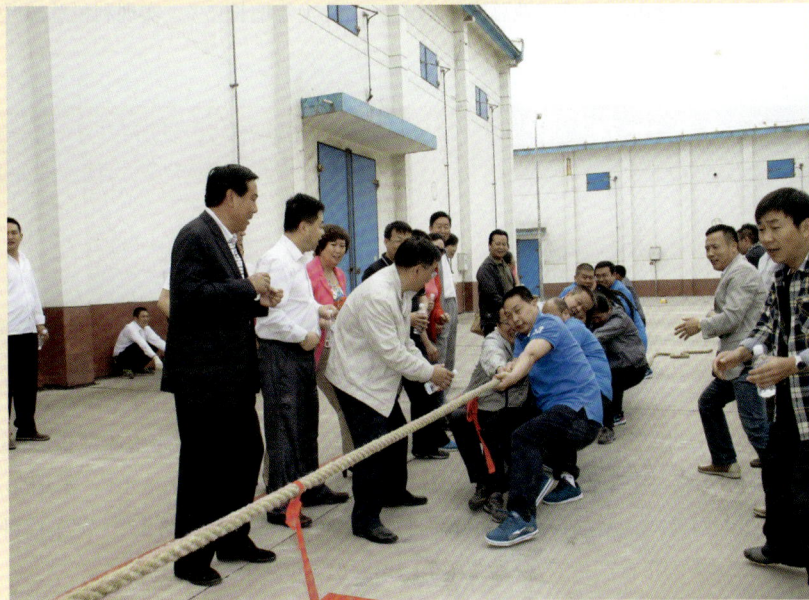

青海省粮食局举行职工拔河比赛。

宁夏回族自治区粮食工作

基本情况

　　宁夏回族自治区是我国五个少数民族自治区之一，处在中国西部的黄河上游地区，东临陕西省，西部、北部接内蒙古自治区，南部与甘肃省相连。南北相距约456公里，东西相距约250公里，总面积6.64万平方公里。自治区首府是银川市。2013年末常住人口654.19万。2013年，全区实现地区生产总值2600亿元，增长10%以上；全社会完成固定资产投资2680亿元，增长27%；城镇居民人均可支配收入22013元，增长11%；农民人均纯收入6922元，增长12%。

　　宁夏回族自治区是中华文明的发祥地之一，位于"丝绸之路"上，历史上曾是东西部交通贸易的重要通道。天下黄河富宁夏。宁夏平原土地肥沃，黄河过境397公里，年过境流量325亿立方米，引黄灌溉条件十分便利，光热资源充足，粮食品质优良，是西北地区四大自流灌溉区之一。古今素有"塞上江南"之美誉。全区现有耕地面积110万公顷，每年粮食播种面积约80万公顷，以小麦、水稻、玉米为主。从粮食供求情况来看，宁夏小麦、稻谷缺口逐年加大，油料及食用植物油自给率不足30%，销区特征明显。现有地方国有粮食企业20家，其中自治区粮食局直属企业3家，包括宁夏储备粮管理有限公司、宁夏粮食产业集团和宁夏粮油批发交易市场。全区规模以上、正常生产的粮油加工业企业212家，2013年实现工业总产值186亿元，比上年增长15%，实现利税总额近9亿元。

2013年粮食工作

一　粮食生产

　　2013年，宁夏回族自治区粮食播种面积80.16万公顷，比上年减少3.2%，总产达到373.4万吨，减少0.4%，实现连续10年丰收，其中小麦46.32万吨，减少25.4%；水稻68.89万吨，减少3.4%；玉米206.24万吨，增加7.9%。油料播种面积8.39万公顷，减少5.1%。蔬菜播种面积11.54万公顷，增长3.4%。人均粮食产量577公斤，居全国第五位。

二　粮食流通

　　立足农民利益抓好粮食收购，继续出台春冬小麦同等同价收购政策，指导价比上年提高10个百分点；多方协调，成功化解因品质下降导致的稻谷"卖粮难"问题，全年水稻收购量达50万吨；及早入手，妥善解决玉米收购问题，仅国有粮食企业收购玉米达20万吨，农民利益受到充分保护。截至2013年底，全区各类企业共收购粮食235万吨，拉动农民增收3.8亿元以上。全区各类企业销售原粮239万吨，组织国有粮食企业销售原粮约97万吨，同比增长24.6%，其中安排政策性粮食竞价销售18.56万吨。

三　粮食调控

2013年，全区粮油价格监测点增至99个，纳入粮食流通统计的企业增至474家，全年共编发粮食市场动态信息200余期，有效发挥了服务政府决策、引导社会消费的作用。以市场需求为导向，进一步优化了储备粮区域布局及品种结构；全区可供调控的粮食资源更加充实。完成储备粮轮换11.72万吨，自治区储备粮"蓄水池"作用充分发挥；积极引导粮油企业组织粮油商品投入市场，确保市场供应，全年共销售成品粮约100万吨，食用植物油约8万吨。全区粮食市场和价格保持基本稳定。

粮食应急体系进一步完善。截至2013年底，全区共建立三级应急成品粮油储备3.297万吨，其中食用植物油储备1.118万吨。编制各级粮食应急预案21个，确定应急粮食供应网点154家、加工企业43家、定点承储企业75家、应急运输车辆356台，全区粮食应急保障能力得到显著提升。

四　粮食流通体制改革

加快推进宁夏储备粮管理有限公司转型发展，公司融资能力显著增强，总额度达9亿元；业务领域逐步拓宽，积极探索期货和仓单业务；科技创新力度明显加大，5个科学储粮新项目开始推广；经济效益大幅提高，全年实现营业收入14.5亿元，实现利润2000多万元，同比增加近800万元。同时，继续抓好国有粮食购销企业扭亏增盈工作，努力提高盈利能力。截至2013年11月末，全区国有粮食企业盈亏相抵后实现利润725.06万元，同比减少亏损1322.86万元，年初确定的全系统整体盈利和局直属企业年度利润目标均顺利实现。

五　粮食行政执法

组织开展了全区粮油库存、质量卫生大检查，宁夏回族自治区粮油库存数量真实，总体质量、品质和卫生状况良好；加强全社会粮食流通监督检查，全区粮食流通秩序规范有序。严格审核粮食收购资格和行政执法证件，依法取消了67家企业的粮食收购资格；认真清理粮食部门行政审批事项，进一步规范细化了行政裁量权；积极开展粮食经营者诚信守法评价工作，建立了监督检查信息档案。推进粮食流通监督检查示范单位创建工作，中卫市粮食局被国家粮食局授予粮食监督检查示范单位称号。进一步完善宁夏回族自治区粮食质检体系，宁夏粮油产品质量检测中心可对粮油质量卫生品质各项指标参数进行检测；银川市、中卫市粮油质检站顺利通过评审取得相关资质认证，已全面开展粮油质检业务；吴忠市、固原市粮油质检站项目在抓紧建设。扎实抓好行业安全生产，积极开展了粮食行业安全生产大检查"百日行动"，安全生产态势平稳。

六   行业发展

深入贯彻落实李克强同志视察粮食工作重要讲话精神，制定了《宁夏"粮安工程"建设规划(2013－2020年)》，粮食物流、仓储设施重点建设项目全速推进，取得了实质性进展。宁储粮公司新城国家粮食储备库和银川粮食购销公司整体迁建项目投入使用。大力实施"危仓老库"维修改造工程，制定了《宁夏修复"危仓老库"实施规划（2013－2017年）》， 2013年安排维修计划项目资金1022万元，年内已完成仓储维修投资470万元。大力实施农户科学储粮专项建设，在全国率先高效优质完成8.12万套农户储粮仓的发放工作，全区累计推广农户储粮仓15.8万套。引导农民种植优质粮食，提高种粮效益，全年共落实优质粮食订单66万吨，总体履约率达91%。扎实做好政策性粮食供应，组织完成1万公顷退耕还林补助粮供应任务。自2000年实行退耕还林补助粮供应政策以来，累计完成供粮面积29.8万公顷，供应补助粮119万吨，惠及10个县区的21.6万农户。扎实推进军粮供应工作，坚持军粮统筹和定点采购，确保军粮质量过关、价格稳定；顺利完成野战军粮和前运粮供应任务，得到总后勤部充分肯定和广大官兵普遍赞誉。

积极引导支持宁夏回族自治区粮油加工业发展，2013年，宁夏回族自治区有3家企业在第三届中国粮油榜评比中获称"中国百佳粮油企业"，上榜企业数量居西部地区首位；争创宁夏名牌产品16个，有超过50个粮油产品分别获得中国驰名商标和宁夏名牌称号。全年全区建成放心粮油配送中心3家，申报国家级"放心粮油示范加工企业" 5家，发展自治区级"放心粮油示范加工企业"8家，放心粮油工程扎实推进，取得了较好的经济和社会效益。

为贯彻落实习近平总书记"厉行节约、反对浪费"重要批示，推动全社会节约粮食，研究提出《关于加强节约粮食反对浪费工作的意见》，经自治区政府办公厅批转各地各部门执行。作为自治区"节约粮食、反对浪费"工作牵头部门，建立工作机构，制定有效措施，狠抓工作落实，全区节粮工作呈现出扎实开局、稳步推进的良好局面。据初步统计，全区共发放宣传资料、倡议书10万余份，各地电视台、广播电台均播放了节粮公益广告。 积极协调各相关部门从粮食生产、流通、消费等各个环节细化节粮工作任务，全面落实节粮措施。目前，全区"爱粮节粮"的浓厚氛围已经形成，节约粮食已逐步成为广大群众的自觉行动。

七   党群工作

认真学习贯彻党的十八大、十八届三中全会等重要会议文件精神，全系统学风进一步端正，局党组中心组全年学习16次。加强党的建设，落实"一岗双责"，强化"三会一课"制度，党务规范化水平进一步提高。扎实开展"学党章守纪律"集中教育活动，党组织和党员覆盖率达到100%。认真抓好党风廉政建设和反腐败工作，配合做好自治区党委对宁夏回族自治区粮食局进行的巡视工作。推进人才队伍建设，年内全系统开展各类专业培训38期，培训1267人次。扎实开展党的群众路线教育实践活动，梳理各类规章制度85项，新建立制度11项。全面落实中央八项规定和自治区若干规定，制定《自治区粮食局党组关于进一步改进工作作风密切联系群众的实施意见》，干部下基层调研常态化、规范化、节俭化，文件会议数量明显减少，行政开支全面缩减，一般性经费支出压缩5%，"三公"经费同比下降15%。在全区"群众评议机关干部作风活动"中，区粮食局总体评价位列自治区政府社会管理单位第1名。

◆　宁夏回族自治区粮食局领导班子成员

刘金定	党组书记、局长
赵银祥	党组成员、副局长
荀　旭	党组成员、副局长
解　涛	党组成员、副局长
丁　军	党组成员、纪检组长
严彦召	巡视员

2013年7月25日，宁夏回族自治区主席刘慧（左四）调研粮食工作。

2013年9月2日，宁夏回族自治区党委常委、组织部长傅兴国（后排右五）调研粮食工作。

2013年6月7日，宁夏回族自治区粮食局局长刘金定（右三）检查自治区粮食流通项目建设工作。

2013年7月15日，宁夏回族自治区粮食局召开党的群众路线教育实践活动动员大会。

新疆维吾尔自治区粮食工作

基本情况

新疆维吾尔自治区位于我国的西北部，总面积160多万平方公里，占全国陆地总面积的1/6。全区辖有14个地州市，其中包括5个自治州、7个地区、2个地级市。22个县级市（其中自治区直辖6个），68个县（其中自治县6个），11个市辖区，1020个乡镇（其中民族乡42个）。全区境内有55个民族，主要有维吾尔、汉、哈萨克、回、柯尔克孜、蒙古、塔吉克、锡伯、满、乌孜别克、俄罗斯、达斡尔、塔塔尔13个民族。2013年年末总人口2232.8万，其中，城镇人口982万，乡村人口1250.8万。

2013年，全区实现生产总值8510亿元，增长11.1%；公共财政预算收入1128亿元，增长24.1%，全社会固定资产投资8148亿元，增长30.2%；社会消费品零售总额2039亿元，增长13.4；城镇居民人均可支配收入19982元，增长11.5%；农村居民人均纯收入7394元，增长15.6%。

2013年粮食工作

2013年，新疆各级粮食管理部门在自治区党委、人民政府和国家粮食局的正确领导下，在各有关部门的大力支持下，牢固树立"只有努力才能改变，只要努力就能改变"的理念，坚持变化变革、敢于担当、务求实效，紧紧围绕"守住管好'天下粮仓'，做好'广积粮、积好粮、好积粮'三篇文章"的总要求，认真贯彻落实国家粮食局和自治区的各项决策部署，启动实施"粮安工程"，突出抓好促农增收、保供稳价、仓储建设、产业提升和强化监管等工作，粮食流通工作取得显著成效。

一　粮食生产

2013年，新疆积极应对国际国内宏观经济平稳运行所面临的复杂形势和粮油市场供需起伏变化新情况，认真贯彻落实国家粮食收储政策，加大支持粮食生产的政策扶持和投入力度，进一步优化种植结构，提升农业综合生产能力，持续提高小麦生产比较效益，粮食生产实现"六连增"。全区农作物播种面积521.2万公顷，增长1.5%。其中，粮食播种面积(含薯类)223.5万公顷，增长4.9%；油料播种面积22.2万公顷，下降8.5%。粮食产量（含薯类）1377万吨，增长8.2%；油料产量60.6万吨，增长2.7%。

二　粮食流通

全区各级粮食部门坚持把"民生优先、基层重要、群众第一"的理念作为做好粮食流通工作的出发点和落脚点，以抓收购、保供给、稳粮价为中心，严格执行敞开收购、敞开直补，全力以赴抓好粮食收购。充分发挥国有粮食购销企业主渠道作用，坚持小麦顺价销售，敞开供应，保障市场供应，保证军需民食。2013年，全区国有粮食购销企业共收购小麦307.8万吨（其中地方收购211.6万吨，中储粮收购103.9万吨），收购稻谷50.8万吨，促农增收17.4亿元。销售粮食460.3万吨，其中销售小麦313.7万吨。加强储备粮油轮换管理，全年共轮换地方储备小麦21.6万吨，储备油1.09万吨，确保了储备粮油品质良好、常储常新。

三　粮食调控

根据国家粮食收购政策相关规定，新疆维吾尔自治区决定 2013年小麦最低收购信息参考价由2012年的每公斤2.04元提高到2.24元，粳稻收购最低保护价为每公斤3元，每公斤均提高0.20元，相邻等级差为0.04元。继续将"落实粮食直补政策"列入2013年重点民生工程，坚持敞开收购、敞开直补政策，并将小麦收购直补标准由2012的每公斤0.20元提高到0.30元，新增的每公斤0.10元补贴不进入企业顺价销售。国有粮食购销企业对农民愿意交售且符合国家质量标准的小麦做到交多少收多少，收多少补多少。地方国有粮食购销企业按种植水稻农民交售稻谷数量给予每公斤0.21元的直补。在粮食收购中，加强监督检查，严禁拒收、停收和限收，严禁压级压价、克扣农民，进一步加强粮食直补资金审核兑付和管理，有效维护了种粮农民利益，超额完成了夏粮收购任务。适时组织国家临储小麦竞价销售，全年共竞价销售56万吨。开展粮食产销成本利润调研和粮油供需平衡调查工作，扩大粮油市场价格监测覆盖面，粮油价格监测点由88个增加到102个，实行按周跟踪测报，确保监测数据的及时、准确、全面。健全完善应急保障体系，建立应急供应网点553个、应急配送中心119个、应急加工企业191个、应急储运企业70个，应急保障能力不断提升。

四　企业改革

坚持以市场为主导，以企业为主体，按照"产权清晰、权责明确、政企分开、管理科学"的要求，因地制宜，统筹规划，积极稳妥地推进粮食流通体制改革，实现了"一县一企、一企多点"的国有粮食购销企业布局，50%的县市重新组建了国有独资或国有控股有限责任公司。指导伊犁州、塔城地区、阿勒泰地区的7家国有粮食企业进行改制、重组，彻底解决了7家国有粮食购销企业的历史遗留问题。2013年，全区国有粮食企业实现统算盈利9574万元，其中国有粮食购销企业统算盈利4386万元。

五　行政执法

认真贯彻建设法治政府、法治机关的要求，依据《粮食流通管理条例》赋予的职责，履行好管理全社会粮食的职能，规范粮食经营行为，维护粮食市场秩序。首次试点开展地州市级粮食库存普查，检查粮食数量93.3万吨；开展粮食质量安全专项检查，抽检6个地州企业粮食样品91份，粮食储存质量合格率及品质宜存率达100%。对部分地州市执行粮食收购政策、支付农民售粮款和直补资金等情况进行监督检查；加大涉粮案件查处力度，立案查处5起，罚款7.27万元，6家企业暂停粮食收购许可资格；开展监督检查示范单位创建工作，昌吉州和乌什县粮食局被评为国家级粮食监督检查先进单位。组织开展地州粮食执法联动工作交流，推动部门联合执法和地县粮食行政执法联动机制。

六　行业发展

（一）启动实施"粮安工程"

新疆粮食局结合工作实际，编制上报了《新疆"粮安工程"建设规划》，对"粮安工程"工作任务进行了规划布局，启动实施"粮安工程"。自治区人民政府出台了《关于加强粮食质量安全监测能力建设的通知》（新政办发〔2013〕13号），加大全区粮食质量安全检验监测体系建设力度。目前，已有8个地州市挂牌国家粮食质量监测站，其中3个地州通过计量认证。认真做好爱粮节粮工作。组织对2012年度农户科学储粮专项工作完成情况进行绩效考核，下达2013年度农户科学储粮专项建设计划2万套。截至目前，已累计完成16.2万套，有效减少了农户储粮损失。组织开展世界粮食日、粮食科技活动周和爱粮节粮宣传周等活动，联合自治区教育厅、机关事务管理局和天山网举办"天山面粉杯"2013年世界粮食日知识竞赛，参加人数15万余人，提高了粮油企业和广大城乡居民爱粮节粮意识，新疆仓麦园有限责任公司等6家企业荣获"全国中小学爱粮节粮教育社会实践基地"称号。

（二）加快粮食基础设施建设步伐

加大仓储设施建设力度，2013年，中央和自治区安排粮食仓储设施建设资金7000多万元，新建仓容25.2万吨。认真做好仓储设施维修工作，中央财政安排仓库维修补助资金1383万元，支持维修仓容13.9万吨。新疆维吾尔自治区制定了修复"危仓老库"实施方案，力争用四年时间，基本完成现有"危仓老库"修复工作。加强军供网点建设，自治区安排军供网点维修改造资金500万元，用于26个军供网点维修改造项目。组织开展仓储安全大检查，累计检查企业单位504户，发现各类安全隐患1322处，已整改和正在整改1077处。

（三）粮食产业化稳步发展

自治区安排粮食产业化发展专项资金3000万元，对50个粮油加工、放心粮油和主食产业化项目给予扶持。2013年全区入统粮油加工企业完成工业总产值247亿元，产品销售收入233亿元，利税总额7.8亿元，利润总额6亿元。主食加工企业快速发展，目前入统主食加工企业已增加至27家，工业总产值达19亿元。组织开展"放心粮油"实地调研，总结推广先进经验和做法，截至2013年底，全区共评选出"放心粮油"示范企业119家（其中国家级54家，自治区级65家），荣获自治区级名牌产品称号的粮油产品25个。

（四）粮食信息化建设取得阶段性成果

加快新疆粮食综合信息管理系统的推广应用，涉及购销、产发、监督检查的业务数据已实现新疆粮食综合信息管理系统上报。做好粮食政务系统试运行工作，以实操演练的方式开展粮食政务系统集中培训，试运行情况良好。与中国移动新疆公司签订MAS专线租用协议，实现通过手机移动平台向粮食行业相关人员发送粮油信息。制定《新疆维吾尔自治区粮食局政务微博应用管理规定》，并开通自治区粮食局政务微博，进行政府信息公开、开展政民互动以及网络问政。

七　党群工作

认真学习贯彻党的十八大、十八届三中全会和自治区党委八届四次、六次全委（扩大）会议精神，坚持变化变革、敢于担当、务求实效，教育引导党员干部自觉加强党性修养，讲政治、顾大局、守纪律，增强党员干部坚定不移执行党的政治路线、方针、政策的决心和严格执行政治纪律的自觉性。坚决贯彻执行中央八项规定和自治区党委十条规定，制定《自治区粮食局党委关于改进工作作风、密切联系群众的规定》，切实提高机关工作效能和服务水平。认真组织开展党的群众路线教育实践活动。坚持以为民务实清廉为主题，以突出政治坚强、反对"四风"为重点，立学立改、立查立改，突出粮食部门行业特点，打牢学习教育和听取意见两个基础，打牢学习教育和听取意见两个基础，抓住整改落实和建章立制两个关键，做到"不虚、不空、不偏"。累计发放103份调查问卷表，建立了14个联系点，征求各方面意见建议234条，围绕突出政治坚强和反对"四风"，结合自治区专项整治八个方面内容认真进行整改，研究制定了《自治区粮食局赴基层调研工作制度》等8项规章制度，促使局系统工作作风和工作效能进一步提升。

◆ **新疆维吾尔自治区粮食局领导班子成员**

雍其新	党委书记、副局长
米尔扎依·杜斯买买提（塔吉克族）	党委副书记、局长
王卫军	党委委员、副局长
闫　俭	党委委员、副局长
杨　力（回族）	党委委员、纪委书记
唐阿塔尔·克力马洪（哈萨克族）	党委委员、副局长
折为民	党委委员、总经济师
朱传碧	党委委员、副局长
陈天甲	副巡视员
袁峻峰	副巡视员（2013年8月任职）

新疆维吾尔自治区召开全区粮食流通工作会议，自治区副主席钱智（左三）出席会议并讲话。

新疆维吾尔自治区粮食局党委书记雍其新（左二）在基层调研期间，看望慰问基层农户。

新疆维吾尔自治区粮食局局长米尔扎依·杜斯买买提（右二）在基层调研粮食仓储设施建设。

新疆生产建设兵团粮食工作

基本情况

新疆生产建设兵团（简称兵团）成立于1954年10月7日，承担着中央赋予的屯垦戍边的职责，是在所辖垦区内依照国家和新疆维吾尔自治区的法律、法规，自行管理内部行政、司法事务，在国家实行计划单列的特殊组织，受中央和新疆维吾尔自治区人民政府双重领导。

截至2013年底，兵团辖有14个师，阿拉尔、图木舒克、五家渠、石河子、北屯、铁门关、双河7个城市，4个建制镇，175个团场，4700多家工交建商企业，其中上市公司14家，有健全的科研、教育、文化、卫生、体育、金融等社会事业和公安、人民检察、人民法院、人民武装、人民警察、司法等司法机构，分布在新疆14个地州市境内。与俄罗斯、哈萨克斯坦、吉尔吉斯斯坦、蒙古国等国接壤，守卫着2019公里的边境线。土地总面积691.72万公顷，其中耕地面积124.33万公顷。兵团各级农业产业化龙头企业410家，其中，国家级15家，兵团级65家，销售收入过10亿元的有7家。截至2013年底，全兵团总人口270.14万，比上年增长2.0%。全兵团城镇居民人均可支配收入2.31万元，同比增长17.8%；团场农牧工家庭人均纯收入1.43万元，同比增长18.2%。

2013年，全兵团粮食播种面积27.14万公顷，粮食总产量206.3万吨。主要品种为小麦、水稻和玉米，其中小麦84.8万吨、水稻21.0万吨、玉米87.8万吨。兵团交售粮食77.4万吨。当年粮食消费145万吨，其中：口粮消费50.0万吨，种子用粮10.0万吨，精饲料加工用粮44.0万吨，工业及食品、副食、酿造业等用粮41.0万吨。截至2013年底，入统粮食仓储企业63个，有效仓容65万吨。入统油罐164个，总罐容12.9万吨。入统粮油加工企业共67家，其中：大米加工企业15家，年加工生产能力52万吨；小麦粉加工企业18家，年加工生产能力96万吨；食用植物油加工企业28家，年油料处理能力110万吨，油脂精炼能力21.5万吨；饲料加工企业4家，年生产能力12万吨；玉米加工企业1家，年生产能力105万吨。全年共生产大米11.6万吨、小麦粉13.4万吨、玉米17.1万吨、食用植物油12.3万吨。

2013年粮食工作

一 粮食生产

2013年，兵团粮食生产得到各级领导的高度重视，管理措施扎实有效，加之天气总体有利，实现粮食丰产丰收。全兵团粮食作物播种面积27.14万公顷，减少0.33万公顷，减幅1.2%，粮食总产206.3万吨，增加19.2万吨，增幅10.3%。其中：小麦播种面积13.36万公顷，增加0.25万公顷，增幅1.9%，产量84.8万吨，增加15.9万吨，增幅23.1%；水稻播种面积2.18万公顷，减少0.04万公顷，减幅1.6%，产量21.0万吨，增加0.6万吨，增幅2.9%；玉米播种面积9.51万公顷，减少0.65万公顷，减幅6.4%，产量87.8万吨，减少0.6万吨，减幅0.7%。

二 粮食交售

自治区党委、政府高度重视粮食工作，将2013年小麦直补标准由上年的每公斤0.2元提高到0.3元，新增的0.1元补贴不进入企业顺价销售，为促进农民增收和做好粮食流通工作提供了政策支持。2013年自治区小麦收购指导性计划300万吨，其中收购兵团小麦计划60.4万吨，与上年相同；水稻收购指导性计划5万吨，其中收购兵团水稻计划1.2万吨，与上年相同。兵团各团场交售小麦58.2万吨，完成计划的97%，较上年同期增长21.4%，超额完成小麦交售任务的有一、二、四、六、九、十三师；交售水稻19.2万吨，完成计划的16倍，其中：一师交售水稻8.4万吨，四师交售水稻10.8万吨。粮食交售顺利，没有出现拒收、限收、压级压价和打白条现象。

三 开展粮食库存、夏秋粮交售专项检查工作

根据国家发展改革委、粮食局等部门文件精神，兵团粮食局与自治区粮食局、发展改革委、财政厅、农发行、中储粮新疆分公司联合行文，在全区开展粮食库存检查工作。一是安排布置兵团现有粮食仓储企业进行认真自查。二是配合自治区粮食局工作，兵团粮食局派人参与全区的粮食库存检查工作。三是第八师粮食局承担的中央储备、区级储备、地方储备被自治区纳入这次检查的重点单位，对检查出的问题进行了整改。四是开展夏秋粮交售监督检查。通过多种方式的检查督导，有效规范了粮食收购企业的经营行为。今年夏秋粮交售过程中，没有出现拒收、限收、停收和压级压价等问题，没有发生上访和投诉案件，夏秋粮收购市场稳定有序。

四 加强督促检查，确保"百日行动"安全生产大检查取得实效

认真组织开展兵团辖区内粮食安全生产"百日行动"专项活动。一是及时制定并下发了《兵团粮

食行业安全生产大检查"百日行动"工作方案》，将工作目标、检查范围、检查内容、检查方式、工作进度等进行细化和明确。二是各师成立了粮食行业安全生产大检查"百日行动"领导小组，切实加强领导。三是重点检查了粮食加工、储藏企业的库房、各生产车间、厂区用电线路、消防水管、灭火器材、消防通道等。四是健全各项安全规章制度，查找岗位职责的落实情况、基础设施、技术指标、环境情况和防控手段等方面存在的隐患。五是对重点场所、要害部位、关键环节进行全面排查。全兵团粮食行业累计开展检查次数63次、累计检查企业121户，累计发现隐患28件，整改隐患26件。

五　加强粮食基础设施建设，改善仓储条件

2013年，为改善兵团粮食基础设施状况，通过积极争取中央预算内资金、招商引资等措施，兵、师两级支持部分团场粮油加工企业进行了粮食仓储设施建设。第二师24团粮油加工厂新建立筒仓0.3万吨、鑫立植物蛋白科技有限公司新建油罐0.8万吨、第四师清香粮油制品有限公司新建0.8万吨平房仓、第六师科赛德薯业有限公司新建3万吨其他仓型、第四师五合农业科技有限公司新建2.4万吨油罐等。

六　做好粮食行业统计和调查研究工作

一是克服人员少、工作量大等困难，较好地完成了粮油加工业、粮食流通基础设施投资、粮油仓储设施、粮食行业人事等行业统计年报工作。二是完成重点粮油加工企业半年报工作。三是完成粮食流通监督检查半年、全年报表工作。四是完成国有粮食企业改革情况年报工作。五是组成调研组，赴一师、六师、八师等，就兵团城市粮食安全问题进行了调研，撰写了《关于兵团城市粮食安全的调研报告》。

七　开展粮食行业宣传工作

2013年，兵团粮食行业在兵团粮食科技活动周、"世界粮食日"暨"2013全国爱粮节粮宣传周"期间开展宣传活动，其中：利用6月3日《兵团日报》第6版整版，以"科学节粮减损，保障粮食安全"为标题进行了宣传报导；开展兵团粮食行业爱粮节粮主题征文活动，提高全社会爱粮、节粮意识；开展粮食行业安全生产书画和摄影作品征集及推荐工作，牵头兵团教育局、团委开展"爱粮节粮"主题动漫宣传片征集活动，促进粮食文化发展。

八　挂牌全国中小学爱粮节粮教育社会实践基地

2013年10月16日，兵团第八师石河子粮油收储经营有限公司等第二批"全国中小学爱粮节粮教育社会实践基地"单位获得由国家粮食局和教育部联合制作的牌匾。兵团利用粮食行业资源，积极参与创建中小学爱粮节粮教育社会实践基地，对教育子孙后代传承勤俭节约传统美德、传播爱粮惜粮正能量，对于粮食行业展示形象、更好履行社会职责，对于推动实践基地单位加强日常管理和可持续发展具有重要意义。

九　认真做好党群工作

扎实开展教育实践活动，引导党员干部牢固树立群众观点；强化思想武装，党员干部综合素质进一步提升；加强组织建设，党组织凝聚力和战斗力进一步增强；切实转变作风，为民服务的宗旨意识进一步增强；完善制度建设，党建工作更加规范有序；坚持关口前移，廉政风险防控体系逐步完善。

◆ **新疆生产建设兵团发展改革委（粮食局）领导班子成员**

朱新祥	党组书记、主任（局长）
刘新兰（女）	副主任（副局长）
闫海燕（女）	党组成员、副主任（副局长）
王淼	党组成员、纪检组组长
周平	党组成员、副主任（副局长）
乔永新	党组成员、副主任（副局长）
李建伟	党组成员、副主任（副局长）
刘军国	党组成员、副主任（副局长）
伍新南	副巡视员
王津	副巡视员

新疆兵团发展改革委（粮食局）主任（局长）朱新祥（中）与分管粮食工作的副主任李建伟（左一）签订廉政建设责任书。

新疆生产建设兵团粮食局副局长李建伟发放粮食科技活动周宣传材料。

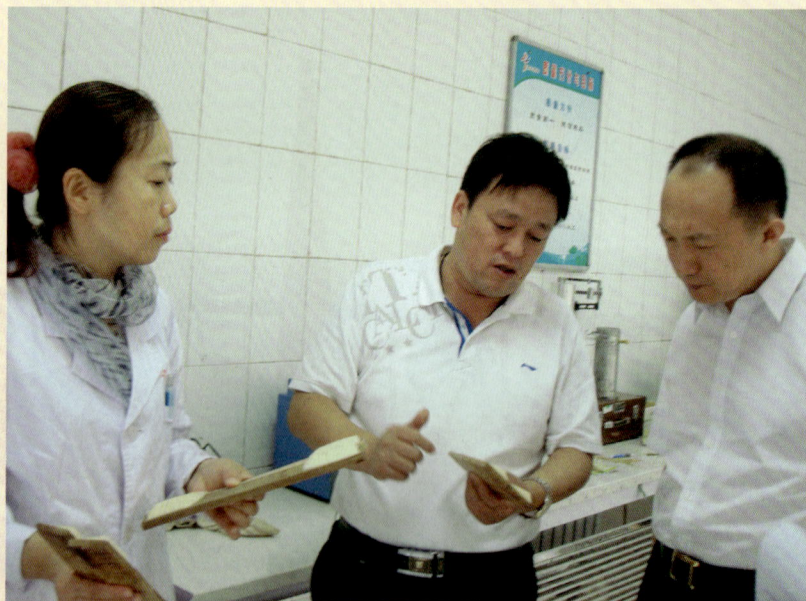

新疆生产建设兵团粮食局局长助理刘镇（右一）在十二师222团粮油加工厂调研。

大连市粮食工作　　基本情况

大连市地处中国东北辽东半岛最南端，东濒黄海，西临渤海，南与山东半岛隔海相望，北依辽阔的东北平原，是东北、华北、华东以及世界各地的海上门户，是重要的港口、贸易、工业、旅游城市。行政区域总面积12574平方公里，现辖3个县级市(瓦房店市、普兰店市、庄河市)、1个县(长海县)和6个区(中山区、西岗区、沙河口区、甘井子区、旅顺口区、金州区)。另外，还有开发区、保税区、高新技术产业园区3个国家级对外开放先导区，以及长兴岛临港工业区和花园口经济区。区内山地丘陵多，平原低地少，整个地形为北高南低，北宽南窄。年末户籍人口591.4万，比上年末净增1.1万人。全年公共财政收入850亿元，比上年增长13.3%。全年地区生产总值7650.8亿元，比上年增长9.0%。其中，第一产业增加值477.6亿元，增长4.8%，对经济增长的贡献率为3.2%。2013年粮食总产量160.4万吨，平均每公顷单产5799公斤，分别比上年增长1.8%和2.3%。全年创建都市型现代农业示范区20个，新建标准日光温室设施农业小区1271个，新发展设施农业面积7467公顷。新建粮食万亩高产示范片20个。

2013年，大连港完成口岸粮食吞吐量1695万吨，调入570万吨，调出1125万吨。其中，北良港实现粮食吞吐量767万吨。

2013年粮食工作

2013年，大连市各级粮食行政管理部门和各类粮食仓储、加工企业，认真贯彻落实国家和省市各项支农惠农政策，围绕"守底线、保安全、惠民生、促发展"，以确保地区粮食安全为目标，着力加强宏观调控，维护粮食市场稳定，全面完成了粮食收购、仓储、轮换和加工任务，为地区经济发展和社会稳定提供了坚强可靠的保证。

一　粮食收购工作圆满完成

全年共收购粮食28.54万吨。其中，水稻3.98万吨、玉米22.56万吨；国有粮食企业收购7.34万吨，占总收购量的25.7%，重点社会粮食企业收购21.21万吨，占总收购量的74.3%。收购工作中，一是督促企业认真贯彻执行国家粮食收购质价政策，确保农民出售的粮食优质优价，增产增收；二是全面掌握粮食收购进度，及时了解收购情况，督促企业抓住收购时机，帮助企业解决收购中遇到的问题，促进收购规范、安全、有序进行；三是积极与农发行沟通，共协调发放储备粮油收购贷款81218.48万元，有力地促进了国有粮食企业收购工作的顺利开展；四是按照国家粮食局等四部委联合下发的《关于2013年东北地区国家临时存储玉米和大豆收购有关问题的通知》（国粮调〔2013〕265号）要求，组织指导相关企业做好秋粮收购，共收购秋粮4.16万吨，其中玉米2.28万吨、水稻1.88万吨。国有粮食企业收购1.76万吨，重点社会企业收购2.4万吨。

二　全面完成储备粮轮换保管工作

按计划完成了2012/2013年度市级储备粮轮换任务，共轮换粮食13.2857万吨。其中，玉米6.4857万吨、水稻3.8万吨、小麦3万吨，对1万吨成品粮进行了定期轮换，落实小包装豆油0.08万吨。为确保储备粮油仓储和轮换的质量合格、数量真实，状态良好，一是积极协调财政、金融部门做好收购资金发放工作，加大粮食收购力度；二是加强对仓储企业的督促检查，监督企业严格执行各项仓储管理制度，继续开展粮油仓储规范化管理工作，确保粮食储备安全，圆满完成了5万吨高水价粮的晾晒；三是把握粮食市场行情，控制好轮换节奏，防止出现轮换亏损，保证轮换效益；四是积极争取财政支持，适度提高仓储企业的保管和轮换费用。从2013年1月起，市级储备粮保管费用补贴标准调整为每年每吨100元，安排市财政资金46.82万元，对市级储备粮油全部进行了财产保险。

三　粮油应急保障更加有序规范

印发了《大连市粮油市场应急供应管理工作考核办法》和《大连市粮油市场应急管理工作考核细则》，对粮油市场应急管理的应急预案建设、应急机制建设、应急管理专家队伍建设、成品应急粮油储备的数量质量、应急保障能力建设、应急宣传与培训工作等情况进行了量化。对相关企业的信息进行不定期调整，适时掌握全市24家应急粮油加工、运输、销售企业的基本情况，确保了在紧急状态下沟通顺畅。

四　军供服务保障坚强有力

一是继续强化军供粮源统筹和质量监管，严格执行"一批一检一报告"制度，保证全市军粮统筹率和军粮质量合格率达到100%，全年共抽检43个样品，全部符合质量标准，无质量事故发生。二是强化军粮供应企业财务监管，确保军粮补贴资金专款专用、运行安全。庄河市军供站和瓦房店市军供站荣获"全国放心粮油销售示范店"称号。三是积极改善军供粮仓储条件，配合国家军粮办完成了长海县大长山等海岛军供站维修改造的调研。完成了对部分海岛军供站点维修改造项目的资金申报，争取国家军粮办维修改造资金206万元。四是加强军地合作，推动军供企业文化建设，举办了"粮油服务进军营、餐桌节约促强军"等活动，密切了军政军民关系。

五　粮食流通行业监管不断加强

一是圆满完成了粮食清仓查库工作，以3月25日为检查时点，对全市所有列入检查范围的库存粮食进行了全面检查。共检查粮食库存企业43家，货位1800个，粮食362.5万吨，代为检查外地在连中转粮12.5万吨。二是圆满完成了秋粮收购监督检查。全市共出动检查人员622人次，检查粮食收购企业263家，检查粮食委托收储库点33个。取消了11家企业的粮食收购资格，对2家不按规定上报数据的企业给予了相应处罚，维护了粮食市场的流通秩序。三是开展了食用植物油库存专项检查。共检查大连市地方储备油14724吨，中央在连储备油31342吨。

六　粮食流通产业发展有序推进

一是完成了年度社会粮油供需平衡调查，对423个农户、608户城镇居民、89个油脂经营和油脂转化企业、42个国有粮食企业和320个社会粮食经营和转化企业进行了全面调查，为粮食宏观调控提供了翔实、准确的依据；二是对全地区粮食经纪人队伍进行了调查，提出今后一个时期促进粮食经纪人队伍健康发展的建议；三是大力推进主食产业化，实施主食产业化示范工程和放心粮油工程，完成了大连市馒头主食市场调研；四是深入推进农户科学储粮专项工程，圆满完成了5000个农户科学储粮仓的加工制作和发放任务，按减少损失8%的指数测算，可减少粮食损失2000吨，帮助农民增收460万元。2013年，全市国有粮食企业实现利润总额957万元，除长海县外，其他地区粮食购销企业全部实现盈利。

七　行业建设取得可喜成绩

严格执行中央八项规定，深入开展党的群众路线教育实践活动，认真贯彻全国粮食纪检监察工作会议精神，不断完善廉政风险防控工作体系，及时排查安全隐患，全年实现安全生产零事故。不断加强信访稳控工作，落实领导包案负责制，积极化解历史遗留信访案件，保持了全系统的和谐稳定，为机关和行业建设提供了坚强保证。

◆ **大连市粮食局领导班子成员**

陈祥立	党委书记、局长
尼松发	党委副书记、纪委书记
郑　斌	副局长
李延锋	副局长
周传富	巡视员
朱保奎	副巡视员
高宪明	副巡视员

青岛市粮食工作   基本情况

　　2013年，青岛市生产总值达8006.6亿元，按可比价格计算，增长10%。其中第一产业增加值352.4亿元，增长2.1%；第二产业增加值3641.4亿元，增长10.2%；第三产业增加值4012.8亿元，增长10.5%。三次产业比例为4.4：45.5：50.1。人均GDP达到89797元。全年财政总收入实现2672.5亿元，增长9.2%；公共财政预算收入788.72亿元，增长17.7%；公共财政预算支出1014.23亿元，增长32.4%。全年国税系统组织税收收入(含海关代征)1332.7亿元，增长0.5%。其中国内税收638.39亿元，增长9.7%；地税税收收入531.7亿元，增长14.9%。全市粮食播种面积50.0万公顷，下降2.7%，粮食总产量322.4万吨。其中小麦151.8万吨，玉米165.8万吨。

　　2013年，青岛市国有粮食企业完成购销总量304.2万吨，实现销售收入19.3亿元，年度实现利润1167万元，同比增长6%。全市粮油加工企业工业总产值达到222.4亿元，同比增长1.5%，实现利润总额7.5亿元，同比增长31.6%。粮食专业批发市场交易量34.4万吨，交易额15.1亿元。

2013年粮食工作

一　粮食调控

　　认真落实国家粮食购销政策，全市地方国有粮食企业实现本地粮食购销总量219.5万吨，完成目标计划121.9%。夏粮、秋粮收购成绩突出，全市共收购小麦50.8万吨、秋粮31.2万吨，收购量居全省前列，夏粮收购是20年来第二次突破50万吨。加强产销协作，组织到福建、黑龙江购销粮食69万吨。省政府督查组充分肯定了青岛市粮食收购工作。粮库规范化管理进一步加强，创新地下库规范化管理考核。粮食储备规模得到全面落实，全市完成粮食轮换任务11.24万吨。

二　"粮安工程"建设

　　按照国家粮食局、省粮食局推进"粮安工程"的部署，迅速行动，精心组织，反复修改，初步完成"粮安工程"规划（2013－2020年）编制工作，并上报国家粮食局、省粮食局。同时，积极争取政策推进"粮安工程"。粮油仓储设施建设、修复方面：争取省级财政建设资金360万元，推进即墨市县域粮仓维修改造项目。崂山区、黄岛区、平度市、莱西市积极推进了地方储备库建设。粮食现代物流建设方面：贯彻落实市委李群书记工作要求，会同市金融办进行粮食物流及交易情况调研，提出推进董家口粮食物流园区规划和加快莱西、胶州、营海库粮食物流园区建设的意见。粮食应急供应体系方面：修改完善了粮食应急预案，组织了应急演练，在全市确定了10家"应急加工定点企业"和256家"应急供应定点单位"，在市粮食局网站上公布了粮食应急保供网点电子地图。胶州市、开发区粮油应急保障工作推进有力。市粮食局在全市应急管理考核中为优秀等次。保障粮油质量安全方面：重点推进市粮油质量检测中心建设项目，争取国家粮油质量监测体系建设项目及地方配套资金460万元。粮情检测预警方面：加强粮食供需平衡调查和粮价监测预警，全市纳入统计范围117家，建立粮食价格监测点30个，编发粮油价格信息28期。粮食节约减损方面：落实各级配套资金240万元，为全市5个区市25个镇69个村的农民发放小粮仓6000个。建设爱粮节粮教育基地，组织市民、学生进行了爱粮节粮教育。粮食流通管理信息化方面：规划了全市粮食管理信息化建设，投资200万元完成智慧粮库一期项目建设，推进了二期项目，经验做法在全国粮食行业进行交流。

三　粮食流通监管

严格落实粮食收购入市准入制度，审查了全市244家粮食收购经营者的收购资格，共核销24家，新办26家，进一步优化了粮食行业经营环境。建立涉企检查工作制度和诚信评价制度，保障了粮食经营者诚信、合法经营。抓好粮食收购秩序检查，组织各区市执法力量进行联合执法巡查，共出动执法人员1275人次，检查粮食收购者600余户，有力维护了粮食收购秩序。粮食库存检查成效明显，省复查小组认为青岛市粮食库存账实相符、账账相符、质量完好。加强粮食收购、入库、储存环节质量专项检测，共抽检220批次，确保了粮食质量安全。加强入市粮油质量检测，共检测9227批次，有力保障了居民粮食消费质量安全。

四　军粮供应

坚持"以兵为本、精诚服务"的理念，通过定期走访、征求意见，不断改进工作和服务水平，义务送粮率达到95%以上，部队满意率达到100%。2013年承办了国家粮食局和总后勤部在青举行的"粮油科技进军营"活动。军供项目建设得以加快推进，市军供站、胶南军供站、即墨军供站建设项目得到国家军供专项支持。市军供站、即墨军供站、胶南军供站被评为"全省十强"，市军供站、即墨军供站被评为"全国百强军供站"。

五　粮食经济运行质量和效益

全市国有粮食企业经济运行平稳，累计盈利1167万元，同比增长6%。实现销售收入19.3亿元。全市粮油加工企业实力逐步增强，纳入统计范围的72家企业实现销售收入222.4亿元，同比增长1.5%。实现利润总额7.5亿元，同比增长31.6%。粮食市场交易繁荣，交易额15.1亿元。放心粮油工程不断推进，新增30处放心粮油网点，全市放心粮油网点达到56个。粮油品牌培育成效明显，全市拥有中国驰名商标2个，山东名牌8个，山东省著名商标11个。全国放心粮油示范生产企业7家，全国粮食行业AAA信用等级企业3家，全国放心粮油进农村进社区先进单位3家。有16个粮油加工企业的35个产品获省级以上放心粮油产品称号，在全省处于领先位置。

六　粮食系统自身建设

　　按照市委统一部署，青岛市粮食局及所属单位组织开展了第一批党的群众路线教育实践活动，经验做法被市教育实践活动领导小组采用，在全市推广交流，"三服务六上门"活动被青岛电视台、青岛日报进行专题报道。廉政建设也取得了成效，廉政文化建设经验在全国粮食行业进行交流，公务员管理和队伍建设评估被确定为优秀等次，市军供站被评为青岛市"基层行风建设示范窗口"。落实八项规定成效明显，进一步规范了公务接待、公车使用和调研考察，文件和会议大幅减少，三公经费支出均控制在财政核定的范围之内。行政审批时限由12天缩减为9天，提速30%。加强安全生产和信访稳定工作，安全生产实现零事故，一批信访历史积案得到成功化解。

◆ **青岛市粮食局领导班子成员**

张　斌	党委书记、局长
岳　军	党委委员、副局长
孙一宇	党委委员、纪委书记
于莲华（女）	党委委员、副局长
柳永志	党委委员、副局长

山东省委常委、青岛市委书记李群（前中）调研粮食工作。

山东省粮食局局长杨丽丽（左三）到青岛市粮油批发市场调研。

青岛市粮食局召开粮食应急加工定点企业座谈会，为应急加工定点企业授牌。

青岛市民参观粮食质量检验现场。

青岛市粮食局举办"2013年世界粮食日爱粮节粮教育活动"，对学生进行爱粮节粮教育。

宁波市粮食工作 基本情况

宁波市是我国首批沿海对外开放城市、计划单列市和副省级城市。2013年全年全市实现地区生产总值7128.9亿元，按可比价格计算，比上年增长8.1%，按常住人口计算人均生产总值为93176元（按年平均汇率折算为15046美元）；市区居民人均可支配收入41729元，比上年增长10.1%；农村居民人均纯收入20534元，增长11.1%；宁波港货物吞吐量4.96亿吨，比上年增长9.5%；集装箱吞吐量1677.4万标箱，增长7.0%，箱量排名保持大陆港口第三位、世界港口前六位。

宁波市辖海曙、江东、江北、镇海、北仑、鄞州6个区，宁海、象山2个县，慈溪、余姚、奉化3个县级市。共有77个镇、11个乡、64个街道办事处、663个居民委员会和2556个村民委员会。截至2013年末，全市户籍人口580.1万，比上年增加2.4万人，其中市六区人口227.6万。

2013年全市粮食总需求量289万吨，供需缺口208万吨。主要通过积极扶持市场主体、推进产销合作、运用市场手段落实缺口粮食采购渠道，达到供求平衡。认真做好区域内的粮食采购、批发、加工、零售等环节的紧密衔接，保证粮食有效供给。目前，省外粮食购销渠道已拓展到全国17个省区。

截至2013年末，全市具有粮食收购资格企业140家，其中国有企业79家，民营企业53家，个体户6家，外商及中国港澳台投资企业2家。入统粮油企业累计103家，其中国有经营企业20家，非国有经营企业55家，饲料企业10家，养殖企业7家，工业用粮用油企业10家，粮批市场1家。

2013年粮食工作

2013年，宁波市粮食工作在市委、市政府的正确领导和上级粮食部门的精心指导下，认真学习贯彻党的十八大精神，紧紧围绕"守住管好'天下粮仓'，做好'广积粮、积好粮、好积粮'三篇文章"的总要求，坚持以"守底线、保安全、惠民生、促发展"为目标，以"抓粮源、保供应、稳粮价"为中心，以"粮安工程"建设为抓手，求真务实，开拓进取，确保了宁波市粮食安全，促进粮食流通工作全面发展，较好地完成了全年各项任务，达到了预期成效。

一   保供稳价体系更加完善

（一）切实掌握粮情，确保市场稳定

认真组织开展全社会粮油供需平衡调查，切实掌握全市粮食总量平衡、品种结构、区域供求和市场流通动态状况，为制定粮油安全保障措施提供了科学的决策依据。加强对行政区内批发市场、加工企业、连锁超市、便民粮油店的购销存实时监测工作，保持粮食市场情况分析周报不间断，提高粮食安全预警能力。切实加强应急体系建设，全市落实粮食应急供应网点308个、落实粮食应急日加工能力4180吨，并进行签约和挂牌管理。进一步完善粮食供给应急预案，有效提高了宁波市应对突发事件的处置能力。

（二）深化产销合作，拓宽粮源渠道

继续根据"远交东北大粮仓、近联毗邻产粮省、扶持民营企业参与"的思路，以市场为导向，以互赢为纽带，按照"政府引导、部门协调、市场运作，企业操作"的原则，继续稳固与主产区粮食储加销、代购代储合作项目，鼓励帮助民营企业与主产区建立稳定的粮食生产基地，积极探索在东北交通便利的地区设立粮食储存和中转基地，拓宽粮源渠道。截至2013年底，全市在主产区建立的粮食收购、加工、储存基地8个，可供仓容13万吨，年加工能力18.5万吨；建立生产基地9个，合计3万公顷，年可供粮源15万吨以上。

（三）大力培育市场体系，发挥保供优势

一是扶持多元主体发展。通过政策扶持、资金支持、帮助解困等多种手段促进多元粮食经营主体做大做强；及时出台东北粮食采购补贴扶持政策，鼓励多元主体到主产区采购调运粮食，截至12月底，共安排补贴793万元，运回达到补贴条件的东北稻米10.5万吨。二是培育粮批市场壮大。宁波市粮食市场运行正常，流通秩序井然，市场运行平稳，交易活跃。庄桥粮油批发市场今年成交粮油34万吨，余姚泗门和宁海粮油市场也分别达到7万吨和6.7万吨，合计占全市年口粮供应总量的1/3以上。三是推进粮食电商平台建设。宁波网上粮食市场今年成交数量达42万吨，相比上年增加7万吨。有形和无形市场的健康发展，进一步提升和发挥了多元市场主体调节粮食供求的积极作用。

（四）强化服务和质量，打造军供保障体系

继续贯彻"以兵为本"的服务宗旨，围绕提升军粮综合保障能力，提高军粮供应管理水平的中心任务，加大应急保障机制建设，加强军粮质量监管工作，着力构建"平时服务，急时应急，战时应战"的全天候军粮供应保障体系。

二   粮食安全责任制有效落实

（一）健全组织机构，落实工作责任

根据省委和省政府对粮食安全行政首长负责制的工作要求，经市政府研究决定，成立了以副市长林静国为组长，由市发展改革委、财政局、粮食局、国土局、农业局、统计局、水利局等18个市委、市政府有关部门参加的粮食安全工作协调小组，并设立办公室，市粮食局作为具体办事和日常管理机构。同时建立以市粮食局、发展改革委、财政局、国土局、农业局、统计局、水利局为主的联席会议制度，切实抓好各项工作落实。

（二）及时签订责任书，明确各级政府工作责任

根据省政府下达的粮食安全责任制考核指标，市粮食局牵头组织市有关部门进行认真调研，及时与各县（市、区）政府进行沟通和协调，分解落实考核指标。市与各县（市、区）政府、各县（市、区）与责任落实部门、乡镇、村层层签订《责任书》，全面明确了各级部门确保粮食安全的工作目标和任务，将粮食安全各项责任措施落实到位。

（三）完善考核评价体系，确保目标任务全面完成

市粮食安全工作协调小组办公室根据省粮安办《〈2013年度粮食安全责任制考核方案〉的通知》精神，结合宁波市实际，研究制定了《宁波市粮食安全责任制考核方案》，明确考核内容、考核流程和具体工作要求，对落实粮食安全责任制工作做到有部署、有检查、有考核、有评价。

三 "订单粮食"工作有序开展

由于粮价购销倒挂的局面和"菲特"台风的影响，宁波市粮食收购工作出现了新的困难与问题。本着坚持从有利于保护农民利益、调动农民种粮积极性和强农惠农理念出发，扎实推进宁波市"订单"粮食工作顺利开展。

（一）落实强农惠农政策，保护农民种粮积极性

一是提高订单粮食收购价标准。坚持以市场价加价外补贴确定收购价格，对农户出售的粮食始终严格执行国家发布的稻谷和小麦最低收购价政策，宁波市出台的订单粮食收购价格均比上年有所提高，小麦、早稻、晚稻每50公斤分别比上年提高10元、4元和2元。全面落实订单粮食价外补贴政策，实行大户和一般农户同样的补贴水平。二是落实收购环节补贴政策。把市定种粮大户过去按田亩方式的直接补贴调整为收购环节补贴，确保种粮直补落到实处。按订单收购量每50公斤早稻补贴7元、中晚稻和小麦补贴5元。三是尊重民意签订粮食订单。由于粮价持续下跌，甚至购销倒挂，各地农户要求增加订单数量的愿望十分强烈。为此，我们加强协调和沟通，重点满足种粮农户的订单需求。全市国有粮食购销企业与近3万户农户签订了22.4万吨订单数量，比上年增加2.5万吨，占全省订单数40%以上，对农民余粮做到了需订尽订。

（二）强化为农服务理念，加大为农服务力度

一是为解决种粮农户生产资金问题，共发放预购定金427.5万元，有效地满足了农民种粮资金需求。二是尽快腾空收购仓容，满足农民售粮需要。到乡镇、到农户田头耐心宣传今年的收购政策，及时回应种粮农民的各种合理诉求。三是加大资金保障力度，提前落实好收购资金，确保收购顺利。四是在收购期间，要求各地粮食收储企业切实遵守"五要五不准"收购守则，敞开收购农民余粮，大力开展优质服务活动，延长服务时间、拉长服务链，增加大吨位地磅，推广输送机入库，实行电脑结算，提供烘干机服务等一系列惠农措施，千方百计降低农民售粮费用和劳动强度，方便农民售粮。

（三）及时出台等外粮收购政策，切实维护农民利益

由于受"菲特"台风影响，晚稻不完善率大幅上升，品质明显下降，约有4万吨等外粮，农户损失较重，同时面临销售困难。市粮食系统快速行动，及时出台各项政策，切实有效地帮助受灾农民解决了实际困难，最大程度减轻农民受灾损失。一是要求各地粮食部门统一思想认识，把做好等外粮收购工作作为一项重要的政治任务来抓，认真做好等外粮收购的各项准备工作，落实好收购和补贴资金，腾出仓容，备足相关收购设施，千方百计帮助种粮农民处理受灾粮食，尽量减少农民损失。二是

及时制定出台等外粮收购办法，根据"购得进，销得出"的原则分档收购当地种粮农户的等外晚稻谷，坚决杜绝售粮难的问题。三是积极与民营加工企业联系和沟通，动员他们切实履行起收购本地农民余粮的义务，共同解决种粮农民的卖粮出路。四是确定订单内等外晚稻谷享受价外补贴和收购环节直接补贴，补贴金额按实际收购数量发放。

截至12月底，全市国有粮食购销企业共收购粮食22.7万吨，比上年同期增长24.3%，其中：小麦1.1万吨，早籼稻5.8万吨，晚籼稻5.4万吨，晚粳稻10.5万吨。

四　粮食管理安全规范有序

（一）落实储备粮规模，切实做到粮源到位管理规范

认真落实地方储备粮规模，进一步优化品种结构。截至2013年底，全市36.5万吨储备规模全部足额到位，存储的储备粮中晚稻和成品粮比例分别达到30%和85%以上。把握好地方储备粮轮换时机和节奏，维护粮食市场稳定，有效发挥地方储备粮的调节作用。不断探索地方储备粮轮换模式，降低轮换成本。完善与市内骨干加工企业合作开展的储备晚粳谷委托代理购销和轮换制度。认真开展粮食库存检查，进一步加强库存粮油管理。加强仓储工作规范化管理，确保库存粮油数量真实、质量良好、管理规范。

（二）加强粮食质量监管，确保粮食消费安全

管住管好粮油批发市场，坚持实行索证索票，亮卡经营制度。认真实施放心粮油工程，重点整治粮油批发市场经营户和租用粮食购销企业仓库的粮油经营企业是否存在票证不全、非法分装、掺次等影响粮油质量安全的违法行为。与工商、质监等职能部门密切配合，加强粮食市场的现场管理，防止出现造假行为。加强收购、储存环节中的粮食质量与原粮卫生监管工作，开展早稻和晚稻的质量调查、品质测报和原粮卫生调查工作，确保粮食质量。"菲特"台风期间，宁波市国有粮食企业有6.8万吨粮食受灾，针对粮食不同的受灾程度，采用定向销售、规定用途等手段，加强监管，防止受潮霉变的粮食流入口粮市场，确保粮食消费安全。

（三）加强安全生产管理，确保粮食系统安全稳定

一是强化责任，落实制度。把安全生产工作作为年终目标考核的重要内容，层层签订安全生产责任书，责任落实到每一个库点、环节、岗位和个人，达到安全生产人人有责、齐抓共管。制定并落实预防措施，进一步完善安全制度。二是开展应急演练，提高应对能力。9月初，镇海区组织全系统干部职工进行了为期三天的消防安全知识培训，并开展粮库火灾应急处置演练，极大提高了系统消防应急处置能力。三是突出重点，认真做好安全生产各项工作。深化安全生产各项活动，对系统内的安全隐患及非法违法行为实行零容忍，铁腕治理，确保了宁波市粮食系统生产安全、零事故。

五　基础设施建设扎实推进

（一）全市中心粮库建设有序推进

建设中心粮库，是提升储粮基础设施、确保"米袋子"安全的具体行动，对于保障全市粮食供需平衡，优化粮食收储网点，加快粮食仓储物流建设，具有深远意义。宁波市粮食局一直把这项工作作为重中之重来抓。目前，全市共有中心粮库10个，总仓容41.6万吨，总投资额10.35亿元，总用地面

积68.1公顷（1021亩）。其中余姚、慈溪、鄞州、奉化4个中心粮库已经建成并投入使用，象山、宁海、余姚（其中余姚为第二中心粮库）已进入试运营阶段，北仑土建工程建设基本完成，镇海已完成主体结构，奉化二期工程已进入规划设计阶段。市本级中心粮库目前已招标确定代建单位，力争明年开工。

（二）物流中心项目方案深化论证

粮食物流中心建设是粮食物流体系建设的核心和重点，该项目已列入浙江省"粮安工程"建设规划（2013－2020年）。为了使项目更好地顺应社会发展，适应宁波市社会经济、满足粮食需求，宁波市粮食局近年来反复论证，积极推进，拟将该工程努力打造成粮油储运、中转、加工、交易功能的现代物流中心。一是积极与强港办、镇海大宗货物海铁联运物流枢纽港管委会沟通协调，争取项目选址早日落实。二是加强与中储粮公司、中粮集团的对接、洽谈，争取合作。三是积极跟进了解东海长城收购北仑正大粮油码头的情况，多次与东海长城沟通协调，洽谈合作事宜。四是调研考察在大连营口建立粮食中转物流基地项目建设规划。

六　行业队伍建设不断加强

（一）深化思想政治建设

将深入贯彻学习党的十八大和三中全会精神作为全系统干部职工学习的核心内容，同时突出理想信念教育，利用上党课等多种形式搞好爱国主义、形势政策、中国特色社会主义理论体系等教育，专题学习了习近平总书记和李克强总理关于"切实保障国家粮食安全"和"守住管好'天下粮仓'，做好'广积粮、积好粮、好积粮'三篇文章"等一系列重要讲话精神。

（二）推进系统作风建设

扎实开展党的群众路线和"三思三创"、"中国梦·我的责任"主题教育实践活动，把贯彻落实中央"八项规定"、"省委28条办法"、"市委20条措施"和"局党委18条措施"作为切入点，进一步强化宗旨意识，深入开展系列调研，广泛听取意见，加强服务型党组织建设，进一步完善了机关联系服务基层、干部联系服务群众制度，努力提高服务效能和群众满意度。加强对"三公经费"的预算执行管理和监督，规范财产物资管理和监管，节约经费。按照中央和省市委关于改进作风的要求，精简会议、活动，精简文件简报数量，进一步规范公务接待、公务用车改革、办公用房等一系列规定，不断加强队伍的作风建设。

（三）加强干部队伍建设

根据机关、直属单位领导干部提拔、退休、编制等情况，按照《干部任用条例》，坚持民主、公开、竞争、择优原则，把好"六个关口"，搞好机关中层干部选拔竞聘和企业领导提拔考评。各县（市）区加强职工队伍建设，有计划招聘各类专业技术人才，及时为企业输送新鲜血液。

◆ **宁波市粮食局领导班子成员**

杜钧宝	党委书记、局长
冯沛福	党委副书记、副局长
程宏友	党委委员、总工程师
颜　华	党委委员、副局长（2013年2月任职）
林　洁（女）	党委委员、副局长（2013年12月任职）
徐建国	党委委员、副局长（2013年12月任职）
杨久义	巡视员（2013年12月任职）
徐常升	副巡视员（2013年5月任职）
蒋心宏	副巡视员（2013年12月任职）

2013年2月，宁波市粮食局局长杜钧宝（左二）与直属企业签订《党风廉政建设责任书》。

2013年8月23日，宁波市市委书记刘奇（前排右三）考察宁波市网上粮食交易平台的建设情况，宁波市粮食局局长杜钧宝（右一）陪同。

2013年3月，宁波市粮食局局长杜钧宝（中）在市粮食局党委理论中心组学习贯彻党的十八大精神学习会上发言。

宁波市粮食局直属企业——宁波市庄桥粮油批发市场仓储部分场景。

厦门市粮食工作   基本情况

厦门市地处中国东南沿海，中国台湾海峡西岸，与中国台湾隔海相望，东南面对金门诸岛，北接泉州，南邻漳州，位于闽南金三角中心，是全国首批经济特区和副省级计划单列市、现代化国际性港口风景旅游城市。厦门市下辖思明、湖里、集美、海沧、翔安、同安6个行政区，由厦门岛、鼓浪屿、内陆九龙江北岸的沿海部分地区及厦门湾等组成，陆地面积1699.39平方公里，海域面积300多平方公里。厦门岛又称鹭岛，素有"海上花园"美誉，"城在海上、海在城中"，曾被美国前总统尼克松称赞为"东方夏威夷"。厦门地形以滨海平原、台地和丘陵为主，其中低丘、台地占土地总面积的62.5%，平原和滩涂各占14%和7.7%；拥有条件优越的海峡性天然良港，全长234公里，港阔水深，终年不冻，是中国历史上对外贸易的重要口岸。厦门市属于亚热带气候，夏无酷暑，冬无严寒，风景秀丽，环境整洁，森林覆盖率达42.8%，先后获得"联合国人居奖"、"国际花园城市"、"全国十佳人居城市"、"全国文明城市"等诸多殊荣。

2013年，厦门市实现生产总值3018亿元，增长9.4%；常住人口373万，比上年增加6万人，其中户籍人口196.78万；全年粮食播种面积0.7万公顷，粮食产量仅3.88万吨，比上年减少4.43%。全年粮油供应充裕，品种丰富，价格平稳，除面粉价格微涨外，总体微跌。

2013年粮食工作

2013年，厦门市粮食局认真按照市委、市政府的部署要求，深入贯彻落实党的十八大和二中、三中全会精神，积极开展党的群众路线教育实践活动，以"引粮入厦保供应、强化监管保质量"为中心，以"加强调控保安全、提升产业惠民生、科学管粮上水平"为目标，有序推进各项粮食工作的开展，为践行美丽厦门战略规划、全力实施跨岛发展战略提供粮食安全保障。

一 粮食流通

2013年，厦门市粮油购销两旺，保持供需、中转、贸易数量持续增加的趋势。全社会粮食总供给455.33万吨（原粮口径），比上年增加51.3万吨，增长12.7%。其中国内购进量298.39万吨，同比增加12.15万吨，增长4.28%（从省外购进201.45万吨，增加15.37万吨；从省内购进88.23万吨，增加2.64万吨；从市内区外购进8.71万吨，减少5.77万吨）；进口量153.06万吨，增加39.21万吨，增长34.44%。粮食总需求457.93万吨，增加59.63万吨，增长14.97%。其中，对市外销售量281.95万吨，增加89.06万吨，增长46.17%；对市内区外销售量11.34万吨，减少37.94万吨；出口粮食制品2.46万吨，增加0.86万吨；本地粮食消费162.18万吨，增加7.65万吨，增长4.95%，其中口粮消费65.12万吨、增加2.57万吨，工业用粮消费100.06万吨。国有和国有控股粮食企业粮食购进量109.21万吨，增加13.23万吨，同比增长13.78%，占全市总购进量23.97%；销售量105.08万吨，增加12.47万吨，同比增长13.47%，占全市总需求量22.95%。年末粮食库存同比下降3.58%。全市食用植物油供给量95.32万吨，增加34.85万吨，增长57.63%，其中进口3.72万吨，减少4.35万吨，下降53.9%；需求量93.1万吨，增加37.19万吨，增长66.52%，其中：总消费8.5万吨，同比增长0.3万吨，增长3.66%（口油消费6.9万吨，同比增长0.26万吨，增长3.92%）。年末库存同比增长20.92%。

二　粮食调控

一是顺利完成市级储备粮轮换与增储。通过3场公开拍卖和3场竞价招标采购，厦门市市级储备粮轮出、轮入各5.1万吨，增储2.5万吨，其中与14个粮食主产区签订订单粮食2.5万吨。二是加强储备粮监管。制定实施厦门市《储备粮规范化管理考评标准细则》、《应急储备成品粮管理规定》，组织对承储代储企业进行资质认定和审核，恢复厦门市粮食局第一分局、第二分局对岛外4个辖区储备粮的安全监管职责。定期召开储备粮管理工作例会，分别于4月、10月组织实施春、秋两季清仓查库，检查粮食库存37万多吨和20.8万多吨，并受到福建省复查组的肯定和好评。三是加强储备粮精细化管理。注重推广运用科技保粮、绿色储粮技术，基本实现仓储作业机械化、管理信息化、流程规范化、人员专业化，不断提高精细化、规范化管理水平和储粮宜存率。四是扎实做好军粮供应保障。认真做好军供粮油筹措和质量监管，新增4家军粮（大米）定点供应企业，满足部队粮油需求和用粮安全。积极协调推进厦门市军粮仓储配送应急保障中心建设项目前期筹备工作，征地拆迁工作取得新突破；申请注册"军花"牌商标，拓展副营业务取得初步成效。

三　粮食产销协作

11月20日顺利举办了厦门粮食产销协作会，邀请湖北、安徽、河南、江西4省7市县和福建省4个市县11个产区粮食局、粮企及厦门市26多家粮企参会，签订1.4万吨晚籼稻订单采购合作协议，取得良好效果。协调组织厦门市36家粮企97名代表分别参加九省和省内粮洽会，现场签订粮油购销合同66.1万吨，其中在7月16日第九届九省粮食产销协作福建洽谈会现场签约粮油购销合同52.5万吨（九届累计320.5万吨），比上届增加2.85万吨；在4月16日第十二届福建省粮食产销协作洽谈会引进省内粮食13.6万吨，并跟踪落实履约情况。

四　粮食流通体制改革

一是协助制定出台《关于加强厦门市粮食安全保障体系建设的实施意见》（厦府〔2013〕299

号）文件，明确落实粮食安全行政首长负责制、提高市级储备订单粮食补贴标准、加强粮食仓储物流设施建设、进一步加强储备粮管理、建立引粮入厦补贴奖励机制、扶持骨干粮食企业做强做大、强化粮食行政管理部门职责等10个方面的内容，从11月8日起实施。牵头拟订《厦门市引粮入厦奖励暂行办法》、《厦门市扶持粮食应急重点骨干企业专项资金管理办法》配套方案，并积极协调争取尽快出台。开展厦门市外建粮源基地调研工作，积极研究探讨可行方案。二是协调落实引粮入厦奖励政策。根据《福建省引粮入闽奖励暂行办法》，审核推荐5家民营粮油企业首获福建省财政奖励资金327.5万元，其中明穗粮油、好年东米业分获2012年引粮入闽奖励100万元和89.9万元，煌发米业、金香穗米业分获2012年外建粮食生产基地建设奖励100万元和30.5万元，中盛粮油集团、好年东米业分获2013年粮食产业化经营奖励3.5万元和3.6万元。三是做好厦门市人大议案办理和代表视察保障工作。完成厦门市人大提交《加强粮食安全政策措施的议案》（建议）及议案办理情况的汇报，促成2013年度市人大重点督办的代表建议的办理。圆满完成厦门市人大代表视察粮食工作的筹备、汇报座谈等保障工作，贯彻落实人大代表在座谈中提出的要完善粮食储备和粮食安全应急预警体系、培育完善粮食市场体系、强化粮食质量安全监测体系建设等意见建议。

五   行政执法

一是加强粮油市场监管和质量检测。围绕治理"餐桌污染"先后组织7次、167批次样品的粮油质量监督检查和检测，责令整改检测不合格产品作降级处理，并配合市工商局对某粮企在售镉含量超标大米进行无害化处理。制定实施《厦门市粮食系统质量强市工作方案》，积极筹备参评并于12月获得"第三批全国粮食流通监督检查示范单位"荣誉。组织举办3次较大规模的放心粮油进社区进农村活动，发放宣传资料手册，讲授鉴别粮油质量常识，展示展销厦门市粮油产品及品牌。二是提高粮油质量检验检测能力。投入99万元购置市粮油质监站检测仪器设备，积极争取并获批增加市质监站5个编制指标。市粮油质监站积极开展实验室间的检验比对，取得全省比对考核项均为"满意"的好成绩；全年完成110家次粮油企业1056批次的抽样检测任务。三是做好依法行政工作。配合做好省局在厦举办的全省粮食流通监督检查行政执法培训，厦门市粮食局19名参训人员全部通过考试并取得省粮食流通监督检查行政执法资格证，使厦门市粮食局全部行政人员都具有行政执法资格。建立行政执法网上运行平台，继续优化粮食行政许可审批流程，压缩审批时限至5天办结。完成对46家粮企收购资格的年审和13家骨干粮食加工企业、27家骨干粮店的年审工作。建立107家粮油企业一户一档电子档案。

六   行业发展

一是编制完成厦门市"粮安工程"建设规划。于9月编制完成包括指导思想和总体目标、打通粮食物流通道、修复粮油仓储设施、完善应急供应体系、保证粮油质量安全、强化粮情监测预警、促进粮食节约减损、资金测算和筹措方案、重点工程项目、保障措施与组织实施等十个方面的内容，并报送福建省粮食局、厦门市发改委。调研起草并申报《厦门市粮食应急管理办法》，并列入2014年度厦门市规章备选项目。启动"粮安工程"建设项目之一——厦门市军供粮油仓储加工配送中心项目建设。该项目于3月27日获厦门市政府常务会审议通过，4月10日经厦门市发改委批准立项，并列为2013年厦门市重点前期项目。该项目用地面积4万平方米，建筑面积1万多平方米，首期投资4199万元（不含征地款），拟建设1万吨军粮应急储备专用仓和2000吨成品粮低温仓及管理用房等。年底前已完成项目的选址意见书、用地预审、用地规划许可证、立项、设计招标、用地红线图、地勘招标，并基本完成征地工作。二是重点粮油加工业总产值、销售额持续增长。2013年，厦门市纳入统计的48家粮油加工企业实现工业总产值149.8亿元，增长22.5%；粮油销售收入142.5亿元，增长18.7%。其中：大米行业产值21.5亿元，增长12.2%；食用植物油产值72.9亿元，增长31.6%；粮食食品产值23.4亿元，增长18.6%；小麦粉产值6.9亿元，增长1.8%；饲料行业产值25亿元，增长15.6%。厦门市成为国家粮食行业重点统计的粮油加工企业有12家，比上年增加6家。大米加工产能可满足全市口粮消费需求，面粉和食用植物油加工能力充裕有余，可辐射周边地区。三是扶持粮油企业发展。正式挂牌运作市粮油批发市场，召开现场办公会，并给予入驻批发市场的粮油企业减收50%车皮中转费、统一制作、招牌广告、加强场区道路维护等优惠措施，扶持入驻企业发展。举办银企金融服务对接会，促成近20多家粮油企业与民生、平安、招商等银行贷款超亿元，帮助粮油企业缓解融资难问题。经帮带指导和现场考评，金香穗、好年东2家粮企被教育部、国家粮食局评为第二批全国中小学"爱粮节粮教育社会实践基地"。四是涉粮企业增资扩产。厦门象屿股份有限公司于2013年9月底与依安县鹏程粮油储备物流有限公司合资组建黑龙江象屿农业物产有限公司，注册资金5亿元人民币，象屿股份控股80%，主要从事农业全产业链运营，涉及上游种业、肥业和合作社种植，中游流通服务，下游深加工以及饲料厂直销。今后计划投资20多亿元建设种苗基地、生产基地、加工基地和300万吨仓容的粮食仓储设施，继续强化上游种植和种业、肥业的投资与整合，并继续向下游深加工领域延伸；计划成立大连象屿农业物产有限责任公司作为综合营销平台，实现产区、港区、销区三区联动。厦门好年东米业于2013年11月投资3000万元建设11个准低温立筒库，有效仓容3万吨，计划2014年9月建成使用。五是实现厦门粮食系统全生产"十连冠"。创新抓好海沧粮食购销公司安全文化建设先行试点和总结推广，探索推进警企共建保安全新路子，着力搞好"三防一演练"，吸取中储粮林甸直属库"5·31"等东北三起火灾事故的教训，先后开展防火、防盗、防中毒、防触电、防车辆事故等检查100多次（批），排查整改安全隐患20多处，确保了全系统安全生产无事故。六是宣传报道工作取得新突破。积极开展第33个"世界粮食日"宣传周纪念、"粮食科技周"宣传和放心粮油进社区、进农村等活动，在厦门电视台制作播放《美丽厦门·粮足民安》专题片和《爱粮节粮从我做起》宣传片，利用移动、电信公司等平台发送宣传短信80多万条，积极向新闻媒体、粮食杂志刊物、党委政府信息与网站撰投反映厦门粮食工作成效的文稿、信息，取得较好成效。

七　党群工作

推进党建工作迈上新台阶。一是深入开展党的群众路线教育实践活动。按上级部署要求，顺利完成组织动员、宣传教育、征求意见、对照检查、建章立制各阶段的群众路线教育实践活动工作任务。组织党员干部认真学习贯彻党的十八大和二中、三中全会、中央"八项规定"、《美丽厦门战略规划》等精神，开展纪念建党92周年系列活动，组织党员干部到瑞金和古田接受革命传统教育，邀请厦门市委党校教授作辅导讲座，发放教育实践活动各类辅导材料6种700多本，组织观看盖军衔先进事迹电教片和《苏联亡党亡国20年祭》、《周恩来的四个昼夜》等影片。二是做好效能建设工作。制定实施绩效管理方案和加强效廉建设工作方案，开展"马上就办，办就办好"活动和效能督导、查访工作。制发《深入开展效廉建设工作的通知》，组织学习《厦门市机关工作人员效能问责实施规定》，积极组织干部职工参与开展公众评效廉活动，落实政务公开各项要求。三是做好精神文明创建工作。制定厦门市粮食局争创省级文明单位工作计划，协助指导海沧购销公司争创并获得市直机关文明单位。组织开展文明交通督导活动、网络文明传播志愿服务工作。坚持每月举办道德讲堂。分别与厦门水警区装备部签订文明共建协议、与同安区梧侣村开展文明共建活动。联合举办全系统职工运动会，组织参加第三届福建省粮食行业技能大赛并获优秀组织奖。抓好党风廉政建设取得新成效。一是创新教育模式，深化反腐倡廉教育。开展"廉润稻香、勤促粮兴"廉政文化进机关、进企业、进粮库活动。坚持以中层以上领导干部、重点岗位工作人员为重点教育对象，以政策法规学习、案例警示分析为主要教育内容，通过"一份专刊、一场报告会、一次座谈会、一次知识答题"等形式，深入开展廉政警示教育。各单位利用电子屏幕、宣传专栏、廉洁书柜、廉勤文化墙，因地制宜地开展廉政文化活动。二是落实"八项规定"，推进惩防体系建设。专题学习贯彻中央"八项规定"，开展贯彻落实厉行节约规定、清理会员卡和租借公车专项清理。制定实施加强廉政风险防控工作实施方案，邀请专业人员授课辅导，认真开展职责权限的清理和疏理。绘制排查职责职权风险流程图25幅，疏理归并廉政风险点20个，制定出防控措施60条。三是强化监督检查，服务保障粮食安全。全程介入、跟踪监督储备粮采购、拍卖活动，创新储备粮廉政监督方式，与安徽、江西、湖北、河南等地的18家粮企签订廉洁协议，将储粮销售的中标单位纳入政风行风民主评议征求意见范围，初步建立比较管用的廉政风险防控机制。强化落实"一岗双责"，先后监督检查落实党风廉政建设责任制、粮食库存、军粮加工供应商资格评审、军供建设项目、物业租赁等情况。开展明察暗访，及时发现和整改问题。

◆ **厦门市粮食局领导班子成员**

卢晓东	党组书记、局长
郭勇鹏	党组成员、副局长
林勇鹏	党组成员、副局长
张伟生	党组成员、副局长
段小红（女）	党组成员、纪检组长
黄启忠	副巡视员

2013年10月17日，厦门市人大常委会副主任杨金兴、市政府副市长张灿民（右二）调研厦门粮食铁路专用线情况。

2013年1月31日，厦门市政府副市长张灿民（右二）在市粮食局局长卢晓东（左二）等领导的陪同下检查厦鹭粮油工贸公司春节粮油供应情况。

2013年11月20日，厦门市粮食产销协作会在厦门举办，市粮食局局长卢晓东作总结讲话。

深圳市粮食工作   基本情况

深圳市于1979年设市，1980年设立经济特区，现为国家副省级计划单列城市。深圳市地处珠江三角洲腹地，毗邻中国港澳地区，全市土地总面积1952.84平方公里，现辖6个行政区和4个功能区：福田区、罗湖区、南山区、盐田区、宝安区、龙岗区及光明新区、坪山新区、龙华新区、大鹏新区，现有实际管理和服务人口约1300万人。

深圳是改革开放的先行区、试验田；深圳经济总量占全省的20.6%，是全省的第二大市，地方一般预算收入占全省的24.3%，全省排名第一，又是广东省粮食主销区，全市每年粮食总需求约500万吨（原粮），其中口粮需求约180万吨（原粮）。

深圳是粮食纯销区，完全依赖从外省及国外进口，随着市场化改革的深入，深圳粮食企业迅速发展，形成了一批集粮食收购、运输、仓储、加工、配送、批发、零售于一体，具有一定规模的，产业化经营的粮食骨干企业。这些粮食企业及经营网点上千家，形成了良好的粮食经销网络。罗湖区的西货场和深圳市大型农批市场与各区农批、农贸市场已经形成了粮食企业重点聚集地，主要以销售大米为主，其他粮食类产品为辅。大型粮食骨干企业经过多年的培育，已拥有"金龙鱼"、"孟乍隆"、"谷之香"、"泰皇"、"深粮多喜"、"寿星"、"北田"、"禾珠"、"谷尊"、"鑫稻田"、"良记金轮王"等系列品牌产品，深得市民的喜爱。

2013年粮食工作

一 切实开展粮食流通监督检查

在粮食行政管理工作中进一步解放思想、深化改革，创新工作方法，搞活粮食流通，完善了地方粮食储备管理体系，健全了应急保障机制，在构建粮食行政管理体制上取得了新突破，在依法管粮上迈上了新台阶，在服务粮食生产者、经营者和消费者上实现了新作为，在发展粮食产业、保供稳价上取得了新成效。一是加强粮食流通管理。大力宣传了《粮食流通管理条例》等粮食法规、政策、制度，做到全民知晓。二是开展粮油库存检查。根据上级开展粮食库存和食用油库存检查工作的要求，制定了工作方案，在企业自查的基础上进行了严格的复查。截至2013年12月，全市粮食实际库存与统计库存相符，数量真实、质量完好；政策性粮食出库均严格执行了国家粮食购销有关政策；深圳市食用植物油储备任务与实际库存相符。三是认真做好依法行政工作。规范检查活动，全年开展了3次流通检查，优化了粮食企业发展环境。

二　切实开展粮油市场供应、价格监测和质量、安全监管

一是开展粮油市场供应和价格监测。坚持每月进行一次粮油市场供应和价格监测，从监测到的情况来看，全市粮食市场较繁荣，粮油供应充足，成品粮油价格比较稳定。目前纳入统计的粮食和食用油总库存量完全能满足市场供应；市场成品粮零售价格稳中略升，与年初相比，涨幅在3.5%左右，食用油市场零售价保持年初水平。二是抓好粮食质量监管工作。及时填报粮食质量监管工作情况，加快粮食质量监测计量认证工作，对粮食质量检验员（监督员）按期进行检验证换证、办证和培训。

三　加强粮食安全生产监管工作

成立了粮食安全生产工作领导小组，开展了粮食监管机构资源调查，定期开展安全生产检查，落实了安全生产措施，消除了安全隐患。8月中旬，深圳市经济贸易和信息化委员会邀请市消防监督局专业技术人员组成普查小组对深圳市7个储备库点进行普查。普查小组在各储备库点逐一进行现场检查、核对企业自查记录和隐患台账，还在两个库点进行了现场消防演练。通过检查，深圳市承储企业安全生产主体责任落实到位，各类安全生产制度较为健全完善，生产经营各个环节符合安全生产的法律法规要求。粮食企业建立了包括消防安全责任制在内的消防工作机制，作业人员经过安全生产和消防知识培训，各库区均制定了消防应急预案并经过演练，按照要求配备了消防设施及相关器材；无露天存放粮食；各企业库区动火、用电作业及火源管理有严格规定；按要求落实筒仓和粮食加工车间的粉尘处理及防爆措施；药剂库管理符合防盗门双人双锁管理和药剂领退用登记制度，满足监控、通风、防火、防盗等条件；粮油检化验室建立了实验室安全管理制度及操作规程。2013年以来，深圳市没有发生粮食安全生产责任事故。

四　严格组织粮油流通质量监督检查

为进一步做好深圳市粮食流通监督检查工作，根据国家和省粮食局有关通知精神，深圳市组织了市发改委、财政委、农业发展银行等单位人员对全市粮食进行了质量检验。全年深圳市共投入资金30.1万元对全市储备粮油和军粮及粮食应急保障企业库存粮进行了质量检验。一是检验依据。国家历来高度重视粮食质量安全，《粮食流通管理条例》和《粮食质量监管实施办法（试行）》要求粮食行政管理部门应定期对收购、储存活动中的粮油质量和原粮进行抽查和监测，特别是对地方储备粮油和政策性供应粮油质量状况要进行定期监督抽查。因此，深圳市经济贸易和信息化委员会委托广东省粮食研究所质量检验站对全市储备粮油和军粮进行一次质量检验，通过专业机构科学合理的抽样检测，全面了解深圳市粮食承储企业各库点、各品种、各批次储备粮油和军粮的质量，为粮食储备年度考核提供依据，为加强深圳市粮油质量监管措施积累经验。检验依据：GB1354－2009《大米》，GB1350－2009《稻谷》，GB1351－2008《小麦》，GB1355－1986《小麦粉》，GB1534－2003《花生油》，GB19111－2003《玉米油》，GB2716－2005《食用植物油卫生标准》，GB2715－2005《粮

食卫生标准》，GB/T20569－2006《稻谷储存品质判定规则》，GB/T20571－2006《小麦储存品质判定规则》和GB2760－2011《食品添加剂使用卫生标准》。二是检验内容和范围。储备粮油和军粮品种为大米、稻谷、小麦、小麦粉和食用植物油。大米、食用植物油和小麦粉检验项目为质量指标和卫生指标，稻谷和小麦检验项目为质量指标和储存品质指标。三是检验的效果。全年共检验检测大米326个样品，稻谷29个样品，小麦26个样品，小麦粉22个样品，食用油3个样品。其中，上半年投入16.5万元对应急企业库存粮油进行检验，下半年投入13.6万元对储备粮油和军粮进行检验。粮食应急企业库存检查结果合格率达到98%，储备粮油及军粮质量检测结果合格率100%。四是及时通报检验情况，督促进行整改。深圳市针对检验结果，及时组织粮食企业召开情况通报会，对抽查不合格的粮食认真查找原因，并进行整改，特别是对轻度不宜存粮应尽快安排出库，以保证在库粮食符合质量要求。

五　做好优质粮源采购工作

2013年9月，组织全市16家粮食骨干企业赴黑龙江省参加金秋粮食交易会，协议采购优质粮源297万吨，同比增长201%，较好地保障了市场供应和价格稳定。同时，根据市委的部署，深圳市经济贸易和信息化委员会促成了一番食品有限公司从中国台湾台南采购稻米20吨，并协助建立了顺畅的进口渠道。

六　军粮管理进一步规范

一是完善了军粮管理制度。健全和完善了各军供站（店）的军粮采购制度、军粮质量监管制度、价格核定制度、军供财务管理制度、应急保障供应制度、人员管理制度。对照"十强"军供站要求，将各项管理制度上墙公示，要求员工严格遵守制度，按制度办事。二是积极开展了军粮质量检查工作。各军供站店容店貌整齐、干净、卫生，切实加强了军粮质量各个环节的管理，全面达到了军粮质量管理的各项要求，严格控制了军供粮源，把好了原粮采购加工关。严把了储存检验关，坚持入库出库必检，安全保管无事故。严格售后服务措施，供应单位反映良好。严格军供财务管理，做到真实准确。三是加强了财务监管与保密工作。加强了对军粮资金运行的监管，督促各军供站(店)及时与所属军粮管理部门进行结算，督促军供站店加强成本核算并及时给予指导。加强对密码保密设备和通讯安全的管理，健全保密制度和措施，落实保密责任人，杜绝了各类失、泄密事故发生。

◆ **深圳市经济贸易和信息化委员会领导班子成员**

郭立明	党组书记、主任
王有明	党组成员、投资推广署署长
彭新叶	党组成员、副主任
贾兴东	党组成员、副主任
邓寿棠	党组成员、副主任（分管粮食工作）
谢建民	党组成员、副主任
高　林	党组成员、副主任
高　瞻	党组成员、市世贸中心主任
顾宏伟	党组成员、市中小中心主任

第五篇

粮食政策与法规文件

中共中央
国务院文件

中共中央、国务院关于加快发展现代农业 进一步增强农村发展活力的若干意见

（中发〔2013〕1号 2012年12月31日）

全面贯彻落实党的十八大精神，坚定不移沿着中国特色社会主义道路前进，为全面建成小康社会而奋斗，必须固本强基，始终把解决好农业农村农民问题作为全党工作重中之重，把城乡发展一体化作为解决"三农"问题的根本途径；必须统筹协调，促进工业化、信息化、城镇化、农业现代化同步发展，着力强化现代农业基础支撑，深入推进社会主义新农村建设。

党的十六大以来，我们深入贯彻落实科学发展观，全面推进"三农"实践创新、理论创新、制度创新，全面确立重中之重、统筹城乡、"四化同步"等战略思想，全面制定一系列多予少取放活和工业反哺农业、城市支持农村的重大政策，全面构建农业生产经营、农业支持保护、农村社会保障、城乡协调发展的制度框架，农业生产得到很大发展、农村面貌得到很大改善、农民群众得到很大实惠，农业农村发展实现了历史性跨越，迎来了又一个黄金期，初步探索出一条中国特色农业现代化道路。粮食产量实现"九连增"，农业综合生产能力迈上新台阶。农民增收实现"九连快"，农村贫困人口生存和温饱问题基本解决。农村民生加速改善，办了许多深得民心的大事好事。农村综合改革和集体林权制度改革取得重大进展，城乡分割的体制障碍加快破除。农村党群干群关系明显改善，农村社会保持和谐稳定。农业农村形势好，为我国综合国力在国际风云变幻中大幅提升，为现代化建设在重重风险挑战中昂首迈进，为党和国家事业在各种困难考验中兴旺发达，注入了强劲动力，增添了应对底气，赢得了战略主动。实践证明，中央推动农村改革发展的大政方针完全正确，出台的强农惠农富农政策卓有成效。

伴随工业化、城镇化深入推进，我国农业农村发展正在进入新的阶段，呈现出农业综合生产成本上升、农产品供求结构性矛盾突出、农村社会结构加速转型、城乡发展加快融合的态势。人多地少水缺的矛盾加剧，农产品需求总量刚性增长、消费结构快速升级，农业对外依存度明显提高，保障国家粮食安全和重要农产品有效供给任务艰巨；农村劳动力大量流动，农户兼业化、村庄空心化、人口老龄化趋势明显，农民利益诉求多元，加强和创新农村社会管理势在必行；国民经济与农村发展的关联度显著增强，农业资源要素流失加快，建立城乡要素平等交换机制的要求更为迫切，缩小城乡区域发展差距和居民收入分配差距任重道远。我们必须顺应阶段变化，遵循发展规律，增强忧患意识，举全党全国之力持之以恒强化农业、惠及农村、富裕农民。

2013年农业农村工作的总体要求是：全面贯彻党的十八大精神，以邓小平理论、"三个代表"重要思想、科学发展观为指导，落实"四化同步"的战略部署，按照保供增收惠民生、改革创新添活力的工作目标，加大农村改革力度、政策扶持力度、科技驱动力度，围绕现代农业建设，充分发挥农村基本经营制度的优越性，着力构建集约化、专业化、组织化、社会化相结合的新型农业经营体系，进一步解放和发展农村社会生产力，巩固和发展农业农村大好形势。

一　建立重要农产品供给保障机制，努力夯实现代农业物质基础

确保国家粮食安全，保障重要农产品有效供给，始终是发展现代农业的首要任务。必须毫不放松粮食生产，加快构建现代农业产业体系，着力强化农业物质技术支撑。

（一）稳定发展农业生产

粮食生产要坚持稳定面积、优化结构、主攻单产的总要求，确保丰产丰收。继续开展粮食稳定增产行动，着力加强800个产粮大县基础设施建设，推进东北四省区节水增粮行动、粮食丰产科技工程。支持优势产区棉花、油料、糖料生产基地建设。扩大粮棉油糖高产创建规模，在重点产区实行整建制推进，集成推广区域性、标准化高产高效模式。深入实施测土配方施肥，加强重大病虫害监测预警与联防联控能力建设。加大新一轮"菜篮子"工程实施力度，扩大园艺作物标准园和畜禽水产品标准化养殖示范场创建规模。以奖代补支持现代农业示范区建设试点。推进种养业良种工程，加快农作物制种基地和新品种引进示范场建设。加强渔船升级改造、渔政执法船艇建造和避风港建设，支持发展远洋渔业。

（二）强化农业物质技术装备

落实和完善最严格的耕地保护制度，加大力度推进高标准农田建设。加快大中型灌区配套改造、灌排泵站更新改造、中小河流治理，扩大小型农田水利重点县覆盖范围，大力发展高效节水灌溉，加大雨水集蓄利用、堰塘整治等工程建设力度，提高防汛抗旱减灾能力。加大财政对小型水库建设和除险加固支持力度。及时足额计提并管好用好从土地出让收益中提取的农田水利建设资金。加快落实农业灌排工程运行管理费用由财政适当补助的政策。加强农业科技创新能力条件建设和知识产权保护，继续实施种业发展等重点科技专项，加快粮棉油糖等农机装备、高效安全肥料农药兽药研发。推进国家农业科技园区和高新技术产业示范区建设。

（三）提高农产品流通效率

统筹规划农产品市场流通网络布局，重点支持重要农产品集散地、优势农产品产地市场建设，加强农产品期货市场建设，适时增加新的农产品期货品种，培育具有国内外影响力的农产品价格形成和交易中心。加快推进以城市标准化菜市场、生鲜超市、城乡集贸市场为主体的农产品零售市场建设。加强粮油仓储物流设施建设，发展农产品冷冻贮藏、分级包装、电子结算。健全覆盖农产品收集、加工、运输、销售各环节的冷链物流体系。大力培育现代流通方式和新型流通业态，发展农产品网上交易、连锁分销和农民网店。继续实施"北粮南运"、"南菜北运"、"西果东送"、万村千乡市场工程、新农村现代流通网络工程，启动农产品现代流通综合示范区创建。支持供销合作社、大型商贸集团、邮政系统开展农产品流通。深入实施商标富农工程，强化农产品地理标志和商标保护。

（四）完善农产品市场调控

充分发挥价格对农业生产和农民增收的激励作用，按照生产成本加合理利润的原则，继续提高

小麦、稻谷最低收购价，适时启动玉米、大豆、油菜籽、棉花、食糖等农产品临时收储。优化粮食等大宗农产品储备品种结构和区域布局，完善粮棉油糖进口转储制度。健全重要农产品市场监测预警机制，认真执行生猪市场价格调控预案，改善鲜活农产品调控办法。完善农产品进出口税收调控政策，加强进口关税配额管理，健全大宗品种进口报告制度，强化敏感品种进口监测。推动进口来源多元化，规范进出口秩序，打击走私行为。加强和完善农产品信息统计发布制度，建立市场调控效果评估制度。扩大农资产品储备品种。

（五）提升食品安全水平

改革和健全食品安全监管体制，加强综合协调联动，落实从田头到餐桌的全程监管责任，加快形成符合国情、科学完善的食品安全体系。健全农产品质量安全和食品安全追溯体系。强化农业生产过程环境监测，严格农业投入品生产经营使用管理，积极开展农业面源污染和畜禽养殖污染防治。支持农产品批发市场食品安全检测室（站）建设，补助检验检测费用。健全基层食品安全工作体系，加大监管机构建设投入，全面提升监管能力和水平。

二　健全农业支持保护制度，不断加大强农惠农富农政策力度

适应农业进入高投入、高成本、高风险发展时期的客观要求，必须更加自觉、更加坚定地加强对农业的支持保护。要在稳定完善强化行之有效政策基础上，着力构建"三农"投入稳定增长长效机制，确保总量持续增加、比例稳步提高。

（一）加大农业补贴力度

按照增加总量、优化存量、用好增量、加强监管的要求，不断强化农业补贴政策，完善主产区利益补偿、耕地保护补偿、生态补偿办法，加快让农业获得合理利润、让主产区财力逐步达到全国或全省平均水平。继续增加农业补贴资金规模，新增补贴向主产区和优势产区集中，向专业大户、家庭农场、农民合作社等新型生产经营主体倾斜。落实好对种粮农民直接补贴、良种补贴政策，扩大农机具购置补贴规模，推进农机以旧换新试点。完善农资综合补贴动态调整机制，逐步扩大种粮大户补贴试点范围。继续实施农业防灾减灾稳产增产关键技术补助和土壤有机质提升补助，支持开展农作物病虫害专业化统防统治，启动低毒低残留农药和高效缓释肥料使用补助试点。完善畜牧业生产扶持政策，支持发展肉牛肉羊，落实远洋渔业补贴及税收减免政策。增加产粮（油）大县奖励资金，实施生猪调出大县奖励政策，研究制定粮食作物制种大县奖励政策。增加农业综合开发财政资金投入。现代农业生产发展资金重点支持粮食及地方优势特色产业加快发展。

（二）改善农村金融服务

加强国家对农村金融改革发展的扶持和引导，切实加大商业性金融支农力度，充分发挥政策性金融和合作性金融作用，确保持续加大涉农信贷投放。创新金融产品和服务，优先满足农户信贷需求，加大新型生产经营主体信贷支持力度。加强财税杠杆与金融政策的有效配合，落实县域金融机构涉农贷款增量奖励、农村金融机构定向费用补贴、农户贷款税收优惠、小额担保贷款贴息等政策。稳定县（市）农村信用社法人地位，继续深化农村信用社改革。探索农业银行服务"三农"新模式，强化农业发展银行政策性职能定位，鼓励国家开发银行推动现代农业和新农村建设。支持社会资本参与设立新型农村金融机构。改善农村支付服务条件，畅通支付结算渠道。加强涉农信贷与保险协作配合，创新符合农村特点的抵（质）押担保方式和融资工具，建立多层次、多形式的农业信用担保体系。扩大

林权抵押贷款规模，完善林业贷款贴息政策。健全政策性农业保险制度，完善农业保险保费补贴政策，加大对中西部地区、生产大县农业保险保费补贴力度，适当提高部分险种的保费补贴比例。开展农作物制种、渔业、农机、农房保险和重点国有林区森林保险保费补贴试点。推进建立财政支持的农业保险大灾风险分散机制。支持符合条件的农业产业化龙头企业和各类农业相关企业通过多层次资本市场筹集发展资金。

（三）鼓励社会资本投向新农村建设

各行各业制定发展规划、安排项目、增加投资要主动向农村倾斜。引导国有企业参与和支持农业农村发展。鼓励企业和社会组织采取投资筹资、捐款捐助、人才和技术支持等方式在农村兴办医疗卫生、教育培训、社会福利、社会服务、文化旅游体育等各类事业，按规定享受税收优惠、管护费用补助等政策。落实公益性捐赠农村公益事业项目支出所得税前扣除政策。鼓励企业以多种投资方式建设农村生产生活基础设施。

三　创新农业生产经营体制，稳步提高农民组织化程度

农业生产经营组织创新是推进现代农业建设的核心和基础。要尊重和保障农户生产经营的主体地位，培育和壮大新型农业生产经营组织，充分激发农村生产要素潜能。

（一）稳定农村土地承包关系

抓紧研究现有土地承包关系保持稳定并长久不变的具体实现形式，完善相关法律制度。坚持依法自愿有偿原则，引导农村土地承包经营权有序流转，鼓励和支持承包土地向专业大户、家庭农场、农民合作社流转，发展多种形式的适度规模经营。结合农田基本建设，鼓励农民采取互利互换方式，解决承包地块细碎化问题。土地流转不得搞强迫命令，确保不损害农民权益、不改变土地用途、不破坏农业综合生产能力。探索建立严格的工商企业租赁农户承包耕地（林地、草原）准入和监管制度。规范土地流转程序，逐步健全县乡村三级服务网络，强化信息沟通、政策咨询、合同签订、价格评估等流转服务。加强农村土地承包经营纠纷调解仲裁体系建设。深化国有农垦管理体制改革，扩大国有农场办社会职能改革试点。稳步推进农村综合改革示范试点。

（二）努力提高农户集约经营水平

按照规模化、专业化、标准化发展要求，引导农户采用先进适用技术和现代生产要素，加快转变农业生产经营方式。创造良好的政策和法律环境，采取奖励补助等多种办法，扶持联户经营、专业大户、家庭农场。大力培育新型农民和农村实用人才，着力加强农业职业教育和职业培训。充分利用各类培训资源，加大专业大户、家庭农场经营者培训力度，提高他们的生产技能和经营管理水平。制定专门计划，对符合条件的中高等学校毕业生、退役军人、返乡农民工务农创业给予补助和贷款支持。

（三）大力支持发展多种形式的新型农民合作组织

农民合作社是带动农户进入市场的基本主体，是发展农村集体经济的新型实体，是创新农村社会管理的有效载体。按照积极发展、逐步规范、强化扶持、提升素质的要求，加大力度、加快步伐发展农民合作社，切实提高引领带动能力和市场竞争能力。鼓励农民兴办专业合作和股份合作等多元化、多类型合作社。实行部门联合评定示范社机制，分级建立示范社名录，把示范社作为政策扶持重点。安排部分财政投资项目直接投向符合条件的合作社，引导国家补助项目形成的资产移交合

作社管护，指导合作社建立健全项目资产管护机制。增加农民合作社发展资金，支持合作社改善生产经营条件、增强发展能力。逐步扩大农村土地整理、农业综合开发、农田水利建设、农技推广等涉农项目由合作社承担的规模。对示范社建设鲜活农产品仓储物流设施、兴办农产品加工业给予补助。在信用评定基础上对示范社开展联合授信，有条件的地方予以贷款贴息，规范合作社开展信用合作。完善合作社税收优惠政策，把合作社纳入国民经济统计并作为单独纳税主体列入税务登记，做好合作社发票领用等工作。创新适合合作社生产经营特点的保险产品和服务。建立合作社带头人人才库和培训基地，广泛开展合作社带头人、经营管理人员和辅导员培训，引导高校毕业生到合作社工作。落实设施农用地政策，合作社生产设施用地和附属设施用地按农用地管理。引导农民合作社以产品和产业为纽带开展合作与联合，积极探索合作社联社登记管理办法。抓紧研究修订农民专业合作社法。

（四）培育壮大龙头企业

支持龙头企业通过兼并、重组、收购、控股等方式组建大型企业集团。创建农业产业化示范基地，促进龙头企业集群发展。推动龙头企业与农户建立紧密型利益联结机制，采取保底收购、股份分红、利润返还等方式，让农户更多分享加工销售收益。鼓励和引导城市工商资本到农村发展适合企业化经营的种养业。增加扶持农业产业化资金，支持龙头企业建设原料基地、节能减排、培育品牌。逐步扩大农产品加工增值税进项税额核定扣除试点行业范围。适当扩大农产品产地初加工补助项目试点范围。

四　构建农业社会化服务新机制，大力培育发展多元服务主体

建设中国特色现代农业，必须建立完善的农业社会化服务体系。要坚持主体多元化、服务专业化、运行市场化的方向，充分发挥公共服务机构作用，加快构建公益性服务与经营性服务相结合、专项服务与综合服务相协调的新型农业社会化服务体系。

（一）强化农业公益性服务体系

不断提升乡镇或区域性农业技术推广、动植物疫病防控、农产品质量监管等公共服务机构的服务能力。继续实施基层农技推广体系改革与建设项目，建立补助经费与服务绩效挂钩的激励机制。继续实施农业技术推广机构条件建设项目，不断改善推广条件。支持高等学校、职业院校、科研院所通过建设新农村发展研究院、农业综合服务示范基地等方式，面向农村开展农业技术推广。加强乡镇或小流域水利、基层林业公共服务机构和抗旱服务组织、防汛机动抢险队伍建设。充分发挥供销合作社在农业社会化服务中的重要作用。加快推进农村气象信息服务和人工影响天气工作体系与能力建设，提高农业气象服务和农村气象灾害防御水平。

（二）培育农业经营性服务组织

支持农民合作社、专业服务公司、专业技术协会、农民用水合作组织、农民经纪人、涉农企业等为农业生产经营提供低成本、便利化、全方位的服务，发挥经营性服务组织的生力军作用。采取政府订购、定向委托、奖励补助、招投标等方式，引导经营性服务组织参与公益性服务，大力开展病虫害统防统治、动物疫病防控、农田灌排、地膜覆盖和回收等生产性服务。推进科技特派员农村科技创业行动。培育会计审计、资产评估、政策法律咨询等涉农中介服务组织。对符合条件的农业经营性服务业务免征营业税。

（三）创新服务方式和手段

鼓励搭建区域性农业社会化服务综合平台。发展专家大院、院县共建、农村科技服务超市、庄稼医院、专业服务公司加合作社加农户、涉农企业加专家加农户等服务模式，积极推行技物结合、技术承包、全程托管服务，促进农业先进适用技术到田到户。开展农业社会化服务示范县创建。整合资源建设乡村综合服务社和服务中心。加快用信息化手段推进现代农业建设，启动金农工程二期，推动国家农村信息化试点省建设。发展农业信息服务，重点开发信息采集、精准作业、农村远程数字化和可视化、气象预测预报、灾害预警等技术。

五　改革农村集体产权制度，有效保障农民财产权利

建立归属清晰、权能完整、流转顺畅、保护严格的农村集体产权制度，是激发农业农村发展活力的内在要求。必须健全农村集体经济组织资金资产资源管理制度，依法保障农民的土地承包经营权、宅基地使用权、集体收益分配权。

（一）全面开展农村土地确权登记颁证工作

健全农村土地承包经营权登记制度，强化对农村耕地、林地等各类土地承包经营权的物权保护。用 5 年时间基本完成农村土地承包经营权确权登记颁证工作，妥善解决农户承包地块面积不准、四至不清等问题。加快包括农村宅基地在内的农村集体土地所有权和建设用地使用权地籍调查，尽快完成确权登记颁证工作。农村土地确权登记颁证工作经费纳入地方财政预算，中央财政予以补助。各级党委和政府要高度重视，有关部门要密切配合，确保按时完成农村土地确权登记颁证工作。深化集体林权制度改革，提高林权证发证率和到户率。推进国有林场改革试点，探索国有林区改革。加快推进牧区草原承包工作，启动牧区草原承包经营权确权登记颁证试点。

（二）加快推进征地制度改革

依法征收农民集体所有土地，要提高农民在土地增值收益中的分配比例，确保被征地农民生活水平有提高、长远生计有保障。加快修订土地管理法，尽快出台农民集体所有土地征收补偿条例。完善征地补偿办法，合理确定补偿标准，严格征地程序，约束征地行为，补偿资金不落实的不得批准和实施征地。改革和完善农村宅基地制度，加强管理，依法保障农户宅基地使用权。依法推进农村土地综合整治，严格规范城乡建设用地增减挂钩试点和集体经营性建设用地流转。农村集体非经营性建设用地不得进入市场。

（三）加强农村集体"三资"管理

因地制宜探索集体经济多种有效实现形式，不断壮大集体经济实力。以清产核资、资产量化、股权管理为主要内容，加快推进农村集体"三资"管理的制度化、规范化、信息化。健全农村集体财务预决算、收入管理、开支审批、资产台账和资源登记等制度，严格农村集体资产承包、租赁、处置和资源开发利用的民主程序，支持建设农村集体"三资"信息化监管平台。鼓励具备条件的地方推进农村集体产权股份合作制改革。探索集体经济组织成员资格界定的具体办法。

六　改进农村公共服务机制，积极推进城乡公共资源均衡配置

按照提高水平、完善机制、逐步并轨的要求，大力推动社会事业发展和基础设施建设向农村倾斜，努力缩小城乡差距，加快实现城乡基本公共服务均等化。

（一）加强农村基础设施建设

加大公共财政对农村基础设施建设的覆盖力度，逐步建立投入保障和运行管护机制。"十二五"期间基本解决农村饮水安全问题。农村电网升级改造要注重改善农村居民用电和农业生产经营供电设施，中央投资继续支持农村水电供电区电网改造和农村水电增效扩容改造。推进西部地区、连片特困地区乡镇、建制村通沥青（水泥）路建设和东中部地区县乡公路改造、连通工程建设，加大农村公路桥梁、安保工程建设和渡口改造力度，继续推进农村乡镇客运站网建设。加快宽带网络等农村信息基础设施建设。促进农村沼气可持续发展，优化项目结构，创新管理方式，鼓励新技术研发应用。加大力度推进农村危房改造和国有林区（场）棚户区、国有垦区危房改造，加快实施游牧民定居工程和以船为家渔民上岸安居工程。健全村级公益事业一事一议财政奖补机制，积极推进公益性乡村债务清理化解试点。科学规划村庄建设，严格规划管理，合理控制建设强度，注重方便农民生产生活，保持乡村功能和特色。制定专门规划，启动专项工程，加大力度保护有历史文化价值和民族、地域元素的传统村落和民居。农村居民点迁建和村庄撤并，必须尊重农民意愿，经村民会议同意。不提倡、不鼓励在城镇规划区外拆并村庄、建设大规模的农民集中居住区，不得强制农民搬迁和上楼居住。加强山洪、地质灾害防治，加大避灾移民搬迁投入。

（二）大力发展农村社会事业

完善农村中小学校舍建设改造长效机制。办好村小学和教学点，改善办学条件，配强师资力量，方便农村学生就近上学。设立专项资金，对在连片特困地区乡、村学校和教学点工作的教师给予生活补助。深入实施农村重点文化惠民工程，建立农村文化投入保障机制。健全农村三级医疗卫生服务网络，加强乡村医生队伍建设。继续提高新型农村合作医疗政府补助标准，积极推进异地结算。健全新型农村社会养老保险政策体系，建立科学合理的保障水平调整机制，研究探索与其他养老保险制度衔接整合的政策措施。加强农村最低生活保障的规范管理，有条件的地方研究制定城乡最低生活保障相对统一的标准。完善农村优抚制度，加快农村社会养老服务体系建设。加大扶贫开发投入，全面实施连片特困地区区域发展与扶贫攻坚规划。搞好农村人口和计划生育工作。

（三）有序推进农业转移人口市民化

把推进人口城镇化特别是农民工在城镇落户作为城镇化的重要任务。加快改革户籍制度，落实放宽中小城市和小城镇落户条件的政策。加强农民工职业培训、社会保障、权益保护，推动农民工平等享有劳动报酬、子女教育、公共卫生、计划生育、住房租购、文化服务等基本权益，努力实现城镇基本公共服务常住人口全覆盖。各级党委、政府和社会各界要高度重视农村留守儿童、留守妇女、留守老人问题，加强生产扶持、社会救助、人文关怀，切实保障他们的基本权益和人身安全。

（四）推进农村生态文明建设

加强农村生态建设、环境保护和综合整治，努力建设美丽乡村。加大三北防护林、天然林保护等重大生态修复工程实施力度，推进荒漠化、石漠化、水土流失综合治理。巩固退耕还林成果，统筹安排新的退耕还林任务。探索开展沙化土地封禁保护区建设试点工作。加强国家木材战略储备基地和林区基础设施建设，提高中央财政国家级公益林补偿标准，增加湿地保护投入，完善林木良种、造林、森林抚育等林业补贴政策，积极发展林下经济。继续实施草原生态保护补助奖励政策。加强农作物秸秆综合利用。搞好农村垃圾、污水处理和土壤环境治理，实施乡村清洁工程，加快农村河道、水环境综合整治。发展乡村旅游和休闲农业。创建生态文明示范县和示范村镇。开展宜居村镇建设综合技术集成示范。

七　完善乡村治理机制，切实加强以党组织为核心的农村基层组织建设

顺应农村经济社会结构、城乡利益格局、农民思想观念的深刻变化，加强农村基层党建工作，不断推进农村基层民主政治建设，提高农村社会管理科学化水平，建立健全符合国情、规范有序、充满活力的乡村治理机制。

（一）强化农村基层党组织建设

切实发挥基层党组织战斗堡垒作用，夯实党在农村的执政基础。扩大农村党组织和党的工作覆盖面，加强基层党组织带头人队伍建设。强化村干部"一定三有"政策，健全村级组织运转和基本公共服务经费保障机制，提升推动农村发展、服务农民群众能力。加强农民合作社党建工作，完善组织设置，理顺隶属关系，探索功能定位。加强农村党风廉政建设，强化农村基层干部教育、管理和监督，开展集中查办和预防涉农惠农领域贪污贿赂等职务犯罪专项工作，坚决查处发生在农民身边的腐败问题。

（二）加强农村基层民主管理

进一步健全村党组织领导的充满活力的村民自治机制，继续推广"四议两公开"等工作法。充分发挥村务监督委员会作用，逐步建立责权明晰、衔接配套、运转有效的村级民主监督机制。不断完善村务公开民主管理，以县（市、区）为单位统一公开目录和时间，丰富公开内容，规范公开程序，实现村务公开由事后公开向事前、事中延伸。深入推进乡镇政务公开，推行乡镇财政预算、公共资源配置、重大建设项目、社会公益事业等领域的信息公开。有序发展民事调解、文化娱乐、红白喜事理事会等社区性社会组织，发挥农民自我管理、自我服务、自我教育、自我监督的作用。

（三）维护农民群众合法权益

坚持党和政府主导，依法维护、统筹兼顾广大农民群众多种利益，畅通和规范诉求表达、利益协调、权益保障渠道，加强农村信访工作，引导群众依法理性维护自身权益。通过人民调解、行政调解、司法调解等有效途径，妥善处理农村各种矛盾纠纷。依法保障外出村民在本村、外来人口在居住村的民主权利和物质利益。推进和谐矿区建设。建立减轻农民负担长效机制。巩固乡镇机构改革成果，加强社会管理和公共服务职能，推动乡镇干部直接联系服务群众。

（四）保障农村社会公共安全

加强农村抗灾救灾、警务消防、疫病防控等设施建设，严格执行农村学校、医院等公共设施建筑质量标准，增强农村突发公共事件和自然灾害的应对处置能力。深化农村平安建设，完善立体化社会治安防控体系，落实在农村警务室连续工作一定年限人员的有关激励政策。加强农村交通安全管理，创建平安畅通县市。依法打击乡村黑恶势力、黄赌毒和各种刑事犯罪。切实加强农村精神文明建设，深入开展群众性精神文明创建活动，全面提高农民思想道德素质和科学文化素质。加强农村法制宣传教育，落实党的民族和宗教政策，树立健康文明、遵纪守法的社会新风尚。

各级党委和政府要切实加强和改善对"三农"工作的领导，确保劲头不松懈、力度不减弱、力量有加强。各级党政领导干部要把熟悉党的"三农"政策和国情农情作为必修课，把善于做好新时期"三农"工作当作基本功，切实转变工作作风，深入基层调查研究，不断提高"三农"工作水平。要坚持从实际出发，因地制宜、分类指导各地推动"三农"工作。各地区各部门要明确职责分工，加强监督检查，实施绩效评价，开展强农惠农富农政策执行情况"回头看"，确保不折不扣落到实处。尊

重农民首创精神，鼓励各地积极探索、勇于改革、大胆创新，做好农村改革试验区工作，及时总结推广各地成功经验。

加快发展现代农业，进一步增强农村发展活力，意义重大、任务繁重。让我们紧密团结在以习近平同志为总书记的党中央周围，奋力拼搏，锐意进取，求真务实，再创农村改革发展新的辉煌！

中共中央、国务院关于印发
《党政机关厉行节约反对浪费条例》的通知

（中发〔2013〕13号　2013年11月18日）

《党政机关厉行节约反对浪费条例》（以下简称《条例》）已经党中央、国务院同意，现印发给你们，请遵照执行。

《党政机关厉行节约反对浪费条例》

第一章　总　则

第一条　为了进一步弘扬艰苦奋斗、勤俭节约的优良作风，推进党政机关厉行节约反对浪费，建设节约型机关，根据国家有关法律法规和中央有关规定，制定本条例。

第二条　本条例适用于党的机关、人大机关、行政机关、政协机关、审判机关、检察机关，以及工会、共青团、妇联等人民团体和参照公务员法管理的事业单位。

第三条　本条例所称浪费，是指党政机关及其工作人员违反规定进行不必要的公务活动，或者在履行公务中超出规定范围、标准和要求，不当使用公共资金、资产和资源，给国家和社会造成损失的行为。

第四条　党政机关厉行节约反对浪费，应当遵循下列原则：坚持从严从简，勤俭办一切事业，降低公务活动成本；坚持依法依规，遵守国家法律法规和党内法规制度的相关规定，严格按程序办事；坚持总量控制，科学设定相关标准，严格控制经费支出总额，加强厉行节约绩效考评；坚持实事求是，从实际出发安排公务活动，取消不必要的公务活动，保证正常公务活动；坚持公开透明，除涉及国家秘密事项外，公务活动中的资金、资产、资源使用等情况应予公开，接受各方面监督；坚持深化改革，通过改革创新破解体制机制障碍，建立健全厉行节约反对浪费工作长效机制。

第五条　中共中央办公厅、国务院办公厅负责统筹协调、指导检查全国党政机关厉行节约反对浪费工作，建立协调联络机制承办具体事务。地方各级党委办公厅（室）、政府办公厅（室）负责指导检查本地区党政机关厉行节约反对浪费工作。

纪检监察机关和组织人事、宣传、外事、发展改革、财政、审计、机关事务管理等部门根据职责分工，依法依规履行对厉行节约反对浪费相关工作的管理、监督等职责。

第六条　各级党委和政府应当加强对厉行节约反对浪费工作的组织领导。党政机关领导班子主要负责人对本地区、本部门、本单位的厉行节约反对浪费工作负总责，其他成员根据工作分工，对职责范围内的厉行节约反对浪费工作负主要领导责任。

第二章　经费管理

第七条　党政机关应当加强预算编制管理，按照综合预算的要求，将各项收入和支出全部纳入部门预算。

党政机关依法取得的罚没收入、行政事业性收费、政府性基金、国有资产收益和处置等非税收入，必须按规定及时足额上缴国库，严禁以任何形式隐瞒、截留、挤占、挪用、坐支或者私分，严禁转移到机关所属工会、培训中心、服务中心等单位账户使用。

第八条　党政机关应当遵循先有预算、后有支出的原则，严格执行预算，严禁超预算或者无预算安排支出，严禁虚列支出、转移或者套取预算资金。

严格控制国内差旅费、因公临时出国（境）费、公务接待费、公务用车购置及运行费、会议费、培训费等支出。年度预算执行中不予追加，因特殊需要确需追加的，由财政部门审核后按程序报批。

建立预算执行全过程动态监控机制，完善预算执行管理办法，建立健全预算绩效管理体系，增强预算执行的严肃性，提高预算执行的准确率，防止年底突击花钱等现象发生。

第九条　推进政府会计改革，进一步健全会计制度，准确核算机关运行经费，全面反映行政成本。

第十条　财政部门应当会同有关部门，根据国内差旅、因公临时出国（境）、公务接待、会议、培训等工作特点，综合考虑经济发展水平、有关货物和服务的市场价格水平，制定分地区的公务活动经费开支范围和开支标准。

加强相关开支标准之间的衔接，建立开支标准调整机制，定期根据有关货物和服务的市场价格变动情况调整相关开支标准，增强开支标准的协调性、规范性、科学性。

严格开支范围和标准，严格支出报销审核，不得报销任何超范围、超标准以及与相关公务活动无关的费用。

第十一条　全面实行公务卡制度。健全公务卡强制结算目录，党政机关国内发生的公务差旅费、公务接待费、公务用车购置及运行费、会议费、培训费等经费支出，除按规定实行财政直接支付或者银行转账外，应当使用公务卡结算。

第十二条　党政机关采购货物、工程和服务，应当遵循公开透明、公平竞争、诚实信用原则。

政府采购应当依法完整编制采购预算，严格执行经费预算和资产配置标准，合理确定采购需求，不得超标准采购，不得超出办公需要采购服务。

严格执行政府采购程序，不得违反规定以任何方式和理由指定或者变相指定品牌、型号、产地。采购公开招标数额标准以上的货物、工程和服务，应当进行公开招标，确需改变采购方式的，应当严格执行有关公示和审批程序。列入政府集中采购目录范围的，应当委托集中采购机构代理采购，并逐步实行批量集中采购。严格控制协议供货采购的数量和规模，不得以协议供货拆分项目的方式规避公开招标。

党政机关应当按照政府采购合同规定的采购需求组织验收。政府采购监督管理部门应当逐步建立政府采购结果评价制度，对政府采购的资金节约、政策效能、透明程度以及专业化水平进行综合、客观评价。

加快政府采购管理交易平台建设，推进电子化政府采购。

第三章　国内差旅和因公临时出国（境）

第十三条　党政机关应当建立健全并严格执行国内差旅内部审批制度，从严控制国内差旅人数和天数，严禁无明确公务目的的差旅活动，严禁以公务差旅为名变相旅游，严禁异地部门间无实质内容的学习交流和考察调研。

第十四条　国内差旅人员应当严格按规定乘坐交通工具、住宿、就餐，费用由所在单位承担。

差旅人员住宿、就餐由接待单位协助安排的，必须按标准交纳住宿费、餐费。差旅人员不得向接待单位提出正常公务活动以外的要求，不得接受礼金、礼品和土特产品等。

第十五条　统筹安排年度因公临时出国计划，严格控制团组数量和规模，不得安排照顾性、无实质内容的一般性出访，不得安排考察性出访，严禁集中安排赴热门国家和地区出访，严禁以各种名义变相公款出国旅游。严格执行因公临时出国限量管理规定，不得把出国作为个人待遇、安排轮流出国。严格控制跨地区、跨部门团组。

组织、外专等有关部门应当加强出国培训总体规划和监督管理，严格控制出国培训规模，科学设置培训项目，择优选派培训对象，提高出国培训的质量和实效。

第十六条　外事管理部门应当加强因公临时出国审核审批管理，对违反规定、不适合成行的团组予以调整或者取消。

加强因公临时出国经费预算总额控制，严格执行经费先行审核制度。无出国经费预算安排的不予批准，确有特殊需要的，按规定程序报批。严禁违反规定使用出国经费预算以外资金作为出国经费，严禁向所属单位、企业、我国驻外机构等摊派或者转嫁出国费用。

第十七条　出国团组应当按规定标准安排交通工具和食宿，不得违反规定乘坐民航包机，不得乘坐私人、企业和外国航空公司包机，不得安排超标准住房和用车，不得擅自增加出访国家或者地区，不得擅自绕道旅行，不得擅自延长在国外停留时间。

出国期间，不得与我国驻外机构和其他中资机构、企业之间用公款互赠礼品或者纪念品，不得用公款相互宴请。

第十八条　严格根据工作需要编制出境计划，加强因公出境审批和管理，不得安排出境考察，不得组织无实质内容的调研、会议、培训等活动。

严格遵守因公出境经费预算、支出、使用、核算等财务制度，不得接受超标准接待和高消费娱乐，不得接受礼金、贵重礼品、有价证券、支付凭证等。

第四章　公务接待

第十九条　建立健全国内公务接待集中管理制度。党政机关公务接待管理部门应当加强对国内公务接待工作的管理和指导。

第二十条　党政机关应当建立公务接待审批控制制度，对无公函的公务活动不予接待，严禁将非公务活动纳入接待范围。

第二十一条　党政机关应当严格执行国内公务接待标准，实行接待费支出总额控制制度。

接待单位应当严格按标准安排接待对象的住宿用房，协助安排用餐的按标准收取餐费，不得在接待费中列支应当由接待对象承担的费用，不得以举办会议、培训等名义列支、转移、隐匿接待费开支。

建立国内公务接待清单制度，如实反映接待对象、公务活动、接待费用等情况。接待清单作为财务报销的凭证之一并接受审计。

第二十二条　外宾接待工作应当遵循服务外交、友好对等、务实节俭的原则。外宾邀请单位应当严格按照有关规定安排接待活动，从严从紧控制外宾团组和接待费用。

第二十三条　有关部门和地方应当参照国内公务接待标准，制定招商引资等活动的接待办法，严格审批，强化管理，严禁超规格、超标准接待，严禁扩大接待范围、增加接待项目，严禁以招商引资等名义变相安排公务接待。

第二十四条　党政机关不得以任何名义新建、改建、扩建所属宾馆、招待所等具有接待功能的设施或者场所。

建立接待资源共享机制，推进机关所属接待、培训场所的集中统一管理和利用。健全服务经营机制，推行机关所属接待、培训场所企业化管理，降低服务经营成本。

积极推进国内公务接待服务社会化改革，有效利用社会资源为国内公务接待提供住宿、餐饮、用车等服务。

第五章　公务用车

第二十五条　坚持社会化、市场化方向，改革公务用车制度，合理有效配置公务用车资源，创新公务交通分类提供方式，保障公务出行，降低行政成本，建立符合国情的新型公务用车制度。

改革公务用车实物配给方式，取消一般公务用车，保留必要的执法执勤、机要通信、应急和特种专业技术用车及按规定配备的其他车辆。普通公务出行由公务人员自主选择，实行社会化提供。取消的一般公务用车，采取公开招标、拍卖等方式公开处置。

适度发放公务交通补贴，不得以车改补贴的名义变相发放福利。

第二十六条　党政机关应当从严配备实行定向化保障的公务用车，不得以特殊用途等理由变相超编制、超标准配备公务用车，不得以任何方式换用、借用、占用下属单位或者其他单位和个人的车辆，不得接受企事业单位和个人赠送的车辆。

严格按规定配备专车，不得擅自扩大专车配备范围或者变相配备专车。

从严控制执法执勤用车的配备范围、编制和标准。执法执勤用车配备应当严格限制在一线执法执勤岗位，机关内部管理和后勤岗位以及机关所属事业单位一律不得配备。

第二十七条　公务用车实行政府集中采购，应当选用国产汽车，优先选用新能源汽车。

公务用车严格按照规定年限更新，已到更新年限尚能继续使用的应当继续使用，不得因领导干部职务晋升、调任等原因提前更新。

公务用车保险、维修、加油等实行政府采购，降低运行成本。

第二十八条　除涉及国家安全、侦查办案等有保密要求的特殊工作用车外，执法执勤用车应当喷涂明显的统一标识。

第二十九条　根据公务活动需要，严格按规定使用公务用车，严禁以任何理由挪用或者固定给个人使用执法执勤、机要通信等公务用车，领导干部亲属和身边工作人员不得因私使用配备给领导干部的公务用车。

第六章　会议活动

第三十条　党政机关应当精简会议，严格执行会议费开支范围和标准。

党政机关会议实行分类管理、分级审批。财政部门应当会同机关事务管理等部门制定本级党政机关会议费管理办法，从严控制会议数量、会期和参会人员规模。完善并严格执行严禁党政机关到风景名胜区开会制度规定。

第三十一条　会议召开场所实行政府采购定点管理。会议住宿用房以标准间为主，用餐安排自助餐或者工作餐。

会议期间，不得安排宴请，不得组织旅游以及与会议无关的参观活动，不得以任何名义发放纪念品。

完善会议费报销制度。未经批准以及超范围、超标准开支的会议费用，一律不予报销。严禁违规使用会议费购置办公设备，严禁列支公务接待费等与会议无关的任何费用，严禁套取会议资金。

第三十二条　建立健全培训审批制度，严格控制培训数量、时间、规模，严禁以培训名义召开会议。

严格执行分类培训经费开支标准，严格控制培训经费支出范围，严禁在培训经费中列支公务接待费、会议费等与培训无关的任何费用。严禁以培训名义进行公款宴请、公款旅游活动。

第三十三条　未经批准，党政机关不得以公祭、历史文化、特色物产、单位成立、行政区划变更、工程奠基或者竣工等名义举办或者委托、指派其他单位举办各类节会、庆典活动，不得举办论坛、博览会、展会活动。严禁使用财政性资金举办营业性文艺晚会。从严控制举办大型综合性运动会和各类赛会。

经批准的节会、庆典、论坛、博览会、展会、运动会、赛会等活动，应当严格控制规模和经费支出，不得向下属单位摊派费用，不得借举办活动发放各类纪念品，不得超出规定标准支付费用邀请名人、明星参与活动。为举办活动专门配备的设备在活动结束后应当及时收回。

第三十四条　严格控制和规范各类评比达标表彰活动，实行中央和省（自治区、直辖市）两级审批制度。评比达标表彰项目费用由举办单位承担，不得以任何方式向相关单位和个人收取费用。

第七章　办公用房

第三十五条　党政机关办公用房建设应当从严控制。凡是违反规定的拟建办公用房项目，必须坚决终止；凡是未按照规定程序履行审批手续、擅自开工建设的办公用房项目，必须停建并予以没收；凡是超规模、超标准、超投资概算建设的办公用房项目，应当根据具体情况限期腾退超标准面积或者全部没收、拍卖。

党政机关办公用房应当严格管理，推进办公用房资源的公平配置和集约使用。凡是超过规定面积标准占有、使用办公用房以及未经批准租用办公用房的，必须腾退；凡是未经批准改变办公用房使用功能的，原则上应当恢复原使用功能。严禁出租出借办公用房，已经出租出借的，到期必须收回；租赁合同未到期的，租金收入应当按照收支两条线管理。

第三十六条　党政机关新建、改建、扩建、购置、置换、维修改造、租赁办公用房，必须严格按规定履行审批程序。采取置换方式配给办公用房的，应当执行新建办公用房各项标准，不得以未使用政府预算建设资金、资产整合等名义规避审批。

第三十七条　党政机关办公用房建设项目应当按照朴素、实用、安全、节能原则，严格执行办公用房建设标准、单位综合造价标准和公共建筑节能设计标准，符合土地利用和城市规划要求。党政机关办公楼不得追求成为城市地标建筑，严禁配套建设大型广场、公园等设施。

第三十八条　党政机关办公用房建设项目投资，统一由政府预算建设资金安排。土地收益和资产转让收益应当按照有关规定实行收支两条线管理，不得直接用于办公用房建设。

党政机关办公用房维修改造项目所需投资，统一列入预算由财政资金安排解决，未经审批的项目不得安排预算。

第三十九条　办公用房建设应当严格执行工程招投标和政府采购有关规定，加强对工程项目的全过程监理和审计监督。加快推行办公用房建设项目代建制。

办公用房因使用时间较长、设施设备老化、功能不全，不能满足办公需求的，可以进行维修改造。维修改造项目应当以消除安全隐患、恢复和完善使用功能、降低能源资源消耗为重点，严格履行审批程序，严格执行维修改造标准。

第四十条　建立健全办公用房集中统一管理制度，对办公用房实行统一调配、统一权属登记。

党政机关应当严格按照有关标准和本单位"三定"方案，从严核定、使用办公用房。超标部分应当移交同级机关事务管理部门用于统一调剂。

新建、调整办公用房的单位，应当按照"建新交旧"、"调新交旧"的原则，在搬入新建或者新调整办公用房的同时，将原办公用房腾退移交机关事务管理部门统一调剂使用。

因机构增设、职能调整确需增加办公用房的，应当在本单位现有办公用房中解决；本单位现有办公用房不能满足需要的，由机关事务管理部门整合办公用房资源调剂解决；无法调剂、确需租用解决的，应当严格履行报批手续，不得以变相补偿方式租用由企业等单位提供的办公用房。

第四十一条　党政机关领导干部应当按照标准配置使用一处办公用房，确因工作需要另行配置办公用房的，应当严格履行审批程序。领导干部不得长期租用宾馆、酒店房间作为办公用房。配置使用的办公用房，在退休或者调离时应当及时腾退并由原单位收回。

第八章　资源节约

第四十二条　党政机关应当节约集约利用资源，加强全过程节约管理，提高能源、水、粮食、办公家具、办公设备、办公用品等的利用效率和效益，统筹利用土地，杜绝浪费行为。

第四十三条　对能源、水的使用实行分类定额和目标责任管理。推广应用节能技术产品，淘汰高耗能设施设备，重点推广应用新能源和可再生能源。积极使用节水型器具，建设节水型单位。

健全节能产品政府采购政策，严格执行节能产品政府强制采购和优先采购制度。

第四十四条　优化办公家具、办公设备等资产的配置和使用，通过调剂方式盘活存量资产，节约购置资金。已到更新年限尚能继续使用的，不得报废处置。

对产生的非涉密废纸、废弃电器电子产品等废旧物品进行集中回收处理，促进循环利用；涉及国家秘密的，按照有关保密规定进行销毁。

第四十五条　党政机关政务信息系统建设应当统筹规划，统一组织实施，防止重复建设和频繁升级。

　　建立共享共用机制，加强资源整合，推动重要政务信息系统互联互通、信息共享和业务协同，降低软件开发、系统维护和升级等方面费用，防止资源浪费。

　　积极利用信息化手段，推行无纸化办公，减少一次性办公用品消耗。

第九章　宣传教育

　　第四十六条　宣传部门应当把厉行节约反对浪费作为重要宣传内容，充分发挥各级各类媒体作用，重视运用互联网等新兴媒体，通过新闻报道、文化作品、公益广告等形式，广泛宣传中华民族勤俭节约的优秀品德，宣传阐释相关制度规定，宣传推广厉行节约的经验做法和先进典型，倡导绿色低碳消费理念和健康文明生活方式。

　　第四十七条　党政机关应当把加强厉行节约反对浪费教育作为作风建设的重要内容，融入干部队伍建设和机关日常管理之中，建立健全常态化工作机制。对各种铺张浪费现象和行为，应当严肃批评、督促改正。

　　纪检监察机关应当不定期曝光铺张浪费的典型案例，发挥警示教育作用。

　　组织人事部门和党校、行政学院、干部学院应当把厉行节约反对浪费作为干部教育培训的重要内容，创新教育方法，切实增强教育培训的针对性和实效性。

　　第四十八条　党政机关应当围绕建设节约型机关，组织开展形式多样、便于参与的活动，引导干部职工增强节约意识、珍惜物力财力，积极培育和形成崇尚节约、厉行节约、反对浪费的机关文化，为在全社会形成节俭之风发挥示范表率作用。

第十章　监督检查

　　第四十九条　各级党委和政府应当建立厉行节约反对浪费监督检查机制，明确监督检查的主体、职责、内容、方法、程序等，加强经常性督促检查，针对突出问题开展重点检查、暗访等专项活动。

　　下级党委和政府应当每年向上级党委和政府报告本地区厉行节约反对浪费工作情况，党委和政府所属部门、单位应当每年向本级党委和政府报告本部门、本单位厉行节约反对浪费工作情况。报告可结合领导班子年度考核和工作报告一并进行。

　　第五十条　领导干部厉行节约反对浪费工作情况，应当列为领导班子民主生活会和领导干部述职述廉的重要内容并接受评议。

　　第五十一条　党委办公厅（室）、政府办公厅（室）负责统筹协调相关部门开展对厉行节约反对浪费工作的督促检查。每年至少组织开展一次专项督查，并将督查情况在适当范围内通报。专项督查可以与党风廉政建设责任制检查考核、年终党建工作考核等相结合，督查考核结果应当按照干部管理权限送纪检监察机关和组织人事部门，作为干部管理监督、选拔任用的依据。

　　第五十二条　纪检监察机关应当加强对厉行节约反对浪费工作的监督检查，受理群众举报和有关部门移送的案件线索，及时查处违纪违法问题。

　　中央和省、自治区、直辖市党委巡视组应当按照有关规定，加强对有关党组织领导班子及其成员厉行节约反对浪费工作情况的巡视监督。

　　第五十三条　财政部门应当加强对党政机关预算编制、执行等财政、财务、政府采购和会计事项的监督检查，依法处理发现的违规问题，并及时向本级党委和政府汇报监督检查结果。

审计部门应当加大对党政机关公务支出和公款消费的审计力度，依法处理、督促整改违规问题，并将涉嫌违纪违法问题移送有关部门查处。

第五十四条　党政机关应当建立健全厉行节约反对浪费信息公开制度。除依照法律法规和有关要求须保密的内容和事项外，下列内容应当按照及时、方便、多样的原则，以适当方式进行公开：

（一）预算和决算信息；

（二）政府采购文件、采购预算、中标成交结果、采购合同等情况；

（三）国内公务接待的批次、人数、经费总额等情况；

（四）会议的名称、主要内容、支出金额等情况；

（五）培训的项目、内容、人数、经费等情况；

（六）节会、庆典、论坛、博览会、展会、运动会、赛会等活动举办信息；

（七）办公用房建设、维修改造、使用、运行费用支出等情况；

（八）公务支出和公款消费的审计结果；

（九）其他需要公开的内容。

第五十五条　推动和支持人民代表大会及其常务委员会依法严格审查批准党政机关公务支出预算，加强对预算执行情况的监督。发挥人大代表的监督作用，通过提出意见、建议、批评以及询问、质询等方式加强对党政机关厉行节约反对浪费工作的监督。

支持人民政协对党政机关厉行节约反对浪费工作的监督，自觉接受并积极支持政协委员通过调研、视察、提案等方式加强对党政机关厉行节约反对浪费工作的监督。

第五十六条　重视各级各类媒体在厉行节约反对浪费方面的舆论监督作用。建立舆情反馈机制，及时调查处理媒体曝光的违规违纪违法问题。

发挥群众对党政机关及其工作人员铺张浪费行为的监督作用，认真调查处理群众反映的问题。

第十一章　责任追究

第五十七条　建立党政机关厉行节约反对浪费工作责任追究制度。

对违反本条例规定造成浪费的，应当依纪依法追究相关人员的责任，对负有领导责任的主要负责人或者有关领导干部实行问责。

第五十八条　有下列情形之一的，追究相关人员的责任：

（一）未经审批列支财政性资金的；

（二）采取弄虚作假等手段违规取得审批的；

（三）违反审批要求擅自变通执行的；

（四）违反管理规定超标准或者以虚假事项开支的；

（五）利用职务便利假公济私的；

（六）有其他违反审批、管理、监督规定行为的。

第五十九条　有下列情形之一的，追究主要负责人或者有关领导干部的责任：

（一）本地区、本部门、本单位铺张浪费、奢侈奢华问题严重，对发现的问题查处不力，干部群众反映强烈的；

（二）指使、纵容下属单位或者人员违反本条例规定造成浪费的；

（三）不履行内部审批、管理、监督职责造成浪费的；

（四）不按规定及时公开本地区、本部门、本单位有关厉行节约反对浪费工作信息的；

（五）其他对铺张浪费问题负有领导责任的。

第六十条　违反本条例规定造成浪费的，根据情节轻重，由有关部门依照职责权限给予批评教育、责令作出检查、诫勉谈话、通报批评或者调离岗位、责令辞职、免职、降职等处理。

应当追究党纪政纪责任的，依照《中国共产党纪律处分条例》、《行政机关公务员处分条例》等有关规定给予相应的党纪政纪处分。

涉嫌违法犯罪的，依法追究法律责任。

第六十一条　违反本条例规定获得的经济利益，应当予以收缴或者纠正。

违反本条例规定，用公款支付、报销应由个人支付的费用，应当责令退赔。

第六十二条　受到责任追究的人员对处理决定不服的，可以按照相关规定向有关机关提出申诉。受理申诉机关应当依据有关规定认真受理并作出结论。

申诉期间，不停止处理决定的执行。

第十二章　附　则

第六十三条　各省、自治区、直辖市党委和政府，中央和国家机关各部委，可以根据本条例，结合实际制定实施细则。有关职能部门应当根据各自职责，制定完善相关配套制度。

国有企业、国有金融企业、不参照公务员法管理的事业单位，参照本条例执行。

中国人民解放军和中国人民武装警察部队按照军队有关规定执行。

第六十四条　本条例由中共中央办公厅、国务院办公厅会同有关部门负责解释。

第六十五条　本条例自发布之日起施行。1997年5月25日发布的《中共中央、国务院关于党政机关厉行节约制止奢侈浪费行为的若干规定》同时废止。其他有关党政机关厉行节约反对浪费的规定，凡与本条例不一致的，按照本条例执行。

国务院办公厅关于印发
《2013年食品安全重点工作安排》的通知

（国办发〔2013〕25号　2013年4月7日）

各省、自治区、直辖市人民政府，国务院各部委、各直属机构：

《2013年食品安全重点工作安排》已经国务院同意，现印发给你们，请认真贯彻执行。

《2013年食品安全重点工作安排》

2012年，各地区、各有关部门按照国务院的部署，深入开展食品安全治理整顿，强化日常监管，严惩重处食品安全违法犯罪，消除了一大批食品安全隐患，保持了食品安全形势总体稳定向好。但制约我国食品安全的突出矛盾尚未根本解决，问题仍时有发生。为进一步提高食品安全保障水平，根据《国务院关于加强食品安全工作的决定》（国发〔2012〕20号）和国务院关于地方改革完善食品药品监督管理体制的有关精神，现就2013年食品安全重点工作作出如下安排：

一　全面排查隐患，深化治理整顿

（一）深入开展风险隐患排查整治

各地区、各有关部门要集中力量全面组织开展食品安全风险隐患大排查大整治，在种植、养殖、屠宰、生产、流通、餐饮以及进出口等各环节广泛排查各类食品安全风险隐患，深挖带有行业共性的隐患和"潜规则"。重点排查列入《食品中可能违法添加的非食用物质和易滥用的食品添加剂名单》的物质。强化进口食品检验检疫和监督管理，坚决依法处理不合格食品，防止不合格食品进入流通和消费领域。在此基础上，建立风险隐患清单，实施整治督办制度，坚决清理整顿不符合食品安全条件的生产经营单位，坚决取缔"黑工厂"、"黑作坊"和"黑窝点"，切实净化食品市场和消费环境，有效防范系统性、区域性食品安全风险。

（二）开展饲料农药兽药专项整治

全面加强对饲料、农药和兽药生产经营企业的监管，严格执行许可准入制度。严厉打击在饲料中添加激素类药品或其他禁用药品、在农药兽药中添加违禁物质等违法生产销售行为。以蔬菜、水果、茶叶种植基地和畜禽、水产品养殖场（小区）为重点，严厉查处使用禁用农药兽药或其他违禁物质、超范围超剂量使用农药兽药、将人用药品用于动物、不执行休药期规定等违法违规行为。

（三）开展私屠滥宰和"注水肉"等违法违规行为专项整治

严格屠宰行业准入，加强定点屠宰企业资格证牌使用管理。规范屠宰检疫和肉品品质检验行为，落实"两章两证"（即肉品品质检验合格章、生猪检疫合格验讫章、肉品品质检验合格证、动物检疫合格证明）制度，严惩重处只收费不检疫等违法行为，严厉打击销售未经检疫检验或检疫检验不合格肉品的违法行为。坚决取缔私屠滥宰窝点。严惩收购加工病死畜禽、向畜禽注水或注入其他物质等违法违规行为。加强对农贸市场和超市等生鲜肉经营场所、肉制品加工企业和餐饮服务单位等生鲜肉采购单位的监督检查，督促落实进货查验、索证索票制度。

（四）开展保健食品专项整治

完善保健食品生产、经营行政许可制度，整顿、关闭不符合规定的保健食品生产经营单位。以减肥、辅助降血糖、缓解体力疲劳类保健食品为重点开展整治，对生产环节非法添加药物成分的，依法吊销相关批准证明文件；涉嫌犯罪的，依法移交公安机关立案侦查。严厉查处套用、冒用批准文号、违法发布广告等行为。

（五）开展食品标签标识问题专项整治

进一步细化完善食品标签标识管理规定，着力解决食品标签标识不规范问题。强化食品出厂检验、流通环节食品标签标识检查，严厉打击篡改生产日期、伪造产地、违法涂改标签、伪造冒用食品生产经营许可证及"三品一标"（即无公害农产品、绿色食品、有机农产品和农产品地理标志）标识等违法行为。

（六）切实巩固治理整顿成果

各地区、各有关部门要继续严厉打击食品非法添加和滥用食品添加剂行为，进一步深化乳制品、酒类、调味品、食品包装材料、"地沟油"等综合治理和专项整治。扩大食品安全监督检查、市场巡查、执法抽检的频次、范围，督促企业规范内部管理，切实巩固各项治理整顿成果。及时总结治理整顿经验，细化完善监管措施，健全长效机制。

二　严惩违法犯罪，加强应急处置

（一）进一步加大打击惩处力度

各级监管部门要认真履行职责，坚持重典治乱，切实提高对食品安全违法行为的惩处力度。公安机关要进一步巩固"打四黑除四害"专项行动成果，严厉打击在饲料、农药兽药、保健食品中非法添加违禁物质和为谋财有危害食品安全等违法犯罪行为，强化刑事责任追究。建立健全公安机关和监管部门之间案件移交、立案等衔接机制，提高办案效率。地方各级人民政府要积极支持公安机关明确机构和人员负责打击食品安全违法犯罪工作。地方各级食品安全综合协调机构要协调有关方面加快完善技术鉴定相关制度，明确技术鉴定机构，积极为公安机关提供技术支持并协调解决鉴定费用。

（二）强化食品安全应急处置

各地区、各有关部门要根据政府机构改革和职能转变要求，完善各级各类食品安全预案，建立各级人民政府及相关部门共同参与的协调联动工作平台，明确部门应急处置职责。制定食品安全事故调查处理办法，规范事故调查处理流程，提高事故查处效率。各地要积极组织开展应急演练，切实提高快速响应能力。发生食品安全事故后，及时启动应急预案，有序开展事故调查、危害控制、医疗救治、分析评估、信息发布等工作，确保食品安全事故在第一时间得到有效处置，最大限度地减少损失和危害。

（三）加强舆情监测和信息发布

各地区、各有关部门要全面建立食品安全舆情监测制度，密切监测舆情特别是网络舆情，强化信息通报。完善食品安全信息发布机制，加强信息发布前的相互沟通，确保信息的科学性、准确性和及时性，重大食品安全信息统一归口发布。针对人民群众关心的食品安全热点问题，及时、客观、准确发布权威信息，回应社会关注。

三　加强能力建设，夯实基层基础

（一）健全食品安全监管体制机制

要按照有关规定，加快改革完善食品安全监管体制，切实加强地方各级食品安全监管机构能力建设，确保职能、机构、队伍、装备及时划转到位，保障机构人员编制和工作经费，建立健全工作机制，提升工作水平。地方各级人民政府要切实负起责任，全面梳理查找监管漏洞和盲区，结合实际逐项明确细化监管分工和要求，特别是要针对群众反映强烈的监管职责不清问题，尽快明确监管责任主体和要求。建立健全部门间、区域间食品安全监管联动机制，强化跨部门、跨区域信息通报和案件协查，及时彻底查处不合格产品。全面落实食品安全有奖举报制度，完善投诉举报机制，充分发挥群众监督作用。

（二）健全基层食品安全监管体系

推进食品安全工作重心下移，力量配置下移，强化基层食品安全管理责任，确保县级人民政府食品安全监管责任到位，乡镇、街道食品安全管理责任到位。充分发挥基层派出机构及乡镇农产品质量安全监管公共服务机构的作用，加快构建覆盖社区（村）的协管员队伍。加强乡镇、街道与监管部门的沟通协作，密切协管员队伍与监管执法队伍的衔接配合，全面推行基层食品安全网格化监管，加快形成分区划片、包干负责的基层食品安全工作责任网。

（三）完善相关法律法规

推动食品安全法、保健食品监督管理条例、餐厨废弃物管理及资源化利用条例等法律法规的制修订，强化相关法律法规的衔接，完善监管执法依据，加大惩处力度。明确食品安全刑事案件侦办中的行为定性、案件管辖、证据规格等法律适用问题，特别是行政执法证据在刑事诉讼中的运用问题。推动地方加快畜禽屠宰、食品生产加工小作坊和食品摊贩管理等方面的立法工作。

（四）加快食品安全标准建设

健全标准审评程序和制度，增强标准制定的透明度。2013年底前，基本完成食品相关标准的清理，完善食品中致病微生物、食品添加剂使用、食品生产经营规范、农药兽药残留等方面的标准，制修订蜂蜜、食用植物油等产品标准和配套检验方法标准。各地要结合实际做好食品安全地方标准的制修订和企业标准的备案工作，省级人民政府有关部门依照规定向社会公布备案的食品安全企业标准。加强食品安全标准的宣传培训及跟踪评价，及时做好标准的解读工作。

（五）做好风险监测评估工作

组织实施国家食品安全风险监测计划，强化农产品质量安全例行监测，加强农产品产地环境监测。按照"统一计划实施、统一经费渠道、统一数据库、统一结果分析"的要求，建立统一的食品安全风险监测体系。逐步规范食源性疾病监测、报告工作，在优势农产品主产区建立食用农产品质量安全风险监测点，初步建成统一的风险监测数据库。加快国家食品安全风险评估中心建设，加强评估基础数据采集和相关研究，重点围绕食品安全突出问题开展风险评估。进一步完善《食品中可能违法添加的非食用物质和易滥用的食品添加剂名单》、《保健食品中可能非法添加的物质名单》、《饲料、养殖中禁用药物和物质清单》。

（六）加强检验检测能力建设

按照"提高现有能力水平、按责按需、填平补齐、避免重复建设、实现资源共享"的原则，统筹各级食品安全检验能力，特别是最急需、最薄弱环节以及中西部地区和基层的食品安全检验能力建设。组织开展县级食品检验资源整合试点，推动县域内食品安全检验人员和设备的统筹使用，检验经费的统一归口管理，检验建设项目的统筹规划安排，检验任务的统一部署实施，提高基层整体检验水平。支持农贸市场检验检测站建设，补助检验检测经费。严格检验机构管理，规范委托检验行为。规范食品快速检测试剂及设备的技术认定，明确生产资质要求。继续推动提升食品企业检测水平。

（七）推进食品安全监管信息化建设

根据国家重大信息化工程建设规划，充分利用现有信息化资源，按照统一的设计要求和技术标准，建设国家食品安全信息平台，2013年底前，完成主系统和子系统的总体规划和设计。统筹规划建设食品安全电子追溯体系，统一追溯编码，确保追溯链条的完整性和兼容性，重点加快婴幼儿配方乳粉和原料乳粉、肉类、蔬菜、酒类、保健食品电子追溯系统建设。

四　加强诚信建设，落实主体责任

（一）督促企业强化内部管理

各级监管部门要严格督促食品生产经营单位强化内部管理，建立健全质量安全管理体系，保障食品安全投入，配备专、兼职安全管理人员，严格落实进货查验、出厂检验、食品安全事故报告等制度。强化农民合作社、农业产业化龙头企业、农产品批发市场等生产经营主体的农产品质量安全管理责任。2013年底前，督促所有规模以上食品生产企业和相应的经营单位设置食品安全管理机构，明确分管负责人。推进食品安全责任强制保险制度试点，开展食品生产企业首席质量官制度试点。

（二）加强食品安全诚信体系建设

制定进一步加强食品安全信用体系建设工作的指导意见，完善诚信信息共享机制和失信行为联合惩戒机制。建立实施"黑名单"制度，公布失信食品企业名单，促进行业自律。加快规模以上乳制品、肉类食品加工企业和酒类流通企业诚信管理体系建设。加强对食品相关行业协会的监督指导，充分发挥行业协会作用。

（三）大力开展食品安全宣传

将食品安全纳入公益性宣传范围，列入国民素质教育内容和中小学相关课程。打造一批精品科普栏目、节目、宣传片，利用报刊、广播、电影、电视、互联网、手机等各类媒介，深入宣传党和政府抓食品安全工作的决心、部署和成效，普及食品安全知识，提高全社会的食品安全意识、认知水平和应对风险能力。组织好2013年食品安全宣传周等重大宣传活动。支持新闻媒体开展舆论监督。加强对食品安全监管先进人物和诚信经营典型的宣传，发挥示范引导作用。

（四）强化食品安全培训

各级监管部门要制定年度培训计划，开展食品安全法律法规、业务技能、工作作风等方面的培训，提高监管人员的责任意识和业务素质。加强对协管员队伍的基础知识培训。强化对食品从业人员的职业道德和专业知识培训。各级食品安全监管人员、各类食品生产经营单位负责人、主要从业人员全年接受不少于40小时的食品安全集中培训。

五　加强组织保障，严格责任追究

（一）加强组织领导

地方各级人民政府要进一步落实食品安全属地管理责任，切实加强对本地区食品安全工作的统一领导和组织协调，主要负责人要亲自抓，分管负责人要直接负责，逐级落实工作责任。建立稳定的食品安全资金投入保障机制，将食品安全监管人员经费及行政管理、风险监测、监督抽检、标准制修订、应急处置、科普宣教等各项工作经费纳入财政预算，强化对经费的统筹分配和使用，进一步向基层倾斜，提高资金使用效率。进一步加大食品安全科技研发投入，集中力量开展重大科技攻关。积极开展农产品质量安全监管示范县（市）等各类示范创建工作。

（二）强化协调配合

各地区、各有关部门要密切配合，通力协作，形成全程监管合力。各级监管部门要认真履行职责，切实提高执行力，确保监管到位，坚决杜绝有案不查、推诿扯皮等问题。各级食品安全综合协调机构要加强综合协调和监督指导，及时解决工作中的重点难点问题，开展督促检查，确保各项工作扎实推进。

（三）强化考核评价

进一步完善食品安全绩效评价指标体系，逐级健全督查考核制度，加强对地方政府、监管部门食品安全工作的考核。将信息通报、行政执法、违法行为处理等列入对监管部门履职情况考核的内容。将食品安全纳入社会管理综合治理考核、政府绩效考核内容。发生重大食品安全事故的地方在文明城市、卫生城市等评优创建活动中实行一票否决。

（四）严格责任追究

健全食品安全责任追究制，细化责任追究对象、方式、程序。县级以上地方各级政府要督促各监管部门建立具体到单位、人员、岗位的责任制。监察部门要依法依纪严肃追究重大食品安全事件中失职渎职责任。

国务院办公厅关于加强农产品质量安全监管工作的通知

（国办发〔2013〕106号 2013年12月2日）

各省、自治区、直辖市人民政府，国务院各部委、各直属机构：

近年来，各地区、各有关部门按照党中央、国务院部署，认真落实有关法律法规，不断强化监管措施，农产品质量安全形势总体平稳、逐步向好。但我国农业生产经营分散，监管力量薄弱，农产品质量安全仍然存在较大隐患。为贯彻落实十二届全国人大一次会议审议通过的《国务院机构改革和职能转变方案》和《国务院关于地方改革完善食品药品监督管理体制的指导意见》（国发〔2013〕18号）的精神，经国务院同意，现就加强农产品质量安全监管工作通知如下：

一 强化属地管理责任

地方各级人民政府要对本地区农产品质量安全负总责，加强组织领导和工作协调，把农产品质量安全监管纳入重要议事日程，在规划制订、力量配备、条件保障等方面加大支持力度。要将农产品质量安全纳入县、乡级人民政府绩效考核范围，明确考核评价、督查督办等措施。要结合当地实际，统筹建立食品药品和农产品质量安全监管工作衔接机制，细化部门职责，明确农产品质量安全监管各环节工作分工，避免出现监管职责不清、重复监管和监管盲区。要督促农产品生产经营者落实主体责任，建立健全产地环境管理、生产过程管控、包装标识、准入准出等制度。对农产品质量安全监管中的失职渎职、徇私枉法等问题，监察机关要依法依纪进行查处，严肃追究相关人员责任。

二 落实监管任务

要加强对农产品生产经营的服务指导和监督检查，督促生产经营者认真执行安全间隔期（休药期）、生产档案记录等制度。加强检验检测和行政执法，推动农产品收购、储存、运输企业建立健全农产品进货查验、质量追溯和召回等制度。加强农业投入品使用指导，统筹推进审批、生产、经营管理，提高准入门槛，畅通经营主渠道。加强宣传和科普教育，普及农产品质量安全法律法规和科学知识，提高生产经营者和消费者的质量安全意识。各级农业部门要加强农产品种植养殖环节质量安全监管，切实担负起农产品从种植养殖环节到进入批发、零售市场或生产加工企业前的质量安全监管职责。

三 推进农业标准化生产

要坚持绿色生产理念，加快制订保障农产品质量安全的生产规范和标准，加大质量控制技术的推广力度，推进标准化生产。继续推进园艺作物标准园、畜禽养殖标准化示范场、水产标准化健康养殖示范场和农业标准化示范县建设，加强对农业产业化龙头企业、农民合作社、家庭农场等规模化生产经营主体的技术指导和服务，充分发挥其开展标准化生产的示范引领作用。鼓励有条件的地方对安全优质农产品生产、绿色防控技术推广等给予支持。强化对无公害农产品、绿色食品、有机农产品、地理标志农产品的认证后监管，坚决打击假冒行为。

四 加强畜禽屠宰环节监管

各地区要按照国务院机构改革和职能转变工作的要求，做好生猪定点屠宰监管职责调整工作，涉及的职能等要及时划转到位，确保各项工作有序衔接。各级畜牧兽医部门要认真落实畜禽屠宰环节质量安全监管职责，强化畜禽屠宰厂（场）的质量安全主体责任，督促其落实进厂（场）检查登记、检验等制度，严格巡查抽检，坚决杜绝屠宰病死动物、注水等行为。切实做好畜禽屠宰检疫工作，加强对畜禽防疫条件的动态监管，健全病死畜禽无害化处理的长效机制，严格执行畜牧兽医行政执法有关规定，严厉打击私屠滥宰等违法违规行为。

五 深入开展专项治理

要深入开展农产品质量安全专项整治行动，严厉查处非法添加、制假售假等案件，切实解决违法违规使用高毒农药、"瘦肉精"、禁用兽药等突出问题。强化农产品质量安全行政执法，加大案件查办和惩处力度，加强行政执法和刑事司法的衔接，严惩违法犯罪行为。及时曝光有关案件，营造打假维权的良好社会氛围。加强农产品质量安全风险监测、评估和监督抽查，深入排查风险隐患，提高风险防范、监测预警和应急处置能力。推进农产品质量安全监管示范县创建活动，建立健全监管制度和模式。

六 提高监管能力

要将农产品质量安全监管、检测、执法等工作经费纳入各级财政预算，切实加大投入力度，加强工作力量，尽快配齐必要的检验检测、执法取证、样品采集、质量追溯等设施设备。加快农产品质量安全检验检测体系建设，整合各方资源，积极引导社会资本参与，实现各环节检测的相互衔接与工作协同，防止重复建设和资源浪费。特别要加强县级农产品质量安全监管体系，将农产品质量安全监管执法纳入农业综合执法范围，确保监管工作落到实处。乡镇农产品质量安全监管公共服务机构以及承担相应职责的农业、畜牧、水产技术推广机构要落实责任，做好农民培训、质量安全技术推广、督导巡查、监管措施落实等工作。

联合发文

关于提高2013年稻谷最低收购价格的通知

（国家发展改革委　财政部　农业部　国家粮食局　中国农业发展银行
发改价格〔2013〕193号　2013年1月30日）

各省、自治区、直辖市发展改革委、物价局、财政厅（局）、农业厅（局、委、办）、粮食局、农业发展银行分行：

为保护农民种粮积极性，促进粮食生产发展，经国务院批准，决定从今年新粮上市起适当提高主产区2013年生产的稻谷最低收购价水平。每50公斤早籼稻（三等，下同）、中晚籼稻和粳稻最低收购价格分别提高到132元、135元和150元，比2012年分别提高12元、10元和10元。

鉴于当前正值春耕备耕期，各地要做好粮食最低收购价格政策宣传工作，调动农民种粮积极性，促进粮食生产稳定发展。

关于印发2013年小麦最低收购价执行预案的通知

（国家发展改革委　财政部　农业部
国家粮食局　中国农业发展银行　中国储备粮管理总公司
发改经贸〔2013〕947号　2013年5月20日）

各省、自治区、直辖市发展改革委、财政厅、农业厅、粮食局、物价局、农业发展银行分行，中储粮有关分公司：

为落实粮食最低收购价政策，做好今年小麦收购工作，保护种粮农民利益，经国务院批准，现将《2013年小麦最低收购价执行预案》印发给你们。

请各有关地方和部门高度重视夏粮收购工作，密切关注小麦市场价格变化，周密部署，紧密配合，认真做好今年小麦最低收购价执行预案的各项准备和组织实施工作，特别是要落实好预案在启动收购、委托收储企业资格审核、信息公开等方面提出的新要求；同时要指导各类市场主体有序入市收购新粮，及时协调解决收购过程中出现的矛盾和问题，确保小麦收购工作顺利开展和市场平稳运行。

特此通知。

附件：2013年小麦最低收购价执行预案

2013年小麦最低收购价执行预案

第一条　为认真贯彻落实小麦最低收购价政策，切实保护种粮农民利益，确保收储的最低收购价小麦数量真实、质量安全，根据《粮食流通管理条例》有关规定，制定本预案。

第二条　执行本预案的小麦主产区为河北、江苏、安徽、山东、河南、湖北6省。

其他小麦产区是否实行最低收购价政策，由省级人民政府自主决定。

第三条　以2013年生产的国标三等小麦为标准品，白小麦、红小麦和混合小麦最低收购价格均为每市斤1.12元。白小麦分为硬质白小麦和软质白小麦。硬质白小麦的硬度指数不低于60，软质白小麦的硬度指数不高于45，其种皮白色或黄白色的麦粒均不低于90%。红小麦分为硬质红小麦和软质红小麦。硬质红小麦的硬度指数不低于60，软质红小麦的硬度指数不高于45，其种皮深红色或红褐色的麦粒均不低于90%。不符合上述标准的均为混合小麦。标准品小麦的具体质量标准为：容重750~770g/L（含750g/L），水分12.5%以内，杂质1%以内，不完善粒8%以内。执行最低收购价的小麦为2013年生产的等内品。相邻等级之间等级差价按每市斤0.02元掌握。最低收购价是指承担最低收购价收购任务的收储库点向农民直接收购的到库价。

非标准品小麦最低收购价的具体水平，按照《国家发展改革委、国家粮食局、财政部、国家质检总局关于印发〈关于执行粮油质量标准有关问题的规定〉的通知》（国粮发〔2010〕178号）有关规定确定。

第四条　在河北、江苏、安徽、山东、河南、湖北6个小麦主产区执行最低收购价的企业为：（1）中储粮总公司及其有关分公司，受中储粮总公司委托的中粮集团有限公司所属企业；（2）上述6省地方储备粮管理公司（或单位）；（3）北京、天津、上海、浙江、福建、广东、海南等7个主销区省级地方储备粮管理公司（或单位）。

第五条　中储粮有关分公司及其直属企业要按照"有利于保护农民利益、有利于粮食安全储存、有利于监管、有利于销售"的原则，合理确定执行小麦最低收购价的委托收储库点。委托收储库点应当具备以下条件：具有粮食收购资格，在工商部门注册登记并通过当年的工商年检；在农发行开户；有一定规模的自有仓容，仓房条件符合《粮油仓储管理办法》（国家发展改革委令2009第5号）要求，具备必要的清理设备、检化验设备和人员；执行粮油仓储单位备案相关规定；具有较高管理水平和良好信誉；严格执行粮食流通统计制度，准确、及时报送统计报表；三年内在收储及销售出库等方面无违规违纪行为；安全生产制度健全，相关设备齐备完善。要优先安排符合条件的中储粮直属库、具有中央储备粮代储资格的企业、中央和地方国有及国有控股粮食企业作为委托收储库点，发挥国有企业的主渠道作用。

在确定委托收储库点时，要与地方粮食部门沟通，充分利用现有仓储资源，以县为单位，每个县内委托收储库点仓容总量应与当地最低收购价小麦预计收购量相衔接。为保证收储小麦的储存安全，降低损耗，保持品质，一般情况下对最低收购价小麦不搭建露天设施储存。白小麦、红小麦和混合小麦必须分仓、分等级储存。

中储粮有关分公司确定的委托收储库点名单报中储粮总公司审核确定，并由中储粮总公司报送国家发展改革委、财政部、国家粮食局和农业发展银行备案。中储粮有关分公司要在收购启动前将当地所有委托收储库点名称、地址和联系电话，通过当地主要新闻媒体向社会公布，同时抄报省级人民政府。

实际收购过程中出现委托收储库点仓容不足或委托收储库点布局不能满足农民售粮需要的，中储粮总公司及有关分公司应及时通过安排县内集并或适当增设委托收储库点解决。增设的委托收储库点名单，要在其开始收购活动前公布，并抄报国家有关部门和单位及相关省级人民政府。采取上述措施后仓容仍不足，需搭建露天储粮设施的，由中储粮分公司会同省级粮食行政管理部门、农业发展银行省分行研究测算本省预计搭建总量，经中储粮总公司审核并报国家有关部门批准后实施。

地方储备粮管理公司（或单位）也要根据省级人民政府的统一要求，合理设置委托收储库点，并积极入市收购，充实地方储备。地方储备粮管理公司（或单位）设定的委托收储库点要与中储粮分公司确定的委托收储库点相互衔接。

执行最低收购价收储库名单确定后，中储粮直属企业和地方储备粮管理公司（或单位）要与委托收储库点签订委托收购合同，明确双方权利、义务等。委托收储库点要严格按照本预案的有关规定和收购合同进行收购活动。

第六条　第三条规定的最低收购价执行时间为2013年5月21日至9月30日。在此期间，当小麦市场价格下跌到国家公布的小麦最低收购价格时，由中储粮分公司商省级价格、粮食、农业、农发行等有关部门及时提出启动预案的建议，报中储粮总公司批准在相关区域内启动预案，并报国家有关部门备案。各委托收储库点要按照本预案第三条的规定，在上述小麦主产区挂牌收购农民交售的小麦。

第七条　执行最低收购价的委托收储库点，要在收购场所显著位置张榜公布实行最低收购价有关政策的粮食品种收购价格、质量标准、水杂增扣量方式、结算方式和执行时间等政策信息，让农民交

"放心粮"；按照小麦国家标准（GB1351－2008）做好最低收购价小麦收购入库工作，不得压级压价、抬级抬价收购，不得拒收农民交售的符合标准的粮食；及时结算农民交售小麦的价款，不得给农民打白条；也不得将农业发展银行贷款挪作他用。

第八条　预案执行期间，中央和地方储备粮的承储企业应积极入市收购新粮用于轮换，轮换收购的小麦价格应不低于国家规定的最低收购价格水平。对承担轮换任务的委托收储库点，应优先安排储备粮轮换。

第九条　新麦上市后，地方各级政府和粮食行政管理部门要加强对收购工作的指导，引导和鼓励各类粮食经营和加工企业积极入市收购新粮；国有和国有控股粮食企业要按照《粮食流通管理条例》有关规定，切实发挥主渠道作用。农业发展银行要积极为各类收购主体入市收购提供信贷支持，保证具备贷款条件的国有和国有控股粮食企业资金供应。

第十条　中储粮公司确定的委托收储库点按最低收购价收购小麦所需贷款（收购资金和收购费用），由所在地中储粮直属企业统一向农业发展银行承贷，并根据小麦收购情况及时预付给委托收储库点，保证收购需要。对于没有中储粮直属企业的市（地）区域，为保证收购需要，可暂由中储粮分公司指定该区域内具有农发行贷款资格、资质较好的委托收储企业承贷；收购结束后，贷款要及时划转到中储粮公司直属企业统一管理。农业发展银行要按照国家规定的最低收购价格和收购费用及时足额供应。收购费用为每市斤2.5分钱（含县内集并费），由中储粮总公司包干使用，其中拨付委托收储库点直接用于收购的费用不得低于每市斤2分钱。

第十一条　地方储备粮管理公司（或单位）按最低收购价收购的小麦主要用于充实地方储备，所需收购贷款由农业发展银行按照国家规定的最低收购价格及时足额发放。有关收购、保管费用和利息按地方储备粮管理的有关规定执行。

第十二条　预案执行期间，中储粮总公司和有关省粮食局每5日分别将中储粮分公司和地方储备粮管理公司（或单位）按最低收购价收购的小麦品种、数量汇总后报国家粮食局。中储粮总公司汇总的数据要同时抄送农业发展银行。具体报送时间为每月逢5日、10日期后第2个工作日中午12时之前。

省级农发行在每月初5个工作日内将上月最低收购价收购资金的发放情况抄送当地中储粮分公司和省级粮食行政管理部门。同时，中储粮有关分公司将最低收购价小麦每月收购进度情况抄送当地省级粮食行政管理部门、省级价格主管部门、农发行省分行，每5日的收购进度也要及时通报，便于省级有关部门了解情况。各委托收储库点要每5日将实际收购进度数据同时抄报所在地的市（地）或县级粮食行政管理部门。

第十三条　中储粮总公司及其有关分公司和直属企业执行最低收购价政策收购的小麦，粮权属国务院，未经国家批准不得动用。对收购入库的最低收购价小麦品种、数量和质量等级，中储粮有关分公司及其直属企业要按有关规定及时进行审核验收，并对验收结果负责。对验收中发现入库的小麦数量、质量指标与收购码单等原始凭证标注不符的，要及时核减最低收购价收购进度和库存统计，扣回全部费用利息补贴。对验收合格的，要建立委托收储库点的质量档案，做到分品种、分等级专仓储存。中储粮直属企业要与委托收储库点签订代储保管合同，明确品种、数量、等级、价格和保管、出库责任等，作为以后安排销售标的的质量依据。

中储粮有关分公司要将委托收储库点最低收购价小麦质量验收结果于2013年10月底前汇总报中储粮总公司、有关省级粮食行政管理部门和农发行省分行。中储粮总公司要对分公司上报的收购进度和库存数据进行审核，并及时汇总情况报告国家发展改革委、财政部、国家粮食局和农业发展银行。

在销售时发现库存的最低收购价小麦实际数量和质量与销售标的不符的，造成的损失由负有监管责任的中储粮直属企业先行赔付，并查明原因。属于审核验收环节的问题，要追究负责审核验收的中储粮分公司（或直属库）和相关人员责任，并由其承担相应的经济损失。属于委托收储库点违反代储保管合同约定，因保管不善造成损失的，由该收储库点承担经济损失，并追究其主要负责人和监管人员的责任。对因未按规定及时足额拨付收购和保管费用而导致库存粮食质量发生问题的，要追究中储粮分公司（或直属库）主要负责人的责任，并承担相应损失。

对于有购买陈粮冒充新粮，或就地划转本库存粮来套取费用补贴等行为的委托收储库点，一经发现要将其收购的小麦全部退出最低收购价小麦收购进度和库存统计，扣回全部费用利息补贴，由承贷企业追回粮款归还农发行贷款，取消其最低收购价收购资格，由中储粮公司负责收回企业不当得利，并上交中央财政。如发生损失，由委托收储库点承担，并追究其主要负责人和相关人员的责任，以及负责监管的人员责任，并将其以前年度收购的最低收购价小麦实行移库或按有关程序及时安排拍卖，所发生的费用由违规企业承担。承担审核验收的中储粮分公司（或直属库）在验收工作中弄虚作假的要追究其主要负责人和有关人员的责任。

第十四条　中储粮总公司及其有关分公司管理的最低收购价小麦，保管费用补贴（含损耗，下同）和贷款利息补贴由中央财政负担，先预拨，后清算。委托收储库点的保管费用补贴标准按照《财政部关于批复最低收购价等中央政策性粮食库存保管费用补贴拨付方案的通知》（财建〔2011〕996号）执行。保管费用补贴自小麦收购入库当月起根据月末库存数量拨付，贷款利息根据入库结算价与同期银行贷款利率计算。中央财政根据中储粮总公司上报的最低收购价粮食库存情况，按季度将保管费用补贴和贷款利息补贴预拨给中储粮总公司。中储粮总公司及其分公司要将保管费用按季足额拨付到委托收储库点。事后，由中央财政根据中储粮总公司验收确认后的实际保管数量、等级和核定的库存成本等对中储粮总公司进行清算。清算过程中，对有关部门确认的中储粮公司所属企业虚报收购数量、质量以次充好等套取中央财政资金的违纪行为，按规定扣减相关补贴，并由有关部门追究相关负责人和有关人员的责任。

第十五条　中储粮总公司及其分公司和直属企业要严格规范储粮行为，中储粮有关分公司及其直属企业和委托收储企业不得租仓储粮，也不得变相租仓降低保管费用补贴标准，确保安全储粮的需要。违反本预案规定擅自租仓储粮的，由当地粮食行政管理部门责令改正，由中储粮有关分公司负责将所收购粮食调到符合条件的承储企业，所需费用由中储粮直属企业承担。

第十六条　中储粮有关分公司及其直属企业和委托收储库点保管的最低收购价小麦，由国家有关部门按照顺价销售的原则，合理制定销售底价，通过在粮食批发市场或网上公开竞价销售，销售盈利上交中央财政，亏损由中央财政负担。中储粮总公司对销售盈亏进行单独核算，中央财政对中储粮总公司及时办理盈亏决算。

预案执行期间，为满足市场对陈麦的需求，按照顺价销售、保证市场供应、保持市场粮价基本稳定的原则，继续竞价销售2012年及以前年份最低收购价小麦，并把握好销售力度和节奏；为防止出现"转圈粮"等问题，中央和地方储备粮的承储企业以及承担小麦最低收购价收储任务的库点一律不得直接和间接购买国家拍卖的最低收购价小麦；中储粮总公司及有关分公司要按照均衡出库的原则，制定委托收储库点出库计划，均衡有序组织安排竞价销售。

第十七条　国家发展改革委负责协调落实小麦最低收购价政策的工作，监测小麦收购价格变化情况，监督检查价格政策执行情况，会同有关部门解决最低收购价政策执行中的矛盾和问题。财政部负责及时安排、拨付中储粮总公司按最低收购价格收购小麦所需的费用和利息补贴。农业部负责了解各地农民售粮意愿、小麦市场价格及小麦最低收购价政策执行情况，反映农民的意见和要求。国家粮食局负责指导中储粮总公司执行小麦最低收购价政策，监测小麦市场价格，监督政策的执行，组织指导地方粮食行政管理部门检查最低收购价政策执行情况和储粮安全等情况，督促国有和国有控股粮食企业积极入市收购，发挥主渠道作用。农业发展银行负责及时足额安排、拨付执行小麦最低收购价收储任务所需的贷款，并对发放的贷款实施信贷监管。中储粮总公司作为国家委托的最低收购价政策执行责任主体，对其执行最低收购价政策收购的小麦的数量、质量、库存管理及销售出库等负总责，并逐级落实管理责任，建立定期巡查制度，确保最低收购价库存粮食数量真实、质量良好、储存安全。小麦最低收购价政策执行结束后1个月内，中储粮总公司要将执行情况报告国家发展改革委、财政部、农业部、国家粮食局、农业发展银行。省级人民政府要督促、协调地方各部门支持和配合中储粮公司开展最低收购价小麦收储工作；地方粮食、价格部门依照《价格法》、《粮食流通管理条例》等法律法规有关规定，履行对最低收购价小麦收储行为的监督检查职责。中储粮有关直属企业和委托收储库点要主动配合监督检查。地方粮食行政管理部门要切实落实仓库维修工作，确保在新粮收购前投入使用，共同完成托市收购任务。

第十八条　本预案由国家发展改革委、财政部和国家粮食局负责解释。

关于印发2013年早籼稻最低收购价执行预案的通知

（国家发展改革委 财政部 农业部
国家粮食局 中国农业发展银行 中国储备粮管理总公司
发改经贸〔2013〕1281号 2013年7月2日）

各省、自治区、直辖市发展改革委、财政厅、农业厅、粮食局、物价局、农业发展银行分行，中储粮有关分公司：

为落实粮食最低收购价政策，做好今年早籼稻收购工作，现将《2013年早籼稻最低收购价执行预案》印发给你们，请抓紧开展相关工作。

今年稻谷有望再获丰收，目前市场价格较去年有所回落，购销形势较为复杂。各有关地方和部门要高度重视稻谷购销工作，密切关注市场价格变化，指导地方储备企业增加收购，把握好轮换时机、节奏和价格，引导各类市场主体积极入市，稳定市场价格，切实保护种粮农民利益。针对今年早籼稻最低收购价预案启动可能性较大的情况，要提前做好各项准备，加强政策宣传，及时协调解决收购过程中出现的矛盾和问题，确保早籼稻收购工作顺利进行。

特此通知。

附件：2013年早籼稻最低收购价执行预案

2013年早籼稻最低收购价执行预案

第一条　为认真贯彻落实早籼稻最低收购价政策，切实保护种粮农民利益，确保收储的最低收购价早籼稻数量真实、质量安全，根据《粮食流通管理条例》有关规定，制定本预案。

第二条　执行本预案的早籼稻主产区为安徽、江西、湖北、湖南、广西5省（区）。

其他早籼稻产区是否实行最低收购价政策，由省级人民政府自主决定。

第三条　早籼稻最低收购价每市斤1.32元，以2013年生产的国标三等早籼稻为标准品，具体质量标准按稻谷国家标准（GB1350－2009）执行，即：杂质1%以内，水分13.5%以内，出糙率75%～77%（含75%，不含77%），整精米率44%～47%（含44%，不含47%）。执行最低收购价的早籼稻为2013年生产的等内品。相邻等级之间等级差价按每市斤0.02元掌握。最低收购价是指承担最低收购价收购任务的收储库点向农民直接收购的到库价。

非标准品早籼稻最低收购价的具体水平，按照《国家发展改革委、国家粮食局、财政部、国家质检总局关于印发〈关于执行粮油质量国家标准有关问题的规定〉的通知》（国粮发〔2010〕178号）有关规定确定。

第四条　在安徽、江西、湖北、湖南、广西5个早籼稻主产区执行最低收购价的企业为：（1）中储粮总公司及其有关分公司，受中储粮总公司委托的中粮集团有限公司所属企业；（2）上述5省（区）

地方储备粮管理公司（或单位）；（3）北京、天津、上海、浙江、福建、广东、海南等7个主销区省级地方储备粮管理公司（或单位）。

第五条　中储粮有关分公司及其直属企业要按照"有利于保护农民利益、有利于粮食安全储存、有利于监管、有利于销售"的原则，合理确定执行早籼稻最低收购价的委托收储库点。委托收储库点应当具备以下条件：具有粮食收购资格，在工商部门注册登记并通过当年的工商年检；在农发行开户；有一定规模的自有仓容，仓房条件符合《粮油仓储管理办法》（国家发展改革委令2009第5号）要求，具备必要的清理设备、检化验设备和人员；执行粮油仓储单位备案相关规定；具有较高管理水平和良好信誉；严格执行粮食流通统计制度，准确、及时报送统计报表；三年内在收储及销售出库等方面无违规违纪行为；安全生产制度健全，相关设备齐备完善。要优先安排符合条件的中储粮直属库、具有中央储备粮代储资格的企业、中央和地方国有及国有控股粮食企业作为委托收储库点，发挥国有企业的主渠道作用。

在确定委托收储库点时，要与地方粮食部门沟通，充分利用现有仓储资源，以县为单位，每个县内委托收储库点仓容总量应与当地最低收购价早籼稻预计收购量相衔接。为保证收储早籼稻的储存安全，降低损耗，保持品质，一般情况下对最低收购价早籼稻不搭建露天设施储存。

中储粮有关分公司确定的委托收储库点名单报中储粮总公司审核确定，并由中储粮总公司报送国家发展改革委、财政部、国家粮食局和农业发展银行备案。中储粮有关分公司要在收购启动前将当地所有委托收储库点名称、地址和联系电话，通过当地主要新闻媒体向社会公布，同时抄报省级人民政府。

实际收购过程中出现委托收储库点仓容不足或委托收储库点布局不能满足农民售粮需要的，中储粮总公司及有关分公司应及时通过安排县内集并或适当增设委托收储库点解决。增设的委托收储库点名单，要在其开始收购活动前公布，并抄报国家有关部门和单位及相关省级人民政府。采取上述措施后仓容仍不足，需搭建露天储粮设施的，由中储粮分公司会同省级粮食行政管理部门、农业发展银行省（区）分行研究测算本省（区）预计搭建总量，经中储粮总公司审核并报国家有关部门批准后实施。

地方储备粮管理公司（或单位）也要根据省级人民政府的统一要求，合理设置委托收储库点，并积极入市收购，充实地方储备。地方储备粮管理公司（或单位）设定的委托收储库点要与中储粮分公司确定的委托收储库点相互衔接。

执行最低收购价收储库名单确定后，中储粮直属企业和地方储备粮管理公司（或单位）要与委托收储库点签订委托收购合同，明确双方权利、义务等。委托收储库点要严格按照本预案的有关规定和收购合同进行收购活动。

第六条　第三条规定的最低收购价执行时间为2013年7月16日至9月30日。在此期间，当早籼稻市场价格下跌到国家公布的早籼稻最低收购价格时，由中储粮分公司商省级价格、粮食、农业、农发行等有关部门及时提出启动预案的建议，报中储粮总公司批准在相关区域内启动预案，并报国家有关部门备案。各委托收储库点要按照本预案第三条的规定，在上述早籼稻主产区挂牌收购农民交售的早籼稻。

第七条　执行最低收购价的委托收储库点，要在收购场所显著位置张榜公布实行最低收购价有关政策的粮食品种收购价格、质量标准、水杂增扣量方式、结算方式和执行时间等政策信息，让农民交"放心粮"；按照稻谷国家标准（GB1350-2009）做好最低收购价早籼稻收购入库工作，不得压级压价、抬级抬价收购，不得拒收农民交售的符合标准的粮食；及时结算农民交售早籼稻的价款，不得给农民打白条；也不得将农业发展银行贷款挪作他用。

第八条　预案执行期间，中央和地方储备粮的承储企业应积极入市收购新粮用于轮换，轮换收购的早籼稻价格应不低于国家规定的最低收购价格水平。对承担轮换任务的委托收储库点，应优先安排储备粮轮换。

第九条　早籼稻上市后，地方各级政府和粮食行政管理部门要加强对收购工作的指导，引导和鼓励各类粮食经营和加工企业积极入市收购新粮；国有和国有控股粮食企业要按照《粮食流通管理条例》有关规定，切实发挥主渠道作用。农业发展银行要积极为各类收购主体入市收购提供信贷支持，保证具备贷款条件的国有和国有控股粮食企业资金供应。

第十条　中储粮公司确定的委托收储库点按最低收购价收购早籼稻所需贷款（收购资金和收购费用），由所在地中储粮直属企业统一向农业发展银行承贷，并根据早籼稻收购情况及时预付给委托收储库点，保证收购需要。对于没有中储粮直属企业的市（地）区域，为保证收购需要，可暂由中储粮分公司指定该区域内具有农发行贷款资格、资质较好的委托收储企业承贷；收购结束后，贷款要及时划转到中储粮公司直属企业统一管理。农业发展银行要按照国家规定的最低收购价格和收购费用及时足额供应。

第十一条　地方储备粮管理公司（或单位）按最低收购价收购的早籼稻主要用于充实地方储备，所需收购贷款由农业发展银行按照国家规定的最低收购价格及时足额发放。有关收购、保管费用和利息按地方储备粮管理的有关规定执行。

第十二条　预案执行期间，中储粮总公司和有关省（区）粮食局每5日分别将中储粮分公司和地方储备粮管理公司（或单位）按最低收购价收购的早籼稻数量汇总后报国家粮食局。中储粮总公司汇总的数据要同时抄送农业发展银行。具体报送时间为每月逢5日、10日期后第2个工作日中午12时之前。

省级农发行在每月初5个工作日内将上月最低收购价收购资金的发放情况抄送当地中储粮分公司和省级粮食行政管理部门。同时，中储粮有关分公司将最低收购价早籼稻每月收购进度情况抄送当地省级粮食行政管理部门、省级价格主管部门、农发行省（区）分行，每5日的收购进度也要及时通报，便于省级有关部门了解情况。各委托收储库点要每5日将实际收购进度数据同时抄报所在地的市（地）或县级粮食行政管理部门。

第十三条　中储粮总公司及其有关分公司和直属企业执行最低收购价政策收购的早籼稻，粮权属国务院，未经国家批准不得动用。对收购入库的最低收购价早籼稻数量和质量等级，中储粮有关分公司及其直属企业要按有关规定及时进行审核验收，并对验收结果负责。对验收中发现入库的早籼稻数量、质量指标与收购码单等原始凭证标注不符的，要及时核减最低收购价收购进度和库存统计，扣回全部费用利息补贴。对验收合格的，要建立委托收储库点的质量档案，做到分等级专仓储存。中储粮直属企业要与委托收储库点签订代储保管合同，明确数量、等级、价格和保管、出库责任等，作为以后安排销售标的的质量依据。

中储粮有关分公司要将委托收储库点最低收购价早籼稻质量验收结果于2013年10月底前汇总报中储粮总公司、有关省级粮食行政管理部门和农发行省（区）分行。中储粮总公司要对分公司上报的收购进度和库存数据进行审核，并及时汇总情况报告国家发展改革委、财政部、国家粮食局和农业发展银行。

在销售时发现库存的最低收购价早籼稻实际数量和质量与销售标的不符的，造成的损失由负有监管责任的中储粮直属企业先行赔付，并查明原因。属于审核验收环节的问题，要追究负责审核验收的中储粮分公司（或直属库）和相关人员责任，并由其承担相应的经济损失。属于委托收储库点违反代储保管合同约定，因保管不善造成损失的，由该收储库点承担经济损失，并追究其主要负责人和监管人员的责任。对因未按规定及时足额拨付收购和保管费用而导致库存粮食质量发生问题的，要追究中储粮分公司（或直属库）主要负责人的责任，并承担相应损失。

对于有购买陈粮冒充新粮，或就地划转本库存粮来套取费用补贴等行为的委托收储库点，一经发现要将其收购的早籼稻全部退出最低收购价早籼稻收购进度和库存统计，扣回全部费用利息补贴，由承贷企业追回粮款归还农发行贷款，取消其最低收购价收购资格，由中储粮公司负责收回企业不当得利，并上交中央财政。如发生损失，由委托收储库点承担，并追究其主要负责人和相关人员的责任，以及负责监管的人员责任，并将其以前年度收储的最低收购价早籼稻实行移库或按有关程序及时安排拍卖，所发生的费用由违规企业承担。承担审核验收的中储粮分公司（或直属库）在验收工作中弄虚作假的要追究其主要负责人和有关人员的责任。

第十四条　中储粮总公司及其分公司和直属企业要严格规范储粮行为，中储粮有关分公司及其直属企业和委托收储企业不得租仓储粮，也不得变相租仓降低保管费用补贴标准，确保安全储粮的需要。违反本预案规定擅自租仓储粮的，由当地粮食行政管理部门责令改正，由中储粮有关分公司负责将所收购粮食调到符合条件的承储企业，所需费用由中储粮直属企业承担。

第十五条　中储粮有关分公司及其直属企业和委托收储库点保管的最低收购价早籼稻，由国家有关部门按照顺价销售的原则，合理制定销售底价，通过在粮食批发市场或网上公开竞价销售。中储粮总公司及有关分公司要按照均衡出库的原则，制定委托收储库点出库计划，均衡有序组织安排竞价销售。

第十六条　最低收购价早籼稻收购费用、保管费用、贷款利息补贴及销售盈亏负担等事项按《财政部关于印发最低收购价、临时收储粮食财政财务管理暂行办法的通知》（财建〔2013〕203号）和《财政部关于批复最低收购价等中央政策性粮食库存保管费用补贴拨付方案的通知》（财建〔2011〕996号）执行。中储粮公司要自稻谷入库当月起，按季足额将补贴拨付到委托收储库点。

第十七条　国家发展改革委负责协调落实早籼稻最低收购价政策的工作，监测早籼稻收购价格变化情况，监督检查价格政策执行情况，会同有关部门解决最低收购价政策执行中的矛盾和问题。财政部负责及时安排、拨付中储粮总公司按最低收购价格收购早籼稻所需的费用和利息补贴。农业部负责了解各地农民售粮意愿、早籼稻市场价格及最低收购价政策执行情况，反映农民的意见和要求。国家粮食局负责指导中储粮总公司执行早籼稻最低收购价政策，监测早籼稻市场价格，监督政策的执行，组织指导地方粮食行政管理部门检查最低收购价政策执行情况和储粮安全等情况，督促国有和国有控股粮食企业积极入市收购，发挥主渠道作用。农业发展银行负责及时足额安排、拨付执行早籼稻最低收购价收储任务所需的贷款，并对发放的贷款实施信贷监管。中储粮总公司作为国家委托的最低收购价政策执行责任主体，对其执行最低收购价政策收购的早籼稻的数量、质量、库存管理及销售出库等负总责，并逐级落实管理责任，建立定期巡查制度，确保最低收购价库存粮食数量真实、质量良好、储存安全。早籼稻最低收购价政策执行结束后1个月内，中储粮总公司要将执行情况报告国家发展改革委、财政部、农业部、国家粮食局、农业发展银行。省级人民政府要督促、协调地方各部门支持和配合中储粮公司开展最低收购价早籼稻收储工作；地方粮食、价格部门依照《价格法》、《粮食流通管理条例》等法律法规有关规定，履行对最低收购价早籼稻收储行为的监督检查职责。中储粮有关直属企业和委托收储库点要主动配合监督检查。地方粮食行政管理部门要切实落实仓库维修工作，确保在新粮收购前投入使用，共同完成托市收购任务。

第十八条　本预案由国家发展改革委、财政部和国家粮食局负责解释。

关于提高2013年玉米临时收储价格的通知

（国家发展改革委 财政部 农业部
国家粮食局 中国农业发展银行 中国储备粮管理总公司
发改经贸〔2013〕1289号 2013年7月3日）

内蒙古、辽宁、吉林、黑龙江省（自治区）发展改革委、财政厅、农业厅、粮食局、物价局、农业发展银行分行、中储粮分公司：

为保护农民利益和种粮积极性，促进粮食生产发展，经国务院批准，决定今年继续在东北等部分主产区实行玉米临时收储政策，并适当提高临时收储价格水平。2013年生产的玉米（国标三等）临时收储价格为：内蒙古、辽宁1.13元/斤，吉林1.12元/斤，黑龙江1.11元/斤，均比2012年提高0.06元/斤。临时收储具体执行时间和其他相关要求由国家有关部门在今年新产玉米上市时根据市场情况研究确定后另行通知。

请各地做好今年玉米临时收储政策宣传工作，充分调动农民生产积极性，指导农民加强田间管理，减小灾害影响，切实稳定玉米生产。

关于印发2013年中晚稻最低收购价执行预案的通知

（国家发展改革委 财政部 农业部
国家粮食局 中国农业发展银行 中国储备粮管理总公司
发改经贸〔2013〕1836号 2013年9月18日）

各省、自治区、直辖市发展改革委、财政厅、农业厅、粮食局、物价局、农业发展银行分行，中储粮有关分公司：

今年中晚稻有望继续丰收，集中上市后市场价格存在一定下行压力，部分地区面临收储仓容紧张的问题。为贯彻落实《中共中央国务院关于加快发展现代农业进一步增强农村发展活力的若干意见》（中发〔2013〕1号）和国家关于下半年经济工作的有关部署，做好今年中晚稻收购工作，保护种粮农民利益，特制定《2013年中晚稻最低收购价执行预案》（下称《预案》），现印发给你们，并就做好中晚稻收购工作通知如下：

一　积极组织企业入市收购

做好中晚稻收购工作是国家和地方政府共同的责任。中储粮各有关分公司、省级粮食行政管理部门和农业发展银行省级分行要按照《预案》有关规定，合理确定委托收储库点，加强市场监测，及时启动预案。有关产区省级人民政府要切实贯彻粮食省长负责制的要求，组织和引导当地农民有序售粮，在中储粮公司无收储库点或仓容不足的地区，组织和指导本地企业积极入市收购，保证农民售粮需要。销区省级人民政府也要督促本地各类粮食经营企业积极到产区收购，保持必要的库存量；同时组织地方储备企业采购，充实储备库存。

二　多措并举扩大收储能力

有关地方粮食行政管理部门要抓紧时间组织仓房维修、腾仓并库，积极配合中储粮公司做好政策性粮食销售出库、跨省移库等工作，尽早为收购新粮腾出仓容。中储粮公司要加快国家已安排的简易仓储设施建设，确保新粮收购时能够投入使用。在收储矛盾比较突出的地区，中储粮公司可以租赁部分社会仓容，或经国家有关部门批准适当搭建露天储粮设施，确保农民售粮需要。搭建露天储粮设施要符合《粮油仓储管理办法》和国家有关防火的规定。

三　加大政策执行监督检查力度

各地粮食行政管理部门和价格主管部门在预案执行期间，要加大检查力度，督促收储企业严格执行国家粮食收购政策，规范收储行为，维护正常粮食收购秩序，防止出现"打白条"、违反质价政策等问题，保护好农民利益。农业发展银行要保证收购贷款资金及时足额供应，加强贷款资金使用的监管，防止出现挤占挪用等现象，确保库贷一致。中储粮有关分公司、省级粮食行政管理部门和农业发展银行省级分行要加强对收储库点执行最低收购价政策的指导，并对收购情况进行全程监管，确保收储政策落实到位。

| 四 | 加强信息沟通和反馈 |

各省级有关部门和单位与中储粮有关分公司要密切合作，加强对中晚稻收购情况的监测和分析，及时发现和妥善解决政策执行过程中遇到的问题。在收购过程中，如出现收储矛盾突出、不能满足农民售粮要求等情况，省级粮食行政管理部门要会同农业发展银行省级分行、中储粮分公司等共同研究提出建议，及时向国家粮食局等有关部门和单位报告，确保不出现"卖粮难"。

各地方有关部门要在省级人民政府统一领导下，按照《预案》的要求，高度重视，精心安排，周密部署，密切配合，认真做好中晚稻执行《预案》的各项准备和组织实施工作。

附件：2013年中晚稻最低收购价执行预案

2013年中晚稻最低收购价执行预案

第一条 为认真贯彻落实中晚稻最低收购价政策，切实保护种粮农民利益，确保收储的最低收购价中晚稻数量真实、质量安全，根据《粮食流通管理条例》有关规定，制定本预案。

第二条 执行本预案的中晚稻（包括中晚籼稻和粳稻）主产区为辽宁、吉林、黑龙江、江苏、安徽、江西、河南、湖北、湖南、广西、四川11省（区）。

其他中晚稻产区是否实行最低收购价政策，由省级人民政府自主决定。

第三条 中晚籼稻最低收购价每市斤1.35元，粳稻最低收购价每市斤1.50元，以2013年生产的国标三等中晚稻为标准品，具体质量标准按稻谷国家标准（GB1350-2009）执行，即中晚籼稻杂质1%以内，水分13.5%以内，出糙率75%~77%（含75%，不含77%），整精米率44%~47%（含44%，不含47%）；粳稻杂质1%以内，水分14.5%以内，出糙率77%~79%（含77%，不含79%），整精米率55%~58%（含55%，不含58%）。执行最低收购价的中晚稻为2013年生产的等内品。相邻等级之间等级差价按每市斤0.02元掌握。最低收购价是指承担最低收购价收购任务的收储库点向农民直接收购的到库价。

非标准品中晚稻最低收购价的具体水平，按照《国家发展改革委、国家粮食局、财政部、国家质检总局关于印发〈关于执行粮油质量国家标准有关问题的规定〉的通知》（国粮发〔2010〕178号）有关规定确定。整精米率低于38%的中晚籼稻和整精米率低于49%的粳稻不列入最低收购价范围。

第四条 在辽宁、吉林、黑龙江、江苏、安徽、江西、河南、湖北、湖南、广西、四川11个中晚稻主产区执行最低收购价的企业为：（1）中储粮总公司及其有关分公司；（2）上述11省（区）地方储备粮管理公司（或单位）；（3）北京、天津、上海、浙江、福建、广东、海南7个主销区省级地方储备粮管理公司（或单位）。

第五条 中储粮有关分公司、省级粮食行政管理部门和农业发展银行省级分行要按照"有利于保护农民利益、有利于粮食安全储存、有利于监管、有利于销售"的原则，合理确定执行中晚稻最低收购价的委托收储库点。委托收储库点应当具备以下条件：具有粮食收购资格，在工商部门注册登记并通过当年的工商年检；在农发行开户；有一定规模的自有仓容，仓房条件符合《粮油仓储管理办法》（国家发展改革委令2009第5号）要求，具备必要的清理设备、检化验设备、计量称重器具和人员，对农民交售少量粮食要有可移动式磅秤；执行粮油仓储单位备案相关规定；具有较高管理水平和良好信誉；严格执行粮食流通统计制度，准确、及时报送统计报表；三年内在收储及销售出库等方面无违规违纪行为；安全生产制度健全，相关设备齐备完善。要优先安排符合条件的中储粮直属库、具有中央储备粮代储资格的企业、中央和地方国有及国有控股粮食企业作为委托收储库点，发挥国有企业的主渠道作用。

在确定委托收储库点时，要充分利用现有仓储资源，以县为单位，每个县内委托收储库点仓容总量应与当地最低收购价中晚稻预计收购量相衔接。中储粮有关分公司、省级粮食行政管理部门和农业发展银行省级分行确定的委托收储库点名单报中储粮总公司、国家粮食局和农业发展银行备案。中储粮有关分公司要在收购启动前将当地所有委托收储库点名称、地址和联系电话，通过当地主要新闻媒体向社会公布，同时抄报省级人民政府。执行最低收购价收储库名单确定后，中储粮直属企业要与委托收储库点签订委托收购合同，明确双方权利、义务等。委托收储库点要严格按照本预案的有关规定和收购合同进行收购活动。

政策执行过程中出现委托收储库点仓容不足或委托收储库点布局不能满足农民售粮需要的，中储粮总公司及有关分公司应及时通过安排县内集并、根据其自身监管能力适当增设委托收储库点或租赁社会仓容等方式解决。增设的委托收储库点和租赁的库点名单，要在其开始收购活动前公布，并抄报国家有关部门和单位及相关省级人民政府。采取上述措施后仓容仍不足，需搭建露天储粮设施的，由中储粮分公司会同省级粮食行政管理部门、农业发展银行省（区）分行研究测算本省（区）预计搭建总量，经中储粮总公司审核并报国家有关部门批准后实施。搭建的露天储粮设施应符合《粮油仓储管理办法》及国家有关防火的规定。

地方储备粮管理公司（或单位）也要根据省级人民政府的统一要求，合理设置委托收储库点，并积极入市收购，充实地方储备。地方设定的委托收储库点要与中储粮分公司确定的委托收储库点相互衔接。

第六条 第三条规定的最低收购价执行时间：江苏、安徽、江西、河南、湖北、湖南、广西、四川8省（区）为2013年9月18日至2014年1月31日，辽宁、吉林、黑龙江3省为2013年11月16日至2014年3月31日。在此期间，当中晚稻市场价格下跌到国家公布的中晚稻最低收购价格时，由中储粮分公司商省级价格、粮食、农业、农发行等有关部门及时提出启动预案的建议，报中储粮总公司批准在相关区域内启动预案，并报国家有关部门备案。各委托收储库点要按照本预案第三条的规定，在上述中晚稻主产区挂牌收购农民交售的中晚稻。

第七条 执行最低收购价的委托收储库点，要在收购场所显著位置张榜公布实行最低收购价有关政策的粮食品种收购价格、质量标准、水杂增扣量方式、结算方式和执行时间等政策信息，让农民交"放心粮"；按照稻谷国家标准（GB1350-2009）做好最低收购价中晚稻收购入库工作，不得压级压价、抬级抬价收购，不得拒收农民交售的符合标准的粮食；及时结算农民交售中晚稻的价款，不得给农民打白条；也不得将农业发展银行贷款挪作他用；要依据农民交粮的实际情况，当场如实填写统一规范的收购凭证，凭证所列重量、等级、水分、杂质、单价等内容必须填写齐全，不得二次填写收购凭证。

第八条　预案执行期间，中央和地方储备粮的承储企业应积极入市收购新粮用于轮换，轮换收购的中晚稻价格应不低于国家规定的最低收购价格水平。对承担轮换任务的委托收储库点，应优先安排储备粮轮换。

第九条　中晚稻上市后，地方各级政府和粮食行政管理部门要加强对收购工作的指导，引导和鼓励各类粮食经营和加工企业积极入市收购新粮；要督促本地参与最低收购价收购的委托收储库点按照《粮食流通管理条例》和预案有关规定，认真执行国家收购政策。农业发展银行要积极为各类收购主体入市收购提供信贷支持，保证具备贷款条件的国有和国有控股粮食企业资金供应。

第十条　委托收储库点按最低收购价收购中晚稻所需贷款（收购资金和收购费用），由所在地中储粮直属企业统一向当地农业发展银行承贷，并根据中晚稻收购情况和入库进度及时足额预付给委托收储库点，保证收购资金供应。对于没有中储粮直属企业的市（地）区域，为保证收购需要，可暂由中储粮分公司指定该区域内具有农发行贷款资格、资质较好的委托收储企业承贷；收购结束后，贷款要及时划转到中储粮公司直属企业统一管理。农业发展银行要按照国家规定的最低收购价格和收购费用及时足额供应。

中储粮公司要与预案启动同步向委托收储库点提供统一规范的收购凭证。

第十一条　地方储备粮管理公司（或单位）按最低收购价收购的中晚稻主要用于充实地方储备，所需收购贷款由农业发展银行按照国家规定的最低收购价格及时足额发放。有关收购、保管费用和利息按地方储备粮管理的有关规定执行。

第十二条　预案执行期间，中储粮总公司和有关省（区）粮食局每5日分别将中储粮分公司和地方储备粮管理公司（或单位）按最低收购价收购的中晚稻品种、数量汇总后报国家粮食局。中储粮总公司汇总的数据要同时抄送农业发展银行。具体报送时间为每月逢5日、10日期后第2个工作日中午12时之前。

省级农发行在每月初5个工作日内将上月最低收购价收购资金的发放情况抄送当地中储粮分公司和省级粮食行政管理部门。同时，中储粮有关分公司将最低收购价中晚稻每月收购进度情况抄送当地省级粮食行政管理部门、省级价格主管部门、农发行省（区）分行，每5日的收购进度也要及时通报，便于省级有关部门了解情况。各委托收储库点要每5日将实际收购进度数据同时抄报所在地的市（地）或县级粮食行政管理部门。

第十三条　执行最低收购价政策收购的中晚稻，粮权属国务院，未经国家批准不得动用。对收购入库的最低收购价中晚稻品种、数量和质量等级，中储粮有关分公司、省级粮食行政管理部门和农业发展银行省级分行要按有关规定及时组织验收，并对验收结果负责。对验收中发现入库的中晚稻数量、质量指标与收购码单等原始凭证标注不符的，要及时核减最低收购价收购进度和库存统计，扣回全部费用利息补贴。对验收合格的，要建立委托收储库点的质量档案，做到分品种、分等级专仓储存。中储粮直属企业要与委托收储库点签订代储保管合同，明确品种、数量、等级、价格和保管、出库责任等，作为以后安排销售标的的质量依据。中储粮公司及其委托收储库点要严格规范储粮行为，确保储粮安全。

中储粮有关分公司、省级粮食行政管理部门和农业发展银行省级分行要将委托收储库点最低收购价中晚稻质量验收结果，于本预案执行结束后1个月内汇总报中储粮总公司。中储粮总公司要对分公司上报的收购进度和库存数据进行审核，并及时汇总情况报告国家发展改革委、财政部、国家粮食局和农业发展银行。

对于有购买陈粮冒充新粮，或就地划转本库存粮来套取费用补贴等行为的委托收储库点，一经发现要将其收购的中晚稻全部退出最低收购价中晚稻收购进度和库存统计，扣回全部费用利息补贴，由中储粮有关分公司、省级粮食行政管理部门和农业发展银行省级分行负责追回粮款归还农发行贷款，取消其最低收购价收购资格，并收回企业不当得利，上交中央财政。如发生损失，由委托收储库点承担，并追究其主要负责人和相关人员的责任，以及负责监管的人员责任，并将其以前年度收储的最低收购价中晚稻实行移库或按有关程序及时安排拍卖，所发生的费用由违规企业承担。承担审核验收的中储粮直属企业、地方粮食行政管理部门和农业发展银行分支机构在验收工作中弄虚作假的要追究其主要负责人和有关人员的责任。

第十四条　在中晚稻收购工作结束后，省级粮油检测机构要对中储粮公司执行最低收购价政策收购的中晚稻和地方企业收购的中晚稻进行逐仓检测。对经检测不符合食品安全国家标准的稻谷，要按国家有关规定进行处理，严防这部分稻谷流入口粮市场。具体由国家粮食局会同有关部门另文通知。

第十五条　中储粮有关分公司及其直属企业和委托收储库点保管的最低收购价中晚稻，由国家有关部门按照顺价销售的原则，合理制定销售底价，通过在粮食批发市场或网上公开竞价销售。中储粮总公司及有关分公司要按照均衡出库的原则，制定委托收储库点出库计划，均衡有序组织安排竞价销售。

第十六条　最低收购价中晚稻收购费用、保管费用、贷款利息补贴及销售盈亏负担等事项按《财政部关于印发最低收购价、临时收储粮食财政财务管理暂行办法的通知》（财建〔2013〕203号）和《财政部关于批复最低收购价等中央政策性粮食库存保管费用补贴拨付方案的通知》（财建〔2011〕996号）执行。中储粮公司要自稻谷入库当月起，按季足额将补贴拨付到委托收储库点。对以各种名义变相降低委托收储库点费用补贴标准的，要追究其主要负责人和有关人员的责任。

第十七条　国家发展改革委负责协调落实中晚稻最低收购价政策的工作，监测中晚稻收购价格变化情况，监督检查价格政策执行情况，会同有关部门解决最低收购价政策执行中的矛盾和问题。财政部负责及时安排、拨付中储粮总公司按最低收购价格收购中晚稻所需的费用和利息补贴。农业部负责了解各地农民售粮意愿、中晚稻市场价格及最低收购价政策执行情况，反映农民的意见和要求。国家粮食局负责指导中储粮总公司执行中晚稻最低收购价政策，监测中晚稻市场价格，监督政策的执行，组织指导地方粮食行政管理部门检查最低收购价政策执行情况和储粮安全等情况，督促国有和国有控股粮食企业积极入市收购，发挥主渠道作用。农业发展银行负责及时足额安排、拨付执行中晚稻最低收购价收储任务所需的贷款，并对发放的贷款实施信贷监管。中储粮总公司作为国家委托的最低收购价政策执行主体，负责组织指导参与最低收购价收购的库点按照本预案规定进行收购、做好库存管理等工作。中晚稻最低收购价政策执行结束后1个月内，中储粮总公司要将执行情况报告国家发展改革委、财政部、农业部、国家粮食局、农业发展银行。省级人民政府要督促、协调地方各部门支持和配合中储粮公司开展最低收购价中晚稻收储工作；地方粮食、价格部门依照《价格法》、《粮食流通管理条例》等法律法规有关规定，履行对最低收购价中晚稻收储行为的监督检查职责。中储粮有关分公司、省级粮食行政管理部门和农业发展银行省级分行对本地执行最低收购价政策收购的中晚稻的数量、质量、库存管理及销售出库等负责，并逐级落实管理责任，建立定期巡查制度，确保最低收购价库存粮食数量真实、质量良好、储存安全。

第十八条　本预案由国家发展改革委、财政部和国家粮食局负责解释。

关于提高2014年小麦最低收购价格的通知

（国家发展改革委 财政部 农业部 国家粮食局 中国农业发展银行
发改电〔2013〕205号 2013年10月12日）

各省、自治区、直辖市发展改革委、物价局、财政厅（局）、农业厅（局、委、办）、粮食局、农业发展银行分行：

为保护农民种粮积极性，促进粮食生产发展，经国务院批准，决定从明年新粮上市起适当提高主产区2014年生产的小麦最低收购价水平。每50公斤小麦（三等，下同）最低收购价格提高到118元，比2013年提高6元。小麦播种在即，各地要做好粮食最低收购价格政策宣传工作，调动农民种粮积极性，促进粮食生产稳定发展。

关于印发《采购东北地区2013年新产粳稻和玉米费用补贴管理办法》的通知

（财政部 国家发展改革委 国家粮食局 中国农业发展银行 财建〔2013〕826号 2013年11月25日）

各省、自治区、直辖市财政厅（局）、粮食局，中国储备粮管理总公司、中粮集团有限公司、中国中纺集团公司：

为做好2013年秋粮收购工作，经国务院批准，我们制定了《采购东北地区2013年新产粳稻和玉米费用补贴管理办法》，现印发给你们，请遵照执行。

附件：采购东北地区2013年新产粳稻和玉米费用补贴管理办法

采购东北地区2013年新产粳稻和玉米费用补贴管理办法

为保护种粮农民利益，充分发挥市场机制作用，调动多渠道主体入市收购积极性，缓解东北秋粮收储压力，避免出现农民"卖粮难"问题，经国务院批准，2013年东北地区新产粳稻、玉米上市后，中央财政对相关省份到东北地区采购新产粳稻（米，下同）、玉米并运回本地的，给予一次性费用补贴。为此，特制定本办法。

一　补贴范围

（一）享受粳稻费用补贴政策的省份包括除辽宁、吉林、黑龙江三省以外的28个省份。享受玉米费用补贴政策的省份包括江苏、上海、浙江、安徽、福建、江西、湖北、湖南、广东、广西、海南、重庆、四川、贵州、云南、西藏等16个省份。

（二）上述相关省份符合规定的企业到辽宁、吉林、黑龙江三省采购2013年新产粳稻；到内蒙古、辽宁、吉林、黑龙江四省（区）采购2013年新产玉米，运回本省（区、市，下同）后，按政策规定申领补贴。执行政策的企业资质确定方式由相关省份从以下两种方式中选择一种：一是在省级人民政府组织领导下，由省级粮食行政主管部门和财政部门根据"企业自愿，自主申报，自担风险"的原则，委托1家省内粮食企业。二是省内不限企业数量，但单个企业补贴期间从东北地区采购并运回本省（区、市，下同）的粳稻、玉米单品种数量超过5000吨（含5000吨）。相关省份确定企业选择方式后需报财政部、国家粮食局备案。

（三）上述相关省份的中央直属粮食企业（含企业总部）到东北地区采购并运回所在省份的粳稻、玉米，以及上述省份的中央储备企业从东北地区采购并用于储备轮换的粳稻、玉米，享受同等补贴政策，具体企业名单由企业总部审核确定，并由企业总部统一组织申领补贴。

（四）上述相关省份委托的企业、中央直属企业总部确定的执行政策企业名单，需报财政部、国家粮食局备案；国家粮食局汇总后及时向社会公开。企业名单一经公布，不再调整。

二　补贴条件及标准

（一）企业申领补贴须符合以下条件：

1.具有粮食经营资格。由省级粮食行政管理部门和财政部门委托的企业，需具有所在地省级粮食、财政部门共同出具的委托文件。中央直属粮食企业和储备企业需具有企业总部出具的确认文件。

2.采购的粳稻、玉米必须是东北地区2013年度国内新产粳稻、玉米。

3.企业在东北地区采购粳稻（原粮）的价格不得低于1.50元/斤（国标三等，下同）；采购玉米的价格不得低于内蒙古和辽宁1.13元/斤、吉林1.12元/斤、黑龙江1.11元/斤。采购高于或低于国标三等粮食，按照国家标准每升高或降低一个等级，采购价格可以上浮或下调0.02元/斤。

4.享受费用补贴的采购期限：粳稻为2013年最低收购价预案执行期间；玉米为2013年临时收储政策执行期间。

5.采购的粳稻必须在2014年5月31日前，玉米必须在2014年6月30日前运抵本省。

6.采购并运回本省的粳稻、玉米单品种数量超过5000吨。

7.补贴申领企业必须与运输凭证的货物接收单位相一致。

8.中央储备企业申请补贴的粳稻、玉米总量，不得超过国家有关部门和中储粮总公司下达的本地区补贴期限内年度轮换计划。

（二）从东北地区采购并外运的粳稻、玉米，每市斤财政补贴标准为0.07元。粳稻中央财政按折合标准品（水分≤14.5%，杂质≤1%）、玉米按折合标准品(水分≤14%，杂质≤1%)后的数量计算。享受补贴的粳稻、玉米除用于地方储备和中央储备轮换外，由企业自行销售、加工，自负盈亏。

（三）纳入补贴范围的企业，具有下列行为之一的，一经发现，取消该企业全部财政补贴，并通过社会媒体等公开通报：

1.企业将尚未运抵本省的粳稻、玉米申领补贴。

2.企业将非补贴采购期限内采购的粳稻、玉米，或非2013年东北地区新产粳稻、玉米申领补贴。

3.企业未按统计制度规定向当地粮食行政管理部门报送购、销、存统计月报，以及属于粮油加工企业未按规定报送粮油加工业统计报表，拒报虚报统计资料。

4.其他弄虚作假套取国家补贴的行为。

（四）根据国家粮食局监测结果，当东北地区新产粳稻、玉米市场收购价格超过2013年粳稻最低收购价，玉米临时收储价格0.05元/斤以上时，中央财政停止补贴。

三　补贴政策的起止期限

（一）享受补贴的粳稻需是在2013年最低收购价预案执行期间采购，于2014年5月31日前运抵购粮企业所在省的2013年东北地区新产粳稻；享受补贴的玉米需是在2013年东北玉米临时收储政策执行期间采购，于2014年6月30日前运抵购粮企业所在省的2013年东北地区新产玉米。

（二）采购时间以来购合同签订的时间为准。

（三）运抵截至时间指运输到购粮企业所在省份的时间，根据合法的运输单据上注明的日期，按以下原则确定：

1.省间铁路直达运输以货到站台日期为准；

2.铁水、公水联运以货到接卸码头日期为准；

3.公路直达运输以货到接卸目的地日期为准。

四　补贴资金的申请

（一）申请时间。享受此项费用补贴的企业需在2014年7月10日前提交申请。地方粮食企业按上述规定期限由省级粮食行政管理部门报送补贴申请及有效凭证；中央直属企业向企业总部报送补贴申请及有效凭证。补贴申请包括粳稻、玉米采购和运输的全部材料，以及运回本省的销售、加工、库存情况。

（二）补贴申请材料包括：

1.采购环节的凭证：在东北地区从农民手中直接收购的，应有当地税务部门统一印制的粮油收购统一发票（复印件），此发票应有税务部门加盖的审核章。在东北地区从粮食企业采购的，应有合法的采购合同和当地税务增值税专用发票（复印件）。采购所在地的县级粮食行政管理部门或质量检测单位出具的新粮证明。

2.运输环节的凭证：铁路、交通、航运部门统一印制的发运单和提货凭证。其中：发出地为东北地区，到货地为本办法规定的补贴省份。

3.货款支付凭证：税务部门印制的粮食收购单据或银行汇款凭证。其中：付款凭证的付款方和收款方，必须与采购合同的买卖双方相对应；同时2014年6月30日前的付款金额必须超过合同金额的80%。

4.销售库存凭证：销售合同及增值税专用发票（复印件），库存情况统计表。

5.中央储备粳稻、玉米承储企业，还需提供国家有关部门和中储粮总公司下达的年度轮换计划文件。申领补贴时，各凭证均提供复印件（须加盖单位公章），但申领企业必须保存好凭证，以备核查。企业提供的申请材料应登记造表，并对全部材料的真实性负责。同时企业自行保管所有原始凭证，有关部门审核检查时需进行抽检。

五　补贴资金的审核

（一）地方采购企业申请材料的审核。省级粮食部门对企业补贴申请材料及时汇总、整理及初步审核，并于2014年7月20日前报省级财政部门进行复审。省级财政部门于7月底前复审完毕，并向财政部报送补贴资金的申请报告，申请报告同时抄报财政部驻当地财政监察专员办事处进行审核确认。省级粮食部门和财政部门要对企业申请材料的真实性、完整性负责（西藏地区由省级粮食行政管理部门初审后，省级财政部门自行审核上报）。

（二）中央直属企业申请材料的审核。企业总部对企业补贴申请材料及时汇总、整理及初步审核后，于2014年7月底前，由财政部报送补贴资金的申请报告，申请报告同时抄报财政部驻北京市财政监察专员办事处审核确认。企业总部要对直属企业申请材料的真实性、完整性负责。

（三）财政监察专员办事处要在省级相关部门、企业总部审核基础上，对申报材料进行复审，并适当进行实地抽查，8月底前向财政部报送审查结果。

| 六 | 补贴资金的拨付 |

（一）财政部根据省级财政部门、企业总部报送的补贴资金申请报告，按财政监察专员办事处审核确定的粳稻、玉米补贴数量，以及补贴标准拨付补贴资金。地方企业的补贴，中央财政拨付给省级财政部门；中央直属企业的补贴，中央财政拨付给企业总部。

（二）省级财政部门在收到中央财政拨款后，应于10个工作日内拨付给补贴申领企业。

| 七 | 附　　则 |

（一）中央财政拨付的补贴资金，作为补贴收入，由企业按现行会计核算要求，统筹管理与使用。

（二）补贴期限内发生的商务纠纷、意外事故等，由企业按有关法律法规自行协调解决。

（三）纳入补贴范围的企业必须认真执行国家政策，准确及时填报相关统计报表，按规定如实提交补贴申请材料。有关地区和部门要切实履行监督检查职责，严禁弄虚作假、虚报冒领补贴资金。

（四）本办法由财政部负责解释。

国家粮食局文件
局发文部分

关于切实解决"开仓借粮"遗留问题的通知

（国家发展改革委 国家粮食局 财政部 民政部 中国农业发展银行
国粮财〔2013〕17号 2013年2月4日）

河北、辽宁、黑龙江、江西、河南、湖北、湖南、四川、西藏、新疆等省、自治区人民政府：

1998年以来，河北、辽宁、黑龙江、江西、河南、湖北、湖南、四川、西藏和新疆等10个省（自治区）的局部地区先后发生洪涝、干旱、雪灾和地震等严重自然灾害，粮食大幅减产。为保障受灾地区群众口粮供应，地方各级政府和粮食部门将抗灾救灾作为第一要务，组织国有粮食企业向受灾农户"开仓借粮"，为受灾群众恢复生产、安排好生活以及维护灾区社会和谐稳定发挥了重要作用。十多年来，当地政府和粮食部门虽多次开展催收借粮工作，但由于受灾地区多为贫困农村，救助对象也主要是困难农户，且人口流动很大，大部分粮食至今难以收回，其占用的粮食贷款本金及相关利息费用等仍由地方国有粮食企业承担，严重影响了企业的正常经营。为切实解决"开仓借粮"遗留问题，减轻国有粮食企业负担，遵照国务院领导同志的批示精神，国家发展改革委、国家粮食局、财政部、民政部、中国农业发展银行等有关部门和单位对各地"开仓借粮"遗留问题进行了全面摸底调查，研究提出了处置意见。经报国务院批准，现就解决"开仓借粮"遗留问题通知如下：

一、"开仓借粮"属于地方政府对灾民的救灾救济行为，因灾借粮占用的农发行贷款本金、利息和企业自有资金及相关费用等不应由企业承担，应按照粮食省长负责制和"谁委托、谁拿钱"的原则，由省级人民政府统筹解决，不得层层下放。

二、河南、江西、湖北、四川、辽宁、湖南、黑龙江、河北等8个主产省因灾借粮占用的各项资金（包括贷款本金、利息、企业自有资金和相关费用等），通过中央财政取消粮食风险基金地方配套置换出来的资金，或省级财政预算资金等其他方式予以解决。

三、新疆和西藏由自治区人民政府单独安排预算资金予以解决。

四、上述10个省（自治区）人民政府原则上应在2013年6月底前全部解决因灾借粮的遗留问题，并于2013年8月底前将完成情况报国家发展改革委、国家粮食局、财政部、民政部、中国农业发展银行等部门。

各有关省（自治区）人民政府要高度重视解决"开仓借粮"遗留问题，按照上述意见尽快完成相关处理工作。今后各级人民政府委托国有粮食企业承担的政策性业务事项，必须严格按照省长负责制和"谁委托、谁拿钱"的原则，及时妥善处理，不得再向企业转嫁负担，避免产生新的粮食财务挂账。

关于进一步加强粮食质量安全
检验监测能力建设项目管理的通知

（国家粮食局 国粮展〔2013〕49号 2013年3月14日）

各省、自治区、直辖市及新疆生产建设兵团粮食局：

为进一步加强粮食质量安全检验监测能力建设项目管理，规范项目审批、招投标和验收等程序，保证项目建设顺利进行，现就进一步加强粮食质量安全检验监测能力建设项目管理的有关事项通知如下：

一　落实项目前期审批手续，编报可行性研究报告

按照《国家发展改革委关于改进和完善中央补助地方投资项目管理的通知》（发改投资〔2009〕1242号）规定，各省（区、市）粮食行政管理部门应按《全国粮食质量安全检验监测能力"十二五"建设规划（2011－2015年）》确定的建设任务和投资规模，编制项目可行性研究报告报当地发展改革部门审批。

可行性研究报告主要包括总论（项目名称、建设地点、项目单位情况、项目建设主要内容、投资等项目简况）、项目背景和必要性、市场预测、建设规模和技术方案、节能和节水、环境保护、劳动安全、工业卫生与消防、组织机构和人力资源配置、项目实施进度、投资估算和融资方案、财务评价、国民经济评价和社会评价、风险分析、结论与建议等内容。

此外，依据《工程建设项目可行性研究报告增加招标内容和核准招标事项暂行规定》（国家发展改革委2001年第9号令），可行性研究报告还需增加有关招标的内容，主要包括：建设项目的勘察、设计、施工、监理以及重要设备、材料等采购活动的具体招标范围（全部或者部分招标）；拟采用的招标组织形式；拟采用的招标方式（公开招标或者邀请招标），国家发展改革委确定的国家重点项目和省（区、市）人民政府确定的地方重点项目，拟采用邀请招标的，应对采用邀请招标的理由作出说明；报送招标内容时应附招标基本情况表（见附件）。

可行性研究报告应以机构为单位编报，需委托有粮食行业乙级以上资质单位编制。除必须完成项目审核（备案）手续外，还要履行环境影响评价等前期工作程序，落实地方配套资金。各有关单位抓紧编报可行性研究报告，并请当地发展改革部门尽快批复。对后续年度项目，要认真审核把关，严格申报质量，前期审批手续不齐全的原则上不得申报。

二　抓紧编报资金申请报告

可行性研究报告批复后，各省（区、市）粮食行政管理部门在上报年度投资计划时，还需编制资金申请报告报国家粮食局流通与科技发展司和国家粮食局标准质量中心，同时抄送当地发展改革部

门。国家粮食局流通与科技发展司对符合条件的项目形成年度投资计划方案报国家发展改革委审批。国家发展改革委下达的投资计划即国家对资金申请报告（投资计划）的批复。资金申请报告以省为单位编报，应委托有乙级以上咨询资质单位编制。2013年资金申请报告需在3月20日前正式上报，2014年、2015年资金申请报告需在前一年的6月底前正式上报。

资金申请报告应符合《中央预算内投资补助和贴息项目管理暂行办法》（国家发展改革委2005年第31号令）有关规定。具体应包括以下几个方面：一是项目单位基本情况。包括主管部门、单位性质、现有设施、运营管理模式、组织机构、财务状况等。二是项目基本情况。包括项目建设性质、建设内容、总投资及资金来源、各项建设条件落实情况以及工期安排等。三是相关审批文件资料。包括地方发展改革部门有关项目批复、核准或备案文件；环保部门出具的环境影响评价文件的审批意见；项目单位营业执照复印件；近年来承担的国家和地方政策性质检业务的相关证明；项目建设资金落实的证明材料；项目实施进度的证明；项目单位对资金申请报告内容和附属文件真实性负责的声明等。

三　严格项目管理，及时报告执行情况

国家粮食局按照国家发展改革委批复下达投资计划，原则上年内完成建设任务。各省（区、市）粮食行政管理部门需进一步加强项目管理。项目必须由省级粮食行政管理部门统一组织公开招标。招投标结果及中标单位名单等必须在签约后10日之内书面报送国家粮食局备案。地方配套资金必须及时、足额落实到位，且原则上应在中央补助投资预算计划下达前落实。中央补助投资应全部用于项目建设，不得挪作他用。地方财政补助资金未能按时到位且影响项目整体实施的，将取消该省建设计划。项目实行季度报告制度，各省级粮食行政管理部门应于每季末5日内将项目执行和完成情况报送国家粮食局。报送内容包括：资金到位和拨付情况、招标和供货情况、配套设施改造进度、检验仪器设备安装调试情况，以及其他相关事项。

四　规范项目检查和验收

各省（区、市）粮食行政管理部门要遵照《粮食检验监测能力项目建设管理暂行办法》要求加强项目检查和管理，每季度项目执行和完成情况应于下季度初5日内报送国家粮食局。对于2011年和2012年安排投资的项目，要抓紧组织完成年度项目的验收。对于已按规划规模全部安排完中央补助投资的项目单位，要及时完成整体项目竣工验收并报送验收材料。分年度验收和整体项目验收后均应按规定编报竣工财务决算，做好项目配置检验仪器设备的登记造册。

省级验收完成1个月内，要以省为单位向国家粮食局报送验收总结报告。国家粮食局在项目建设期内随时督查，并在省级验收完成后组织抽查验收。

（附件略）

关于认真学习贯彻李克强同志
关于粮食工作重要讲话精神的通知

（国家粮食局　国粮发〔2013〕58号　2013年2月26日）

各省、自治区、直辖市、计划单列市及新疆生产建设兵团粮食局：

2013年1月15日，中共中央政治局常委、国务院副总理李克强到国家粮食局视察指导粮食工作，并主持召开座谈会，发表重要讲话。经国务院办公厅同意，现将《李克强副总理在国家粮食局座谈会上的讲话》（国务院办公厅《内部情况通报》第400期）转发给你们，并就全国粮食系统认真学习领会、全面贯彻落实好李克强同志重要讲话精神，作如下通知：

一　认真学习领会李克强同志重要讲话的精神实质和深刻内涵

李克强同志关于粮食工作的重要讲话，站在全面建成小康社会、协调推进"新四化"建设的战略高度，强调要"守住管好'天下粮仓'，做好'广积粮、积好粮、好积粮'三篇文章"。这是对党的十八大关于"确保国家粮食安全和重要农产品有效供给"重要决策的深刻阐释，是全面落实中央"把保障粮食供应能力牢靠地建立在我们自己身上"、"把饭碗牢牢端在我们自己手中"的战略举措，是对当前和今后一个时期做好粮食流通工作、保障国家粮食安全的总部署、总要求。

守住管好"天下粮仓"，就是守住耕地红线，夯实农业基础，加强流通设施，保障粮食安全；广积粮，就是要逐步提高粮食综合生产能力，实现粮食稳产增产，保证粮食储备充足和库存充裕；积好粮，就是要适应人民生活水平提高和消费升级，提供高品质、多样化的粮食，增加市场需要的优质粮油产量和储备，保证粮油食品安全；好积粮，就是要改善粮食仓储运输条件，减少产后损失浪费，健全粮食市场体系，保证粮食能及时调运到需要的地方、供应到困难群众手中。广积粮、积好粮、好积粮三者相互联系，相辅相成，缺一不可。广积粮是"量"的保障，积好粮是"质"的提升，好积粮是实现广积粮、积好粮的载体和机制，是筑牢"天下粮仓"的具体体现。守住管好"天下粮仓"是粮食部门的行业使命，广积粮、积好粮、好积粮是守住管好"天下粮仓"的具体要求。各级粮食部门必须紧密结合深入学习贯彻党的十八大精神，深刻领会守住管好"天下粮仓"和做好"广积粮、积好粮、好积粮"三篇文章的重要意义和深刻内涵，切实抓好贯彻落实，为保障国家粮食安全，协调推进"新四化"建设，促进经济持续健康发展和社会和谐稳定作出新的贡献。

二　认真履行守住管好"天下粮仓"的行业职责和神圣使命

守住管好"天下粮仓"，是粮食部门的基本职责。各级粮食部门一定要牢记使命，忠于职守，采取切实有效的工作措施，把"天下粮仓"守护好、管理好，确保国家粮食安全。

（一）全面推进粮食安全省长负责制，切实落实粮食安全责任

守住管好"天下粮仓"，落实粮食安全省长负责制，需要发挥中央和地方两个方面的积极性，既要有国家层面的顶层设计与考核检查，又要有各地的逐级负责和具体实践。各级粮食部门要充分发挥行业职能作用，积极推进粮食安全省长负责制的全面落实。要按照国务院统一部署，研究制定符合本地实际、层层分解落实的粮食安全行政首长负责制，力争早出台、早实施、早见效。

（二）全面实施"粮安工程"，筑牢粮食安全保障的基础

按照李克强同志重要讲话的要求，国家粮食局决定从2013年起启动实施粮食收储供应安全保障工程，即"粮安工程"，主要内容是：打通粮食物流通道，修复粮食仓储设施，完善应急供应体系，保证粮油质量安全，强化粮情监测预警，促进粮食节约减损。各地要围绕上述六个方面内容，积极争取地方政府和有关部门的支持，加强粮食流通基础设施建设，全面提升粮食收储和供应保障能力，切实做到敞开收购农民余粮，保障严重自然灾害和紧急状态下的粮食正常供应，坚决守住"种粮卖得出、吃粮买得到"的粮食流通工作"底线目标"，加快建立起"收购便利、储存安全、供给稳定、价格平稳、质量可靠、调控有力"的粮食流通体系。

（三）深化粮食流通体制改革，增强管好"天下粮仓"的内生活力和动力

管好"天下粮仓"，要用好改革这个最大红利。要用改革的办法推进粮食安全省长负责制的落实和"粮安工程"的实施，落实各级政府和有关部门的责任，共同管好"天下粮仓"。要积极推进以产权制度改革为核心的国有粮食企业改革，突出抓好县级国有粮食企业兼并重组，不断增强企业的经营活力和市场竞争力。要大力培育和规范发展多种经济成份的粮食市场主体，积极扶持粮食产业化龙头企业做大做强。要大力推进科技兴粮和人才兴粮，以改革的办法兴科技、聚人才，以科技和人才的支撑兴产业、促发展。

（四）全面推进依法管粮，维护粮食流通秩序

积极推进粮食立法进程，加强粮食监督检查和行政执法体系建设，强化对全社会粮食流通的监管与服务，严格对粮食收购资格和中央及地方政府储备粮代储资格的审核监管，推进中央事权粮食委托在地检查，创新粮油库存检查组织形式和方式方法，有针对性地开展政策性粮食购销、出库等监督检查，确保市场粮食有序流通。

三 切实做好"广积粮、积好粮、好积粮"三篇文章

粮食部门要紧紧围绕全面建成小康社会和协调推进"新四化"建设的要求，主动适应全社会粮食需求刚性增长、人们对粮食质量安全要求越来越高的新形势，在做好"广积粮、积好粮、好积粮"三篇文章上狠下功夫。

（一）广积粮，掌握充裕粮源

一是要促进粮食生产。粮食部门作为重要的涉农部门，要主动服务和参与粮食生产，适应粮食生产方式变革，创新粮食经营体制机制，促进粮食生产稳定发展，提高粮食综合生产能力。二是要抓好粮食收购。要认真落实国家粮食收购政策，做好最低收购价收购和临时收储工作，引导、规范多元收购主体入市收购，严格落实"五要五不准"收购守则，确保中央涉粮惠农政策不折不扣落实到实处，让种粮农民有效益、不吃亏、得实惠。三是要充实粮食储备。要千方百计扩大粮食收储能力，抓住粮食增产丰收的好时机，充实粮食库存，按照国家要求落实好地方粮油储备规模，优化品种结构和布局，

确保储备粮数量真实、质量良好、储存安全。四是要促进木本油料生产。要积极联手林业等部门大力发展油茶、核桃、油橄榄、油棕榈等木本油料产业，大力开发米糠油、玉米油、棉籽油生产，努力降低我国食用植物油对外依存度，提高自给率水平。

（二）积好粮，提高粮食质量

一是要引导农民生产优质粮油。各地粮食部门要充分发挥政策服务和市场信息优势，为农民提供市场行情信息，通过开展订单收购、专仓收购等方式，引导农民优化粮食品种结构，推广种植适应市场需求的优质品种，实现优质优价、增产增收。二是要强化粮食质量安全检测监管。要加强粮食质量安全监测监管体系和粮油检验技术装备建设，积极开展对新收获粮食的监测监控，从源头把住粮油食品质量安全关。三是要全面推广科学储粮。大力开展科技创新，推广"四合一"储粮技术，积极开展生态储粮，保证粮食储存品质。四是要发展粮油适度加工。大力倡导大米、面粉、食用油的科学营养健康消费理念，大力发展适度加工，控制精度，保持粮食品质特性，积极发展全谷物食品加工。五是要大力推进主食产业化。要适应城乡居民膳食结构改善升级和家务劳动社会化的新要求，大力实施主食产业化示范工程和"放心粮油"工程，发展"百姓厨房"，革新口粮供应品种和方式，增强口粮供应保障能力，保证主食产品营养、健康、安全。

（三）好积粮，保障有效供给

一是要加强粮油仓储设施建设。各地要积极争取在政府的支持下，抓紧修复危仓、改造老库，确保售粮农民人身安全和粮食入库储存安全。粮食主产区要加强一线收储库建设，改善粮食收储条件，满足农民售粮需求。二是要发展粮食现代物流。要根据《全国粮食流通基础设施"十二五"建设规划》的要求，进一步完善物流节点建设方案，做好"北粮南运"班列和散粮集装箱运输试点工作。三是要完善粮食供应网点。各地要按照"合理布点、全面覆盖、平时自营、急时应急"的原则，加强粮食供应网点建设，2013年要全面完成粮食应急加工、应急储运、应急供应网点布局。应急供应网点以现有粮油应急点、军粮供应站、放心粮油示范店和争取地方政府支持改造、新建一批粮食应急供应点为基础，不足部分从现有多元主体经营的商场、超市、粮油经销店中择优选定，确保每个乡镇、街道（社区）至少有一个应急供应点，京、津、沪、渝等36个大中城市人口集中的社区，每3万人至少要有一个应急供应点。所有应急网点平时按市场化运作，应急救灾时作为政府保供稳市的载体。四是要健全粮食市场体系。要加强和改善粮食市场调控，进一步完善国家粮食交易平台建设，组织好政策性粮食竞价销售和跨省移库，加强粮食产销衔接，促进粮食产销区发展长期稳定的合作关系。要高度重视粮油统计信息工作，强化粮情监测预警，增强粮食宏观调控的前瞻性、针对性和有效性。五是要促进粮食节约减损。要加快推进农户科学储粮专项建设，用好国家安排的农户科学储粮补助投资，抓紧落实配套资金，进一步扩大实施范围，减少粮食产后损失；积极推广先进节粮加工技术和设备，提高成品粮出品率和原粮综合利用率；在粮食系统深入开展"粮食部门带头珍惜节约粮食、粮食职工带头杜绝浪费粮食"的活动，积极开展创建爱粮节粮示范单位、示范家庭活动；广泛开展全社会爱粮节粮宣传教育活动，促进形成全民爱惜节约粮食、反对浪费粮食的良好风尚。

四　切实加强领导，确保各项工作落到实处取得实效

（一）迅速传达讲话精神

各级粮食部门要紧密结合学习贯彻党的十八大精神，把李克强同志关于粮食工作重要讲话精神迅

速传达贯彻到全系统各级机关单位、各类粮食企业和广大干部职工，切实领会精神实质，用以指导工作实践。

（二）抓紧研定贯彻措施

要根据守住管好"天下粮仓"、做好"三篇文章"的总体要求，结合本地实际，抓紧制订切实可行的贯彻措施和落实方案。要以学习贯彻李克强同志关于粮食工作重要讲话精神为契机，及时向当地党委、政府汇报，争取党委、政府和有关部门更加重视和支持粮食流通工作，特别是要加大力度全面落实粮食安全省长负责制和全面实施"粮安工程"。

（三）转变作风狠抓落实

各级粮食部门要切实加强领导，转变工作作风，将守住管好"天下粮仓"、"广积粮、积好粮、好积粮"的各项工作任务具体化，层层分解，层层抓落实，一直落实到基层、到企业。各级领导班子"一把手"要直接部署、靠前指挥，班子成员要分工负责抓落实，做到各项工作有部署、有督查、有考核、有奖惩，确保落到实处、取得实效。国家粮食局在今年3月份派出工作组分赴各地，结合"走基层、察实情、听民意、解难题"专题调研活动，检查了解各地贯彻落实李克强同志重要讲话精神的安排部署情况。7月初各省级粮食局要向国家粮食局和省级人民政府专题报告贯彻落实李克强同志重要讲话精神的阶段性进展情况。

关于切实降低粮食流通费用　提高粮食流通效率的意见

（国家粮食局　国粮财〔2013〕64号　2013年3月22日）

各省、自治区、直辖市、计划单列市及新疆生产建设兵团粮食局：

为认真贯彻《国务院关于深化流通体制改革加快流通产业发展的意见》（国发〔2012〕39号）和《国务院办公厅关于印发降低流通费用提高流通效率综合工作方案的通知》（国办发〔2013〕5号）精神，切实降低粮食流通费用，提高粮食流通效率，促进粮食流通产业持续健康发展，现提出如下意见：

一　完善和执行有关粮食流通税收优惠政策

继续跟踪食用植物油增值税进项税额扣除试点政策执行情况，密切关注企业税负变化情况，结合实际，研究提出改进措施和完善政策的建议。配合财税部门落实国有粮食购销企业销售粮食免征增值税政策和粮油储备企业减免城镇土地使用税、房产税和印花税政策，以及自2013年1月1日至2015年12月31日免征粮食批发市场和农贸市场城镇土地使用税和房产税政策，切实减轻粮食流通环节税收负担。

二　规范和降低粮食流通环节用水用电和市场交易费用支出

协调电、气、水等有关管理部门和单位，落实粮食批发市场、农贸市场用电、用气、用热与工业同价。粮食批发、农贸市场用水，在已按要求简化用水价格分类的地区，执行非居民用水价格；在尚未简化分类的地区，按照工商业用水价格中的较低标准执行。粮食冷链物流的冷库用电与工业用电同价。

清理粮食经营权承包费，加强成本调查核算，协调相关收费部门和单位，降低粮食批发市场、农贸市场摊位费收费标准。对政府投资建设或控股的粮食批发市场、农贸市场收费，实行政府指导价，协调由地方政府按保本微利原则从低核定收费标准。全面实施收费公示制度，除合同列明并在市场醒目位置公示的收费项目外，市场经营主体不得收取任何其他费用。争取地方政府利用部分价格调节基金，用于降低粮食流通成本。

落实零售商须与粮食供应商协商确定收费项目、收费标准、服务内容、货款支付等规定，粮食供应商不再向零售商交纳标示之外的任何费用。

三　协调和落实公路收费、行业用地等方面的优惠政策

争取地方政府和交通运输部门支持，比照鲜活农产品运输绿色通道政策，对执行粮油应急供应和军粮供应任务的运输车辆免收通行费。协调市政府在制定调整土地规划、城市规划时，落实优先保障

粮食批发市场、农贸市场和粮油供应服务网点项目建设用地的优惠政策。争取地方政府以土地作价入股、土地租赁等形式支持粮食批发市场建设。争取铁路、邮政、银行、电信、供水、供电、供气、供热等行业经营者的支持，优化粮食流通企业发展环境，促进粮食流通降费增效。

四　引导和推进粮食企业重组和合作

争取财政和信贷资金及政策扶持，支持粮食企业通过跨产销区、跨所有制资产重组，整合物流设施资源，组建大型粮食流通企业集团。引导大型粮食企业组织粮食物流联盟及大型企业内部业务单位的物流联盟，鼓励中小粮食物流企业加强联盟合作，推进粮食物流一体化，提高粮食物流效率，降低粮食物流成本。

五　探索和创新粮食流通企业经营体制机制和模式

改变粮食企业购销原粮单一模式，创新经营体制机制和经营模式。鼓励粮食流通企业通过土地流转、粮食订单生产等方式主动融入农业、联合农户，构建粮食生产、收购、加工、运输、销售等全产业链，实现规模化和产业化经营，增强企业成本控制力，提升企业市场竞争力。有效降低粮食流通各个环节费用，促进粮食经济增长质量和效益的提高。

六　加强粮食流通设施建设和流通技术创新

充分发挥政府补助和投资的引导和带动作用，全力推进"粮安工程"实施。统筹规划各物流通道和主要物流节点项目建设，促进粮食物流与粮食加工、粮食市场、粮食储备及农副产品批发市场的集合。加大"北粮南运"、西南、西北等物流通道建设和集装箱试点力度，打破制约散粮运输"瓶颈"，推动多种运输方式高效衔接，形成收纳、集并、储存、应急、运输、加工、市场等环节一体化的现代粮食物流体系。抓紧修复"危仓老库"，改善储粮条件，减少粮食损耗。

争取地方政府和财政部门支持，改造和建设一批骨干军粮供应站、配送中心以及放心粮店、应急供应网点，发展统一配送、共同配送、夜间配送，降低配送成本。因地制宜建立规模化、多功能的粮食产业园区，实现资源共享、协同运作。

加强粮食现代物流新技术的自主研发和先进物流设备的研制，提高粮食物流装备的现代化水平。

七　完善和加强企业内部控制和财务管理

在做好粮食财会报表编报工作的基础上，加强企业内部管控，特别是加强财务管理，建立健全企业全面预算管理制度和成本费用管理制度，防止"跑、冒、滴、漏"，促进企业节支增收。要合理确定当年成本费用目标，重点加强对运杂费、保管费、修理费等生产性费用的管理，努力压缩办公费、招待费、差旅费等非生产性费用支出，降低流通费用和经营成本。切实加强资金管理，合理筹资，加快资金周转，提高资金使用效益，努力降低利息等财务费用支出。要将企业的成本费用控制同职工的经济利益挂钩，充分调动职工节支增收的积极性和主动性。

　　各地粮食部门要进一步提高认识，切实加强组织领导，认真研究部署，积极争取地方政府支持，加强与发展改革、财政、税务、国土、交通运输、银行等有关部门的沟通协调，切实抓好意见的贯彻落实工作，有效降低粮食流通费用，提高粮食流通效率。

关于印发《2013年全国粮食行业普法依法治理工作要点》的通知

（国家粮食局 国粮政〔2013〕72号 2013年3月29日）

各省、自治区、直辖市及新疆生产建设兵团粮食局：

为做好2013年全国粮食行业普法依法治理工作，根据《全国普法办关于印发〈2013年全国普法依法治理工作要点〉的通知》（普法办〔2013〕1号）、《司法部、全国普法办关于开展"深化'法律六进'，推进依法治国"法制宣传教育主题活动的通知》（司发通〔2013〕25号）和《全国粮食行业法制宣传教育第六个五年规划（2011－2015年）》（国粮政〔2011〕151号）精神，结合全国粮食流通工作会议确定的重点工作，我局制定了《2013年全国粮食行业普法依法治理工作要点》，现印发给你们，请结合实际，认真贯彻执行。

2013年全国粮食行业普法依法治理工作要点

2013年是全面贯彻落实党的十八大精神的开局之年，也是粮食行业实施"十二五"发展规划承前启后的关键一年。2013年全国粮食行业普法依法治理工作的指导思想是：高举中国特色社会主义伟大旗帜，以邓小平理论、"三个代表"重要思想、科学发展观为指导，全面贯彻落实党的十八大精神，认真贯彻全国粮食流通工作会议精神，坚持围绕中心、服务大局，深入推进粮食行业"六五"普法规划实施，为加快推进粮食流通科学发展、守住管好"天下粮仓"、保障粮食有效供给、确保国家粮食安全营造良好法治氛围。

一　认真学习贯彻党的十八大精神

全面深刻理解和把握党的十八大对新时期中国特色社会主义事业作出的重大战略部署，深刻领会认真贯彻落实党的十八大对保障国家粮食安全提出的要求，紧紧围绕党中央国务院确定的粮食方针政策，以新的要求、新的思维、新的方式、新的精神状态，推进粮食法制宣传教育工作创新发展。

二　突出学习宣传宪法和社会主义核心价值体系

认真学习贯彻落实习近平总书记《在首都各界纪念现行宪法公布施行30周年大会上的讲话》精神，坚持把学习宣传宪法放在首位，深入学习宣传以宪法为核心的中国特色社会主义法律体系，提高粮食行业广大干部职工特别是粮食行政管理部门领导干部和工作人员的宪法意识和法制观念，弘扬社会主义法治精神，努力培育社会主义法治文化。深入开展社会主义核心价值体系学习教育，全面提高粮食行业干部职工职业道德素质，弘扬粮食行业优秀传统文化。

三　重点做好《粮食流通管理条例》和《中央储备粮管理条例》的学习宣传

组织开展《粮食流通管理条例》九周年和《中央储备粮管理条例》十周年的宣传活动，开展法律进机关、进乡村、进社区、进学校、进企业活动，举办一场法制讲座，使粮食生产者、经营者和消费者更好维护其合法权益。

四　加强行政复议制度学习宣传

重点做好《行政复议法》、《行政复议法实施条例》、《粮食行政复议办法》、《粮食行政复议工作规程（试行）》的学习宣传，督促粮食行政管理部门及时纠正违法或不当行政行为，引导粮食经营者依法理性表达利益诉求，促进社会矛盾的化解。

五　做好粮食行业相关法律的学习宣传

做好《行政许可法》、《行政处罚法》、《行政强制法》等规范政府行为法律的学习宣传，提高粮食行政管理部门依法行政的水平。做好《突发事件应对法》等与粮食应急保障相关法律的学习宣传，增强粮食部门应对粮食突发事件的意识和能力。做好《统计法》、《国家粮食流通统计制度》等与粮食统计相关法律的学习宣传，提高粮食经营者及时准确报送粮食统计数据的主动性和自觉性。深化《会计法》、《企业所得税法》、《企业会计准则》等与粮食企业财务相关法律的学习宣传贯彻，规范企业核算和财务管理。做好《科学技术进步法》、《粮油仓储管理办法》等与粮食行业发展相关法律的学习宣传，提升粮食行业科技自主创新能力，强化企业仓储管理和安全生产意识。

六　广泛开展爱粮节粮宣传教育活动

继续开展"放心粮油"工程，宣传普及粮油消费知识，增强粮食消费者爱粮节粮和科学合理消费的观念。加快推进农户科学储粮，推广先进的储粮装具，减少储粮损失。积极推进粮油适度加工，提高粮食资源综合利用率。利用"食品安全宣传周"、"粮食科技活动周"、"10·16"世界粮食日、"12·4"全国法制宣传日等活动，推动社会公众广泛参与爱粮节粮行动。积极开展创建爱粮节粮示范单位、示范家庭活动，增强全社会爱惜粮食、反对浪费粮食的意识。

七　严格规范粮食行政许可项目

完善粮食行政许可相关配套制度，整合简化内部流程，提高许可效率，推进行政许可制度化、规范化，强化行政许可的全过程监控，减少行政许可的随意性和行政许可人员的自由裁量权。

八　加强粮食收购政策的宣传

结合夏粮收购和秋粮收购专项检查等活动，做好粮食最低收购价和临时收储等国家粮食收购政策的宣传，广泛宣传"五要五不准"（要敞开收购、随到随收，不准折腾农民；要依质论价、优质优价，不准坑害农民；要公平定等、准确计量，不准克扣农民；要现款结算、不打白条，不准算计农民；要优质服务、排忧解难，不准怠慢农民）粮食收购守则，规范收购行为，引导粮食经营者严格执行国家粮食收购政策，切实保护农民利益。

九　认真做好粮食流通监督检查工作

加强粮食监督检查和行政执法体系建设，开展全社会粮食流通监督检查，维护粮食流通秩序。抓好政策性粮食购销、出库监督检查，确保国家粮食购销政策落到实处。认真做好粮食库存检查，确保粮食库存安全。加大涉粮案件查处力度，维护国家粮食法律和政策的严肃性。

十　加强粮食质量安全监管工作

做好《食品安全法》、《农产品质量安全法》、《食品安全法实施条例》等与粮食质量相关法律以及粮食质量标准和技术规范的学习宣传，引导督促粮食经营者严格执行国家粮食质量标准和食品安全标准。把好粮食质量检验项目关，健全粮食质量安全监测监管体系，完善粮食质量安全监管体系。

十一　深入开展粮食流通项目专项治理

加强对"粮安工程"实施情况、国家粮食收购政策执行情况、农户科学储粮项目落实情况、"五要五不准"粮食收购守则执行情况的专项治理，确保中央涉粮政策落实到位。

十二　做好政府信息公开工作

做好《政府信息公开条例》的学习宣传工作，大力推进政务公开。做好粮食行政管理部门预算和决算、"三公"经费、行政经费公开工作，提高政府工作透明度，维护公众知情权和监督权。

十三　加强普法阵地和载体建设

积极发挥广播、电视、报刊、网络和移动通讯等大众媒体的作用，重点利用粮食行业报刊、粮食部门网站等平台，开辟粮食法制宣传专刊、专版、专栏和网页。有条件的粮食部门可以利用公共场所电子显示屏、移动电视、微博、手机报等宣传阵地，拓展粮食法制宣传平台。

十四　组织开展中期督查和表彰

根据全国普法办的统一部署和粮食行业"六五"普法规划要求，认真组织开展"六五"普法中期督查。对普法依法治理活动中表现突出的集体和个人予以通报表彰。

十五　加强粮食普法依法治理的组织领导和保障

各地粮食部门要加强组织领导，领导干部要带头学法守法用法，着力提高运用法治思维和法治方式深化粮食流通体制改革、推动粮食流通科学发展的能力。要明确工作机构，健全工作制度，配备相应的工作人员和必要的办公设备，保障必要的普法经费。

关于加强粮食文化建设的指导意见

（ 国家粮食局　国粮发〔2013〕78号　2013年4月12日 ）

各省、自治区、直辖市、计划单列市和新疆生产建设兵团粮食局：

为认真贯彻落实党的十八大精神，切实加强粮食文化建设，促进新时期粮食文化发展繁荣，充分发挥粮食文化对粮食流通事业科学发展的引领推动作用，为保障国家粮食安全、建设社会主义文化强国、全面建成小康社会作出贡献，现提出如下意见。

一　加强粮食文化建设的重要性和紧迫性

党的十八大报告指出，全面建成小康社会，实现中华民族伟大复兴，必须推动社会主义文化大发展大繁荣，兴起社会主义文化建设新高潮，增强国家软实力，发挥文化引领风尚、教育人民、服务社会、推动发展的作用。这一重要论述充分阐明了加强文化建设的重大意义，为加强粮食文化建设指明了方向。

（一）加强粮食文化建设是传承中华民族优秀文化的重要内容

中华民族在五千多年的农耕文明中创造了博大精深的粮食文化，成为中华文化的重要组成部分。在我国进入全面建成小康社会的关键时期和深化改革开放、加快转变经济发展方式的攻坚时期，文化越来越成为民族凝聚力和创造力的重要源泉、综合国力竞争的重要因素和经济社会发展的重要支撑。加强粮食文化建设，对于传承和弘扬有深厚历史积淀的中华优秀粮食文化、把握粮食发展规律、健全粮食规章制度、增强粮食文化自信，提高粮食行业软实力，促进全社会树立正确的粮食消费观，确保我国粮食安全，具有十分重要的现实意义和深远的历史意义。

（二）加强粮食文化建设是促进粮食流通事业科学发展的必然要求

粮食流通事业的科学发展，必然要求粮食流通产业的科学化、集约化、信息化等物质成果的发展，同时也要求粮食行业制度文化、管理文化、行为文化和员工道德品质、文化素质、精神风貌等精神成果的发展。实现粮食流通事业科学发展，必然要求用科学理论、先进理念、优秀文化武装员工，促进优秀传统粮食文化与当代先进粮食文化相结合，构建具有鲜明时代特色的粮食文化体系，充分发挥粮食文化的导向、凝聚和激励作用，调动员工积极性，为推动粮食流通事业科学发展提供强大精神动力、智力支持和人才支撑。

（三）加强粮食文化建设是全面提高粮食行业员工素质的重要途径

在经济全球化背景下，人们的思想观念更加多元，文化需求更加多样，粮食流通事业既面临新的发展机遇，也面临严峻考验。粮食行业要实现科学发展，要求员工必须具备较高的思想政治觉悟、丰富的科学文化业务知识、较强的组织管理协调能力，以及勇于进取、追求卓越、爱岗敬业、诚实守信的精神。通过加强粮食文化建设，建立先进的粮食文化导向，转变人的思想，约束人的行为，提高人的素质，激发人的潜能，可以促进员工全面发展，提高整体素质，培养造就大批优秀人才，促进粮食行业持续健康科学发展。

二　粮食文化建设的指导思想、基本原则和目标

（一）指导思想

高举中国特色社会主义伟大旗帜，以邓小平理论、"三个代表"重要思想、科学发展观为指导，坚持为人民群众服务、为中国特色社会主义服务的方向，紧紧围绕"守住管好'天下粮仓'，切实做好'广积粮、积好粮、好积粮'三篇文章"的总要求，以继承弘扬优秀粮食文化为主题，以培育、提炼、形成和践行粮食行业核心价值观为核心任务，以满足广大人民群众的精神文化需求为出发点和落脚点，努力建设粮食特色鲜明、符合行业实际的文化体系，为促进粮食流通事业科学发展，保障我国粮食安全提供强有力的文化支撑。

（二）基本原则

坚持用社会主义核心价值观引领粮食文化建设，倡导科学、文明、进步的粮食消费理念；坚持以人为本、贴近实际、贴近生活、贴近群众，推动粮食文化事业全面协调可持续发展；坚持改革开放、继承创新，传承中华民族优秀粮食文化，吸纳各行业先进文化，借鉴国外粮食文化经验，不断探索我国粮食文化建设的新内容、新形式和新载体，促进粮食文化发展繁荣。

（三）建设目标

努力增强全行业的文化创造活力，为建设社会主义文化强国贡献力量。到2020年，粮食文化建设的奋斗目标是：传承和弘扬传统优秀粮食文化取得明显成果；广大粮食干部职工积极履行粮食行业使命，践行粮食行业核心价值观，不断提高思想道德和科学文化素质；爱粮惜粮节粮的观念深入人心，形成全民勤俭节约、杜绝浪费粮食的好风尚；不断拓宽粮食文化传播交流的途径，扩大粮食文化的影响力和覆盖面；充分满足人民群众对粮食文化产品的多样化需求，不断丰富粮食职工的文化生活，促进粮食文化事业发展繁荣。

三　粮食文化建设的主要内容

（一）提炼形成和倡导实践粮食行业核心价值观

深入开展社会主义核心价值体系学习宣传教育，用社会主义价值观引领、凝聚粮食行业共识，在弘扬粮食行业"惜粮如金、奉献为民、质量第一、诚实守信"等传统美德的基础上，对"守住管好'天下粮仓'，切实做好'广积粮、积好粮、好积粮'三篇文章"等体现行业使命、体现时代精神、体现员工价值追求的核心理念，进行深入研究提炼，形成粮食行业核心价值观，积极培育完善粮食行业核心价值体系，组织引导粮食职工认真学习、积极实践，并与理想信念教育、国情教育、道德教育、革命传统教育和改革开放教育结合起来，引导粮食职工把"个人梦"融入"中国梦"，把个人价值融入行业核心价值。

（二）挖掘和整理传统优秀粮食文化

深入研究粮食典籍和古今粮食文化学术思想，广泛收集、研究整理民间粮食文化、地域粮食文化、粮食产销和储运文化、粮食行政和企业文化、粮食消费文化等，梳理粮食文化的源流脉络，深入探索粮食文化的演进发展规律，搭建粮食文化理论架构。积极开展粮食文献、粮油票证、粮食遗址、文物古迹的调查工作，并积极争取有关部门的支持与合作，加强研究和保护，使其成为弘扬传统优秀

粮食文化的载体。做好粮食特色理论、民俗、工艺、技术等非物质文化遗产的发掘、整理、研究、应用等工作，推动有关项目列入国家非物质文化遗产名录，并加以保护与传承。

（三）培育践行新时期粮食行业的新理念、新风尚、新精神

在长期的粮食流通工作实践中，粮食行业积累创造了一批影响广泛、具有行业特色、业内共识的精神财富，如"宁流千滴汗、不坏一粒粮"的敬业精神，"爱粮节粮、杜绝浪费"的节俭精神，"为耕者谋利、为食者造福"的奉献精神，"天下粮人是一家"的大局精神，等等。对这些颇具时代特色的粮食人精神，应积极传承和发扬光大。同时，要根据新形势下粮食生产、流通和消费中出现的新情况新问题，积极培育形成守住管好天下粮仓的新理念、新风尚、新精神，使之不断提升，不断丰富，切实践行。

（四）促进粮食文化的繁荣与传播

努力建设粮食文化宣传教育基地和粮食文化载体。保护具有历史文物价值的粮食机构旧址、仓储加工建筑设施和器具等，在有条件的地方建设粮食博物馆、粮食史陈列馆、图书馆（室）、荣誉室、全国中小学爱粮节粮教育社会实践基地，挂牌命名，健全制度，规范管理，同时，广泛运用政府网站粮食文化建设专栏、报刊杂志、"粮食文化墙"、博客微博、手机短信等多种载体，使之成为展示传播粮食文化、普及粮食知识、弘扬粮食人精神理念的重要平台和阵地。积极创作粮食文学艺术作品，出版一些有影响力的粮食文化研究成果。鼓励粮食行业员工用书法、美术、摄影、诗歌散文、小说、歌曲、影视剧等多种形式，创作粮食文化艺术作品，书身边的人、画眼前的事、写行业的实、表心中的情，反映粮食流通事业的改革发展，为人民群众提供丰富的粮食精神文化产品，用文学艺术作品教育人、感召人、鼓舞人，促进粮食文化的发展繁荣。

大力传播粮食文化。加强与文化传播机构、媒体和国际粮食组织的交流合作，拓展粮食文化传播交流渠道，开展形式多样的粮食文化宣传交流活动。深入推进"粮食文化中国行——进乡村·进社区·进家庭"活动，利用"世界粮食日"、全国爱粮节粮宣传周、粮食科技周、放心粮油宣传日、粮食法律法规颁布日等时机，采取展览、讲座、粮食知识竞赛、征文等多种形式，积极发挥"粮食形象大使"的作用，面向社会广泛宣传普及粮油知识，弘扬粮食文化，促进人民群众对粮食文化的认同、理解和传播。广泛开展群众性文化体育活动，让粮食职工在活动中陶冶情操、增长知识、强健体魄、提高素质。各级粮食部门要结合实际，深入开展"创和谐单位、建文明家庭"的活动，推动粮食文化传播的群众化、常态化。

（五）积极开展爱粮节粮行动

"爱粮节粮、反对浪费"是中华民族的优秀传统文化，也是粮食文化建设的重要内容。要广泛学习宣传和深刻理解"厉行勤俭节约、反对铺张浪费"的重要意义，教育粮食职工在粮食收购、储运、加工、消费等环节带头节约粮食、减少损失浪费，带头合理膳食、健康消费，带头讲餐桌文明、树用餐新风，倡导科学饮食、文明用餐的餐饮文化和绿色低碳的生活方式，引导粮食职工自觉加入创建爱粮节粮示范单位、示范家庭和"光盘行动"行列，养成健康节约的饮食消费习惯，促进全社会形成重粮、爱粮、节粮的浓厚文化氛围。

四　粮食文化建设的保障措施

（一）科学规划，加强领导

把粮食文化建设目标任务纳入粮食流通事业发展整体规划和评价粮食流通工作的重要内容，统一

部署实施，实现粮食文化建设与粮食流通工作协调发展。各级粮食部门要确定负责粮食文化建设的工作机构、明确工作职责、选用得力人员，建立党委（组）统一领导、书记负总责、分管领导具体抓、各有关职能部门分工落实的运行机制，形成党政工团齐抓共管、各部门互相支持配合、上下联动、全员参与、层层抓落实的工作格局。

（二）统筹协调，形成合力

各级粮食部门要加强同文化、新闻出版、广播电视、财政、教育、科技等部门的沟通协调，充分利用各种社会资源，搭建政府主导、市场引导、部门合作、共同推进粮食文化建设的平台。要加强与有关院校的联系与合作，推进粮食文化进学校、进课堂，将粮食文化研究列入科研专项，支持粮食科研、教育、培训等机构开展粮食文化研究培训和学术交流活动，充分发挥粮食科研院所和教育机构人才知识密集、文化氛围浓厚的优势，使之成为传承、研究、弘扬粮食文化的重要阵地，为粮食文化建设提供学术支撑。

（三）加大投入，提供保障

要积极争取各级政府的支持，逐步加大对粮食文化建设经费的投入，鼓励和引导社会资金参与粮食文化建设，建立多渠道、多形式的粮食文化建设经费投入长效机制。重点扶持公益性粮食文化事业发展、粮食文化创新、粮食文化遗产保护，支持重大粮食文化项目建设。

粮食文化建设是一个循序渐进、不断完善、不断丰富、不断提升的过程，也是一项振兴行业、惠及人民的系统工程。各级粮食部门要根据本指导意见，结合各地实际制定实施措施。要认真研究和解决工作中遇到的新情况、新问题，及时总结好的经验和做法，扎实推进粮食文化建设。

关于做好2013年粮食质量安全重点工作的通知

（国家粮食局 国粮发〔2013〕101号 2013年5月6日）

各省、自治区、直辖市及新疆生产建设兵团粮食局：

　　为认真贯彻落实国务院食品安全委员会第五次全体会议精神，根据《国务院办公厅关于印发2013年食品安全重点工作安排的通知》（国办发〔2013〕25号）的部署，现就2013年粮食质量安全重点工作通知如下。

一　完善监管机制，落实属地管理责任

　　粮食质量安全不仅是食品安全的重要组成部分，也是国家粮食安全的重要内容。要严格按照食品安全地方政府负责制的要求，完善粮食质量安全监管机制，落实属地管理责任。

（一）完善机制，落实责任

　　要按照质量安全属地管理的要求，将本行政区域内各种性质原粮和政策性成品粮油的质量安全纳入监管范围，全面梳理查找监管漏洞和盲区，结合实际逐项明确监管分工和要求。尽快明确或设立负有质量安全监管责任主体的职能处（科、股）室，明确职责要求，明确岗位，落实人员，落实责任，落实经费，形成粮食质量安全工作有人抓、有人管、有人负责的监管机制。有关落实情况，要报上一级粮食部门备案。

　　要强化基层质量安全意识和属地管理责任，加强市、县级基层粮食部门监管体系建设，扎实推进监管重心下移，力量配置下移，细化完善质量安全监管措施，全面推行基层粮食质量安全监管网格化监管。省级粮食部门要加强对市、县级粮食部门机构落实、责任细化等方面的督促指导，确保市、县粮食质量安全监管责任和人员到位。

（二）明确任务，细化措施

　　要围绕《国家粮食局关于全面贯彻落实〈国务院关于加强食品安全工作的决定〉的通知》（国粮发〔2012〕222号）提出的各项任务和2013年全国粮食流通工作会议确定的工作任务，结合本地实际，明确2013年粮食质量安全监管应开展的工作、要求和完成时限，细化落实措施和责任分工，特别是要深入开展粮食行业质量安全风险隐患排查，深挖带有行业共性的隐患和"潜规则"，有效防范系统性、区域性粮食质量安全风险。

（三）健全制度，依法监管

　　要根据粮食质量安全的新形势、新任务、新要求，制定或完善监管制度，切实做到依法管质，尤其是加快制定或完善粮食质量安全事故应急预案，明确应急处置的职责和责任，规范事故调查处理流程，组织开展应急演练，提高快速响应能力，最大限度地减少损失和危害。要全面建立粮食质量安全舆情监测和信息发布管理等制度，密切监测舆情特别是网络舆情，及时掌握并分析研判粮食质量安全或相关的舆情态势，加强舆论引导，依法依规及时、客观、准确地发布权威信息，回应社会关切。要

按照重大食品安全信息统一归口发布原则，完善粮食质量安全信息发布机制，加强管理，未经充分论证，不得擅自向社会发布粮食质量安全信息。

（四）强化考核，严格责任

国家粮食局将对省级粮食部门落实2013年粮食质量安全重点工作情况进行考核评价。省级粮食部门应探讨建立对市、县（市）级粮食部门开展粮食质量安全监管履责的定期考核评价与通报机制，以促进各项工作的落实。省、地（市）、县（市）级粮食部门应将粮食质量安全监管工作履责情况纳入年度绩效评价指标体系和考核内容，建立具体到职能处（科、股）室及有关人员的岗位责任制和责任追究制，提出可量化、可考核、可奖惩的具体指标和考核办法，细化责任追究方式、程序，严格责任追究。

二   加强能力建设，提升技术支撑手段

粮食质量安全监管队伍装备标准化建设和检验检测体系建设是质量安全监管能力建设的重要内容，是开展依法监管的重要技术支撑。

（一）充实装备，高效执法

要认真落实《国家食品安全监管体系"十二五"规划》关于"强化省、市、县三级监管队伍和食品安全事故应急处置专业队伍标准化配备"的要求，积极向当地政府汇报，主动与财政、发展改革等部门沟通，争取资金和政策支持，为一线粮食质量安全监管执法人员配备现场快速检测设备、现场执法与调查取证设备、通讯设备等，为依法履行监管职责提供技术支撑。

（二）完善体系，提升能力

省级粮食部门要继续按照"机构成网络、监测全覆盖、监管无盲区、系统无风险"的原则，统筹考虑地域分布、机构运行成本和实际监管工作需要，科学规划粮食检验监测机构布局，做到本省（区、市）所有市、县区域内的粮食质量安全都有机构监管、有机构监测和检验，不能出现监管盲区。要按照国家粮食质量安全检验监测能力建设项目要求，积极协调落实地方配套资金，按期完成年度粮油检验技术装备建设计划，不断提升检验能力。

（三）严格纪律，依规检验

要加大对所隶属检验机构的管理力度，增强其大局意识、责任意识、风险意识，严格检验机构内部管理，规范委托检验行为，审慎出具检验报告，对检验中发现的重大粮食质量安全问题要及时向同级食品药品监管部门报告，并妥善处置，同时向上一级粮食部门报告。省级粮食部门要加强对质检人员和企业主要从业人员的粮食质量安全技术指导，不断提升政策水平和检验技术水平。

（四）统筹规划，信息共享

省级粮食部门要按照《国家食品安全监管体系"十二五"规划》有关信息化建设要求和国家粮食局大力推动粮食行业信息化发展的指导意见，积极推进粮食质量安全监管信息化建设。

三   强化质量监管，保障百姓吃粮安全

粮食质量安全监测与抽检是抓收购、保质量、惠民生的重要内容，也是落实"积好粮"、推进"粮安工程"的客观要求。

（一）适时监测，指导收购

省级粮食部门要安排专人负责《国家食品安全风险监测计划》的落实工作，按照国家粮食局下达的监测计划和要求开展质量安全监测工作，统一组织协调，科学、合理安排好采样及检验工作进度，提高监测工作的时效性。要在粮食主产区建立质量安全风险监测点，逐步规范监测，及时发现质量安全隐患。要建立监测工作责任追究制度和监测结果分析研判机制，做好风险监测评估工作。对监测中发现的问题，要在省级人民政府和食品安全综合协调部门的统一领导下，审慎稳妥处置，科学指导粮食收购。

（二）加强抽检，确保质量

要按照粮食质量安全属地管理的原则，依照职责，加强库存粮油和供应的政策性成品粮油的质量安全抽检工作。优化抽检方案，扩大质量安全监督抽查、执法抽检频次、范围。切实提高对粮食质量安全违法行为的打击惩处力度，督促企业规范内部管理，确保质量安全。

（三）服务社会，惠及民生

各级粮食部门要充分发挥粮食检验检测机构的技术和专业优势，配合有关部门做好市场粮油以及粮油产品的质量安全抽检工作，配合有关部门做好涉及粮油产品质量安全事件的调查处置工作，切实保障百姓吃粮安全。

四　落实主体责任，夯实企业监管基础

质量安全工作的基础是企业。加强收购、储存环节粮食经营者履行质量安全主体责任的督促指导，是保障粮食质量安全的重要措施。

（一）督促企业，强化管理

各级粮食部门对纳入本层级监管的粮食经营者，要加强质量安全督导，督促企业强化内部管理，健全质量安全管控体系，保障质量安全投入。2013年底前，督促所有规模以上粮食收储经营企业设置质量安全管理机构，明确分管负责人和直接责任人，细化责任与要求。

（二）严格检验，认真把关

要督导粮食经营者严格落实粮食入库和销售出库质量检验制度、索证索票制度和质量安全事故报告制度。督促企业严格执行国家粮食收购质价政策，保护农民利益。要提高质量安全风险防控能力，严格粮食入库、销售出库粮食质量检验，特别是省级粮食部门设立的必检食品安全性指标检验、储存期间使用过化学药剂并在残效期内的药剂残留检验，防止不符合食品安全标准的粮食流入口粮市场。要督促企业建立粮食质量档案，明确保存期限，确保质量信息可追溯，责任可追究，问题可倒查。

（三）诚实守信，增强自律

要继续梳理、掌握粮食质量安全监管对象的情况，加快推进粮食行业诚信体系建设，完善诚信信息共享机制和失信行为联合惩戒机制，逐步建立企业执行法律法规、粮食政策和出入库质量检验制度等方面的检查档案和信用档案，逐步实施分类监管，进一步落实粮食企业质量安全主体责任。

（四）搞好宣传，抓好培训

要全力做好2013年食品安全宣传周活动以及国家粮食局安排的相关质量安全宣传活动。利用多种形式，将诚实守信、质量安全、爱粮节粮等内容纳入公益性宣传范围，加大宣传力度，普及质量安全知识。要按国家有关规定，加强对粮食质量安全监管人员、各类粮食经营企业负责人和主要从业人

员，进行法律法规、食品安全和粮食质量安全政策、业务技能和工作作风等方面的岗位培训，树立科学监管理念，提高监管人员责任意识和业务素质。

五　加强基础研究，加快标准体系建设

科学、合理的粮油标准是落实加强质量安全管控的重要技术依据，也是服务于"三农"、科学引导粮油消费、维护粮油市场稳定的政策基础。

（一）认真清理，科学制标

要全力推进食品安全标准建设，力争在2013年底前，配合有关部门基本完成食品相关标准清理工作，明确粮油质量安全标准框架体系，做好重点粮油急需的产品标准和配套检验方法标准制修订，进一步完善粮油标签标识管理规定。加强对新发布的粮油食品安全标准的宣传培训及跟踪评价，及时做好标准解读。积极参与粮油国际标准化工作，增强话语权。

（二）加强会检，服务制标

要进一步做好收获粮食质量会检、质量调查和品质测报工作，完善国家级质量会检工作，强化尽早扦样、按时送样工作；规范省级质量调查工作，重点前移，确保第一时间摸清新收获粮食总体质量情况。借助行业科研专项工作，推动粮食品质测报工作。

（三）标准验证，强化制标

要加快推动"国家粮油标准研究验证测试体系"建设工作，2013年完成对部分科研院所、院校、省级质检机构国家粮油标准研究验证测试中心（站）命名挂牌工作，提高粮油标准制修订工作的科学性和技术水平。各地粮食检验机构要按照《食品检验机构资质认定条件》的要求，积极主动申请资质认定，拓展检测范围，扩大服务领域，为粮食质量安全监管工作及食品安全监管工作发挥好技术服务作用，积极争取食品检验机构资质认定。

六　加强组织领导，落实质量监管经费

加强粮食质量安全监管是守住和管好"天下粮仓"的重要内容，也是考查粮食部门履职的重要标尺。

（一）统筹安排，有序推进

要把落实2013年粮食质量安全重点工作列入重要议事日程，按照粮食质量安全属地管理原则，切实加强对本地区粮食质量安全监管工作的统一领导和组织协调，主要负责人要亲自抓，分管负责人要直接负责。要抓紧制定本地区的具体工作方案，分解细化任务，明确工作要求，落实责任分工。要适时开展督促检查，确保各项工作扎实推进。

（二）积极争取，落实经费

要结合粮食安全省长负责制的落实，积极向当地政府及财政、发展改革等有关部门汇报粮食质量安全监管工作的重要性和紧迫性，切实落实国办发〔2013〕25号关于地方各级人民政府要"建立稳定的食品安全资金投入保障机制，将食品安全监管人员经费及行政管理、风险监测、监督抽检、标准制修订、应急处置、科普宣教等各项工作经费纳入财政预算"的要求，将粮食质量安全监管的各项工作经费纳入当地财政预算，保障各项工作的有效开展。要科学、合理地使用经费，提高资金使用效率。

关于深入开展"四无粮仓"活动的通知

（国家粮食局 国粮展〔2013〕102号 2013年5月6日）

各省、自治区、直辖市及新疆生产建设兵团粮食局，中国储备粮管理总公司、中粮集团有限公司、中国华粮物流集团公司、中国中纺集团公司：

创建"四无粮仓"是上世纪50年代初基层粮食职工从实际工作中总结出来的科学储粮管理经验，集中体现了我国广大粮食干部职工爱岗敬业、求实创新的优秀品格和艰苦奋斗、吃苦耐劳的创业精神。当今，继续坚持开展"四无粮仓"活动，对"守住管好'天下粮仓'，做好'广积粮、积好粮、好积粮'三篇文章"，确保国家粮食安全依然具有重要现实意义。现就继续做好相关工作通知如下：

一　加强宣传，进一步弘扬"四无粮仓"光荣传统

各地区（单位）要通过回顾"四无粮仓"活动的光荣历史和其中涌现出的典型人物及案例，号召广大粮食干部职工继续弘扬"宁流千滴汗，不坏一粒粮"的艰苦奋斗和节粮爱粮精神，以饱满的工作热情、良好的精神状态、"底线思维"的工作方法，切实做好储粮安全工作，为守住管好"天下粮仓"作出贡献。同时，要向社会广泛宣传"四无粮仓"活动以及粮油仓储工作成就，引导广大消费者树立爱粮节粮意识。

二　创新方式，进一步丰富"四无粮仓"活动内容

各地区（单位）要把"粮油仓储规范化管理"等工作融入到"四无粮仓"活动之中，增加信息化、标准化、科学化、规范化管理方面的要求，提升活动水平。要把非国有粮食企业和新进入粮食仓储行业的企业作为重点，加强指导和监管，提高活动的针对性和广泛性。通过深入开展"四无粮仓"活动，着力解决影响企业安全生产和库存粮油质量安全的主要问题，全面提升粮食企业的仓储管理水平。

三　总结经验，做好"四无粮仓"创建60周年纪念活动的准备工作

国家粮食局将在2015年组织开展全国粮食系统"四无粮仓"创建60周年纪念活动，届时将表彰一批"四无粮仓"典型企业和先进个人。各地区（单位）要注意总结"四无粮仓"活动工作经验，结合实际对本地区（单位）"四无粮仓"活动先进典型进行表彰，并及时向国家粮食局报送"四无粮仓"活动的相关信息。

关于粮食行业带头爱粮节粮反对浪费的指导意见

（国家粮食局 国粮发〔2013〕105号 2013年5月8日）

各省、自治区、直辖市、计划单列市及新疆生产建设兵团粮食局，有关中央粮食企业：

为认真贯彻落实党中央、国务院关于厉行节约、反对浪费的精神，动员全国粮食行业广大员工带头爱粮节粮、反对浪费，以粮食行业带头节粮减损的好行风，促进全社会树立起爱粮节粮的新风尚，以切实履行好"守住管好'天下粮仓'，做好'广积粮、积好粮、好积粮'三篇文章"的光荣使命，确保国家粮食安全，现提出如下意见。

一 充分认识带头爱粮节粮、反对浪费的重要意义

我国人口众多、水土资源相对不足，实现粮食供需基本平衡、确保国家粮食安全始终是一项艰巨任务。当前，我国粮食产后损失浪费问题突出。全国粮食行业广大员工要从深入贯彻落实党的十八大精神，确保国家粮食安全和重要农产品有效供给的战略高度，深刻理解认真贯彻落实中央领导关于厉行勤俭节约、反对铺张浪费的指示，带头爱粮节粮、反对浪费，对于弘扬中华民族勤俭节约的传统美德，引领带动全社会形成节约光荣、浪费可耻的社会风气，减少粮食损失浪费，增加粮食有效供给，保障国家粮食安全的重要性和现实意义。要深刻理解带头爱粮节粮，遏制粮食损失浪费现象，是守住管好"天下粮仓"、全面实施"粮安工程"、保障国家粮食安全的重要内容，是粮食行业的光荣使命和政治责任。要自觉做到温饱不忘饥寒、丰年不忘灾年、增产不忘节约、消费不能浪费，采取有效措施，最大限度地减少损失浪费，争做爱粮节粮、反对浪费的模范，为确保国家粮食安全作出贡献。

二 带头深入开展爱粮节粮宣传教育活动

（一）广泛宣传普及科学用粮、节约用粮知识

全国粮食行业各单位都要将爱粮节粮宣传教育作为重要职责，纳入工作日程，充分发挥自身优势，广泛开展爱粮节粮宣传教育活动，充分利用一年一度的"世界粮食日"、"全国爱粮节粮宣传周"、"粮食科技活动周"、"放心粮油宣传日"等专题活动，开展科普宣传、科学营养膳食知识竞赛、主题展览、书画摄影展、烛光守夜、经验交流、专题报告等多种形式的群众性爱粮节粮宣传活动，不断丰富宣传内容，扩展活动规模，增强教育效果，普及节粮知识，提倡科学膳食，推动社会公众树立勤俭节约、科学健康的文明新风尚，积极参与爱粮节粮行动。

（二）加强沟通合作，形成宣传合力

各级粮食行政管理部门要主动加强与有关部门、社会团体、公益组织、新闻媒体的合作，充分

利用电视、广播、报刊、网络等各类新闻媒体展示爱粮节粮公益广告、专题宣传片和有关知识，聘请爱粮节粮宣传形象大使并充分发挥其作用，倡导在全社会开展多种形式的爱粮节粮教育实践活动，广泛宣传爱粮节粮先进典型，不断提高社会公众对爱粮节粮工作的认知度、参与度，切实提高宣传教育效果。国家粮食局将继续聘请知名人士或公众人物作为全国爱粮节粮宣传形象大使。各地也可根据实际，选定具有良好社会形象和影响力的人士担任本地区爱粮节粮宣传形象大使。

（三）大力推进"青年志愿者"爱粮节粮宣传活动

全国粮食行业各单位要积极会同共青团组织和青年志愿者协会，广泛开展"青年志愿者"爱粮节粮宣传活动，经常组织"青年志愿者"佩戴明显标志，到机关、企事业单位、学校食堂、酒店餐厅、社区等就餐人数较多的地方，采取口头提醒、发放节粮爱粮提示卡或宣传单等方式，宣传中华民族勤俭节约的传统美德和爱粮节粮有关知识。国家粮食局将加强与共青团中央和中国青年志愿者协会的联系合作，积极推动成立"全国爱粮节粮青年志愿者协会"。各级粮食行政管理机关都要积极推动成立当地"爱粮节粮青年志愿者协会"，建立青年志愿者队伍，制定管理制度，明确宣传活动内容、方法。青年志愿者爱粮节粮宣传活动，要从现在做起、从基层做起，上下同时展开并长期坚持，使之逐步完善规范。国家粮食局会同有关部门和单位将适时组织召开爱粮节粮志愿者工作推进会，总结交流经验，推进活动开展。

（四）积极促进中小学生爱粮节粮教育

各级粮食行政管理部门要强化爱粮节粮教育从"娃娃"抓起的意识，主动加强与教育部门的联系合作，积极推进爱粮节粮精神进课本、进课堂、进头脑，在广大中小学生中深入开展爱粮节粮征文、演讲比赛、社会调查体验等活动；积极创建"中小学生爱粮节粮教育社会实践基地"，按照先行试点、分步推进、网状分布的原则，分阶段在全国范围内建设可供广大中小学生参观及实际操作的爱粮节粮教育社会实践基地，争取用5年左右的时间在有条件的地市都建设1~2个教育实践基地，在北京等特大城市建设1~2个体现粮食行业全产业链特色的教育实践基地；经常组织中小学生到基地参加爱粮节粮宣传教育活动，使爱粮节粮的意识在孩子们的心中深深地扎下根来，为全社会形成爱粮节粮的风尚打下坚实基础。

三 带头树立勤俭节约、科学健康的文明新风尚，减少餐桌浪费

（一）带头开展家庭爱粮节粮活动

粮食行业员工要从自身做起，从个人家庭做起，从一日三餐做起，自觉做到节约用粮、科学用粮、适量用粮，提倡不浪费一粒粮、一滴油，提倡不剩饭、不剩菜，养成勤俭节约的好习惯，争做爱粮节粮、反对浪费的倡导者、先行者、示范者，为树立餐桌文明新风尚作出贡献。全国粮食行业要带头开展创建爱粮节粮示范单位、示范家庭活动，并适时宣传表彰粮食行业员工、家庭和单位爱粮节粮的先进典型，树立粮食行业带头爱粮节粮、反对浪费的良好社会形象，大力营造"爱惜粮食光荣、浪费粮食可耻"的浓厚氛围，促进整个社会形成爱粮节粮的风尚。

（二）带头加强员工食堂管理

粮食行业员工食堂要采取有利于食品节约的就餐方式，完善管理制度和监督措施；推行食品节约指标管理，按需定量，适量采购，加强储存和加工管理，提高原材料的利用率；提供"半份半价"、

"小份适价"服务，方便用餐人员按需选用，防止浪费。在食堂和办公场所等醒目位置摆放、张贴节粮爱粮提示牌、宣传画等，引导员工争做爱粮节粮的模范。

（三）带头执行会议、接待用餐规定

会议用餐提倡安排自助餐，不安排宴请；公务接待用餐原则上安排在员工食堂，提供自助餐或工作餐。会议、接待用餐要坚持务实节俭，严格控制菜品种类、数量，不提供高档菜肴，不超标准接待。

（四）带头做到科学营养膳食

积极推行少盐、少油、少糖烹饪，营养配餐，倡导树立崇尚节约、适度消费、科学膳食、文明用餐的餐饮文明新风尚。

四　加强组织领导

（一）要高度重视，严密组织

全国粮食行业各单位要高度重视带头爱粮节粮、反对浪费工作，指定具体负责部门，明确专人负责，落实领导责任，以改进工作作风的实际行动，高标准、严要求，切实抓好各项工作的贯彻落实。国家粮食局将会同有关部门加快研究制定《全国粮食产后减损行动实施意见》。

（二）要率先垂范，狠抓落实

广大党员特别是领导干部要率先垂范，带头参与，从自身做起，从现在做起，从身边的事情做起，发挥模范带头作用，使中央关于厉行勤俭节约、反对铺张浪费的各项要求真正落到实处。

（三）要落实责任，加强监督

要建立健全爱粮节粮、反对浪费工作责任制，分解任务，明确责任，组织开展爱粮节粮专项检查，对厉行节约、反对浪费工作做得好的单位和个人要予以表扬；对违反规定、浪费粮食的突出问题，要通报批评，督促整改，务求取得实效。

关于支持全国高校师生爱粮节粮倡议的通知

（国家粮食局　教育部　国家机关事务管理局
国粮展〔2013〕112号　2013年5月16日）

各省、自治区、直辖市和新疆生产建设兵团教育厅（教委、教育局）、粮食局、公共机构节能主管部门，教育部所属各高等学校：

改革开放以来，我国粮食产量的增长速度显著高于世界平均水平，连续"九连增"的成绩更是举世瞩目。但是，粮食在生产、加工、消费的过程中损失浪费也十分惊人，尤其是"舌尖上的浪费"、"中国式剩宴"等现象令人触目惊心，引起了全社会的强烈关注。

"爱粮节粮，反对浪费"是中华民族的传统美德。最近，习近平总书记指出"我国有13亿人口，如果粮食出了问题谁也救不了我们，只有把饭碗牢牢端在自己手中才能保持社会大局稳定"，"浪费之风必须狠刹"。李克强总理强调"我国的工业化、城镇化进程不可逆转，十几亿人的吃饭问题谁也背不起，只能立足国内"。为此，大兴节约粮食反对浪费的社会风气十分必要。

国家粮食局、教育部、国家机关事务管理局高度重视节约粮食工作。国家粮食局已经在全国粮食行业深入开展带头爱粮节粮、反对浪费的活动，并将在全国范围组织开展以"科学节粮减损，保障粮食安全"为主题的粮食科技活动周。教育部日前已经部署开展反对"餐桌浪费"的专项行动，并将进一步采取措施持续推进。国家机关事务管理局在今年6月开展的全国节能宣传周期间，将公共机构节约粮食反对食品浪费作为重要宣传内容。

近日，河南工业大学、南京财经大学、武汉轻工大学三所院校的师生发出了"爱粮节粮从我做起"倡议，号召全国大学生积极行动起来，争做爱粮节粮的倡导者、践行者、宣传者，爱惜粮食，杜绝浪费，共创节约型校园，为实现中华民族伟大复兴的"中国梦"而奋斗。国家粮食局、教育部、国家机关事务管理局积极支持这项倡议。请各地教育部门迅速将本通知转发给辖区内各高等学校，开展爱粮节粮活动，并将倡议内容落实到具体工作中，以制度建设为重点，常抓不懈、持之以恒，力争取得显著效果。各级粮食行政管理部门要在系统内大力发扬节约粮食、反对浪费的优良传统。各地公共机构节能主管部门要会同粮食行政管理部门，组织各类公共机构积极响应高校师生倡议，开展形式多样的宣传教育活动，采取节约粮食反对食品浪费的有效措施，充分发挥对全社会爱粮节粮的示范作用，带动全社会形成爱粮节粮的良好风尚。

附件："爱粮节粮从我做起"倡议书

"爱粮节粮从我做起"倡议书

"民以食为天，食以粮为先"。新中国成立以来，我们以占世界7%左右的耕地，养活了占世界20%多的人口，取得了举世瞩目的成就。与此同时，粮食浪费现象依然普遍存在。作为当代大学生，我们应当自觉担负起"厉行节约，反对浪费"的社会责任，弘扬中华民族勤俭节约的优良传统。

适值粮食科技活动周的来临，在国家粮食局主导下，河南工业大学、南京财经大学、武汉轻工大学分别组织开展了以"科学节粮减损，保障粮食安全"为主题的大学生辩论赛、话剧表演、摄影展览等形式多样、内容丰富、参与广泛的活动，在广大青年学生中产生了热烈反响，我们深刻认识到继续深入、广泛地开展此类活动的重要社会意义和影响。特此，我们向全国高校师生发出以下倡议：

一　争做爱粮节粮的倡导者

厉行节约、反对浪费，是我们民族的传统，更是时代发展的要求。我们要以高度的责任感和使命感，学习"节粮爱粮"知识，反对讲排场、摆阔气、搞攀比，以节约为荣，浪费为耻，弘扬勤俭节约的传统美德，树立爱粮节粮的新风尚。

二　争做爱粮节粮的践行者

从我做起，从小事做起，从一日三餐做起，适量定餐，避免剩餐，合理消费；到食堂饭店就餐，打包剩余饭菜，以"光盘"为荣，以"剩饭"为耻，坚持"餐餐不余、年年有余"，争做爱粮节粮的表率和楷模。

三　争做爱粮节粮的宣传者

宣传"节粮爱粮"的相关知识和减少浪费的措施，增强节约意识，影响和带动高校学生及全社会加入到爱粮节粮的行动中来，引领崇尚节俭的社会风尚。

老师们、同学们，"一粥一饭，当思来之不易；半丝半缕，恒念物力维艰。"让我们积极行动起来，凝心聚力，爱惜粮食，杜绝浪费，共创节约型校园、节约型社会，为实现中华民族伟大复兴的"中国梦"贡献力量！

河南工业大学学生会
南京财经大学学生会
武汉轻工大学学生会
2013年5月

关于公布第三届全国粮食行业
职业技能竞赛获奖单位和个人名单的通知

（国家粮食局 国粮人〔2013〕129号 2013年6月8日）

各省、自治区、直辖市及新疆生产建设兵团粮食局，中国储备粮管理总公司、中粮集团有限公司、中国华粮物流集团公司、中国中纺集团公司：

国家粮食局、中国就业培训技术指导中心、中国财贸轻纺烟草工会于2013年5月25日至26日在江苏省南京市举办了以"节粮减损从技能开始"为主题的第三届全国粮食行业职业技能竞赛。经过理论知识和技能操作比赛，中国储备粮管理总公司等6支代表队获得优秀团体奖，赵英韬等60名同志获得优秀个人奖，河北省粮食局等8支代表队获得优秀组织奖，安徽科技贸易学校等4所院校获得优秀院校奖，现予以公布。

希望获奖单位和个人以此为起点，发扬成绩，再接再厉，为粮食流通事业发展贡献自身更大的力量。全国粮食行业广大职工要以优秀技能人才为榜样，增强做好粮食工作的使命感和责任感，学本领，增技能，不断提高业务工作水平。各级粮食行政管理部门和有关企业要继续加强高技能人才队伍建设，营造良好的人才成长氛围，为国家粮食安全提供坚实的人才保障。

附件：第三届全国粮食行业职业技能竞赛获奖名单

第三届全国粮食行业职业技能竞赛获奖名单

一　优秀团体奖

一等奖：中国储备粮管理总公司代表队
二等奖：江苏省粮食局代表队
　　　　安徽省粮食局代表队
三等奖：山东省粮食局代表队
　　　　江西省粮食局代表队
　　　　广东省粮食局代表队

二　优秀个人奖

（一）职工组
1.粮油保管员职业

一等奖：

赵英韬　中央储备粮长春直属库

方　治　张家港市粮食购销总公司

王西国　安徽省阜阳市海泉粮油工业集团

二等奖：

李　涛　中央储备粮荆州直属库

陈　兵　江西省储备粮永修有限公司

吴世根　安徽现代粮食物流中心库

曲永建　山东鲁北国家粮食储备库

王　莉　河南郑州兴隆国家粮食储备库

李洪波　浙江中穗省级粮食储备库

张德龙　中央储备粮四平平东直属库

商永辉　东营市粮食储备库

宋文胜　浙江中穗省级粮食储备库

陈　东　新疆乌鲁木齐北站国家粮食储备库

刘尚峰　安徽现代粮食物流中心库

李松伟　广东省储备粮管理总公司东莞直属库

三等奖：

黄东阳　广东省储备粮管理总公司梅州直属库

宋　岩　沈阳市第三粮食收储库

谢宗林　中粮粮油安徽国家粮食储备库

黄海波　惠州市储备军粮供应公司

申家伦　嫩江县双山粮库有限责任公司

王战君　上海粮油仓储有限公司

周宝新　辽宁大连金州国家粮食储备库

李　文　昌吉回族自治州粮油购销（集团）有限责任公司

徐留安　山东齐河国家粮食储备库

顾晨斌　上海粮油仓储有限公司

2.粮油质量检验员职业

（1）机构组

一等奖：

黄　伟　江苏省粮食局粮油质量监测所

二等奖：

李　辉　北京市粮油食品检验所

杨水艳　云南省粮油产品质量监督检验测试中心

田国军　湖北省粮油食品质量监测站

彭志兵　江西省粮油质量监督检验中心

三等奖：

朱启思　广东省粮食科学研究所

钱国平　中储粮镇江粮油质量检测中心有限公司

李皖光　安徽省粮油产品质量监督检测站

（2）企业组

一等奖：

王　伟　中央储备粮郑州直属库

张　羽　昆山市粮油购销公司

二等奖：

郭　静　吉林白城国家粮食储备库

吴　毓　上饶市国家粮油储备库

曹玉红　安徽现代粮食物流中心库

方宏兵　江苏省新海粮食储备直属库

方　欣　上海粮油仓储有限公司

王兴梅　湖北荆门北郊国家粮食储备库

谢红梅　广西柳州国家粮食储备库

吴　宗　上海粮油仓储有限公司

三等奖：

胡　娜　山东威海国家粮食储备库

杨雪花　广东省储备粮管理总公司珠海直属库

饶春德　江西崇仁国家粮食储备库

陈舒萍　浙江省粮食局直属粮油储备库

于春秀　山东黄岛国家粮食储备库

曹红玺　河南郑州中原国家粮食储备库

应玲红　浙江省粮食局直属粮油储备库

（二）学生组

1.粮油保管员职业方向高职学生组

一等奖：

王毓川　山东商务职业学院

二等奖：

赵永鑫　江苏省连云港工贸高等职业技术学校

三等奖：

魏哲飞　江苏财经职业技术学院

2.粮油质量检验员职业方向高职学生组

一等奖：

董子焓　江苏财经职业技术学院

二等奖：

董　盼　江苏省连云港工贸高等职业技术学校

三等奖：

王　华　山东商务职业学院

3.粮油保管员职业方向中职学生组

一等奖：

魏　亮　安徽科技贸易学校

二等奖：

董菊霞　安徽科技贸易学校

4.粮油质量检验员职业方向中职学生组

一等奖：

平婵媛　安徽科技贸易学校

二等奖：

李　翠　云南商务信息工程学校

三　优秀组织奖

河北省粮食局代表队

辽宁省粮食局代表队

江苏省粮食局代表队

安徽省粮食局代表队

江西省粮食局代表队

湖北省粮食局代表队

中国储备粮管理总公司代表队

中粮集团有限公司代表队

四　优秀院校奖

安徽科技贸易学校

山东商务职业学院

云南商务信息工程学校

新疆工业经济学校

关于公布第五批国家粮食质量监测机构名单的通知

（国家粮食局 国粮发〔2013〕141号 2013年6月25日）

各省、自治区、直辖市及新疆生产建设兵团粮食局，河南工业大学、南京财经大学、武汉轻工大学、江南大学，各有关粮食质量检验机构：

为贯彻落实《全国粮食质量安全检验监测能力"十二五"建设规划（2011–2015年）》，全面推进国家粮食质量监测体系建设，根据《国家粮食局关于建立国家粮食质量监测体系的通知》（国粮发〔2006〕146号）要求，按照"机构成网络、监测全覆盖、监管无盲区"的建设原则，在各省级粮食行政管理部门推荐、专家组考核合格的基础上，经研究，现公布国家粮食局授权挂牌的第五批国家粮食质量监测机构名单（见附件）。我局授权挂牌的机构，其原隶属关系不变，人、财、物管理关系不变，相关业务工作接受国家粮食局的监督指导。各授权挂牌机构要按照客观、公正的原则开展检验工作，严格检验程序，严格检验纪律。

附件：第五批国家粮食质量监测机构名单

第五批国家粮食质量监测机构名单

序号	挂牌机构名称	依托单位
1	黑龙江鹤岗国家粮食质量监测站	鹤岗市粮油卫生检验监测站
2	黑龙江鸡西国家粮食质量监测站	密山市粮食质量安全监测站
3	黑龙江双鸭山国家粮食质量监测站	龙江县粮食质量监测站
4	安徽黄山国家粮食质量监测站	黄山市黄山粮油产品质量监督检测站
5	安徽宣城国家粮食质量监测站	宣城国家粮食质量监测站
6	福建三明国家粮食质量监测站	三明市粮油质量监督检验站
7	山东临沂国家粮食质量监测站	临沂市粮食质量检测中心
8	河南鹤壁国家粮食质量监测站	鹤壁市粮食局粮食检验检测中心
9	湖南岳阳国家粮食质量监测站	岳阳市粮食质量卫生检验监测中心
10	广东深圳国家粮食质量监测站	深圳市深粮质量检测有限公司
11	广东广州国家粮食质量监测站	广州市穗粮粮油产品质量检测中心有限公司
12	海南海口国家粮食质量监测站	海口市粮油检验站
13	云南迪庆国家粮食质量监测站	迪庆州粮油质量监督检验站
14	云南玉溪国家粮食质量监测站	玉溪市粮食质量监测中心
15	云南西双版纳国家粮食质量监测站	西双版纳傣族自治州粮油产品质量检验站

序号	挂牌机构名称	依托单位
16	云南保山国家粮食质量监测站	云南省保山市粮油产品质量监督检验站
17	四川达州国家粮食质量监测站	开江县粮油质量检验所
18	陕西商洛国家粮食质量监测站	商洛市粮油质量检验所
19	陕西汉中国家粮食质量监测站	汉中市粮油质量检测中心
20	甘肃武威国家粮食质量监测站	武威市粮油质量检验中心
21	甘肃定西国家粮食质量监测站	定西市国家粮食质量监测站
22	甘肃嘉峪关国家粮食质量监测站	嘉峪关市粮食质量安全检验监测站
23	新疆喀什国家粮食质量监测站	喀什地区粮油产品质量监督检测中心
24	新疆巴音郭楞国家粮食质量监测站	新疆巴音郭楞国家粮食质量监测站
25	新疆克拉玛依国家粮食质量监测站	克拉玛依市粮油质量检验中心
26	河南工业大学国家粮油标准研究验证中心	河南工业大学分析测试中心
27	南京财经大学国家粮油标准研究验证中心	南京财经大学粮油食品质量检测中心
28	武汉轻工大学国家粮油标准研究验证中心	武汉轻工大学粮油食品质量检验测试中心
29	江南大学国家粮油标准研究验证中心	江南大学分析测试中心

关于开展"爱粮节粮进家庭"活动的通知

（国家粮食局　中华全国妇女联合会
国粮发〔2013〕238号　2013年10月12日）

各省、自治区、直辖市粮食局、妇联，新疆生产建设兵团粮食局、妇联：

为认真落实习近平总书记关于"厉行节约、反对奢侈浪费"的重要指示，充分发挥广大妇女在爱粮节粮工作中的独特作用，引导全社会树立勤俭节约、科学饮食的良好风尚，国家粮食局、中华全国妇女联合会（以下简称全国妇联）决定从2013年10月到2014年10月，在全国开展"爱粮节粮进家庭"活动。现通知如下。

一　大力增强广大妇女爱粮节粮理念

各级粮食部门、妇联组织要加强与宣传部门的合作，通过在广播、电视、报刊、网站等媒体上刊登公益广告、宣传报道爱粮节粮先进典型、曝光浪费粮食案例等措施，引导广大妇女树立爱粮节粮意识，在家庭日常生活中养成勤俭持家、节约粮食的良好习惯，教育子女继承爱惜粮食的优良传统。把家庭爱粮节粮作为今年世界粮食日的主题活动之一进行集中宣传。在中国妇女网、国家粮食局网站开设专栏，搭建爱粮节粮的宣传平台。各级妇联要充分利用完善的组织体系开展爱粮节粮宣传入社区、进家庭，引导广大居民既健康又节约地消费，各级粮食部门要积极做好配合，提供必要服务和保障。

二　广泛开展家庭节粮科普活动

通过开展多渠道、多层次、多形式的科普活动，在城乡居民中进行一次粮食消费知识大普及。国家粮食局、全国妇联于2013年年底编印知识手册发放到社区、家庭。各省（区、市）粮食局、妇联要采取多种方式开展粮食科普活动，通过电台、电视台举办讲座，在报纸、杂志开辟专栏，协调移动通信运营商发送公益性节粮短信，普及粮食消费知识，引导形成节俭营养、合理搭配、健康安全的家庭饮食习惯。各地要组织专家深入乡村、社区、企业、社团、机关等，推广普及科学卖粮、储粮、烹饪、厨余综合利用等知识。2014年适时组织开展节粮知识竞赛，以促进掌握节粮知识和方法。

三　有效推广家庭节粮技能

各级粮食部门、妇联组织要积极支持广大妇女提高节约粮食、厨房制作等方面的技能，鼓励在粮油储存、取材下料、烹饪技巧、科学配餐等方面搞小发明、小创造。从2013年12月开始在全国开展"节粮小窍门"征集活动，先由县级妇联组织节粮厨艺比赛，优胜者选送市（州）级妇联和粮食部门进行评选，并按比例推荐到省妇联，由省（区、市）妇联和粮食局组织专家进行评选，对技术含量高、节粮节油节材效果明显的"小窍门"，协调电视台、电台制作成生活节目播出，也可以通过报刊、网络、手机短信等进行宣传推广。国家粮食局、全国妇联将于2014年5月从各省（区、市）（同时利用网络）征集优选一批成果，汇编出版并向全国推广普及。

四　为家庭节粮提供服务和支持

国家粮食局将进一步完善粮食加工的行业标准，各省（区、市）粮食局要引导粮食生产企业按标准生产，防止过度加工。支持加工企业针对家庭消费特点和不同人群的营养需求量，生产配比合理、规格适当的小包装粮食。活动期间，国家粮食局将筛选一批粮食加工重点企业进行小包装粮食生产试点，并提供必要的技术支持，优选列入技术改造计划。各级粮食部门要指导和支持粮食流通企业科学售粮，推动小包装粮食进超市、进市场。零售企业要为顾客提供不同份量和规格小包装粮食，并主动推介。有条件的地方可支持卖大包装粮食和散粮的流通企业，为顾客提供量化量杯等便利衡器。

五　发挥妇女在农户储粮中的重要作用

农户储粮是减少粮食损失的重要环节。各地要将农户科学储粮纳入农村"家庭节能行动"和"共建美丽家园行动"范围，作为重点内容加大推进力度。通过农村社区和网上"妇女之家"宣传家庭储粮的常识，介绍农户储粮的好经验。粮食部门要进一步加大对农户储粮的支持力度，通过资金补贴等政策措施推广使用科学规范的储粮设施，组织粮食科技人员进村入户，普及储粮知识和技能。

六　推荐评选"爱粮之家"、"节粮主妇"

国家粮食局、全国妇联将对"爱粮节粮进家庭"活动进行总结，对发扬勤俭持家优良传统表现突出、节粮效果明显的家庭——"爱粮之家"和个人——"节粮主妇"进行表扬。具体办法是：国家粮食局、全国妇联制定相关标准和程序；自2014年7月开始，地方各级粮食部门、妇联组织逐级进行推荐，9月各省区市按比例择优向国家粮食局和全国妇联推荐。经各方面专家组成的评委会提出候选家庭和候选人，通过媒体和网络公布，由社会公众投票推选，在2014年10月的世界粮食日期间进行公布，并在主流媒体上进行系列宣传。

关于印发《粮食企业执行会计准则有关粮油业务会计处理的规定》的通知

（国家粮食局 国粮财〔2013〕311号 2013年12月26日）

各省、自治区、直辖市、计划单列市及新疆生产建设兵团粮食局，中国储备粮管理总公司，中粮集团有限公司，中国华粮物流集团公司，中国中纺集团公司：

为使各地粮食企业更好地贯彻执行《企业会计准则》和《小企业会计准则》，实现新旧会计制度的平稳过渡，根据《中华人民共和国会计法》有关规定，经商财政部，我局在遵循会计准则的基本核算原则前提下，结合粮食行业特点，对粮食企业涉及的政策性业务和主要经营性业务的会计核算内容进行了必要的规范和补充，制定了《粮食企业执行会计准则有关粮油业务会计处理的规定》，现印发给你们，请遵照执行。本规定自2014年1月1日起实施。

附件：粮食企业执行会计准则有关粮油业务会计处理的规定

粮食企业执行会计准则有关粮油业务会计处理的规定

一　执行新会计准则的有关处理

（一）关于粮油库存成本的核算

设置"储备粮油"一级科目，核算粮食企业库存的用于调节粮食供求总量、稳定粮食市场，以及应对重大自然灾害或突发事件的中央储备粮油、地方储备粮油、最低收购价粮食、国家临时储存粮油等政策性粮油的实际成本。该科目可按政策性粮油的种类进行明细核算。设置"轮换粮油"一级科目，核算粮食企业按照主管部门下达的轮换计划轮换中央或地方储备粮油的实际成本。设置"定向供应粮油"一级科目，核算粮食企业按照政府指令，向军队、受灾人员、低收入人员、执行退耕还林（退牧还草、禁牧舍饲）政策的农牧民以及为平抑市场粮价限价销售等供应的粮油商品的实际成本。该科目可根据不同供应人群类别进行明细核算。设置"商品粮油"一级科目，核算粮食企业库存的自营商品粮油的实际成本。储备粮油和定向供应粮油应按历史成本进价，不计提存货跌价准备，国家对政策性粮油成本计价有特殊规定的，从其规定。

外购粮油存货成本具体包括：购买价款，以及达到入库储存状态前发生的运输费、装卸费、保险费、包装费、运输途中的合理损耗及入库整理等各项费用。其中，有关政策性粮油库存成本需经政府有关部门审核确定的，应先将购买粮食所支付的价款通过"储备粮油"科目下设的"待核××粮油价款"明细科目归集，发生的收购、运输等入库前费用通过"待核××粮油费用"明细科目归集；政府有关部门核定粮油成本后，将购进粮食价款和费用，转入相应的政策性粮油库存成本；企业实际成本支出与政府部门核定成本之间的差额通过"储备粮油结算价差收入"和"储备粮油结算价差"科目核算，计入当期损益。

（二）关于储备粮油轮换

储备粮油轮换采取成本不变、实物兑换、费用包干方式进行的，企业轮出储备粮油，按销售额借记"银行存款"科目，贷记"主营业务收入 ——××粮油轮换销售收入"。同时暂按销售价款结转成本借记"主营业务成本 ——××粮油轮换销售成本"，贷记"轮换粮油"科目；月末，根据轮入粮油的加权平均价和完成轮换数量的乘积与轮出粮油的加权平权售价和完成轮换数量的乘积之间的差额，调整当期已完成轮换粮油的销售成本，借记或贷记"主营业务成本 ——××粮油轮换销售成本"科目，贷记或借记"轮换粮油"科目。

储备粮油轮换采取财政承担价差亏损或盈余、成本重新核定的方式进行的，轮出粮油参照储备粮油销售处理，销售成本按账面库存成本结转，轮入粮油参照储备粮油购进处理。

（三）关于储备粮油等政策性粮食移库

政策性粮食移库储存时，调出企业在会计处理上直接核减粮油库存和贷款，不作销售处理；调入库点相应增加粮油库存和贷款。调运发生的铁路、水路运费经财政部驻相关省（区、市）财政监察专员办事处审核后计入调运方粮食库存成本。在税务处理上，政策性粮食移库视同销售处理，调出方应按有关规定向调入企业开具发票。

（四）关于储备粮油、定向供应粮油等政策性粮油销售

粮食企业按政府指令性计划销售储备粮油、定向供应的粮油等政策性粮油，按销售额借记"银行存款"或"应收账款"科目，贷记"主营业务收入 ——××粮油销售收入"科目；月末按库存成本，借记"主营业务成本 ——××粮油销售成本"，贷记"储备粮油"或"定向供应粮油"等科目。价差盈余上交财政时，借记"主营业务收入 ——××粮油销售收入"科目，贷记"其他应付款——应上交财政价差款"科目；价差亏损按财政确定的弥补数额，借记"其他应收款 ——应收补贴款"科目，贷记"递延收益"科目。

（五）关于粮食损失、损耗和溢余

粮食企业收购农民粮食，对农民交售的高水分、高杂质粮食，按照国家粮油质量标准扣量，其中弥补烘干入库整理费用等扣量形成的库存按权属记入"政策性粮油"或"商品粮油"科目。

粮食企业在商品粮油验收入库起至出库止的整个储存过程中发生的自然损耗和水分杂质减量等正常损耗，设置"粮油损耗准备"科目核算，于年度终了，按照国家规定的粮油损耗比例按仓（货位）计提粮油损耗准备，借记"销售费用 ——商品损耗"科目，贷记"粮油损耗准备"科目。一个独立存放单位（如一仓、一个货位）储存的粮油销售完毕后，根据实际发生的粮油损耗借记"粮油损耗准备"，贷记"商品粮油"等科目，对实际发生损耗与计提数额之间的差额，予以补提或冲回。政策性粮油储存损耗的处置方法按国家有关规定执行。

粮油在储存和流转过程中，由于自然灾害或责任事故造成的非正常损失，在未经批准处理之前，将损失金额记入"待处理财产损溢"科目，待调查清楚明确责任后，属于人为因素造成的，按应扣除过失人的赔偿金额，借记"其他应收款"等科目；属不可抗力原因造成的，按批准金额借记"营业外支出"科目。

（六）关于粮油品种兑换

粮油品种兑换业务不涉及补价的，换入粮油的成本为换出粮油的账面价值加上应支付的相关税

费，不确认损益。粮油品种兑换业务涉及补价的，支付补价方：换入粮油的成本按换出粮油的账面价值、支付的补价和应支付的相关税费合计确认，不确认损益。收到补价方：换入粮油的成本按换出粮油的账面价值，减去收到的补价，再加上应支付的相关税费合计确认，不确认损益。借记"商品粮油——××品种"，贷记"商品粮油——××品种"，借记或贷记"银行存款"等科目。

（七）关于粮油代购、代储、代销、代加工的处理

1.关于粮食代购。视同中介收取手续费方式代购的，企业收到委托代购粮油款时，借记"银行存款"或"库存现金"等科目，贷记"预收账款"科目。按约定价格收购入库时，借记"受托代购商品"科目，贷记"银行存款"或"现金"等科目，同时借记"预收账款"科目，贷记"受托代购商品款"科目。代购粮油出库时，借记"受托代购商品款"科目，贷记"受托代购商品"科目。视同购销方式代购的，企业按照粮食购进和销售进行处理，确认损益。

2.关于粮食代储。粮食企业代农储粮或接受其他单位委托代储粮油时，按照双方协议价格或市价，借记："受托代储商品"科目，贷记："受托代储商品款"科目，代储行为结束，作相反会计分录。

3.关于粮食代销。视同中介收取手续费方式代销的，企业收到委托代销粮油，按约定价格借记"受托代销商品"科目，贷记"受托代销商品款"科目。按约定价格销售代销粮油，借记"银行存款"科目，贷记"应付账款"等科目，同时借记"受托代销商品款"科目，贷记"受托代销商品"科目。交付代销款时，借记"应付账款"科目，贷记"银行存款"科目。

视同购销方式代销的，按实际销售额确认销售收入借记"银行存款"科目，贷记"主营业务收入"科目；按约定价格和价款结转销售成本，借记"主营业务成本"科目，贷记"受托代销商品"科目，同时借记"受托代销商品款"等科目，贷记"应付账款"科目。

4.关于粮食代加工。粮食企业收到受托加工材料物资时，借记"受托加工物资"科目，贷记"受托加工物资款"科目。加工完成，将加工物资发给委托方作相反分录。

企业代购、代销、代储、代加工，收取的手续费，借记"银行存款"科目，贷记"其他业务收入"科目。

（八）粮食竞价交易

1.关于粮食交易市场。交易市场向客户收取的保证金和货款可根据核算需要，按客户单位细化核算，也可归类汇总核算。

交易市场向客户收取保证金时，借记"现金"、"银行存款"等科目，贷记"应付保证金——交易保证金"、"应付保证金——履约保证金"科目。若交易不成功或客户履约结束，交易市场退回客户保证金时做相反会计分录。若客户履行合同违约，交易市场代受损方扣取违约方违约金，借记"应付保证金——履约保证金（违约方）"科目，贷记"银行存款"或其他相关类科目。交易市场向买卖双方收取的交易手续费和违约金，记入"主营业务收入——交易手续费收入"科目。

交易市场收到买方存入的购货款时，借记"银行存款"等科目，贷记"应付交割款（买方）"科目。应买方要求，将未成交部分的保证金转为货款时，借记"应付保证金——交易保证金（买方）"、"应付保证金——履约保证金（买方）"科目，贷记"应付交割款（买方）"科目。履约后，交易市场将买方购货款分解，借记"应付交割款（买方）"科目，贷记"应付交割款（卖方）"、"其他应付款——应上交财政差价款"等科目；支付卖方销货款时，借记"应付交割款（卖方）"科目，贷记"银行存款"等科目。

2.关于粮食企业进场交易。粮食企业向交易市场交存保证金时，借记"其他应收款——保证金"科目，贷记"银行存款"科目；划回保证金，作相反会计分录。竞价交易成功后，按交易细则履约，买方支付给交易市场结算货款时，借记"应付账款"科目，贷记"银行存款"科目；验收入库时，按照粮食竞买价款和手续费等支出，借记"商品粮油"或政策性粮油类科目，贷记"应付账款"等科目。卖方收到交易市场转来的货款时，借记"银行存款"科目，贷记"主营业务收入"科目，同时按照有关规定结转销售成本。若粮食企业发生违约，交易市场扣交保证金时，借记"营业外支出"科目，贷记"其他应收款——保证金"科目。

（九）关于政策性粮食财务挂账

粮食企业对中央或地方政府清理认定的政策性粮食财务挂账，设置"政策性财务挂账"科目，按照认定金额和挂账类别，借记"政策性财务挂账——老粮食财务挂账、新增粮食财务挂账、陈化粮差价亏损挂账、保护价粮差亏挂账、其他政策性亏损挂账（以下简称"××挂账"）或政策性财务挂账利息"科目，贷记"其他应收款——应收补贴款"、"应收账款"、"待处理财产损溢"、"其他应收款"、"利润分配——未分配利润"等科目。同时，将政策性财务挂账占用的银行借款，从"短期借款"、"长期借款"的明细科目中转出，借记"短期借款——××贷款"、"长期借款——××贷款"科目，贷记"长期借款——政策性财务挂账借款——××挂账贷款"科目。

若政府拨款消化政策性粮食财务挂账，根据政府文件和贷款归还手续，借记"银行存款"科目，贷记"政策性财务挂账——××挂账或政策性财务挂账利息"科目，同时借记"长期借款——政策性财务挂账借款——××挂账贷款"科目，贷记"银行存款"科目。

（十）关于粮食企业取得的财政资金

1.关于政府补助。粮食企业取得各项财政拨款时，应分清款项的性质、种类和规定用途。一般情况下，政府部门无偿拨付给企业，用于弥补企业日常生产费用开支，支付固定资产维修费用，或对开展特定的经济活动所给予的专项经费应纳入政府补助进行核算，如粮油产业化项目贷款贴息、建仓贷款贴息、运费补助、粮油利息费用补助、价差补贴、专项检查经费、专项活动经费、仓房维修补助、网点改造补助等。对于收益相关的政府补助，企业依据政府及有关部门下发的文件、规章制度和管理办法中所确定的标准和金额，借记"其他应收款——应收补贴款"科目，贷记"递延收益"科目，按照配比原则，同时借记"递延收益"科目、贷记"补贴收入"科目。对于资产相关的政府补助，包括政府无偿划拨资产或专项经费在使用过程中形成的长期资产等，企业取得时借记"银行存款"、"固定资产"等科目，贷记"递延收益"科目。自相关资产达到预定可使用状态时起，在该资产使用寿命内平均分配，分次计入以后各期的损益，借记"递延收益"科目，贷记"补贴收入"科目，固定资产按期计提折旧，借记费用类科目，贷记"累计折旧"科目。相关资产在使用寿命结束前被出售、转让、报废或发生毁损的，应将尚未分配的递延收益余额一次性转入资产处置当期的损益。粮食企业待转拨所属或其他企业的粮油补贴，通过"其他应付款——待拨政策性补贴资金"科目核算。

2.关于政府投资。企业收到政府作为投资人直接投资、资本注入的货币资金或非货币性资产时，应增加所有者权益，借记"银行存款"、"固定资产"、"无形资产"等科目，按其在注册资本或股本中所占份额，贷记"实收资本"或"股本"科目，按其差额，贷记"资本公积"科目。

企业收到政府拨付的具有导向性的、专门用于提升企业生产能力、发挥长期效用、改善基础设施的投资补助，如：粮食仓储物流设施新建、重建、改扩建投资、粮食产业化投资、粮食质量安全检验监测能力建设投资等，借记"银行存款"等科目，贷记"专项应付款"科目；将拨款用于工程项目，借记"在建工程"、"固定资产"等科目，贷记"银行存款"等科目；专项拨款形成的长期资产，文件明确由全体股东共同享有的，借记"专项应付款"科目，贷记"资本公积"科目，如明确归属某个投资者，贷记"实收资本"科目；对未形成长期资产的支出，直接借记"专项应付款"科目，贷记"银行存款"等科目；拨款结余需要返还的，借记"专项应付款"科目，贷记"银行存款"科目。

3.关于由企业转付给自然人的财政资金，如种粮农民补贴，分流安置职工款等，计入"专项应付款"科目，进行往来核算。

4.关于粮食企业因城镇整体规划、库区建设、棚户区改造、沉陷区治理等公共利益进行搬迁，收到政府从财政预算直接拨付的搬迁补偿款，应作为"专项应付款"处理。其中，属于对企业在搬迁和重建过程中发生的固定资产和无形资产损失、有关费用性支出、停工损失及搬迁后拟新建资产进行补偿的，应自"专项应付款"转入"递延收益"，并按照《企业会计准则第16号 ——政府补助》进行会计处理。企业取得的搬迁补偿款扣除转入递延收益的金额后如有结余的，应当作为"资本公积"处理。企业政策性搬迁涉及的所得税有关问题按照国家税务总局2012年第40号公告和2013年第11号公告执行。

企业收到除上述之外（非公共利益）的搬迁补偿款，应当按照《企业会计准则第4号 ——固定资产》、《企业会计准则第16号 ——政府补助》等会计准则进行处理。

5.粮食企业取得的政府转贷、偿还性资助的财政资金，如世界银行贷款项目资金等，根据企业会计准则的规定作为"长期借款"进行会计处理。

6.粮食企业取得的税收返还款（不包括增值税出口退税），计入"补贴收入"科目，确认损益。

二   执行新会计准则有关财务报表列报要求

（一）"储备粮油"、"定向供应粮油"、"轮换粮油"、"商品粮油"科目余额在资产负债表的"存货"及"库存商品"项目内反映。

（二）"受托代销商品"和"受托代销商品款"、"受托代购商品"和"受托代购商品款"、"受托代储商品"和"受托代储商品款"、"受托加工物资"和"受托加工物资款"科目，月末余额可借贷相互抵销，不在资产负债表内列示。

（三）"粮油损耗准备"科目余额在资产负债表并入"存货跌价准备"项目内反映。

（四）"政策性财务挂账"科目余额在资产负债表的"其他非流动资产"项目内反映。

（五）"应付保证金"和"应付交割款"科目余额在资产负债表的"其他应付款"项目内反映。

（六）"储备粮油结算价差收入"科目累计发生额在利润表的"营业收入"项目内反映。

（七）"储备粮油结算价差支出"科目累计发生额在利润表的"营业成本"项目内反映。

（八）"补贴收入"科目累计发生额在利润表"营业外收入"的"政府补助"项目内反映。

（九）有关政府补助指标表项目，可根据"其他应收款 ——应收财政补贴款"、"递延收益"、"专项应付款"、"补贴收入"等科目分析填列。

局办公室发文部分

关于调整全国粮食职业教育教学指导委员会的通知

（国家粮食局办公室　国粮办人〔2013〕12号　2013年1月21日）

各省、自治区、直辖市及新疆生产建设兵团粮食局，中国储备粮管理总公司、中粮集团有限公司、中国华粮物流集团公司、中国中纺集团公司，河南工业大学、南京财经大学、武汉工业学院，国家粮食局机关各司室、直属单位、联系单位：

为贯彻党的十八大精神，落实教育规划纲要，强化行业在现代职业教育体系建设和职业教育改革发展中的指导作用，推进中等和高等职业教育协调发展，近日，教育部组织调整了全国粮食职业教育教学指导委员会（以下简称粮食教指委）等43个行业职业教育教学指导委员会的组成人员。现将调整后的粮食教指委组成名单（见附件）印发给你们，并就有关事项通知如下：

一　粮食教指委的任务

粮食教指委是受教育部委托，由国家粮食局牵头组建和管理，对粮食行业（专业）职业教育教学工作进行研究、咨询、指导和服务的专家组织，同时也是指导粮食行业职业教育与培训工作的专家组织。

二　粮食教指委的职责

分析研究国家经济建设、科技进步和社会发展，特别是粮食行业发展方式转变和产业结构调整升级对粮食行业职业岗位变化和人才需求的影响，提出粮食行业职业教育人才培养的职业道德、知识和技能要求；促进粮食行业与教育部门产教合作，学校与企业联合办学，校企一体化建设；指导推动粮食有关专业教师到企业实践，提高教师专业技能水平和实践教学能力；推进粮食职业院校相关专业实施"双证书"制度；研究提出粮食行业职业教育的培养目标、教学基本要求和人才培养质量评价方法，对专业设置、教学计划制定、课程开发、教材建设提出建议；参与制定粮食行业职业教育教学基本文件、专业设置标准、实训教学仪器设备配备标准和教学评估标准及方案；受教育部委托，组织开发粮食行业相关专业的教学指导方案，指导教学改革实践；组织粮食行业相关专业教学经验交流活动等。

三   粮食教指委的组成

粮食教指委由粮食行业相关单位的管理人员、专业技术人员组成。主任委员由教育部聘任，副主任委员、秘书长和委员经教育部核准，由国家粮食局聘任。粮食教指委每届任期4年。根据教育部《关于调整和增设全国行业职业教育教学指导委员会的通知》（教职成函〔2012〕9号）规定，调整后的本届粮食教指委任期到2014年1月31日止。

调整粮食教指委是进一步深化粮食行业职业教育改革，推动粮食行业职业教育发展，夯实粮食行业人才培养基础的重要举措。请各有关单位对粮食教指委开展工作给予大力支持。

附件：全国粮食职业教育教学指导委员会组成名单

全国粮食职业教育教学指导委员会组成名单

主 任 委 员	徐京华	国家粮食局人事司司长
副主任委员	宋丹丕	中国粮食行业协会副会长、秘书长
	王中玉	安徽科技贸易学校党委书记、校长
	邓小红	江西工业贸易职业技术学院院长
	陈 杰	广西工商职业技术学院院长
	王亚洲	中粮粮油有限公司质量与安全管理部总经理
秘 书 长	王中玉（兼）	
副 秘 书 长	陈 新	安徽科技贸易学校副校长
	郝育忠	江西工业贸易职业技术学院副院长
	韦胜强	广西工商职业技术学院教授
委 员	周冠华	国家粮食局调控司副司长
	颜 波	国家粮食局政策法规司司长
	王耀鹏	国家粮食局财务司副司长
	何 毅	国家粮食局流通与科技发展司司长
	朱之光	国家粮食局标准质量中心标准处处长
	何松森	中国粮食研究培训中心主任
	胡承淼	中国粮油学会副理事长、秘书长
	王若兰	河南工业大学粮油食品学院教授
	陈 良	南京财经大学会计学院副院长
	丁文平	武汉工业学院食品学院副院长
	甘双友	河北交通职业技术学院副教授
	肇立春	沈阳师范大学粮食学院教授
	国 娜	黑龙江粮食职业学院教授

顾鹏程	江苏财经职业技术学院教授
甘光生	安徽粮食工程职业学院副院长
耿建敏	山东商务职业学院院长
于学军	河南工业贸易职业学院副院长
陈建南	北京市经济管理学校校长
阎图强	山西省贸易学校校长
陈瑞玲	上海市贸易学校高级讲师
张建明	江苏省连云港工贸高等职业技术学校校长
余金通	福建工贸学校校长
郑乃吉	福建经贸学校校长
刘 军	河南省经济管理学校校长
吴玉章	湖南省经济贸易高级技工学校书记
杨君强	四川省粮食学校校长
张 瑜	四川省粮食经济学校校长
罗进强	陕西省经贸学校副校长
阿不都·外力	新疆工业经济技术学校校长
潘 鹰	中国储备粮管理总公司人力资源部培训处处长
杨刘戈	中国储备粮管理总公司河南分公司培训中心副主任
顾祥明	吉林中储粮质量检测中心有限公司总经理
王 宾	中粮集团有限公司人力资源部员工关系部总经理
高 翔	中国粮油控股有限公司人力资源部总经理
郭曙光	中国华粮物流集团公司人力资源部副部长
马秋亮	河北五得利面粉集团有限公司总经理
宫兆海	山东鲁花集团有限公司副总经理
彭建业	河南山信粮业有限公司总经理
齐常民	黑龙江省五常市安家粮库经理
万慧琴	江西金佳谷物股份有限公司总经理
孙永文	广西柳州国家粮食储备库主任

关于印发《2013年国家粮食局人才培养和队伍建设工作要点》的通知

（国家粮食局办公室 国粮办人〔2013〕19号 2013年2月5日）

各省、自治区、直辖市及新疆生产建设兵团粮食局，中国储备粮管理总公司、中粮集团有限公司、中国华粮物流集团公司、中国中纺集团公司，本局各司室、直属单位、联系单位：

《2013年国家粮食局人才培养和队伍建设工作要点》已经局领导批准，现印发给你们，请结合实际认真贯彻落实。

2013年国家粮食局人才培养和队伍建设工作要点

2013年人才队伍建设工作将深入贯彻落实党的十八大精神，按照全国组织部长会议、全国人力资源和社会保障工作会议、全国粮食流通工作会议要求，以提高行业干部职工整体素质为目标，加快推进行业人才队伍建设，为粮食流通工作提供坚强的人才支撑。

一 全面实施重大人才工程

1.继续实施党政人才素质能力提升工程，以学习贯彻党的十八大精神和粮食业务能力为核心，举办全国粮食局长培训班和粮油统计、监督检查、仓储设施建设等专题业务培训班。

2.启动专业技术人才培养工程，开展粮食行业百千万人才评选工作，探索建立院士后备人选的选拔培养机制。建立我局直接联系粮食行业高级专家制度。积极开展专业技术人才知识更新培训，举办全国粮食行业高层次专业技术人员研修班。做好全国粮食行业自然科学和工程系列职称评审工作。

3.深入实施高技能人才职业能力建设工程。继续举办粮食行业特有工种高级技师研修班，计划培养100名高级技师。鼓励有条件的地区开展技师评审，计划培养200名技师。举办第三届全国粮食行业职业技能竞赛决赛。

4.继续实施人才培训基地支撑工程。在粮食行业职业院校、科研院所和大型企业建设高技能人才培训基地和高技能人才实训基地，构建资源共享、品牌示范和辐射带动的行业人才培养基地网络。

5.启动人才信息服务计划，依托"粮安工程"构建粮食行业人才信息服务网。

二 深入推进技能人才队伍建设工作

6.继续推进粮食行业特有工种职业技能鉴定。加强粮油保管员和粮油质量检验员职业分析，改进和完善粮油保管员、粮油质量检验员职业技能鉴定内容和方法。全面推进粮食经纪人鉴定工作，试点开展粮仓机械员职业技能鉴定。筹办加工类职业技能大赛，创新大赛方式方法，促进粮油加工类职业技能培训和鉴定工作。

7.进一步完善各项基础工作。编写出版《粮仓机械员职业技能培训教程》，开发相应的职业技能鉴定题库。进一步修订粮食行业特有工种鉴定国家题库。

8.加强师资和考评员队伍建设。举办1期粮仓机械员师资培训班。加强考评员培训，指导考评员提高考评水平，组织开展1期高级考评员培训班，扩大考评员队伍规模。

9.进一步加强鉴定质量管理。在坚持理论知识考试全程录像监控的基础上，试点进行技能操作考核全程录像。严格实行试卷印刷、交接、使用、阅卷全程监管。开展质量督导工作，将鉴定质量与考评员考核、鉴定站质量评估和审核挂钩，确保职业技能鉴定质量。

三　加快推进粮食行业职业教育工作

10.加强组织和制度建设。组织召开粮食教指委重组后第一次全体委员会议，组建粮油储检、粮油加工、粮油购销与物流、实训与信息化四个分委员会，完善粮食教指委工作机制。

11.加大政府主导力度。积极向教育部、人力资源社会保障部、财政部等部门争取政策和经费支持。与教育部联合开展"全国粮食职业教育推进会暨职业教育与粮食产业发展对话活动"，促进行业人才供需对接，不断深化校企合作。

12.继续深入推进专业建设。与教育部联合制订《职业院校粮食专业教学标准》，并选择有关职业院校试点实施。启动职业院校粮油储检、粮油加工两个专业核心课程教材编写工作。

13.强化专业师资培训。以培养适应粮食流通产业发展需要的财经类专业"双师型"教师为重点，组织有关教师赴粮食行政主管部门和粮食企业实践锻炼，推进职业院校专业教师队伍建设。

关于印发《粮食公益性行业科研专项经费管理咨询委员会章程》的通知

（国家粮食局办公室　国粮办展〔2013〕20号　2013年2月5日）

各有关单位：

为进一步加强粮食公益性行业科研专项管理，根据财政部、科技部印发的《公益性行业科研专项经费管理试行办法》有关规定，国家粮食局于2013年1月17日在京召开了粮食公益性行业科研专项经费管理咨询委员会会议，审议通过了《粮食公益性行业科研专项经费管理咨询委员会章程》（以下简称《章程》）。

经局领导批准，现将《章程》印发给你们，请认真遵照执行。

粮食公益性行业科研专项经费管理咨询委员会章程

第一章　总　则

第一条　根据财政部、科技部《公益性行业科研专项经费管理试行办法》（财教〔2006〕219号）有关规定，为发挥粮食系统及社会各有关方面科研人员的积极性，提高粮食公益性行业科研专项经费（以下简称粮食科技公益专项）使用的科学性和公正性，保证项目组织和申报工作的顺利进行，特制定本章程。

第二条　国家粮食局公益性行业科研专项经费管理咨询委员会（以下简称委员会）由国家粮食局负责组建和管理。

第二章　组织机构和人员

第三条　委员会由国家粮食局、有关部门和行业协会及科研院所、高等院校等方面的科技、管理、经济等领域的专家组成。委员会可根据需要设立专家组。

第四条　委员会每一次会议参加人员不少于9人，其中粮食部门以外的人员不低于40%。

第五条　委员会设主任1名，由国家粮食局领导担任。副主任3名，分别由科技部计划司、国家发展改革委高技术司和国家粮食局流通与科技发展司负责人担任。其中国家粮食局流通与科技发展司负责人为召集人。

第六条　委员会成员由国家粮食局有关部门根据行业领域和职能需要在相关单位选择推荐，经国家粮食局审核聘任。

第七条　委员会成员应具备高尚的学术道德，诚实守信，勤勉尽职、具有良好的个人品行、教育背景和从业记录，熟悉国家产业政策，了解科技、经济、管理等方面的发展趋势和需求，在所从事的技术领域有较高的影响力。

第八条　委员会成员的增补和因故需要变更的，按照第六条的规定增补或变更。

第九条　委员会委员原则上不承担粮食科技公益专项项目。并遵循回避、信用和问责制度。

第三章　职　责

第十条　根据国家粮食行业规划和科技发展规划的目标、任务，结合粮食事业发展的实际需要，向国家粮食局提出粮食科技公益专项的备选项目立项建议。

第十一条　向国家粮食局提出项目承担单位选择方式的建议。

第十二条　在项目执行的全过程发挥咨询评议作用。

第四章　工作准则、议事程序

第十三条　委员会成员须按照财政部、科技部关于《公益性行业科研专项经费管理试行办法》、《国家粮食局公益性行业科研专项经费管理办法》的规定开展工作。

第十四条　委员会成员要坚持科学、客观、公正、保密原则，不得泄漏审议内容与结果。

第十五条　委员会于每年第一季度召开会议，对当年的项目建议和承担单位的选择方式进行评议，并提出建议。如有分歧，按少数服从多数的原则作出决定。

第十六条　根据粮食科技公益专项工作的需要，经委员会主任同意，可临时召开会议。

第十七条　委员会会议由主任主持，主任因故无法出席时可委托副主任或国家粮食局其他委员会委员主持。委员会会议应形成会议纪要。

第十八条　委员会每一次会议须有不少于9名的单数委员出席方可举行，有三分之二（含）以上出席会议的委员同意方可形成决议。

第十九条　委员不能出席会议时，应在会前向国家粮食局流通与科技发展司请假。

第五章　附　则

第二十条　本章程由国家粮食局负责解释。

第二十一条　本章程自发布之日起施行。

关于建立国家粮油标准研究验证测试体系的通知

（国家粮食局办公室　国粮办发〔2013〕78号　2013年4月15日）

各省、自治区、直辖市及新疆生产建设兵团粮食局，中国储备粮管理总公司、中粮集团有限公司、中国华粮物流集团公司、中国中纺集团公司，河南工业大学、南京财经大学、武汉工业学院、江南大学：

　　为落实《国家标准管理办法》关于国家标准制修订必须提供标准内容的论据和试验验证分析报告的有关要求，进一步加强粮油标准的研究验证测试工作，提高粮油标准的技术水平和质量，保证标准的科学性、可靠性和可操作性，经研究决定，选择一批技术条件好的院校和科研院所的检测机构，以及国家粮食质量监测中心、站和大中型企业的检测机构，建立国家粮油标准研究验证测试体系。现将有关事项通知如下：

一　建立国家粮油标准研究验证测试体系的重要意义

　　建立国家粮油标准研究验证测试体系，加强粮油标准制修订过程中的研究验证测试工作，是保证标准科学可靠、具有较好的可操作性和广泛代表性的重要措施，有利于提升粮油标准的质量和技术水平，有利于提高粮油质量检验检测和管理水平，有利于聚集行业科研和检测力量，提高应对质量突发事件和参与国际标准化工作的能力。

　　随着国家粮食质量监测体系和检验监测能力建设项目的顺利实施，各国家粮油质检机构集聚培养了一批专业技术人才，装备了一批先进的研究检测仪器设备，检测能力和技术水平都得到了较大提高，院校和科研院所具有开展标准研究和制修订的人才和技术优势，为建立国家粮油标准研究验证测试体系提供了坚实基础和良好技术保障。

二　国家粮油标准研究验证测试机构设立的原则和基本条件

　　（一）以基础条件好、技术能力强，兼顾粮食品种、区域、技术层级和专业方向为遴选条件，在现有院校、科研院所的检测机构和国家粮食质量监测中心，挂牌设立40个左右的国家粮油标准研究验证测试中心，在国家粮食质量监测站和大中型企业质检机构挂牌设立30个左右的国家粮油标准验证工作站。

　　（二）能够独立承担法律责任；有相应工作经费来源，保证标准研究验证测试工作的正常开展；通过资质认定且在有效期内；仪器设备达到国家粮食质量监测体系的相关要求；技术人员具有较强的标准研究和检验检测能力；实验办公条件能满足工作需要，并具有一定的扩展余地。

　　（三）粮油标准研究验证测试机构（以下简称标准验证机构）的原隶属关系不变，人、财、物管理关系不变，业务上接受国家粮食局标准质量管理办公室的指导，并优先承担国家粮油标准化方面的工作任务。

三　国家粮油标准研究验证测试机构的主要职责

除承担国家粮食质量监测机构的主要任务外，承担以下职责：

（一）承担或参与粮油国家标准、行业标准和技术规范的研究和制修订工作；承担粮油国家标准、行业标准和技术规范的验证、测试分析工作，提出修改意见和建议。

（二）承担或参与国际食品法典委员会（CAC）、国际标准化组织（ISO）等组织的国际标准研究、起草和环形测试，提出修改意见；对标准质量突发性事件提出应急技术标准或技术措施。

（三）开展粮油标准的培训、推广和后评估工作。

四　国家粮油标准研究验证测试机构的推荐申报

粮油质检机构由省级粮食行政管理部门统一推荐申报，院校和国家粮食局科研院的检测机构由院校和科研院推荐申报，其他科研院所和大中型企业的检测机构由所属集团、总公司推荐申报。推荐申报材料请按要求填写。国家粮食局标准质量管理办公室将组织专家对申报材料进行审核，经审核合格的检测机构报经国家粮食局批准后，统一命名挂牌，颁发《国家粮油标准研究验证测试机构证书》和专用印章。中心一般按"国家粮油标准研究验证测试中心+（依托单位简称）"命名，如武汉轻工大学的为"国家粮油标准研究验证测试中心（武汉轻工大粮油质检中心）"，武汉科学研究设计院的为"国家粮油标准研究验证测试中心（武汉科研设计院中心实验室）"，湖北粮食局的为"国家粮油标准研究验证测试中心（湖北粮油质检站）"等；工作站按"国家粮油标准验证工作站+（依托单位简称）"命名。

五　国家粮油标准研究验证测试机构的管理

（一）国家粮食局标准质量管理办公室具体负责国家粮油标准研究验证测试体系的建设和业务指导工作。

（二）标准验证机构应按照国家有关法律、法规、政策、标准和相关规定开展标准研究验证测试工作，并按要求向国家粮食局报告有关工作情况和重大事项。标准研究验证测试工作实行标准验证机构、检验测试人员负责制，对出具的研究、验证和测试报告负责。对标准研究验证测试结果和技术资料要负责保密。

（三）《国家粮油标准研究验证测试机构证书》有效期为3年，专用印章在机构证书有效期内使用。标准验证机构名称和印章仅用于标准研究验证测试工作，不得用于其他工作和业务。国家粮食局标准质量管理办公室定期组织对标准验证机构进行能力评审。对能力评审不合格、研究验证测试数据出现较大错误造成严重影响、资质条件发生变化不满足要求、出现违规违法事件等现象的机构，将予以警告、要求限期整改，直至撤销挂牌并收回机构证书和专用印章处分。

六　其他事项

请各省级粮食行政管理部门和有关单位接到通知后，按照上述要求，组织推荐申报国家粮油标准研究验证测试中心候选单位1个，工作站候选单位1~3个。推荐申报材料包括：《国家粮油标准研究验证测试机构推荐申报表》（见附件）、单位法人证书复印件、计量认证证书复印件（含附表）和其他应附资料等纸质材料一式二份，电子文本一份，并于2013年5月19日前将推荐申报材料报送国家粮食局标准质量管理办公室。

联系单位：国家粮食局标准质量管理办公室

通讯地址：北京市百万庄大街11号 粮科大厦

邮编：100037

电话：010－58523775/3395

联系人：杨卫民、张玉琴

附件：国家粮油标准研究验证测试机构推荐申报表（略）

关于公布第一批全国粮食现代物流建设示范单位的通知

（国家粮食局办公室　国粮办展〔2013〕109号　2013年5月31日）

各省、自治区、直辖市粮食局，中国储备粮管理总公司、中粮集团有限公司、中国中纺集团公司：

根据《国家级粮食现代物流示范单位管理暂行办法》（国粮办展〔2012〕132号，以下简称《管理办法》）和《关于申报第一批国家级粮食现代物流示范单位的通知》（国粮办展〔2012〕233号）精神，经组织专家评审、现场考查、公示，并经研究确定中央储备粮广东新沙港直属库等14个单位作为第一批全国粮食现代物流建设示范单位。这些单位在设施条件、中转方式、新技术应用、信息化建设、运营管理模式等方面特点突出、示范带动作用显著。现将以上示范单位予以公布，并就有关事项通知如下：

一、第一批全国粮食物流建设示范单位要在现有基础上，严格按照《管理办法》有关要求，积极探索粮食现代物流发展新思路，增强自主创新能力，积极推广应用新技术、新装备，降低粮食流通成本，提高粮食流通效率，不断提高管理水平，切实发挥示范带动作用，为我国粮食现代物流发展作出新贡献。

二、各省、自治区、直辖市粮食行政管理部门和有关中央直属企业要在总结经验的基础上，按照"统筹规划、合理布局、突出重点、讲求实效"的原则，进一步扎实推进粮食现代物流体系建设，并加强对第一批全国粮食物流建设示范单位的指导和管理，不断提升粮食现代物流企业的发展水平。

三、按照《国家级粮食现代物流示范单位管理暂行办法》，我局对全国粮食物流建设示范单位实行动态管理，每3年进行一次复核，对合格的示范单位予以确认保留，对不合格的撤销称号并摘牌。

四、第一批示范单位授牌事宜将按有关规定和要求随后开展。第二批示范单位遴选工作将于2015年开展，具体安排将另行通知。

附件：第一批全国粮食现代物流建设示范单位名单

第一批全国粮食现代物流建设示范单位名单

中央储备粮广东新沙港直属库
天津利达粮食现代物流中心
陕西西瑞（集团）有限公司
湖南粮食集团有限公司
杭州粮油发展有限公司

河南省粮食交易物流市场

辽宁昌图粮食储备库

江苏扬子江现代粮食物流中心

成都市粮油储备（物流）中心

中国华粮物流集团北良公司

中粮东海粮油工业（张家港）公司

中粮（成都）粮油工业有限公司

黑龙江省八五〇农场

漳州招商局码头有限公司厦门湾国际粮食物流园

关于公布国家粮食局2012年度优秀软科学研究成果获奖项目的通知

（国家粮食局办公室　国粮办政〔2013〕114号　2013年6月7日）

各省、自治区、直辖市及新疆生产建设兵团粮食局，河南工业大学、南京财经大学、武汉轻工大学：

根据国家粮食局办公室《关于公布2012年度国家粮食局软科学课题研究方向及有关事项的通知》（国粮办政〔2012〕39号）要求，各有关单位申报并完成了81项课题。按照《国家粮食局优秀软科学研究成果奖励办法》的有关规定，经国家粮食局软科学评审专家委员会的认真评审，共评出国家粮食局优秀软科学研究成果一等奖4项，二等奖8项，三等奖19项。现予公布。

国家粮食局优秀软科学研究成果奖2012年度获奖项目名单

一等奖

项目名称：粮食流通产业安全政策研究
项目单位：国家粮食局政策法规司

项目名称：外资进入背景下国有粮食企业竞争力研究
项目单位：国家粮食局财务司

项目名称：我国粮食跨省物流体系构建初探
项目单位：国家粮食局科学研究院

项目名称：粮食流通成本控制与现代粮食物流体系建设研究
项目单位：南京财经大学

二等奖

项目名称：在粮食文化建设中充分发挥机关党组织作用的几点思考
项目单位：国家粮食局机关党委

项目名称：我国粮食质量安全体系研究
项目单位：中国粮食研究培训中心

项目名称：北京市粮食应急保障技术系统研究
项目单位：北京市粮食局

项目名称：建设粮食现代物流体系降低粮食流通成本研究报告
项目单位：黑龙江省粮食局

项目名称：关于完善粮食宏观调控机制的研究
项目单位：河南省粮食局

项目名称：关于建立广东粮食市场调控机制的研究
项目单位：广东省粮食局

项目名称：宁夏粮食流通管理立法的研究
项目单位：宁夏回族自治区粮食局

项目名称：我国粮食流通体制改革和粮食行业法制化研究
　　　　　——有关《粮食法（征求意见稿）》第三章的修改意见
项目单位：河南工业大学

三等奖

项目名称：外资粮商进入对我国粮食调控的影响研究
项目单位：国家粮食局办公室

项目名称：粮食流通产业的人才支撑体系研究
项目单位：国家粮食局人事司

项目名称：中国粮食企业如何实施走出去战略
项目单位：国家粮食局外事司

项目名称：完善中央储备粮委托检查工作的思考
项目单位：国家粮食局监督检查司

项目名称：成品粮应急储备仓建设相关问题研究
项目单位：国家粮食局流通与科技发展司

项目名称：我国新型粮食专业合作组织发展问题研究
项目单位：中国粮食研究培训中心

项目名称：建立政府与社会共保城乡低收入人群口粮安全的长效机制
项目单位：中国粮油学会　中国粮食经济学会

项目名称：推进山西省城镇化进程中粮食安全保障机制的研究与探索
项目单位：山西省粮食局

项目名称：完善辽宁省地方储备粮管理制度的研究
项目单位：辽宁省农村经济委员会（辽宁省粮食局）

项目名称：江苏省粮油仓储设施信息化建设探索与研究
项目单位：江苏省粮食局

项目名称：关于浙江省粮食安全行政首长负责制考核的实践和探索
项目单位：浙江省粮食局

项目名称：完善江西省粮食流通监督检查体制机制探析
项目单位：江西省粮食局

项目名称：山东粮食产业化发展问题研究
项目单位：山东省粮食局

项目名称：湖南粮油加工业发展战略研究
项目单位：湖南省粮食局

项目名称：四川省粮油加工发展战略研究
项目单位：四川省粮食局

项目名称：云南地方储备粮管理及应急创新研究
项目单位：云南省粮食局

项目名称：关于陕西粮食应急保障体系和长效机制研究
项目单位：陕西省粮食局

项目名称：基于农户储粮信息传感技术推进粮食涉农工作全面信息化
　　　　　的实施方案
项目单位：新疆维吾尔自治区粮食局

项目名称：外资进入与我国粮食供应链安全研究
项目单位：武汉轻工大学

关于公布国家粮食局2012年度粮食工作优秀调研报告获奖名单的通知

（国家粮食局办公室 国粮办政〔2013〕115号 2013年6月7日）

各省、自治区、直辖市及新疆生产建设兵团粮食局，本局各司室、直属单位、联系单位：

为推动粮食部门深入开展调查研究，不断提高粮食调研工作水平，促进粮食流通工作，我局组织了2012年粮食系统优秀调研报告征集和评选活动。各有关单位共提交了108篇调研报告，经国家粮食局软科学评审专家委员会办公室遴选并组织有关专家评审，共评出国家粮食局2012年度获奖调研报告40篇，其中一等奖8篇，二等奖14篇，三等奖18篇。现予公布。

国家粮食局2012年度粮食工作优秀调研报告获奖名单

一等奖

调研报告题目：关于江苏省夏季粮油收购情况的调研报告
调研单位：国家粮食局调控司

调研报告题目：湖北省夏季粮油收购情况调查报告
调研单位：国家粮食局监督检查司

调研报告题目：河北、陕西国有粮食企业粮食收购贷款情况的报告
调研单位：国家粮食局财务司

调研报告题目：关于"北粮南运"包装和散粮铁路运输物流成本等
　　　　　　　有关情况的报告
调研单位：国家粮食局流通与科技发展司

调研报告题目：关于建立粮食安全有效机制的调研报告
调研单位：福建省粮食局

调研报告题目：关于稻米油资源开发利用的调研报告
调研单位：湖南省粮食局

调研报告题目：四川粮食供需缺口急剧加大 粮食安全应引起高度重视
调研单位：四川省粮食局

调研报告题目：关于有效整合资源 完善产业链条
　　　　　　　做大做强我区现代粮食流通产业的报告
调研单位：宁夏回族自治区粮食局

二等奖

调研报告题目：关于山东夏粮收购有关问题的调查报告
调研单位：国家粮食局调控司

调研报告题目：关于黑龙江色变玉米收购有关情况的调研报告
调研单位：国家粮食局调控司

调研报告题目：关于2012年小麦成本利润情况分析和2013年小麦最低
　　　　　　　收购价格建议的报告
调研单位：国家粮食局政策法规司

调研报告题目：安徽、江苏两省2012年粮食库存检查工作调研情况的报告
调研单位：国家粮食局监督检查司

调研报告题目：关于四川省粮食收购资金供应情况的报告
调研单位：国家粮食局财务司

调研报告题目：国家粮食局老干部情况调查报告
调研单位：国家粮食局离退休干部办公室

调研报告题目：关于河北省国有粮食企业主食产业化发展情况的调查报告
调研单位：中国粮食研究培训中心

调研报告题目：关于部分粮食品种加工（灌装）费用的调研报告
调研单位：北京市粮食局

调研报告题目：实施三年振兴工程 推进企业科学发展
调研单位：河北省粮食局

调研报告题目：关于山西省朔州市粮食安全情况的调研报告
调研单位：山西省粮食局

调研报告题目：油菜籽"临储收购"与"补贴收购"的比较分析
调研单位：湖北省粮食局

调研报告题目：关于利用洋浦保税港区优惠政策开展粮食国际贸易
　　　　　　　的调研报告
调研单位：海南省粮食局

调研报告题目：完善粮食直补政策提高种粮农民积极性的调研报告
调研单位：四川省粮食局

调研报告题目：关于开展促进企业人才队伍发展及引进高层次人才
　　　　　　　调研工作报告
调研单位：陕西省粮食局

三等奖

调研报告题目：关于油茶产业发展有关情况的调研报告
调研单位：国家粮食局政策法规司

调研报告题目：以推进粮源基地建设为契机加快构建北京粮食大流
　　　　　　　通的新格局
调研单位：北京市粮食局

调研报告题目：河北省成品粮应急储备建设情况调查
调研单位：河北省粮食局

调研报告题目：科学破解粮食安全"木桶效应"
调研单位：山西省粮食局

调研报告题目：关于县级粮食行政管理部门现状及其成因与对策
调研单位：山西省粮食局

调研报告题目：推进大米品牌建设 促进大米加工业发展
　　　　　　　——对我省大米加工业和大米品牌建设的调查
调研单位：吉林省粮食局

调研报告题目：关于江苏基本实现粮食流通现代化的调研报告
调研单位：江苏省粮食局

调研报告题目：加快推进安徽主食产业化发展的调查与思考
调研单位：安徽省粮食局

调研报告题目：发挥政治核心作用 推动企业改革发展
调研单位：江西省粮食局

调研报告题目：青岛市跨地区粮食流通平台建设前期研究
调研单位：山东省粮食局

调研报告题目：对粮食主产村的产销调查及启示
调研单位：山东省粮食局

调研报告题目：河南省粮食依法行政工作调研报告
调研单位：河南省粮食局

调研报告题目：关于民族地区省级储备粮管理有关问题的调研报告
　调研单位：四川省粮食局

调研报告题目：关于阿坝州扶贫开发和综合防治大骨节病试点工作
　　　　　　　（2007～2012年）更换粮食项目总结报告
调研单位：四川省粮食局

调研报告题目：四川省广元市粮食局创建网上粮食流通监管模式的
　　　　　　　调查报告
调研单位：四川省粮食局

调研报告题目：陕西省杂粮产业发展调查报告
调研单位：陕西省粮食局

调研报告题目：对渭南市"放心粮油"工程建设的思考

调研单位：陕西省渭南市粮食局

调研报告题目：青海省粮油市场行情分析调研报告

调研单位：青海省粮食局

关于授予李涛等24名同志
全国粮食行业技术能手荣誉称号的通知

（国家粮食局办公室 国粮办人〔2013〕123号 2013年6月8日）

各省、自治区、直辖市及新疆生产建设兵团粮食局，中国储备粮管理总公司、中粮集团有限公司、中国华粮物流集团公司、中国中纺集团公司：

根据第三届全国粮食行业职业技能竞赛奖励规定，国家粮食局决定向第三届全国粮食行业职业技能竞赛职工组李涛等24名同志授予"全国粮食行业技术能手"荣誉称号。

特此通知。

附件：全国粮食行业技术能手人员名单

全国粮食行业技术能手人员名单

李　涛	中央储备粮荆州直属库
陈　兵	江西省储备粮永修有限公司
吴世根	安徽现代粮食物流中心库
曲永建	山东鲁北国家粮食储备库
王　莉	河南郑州兴隆国家粮食储备库
李洪波	浙江中穗省级粮食储备库
张德龙	中央储备粮四平平东直属库
商永辉	东营市粮食储备库
宋文胜	浙江中穗省级粮食储备库
陈　东	新疆乌鲁木齐北站国家粮食储备库
刘尚峰	安徽现代粮食物流中心库
李松伟	广东省储备粮管理总公司东莞直属库
李　辉	北京市粮油食品检验所
杨水艳	云南省粮油产品质量监督检验测试中心
田国军	湖北省粮油食品质量监测站
彭志兵	江西省粮油质量监督检验中心
郭　静	吉林白城国家粮食储备库
吴　毓	上饶市国家粮油储备库

曹玉红　　　安徽现代粮食物流中心库
方宏兵　　　江苏省新海粮食储备直属库
方　欣　　　上海粮油仓储有限公司
王兴梅　　　湖北荆门北郊国家粮食储备库
谢红梅　　　广西柳州国家粮食储备库
吴　宗　　　上海粮油仓储有限公司

关于公布第二批"全国中小学爱粮节粮教育社会实践基地"名单的通知

（国家粮食局办公室　教育部办公厅
国粮办发〔2013〕215号　2013年10月12日）

各省、自治区、直辖市、计划单列市及新疆生产建设兵团粮食局、教育厅（教委），中国储备粮管理总公司，中粮集团有限公司，中纺集团有限公司，益海嘉里集团，各有关企事业单位、科研院所：

为进一步贯彻习近平总书记提出的"厉行勤俭节约、反对铺张浪费"的精神，落实《国务院办公厅关于进一步加强节约粮食反对浪费工作的通知》（国办发〔2010〕7号）和《国家中长期教育改革和发展规划纲要（2010－2020年）》的要求，各省（区、市）积极按照《国家粮食局办公室关于组织推荐第二批"全国中小学爱粮节粮教育社会实践基地"的通知》（国粮办发〔2013〕87号）组织申报。截止到7月20日，全国共有25个省、区、市（含新疆生产建设兵团），中储粮总公司、中粮集团、中纺集团3家中央直属企业以及益海嘉里集团所属的105家粮油企事业单位递交了创建实践基地的申报材料。

经组织专家初评、实地考察、评审，确定河北省石家庄市家家惠大众厨房食品有限责任公司等85家单位为第二批"全国中小学爱粮节粮教育社会实践基地"，由教育部和国家粮食局联合予以命名、挂牌。

希望第二批实践基地在借鉴首批实践基地成功经验的基础上，不断改进、完善基础设施条件；粮食、教育主管部门要通力协作，积极组织中小学生开展参观实践活动，确保活动安全有序，为提高全民爱粮节粮意识，为中小学爱粮节粮教育作出应有的贡献。

第二批"全国中小学爱粮节粮教育社会实践基地"名单
（共85家，按行政区划排序）

河北
石家庄市家家惠大众厨房食品有限责任公司
内蒙古
中储粮海拉尔直属库
辽宁
盘锦鼎翔米业有限公司
抚顺市中心粮库
盘锦锦珠米业有限公司

吉林

吉林辉南国家粮食储备库

吉林省粮油卫生检验监测站

吉林省兴良储备粮库

黑龙江

黑龙江万源粮油食品有限公司

上海

上海良友（集团）有限公司外高桥物流园区

江苏

江苏苏州国家粮食储备库

浙江

浙江德清国家粮食储备库

杭州市余杭四无粮库陈列馆

安徽

六安市裕安区粮食产业园

安徽保保米业有限公司

安徽省联河米业有限公司

宣城市宣州区金星粮油购销有限公司

福建

福州市粮食批发交易市场

南平市粮食购销有限公司

江西

江西金佳谷物股份有限公司新干公司

南昌豪鹏实业有限公司

江西盛态粮食实业有限公司

山东

济南民天面粉有限责任公司

山东滨州国家粮食储备库

滨州泰裕麦业有限公司

山东金德利集团快餐连锁有限责任公司

山东省高唐蓝山集团总公司

河南

中粮（郑州）粮油工业有限公司

河南双鱼食品有限公司

湖北

湖北中禾粮油有限公司

鄂州樊口国家粮食储备库

荆州市粮食储备库

湖南

湖南省粮油科学研究设计院

聚宝金昊农业高科有限公司

广东

广州市粮食储备加工股份有限公司

江门市新会区中心粮食储备库

广东金友集团有限公司

广东省储备粮管理总公司顺德直属库

广西

广西粮油科学研究所

四川

宜宾黄桷庄粮油集团有限公司

遂宁市川渝粮食物流中心

成都昌盛鸿笙食品有限公司

四川阆中国家粮食储备库

中粮（成都）粮油工业有限公司

贵州

贵阳谷丰粮油食品批发市场有限公司

贵州万通祥和农产品生产基地

黔南州粮油质量检测中心

贵州兴义国家粮食储备库

贵州顶效开发区金稻粮油食品有限公司

黔西南州粮油质量技术监督检验中心

贵州铜仁市梵净山粮油股份有限公司

贵州省余庆县龙家小学村寨儿童活动中心袖珍党校爱粮节粮展览馆

西藏

拉萨鼎业制粉有限公司

西藏日喀则国家粮食储备库

西藏江孜国家粮食储备库

西藏拉孜粮食储备库

陕西

陕西大荔丰图义仓粮食储备库

陕西省粮油产品质量监督检验所

西安爱菊粮油工业集团

陕西西瑞集团有限责任公司

西安西粮实业有限公司泾阳粮食储备库

甘肃

甘肃省粮油批发市场

甘肃省皋兰粮油储备库有限公司

新疆

新疆仓麦园有限责任公司

新疆维吾尔自治区粮油产品质量监督检验站

新疆阗丰农贸实业有限责任公司阗下粮仓分公司

新疆阿勒泰地区粮食购销有限公司

新疆和田地区粮食储备库

新疆阿勒泰地区布尔津县粮油购销贸易有限责任公司

新疆生产建设兵团

第八师石河子粮油收储经营有限公司

厦门

厦门市金香穗米业有限公司

厦门市好年东米业有限公司

中粮集团

吉林德惠新良国家粮食储备库

中储粮总公司

中央储备粮齐齐哈尔直属库

中纺集团

中纺粮油（日照）有限公司

中纺农业蚌埠有限公司

益海嘉里集团

益海嘉里（天津）粮油食品工业有限公司

上海嘉里食品工业有限公司

益海嘉里（北京）粮油食品工业有限公司

益海嘉里（重庆）粮油食品工业有限公司

南海油脂工业（赤湾）有限公司

益海（广州）粮油工业有限公司

益海嘉里（武汉）粮油工业有限公司

秦皇岛金海食品工业有限公司

粮食院校

南京财经大学食品科学与工程学院

关于公布国家粮食局自然科学研究系列工程系列高级专业技术职务任职资格评审委员会新一届组成人员名单的通知

（国家粮食局办公室 国粮办人〔2013〕259号 2013年11月20日）

各直属单位、联系单位：

根据人力资源和社会保障部有关规定和《国家粮食局关于研究员、享受研究员同等有关待遇的高级工程师评审工作的实施办法》的规定，国家粮食局自然科学研究系列、工程系列高级专业技术职务任职资格评审委员会已经完成换届工作。现将新一届评审委员会（以下简称"评委会"）组成人员名单公布如下：

主任委员：

王瑞元（中国粮油学会教授级高级工程师）

副主任委员：

姚惠源（江南大学教授）

卞　科（河南工业大学教授）

委　员（按姓氏笔画排列）：

王　强（中国农业科学院农产品加工研究所研究员）

王兴国（江南大学教授）

王若兰（河南工业大学教授）

王振清（河南工业大学教授）

刘大川（武汉轻工大学教授）

杜　政（国家粮食局科学研究院享受研究员同等待遇的高级工程师）

杨　林（中粮工程科技有限公司武汉事业部研究员）

何东平（武汉轻工大学教授）

谷克仁（河南工业大学教授）

陈华定（中粮工程科技有限公司郑州事业部享受研究员同等待遇的高级工程师）

郝　伟（北京东方孚德技术发展中心享受研究员同等待遇的高级工程师）

相　海（中国农业机械化科学研究院研究员）

胡承淼（中国粮油学会享受研究员同等待遇的高级工程师）

郭道林（中储粮成都粮食储藏科学研究所研究员）

唐学军（中粮工程科技有限公司郑州事业部享受研究员同等待遇的高级工程师）

唐瑞明（国家粮食局标准质量中心享受研究员同等待遇的高级工程师）

黄凤洪（中国农业科学院油料作物研究所研究员）

惠延波（河南工业大学教授）

程四相（中粮工程科技有限公司无锡事业部研究员）

谢　健（中粮工程科技有限公司武汉事业部享受研究员同等待遇的高级工程师）

赫振方（国家粮食局科学研究院享受研究员同等待遇的高级工程师）

鞠兴荣（南京财经大学教授）

以上评委会组成人员任期两年。

评委会在国家粮食局人事司的指导下开展工作。评委会办事机构设在中国粮油学会，负责受理申请、资格审查、组织评审等日常工作。

公告部分

2013年第2号公告

（国家粮食局 2013年8月2日）

根据《中央储备粮代储资格认定办法》、《中央储备粮代储资格认定办法实施细则》以及《中央储备粮代储资格延续申请办法》的规定，经审核，决定授予北京怀柔国家粮食储备库等116户企业中央储备粮代储资格，将北京市西北郊粮食收储库等25户企业的中央储备粮代储资格有效期延续至2018年7月，准予北京市东北郊粮食收储库等49户企业变更企业名称、仓号和法定代表人等中央储备粮代储资格事项。我局将向本次取得资格企业、延续资格企业以及企业名称、仓号、资格仓容发生变化的企业颁发"中央储备粮代储资格证书"。

另外，由于相关企业的仓房条件发生了重大变化，决定注销江西省南昌市第三粮食仓库（证书编号36006100－Ⅰ）和南京铁心桥国家粮食储备库主库区（证书编号32000100－Ⅰ）的中央储备粮代储资格。请相关省（区、市）粮食局和单位协助收回并销毁已作废的中央储备粮代储资格证书。

本决定自公告发布之日起生效。

（附件略）

2013年第3号公告

（国家粮食局 2013年12月16日）

根据《中央储备粮代储资格认定办法》、《中央储备粮代储资格认定办法实施细则》以及《中央储备粮代储资格延续申请办法》的规定，经审核，决定授予天津市宁河县粮食购销有限公司等130户企业中央储备粮代储资格，将北京市西南郊粮食收储库等115户企业的中央储备粮代储资格有效期延续至2018年12月，准予北京市顺义平各庄粮食收储库等101户企业变更企业名称、仓号和法定代表人等中央储备粮代储资格事项。我局将向本次取得资格企业、延续资格企业以及企业名称、仓号、资格仓容发生变更的企业颁发"中央储备粮代储资格证书"。请相关省（区、市）粮食局和单位协助收回并销毁已作废的中央储备粮代储资格证书。

本决定自公告发布之日起生效。

（附件略）

通告部分

发布推荐性行业标准（参考）样品

（国家粮食局 国粮通〔2013〕1号 2012年12月31日）

现发布推荐性行业标准（参考）样品如下：

一 2013年度大米、小麦粉加工精度标准样品行业标准

2013年度大米、小麦粉加工精度行业标准样品目录

标准样品名称		标准样品编号	有效期	特征参考值^(注)	制作单位	适用标准
早籼米加工精度标准样品	一级	LS/T15121：1－2013	2013年4月1日～2014年3月31日	一级：背沟无皮，或有皮不成线，米胚和粒面皮层去净的占90%以上。 二级：背沟有皮，米胚和粒面皮层去净的占85%以上。 三级：背沟有皮，粒面皮层残留不超过1/5的占80%以上。 四级：背沟有皮，粒面皮层残留不超过1/3的占75%以上。	宜兴市粮油集团大米有限公司	GB1354－2009
	二级	LS/T15121：2－2013				
	三级	LS/T15121：3－2013				
	四级	LS/T15121：4－2013				
晚籼米加工精度标准样品	一级	LS/T15122：1－2013				
	二级	LS/T15122：2－2013				
	三级	LS/T15122：3－2013				
	四级	LS/T15122：4－2013				
粳米加工精度标准样品	一级	LS/T15123：1－2013			苏州市绿世纪粮油有限公司	
	二级	LS/T15123：2－2013				
	三级	LS/T15123：3－2013				
	四级	LS/T15123：4－2013				
南方小麦粉加工精度标准样品	特制一等	LS/T15111：1－2013		麸星含量：0.9%，L^*:92.49，a^*:－1.11，b^*:8.45	张家港市面粉食品有限公司	GB1355－1986
	特制二等	LS/T15111：2－2013		麸星含量：1.3 %，L^*:92.16，a^*:－1.05，b^*:8.42		
	标准粉	LS/T15111：3－2013		麸星含量：2.8%，L^*:90.88，a^*:－0.88，b^*:8.88		
北方小麦粉加工精度标准样品	特制一等	LS/T15112：1－2013		麸星含量：1.5%，L^*:92.12，a^*:－1.11，b^*:9.37	新乡市新良粮油加工有限责任公司	
	特制二等	LS/T15112：2－2013		麸星含量：1.7%，L^*:91.99，a^*:－1.09，b^*:9.43		
	标准粉	LS/T15112：3－2013		麸星含量：2.8%，L^*:91.31，a^*:－1.01，b^*:9.74		

注：检验中仍以实物标准样品对照检验为准，特征参考值作参考使用。

| 二 | 小麦储存品质品尝评分参考样品、小麦硬度指数标准样品、稻谷整精米率标准样品、大米颜色黄度指数标准样品等行业标准 |

小麦储存品质品尝评分参考样品、小麦硬度指数标准样品、稻谷整精米率标准样品、大米颜色黄度指数标准样品等行业标准样品目录

标准样品名称	标准号	标准值	有效期	制作单位	适用标准
小麦储存品质品尝评分参考样品	LS/T15211.2 – 2013	品尝评分值：74.5	2013年1月1日～2014年12月31日	河北国家粮食质量监测中心、国家粮食局粮食科学研究院	GB/T20571 – 2006
小麦硬度指数标准样品	LS/T1531 – 2011	小麦硬度指数：64.6 不确定度：1.5		河南工业大学	GB/T21304 – 2007
稻谷整精米率（籼稻）标准样品	LS/T15321 – 2011	稻谷整精米率（籼稻）：45.0 不确定度：1.5		湖北国家粮食质量监测中心	GB/T21719 – 2008
稻谷整精米率（粳稻）标准样品	LS/T15322 – 2011	稻谷整精米率（粳稻）：56.1 不确定度：1.5	2013年4月1日～2014年3月31日	辽宁国家粮食质量监测中心、辽宁盘锦国家粮食质量监测站	GB/T21719 – 2008
大米颜色黄度指数标准样品	LS/T1533 – 2011	籼米黄度指数：Ym=58.7245 ± 1.6913 粳米黄度指数：Ym=54.7135 ± 1.3169		湖北国家粮食质量监测中心、湖北公安国家粮食质量监测站	GB/T24302 – 2009

特此通告。

（附件略）

享受粳稻和玉米费用补贴的相关企业名单

（国家粮食局 国粮通〔2013〕2号 2013年12月5日）

根据财政部等部门《关于印发〈采购东北地区2013年新产粳稻和玉米费用补贴管理办法〉的通知》（财建〔2013〕826号）精神，现将执行费用补贴政策相关省份确定的委托企业和中央直属企业总部确定的企业名单予以公布。

一　享受粳稻和玉米费用补贴的相关省份委托企业和中央直属企业

（一）相关省份确定的委托企业

上　海：上海市粮食储运公司

湖　南：湖南粮食中心批发市场

海　南：海南省粮油贸易公司

四　川：四川粮油批发中心直属储备库

西　藏：西藏拉萨国家粮食储备库

（二）中央直属企业总部确定的企业

1.中粮集团：

（1）企业总部：

中粮粮油有限公司

中谷粮油集团公司

中国粮食贸易公司

中粮饲料有限公司

中粮国际（北京）有限公司

中国植物油公司

中粮国际（北京）有限公司北京销售分公司

中国华粮物流集团公司

（2）下属企业：

中谷集团上海粮油有限公司

中粮融氏生物科技有限公司

中粮（上海）粮油食品发展有限公司

中粮国际（北京）有限公司上海分公司

中谷江阴工贸储运有限公司

中粮东海粮油工业（张家港）有限公司

中粮饲料（新沂）有限公司

中国华粮物流集团南通粮油接运有限责任公司

中粮粮油浙江有限公司

中谷集团乍浦国家粮食储备库

中粮国际（北京）有限公司浙江分公司

中粮粮油安徽有限公司

中粮粮油阜阳国家粮食储备库

中粮生物化学（安徽）股份有限公司

安徽中粮生化燃料酒精有限公司

中粮米业（巢湖）有限公司

中粮粮油厦门有限公司

中粮国际（北京）有限公司厦门分公司

中粮（江西）米业有限公司

九江中谷国家粮食储备库

中国粮食贸易公司武汉分公司

中粮饲料（黄石）有限公司

武汉中粮食品科技有限公司

中粮米业（仙桃）有限公司

中国华粮物流集团青山港口库

湖南长沙中谷国家粮食储备库

中粮米业（岳阳）有限公司

中国华粮物流集团城陵矶港口库

中粮饲料（茂名）有限公司

中粮国际（北京）有限公司广州分公司

中粮国际（北京）有限公司广西分公司

中国华粮物流集团公司广西分公司

中国华粮物流集团防城港港口库

中粮国际（北京）有限公司重庆分公司

中粮(成都)粮油工业有限公司

2.中国中纺集团公司：

（1）企业总部：

中纺粮油进出口有限责任公司

中纺油脂有限公司

（2）下属企业：

中纺粮油（靖江）有限公司

新沂中纺天润粮油有限公司

中纺农业蚌埠有限公司

中纺粮油（福建）有限公司

中纺农业湖北有限公司

中纺农业湖北有限公司益阳分公司
中纺农业湖北有限公司孝感分公司
中纺粮油（东莞）有限公司
中纺粮油（湛江）工业有限公司
中纺粮油（湛江）有限公司
中纺粮油（桂平）有限公司
中纺粮油（四川）有限公司

二　享受粳稻费用补贴的相关省份委托企业和中央直属企业

（一）相关省份确定的委托企业

天　津：中国天津粮油批发交易市场
河　北：河北良友粮食贸易中心
山　西：太原市粮食局直属储备库
内蒙古：内蒙古华蒙粮油有限公司
山　东：山东省粮油集团总公司
河　南：河南豫粮物流有限公司
陕　西：陕西省储备粮咸阳直属库
甘　肃：甘肃省军粮配送服务中心
宁　夏：宁夏粮油批发交易市场

（二）中央直属企业总部确定的企业

1.中粮集团下属企业：
北京顺义中宏国家粮食储备库
中国华粮物流集团北京粮食销区中心供应库
中谷成吉思汗国家粮食储备库
中粮国际（北京）有限公司西安分公司
中粮米业（宁夏）有限公司
中粮国际（北京）有限公司新疆分公司
2.中国中纺集团公司下属企业：
中纺粮油陕西进出口有限责任公司

福建、江西两省执行费用补贴政策的委托企业名单

（国家粮食局　国粮通〔2013〕3号　2013年12月16日）

根据财政部等部门《关于印发〈采购东北地区2013年新产粳稻和玉米费用补贴管理办法〉的通知》（财建〔2013〕826号）和《关于印发采购东北地区2013年新产粳稻和玉米费用补贴管理办法补充说明的通知》（财办建〔2013〕89号）精神，现将福建、江西两省确定的执行费用补贴政策的委托企业名单予以公布。

福建：福建省闽粮购销有限公司（粳稻）

　　　福建省饲料工业公司（玉米）

江西：江西农牌粮油饲料有限公司（粳稻）

附　录

2013年大事记

一月

　　1月15日，中共中央政治局常委、国务院副总理李克强到国家粮食局科学研究院考察调研，并主持召开座谈会。座谈会上，国家粮食局局长任正晓汇报了粮食流通工作，专家们围绕国际国内粮食形势、粮油科技等谈了看法和建议。李克强指出，解决好农业和粮食问题，要放在发展的全局中来统筹。守住管好"天下粮仓"，就是要把好耕地红线、打牢农业基础、确保粮食安全。李克强指出，要做好"广积粮、积好粮、好积粮"三篇文章。广积粮，就是要着力稳定粮食产量和提高粮食综合生产能力；积好粮，就是要适应人民生活水平提高和消费升级，增加优质粮油的产量和储备；好积粮，就是要改善储运条件，减少产后损失，健全市场体系，做到随时可调，保证能及时调到需要的地方、调到困难群众手中。李克强强调，守住管好"天下粮仓"，推动"新四化"，仍然要靠改革创新。要深化企业、财税、金融、户籍、土地管理制度、价格等改革，释放发展的巨大潜力、源头活力和持久动力，最终使人民尤其是广大农民得到红利、收到实惠。

　　1月17日，全国粮食公益性行业科研专项经费管理咨询委员会成立会议在京召开。会议审议通过了国家粮食局粮食公益性行业科研专项管理咨询委员会的章程，来自科技、农业、轻工、教育、林业、粮食等领域的院士、专家及科技管理人员参加了会议。此次会议的召开，标志着粮食公益性行业科研专项准备工作正式启动。任正晓同志向委员会成员颁发了聘任证书，吴子丹同志出席会议并讲话。

　　1月22～23日，经国务院批准，全国粮食流通工作会议在北京召开。会议认真贯彻党的十八大精神，全面落实中央经济工作会议、中央农村工作会议关于粮食工作的决策部署，传达贯彻李克强副总理1月15日视察指导粮食流通工作时的重要讲话，传达学习了国务院副总理回良玉对会议工作报告的重要批示，总结交流2012年粮食流通工作，分析当前面临的新形势，研究部署2013年工作任务。会议提出2013年要以抓收购、保供给、稳粮价为中心工作，着力推进四项重点工作：一是积极推动粮食安全省长负责制的全面落实；二是启动实施"粮安工程"；三是着力提高粮食经济增长质量和效益；四是大力实施创新驱动发展和人才兴粮战略。国家发展和改革委员会副主任张晓强出席会议并讲话。任正晓同志作工作报告，赵中权同志作纪检监察工作报告，曾丽瑛同志作会议总结。吴子丹、卢景波及全国政协委员聂振邦同志出席会议。

　　1月22～23日，全国粮食系统纪检监察工作会议在北京召开。会议认真传达学习了习近平总书记在中纪委二次全会上的重要讲话和王岐山同志在全会上的工作报告，总结交流2012年纪检监察工作，研究部署2013年党风廉政建设和反腐败工作任务。任正晓同志出席会议并讲话，赵中权同志作工作报告。

　　1月24日，国家粮食局召开党组（扩大）会议，传达学习习近平总书记在第十八届中央纪律检查委员会第二次全体会议上的重要讲话和王岐山同志的工作报告。会议研究提出2013年党风廉政建设和反腐败的重点工作。

1月30日， 2013年国家继续在粮食主产区实行最低收购价格政策，并适当提高最低收购价格水平。国家有关部门公布，2013年生产的早籼稻（三等，下同）、中晚籼稻和粳稻最低收购价格分别提高到每50公斤132元、135元和150元，比2012年分别提高12元、10元和10元。

二月

2月2日，国务院任命徐鸣同志为国家粮食局党组成员、副局长（副部长级）。

2月19日，国家粮食局直属机关党委召开党委扩大会议，认真传达学习马凯、李智勇、俞贵麟同志在中央国家机关第二十七次党的工作会议暨第二十五次纪检工作会议上的讲话精神，总结2012年工作，研究部署2013年机关党建工作。会议讨论通过了《国家粮食局直属机关2013年党建工作要点》。赵中权同志出席会议并讲话。

2月28日，全国粮食流通监督检查工作会议在海南省海口市召开。会议传达学习了中共中央政治局常委、国务院副总理李克强1月15日在国家粮食局座谈会上的重要讲话，认真贯彻落实全国粮食流通工作会议的部署，总结交流2012年粮食流通监督检查工作，研究安排2013年粮食流通监督检查工作任务。吴子丹同志出席会议并讲话。

三月

3月1日，全国粮食行业人事人才工作座谈会在云南省昆明市召开。会议传达学习了中共中央政治局常委、国务院副总理李克强1月15日在国家粮食局座谈会上的重要讲话和全国粮食流通工作会议精神，总结交流2012年粮食行业人事人才工作，研究安排2013年工作任务。

3月5～6日，全国粮食质量安全监管工作会议在云南省昆明市召开。会议传达贯彻了李克强副总理在国家粮食局座谈会上的重要讲话和国务院食品安全委员会第五次全体会议的重要精神，贯彻落实全国粮食流通工作会议确定的质量安全监管工作任务，总结交流2012年监管工作经验，研究部署2013年粮食质量安全监管重点工作。吴子丹同志出席会议并讲话。

3月26～27日，全国军粮供应工作座谈会在重庆市召开。会议学习贯彻了党的十八大精神和李克强同志关于粮食工作重要讲话精神，落实全国粮食流通工作会议部署，回顾总结2012年工作，研究部署下一阶段工作。卢景波同志和武警部队后勤部副部长傅凌少将出席会议并讲话。

3月28～29日，全国粮食调控与统计工作会议在湖北省武汉市召开。会议深入学习贯彻李克强同志在国家粮食局视察指导粮食工作的重要讲话精神，贯彻落实全国粮食流通工作会议的部署，总结交流2012年粮食调控与统计工作，研究分析当前面临的形势和任务，对2013年的工作作出安排和部署。会议还公布了2012年度全国粮食流通统计工作考核结果。会前，任正晓同志作出批示，充分肯定了2012年粮食调控与统计工作的成绩，对2013年的工作提出了明确要求。卢景波同志出席会议并讲话。

3月下旬至4月上旬，为了解各地传达学习、贯彻落实李克强同志视察粮食工作重要讲话精神的进展情况，国家粮食局派出5个调研组，分别由局领导同志带队，采取实地调研部分重点省份和召开分片座谈会的形式，开展贯彻落实李克强同志视察粮食工作重要讲话精神专题调研活动。同时，就各地贯彻落实全国粮食流通工作会议精神、落实粮食安全省长负责制、推进"粮安工程"建设、秋粮收购入库和国有粮食企业改革等方面的情况进行了深入了解。

四月

4月2～3日，全国粮食财会工作会议在福建省福州市召开。会议认真学习李克强总理在国家粮食局视察指导粮食工作时的重要讲话，贯彻落实全国粮食流通工作会议部署，总结2012年全国粮食财会工作，会审汇编2012年度全国国有粮食企业会计报表，安排布置2013年粮食财会工作。任正晓同志对本次会议作出重要批示，曾丽瑛同志出席会议并讲话。

4月8日，国家粮食局局长任正晓在北京会见了来访的秘鲁农业部部长米尔顿·冯·埃塞先生一行。宾主双方探讨了在粮食流通领域开展交流与合作事宜，一致表示要在两国进入发展全面战略伙伴关系的新形势下，进一步加强两国农业及粮食行业在粮食储藏、粮油加工、质量检测及粮油科技等方面的广泛合作。

4月8日，国家粮食局召开党组扩大会议，传达学习国务院第一次廉政工作会议精神，认真学习领会李克强总理在会议上的重要讲话精神，研究提出进一步加强粮食系统党风廉政建设和反腐败工作的具体措施。

4月12日，为认真贯彻落实党的十八大精神，切实加强粮食文化建设，充分发挥粮食文化对粮食流通事业科学发展的引领推动作用，国家粮食局印发《关于加强粮食文化建设的指导意见》。

4月20日，四川雅安地震发生后，国家粮食局党组书记、局长任正晓立即向四川省粮食局电话了解震情灾情，要求省市粮食部门立即行动起来，全力投入抗震救灾。随后，任正晓主持召开紧急会议，研究部署抗震救灾工作。

4月26日，中央纪委常委、中央国家机关工委副书记、纪工委书记俞贵麟一行到国家粮食局调研巡视，调研了国家粮食局深入贯彻落实中央政治局"八项规定"，转变工作作风，加强机关党的建设特别是加强党风廉政建设的情况。任正晓同志向调研巡视组汇报了国家粮食局工作情况，赵中权同志汇报了党风廉政建设情况。调研巡视组分别召开了司局级党员干部座谈会和重点部门、重点岗位党员干部座谈会，查阅了有关制度规定。

五月

5月3日，考虑到2012年东北地区玉米收获期推迟，秋粮上市以来雨雪频繁，玉米水分普遍偏高，受市场需求不旺等因素影响，农民手中仍有部分玉米待售。根据玉米收购进展情况，国家粮食局会同有关部门联合下发电报，将2012年国家临时存储玉米收购截止期由2013年4月30日延长至2013年5月31日。

5月8日，为认真贯彻落实党中央、国务院关于厉行节约、反对浪费的精神，动员全国粮食行业广大员工带头爱粮节粮、反对浪费，以粮食行业带头节粮减损的好行风，促进全社会树立起爱粮节粮的新风尚，国家粮食局印发《关于粮食行业带头爱粮节粮反对浪费的指导意见》。

5月9～19日，国家发展改革委、国家粮食局、财政部、中国农业发展银行派出6个粮食库存检查部门联合抽查工作组，分赴河北、山西、内蒙古、吉林、湖北、重庆6个省（区、市），对重点企业的粮食库存进行随机抽查。之前，国家有关部门在北京召开部门联合抽查动员培训会议。抽查期间，国家粮食局陆续派出了3个巡视组，由局领导带队，对部门联合抽查工作进行巡查督导。

5月15日，全国夏季粮油收购工作会议在河南省郑州市召开。会前，任正晓同志作出批示，对做好夏季粮油收购工作提出明确要求。会议研究分析了2013年小麦、油菜籽、早籼稻收购和市场形势，并对夏季粮油收购工作作出了安排部署。卢景波同志主持会议并讲话。

5月20日，国家发展改革委、国家粮食局等6部门印发《2013年小麦最低收购价执行预案》。预案规定了2013年小麦最低收购价水平，白小麦（国标三等）、红小麦和混合小麦最低收购价格均为每市斤1.12元。执行区域为河北、江苏、安徽、山东、河南、湖北6省。执行期限为2012年5月21日至9月30日。

5月25～26日，由国家粮食局、中国就业培训技术指导中心和中国财贸轻纺烟草工会共同主办，南京财经大学承办，中国粮食行业协会和江苏省粮食局协办的第三届全国粮食行业职业技能竞赛决赛在江苏省南京市举行。中国储备粮管理总公司代表队获得优秀团体一等奖，江苏省粮食局代表队、安徽省粮食局代表队获得优秀团体二等奖，山东省粮食局代表队、江西省粮食局代表队、广东省粮食局代表队获得优秀团体三等奖；中国储备粮管理总公司代表队的赵英韬等6名同志获得职工组个人一等奖，山东商务职业学院王毓川等4名同学获学生组个人一等奖。6名获得职工组个人一等奖的选手，将由人力资源和社会保障部授予"全国技术能手"荣誉称号。其中，各职业（组）第一名将申报"全国五一劳动奖章"或"全国粮食系统劳动模范（先进工作者）"。

5月31日，黑龙江中储粮林甸直属库发生火灾事故后，国家粮食局迅速采取行动，派出由副局长吴子丹带队、由技术专家参与的工作组，赶赴火灾现场，协调指导灭火减损工作，了解调查处理有关情况。

六月

6月14日，中共国家粮食局直属机关召开第三次党员代表大会，选举产生新一届直属机关党委和纪委。大会听取并审议了金刚同志代表第二届直属机关委员会所作的工作报告，作出了《关于中共国家粮食局直属机关党委工作报告的决议》和《关于中共国家粮食局直属机关纪委工作报告的决议》，选举产生了新一届中共国家粮食局直属机关委员会和机关纪律检查委员会。

6月20日，国家粮食局召开党组扩大会议，传达学习近平总书记在党的群众路线教育实践活动工作会议上的重要讲话，研究部署局机关和局直系统集中3个月时间深入开展党的群众路线教育实践活动的具体工作。会议对国家粮食局开展党的群众路线教育实践活动作了具体部署。

6月中旬，针对中储粮黑龙江林甸直属库"5·31"火灾事故暴露的露天储粮消防隐患，按照中央领导同志的重要批示指示精神和国务院常务会议部署，国家粮食局开始在粮食行业启动"安全生产大检查'百日行动'"。"百日行动"分为企业自查、市县普查、省级复查和总结经验"回头看"四个阶段。

七月

7月2日，国家发展改革委、国家粮食局等6部门印发《2013 年早籼稻最低收购价执行预案》。预案规定了2013年早籼稻最低收购价水平，早籼稻（国标三等）最低收购价每市斤1.32元。执行区域为安徽、江西、湖北、湖南、广西5省（自治区）。执行期限为2013年7月16日至9月30日。

7月3日，为保护农民利益和种粮积极性，促进粮食生产发展，经国务院批准，决定2013年继续在东北等部分主产区实行玉米临时收储政策，并适当提高临时收储价格水平。2013年生产的玉米（国标三等）临时收储价格为：内蒙古、辽宁1.13元/斤，吉林1.12元/斤，黑龙江1.11元/斤，均比2012年提高0.06元/斤。

7月15日，共青团国家粮食局直属机关第二次代表大会在京召开。大会听取并审议了第一届直属机关团委所作的工作报告，作出了《关于共青团国家粮食局直属机关第一届委员会工作报告的决议》，选举产生了共青团国家粮食局直属机关第二届委员会。随后，新一届团委召开第一次全委会，推选书记、副书记。任正晓同志出席会议并讲话，赵中权同志出席会议并致辞。

7月22日，甘肃省定西市岷县漳县地震发生后，国家粮食局党组书记、局长任正晓立即召开会议紧急部署抗震救灾粮食供应工作，成立了粮食供应应急领导小组，要求迅速摸清灾区及周边地区粮源、中央储备粮和地方储备粮分布情况，特别是成品粮应急储备情况，加强组织调度，确保受灾群众口粮供应。

7月22～23日，为深入开展党的群众路线教育实践活动，扎实做好"学习教育、听取意见"环节的工作，国家粮食局在安徽省合肥市召开全国粮食局长专题座谈会，开门听取各地粮食部门对局党组和领导班子成员在反对"四风"、加强作风建设方面的意见并总结上半年的工作、安排布置下半年的工作。会前，国家粮食局党组书记、局长任正晓与安徽省委副书记、省长王学军举行了工作会谈，就进一步做好粮食流通工作、保护好农民群众利益交换了意见，并对共同推进安徽粮食流通产业发展达成了共识。

7月25日，由国家粮食局、山东省粮食局联合主办，青岛市粮食局承办的"粮油科技进军营"主题日活动在青岛某部队驻地举行。国家粮食局副局长卢景波出席主题日活动，走访慰问部队，召开军地座谈会，听取官兵对军粮供应工作的意见和建议，并分别与青岛市政府、青岛警备区有关负责同志就军粮供应与服务工作交换了意见。国家粮食局有关专家为部队官兵作"爱惜粮食反对食品浪费"的科普讲座。

八月

8月2日，国家粮食局发布2013年第2号公告，决定授予北京怀柔国家粮食储备库等116户企业中央储备粮代储资格，将北京市西北郊粮食收储库等25户企业的中央储备粮代储资格有效期延续至2018年7月，准予北京市东北郊粮食收储库等49户企业变更企业名称、仓号和法定代表人等中央储备粮代储资格事项。决定注销江西省南昌市第三粮食仓库和南京铁心桥国家粮食储备库主库区的中央储备粮代储资格。

8月6日，国家粮食局召开党组扩大会议，传达学习习近平总书记关于当前经济形势和经济工作的重要讲话和李克强总理在经济形势座谈会上的重要讲话，研究贯彻落实讲话精神着力抓好下半年粮食流通的重点工作：扎实做好粮食收购工作，积极做好粮油保供稳价工作，加强粮食仓储设施建设，切实做好镉超标粮食处置监管工作，加快推进"粮安工程"规划和建设，继续抓好粮食行业安全生产大检查"百日行动"，扎实做好完善重大政策和机制体制的调查研究工作，深入开展党的群众路线教育实践活动。

8月28日，第五届中国粮食行业协会、第七届中国粮食经济学会会员代表大会暨理事会在北京召开。会议选举产生了中国粮食行业协会和中国粮食经济学会新一届理事会及其领导成员，全国政协委员、国家粮食局原局长聂振邦当选为两会会长，宁高宁、王守臣等21人当选为中国粮食行业协会副会长，郗建伟、宋廷明等11人当选为中国粮食经济学会副会长。会议推举国家粮食局局长任正晓和中国粮食行业协会、中国粮食经济学会原会长白美清为两会新一届理事会名誉会长；聘请农业部原常务副部长尹成杰等11人为中国粮食行业协会顾问，聘请国家粮食局副局长徐鸣等15人为中国粮食经济学会顾问。会议同期举行了第十六届中国粮食论坛暨2013粮食行业年会，本届论坛的主题是"守住管好天下粮仓，保障国家粮食安全"。

8月29日，中国职业教育与粮食行业发展对话活动在北京举行。活动的主题是促进产教融合、深化校企合作，加快培养紧缺型应用技术和技能人才，服务现代粮食流通产业发展。活动的主要任务是深入贯彻党的十八大精神，落实国家教育规划纲要和《全国粮食行业中长期人才发展规划纲要》要求，建立健全粮食行业产教对话协作机制，构建粮食职业教育人才成长立交桥，进一步推进粮食行业人才队伍建设。徐鸣同志出席活动并讲话。

8月29～30日，国家粮食局党组理论学习中心组进行了党的群众路线教育实践活动第二次集中学习。局党组理论学习中心组全体同志深入学习了习近平总书记在河北调研指导党的群众路线教育实践活动时的重要讲话精神，学习了中央领导小组《关于做好第一批教育实践活动查摆问题、开展批评环节工作的通知》，刘云山同志在中央领导小组第三次会议上的讲话精神，以及刘云山、赵乐际同志在督导工作座谈会上的讲话精神。各司室、直属联系单位主要负责同志结合畅谈学习体会，交流了前一段"学习教育、听取意见"环节的工作情况。

九月

9月5日，财政部、国家粮食局对各地"危仓老库"的维修改造方案进行"择优评审"，确定黑龙江等4个重点支持的粮食主产省，今年安排6亿元中央补助资金。为了明确责任、提高维修改造效果，两部局还与4个重点支持省人民政府签订了《"危仓老库"维修改造目标责任书》。

9月11日，财政部、国家粮食局联合印发了《2013年中央补助地方粮食仓库维修资金分配管理方案》，采取"以地方财政、企业投入为主，中央财政择优补助"的方式，引导地方和企业资金更多地投向粮库改造。中央财政补助的重点是粮食主产省，力争用3至5年时间全面消除"危仓老库"。

9月18日，国家发展改革委、国家粮食局等6部门联合下发《关于印发2013年中晚稻最低收购价执行预案的通知》。预案规定了2013年中晚稻最低收购价水平，中晚籼稻最低收购价每市斤1.35元，粳稻最低收购价每市斤1.50元。执行区域：辽宁、吉林、黑龙江、江苏、安徽、江西、河南、湖北、湖南、广西、四川11省（区）。执行期限：江苏、安徽、江西、河南、湖北、湖南、广西、四川8省（区）为2013年9月18日至2014年1月31日，辽宁、吉林、黑龙江3省为2013年11月16日至2014年3月31日。

9月25～26日，全国秋粮收购工作会议在黑龙江省哈尔滨市召开。会前，任正晓同志对做好秋粮收购工作提出明确要求。会议认真研究分析了2013年秋粮产需、收购形势和价格走势，对秋粮收购工作作出安排和部署。卢景波同志主持会议并讲话。

9月25～26日，全国粮食系统基层反腐倡廉工作座谈会在江苏省南京市召开。会议主题是：进一步深入贯彻落实十八届中央纪委二次全会和国务院廉政工作会议精神，按照全国粮食系统纪检监察工作会议的部署，总结交流全国粮食系统基层党风廉政建设工作经验，进一步研究部署加强粮食系统基层党风廉政建设工作。中央纪委监察部预防腐败室副主任古越仁出席会议并讲话。

9月27日，根据中央党的群众路线教育实践活动领导小组办公室要求，国家粮食局召开党组会议，集体观看9月25日中央电视台《新闻联播》和《焦点访谈》关于河北省委常委班子专题民主生活会情况的报道，认真学习习近平总书记在指导河北省委常委班子专题民主生活会时的重要讲话精神，进一步研究讨论局领导班子的对照检查材料和召开局党组专题民主生活会的有关工作。

十月

10月12日，国家继续在小麦主产区实行最低收购价政策，并适当提高2014年最低收购价水平。国家有关部门公布，2014年生产的小麦（三等）最低收购价提高到每50公斤118元，比2013年提高6元。

10月16日，2013年"世界粮食日"和"全国爱粮节粮宣传周"活动在北京大学百周年纪念讲堂举行。此项活动由农业部、国家粮食局、联合国粮食及农业组织联合主办。2013年"世界粮食日"的主题为"发展可持续粮食系统，保障粮食安全和营养"，"全国爱粮节粮宣传周"的宣传主题为"爱粮节粮，传承美德"。农业部副部长牛盾、国家粮食局局长任正晓、联合国粮农组织驻华总代表伯西·米西卡、全国妇联书记处书记崔郁、全国爱粮节粮形象大使张国立分别致辞，国家粮食局副局长曾丽瑛主持，总后勤部、教育部、中国科协、北京大学的有关领导和部分社区居民、解放军战士、学生、公益组织以及部分粮食企业、协会和驻华机构的代表，共计1000余人参加了活动。

10月17日，国家粮食局党组书记、局长任正晓，副局长曾丽瑛、吴子丹，驻局纪检组长赵中权，副局长卢景波与中储粮总公司党组书记、董事长赵双连，总经理吕军举行工作座谈，就进一步加强中央储备粮管理工作交换了意见。双方一致表示，要按照党中央、国务院赋予的工作职能认真履行职责，维护国家粮食安全，确保中央储备粮数量真实、质量良好、储存安全，确保国家需要时调得动、用得上，切实履行好政治责任和社会责任，维护农民利益，维护粮食市场稳定，维护国家粮食安全。当前，要千方百计克服困难，扎实做好中晚稻和秋粮收购工作，防止发生农民"卖粮难"，帮助农民实现增产增收。

10月22日，国家粮食局召开全局司级干部会议，深入学习贯彻习近平总书记在参加河北省委常委班子专题民主生活会时的重要讲话和中央党的群众路线教育实践活动领导小组《关于认真学习贯彻习近平总书记重要讲话精神切实开好专题民主生活会的通知》、《关于印发〈中央政治局常委同志联系点省区党委领导班子专题民主生活会情况报告〉的通知》精神，对开好司级领导班子专题民主生活会进行再学习、再动员、再部署。任正晓同志出席会议并讲话，赵中权同志主持会议。

10月28日，中国粮油学会第七次全国会员代表大会暨第七届学术年会在北京召开。会议选举产生了中国粮油学会第七届理事会及其领导成员，选举张桂凤同志为理事长、杜政等16位同志为副理事长、胡承淼同志为秘书长（兼）。会议推举任正晓、朱长国同志为名誉理事长，徐鸣等23位同志为顾问。本届学术年会围绕"创新驱动与粮食安全"主题，邀请有关专家作学术报告，并设食品、油脂、储藏、发酵面食、信息与自动化、玉米深加工和米制品6个分会场，进行了学术研究和交流讨论。会议期间还向由中国粮油学会推荐荣获中国科协"第五届全国优秀科技工作者奖"和"2012年度中国粮油学会科学技术进步奖"的获奖者颁奖。

10月28~31日，中国妇女第十一次全国代表大会在北京召开。国家粮食局党组成员、副局长曾丽瑛同志作为中央国家机关代表团成员及中华全国妇女联合会第十一届执行委员会委员候选人参加了大会，并当选为中华全国妇女联合会第十一届执行委员会委员。

十一月

11月4日，李克强总理到黑龙江省抚远县浓桥粮库视察，爬粮堆、进粮仓，深入了解粮食收储情况，亲切慰问粮库职工和售粮农民，嘱咐粮库职工"人是铁，饭是钢，大米是'金'，你们是在'金山'上工作，责任重大，一定要把国家的粮食保管好"。

11月5日，国家粮食局迅速向机关干部通报传达了李克强总理视察浓桥粮库的情况和所作的重要指示精神，大家深受鼓舞，倍感振奋，决心以实际行动贯彻落实好总理的指示精神，在秋粮收购工作中认真落实国家粮食收购政策，全面做好为农服务工作，切实做到收好粮、储好粮、管好粮，为保障国家粮食安全作出更大贡献。

11月8日，国家粮食局召开党组专题民主生活会情况通报会，局党组书记、局长、局党的群众路线教育实践活动领导小组组长任正晓通报党组专题民主生活会情况，中央第26督导组副组长杨利民出席会议并讲话，局党组成员、局机关全体党员、干部，各直属联系单位领导班子成员和离退休干部党支部书记参加会议。任正晓认真通报了局党组专题民主生活会的会前准备、开展批评与自我批评、制定整改措施等方面的情况。

11月13日，国家粮食局召开党组扩大会议，传达学习党的十八届三中全会精神，对传达学习贯彻全会精神作出全面部署。列席三中全会的任正晓同志介绍了全会概况，并与党组成员和有关同志一起认真学习了习近平总书记受中央政治局委托所作的工作报告、就《中共中央关于全面深化改革若干重大问题的决定（讨论稿）》向全会作的说明和在第二次全体会议上的重要讲话精神。会议提出，全局要把学习宣传贯彻党的十八届三中全会精神作为重大政治任务，作为当前和今后一个时期全局工作的重中之重，及时、准确、全面地传达学习全会精神，迅速兴起学习贯彻全会精神的热潮。要尽快制定传达学习贯彻全会精神的方案，研提细化措施并抓好落实。党组中心组要及早组织集中专题学习，党组各成员要根据全会精神、结合分管工作提出切实有效的贯彻落实意见，谋划好明年粮食流通工作。各单位要按照职能分工，抓紧研究提出深化粮食流通体制改革的建议和具体措施。

11月15日，国家发展改革委、国家粮食局等4部门印发《关于做好2013年秋粮收购工作的通知》。通知主要内容：落实好玉米、大豆临时收储政策，实行采购东北粳稻、玉米费用补贴政策，充分利用社会仓储资源，强化粮食购销组织引导，完善收储贷款机制，加强监督检查。

11月18日，国家粮食局任正晓局长会见了来访的以色列驻华大使马腾先生一行。宾主双方交流了中以两国在粮农领域的合作情况，并就进一步加强在粮食流通科技领域的交流与合作交换了意见。

11月22日，全国粮食公益性行业科研专项工作会议在北京召开。会议认真贯彻落实党的十八届三中全会精神和中央领导同志最近关于科技工作的重要批示精神，对粮食行业全面实施公益性科技专项工作作出安排部署。任正晓同志出席会议并作讲话，吴子丹同志对项目优化整合和完善专项管理提出了明确的要求。

11月25~27日，局党组理论学习中心组举办十八届三中全会精神专题学习班。学习班对今冬明春粮食部门贯彻落实十八届三中全会精神作出了具体安排部署，提出把学习贯彻三中全会精神与全面深化粮食改革紧密结合起来，把学习贯彻三中全会精神与深入开展党的群众路线教育实践活动结合起来，把学习贯彻十八届三中全会精神与圆满完成今年任务、谋划好明年工作紧密结合起来，把学习贯彻十八届三中全会精神与切实加强机关党的建设、党风廉政建设、干部队伍建设紧密结合起来。

11月26~27日，全国军粮供应集约化保障座谈会在河北省石家庄市召开，学习贯彻十八届三中全会精神，参观学习河北省推动军粮供应军民融合式发展和集约化保障的做法和经验，交流研讨进一步做好军粮供应军民融合深度发展和加强集约化保障工作的方法措施。卢景波同志出席会议并讲话。

11月27日，为调动粮食企业入市收购的积极性，有效缓解农民"卖粮难"，财政部会同国家发展改革委、国家粮食局、中国农业发展银行印发通知，对采购东北地区2013年产粳稻、玉米实施费用补贴政策。通知明确，东北三省之外的其他28个省份到黑龙江、吉林和辽宁采购粳稻，以及南方饲料消费省份到黑龙江、吉林、辽宁、内蒙古采购玉米，运回本省销售、加工或转为储备的，财政给予一次性费用补贴。补贴标准为每市斤7分钱。补贴对象包括相关省（区、市）自主确定的本省骨干粮食企业，以及中粮、中纺和中储粮等中央企业集团。

十二月

12月16日，国家粮食局发布2013年第3号公告，决定授予天津市宁河县粮食购销有限公司等130户企业中央储备粮代储资格，将北京市西南郊粮食收储库等115户企业的中央储备粮代储资格有效期延续至2018年12月，准予北京市顺义平各庄粮食收储库等101户企业变更企业名称、仓号和法定代表人等中央储备粮代储资格事项。

12月17日，国家粮食局召开党组扩大会议，认真传达学习习近平总书记和李克强总理在中央经济工作会议和中央城镇化工作会议上的重要讲话精神，传达全国发展和改革工作会议精神，研究部署贯彻会议精神的具体工作措施。会议要求，认真学习领会中央经济工作会议和中央城镇化工作会议精神，特别是要领会和把握好把保障国家粮食安全作为明年经济工作首要任务的重大意义，强化"首要意识"和"守责意识"，切实肩负起保障国家粮食安全的部门职责与行业使命；认真贯彻落实党的十八届三中全会精神，全面深化粮食流通领域各项改革，以改革、创新来激活保障国家粮食安全的体制合力和行业活力；立足经济社会发展全局做好抓收购、保供应、稳粮价的工作；全面实施"粮食收储供应安全保障工程"；大力实施创新驱动战略，稳步推进科技兴粮和人才兴粮战略各项措施的落实；巩固党的群众路线教育实践活动成果，扎实抓好整改落实、建章立制的后续工作。

12月20日，国家发展和改革委员会主任徐绍史到国家粮食局调研，看望慰问干部职工，参观全国粮食行业反腐倡廉图片展，并与国家粮食局领导班子和机关司局主要负责同志座谈交流。国家发展和改革委员会副主任张晓强及委机关有关司局负责同志随同调研并座谈。

12月25日，国家粮食局召开党组扩大会议，传达学习中央农村工作会议精神，结合粮食流通工作实际，研究部署贯彻落实会议精神、抓好当前和明年粮食流通工作。会议要求，深刻领会和全面落实中央关于保障国家粮食安全的战略方针，切实肩负起确保"谷物基本自给、口粮绝对安全"的部门职责；深刻领会和全面落实中央关于全面深化农村改革的战略部署，积极稳妥地推进粮食流通领域的各项改革；深刻领会和全面落实中央关于加快农业现代化的战略部署，全面推进实施"粮食收储供应安全保障工程"；深刻领会和全面落实中央关于搞好粮食储备调节、管好用好储备粮的战略要求，强化储备粮监管职责；深刻领会和全面落实中央关于高度重视节约粮食的战略决策，切实担负起推进节粮减损的行业使命；深刻领会和全面落实中央关于善于用好"两个市场、两种资源"的战略布局，抓紧建立动态开放的粮食安全保障体系。

粮食行业统计资料

1.全国主要农作物播种面积（1978～2013年）

2.全国主要农作物产量（1978～2013年）

3.全国主要农作物单位面积产量（1978～2013年）

4.全国粮食和油料作物播种面积（2012～2013年）

5.全国粮食和油料作物产量（2012～2013年）

6.全国粮食和油料作物单位面积产量（2012～2013年）

7.各地区粮食播种面积（2012～2013年）

8.各地区粮食总产量（2012～2013年）

9.各地区粮食单位面积产量（2012～2013年）

10.2013年各地区分季粮食播种面积和产量

11.2013年各地区分品种粮食播种面积和产量

12.2013年各地区油料作物播种面积和产量

13.2013年各地区粮油产量及人均占有量排序

14.2013年各地区人均农产品占有量

15.2013年各地区人均粮食占有量

16.2013年全国居民在家消费主要食品数量

17.人均主要农业产品产量（1978～2013年）

18.农产品生产者价格指数（2007～2013年）

19.各地区农产品生产者价格指数（2007～2013年）

20.居民消费价格指数（2007～2013年）

21.粮食成本收益变化情况表（1991～2013年）

22.2013年粮食收购价格分月情况表

23.2013年成品粮零售价格分月情况表

24.2013年粮食主要品种批发市场价格表

25.2013年国内期货市场小麦、玉米、早籼稻、大豆分月价格表

26.2013年美国芝加哥商品交易所谷物和大豆分月价格表

27.全国国有粮食企业主要粮食品种收购量（1978～2013年）

28.2013年国有粮食企业粮食收购情况统计表

29.全国国有粮食企业主要粮食品种销售量（1978～2013年）

30.2013年国有粮食企业粮食销售情况统计表

31.全国粮油进口情况表（1992～2013年）

| 表1 | | 全国主要农作物播种面积（1978～2013年） | | | | |

单位：千公顷

年 份	粮食	稻谷	小麦	玉米	大豆	油料
1978	120587	34421	29183	19961	7144	6222
1979	119263	33873	29357	20133	7247	7051
1980	117234	33878	28844	20087	7226	7928
1981	114958	33295	28307	19425	8024	9134
1982	113462	33071	27955	18543	8419	9343
1983	114047	33136	29050	18824	7567	8390
1984	112884	33178	29576	18537	7286	8678
1985	108845	32070	29218	17694	7718	11800
1986	110933	32266	29616	19124	8295	11415
1987	111268	32193	28798	20212	8445	11181
1988	110123	31987	28785	19692	8120	10619
1989	112205	32700	29841	20353	8057	10504
1990	113466	33064	30753	21401	7560	10900
1991	112314	32590	30948	21574	7041	11530
1992	110560	32090	30496	21044	7221	11489
1993	110509	30355	30235	20694	9454	11142
1994	109544	30171	28981	21152	9222	12081
1995	110060	30744	28860	22776	8127	13102
1996	112548	31406	29611	24498	7471	12555
1997	112912	31765	30057	23775	8346	12381
1998	113787	31214	29774	25239	8500	12919
1999	113161	31283	28855	25904	7962	13906
2000	108463	29962	26653	23056	9307	15400
2001	106080	28812	24664	24282	9482	14631
2002	103891	28202	23908	24634	8720	14766
2003	99410	26508	21997	24068	9313	14990
2004	101606	28379	21626	25446	9589	14431
2005	104278	28847	22793	26358	9591	14318
2006	104958	28938	23613	28463	9304	11738
2007	105638	28919	23721	29478	8754	11316
2008	106793	29241	23617	29864	9127	12825
2009	108986	29627	24291	31183	9190	13652
2010	109876	29873	24257	32500	8516	13890
2011	110573	30057	24270	33542	7889	13855
2012	111205	30137	24268	35029	7172	13930
2013	111956	30312	24117	36318	6791	14023

数据来源：国家统计局统计资料。

表2	全国主要农作物产量（1978～2013年）					

单位：万吨

年份	粮食	稻谷	小麦	玉米	大豆	油料
1978	30476.5	13693.0	5384.0	5594.5	756.5	521.8
1979	33211.5	14375.0	6273.0	6003.5	746.0	643.5
1980	32055.5	13990.5	5520.5	6260.0	794.0	769.1
1981	32502.0	14395.5	5964.0	5920.5	932.5	1020.5
1982	35450.0	16159.5	6847.0	6056.0	903.0	1181.7
1983	38727.5	16886.5	8139.0	6820.5	976.0	1055.0
1984	40730.5	17825.5	8781.5	7341.0	969.5	1191.0
1985	37910.8	16856.9	8580.5	6382.6	1050.0	1578.4
1986	39151.2	17222.4	9004.0	7085.6	1161.4	1473.8
1987	40297.7	17426.2	8590.2	7924.1	1246.5	1527.8
1988	39408.1	16910.7	8543.2	7735.1	1164.5	1320.3
1989	40754.9	18013.0	9080.7	7892.8	1022.7	1295.2
1990	44624.3	18933.1	9822.9	9681.9	1100.0	1613.2
1991	43529.3	18381.3	9595.3	9877.3	971.3	1638.3
1992	44265.8	18622.2	10158.7	9538.3	1030.4	1641.2
1993	45648.8	17751.4	10639.0	10270.4	1530.7	1803.9
1994	44510.1	17593.3	9929.7	9927.5	1599.9	1989.6
1995	46661.8	18522.6	10220.7	11198.6	1350.2	2250.3
1996	50453.5	19510.3	11056.9	12747.1	1322.4	2210.6
1997	49417.1	20073.5	12328.9	10430.9	1473.2	2157.4
1998	51229.5	19871.3	10972.6	13295.4	1515.2	2313.9
1999	50838.6	19848.7	11388.0	12808.6	1424.5	2601.2
2000	46217.5	18790.8	9963.6	10600.0	1540.9	2954.8
2001	45263.7	17758.0	9387.3	11408.8	1540.6	2864.9
2002	45705.8	17453.9	9029.0	12130.8	1650.5	2897.2
2003	43069.5	16065.6	8648.8	11583.0	1539.3	2811.0
2004	46946.9	17908.8	9195.2	13028.7	1740.1	3065.9
2005	48402.2	18058.8	9744.5	13936.5	1634.8	3077.1
2006	49804.2	18171.8	10846.6	15160.3	1508.2	2640.3
2007	50160.3	18603.4	10929.8	15230.0	1272.5	2568.7
2008	52870.9	19189.6	11246.4	16591.4	1554.2	2952.8
2009	53082.1	19510.3	11511.5	16397.4	1498.2	3154.3
2010	54647.7	19576.1	11518.1	17724.5	1508.3	3230.1
2011	57120.8	20100.1	11740.1	19278.1	1448.5	3306.8
2012	58958.0	20423.6	12102.3	20561.4	1305.0	3436.8
2013	60193.8	20361.2	12192.6	21848.9	1195.1	3517.0

数据来源：国家统计局统计资料。

| 表3 | 全国主要农作物单位面积产量（1978～2013年） | | | | | |

单位：公斤/公顷

年 份	粮食	稻谷	小麦	玉米	大豆	油料
1978	2527.3	3978.1	1844.9	2802.7	1059.0	838.6
1979	2784.7	4243.8	2136.8	2981.9	1029.4	912.7
1980	2734.3	4129.6	1913.9	3116.4	1098.8	970.0
1981	2827.3	4323.7	2106.9	3047.9	1162.2	1117.2
1982	3124.4	4886.3	2449.3	3265.9	1072.6	1264.8
1983	3395.7	5096.1	2801.7	3623.3	1289.8	1257.4
1984	3608.2	5372.6	2969.1	3960.3	1330.6	1372.5
1985	3483.0	5256.3	2936.7	3607.2	1360.5	1337.7
1986	3529.3	5337.6	3040.2	3705.1	1400.2	1291.1
1987	3621.7	5413.1	2982.9	3920.6	1476.0	1366.5
1988	3578.6	5286.7	2968.0	3928.1	1434.1	1243.3
1989	3632.2	5508.5	3043.0	3877.9	1269.3	1233.1
1990	3932.8	5726.1	3194.1	4523.9	1455.1	1479.9
1991	3875.7	5640.2	3100.5	4578.3	1379.5	1421.0
1992	4003.8	5803.1	3331.2	4532.7	1427.0	1428.4
1993	4130.8	5847.9	3518.8	4963.0	1619.1	1619.0
1994	4063.2	5831.1	3426.3	4693.4	1734.9	1646.9
1995	4239.7	6024.8	3541.5	4916.9	1661.4	1717.6
1996	4482.8	6212.4	3734.1	5203.3	1770.2	1760.7
1997	4376.6	6319.4	4101.9	4387.3	1765.1	1742.5
1998	4502.2	6366.2	3685.3	5267.8	1782.5	1791.0
1999	4492.6	6344.8	3946.6	4944.7	1789.2	1870.5
2000	4261.2	6271.6	3738.2	4597.5	1655.7	1918.7
2001	4266.9	6163.3	3806.1	4698.4	1624.8	1958.1
2002	4399.4	6189.0	3776.5	4924.5	1892.9	1962.0
2003	4332.5	6060.7	3931.8	4812.6	1652.9	1875.2
2004	4620.5	6310.6	4251.9	5120.2	1814.8	2124.6
2005	4641.6	6260.2	4275.3	5287.3	1704.5	2149.2
2006	4745.2	6279.6	4593.4	5326.3	1620.9	2249.3
2007	4748.3	6433.0	4607.7	5166.7	1453.7	2270.0
2008	4950.8	6562.5	4762.0	5555.7	1702.8	2302.3
2009	4870.6	6585.3	4739.0	5258.5	1630.2	2310.5
2010	4973.6	6553.0	4748.4	5453.7	1771.2	2325.6
2011	5165.9	6687.3	4837.2	5747.5	1836.3	2386.7
2012	5301.8	6776.9	4986.9	5869.7	1819.6	2467.2
2013	5376.6	6717.3	5055.6	6015.9	1759.9	2508.1

数据来源：国家统计局统计资料。

表4	全国粮食和油料作物播种面积（2012~2013年）			

单位：千公顷

	2012年	2013年	2013年比2012年增加	
			绝对数	%
一、粮食	111204.6	111955.6	751.0	0.7
其中：夏收粮食	27589.1	27588.1	−1.0	0.0
（一）谷物	92612.4	93768.6	1156.2	1.2
1.稻谷	30137.1	30311.7	174.6	0.6
(1)早稻	5764.9	5804.4	39.5	0.7
(2)中稻和一季晚稻	18018.7	18186.3	167.6	0.9
(3)双季晚稻	6353.5	6321.0	−32.4	−0.5
2.小麦	24268.3	24117.3	−151.0	−0.6
(1)冬小麦	22602.5	22552.6	−49.9	−0.2
(2)春小麦	1665.8	1564.7	−101.1	−6.1
3.玉米	35029.8	36318.4	1288.6	3.7
4.谷子	736.0	715.7	−20.3	−2.8
5.高粱	623.2	582.3	−40.8	−6.6
6.其他谷物	1814.9	1723.2	−91.7	−5.1
其中：大麦	489.9	465.5	−24.4	−5.0
（二）豆类	9709.4	9223.6	−485.8	−5.0
其中：大豆	7171.7	6790.5	−381.2	−5.3
绿豆	694.4	632.9	−61.6	−8.9
红小豆	154.3	164.1	9.8	6.3
（三）薯类	8885.9	8963.3	77.4	0.9
其中：马铃薯	5531.9	5614.6	82.7	1.5
二、油料作物	13929.8	14022.6	92.8	0.7
其中：花生	4638.5	4633.0	−5.5	−0.1
油菜籽	7431.9	7531.0	99.2	1.3
芝麻	437.0	418.5	−18.5	−4.2
胡麻籽	317.9	312.9	−4.9	−1.6
向日葵	888.5	929.9	41.4	4.7

数据来源：国家统计局统计资料。

表5		全国粮食和油料作物产量（2012～2013年）		

单位：万吨

	2012年	2013年	2013年比2012年增加	
			绝对数	%
一、粮食	58958.0	60193.8	1235.9	2.1
其中：夏收粮食	12993.7	13184.8	191.1	1.5
（一）谷物	53934.7	55269.2	1334.5	2.5
1.稻谷	20423.6	20361.2	－62.4	－0.3
(1)早稻	3329.1	3413.5	84.4	2.5
(2)中稻和一季晚稻	13356.9	13297.6	－59.2	－0.4
(3)双季晚稻	3737.6	3650.1	－87.6	－2.3
2.小麦	12102.4	12192.6	90.3	0.7
(1)冬小麦	11454.0	11585.3	131.3	1.1
(2)春小麦	648.3	607.3	－41.1	－6.3
3.玉米	20561.4	21848.9	1287.5	6.3
4.谷子	179.6	174.6	－5.0	－2.8
5.高粱	255.6	289.2	33.6	13.1
6.其他谷物	412.3	402.7	－9.6	－2.3
其中：大麦	162.6	169.9	7.4	4.5
（二）豆类	1730.5	1595.3	－135.3	－7.8
其中：大豆	1305.0	1195.1	－109.9	－8.4
绿豆	86.7	75.3	－11.3	－13.1
红小豆	27.4	27.4	0.1	0.2
（三）薯类	3292.8	3329.3	36.6	1.1
其中：马铃薯	1855.2	1918.8	63.6	3.4
二、油料作物	3436.8	3517.0	80.2	2.3
其中：花生	1669.2	1697.2	28.1	1.7
油菜籽	1400.7	1445.8	45.1	3.2
芝麻	63.9	62.3	－1.6	－2.5
胡麻籽	39.1	39.8	0.8	2.0
向日葵	232.3	242.4	10.1	4.4

数据来源：国家统计局统计资料。

表6	全国粮食和油料作物单位面积产量（2012～2013年）			

单位：公斤/公顷

	2012年	2013年	2013年比2012年增加	
			绝对数	%
一、粮食	5301.8	5376.6	74.8	1.4
其中：夏收粮食	4709.7	4779.2	69.4	1.5
（一）谷物	5823.7	5894.2	70.5	1.2
1.稻谷	6776.9	6717.3	−59.6	−0.9
(1)早稻	5774.8	5880.9	106.1	1.8
(2)中稻和一季晚稻	7412.8	7311.9	−100.9	−1.4
(3)双季晚稻	5882.8	5774.5	−108.3	−1.8
2.小麦	4986.9	5055.6	68.7	1.4
(1)冬小麦	5067.6	5137.0	69.4	1.4
(2)春小麦	3892.1	3881.2	−10.9	−0.3
3.玉米	5869.7	6015.9	146.2	2.5
4.谷子	2439.7	2439.6	−0.1	0.0
5.高粱	4100.9	4965.4	864.4	21.1
6.其他谷物	2271.5	2336.8	65.3	2.9
其中：大麦	3318.6	3650.3	331.7	10.0
（二）豆类	1782.3	1729.5	−52.8	−3.0
其中：大豆	1819.6	1759.9	−59.7	−3.3
绿豆	1247.9	1190.6	−57.4	−4.6
红小豆	1773.5	1672.0	−101.6	−5.7
（三）薯类	3705.6	3714.4	8.8	0.2
其中：马铃薯	3353.7	3417.6	63.9	1.9
二、油料作物	2467.2	2508.1	40.9	1.7
其中：花生	3598.5	3663.3	64.9	1.8
油菜籽	1884.8	1919.8	35.0	1.9
芝麻	1463.2	1490.0	26.8	1.8
胡麻籽	1228.5	1273.2	44.6	3.6
向日葵	2614.1	2606.8	−7.3	−0.3

数据来源：国家统计局统计资料。

| 表7 | 各地区粮食播种面积（2012～2013年） | | | |

单位：千公顷

地 区	2012年	2013年	2013年比2012年增加	
			绝对数	%
全国总计	111204.6	111955.6	751.0	0.7
东部地区	24977.1	25016.6	39.5	0.2
中部地区	32662.7	32867.2	204.6	0.6
西部地区	34217.6	34491.0	273.4	0.8
东北地区	19347.2	19580.7	233.5	1.2
北　京	193.9	158.9	−35.0	−18.0
天　津	322.9	332.8	9.9	3.1
河　北	6302.4	6315.9	13.5	0.2
山　西	3291.5	3274.3	−17.2	−0.5
内蒙古	5589.4	5617.3	27.9	0.5
辽　宁	3217.3	3226.4	9.1	0.3
吉　林	4610.3	4789.9	179.6	3.9
黑龙江	11519.5	11564.4	44.8	0.4
上　海	187.6	168.5	−19.1	−10.2
江　苏	5336.6	5360.8	24.2	0.5
浙　江	1251.6	1253.7	2.2	0.2
安　徽	6622.0	6625.3	3.3	0.0
福　建	1201.1	1202.1	0.9	0.1
江　西	3675.9	3690.9	14.9	0.4
山　东	7202.3	7294.6	92.3	1.3
河　南	9985.2	10081.8	96.7	1.0
湖　北	4180.1	4258.4	78.3	1.9
湖　南	4908.0	4936.6	28.5	0.6
广　东	2540.2	2507.6	−32.6	−1.3
广　西	3069.1	3076.0	6.9	0.2
海　南	438.6	421.8	−16.8	−3.8
重　庆	2259.6	2253.9	−5.7	−0.3
四　川	6468.2	6469.9	1.7	0.0
贵　州	3054.3	3118.4	64.1	2.1
云　南	4399.6	4499.4	99.8	2.3
西　藏	170.9	175.9	5.0	2.9
陕　西	3127.5	3105.1	−22.4	−0.7
甘　肃	2839.4	2858.7	19.3	0.7
青　海	280.2	280.0	−0.2	−0.1
宁　夏	828.3	801.6	−26.7	−3.2
新　疆	2131.2	2234.8	103.6	4.9

数据来源：国家统计局统计资料。

| 表8 | 各地区粮食总产量（2012～2013年） | | | |

单位：万吨

地　区	2012年	2013年	2013年比2012年增加	
			绝对数	%
全国总计	58958.0	60193.8	1235.9	2.1
东部地区	14553.3	14606.3	52.9	0.4
中部地区	17734.9	17849.2	114.3	0.6
西部地区	15494.7	15987.6	492.9	3.2
东北地区	11175.0	11750.7	575.7	5.2
北　京	113.8	96.1	−17.6	−15.5
天　津	161.8	174.7	13.0	8.0
河　北	3246.6	3365.0	118.4	3.6
山　西	1274.1	1312.8	38.7	3.0
内蒙古	2528.5	2773.0	244.5	9.7
辽　宁	2070.5	2195.6	125.1	6.0
吉　林	3343.0	3551.0	208.0	6.2
黑龙江	5761.5	6004.1	242.6	4.2
上　海	122.4	114.2	−8.2	−6.7
江　苏	3372.5	3423.0	50.5	1.5
浙　江	769.8	734.0	−35.8	−4.7
安　徽	3289.1	3279.6	−9.5	−0.3
福　建	659.3	664.4	5.1	0.8
江　西	2084.8	2116.1	31.3	1.5
山　东	4511.4	4528.2	16.8	0.4
河　南	5638.6	5713.7	75.1	1.3
湖　北	2441.8	2501.3	59.5	2.4
湖　南	3006.5	2925.7	−80.8	−2.7
广　东	1396.3	1315.9	−80.4	−5.8
广　西	1484.9	1521.8	36.9	2.5
海　南	199.5	190.9	−8.6	−4.3
重　庆	1138.5	1148.1	9.6	0.8
四　川	3315.0	3387.1	72.1	2.2
贵　州	1079.5	1030.0	−49.5	−4.6
云　南	1749.1	1824.0	74.9	4.3
西　藏	94.9	96.2	1.3	1.3
陕　西	1245.1	1215.8	−29.3	−2.4
甘　肃	1109.7	1138.9	29.2	2.6
青　海	101.5	102.4	0.9	0.9
宁　夏	375.0	373.4	−1.6	−0.4
新　疆	1273.0	1377.0	104.0	8.2

数据来源：国家统计局统计资料。

表9			各地区粮食单位面积产量（2012～2013年）	

单位：公斤/公顷

地 区	2012年	2013年	2013年比2012年增加	
			绝对数	%
全国总计	5301.8	5376.6	74.8	1.4
东部地区	5826.7	5838.6	12.0	0.2
中部地区	5429.7	5430.7	1.0	0.0
西部地区	4528.3	4635.3	107.0	2.4
东北地区	5776.0	6001.2	225.1	3.9
北　京	5868.4	6049.0	180.6	3.1
天　津	5009.3	5249.9	240.6	4.8
河　北	5151.4	5327.8	176.4	3.4
山　西	3870.9	4009.4	138.5	3.6
内蒙古	4523.7	4936.5	412.8	9.1
辽　宁	6435.4	6805.1	369.7	5.7
吉　林	7251.2	7413.6	162.4	2.2
黑龙江	5001.5	5191.9	190.4	3.8
上　海	6523.6	6774.1	250.4	3.8
江　苏	6319.6	6385.3	65.7	1.0
浙　江	6150.8	5854.1	-296.7	-4.8
安　徽	4966.9	4950.1	-16.8	-0.3
福　建	5489.0	5526.9	37.9	0.7
江　西	5671.5	5733.4	61.9	1.1
山　东	6263.8	6207.6	-56.2	-0.9
河　南	5647.0	5667.3	20.3	0.4
湖　北	5841.6	5873.8	32.2	0.6
湖　南	6125.7	5926.7	-199.0	-3.2
广　东	5497.0	5247.6	-249.4	-4.5
广　西	4838.2	4947.3	109.1	2.3
海　南	4548.4	4525.8	-22.6	-0.5
重　庆	5038.7	5094.0	55.3	1.1
四　川	5125.1	5235.2	110.1	2.1
贵　州	3534.4	3302.9	-231.5	-6.5
云　南	3975.6	4053.9	78.3	2.0
西　藏	5553.7	5467.1	-86.6	-1.6
陕　西	3981.1	3915.5	-65.6	-1.6
甘　肃	3908.2	3984.0	75.8	1.9
青　海	3622.7	3656.5	33.8	0.9
宁　夏	4527.3	4658.2	130.9	2.9
新　疆	5973.2	6161.6	188.4	3.2

数据来源：国家统计局统计资料。

| 表10 | 2013年各地区分季粮食播种面积和产量（一） |

单位：千公顷；万吨；公斤/公顷

地　区	全年粮食总计			1. 夏收粮食		
	播种面积	总产量	每公顷产量	播种面积	总产量	每公顷产量
全国总计	111955.6	60193.8	5376.6	27588.1	13184.8	4779.2
东部地区	25016.6	14606.3	5838.6	9246.4	5154.0	5574.1
中部地区	32867.2	17849.2	5430.7	10207.1	5376.0	5266.9
西部地区	34491.0	15987.6	4635.3	8073.7	2623.3	3249.2
东北地区	19580.7	11750.7	6001.2	60.9	31.5	5172.4
北　京	158.9	96.1	6049.0	36.2	18.7	5170.3
天　津	332.8	174.7	5249.9	110.4	57.3	5189.3
河　北	6315.9	3365.0	5327.8	2407.1	1402.4	5826.1
山　西	3274.3	1312.8	4009.4	690.7	231.7	3354.8
内蒙古	5617.3	2773.0	4936.5	0.0	0.0	0.0
辽　宁	3226.4	2195.6	6805.1	60.9	31.5	5172.4
吉　林	4789.9	3551.0	7413.6	0.0	0.0	0.0
黑龙江	11564.4	6004.1	5191.9	0.0	0.0	0.0
上　海	168.5	114.2	6774.2	59.0	23.3	3942.4
江　苏	5360.8	3423.0	6385.3	2386.5	1195.8	5010.7
浙　江	1253.7	734.0	5854.1	180.5	63.9	3541.8
安　徽	6625.3	3279.6	4950.1	2473.3	1338.5	5411.8
福　建	1202.1	664.4	5526.9	89.8	35.5	3948.5
江　西	3690.9	2116.1	5733.4	62.4	9.5	1522.4
山　东	7294.6	4528.2	6207.6	3674.3	2219.4	6040.4
河　南	10081.8	5713.7	5667.3	5393.3	3235.2	5998.5
湖　北	4258.4	2501.3	5873.8	1392.9	501.0	3596.7
湖　南	4936.6	2925.7	5926.7	194.5	60.1	3090.3
广　东	2507.6	1315.9	5247.6	230.0	107.9	4690.8
广　西	3076.0	1521.8	4947.3	108.2	36.0	3325.9
海　南	421.8	190.9	4525.8	72.6	29.8	4111.4
重　庆	2253.9	1148.1	5094.0	507.0	153.6	3029.8
四　川	6469.9	3387.1	5235.2	1811.0	575.5	3177.8
贵　州	3118.4	1030.0	3302.9	990.7	240.7	2429.8
云　南	4499.4	1824.0	4053.9	1188.3	240.4	2023.2
西　藏	175.9	96.2	5467.1	0.0	0.0	0.0
陕　西	3105.1	1215.8	3915.5	1237.4	423.6	3423.3
甘　肃	2858.7	1138.9	3984.0	935.1	278.4	2977.1
青　海	280.0	102.4	3656.5	0.0	0.0	0.0
宁　夏	801.6	373.4	4658.2	164.9	48.1	2916.5
新　疆	2234.8	1377.0	6161.6	1131.1	627.0	5543.5

数据来源：国家统计局统计资料。

| 表10 | 2013年各地区分季粮食播种面积和产量（二） | | | | | |

单位：千公顷；万吨；公斤/公顷

地 区	2. 早 稻			3. 秋 粮		
	播种面积	总产量	每公顷产量	播种面积	总产量	每公顷产量
全国总计	5804.4	3413.5	5880.9	78563.0	43595.5	5549.1
东部地区	1361.4	790.0	5802.8	14408.8	8662.3	6011.8
中部地区	3465.4	2042.0	5892.6	19194.7	10431.2	5434.4
西部地区	977.6	581.5	5948.2	25439.7	12782.8	5024.7
东北地区	0.0	0.0	0.0	19519.8	11719.2	6003.8
北 京				122.7	77.4	6308.7
天 津				222.4	117.4	5279.9
河 北				3908.8	1962.6	5021.0
山 西				2583.7	1081.1	4184.4
内蒙古				5617.3	2773.0	4936.5
辽 宁				3165.5	2164.1	6836.5
吉 林				4789.9	3551.0	7413.6
黑龙江				11564.4	6004.1	5191.9
上 海				109.5	90.9	8299.7
江 苏				2974.2	2227.2	7488.2
浙 江	115.1	71.7	6229.7	958.1	598.3	6244.7
安 徽	235.5	130.8	5554.1	3916.5	1810.3	4622.2
福 建	196.1	117.6	5996.3	916.2	511.3	5581.1
江 西	1397.7	828.0	5924.1	2230.8	1278.6	5731.6
山 东	0.0	0.0	0.0	3620.3	2308.8	6377.4
河 南	0.0	0.0	0.0	4688.5	2478.5	5286.4
湖 北	385.6	222.8	5776.6	2479.9	1777.6	7167.9
湖 南	1446.7	860.5	5948.0	3295.4	2005.2	6084.7
广 东	905.4	521.1	5755.3	1372.3	687.0	5006.0
广 西	927.9	555.2	5983.4	2039.9	930.6	4562.0
海 南	144.9	79.7	5499.1	204.4	81.4	3983.2
重 庆	0.0	0.0	0.0	1746.9	994.52	5693.0
四 川	1.0	0.5	5000.0	4657.9	2811.1	6035.1
贵 州	0.0	0.0	0.0	2127.8	789.3	3709.4
云 南	48.7	25.8	5297.7	3262.4	1557.8	4775.0
西 藏				175.9	96.2	5467.1
陕 西				1867.7	792.2	4241.5
甘 肃				1923.6	860.5	4473.5
青 海				280.0	102.4	3656.5
宁 夏				636.7	325.3	5109.3
新 疆				1103.8	750.0	6795.0

数据来源：国家统计局统计资料。

| 表11 | 2013年各地区分品种粮食播种面积和产量（一） |

单位：千公顷；万吨；公斤/公顷

地 区	一、谷 物			（一）稻 谷		
	播种面积	总产量	每公顷产量	播种面积	总产量	每公顷产量
全国总计	93768.6	55269.2	5894.2	30311.7	20361.2	6717.3
东部地区	22702.2	13674.7	6023.5	6461.4	4461.6	6905.0
中部地区	29240.4	17053.4	5832.1	12380.5	8090.9	6535.2
西部地区	25643.9	13478.7	5256.1	6918.3	4518.0	6530.4
东北地区	16182.1	11062.4	6836.2	4551.5	3290.7	7230.0
北 京	152.6	94.4	6191.0	0.2	0.1	6912.0
天 津	324.6	173.5	5344.3	16.8	12.9	7685.9
河 北	5883.8	3221.8	5475.6	86.8	58.8	6768.0
山 西	2763.5	1246.0	4508.7	1.0	0.7	6836.7
内蒙古	4250.0	2433.6	5726.1	75.9	56.0	7380.7
辽 宁	3013.3	2122.7	7044.2	649.2	506.9	7807.9
吉 林	4372.9	3443.8	7875.3	726.7	563.3	7751.4
黑龙江	8795.9	5495.9	6248.3	3175.6	2220.6	6992.6
上 海	163.0	112.3	6887.7	101.9	86.8	8521.1
江 苏	4987.7	3313.0	6642.3	2265.7	1922.3	8484.3
浙 江	1004.0	647.9	6453.3	828.7	580.2	7001.2
安 徽	5534.4	3127.3	5650.7	2214.1	1362.3	6152.8
福 建	872.4	523.6	6002.3	817.5	502.0	6140.8
江 西	3387.6	2019.9	5962.7	3338.0	2004.0	6003.7
山 东	6881.7	4297.1	6244.3	123.1	103.6	8416.3
河 南	9276.1	5522.7	5953.7	641.3	485.8	7574.9
湖 北	3794.9	2373.9	6255.6	2101.2	1676.6	7979.6
湖 南	4483.9	2763.5	6163.2	4085.0	2561.5	6270.5
广 东	2092.8	1129.2	5395.4	1908.8	1045.0	5474.7
广 西	2656.1	1425.5	5366.7	2046.6	1156.2	5649.3
海 南	339.7	162.0	4767.9	311.9	149.8	4804.5
重 庆	1292.1	804.7	6227.6	688.7	503.08	7305.2
四 川	4758.3	2815.3	5916.6	1990.7	1549.5	7783.7
贵 州	1864.2	740.7	3973.2	684.5	361.3	5278.7
云 南	3273.2	1485.0	4536.9	1152.7	667.9	5794.2
西 藏	169.2	93.5	5522.7	1.0	0.6	5789.5
陕 西	2558.0	1096.3	4285.5	123.7	91.0	7351.3
甘 肃	1976.4	856.4	4333.1	5.3	3.8	7243.3
青 海	159.2	60.8	3821.6	0.0	0.0	0.0
宁 夏	556.9	327.4	5879.0	82.1	68.9	8386.9
新 疆	2130.3	1339.7	6288.9	67.3	59.8	8889.9

数据来源：国家统计局统计资料。

表11	2013年各地区分品种粮食播种面积和产量（二）

单位：千公顷；万吨；公斤/公顷

地 区	（二）小 麦			其中：冬小麦		
	播种面积	总产量	每公顷产量	播种面积	总产量	每公顷产量
全国总计	24117.3	12192.6	5055.6	22552.6	11585.3	5137.0
东部地区	8467.7	4829.8	5703.8	8447.5	4822.9	5709.2
中部地区	9615.8	5219.4	5427.9	9615.4	5219.2	5428.0
西部地区	5895.2	2101.8	3565.3	4489.6	1543.3	3437.4
东北地区	138.6	41.6	3001.4	0.0	0.0	0.0
北 京	36.2	18.7	5171.9	36.2	18.7	5172.1
天 津	110.4	57.3	5189.3	99.7	52.5	5262.8
河 北	2377.7	1387.2	5834.2	2368.3	1385.1	5848.5
山 西	677.5	230.7	3405.6	677.1	230.5	3405.0
内蒙古	571.2	180.4	3158.2	0.0	0.0	0.0
辽 宁	5.6	2.7	4857.1	0.0	0.0	0.0
吉 林	0.0	0.0	0.0	0.0	0.0	0.0
黑龙江	133.0	38.9	2923.3	0.0	0.0	0.0
上 海	44.4	17.6	3975.7	44.4	17.6	3975.7
江 苏	2146.9	1101.3	5129.7	2146.9	1101.3	5129.7
浙 江	75.5	27.8	3685.1	75.5	27.8	3685.1
安 徽	2432.9	1332.0	5475.1	2432.9	1332.0	5475.1
福 建	2.3	0.7	2940.0	2.3	0.7	2940.0
江 西	11.8	2.5	2113.8	11.8	2.5	2113.8
山 东	3673.3	2218.8	6040.4	3673.3	2218.8	6040.4
河 南	5366.7	3226.4	6012.0	5366.7	3226.4	6012.0
湖 北	1094.8	416.8	3807.1	1094.8	416.8	3807.1
湖 南	32.3	11.0	3396.3	32.3	11.0	3396.3
广 东	0.9	0.3	3440.9	0.9	0.3	3440.9
广 西	1.8	0.3	1452.5	1.8	0.3	1452.5
海 南	0.0	0.0	0.0	0.0	0.0	0.0
重 庆	107.6	33.7	3132.0	107.6	33.7	3132.0
四 川	1216.0	421.3	3464.6	1216.0	421.3	3464.6
贵 州	251.8	51.5	2045.8	251.8	51.5	2045.8
云 南	437.3	80.5	1841.7	437.3	80.5	1841.7
西 藏	37.8	24.1	6366.0	28.0	18.8	6690.4
陕 西	1094.8	389.8	3560.5	1094.8	389.8	3560.5
甘 肃	811.7	235.9	2906.3	570.2	147.9	2593.8
青 海	95.4	36.0	3768.6	0.0	0.0	0.0
宁 夏	148.8	46.3	3112.3	84.6	14.0	1653.1
新 疆	1121.0	602.1	5371.0	697.5	385.5	5527.0

数据来源：国家统计局统计资料。

表11			2013年各地区分品种粮食播种面积和产量（三）			

单位：千公顷；万吨；公斤/公顷

地 区	（三）玉 米			（四）谷 子		
	播种面积	总产量	每公顷产量	播种面积	总产量	每公顷产量
全国总计	36318.4	21848.9	6015.9	715.7	174.6	2439.6
东部地区	7221.3	4207.1	5825.9	165.4	51.4	3105.0
中部地区	6665.7	3645.7	5469.3	246.1	41.9	1702.8
西部地区	11239.2	6440.8	5730.6	213.2	43.0	2015.9
东北地区	11192.2	7555.3	6750.6	91.0	38.4	4217.0
北 京	114.5	75.2	6567.0	1.3	0.3	2303.9
天 津	191.7	102.1	5329.0	0.2	0.0	1304.3
河 北	3108.8	1703.9	5481.0	144.5	45.2	3129.5
山 西	1670.0	955.5	5721.2	210.0	36.8	1750.2
内蒙古	3170.6	2069.7	6527.8	125.6	28.9	2297.0
辽 宁	2245.6	1563.2	6961.2	51.9	16.5	3188.7
吉 林	3499.1	2775.7	7932.7	32.2	19.4	6022.5
黑龙江	5447.5	3216.4	5904.4	6.9	2.4	3531.8
上 海	3.6	2.5	6997.2	0.0	0.0	0.0
江 苏	426.4	216.4	5076.1	0.1	0.0	1428.6
浙 江	63.4	26.8	4220.8	0.0	0.0	0.0
安 徽	845.1	426.0	5040.8	0.1	0.0	4000.0
福 建	47.9	19.3	4017.1	0.1	0.0	3063.7
江 西	29.5	12.0	4053.5	0.4	0.1	2790.7
山 东	3060.7	1967.1	6427.1	18.6	5.6	3021.5
河 南	3203.3	1796.5	5608.2	35.5	5.0	1398.8
湖 北	573.5	270.8	4721.3	0.0	0.0	5000.0
湖 南	344.2	185.0	5374.5	0.0	0.0	0.0
广 东	176.7	81.6	4620.4	0.5	0.1	2444.4
广 西	587.6	266.0	4526.0	1.7	0.4	2469.9
海 南	27.7	12.1	4362.0	0.0	0.0	0.0
重 庆	466.7	258.1	5529.5	0.0	0.0	0.0
四 川	1378.0	762.4	5532.7	0.0	0.0	0.0
贵 州	778.4	298.0	3829.0	10.9	2.0	1804.0
云 南	1505.1	734.2	4878.1	0.2	0.1	5000.0
西 藏	4.3	2.5	5763.9	0.0	0.0	0.0
陕 西	1166.2	586.7	5031.0	57.2	9.6	1678.9
甘 肃	976.1	571.5	5854.8	12.2	2.1	1679.0
青 海	23.3	16.4	7054.5	0.0	0.0	0.0
宁 夏	262.0	206.2	7871.2	4.8	0.0	0.0
新 疆	920.8	669.0	7265.6	0.7	0.0	0.0

数据来源：国家统计局统计资料。

表11	2013年各地区分品种粮食播种面积和产量（四）

单位：千公顷；万吨；公斤/公顷

地 区	(五)高 粱			(六)大 豆		
	播种面积	总产量	每公顷产量	播种面积	总产量	每公顷产量
全国总计	582.3	289.2	4965.4	6790.5	1195.1	1759.9
东部地区	25.3	7.7	3042.1	713.6	165.5	2318.6
中部地区	44.1	10.5	2388.3	1777.5	263.0	1479.6
西部地区	321.8	139.7	4340.8	1540.2	306.1	1987.4
东北地区	191.2	131.3	6865.1	2759.3	460.5	1669.0
北 京	0.3	0.1	3110.4	4.1	0.8	1960.1
天 津	5.4	1.1	2056.1	7.3	0.9	1231.2
河 北	13.6	4.5	3313.7	124.5	24.4	1962.1
山 西	28.8	7.0	2429.6	199.5	20.8	1040.7
内蒙古	109.9	59.4	5405.8	564.4	119.7	2121.0
辽 宁	47.1	29.5	6258.8	114.9	28.4	2471.0
吉 林	115.0	85.4	7428.4	214.5	45.4	2115.9
黑龙江	29.1	16.4	5620.9	2429.8	386.7	1591.6
上 海	0.0	0.0	0.0	2.9	0.8	2655.2
江 苏	0.1	0.0	1369.9	209.4	47.0	2245.9
浙 江	0.0	0.0	0.0	88.3	22.6	2564.9
安 徽	1.1	0.2	2243.0	856.7	107.0	1249.0
福 建	1.2	0.5	3750.6	65.6	16.5	2515.1
江 西	5.2	0.7	1351.4	99.5	22.4	2253.9
山 东	4.7	1.5	3190.6	145.9	35.8	2454.2
河 南	2.6	0.3	1003.9	443.9	72.9	1643.3
湖 北	1.9	0.8	4127.0	86.7	19.6	2258.7
湖 南	4.6	1.6	3398.7	91.3	20.3	2223.4
广 东	0.1	0.0	4444.4	62.5	15.9	2545.2
广 西	3.8	1.1	2868.4	97.0	13.5	1393.4
海 南	0.0	0.0	3113.2	3.2	0.7	2169.7
重 庆	22.2	8.5	3807.0	101.5	19.6	1930.3
四 川	70.5	39.2	5560.3	221.5	51.8	2338.6
贵 州	78.5	17.3	2204.9	128.2	8.0	627.3
云 南	2.5	0.3	1200.0	124.8	31.8	2547.3
西 藏	0.0	0.0	0.0	0.1	0.0	3333.3
陕 西	16.4	5.3	3231.7	153.1	25.0	1629.3
甘 肃	10.3	4.9	4805.1	90.6	18.7	2059.6
青 海	0.0	0.0	0.0	0.0	0.0	0.0
宁 夏	0.1	0.0	0.0	0.0	0.0	0.0
新 疆	7.7	3.7	4805.2	59.2	18.0	3048.2

数据来源：国家统计局统计资料。

表12			2013年各地区油料作物播种面积和产量（一）		

单位：千公顷；吨；公斤/公顷

地区	2012年			2013年		
	播种面积	总产量	每公顷产量	播种面积	总产量	每公顷产量
全国总计	13929.8	34367660	2467.2	14022.6	35169950	2508.1
东部地区	2487.2	8177057	3287.7	2494.9	8326882	3337.6
中部地区	6130.5	14613253	2383.7	6174.8	15108757	2446.9
西部地区	4551.5	9336270	2051.3	4624.0	9567497	2069.1
东北地区	760.6	2241080	2946.6	729.0	2166814	2972.3
北　京	4.5	13405	2958.3	3.4	9762	2854.4
天　津	1.9	5646	3003.2	1.8	5752	3213.4
河　北	454.0	1428283	3145.7	470.4	1511261	3212.6
山　西	145.9	195672	1341.5	140.3	194660	1387.2
内蒙古	764.7	1450797	1897.1	812.2	1581369	1947.0
辽　宁	376.7	1208739	3208.9	354.7	1136411	3203.6
吉　林	266.6	807183	3028.0	276.6	840162	3037.9
黑龙江	117.3	225158	1919.2	97.7	190241	1947.1
上　海	8.2	17313	2116.5	6.8	14967	2188.2
江　苏	527.7	1469468	2784.8	518.3	1503712	2901.4
浙　江	189.4	383010	2022.4	183.4	377794	2059.7
安　徽	843.6	2276936	2698.9	802.0	2254320	2810.8
福　建	113.6	280735	2472.1	115.2	288261	2502.3
江　西	744.2	1170753	1573.3	743.1	1192859	1605.2
山　东	796.0	3509513	4408.8	794.9	3496095	4397.9
河　南	1573.6	5695117	3619.1	1589.9	5890800	3705.1
湖　北	1501.5	3196621	2129.0	1516.9	3331726	2196.4
湖　南	1321.7	2078154	1572.3	1382.5	2244391	1623.4
广　东	352.2	966063	2743.0	360.2	1010094	2804.6
广　西	217.4	544867	2506.8	222.0	572054	2576.9
海　南	39.7	103621	2608.3	40.4	109185	2702.1
重　庆	271.0	501142	1849.1	283.5	531375	1874.3
四　川	1249.7	2877615	2302.6	1265.5	2904439	2295.1
贵　州	547.5	873827	1596.0	560.8	915304	1632.3
云　南	343.3	628374	1830.5	357.6	606771	1696.7
西　藏	24.0	63310	2635.7	24.5	63771	2598.7
陕　西	302.3	603300	1995.7	298.8	595182	1991.8
甘　肃	336.4	670036	1991.6	336.9	697199	2069.8
青　海	164.4	352246	2142.6	158.4	325652	2056.4
宁　夏	88.4	180321	2040.2	82.1	168080	2046.9
新　疆	242.3	590436	2436.4	221.7	606301	2734.2

数据来源：国家统计局统计资料。

| 表12 | 2013年各地区油料作物播种面积和产量（二） |

单位：千公顷；吨；公斤/公顷

地　区	其中：花　生			油菜籽		
	播种面积	总产量	每公顷产量	播种面积	总产量	每公顷产量
全国总计	4633.0	16972155	3663.3	7531.0	14458187	1919.8
东部地区	1745.6	6552847	3753.8	629.8	1547522	2457.0
中部地区	1709.3	7034926	4115.6	3978.6	7360768	1850.1
西部地区	663.4	1641552	2474.5	2921.8	5548143	1898.8
东北地区	514.6	1742830	3386.5	0.7	1754	2419.3
北　京	3.0	9085	2998.3	0.0	16	790.0
天　津	1.4	4877	3483.6	0.0	0.0	0.0
河　北	355.6	1300757	3657.7	22.0	35495	1613.4
山　西	7.9	18303	2314.0	5.0	7174	1431.2
内蒙古	20.3	39981	1969.0	290.4	337497	1162.1
辽　宁	341.5	1112920	3259.2	0.6	1221	1910.8
吉　林	148.3	558339	3765.5	0.0	0.0	0.0
黑龙江	24.9	71571	2875.1	0.1	533	6197.7
上　海	0.8	2002	2669.3	6.0	12808	2141.8
江　苏	94.2	352816	3745.0	413.9	1132644	2736.7
浙　江	18.4	51906	2822.8	159.6	316686	1984.0
安　徽	187.3	886550	4734.3	568.1	1300500	2289.1
福　建	101.7	268786	2643.8	12.2	17791	1456.3
江　西	163.7	452003	2761.4	548.0	704270	1285.2
山　东	780.3	3456820	4429.9	9.5	24218	2544.7
河　南	1037.3	4713729	4544.4	371.3	898035	2418.4
湖　北	200.4	681120	3399.7	1226.3	2504700	2042.5
湖　南	112.8	283221	2509.9	1259.9	1946089	1544.7
广　东	351.0	998484	2844.6	6.6	7865	1188.0
广　西	194.9	540985	2776.4	18.8	19017	1012.9
海　南	39.2	107315	2735.1	0.0	0.0	0.0
重　庆	56.7	116642	2058.0	215.6	401045	1860.1
四　川	259.9	653859	2516.3	998.0	2240360	2244.9
贵　州	43.6	82518	1894.2	506.7	817767	1613.9
云　南	49.4	79864	1617.1	294.9	506870	1718.6
西　藏	0.2	404	1923.8	24.3	63367	2604.5
陕　西	32.7	96375	2946.3	204.4	396664	1940.4
甘　肃	1.1	4351	3991.7	170.0	331622	1950.3
青　海	0.0	0.0	0.0	154.2	319277	2070.1
宁　夏	0.1	113	1793.7	0.7	1799	2516.1
新　疆	4.7	26459	5660.9	43.7	112857	2582.0

数据来源：国家统计局统计资料。

| 表12 | | | 2013年各地区油料作物播种面积和产量（三） | | |

单位：千公顷；吨；公斤/公顷

地 区	芝 麻			向日葵籽		
	播种面积	总产量	每公顷产量	播种面积	总产量	每公顷产量
全国总计	418.5	623492	1490.0	929.9	2424034	2606.8
东部地区	27.7	44414	1604.7	49.1	125596	2557.2
中部地区	350.5	524585	1496.8	44.2	74205	1679.4
西部地区	33.3	46008	1379.8	698.7	1906125	2728.2
东北地区	7.0	8486	1217.7	137.9	318109	2306.3
北 京	0.0	37	920.0	0.3	625	1893.3
天 津	0.1	145	1450.0	0.3	695	2396.6
河 北	6.4	8842	1375.1	47.9	122339	2554.6
山 西	3.1	3302	1081.1	32.7	53850	1646.4
内蒙古	1.8	1667	903.0	429.0	1160567	2705.2
辽 宁	0.4	686	1943.3	7.4	17764	2398.9
吉 林	6.0	6903	1150.9	110.1	257811	2341.1
黑龙江	0.6	897	1451.5	20.4	42534	2084.5
上 海	0.1	157	1427.3			
江 苏	10.1	17917	1781.0	0.1	335	2392.9
浙 江	5.4	9202	1699.7			
安 徽	46.1	65043	1412.3	0.0	15	1153.8
福 建	1.2	1541	1246.4	0.0	69	1466.0
江 西	31.5	36547	1162.0	0.0	10	2000.0
山 东	0.6	958	1623.7	0.4	1533	3667.5
河 南	175.8	268614	1528.0	5.5	10422	1884.6
湖 北	84.4	136034	1612.4	5.9	9872	1678.9
湖 南	9.7	15045	1546.2	0.1	36	720.0
广 东	2.5	3745	1483.2			
广 西	5.1	6730	1316.3	3.3	5322	1637.5
海 南	1.2	1870	1596.1			
重 庆	7.1	7259	1028.7	4.2	6429	1541.8
四 川	3.5	4545	1315.1	2.9	3975	1387.9
贵 州	0.4	399	1041.8	8.7	12756	1473.3
云 南	0.1	122	896.3	4.7	10891	2296.8
西 藏						
陕 西	14.5	24058	1658.0	27.2	47941	1763.8
甘 肃				42.4	149085	3517.0
青 海						
宁 夏	0.0	30	750.0	30.6	90192	2944.6
新 疆	0.8	1198	1492.9	145.8	418966	2874.2

数据来源：国家统计局统计资料。

| 表13 | | 2013年各地区粮油产量及人均占有量排序 | | | | | | |

单位：万吨、吨、公斤

地 区	粮食产量		粮食人均占有量		油料产量		油料人均占有量	
	绝对数	位次	绝对数	位次	绝对数	位次	绝对数	位次
全国总计	60193.8		443.46		3517.0		25.91	
北 京	96.1	31	45.95	31	1.0	30	0.47	30
天 津	174.7	27	121.10	29	0.6	31	0.40	31
河 北	3365.0	7	460.32	11	151.1	8	20.67	16
山 西	1312.8	18	362.62	19	19.5	24	5.38	27
内蒙古	2773.0	10	1111.99	3	158.1	7	63.41	1
辽 宁	2195.6	12	500.19	8	113.6	11	25.89	14
吉 林	3551.0	4	1290.89	2	84.0	14	30.54	9
黑龙江	6004.1	1	1565.80	1	19.0	25	4.96	28
上 海	114.2	28	47.61	30	1.5	29	0.62	29
江 苏	3423.0	5	431.67	15	150.4	9	18.96	18
浙 江	734.0	23	133.75	27	37.8	21	6.88	26
安 徽	3279.6	8	545.79	7	225.4	5	37.52	5
福 建	664.4	24	176.64	26	28.8	23	7.66	25
江 西	2116.1	13	468.89	9	119.3	10	26.43	12
山 东	4528.2	3	466.38	10	349.6	2	36.01	6
河 南	5713.7	2	607.23	5	589.1	1	62.60	2
湖 北	2501.3	11	432.08	14	333.2	3	57.55	3
湖 南	2925.7	9	438.99	13	224.4	6	33.68	8
广 东	1315.9	17	123.92	28	101.0	12	9.51	24
广 西	1521.8	15	323.75	20	57.2	19	12.17	23
海 南	190.9	26	214.27	24	10.9	27	12.26	22
重 庆	1148.1	20	388.21	18	53.1	20	17.97	19
四 川	3387.1	6	418.61	16	290.4	4	35.90	7
贵 州	1030.0	22	294.86	23	91.5	13	26.20	13
云 南	1824.0	14	390.34	17	60.7	16	12.99	21
西 藏	96.2	30	310.33	22	6.4	28	20.58	17
陕 西	1215.8	19	323.49	21	59.5	18	15.84	20
甘 肃	1138.9	21	441.46	12	69.7	15	27.02	10
青 海	102.4	29	177.89	25	32.6	22	56.59	4
宁 夏	373.4	25	573.85	6	16.8	26	25.83	15
新 疆	1377.0	16	612.40	4	60.6	17	26.96	11

数据来源：国家统计局统计资料。

| 表14 | 2013年各地区人均农产品占有量 | | | | | |

单位: 公斤/人

地 区	粮食	棉花	油料	糖料	水果	水产品
全国总计	443.46	4.64	25.91	101.27	184.9	45.5
北 京	45.95	0.01	0.47	0.00	49.6	3.0
天 津	121.1	3.36	0.4	0.00	37.5	27.6
河 北	460.3	6.25	20.7	10.16	254.9	16.8
山 西	362.6	0.85	5.4	6.20	196.6	1.3
内蒙古	1112.0	0.06	63.4	72.73	118.2	5.7
辽 宁	500.2	0.02	25.9	3.90	215.2	115.1
吉 林	1290.9	0.21	30.5	2.25	85.3	6.8
黑龙江	1565.8	0.00	5.0	32.12	71.6	12.7
上 海	47.6	0.16	0.6	0.28	31.2	12.0
江 苏	431.7	2.64	19.0	1.21	102.7	64.2
浙 江	133.7	0.51	6.9	11.64	130.4	100.4
安 徽	545.8	4.18	37.5	3.36	150.6	35.9
福 建	176.6	0.00	7.7	15.59	197.9	175.1
江 西	468.9	2.90	26.4	14.31	141.3	53.8
山 东	466.4	6.40	36.0	0.00	312.0	88.9
河 南	607.2	2.02	62.6	3.01	276.3	9.0
湖 北	432.1	7.94	57.6	4.96	159.0	70.9
湖 南	439.0	2.97	33.7	11.06	132.0	35.1
广 东	123.9	0.00	9.5	146.27	139.9	76.9
广 西	323.8	0.05	12.2	1724.13	304.9	67.9
海 南	214.3	0.00	12.3	494.74	493.3	205.6
重 庆	388.2	0.00	18.0	3.70	107.9	13.0
四 川	418.6	0.16	35.9	7.06	103.8	15.6
贵 州	294.9	0.03	26.2	45.62	48.0	4.8
云 南	390.3	0.01	13.0	459.31	135.8	10.4
西 藏	310.3	0.00	20.6	0.00	4.2	0.1
陕 西	323.5	1.54	15.8	0.04	469.5	3.3
甘 肃	441.5	2.73	27.0	9.58	237.0	0.5
青 海	177.9	0.00	56.6	0.03	5.2	1.0
宁 夏	573.9	0.00	25.8	0.00	406.2	22.3
新 疆	612.4	156.44	27.0	211.90	590.1	5.9

数据来源: 国家统计局统计资料。

表15		2013年各地区人均粮食占有量				

单位：公斤/人

地 区	粮 食	其中：谷物	稻 谷	小 麦	玉 米	大 豆
全国总计	443.46	407.18	150.00	89.82	160.96	8.80
北 京	45.95	45.15	0.06	8.95	35.94	0.39
天 津	121.10	120.25	8.96	39.71	70.80	0.62
河 北	460.32	440.73	8.04	189.77	233.09	3.34
山 西	362.62	344.17	0.19	63.73	263.92	5.73
内蒙古	1111.99	975.88	22.45	72.34	829.97	48.00
辽 宁	500.19	483.57	115.48	0.62	356.12	6.47
吉 林	1290.89	1251.91	204.76	0.00	1009.05	16.50
黑龙江	1565.80	1433.28	579.10	10.14	838.81	100.85
上 海	47.61	46.83	36.21	7.36	1.06	0.32
江 苏	431.67	417.79	242.41	138.88	27.29	5.93
浙 江	133.75	118.07	105.73	5.07	4.88	4.13
安 徽	545.79	520.44	226.71	221.67	70.89	17.81
福 建	176.64	139.22	133.48	0.18	5.12	4.38
江 西	468.89	447.58	444.05	0.55	2.65	4.97
山 东	466.38	442.58	10.67	228.53	202.61	3.69
河 南	607.23	586.93	51.63	342.89	190.92	7.75
湖 北	432.08	410.07	289.62	72.00	46.77	3.38
湖 南	438.99	414.65	384.34	1.64	27.76	3.05
广 东	123.92	106.33	98.41	0.03	7.69	1.50
广 西	323.75	303.26	245.97	0.06	56.58	2.87
海 南	214.27	181.80	168.18	0.00	13.57	0.78
重 庆	388.21	272.08	170.10	11.39	87.26	6.63
四 川	418.61	347.94	191.50	52.07	94.22	6.40
贵 州	294.86	212.04	103.43	14.75	85.32	2.30
云 南	390.34	317.81	142.93	17.23	157.12	6.80
西 藏	310.33	301.62	1.78	77.69	8.04	0.13
陕 西	323.49	291.68	24.20	103.71	156.11	6.64
甘 肃	441.46	331.94	1.48	91.44	221.52	7.23
青 海	177.89	105.69	0.00	62.49	28.55	0.00
宁 夏	573.85	503.16	105.87	71.19	316.96	0.00
新 疆	612.40	595.81	26.60	267.76	297.54	8.02

数据来源：国家统计局统计资料。

表16	2013年全国居民在家消费主要食品数量

单位：公斤/人

指　标	绝对数
一、粮食	148.7
(一)谷物	138.9
(二)薯类	2.3
(三)豆类	7.5
#.大豆	1.1
二、食用油	12.7
#.食用植物油	12.0
三、蔬菜及食用菌	97.5
#.鲜菜	94.9
四、肉禽及其制品	32.7
#.猪肉	19.8
牛肉	1.5
羊肉	0.9
家禽	6.4
五、水产品	10.4
六、蛋类	8.2
七、奶类	11.7
八、干鲜瓜果类	40.7
#.鲜瓜果	37.8
坚果类	3.0
九、食糖	5.5

数据来源：国家统计局统计资料。

表17	人均主要农业产品产量（1978～2013年）					

单位：公斤

年 份	粮食	棉花	油料	糖料	水果	水产品
1978	318.7	2.3	5.5	24.9	6.9	4.9
1980	326.7	2.8	7.8	29.7	6.9	4.6
1985	360.7	3.9	15.0	57.5	11.1	6.7
1990	393.1	4.0	14.2	63.6	16.5	10.9
1995	387.3	4.0	18.7	65.9	35.0	20.9
1996	414.4	3.5	18.2	68.7	38.2	27.0
1997	401.7	3.7	17.5	76.3	41.4	25.4
1998	412.5	3.6	18.6	78.8	43.9	27.2
1999	405.8	3.1	20.8	66.5	49.8	28.5
2000	366.0	3.5	23.4	60.5	49.3	29.4
2001	355.9	4.2	22.5	68.1	52.3	29.8
2002	357.0	3.8	22.6	80.4	54.3	30.9
2003	334.3	3.8	21.8	74.8	112.7	31.6
2004	362.2	4.9	23.7	73.8	118.4	32.8
2005	371.3	4.4	23.6	72.5	123.6	33.9
2006	379.9	5.7	20.1	76.4	130.4	35.0
2007	380.6	5.8	19.5	92.5	137.6	36.0
2008	399.1	5.7	22.3	101.3	145.1	37.0
2009	398.7	4.8	23.7	92.2	153.2	38.4
2010	408.7	4.5	24.2	89.8	160.0	40.2
2011	425.2	4.9	24.6	93.2	169.5	41.7
2012	436.0	5.1	25.4	99.8	178.1	43.7
2013	443.5	4.6	25.9	101.3	184.9	45.5

注：2003年起水果产量含果用瓜。
数据来源：国家统计局统计资料。

表18	农产品生产者价格指数（2007～2013年）						

（上年＝100）

指　标	2007年	2008年	2009年	2010年	2011年	2012年	2013年
农产品生产价格指数	118.5	114.1	97.6	110.9	116.5	102.7	103.2
农业产品	109.8	108.4	102.9	116.6	107.8	104.8	104.3
谷物	109.0	107.1	104.9	112.8	109.7	104.8	103.1
小麦	105.5	108.7	107.9	107.9	105.2	102.9	106.7
稻谷	105.4	106.6	105.2	112.8	113.3	104.1	102.2
玉米	115.0	107.3	98.5	116.1	109.9	106.6	100.2
大豆	124.2	119.7	92.3	107.9	106.3	105.7	105.7
油料	133.4	128.0	94.2	112.1	112.1	105.2	102.4
棉花	109.6	90.6	111.8	157.7	79.5	98.1	103.9
糖料	100.0	98.4	101.5	106.0	125.5	105.0	98.9
蔬菜	106.9	104.7	111.8	116.8	103.4	109.9	106.9
水果	101.3	101.4	107.0	118.9	106.2	103.9	106.2
林业产品	104.4	108.5	94.9	122.8	114.9	101.2	99.1
畜牧产品	131.4	123.9	90.1	103.0	126.2	99.7	102.4
猪（毛重）	145.9	130.8	81.6	98.3	137.0	95.9	99.3
牛（毛重）	117.5	123.6	101.0	104.7	108.1	116.8	113.1
羊（毛重）	121.0	118.8	101.1	108.7	115.7	107.8	109.1
家禽（毛重）	117.0	111.9	102.2	107.0	112.0	103.8	103.2
蛋类	115.9	112.2	102.8	107.5	112.6	100.5	105.8
奶类	106.2	125.5	91.6	115.3	108.1	103.9	111.0
渔业产品	108.1	111.2	99.0	107.6	110.0	106.2	104.3
海水养殖产品					111.5	101.0	100.7
海水捕捞产品					111.2	110.9	107.7
淡水养殖产品					109.5	106.8	104.7
淡水捕捞产品					103.7	107.2	103.5

数据来源：国家统计局统计资料。

表19			各地区农产品生产者价格指数（2007～2013年）				

（上年＝100）

地　区	2007年	2008年	2009年	2010年	2011年	2012年	2013年
全　国	118.5	114.1	97.6	110.9	116.5	102.7	103.2
北　京	114.4	112.3	98.3	106.5	110.7	104.7	104.7
天　津	107.8	107.1	103.0	110.2	105.0	105.3	105.4
河　北	116.2	109.0	99.7	115.9	110.9	100.7	105.1
山　西	113.0	109.2	100.4	110.2	111.0	101.3	106.1
内蒙古	114.9	111.0	99.8	111.4	112.8	104.7	103.3
辽　宁	116.6	109.8	102.9	110.6	114.2	106.6	101.1
吉　林	114.0	104.5	103.8	111.8	116.8	105.1	100.4
黑龙江	119.9	117.0	98.1	109.2	116.5	105.9	101.0
上　海	110.2	109.7	102.2	107.1	110.9	101.4	104.1
江　苏	112.6	114.3	99.9	108.8	112.1	103.7	103.4
浙　江	108.6	112.9	100.3	114.8	113.6	104.3	103.0
安　徽	114.1	114.7	99.1	110.8	112.8	102.9	103.7
福　建	112.6	110.7	98.0	111.5	113.3	102.7	103.0
江　西	115.0	114.2	96.8	107.5	114.3	103.5	102.3
山　东	114.0	112.5	101.2	118.8	109.7	102.5	105.9
河　南	117.7	115.0	99.1	112.5	111.5	102.9	102.6
湖　北	117.0	117.0	96.3	112.3	111.7	103.3	101.8
湖　南	130.6	126.7	90.6	109.9	121.9	100.2	102.1
广　东	109.7	113.9	95.0	107.6	112.4	103.4	103.5
广　西	121.5	113.0	89.3	107.6	124.5	99.4	102.5
海　南	104.7	112.5	101.9	107.9	115.3	103.3	100.0
重　庆	121.8	120.2	89.0	103.2	120.2	104.6	103.0
四　川	120.8	118.4	96.9	105.9	117.8	104.0	102.6
贵　州	113.0	115.5	96.1	106.7	120.3	104.3	102.4
云　南	117.5	115.5	96.5	112.5	117.9	110.7	104.9
西　藏	0.0	0.0	0.0	0.0	0.0	0.0	0.0
陕　西	115.4	111.2	95.8	121.7	113.8	102.6	107.4
甘　肃	111.4	114.0	100.2	113.8	111.3	105.9	105.9
青　海	119.0	114.9	94.6	124.3	117.3	108.2	110.4
宁　夏	115.0	118.7	99.4	117.0	111.3	103.6	106.7
新　疆	114.7	119.8	92.9	131.5	103.7	103.2	108.5

数据来源：国家统计局统计资料。

表20			居民消费价格指数（2007～2013年）				

（上年＝100）

项　　目	2007年	2008年	2009年	2010年	2011年	2012年	2013年
居民消费价格指数	104.8	105.9	99.3	103.3	105.4	102.6	102.6
食品	112.3	114.3	100.7	107.2	111.8	104.8	104.7
#粮食	106.3	107.0	105.6	111.8	112.2	104.0	104.6
油脂	126.7	125.4	81.7	103.8	113.4	105.1	100.3
肉禽及其制品	131.7	121.7	91.3	102.9	122.6	102.1	104.3
蛋	121.8	104.3	101.6	108.3	114.2	97.1	104.9
水产品	105.1	114.2	102.5	108.1	112.1	108.0	104.2
菜	107.9	111.0	113.6	118.5	101.1	113.7	108.0
糖	101.6	104.0	102.5	108.3	111.2	104.2	100.5
茶及饮料	101.5	103.7	101.8	101.3	104.0	104.2	102.0
干鲜瓜果	102.2	110.8	107.1	114.6	115.9	100.1	105.9
液体乳及乳制品	102.7	117.0	101.5	102.8	105.1	103.2	105.7
烟酒及用品	101.7	102.9	101.5	101.6	102.8	102.9	100.3
#烟草	100.8	100.4	100.4	100.5	100.3	100.5	100.4
酒	103.5	107.5	103.4	103.6	106.7	106.3	100.3
衣着	99.4	98.5	98.0	99.0	102.1	103.1	102.3
#服装	99.4	98.3	97.8	99.1	102.4	103.3	102.4
鞋袜帽	99.0	98.2	97.8	98.2	100.7	102.3	101.6
家庭设备用品及维修服务	101.9	102.8	100.2	100.0	102.4	101.9	101.5
#耐用消费品	101.6	101.2	98.1	98.5	100.4	100.4	100.3
室内装饰品	100.3	100.2	99.7	99.9	101.0	100.8	100.4
家庭服务及加工维修服务	107.2	109.0	105.2	106.7	111.4	109.7	108.7
医疗保健和个人用品	102.1	102.9	101.2	103.2	103.4	102.0	101.3
医疗保健	102.1	102.2	101.4	103.3	102.9	101.7	101.5
个人用品及服务	102.1	104.4	100.8	103.0	104.4	102.6	101.0
交通和通信	99.1	99.1	97.6	99.6	100.5	99.9	99.6
交通	100.8	102.2	98.6	101.7	102.6	101.2	100.2
通信	97.1	95.6	96.3	97.3	97.5	98.0	98.8
娱乐教育文化用品及服务	99.0	99.3	99.3	100.6	100.4	100.5	101.8
文娱用耐用消费品及服务	93.1	92.3	90.6	94.3	93.7	94.5	96.3
教育	99.6	100.5	101.6	101.4	101.3	101.7	102.7
文化娱乐	101.0	101.3	102.5	101.0	101.1	101.3	101.4
旅游	102.3	101.1	97.5	104.9	103.8	101.7	104.0
居住	104.5	105.5	96.4	104.5	105.3	102.1	102.8
建房及装修材料	105.1	107.1	100.2	103.3	104.7	101.0	101.2
住房租金	104.2	103.5	101.6	104.9	105.3	102.7	104.1
自有住房	107.0	102.8	85.3	103.6	106.5	102.3	103.8
水电燃料	103.0	106.4	97.9	105.5	103.5	102.4	101.6

数据来源：国家统计局统计资料。

| 表21 | | | | 粮食成本收益变化情况表（1991～2013年） | | | | | | | | | | | |

单位：元

年份	每50公斤平均出售价格				每亩总成本				每亩净利润			
	粮食平均	稻谷	小麦	玉米	粮食平均	稻谷	小麦	玉米	粮食平均	稻谷	小麦	玉米
1991	26.1	28.5	30.0	21.1	153.9	188.4	138.4	135.3	34.3	62.4	6.3	34.0
1992	28.4	29.3	33.1	24.3	163.8	192.3	149.3	150.6	44.0	67.7	21.2	42.3
1993	35.8	40.4	36.5	30.2	178.6	211.2	169.8	155.2	92.3	145.1	35.6	95.8
1994	59.4	71.2	56.5	48.2	239.4	298.1	213.2	206.7	190.7	316.7	82.3	173.3
1995	75.1	82.1	75.4	67.0	321.8	391.4	281.7	292.2	223.9	311.1	130.5	230.1
1996	72.3	80.6	81.0	57.2	388.7	458.3	359.5	351.2	155.7	247.5	92.9	123.8
1997	65.1	69.4	70.1	55.8	386.1	450.2	349.5	358.4	105.4	171.8	74.8	69.8
1998	62.1	66.9	66.6	53.8	383.9	437.4	357.5	356.6	79.3	155.9	− 6.2	88.2
1999	53.0	56.6	60.4	43.7	370.7	425.2	351.5	337.2	25.6	75.8	− 12.1	11.2
2000	48.4	51.7	52.9	42.8	356.2	401.7	352.5	330.6	− 3.2	50.1	− 28.8	− 6.9
2001	51.5	53.7	52.5	48.3	350.6	400.5	323.6	327.9	39.4	81.4	− 27.5	64.3
2002	49.2	51.4	51.3	45.6	370.4	415.8	342.7	351.6	4.9	37.6	− 52.7	30.8
2003	56.5	60.1	56.4	52.7	368.3	419.1	339.6	347.6	42.9	94.9	− 30.3	62.8
2004	70.7	79.8	74.5	58.1	395.5	454.6	355.9	375.7	196.5	285.1	169.6	134.9
2005	67.4	77.7	69.0	55.5	425.0	493.3	389.6	392.3	122.6	192.7	79.4	95.5
2006	72.0	80.6	71.6	63.4	444.9	518.2	404.8	411.8	155.0	202.4	117.7	144.8
2007	78.8	85.2	75.6	74.8	481.1	555.2	438.6	449.7	185.2	229.1	125.3	200.8
2008	83.5	95.1	82.8	72.5	562.4	665.1	498.6	523.5	186.4	235.6	164.5	159.2
2009	91.3	99.1	92.4	82.0	630.3	716.7	592.0	582.3	162.4	217.6	125.5	144.2
2010	103.8	118.0	99.0	93.6	672.7	766.6	618.6	632.6	227.2	309.8	132.2	239.7
2011	115.4	134.5	104.0	106.1	791.2	897.0	712.3	764.2	250.8	371.3	117.9	263.1
2012	119.9	138.1	108.3	111.1	936.4	1055.1	830.4	924.2	168.4	285.7	21.3	197.7
2013	121.1	136.5	117.8	108.8	1026.2	1151.1	914.7	1012.0	72.9	154.8	− 12.8	77.5

数据来源：国家发展改革委统计资料。

| 表22 | | 2013年粮食收购价格分月情况表 | | | | | | |

单位: 元/50公斤

月份	三种粮食平均	稻谷平均	早籼稻	晚籼稻	粳稻	小麦	玉米	大豆
1	120.95	137.25	132.68	135.16	143.90	120.53	105.08	231.92
2	120.94	137.31	132.90	135.13	143.89	120.54	104.98	230.03
3	120.79	137.26	132.88	135.51	143.39	120.35	104.77	232.48
4	120.75	137.30	132.90	135.67	143.33	120.49	104.46	233.51
5	121.29	136.61	131.05	134.90	143.88	120.88	106.37	232.53
6	121.33	136.66	131.57	133.74	144.68	119.09	108.23	233.56
7	121.74	136.24	129.88	132.46	146.39	119.42	109.56	232.59
8	122.46	135.77	128.84	131.23	147.23	121.33	110.30	230.19
9	122.33	135.65	128.50	130.52	147.94	122.22	109.12	231.03
10	122.61	135.71	127.78	131.29	148.06	125.63	106.49	228.81
11	121.85	135.44	127.28	131.64	147.39	126.79	103.31	224.51
12	121.95	135.32	127.22	131.96	146.78	127.20	103.34	223.77
全年平均	121.58	136.38	130.29	133.27	145.57	122.04	106.33	230.41

数据来源: 国家发展改革委统计资料。

表23	2013年成品粮零售价格分月情况表			

单位：元/500克

月份	标一晚籼米	标一粳米	标准粉	富强粉
1	2.46	2.71	2.08	2.40
2	2.47	2.72	2.10	2.44
3	2.48	2.71	2.15	2.45
4	2.47	2.71	2.16	2.46
5	2.47	2.71	2.16	2.47
6	2.47	2.71	2.17	2.46
7	2.47	2.71	2.17	2.47
8	2.47	2.72	2.17	2.47
9	2.48	2.72	2.17	2.48
10	2.49	2.72	2.18	2.49
11	2.48	2.72	2.18	2.50
12	2.48	2.72	2.19	2.50
全年平均	2.47	2.72	2.16	2.47

数据来源：国家发展改革委统计资料。

表24		2013年粮食主要品种批发市场价格表				
						单位：元/吨
月份	三等白小麦	二等黄玉米	标一早籼米	标一晚籼米	标一粳米	三等大豆
1	2377	2261	3829	4124	4254	4749
2	2405	2289	3831	4091	4158	4798
3	2413	2279	3880	4151	4251	4851
4	2405	2257	3881	4100	4238	4869
5	2412	2250	3838	4020	4228	4848
6	2341	2255	3779	3980	4208	4819
7	2408	2304	3765	3957	4225	4789
8	2440	2315	3783	3952	4352	4748
9	2481	2283	3825	4020	4441	4764
10	2522	2221	3845	4057	4308	4713
11	2530	2210	3836	4021	4343	4670
12	2529	2230	3872	4043	4362	4601
全年平均	2438	2263	3830	4043	4281	4768

数据来源：国家发展改革委统计资料。

| 表25 | | 2013年国内期货市场小麦、玉米、早籼稻、大豆分月价格表 | | | | | |

单位：元/吨

月份	小麦1	小麦2	玉米	早籼稻	大豆1	大豆2	豆粕
1	2460	2626	2424	2727	4855	4696	3212
2	2454	2564	2383	2675	4724	4581	3165
3	2429	2553	2374	2712	4801	4440	3229
4	2313	2525	2439	2611	4767	3970	3172
5	2396	2562	2447	2609	4681	4075	3434
6	2430	2734	2418	2612	4617	4148	3154
7	2514	2733	2406	2535	4409	4002	3148
8	2420	2742	2322	2486	4512	4390	3556
9	2612	2849	2318	2457	4616	4095	3711
10	2606	2788	2323	2464	4476	4133	3238
11	2611	2881	2361	2475	4395	4110	3338
12	2618	2845	2345	2305	4441	4653	3368

注：1.小麦1为郑州商品交易所硬冬白小麦，小麦2为郑州商品交易所优质强筋小麦。
    2.玉米为大连商品交易所玉米。
    3.早籼稻为郑州商品交易所早籼稻。
    4.大豆1为大连商品交易所国产大豆，大豆2为大连商品交易所进口大豆。
    5.豆粕为大连商品交易所豆粕。
    6.均为最近主力合约月末收盘价格，按整数四舍五入计算。
数据来源：国家粮油信息中心统计资料。

表26	2013年美国芝加哥商品交易所谷物和大豆分月价格表			

单位：美元/吨

月份	小麦	大米	玉米	大豆
1	289	334	288	528
2	275	349	274	524
3	256	338	277	541
4	259	347	249	500
5	259	336	250	514
6	252	365	253	555
7	251	339	207	475
8	232	336	179	456
9	236	344	184	513
10	252	346	175	465
11	239	346	168	476
12	231	342	166	483

注：1.各品种均为美国芝加哥商品交易所标准品。
　　2.按美元整数四舍五入计算。
　　3.均为最近主力合约每月中旬收盘价格。
数据来源：国家粮油信息中心统计资料。

表27	全国国有粮食企业主要粮食品种收购量（1978～2013年）				

单位：贸易粮，万吨

年份	粮食合计	小麦	大米	玉米	大豆	其他
1978	5110.2	1176.8	1995.7	1046.7	216.0	675.0
1979	5925.0	1562.6	2201.0	1281.0	205.0	675.6
1980	5882.1	1396.1	2214.5	1357.8	296.5	617.3
1981	6255.5	1418.3	2421.1	1408.0	412.6	595.6
1982	7367.5	1933.6	2900.3	1427.4	401.7	704.5
1983	9879.6	2763.3	3312.4	2337.8	409.8	1056.3
1984	11165.9	3427.0	3858.1	2588.1	382.4	910.4
1985	7925.5	2666.1	3012.9	1374.2	503.3	369.0
1986	9453.2	2842.0	3258.7	2183.1	653.7	515.7
1987	9920.1	2816.2	3143.7	2848.6	609.7	501.9
1988	9430.4	2673.9	3185.9	2414.7	693.5	462.4
1989	10040.2	2855.5	3622.9	2587.7	620.0	354.1
1990	12364.5	3646.6	4316.0	3372.8	661.2	367.9
1991	11423.0	3392.5	3810.0	3338.4	582.2	300.0
1992	10414.4	3841.4	3272.6	2621.7	406.1	272.5
1993	9234.0	3373.1	2505.0	2470.0	606.2	279.7
1994	9226.4	3230.4	2697.6	2185.0	732.2	381.2
1995	9443.8	3125.0	3061.4	2435.6	522.5	299.3
1996	11919.8	3614.8	3382.2	4224.7	437.8	260.4
1997	11535.4	4600.2	3510.6	2692.2	515.2	217.3
1998	9654.5	2795.6	2562.0	3867.4	351.0	78.5
1999	12807.7	3863.3	3186.1	5425.1	246.6	86.6
2000	11695.1	4018.2	3327.3	4019.2	237.9	92.5
2001	11784.2	4437.9	2798.8	4128.2	326.8	92.5
2002	10826.3	4201.3	2189.6	4182.0	140.4	113.0
2003	9717.1	3682.0	2109.8	3702.5	120.3	102.5
2004	8919.5	3448.1	2138.1	3158.1	91.0	84.2
2005	11493.8	3745.2	2572.3	4529.9	506.0	140.4
2006	12256.5	6040.0	2153.5	3424.7	492.2	146.2
2007	10167.4	4733.2	1985.1	3008.3	321.5	119.5
2008	15470.9	6712.7	3604.8	4754.2	313.5	85.7
2009	15223.0	6834.0	2637.5	4988.5	653.0	110.2
2010	12406.0	6177.7	2136.0	3333.7	648.8	109.9
2011	11442.6	4650.4	2799.3	3428.1	465.7	99.2
2012	12363.5	4871.4	2574.4	4260.9	563.9	92.9
2013	16887.4	4023.8	3979.4	8472.7	317.2	94.3

注：1978～2002年粮食购销存数字按粮食年度统计，粮食年度是指当年4月1日至翌年3月31日。从2003年开始，粮食统计年度
　　改为日历年度。年度数字均为国有粮食企业收购量。

数据来源：国家粮食局统计资料。

| 表28 | | 2013年国有粮食企业粮食收购情况统计表 | | | | | |

单位：万吨

项　目	收　购						
	原粮	贸易粮	小麦	大米	玉米	大豆	其他
全　国	18630.9	16887.4	4023.8	3979.4	8472.7	317.2	94.3
北　京	161.2	156.6	41.5	8.3	104.8		2.0
天　津	60.8	59.1	36.7	3.9	18.5		0.1
河　北	770.9	770.0	251.3	1.6	515.8	0.7	0.6
山　西	241.2	241.2	66.3		171.5		3.5
内蒙古	903.9	902.3	35.8	3.4	823.7	35.7	3.7
辽　宁	1272.5	1239.1	8.2	78.0	1145.1	2.8	5.0
吉　林	2260.0	2217.5		95.8	2101.5	17.7	2.5
黑龙江	3922.9	3475.1	5.7	1022.9	2190.7	250.1	5.8
上　海	75.1	59.1	16.3	37.4	2.5		3.1
江　苏	1557.1	1373.7	793.2	427.8	133.3	2.2	17.4
浙　江	107.1	74.7	4.7	69.2	0.9		
安　徽	1094.2	928.5	477.5	386.5	57.4	2.7	4.4
福　建	62.4	45.8	6.9	38.8	0.1		
江　西	783.1	546.6	0.4	541.1	5.2		
山　东	1074.9	1069.2	621.1	7.6	437.0	3.5	0.1
河　南	1256.2	1197.7	800.8	136.6	259.3	0.6	0.6
湖　北	570.3	452.1	147.5	276.1	28.3		0.2
湖　南	511.9	364.5	4.3	344.3	15.2		0.7
广　东	96.7	66.2	0.6	65.7			
广　西	127.4	92.1	5.0	82.5	4.7		
海　南	15.5	12.0	0.3	8.6	3.2		
重　庆	177.3	148.9	47.4	55.0	37.6	0.5	8.5
四　川	401.8	318.0	77.7	186.3	49.2	0.1	4.7
贵　州	51.3	42.4	2.3	19.2	10.1	0.1	10.8
云　南	89.7	74.8	4.4	34.0	34.6		1.8
西　藏	6.6	6.6	4.8				1.8
陕　西	273.7	271.9	161.2	3.7	106.2	0.2	0.7
甘　肃	170.3	170.1	77.7	0.8	81.7		9.9
青　海	6.1	6.1	4.3		0.2		1.6
宁　夏	61.0	55.3	12.9	11.8	30.4	0.3	
新　疆	468.8	451.0	307.8	33.1	104.7	0.3	5.1

数据来源：国家粮食局统计资料。

| 表29 | 全国国有粮食企业主要粮食品种销售量（1978～2013年） | | | | | |

单位：贸易粮，万吨

年份	粮食合计	小麦	大米	玉米	大豆	其他
1978	5343.5	1869.5	1773.9	876.1	162.5	661.5
1979	5679.1	1940.3	1826.0	1067.9	179.8	665.1
1980	6416.8	2256.8	2014.3	1301.5	204.4	639.9
1981	7223.3	2563.5	2122.9	1622.3	239.0	675.6
1982	7710.4	2858.1	2289.5	1596.7	271.8	694.4
1983	8003.2	3005.9	2497.7	1458.5	288.8	752.4
1984	10417.9	3699.7	3438.5	1932.0	355.3	992.5
1985	8564.9	3078.5	3006.3	1328.1	322.9	829.1
1986	9347.7	3618.1	3243.9	1357.0	321.3	807.4
1987	9190.8	3643.3	3080.0	1423.8	355.5	688.2
1988	10091.0	3885.2	3038.0	1898.6	406.7	862.5
1989	8931.1	3521.8	2566.2	1846.1	346.5	650.5
1990	9033.3	3574.9	2770.5	1723.1	341.7	623.1
1991	10433.0	4085.0	3267.4	1046.3	1402.6	631.7
1992	9000.0	3247.0	3044.4	1637.3	256.8	814.5
1993	6700.3	2848.5	2128.5	1088.2	229.9	405.2
1994	7648.4	3328.2	2609.4	1121.3	234.0	355.5
1995	9264.2	3707.6	2896.8	1570.0	620.3	469.5
1996	7340.6	3090.3	2259.5	1346.7	356.8	287.3
1997	6830.7	2439.3	2042.9	1632.3	429.4	286.7
1998	6116.0	2137.1	1795.5	1648.5	348.6	186.3
1999	9353.3	3137.1	2420.9	3197.6	439.4	158.2
2000	12556.9	3961.9	3029.8	4718.5	645.5	201.2
2001	8528.7	3225.6	2155.6	2574.9	439.2	133.4
2002	12070.0	4733.0	3155.5	3551.5	510.5	119.5
2003	13453.7	5500.3	3559.1	3800.9	422.2	171.3
2004	11944.0	4640.6	3246.2	3574.5	309.3	173.4
2005	12138.3	4276.9	2556.8	4348.8	841.7	114.2
2006	12034.2	4246.1	2671.4	4133.2	847.6	135.9
2007	12958.3	5104.0	2896.0	3890.4	892.8	175.2
2008	15324.8	7352.8	3120.0	3985.4	755.9	110.7
2009	16693.2	7094.2	3054.1	5261.4	1145.7	137.8
2010	18911.2	7569.0	3047.6	6454.8	1662.9	176.9
2011	18922.3	7342.2	3609.3	5839.1	1992.2	139.6
2012	16829.4	6930.0	2970.8	4548.0	2188.1	192.6
2013	19442.4	7623.6	3064.0	6179.7	2418.0	157.2

注：1978～2002年粮食购销存数字按粮食年度统计，粮食年度是指当年4月1日至翌年3月31日。从2003年开始，粮食统计年度
　　改为日历年度。年度数字均为国有粮食企业销售量。

数据来源：国家粮食局统计资料。

| 表30 | | | 2013年国有粮食企业粮食销售情况统计表 | | | | |

单位：万吨

项 目	销 售						
	原粮	贸易粮	小麦	大米	玉米	大豆	其他
全 国	20814.2	19442.4	7623.6	3064.0	6179.7	2418.0	157.2
北 京	506.9	483.1	127.7	44.9	192.2	111.6	6.8
天 津	456.1	451.0	137.1	12.0	36.9	265.0	0.1
河 北	1187.3	1181.1	459.8	14.6	614.2	91.8	0.8
山 西	299.9	298.0	115.5	4.1	174.3		4.1
内蒙古	319.4	317.9	60.2	2.6	186.7	67.4	1.1
辽 宁	1512.6	1472.7	36.3	92.3	978.2	355.9	10.0
吉 林	653.3	632.8	5.0	42.8	450.4	132.1	2.5
黑龙江	1628.4	1477.3	54.5	332.7	705.7	372.8	11.7
上 海	489.5	451.4	103.6	90.0	106.3	146.7	4.9
江 苏	2709.1	2517.6	1494.9	444.8	346.6	202.1	29.3
浙 江	456.1	375.6	51.8	172.8	138.6	5.4	7.1
安 徽	1057.3	969.4	652.1	204.7	102.0	4.8	5.9
福 建	424.1	380.3	107.4	102.0	153.3	14.7	3.0
江 西	493.6	356.7	3.7	299.9	53.1	0.1	
山 东	1445.0	1441.2	822.5	9.7	559.1	49.9	0.1
河 南	2175.2	2158.8	1802.6	39.1	305.2	11.6	0.4
湖 北	542.2	455.7	205.5	201.2	42.2		6.9
湖 南	352.7	280.6	31.3	166.6	80.0		2.8
广 东	849.1	737.6	200.5	238.5	162.5	135.2	1.0
广 西	523.6	483.4	35.2	93.7	92.1	262.5	
海 南	73.5	65.0	7.0	20.9	37.2		
重 庆	488.1	436.6	87.5	101.1	71.0	163.4	13.7
四 川	555.8	490.6	149.3	141.4	169.1	19.9	11.0
贵 州	94.1	80.7	27.4	38.4	12.3	0.1	2.7
云 南	187.7	155.1	27.9	77.2	46.4	0.2	3.5
西 藏	9.8	9.6	7.3	1.4			0.9
陕 西	483.8	472.8	300.3	23.1	143.3	4.7	1.6
甘 肃	259.6	254.0	147.6	5.2	81.8	0.1	19.3
青 海	23.6	22.9	19.8	1.1	0.2		1.9
宁 夏	97.3	90.4	29.2	13.3	46.8	0.2	0.9
新 疆	460.3	443.2	313.7	32.9	92.9	0.3	3.5

数据来源：国家粮食局统计资料。

| 表31 | | | | | | | | 全国粮油进口情况表（1992～2013年） | | | | |

单位：万吨

年份	粮食	谷物	小麦	大米	玉米	大麦	大豆	食用植物油	豆油	菜籽油	棕榈油	花生油
1992	1182.1	1152.0	1058.1	10.4	0.0	0.0	0.0	37.6	18.3	18.9	0.0	0.5
1993	16.3	0.7	0.6	0.0	0.0	0.0	0.0	23.6	7.6	15.0	0.0	0.8
1994	925.1	913.4	729.9	51.4	0.1	0.0	0.0	160.8	106.3	52.9	0.0	1.4
1995	2082.5	2035.7	1158.6	164.2	518.1	0.0	0.0	213.5	148.2	63.1	0.0	1.4
1996	1105.6	1078.1	824.6	76.1	44.1	0.0	0.0	162.7	129.5	31.6	0.0	0.5
1997	738.4	410.4	186.1	32.6	0.0	187.4	287.6	159.1	122.5	35.1	0.0	1.1
1998	742.0	382.4	148.9	24.4	25.1	151.9	319.2	112.7	83.2	28.5	0.0	0.9
1999	808.8	333.8	44.8	16.8	7.0	226.9	431.9	88.7	80.4	6.9	0.0	1.0
2000	1390.7	312.4	91.0	23.9	0.3	196.1	1041.9	41.4	30.6	7.5	1.5	1.0
2001	1950.4	344.3	73.9	26.9	3.9	236.8	1393.9	149.2	7.0	4.9	136.0	0.9
2002	1605.1	284.9	63.2	23.6	0.8	190.7	1131.4	266.3	87.0	7.8	169.5	0.4
2003	2525.8	208.0	44.7	25.7	0.1	136.3	2074.1	441.2	188.4	15.2	232.8	0.7
2004	3351.5	974.5	725.8	75.6	0.2	170.7	2023.0	529.1	251.6	35.3	239.0	0.0
2005	3647.0	627.1	353.9	51.4	0.4	217.9	2659.0	471.9	169.4	17.8	283.8	0.0
2006	3713.8	358.2	61.3	71.9	6.5	213.1	2823.7	581.3	154.3	4.4	418.7	0.0
2007	3731.0	155.5	10.1	48.8	3.5	91.3	3081.7	767.5	282.3	37.5	438.7	1.1
2008	4130.6	154.0	4.3	33.0	5.0	107.6	3743.6	752.8	258.6	27.0	464.7	0.6
2009	5223.1	315.0	90.4	35.7	8.4	173.8	4255.1	816.2	239.1	46.8	511.4	2.1
2010	6695.4	570.7	123.1	38.8	157.3	236.7	5479.8	687.2	134.1	98.5	431.4	6.8
2011	6390.0	544.6	125.8	59.8	175.4	177.6	5263.7	656.8	114.3	55.1	470.1	6.1
2012	8024.6	1398.2	370.1	236.9	520.8	252.8	5838.4	845.1	182.6	117.6	523.0	6.3
2013	8645.2	1458.1	553.5	227.1	326.6	233.5	6337.5	809.8	115.8	152.7	487.4	6.1

数据来源：国家发展改革委统计资料。

| 表32 | | | 2013年国有粮食企业粮食进口情况统计表 | | | | |

单位：万吨

项　目	进　口						
	原粮	贸易粮	小麦	大米	玉米	大豆	其他
全　国	2420.2	2414.4	271.7	12.6	164.9	1953.1	12.3
北　京	132.5	132.4	10.6		1.1	117.7	3.0
天　津	299.2	299.0	28.4	0.3	6.1	264.3	
河　北	57.8	57.8	8.2		17.7	31.9	
山　西	12.0	12.0	12.0				
内蒙古							
辽　宁	342.3	342.3			6.1	336.3	
吉　林	93.3	93.3				93.3	
黑龙江	15.3	15.3				12.3	3.0
上　海	93.1	93.1	9.8		3.2	80.1	
江　苏	315.4	315.0	5.8	1.0	9.6	298.7	
浙　江	58.6	58.2	30.6	0.9	10.1	11.2	5.4
安　徽	16.8	16.1		1.6	14.5		
福　建	56.2	54.3	28.8	4.5	15.8	5.2	
江　西	7.5	7.5			7.5		
山　东	112.0	112.0	9.8		17.6	84.7	
河　南	13.6	13.6				13.6	
湖　北	13.2	13.1		0.2	12.9		
湖　南	13.2	13.2			13.2		
广　东	163.9	162.9	44.5	2.0	11.0	105.5	
广　西	387.7	387.0	28.1	1.5	4.5	353.0	
海　南	3.8	3.6	3.3	0.3			
重　庆	151.2	151.2	2.7		3.0	145.5	
四　川	34.4	34.4	23.3		11.1		
贵　州	0.5	0.5					0.5
云　南	0.5	0.3		0.3			
西　藏							
陕　西	11.5	11.5	11.2				0.4
甘　肃	11.0	11.0	11.0				
青　海	2.0	2.0	2.0				
宁　夏	2.1	2.1	2.1				
新　疆							

数据来源：国家粮食局统计资料。

| 表33 | 全国粮油出口情况表（1992～2013年） |

单位：万吨

年份	粮食	谷物	小麦	大米	玉米	大豆	食用植物油	豆油	菜籽油
1992	1390.8	1193.9	0.3	95.3	1034.0	0.0	6.4	0.4	5.3
1993	151.5	1.3	0.0	0.1	1.1	0.0	13.2	1.5	5.8
1994	1306.3	1087.7	10.7	151.9	874.0	0.0	26.7	7.3	16.1
1995	162.2	43.2	1.6	4.7	11.3	0.0	25.2	6.6	17.1
1996	134.9	67.6	0.0	26.5	15.9	0.0	30.8	12.7	17.4
1997	878.1	788.5	0.1	93.9	661.7	18.6	71.0	55.6	14.1
1998	939.0	860.7	0.6	373.7	468.6	17.0	27.0	18.6	7.3
1999	840.3	721.2	0.1	270.8	430.5	20.4	9.2	5.3	2.6
2000	1452.4	1359.4	18.8	294.8	1029.4	21.1	11.0	3.5	5.4
2001	991.2	875.6	71.3	185.9	600.0	24.8	13.5	6.0	5.4
2002	1619.6	1482.2	97.7	198.2	1167.5	27.6	9.7	4.7	1.8
2003	2354.6	2194.7	251.4	260.5	1640.1	26.7	6.0	1.1	0.5
2004	620.4	473.4	108.9	89.8	232.4	33.5	6.5	1.9	0.5
2005	1182.3	1013.7	60.5	67.4	864.2	39.6	22.5	6.3	3.1
2006	774.4	605.2	151.0	124.0	309.9	37.9	39.9	11.8	14.5
2007	1169.5	986.7	307.3	134.3	492.1	45.6	16.6	6.6	2.2
2008	378.9	181.2	31.0	97.2	27.3	46.5	24.8	13.4	0.7
2009	328.3	131.7	24.5	78.0	13.0	34.6	11.4	6.9	0.9
2010	275.1	119.9	27.7	62.2	12.7	16.4	9.2	5.9	0.4
2011	287.5	116.4	32.8	51.6	13.6	20.8	12.2	5.1	0.3
2012	276.6	96.0	28.5	27.9	25.7	32.0	10.0	6.5	0.7
2013	243.1	94.7	27.8	47.8	7.8	20.9	11.5	9.0	0.6

数据来源：国家发展改革委统计资料。

表34	2013年国有粮食企业粮食出口情况统计表

单位：万吨

项 目	出 口						
	原粮	贸易粮	小麦	大米	玉米	大豆	其他
全 国	10.8	10.6	0.8	0.5		2.2	7.1
北 京							
天 津							
河 北							
山 西	0.1	0.1					0.1
内蒙古							
辽 宁	0.4	0.3		0.3			
吉 林	0.2	0.2					0.2
黑龙江	0.2	0.2				0.1	0.1
上 海							
江 苏	5.3	5.3					5.3
浙 江							
安 徽	0.1						
福 建							
江 西							
山 东							
河 南							
湖 北	0.3	0.2		0.2			
湖 南							
广 东	0.8	0.8	0.8				
广 西							
海 南							
重 庆							
四 川							
贵 州	0.5	0.5					0.5
云 南							
西 藏							
陕 西	3.0	3.0				2.1	0.9
甘 肃							
青 海							
宁 夏							
新 疆							

数据来源：国家粮食局统计资料。

表35			2013年全国国有粮食企业改革情况调查表					

截至2013年12月31日　　　　　　　　　　　　　　　　　　　　　　　　　　　　　　　　　　　单位：个，元，人

地区及单位	1.企业数	2.改制企业数		3.企业利润总额	4.盈利企业数	5.职工人数			6.在岗职工人均年工资额
		当年改制企业数	现有企业中已改制企业数			小计	在岗人数	不在岗人数	
总　计	12255	254	8760	7728981960	6164	445205	362347	82858	31108
北　京	187	0	12	515255897	119	8459	7413	1046	60340
天　津	77	0	39	51478003	27	2843	2466	377	47316
河　北	464	13	331	97083288	237	17915	11665	6250	17838
山　西	600	20	185	16746375	305	20791	16898	3893	8801
内蒙古	162	0	140	−9167568	71	5005	4600	405	20311
辽　宁	304	1	242	34240887	153	7901	6067	1834	26993
吉　林	48	0	44	82605305	31	4501	4483	18	49722
黑龙江	651	14	581	101889111	472	23664	20293	3371	19136
上　海	153	0	132	162528537	93	6758	5454	1304	65777
江　苏	1139	127	1027	339388191	646	22753	18265	4488	25537
浙　江	255	0	250	106747580	138	10027	8162	1865	47066
安　徽	547	8	519	202657965	436	24949	19659	5290	14312
福　建	408	0	196	45850557	242	7766	6305	1461	35573
江　西	818	0	818	74360032	314	20050	15708	4342	15547
山　东	436	3	429	386547249	301	33572	23495	10077	16667
河　南	1644	5	1165	−31106115	331	56861	41095	15766	10915
湖　北	282	20	277	66176779	171	9739	7607	2132	19739
湖　南	150	6	138	83822169	99	9506	7623	1883	24523
广　东	752	1	289	215580189	238	14200	12017	2183	45380
广　西	660	4	479	49109086	258	7176	6220	956	29206
海　南	45	0	44	−2615858	25	1229	1078	151	21463
重　庆	5	0	5	44432775	0	4887	4483	404	42546
四　川	623	24	484	37884978	380	14143	12857	1286	24670
贵　州	162	4	113	23300434	61	6571	4839	1732	21426
云　南	201	0	197	67765049	147	6055	5266	789	30862
陕　西	309	0	275	44864035	179	10329	8115	2214	23377
甘　肃	193	3	154	16425564	115	5724	4775	949	23282
青　海	53	0	45	8131387	34	956	922	34	28855
宁　夏	65	0	60	25455406	13	1305	1249	56	32509
新　疆	198	1	78	115457291	92	7452	6547	905	43409
中　储	552	0	0	3344361927	404	32245	28085	4160	77869
中　粮	5	0	2	2133138498	3	30506	30169	337	51988
华　粮	76	0	10	−621851852	7	6700	5800	900	44372
中　纺	31	0	0	−99561192	22	2667	2667	0	58874

数据来源：国家粮食局统计资料。

表36			2013年全国国有粮食购销企业改革情况调查表					

截至2013年12月31日　　　　　　　　　　　　　　　　　　　　　　　　　　　　　　单位：个，元，人

地区及单位	1.企业数	2.改制企业数		3.企业利润总额	4.盈利企业数	5.职工人数			6.在岗职工人均年工资额
		当年改制企业数	现有企业中已改制企业数			小计	在岗人数	不在岗人数	
总 计	9373	205	6784	4912825918	5238	337413	273876	63537	29357
北 京	37	0	4	28486391	27	2888	2572	316	52440
天 津	32	0	14	33325449	15	1910	1738	172	44413
河 北	317	2	312	87061123	203	14930	10487	4443	17073
山 西	263	11	122	19806358	204	14176	11959	2217	9437
内蒙古	156	0	135	−7317695	69	4767	4391	376	20339
辽 宁	225	1	200	41841698	129	6799	5104	1695	27358
吉 林	22	0	18	45502446	6	1051	1033	18	46941
黑龙江	384	10	350	109735496	369	19038	16376	2662	18422
上 海	126	0	90	51756182	72	2292	2117	175	71022
江 苏	1019	127	919	294433357	615	20832	17242	3590	25223
浙 江	128	0	123	37876465	93	6868	6381	487	49711
安 徽	498	6	487	174259724	410	23147	18482	4665	14216
福 建	185	0	89	49662607	157	5374	4627	747	36001
江 西	670	0	670	38277717	292	16391	12478	3913	13688
山 东	324	0	319	114592875	229	20316	12194	8122	15242
河 南	1498	5	719	−12875810	313	50534	37589	12945	11045
湖 北	251	19	241	44992315	153	8719	7120	1599	19073
湖 南	131	2	120	80491516	85	8427	6801	1626	25664
广 东	567	1	256	203626402	207	12139	10261	1878	46092
广 西	447	2	333	56671711	232	6038	5557	481	29668
海 南	44	0	43	−2386355	24	1046	1033	13	22179
重 庆	4	0	34	44980451	0	4735	4331	404	42967
四 川	521	12	424	52603003	357	12637	11547	1090	24450
贵 州	97	3	71	21306971	49	4883	3919	964	20906
云 南	193	0	160	52977654	143	5529	4791	738	31146
陕 西	228	0	225	34045233	158	7444	6022	1422	23500
甘 肃	153	3	144	17020199	103	4766	3947	819	24969
青 海	50	0	42	8731051	34	781	755	26	32832
宁 夏	57	0	52	25606085	9	1133	1085	48	31635
新 疆	106	1	68	52339279	62	5690	4982	708	39936
中 储	552	0	0	3344361927	404	32245	28085	4160	77869
中 粮	5	0	0	392086190	3	4137	4015	122	80212
华 粮	74	0	0	−336148068	7	5026	4130	896	33642
中 纺	9	0	0	−286904029	5	725	725	0	50887

数据来源：国家粮食局统计资料。

表37　　2013年全国分地区粮油仓储企业数量汇总表

单位：户

地　区	合计	分规模企业构成			
		2.5万吨以下	2.5～5万吨	5～10万吨	10万吨以上
全国合计	19495	14913	2338	1414	830
一、主产区	14718	11085	1914	1102	617
河　北	634	453	100	43	38
内蒙古	889	611	148	85	45
辽　宁	1082	853	101	75	53
吉　林	1187	942	123	77	45
黑龙江	1419	790	328	198	103
江　苏	1345	1078	143	84	40
安　徽	975	648	205	88	34
江　西	1719	1557	100	41	21
山　东	1127	808	149	99	71
河　南	1893	1435	243	134	81
湖　北	941	722	105	74	40
湖　南	733	558	82	62	31
四　川	774	630	87	42	15
二、主销区	1706	1234	197	151	124
北　京	114	54	22	22	16
天　津	75	37	8	10	20
上　海	102	69	11	6	16
浙　江	182	93	29	35	25
福　建	603	518	45	22	18
广　东	579	420	81	49	29
海　南	51	43	1	7	0
三、产销平衡区	3071	2594	227	161	89
山　西	594	511	36	30	17
广　西	360	308	24	18	10
重　庆	115	85	14	10	6
贵　州	201	174	18	7	2
云　南	274	233	23	10	8
西　藏	95	92	3	0	0
陕　西	438	350	40	35	13
甘　肃	262	218	23	12	9
青　海	74	65	2	6	1
宁　夏	139	121	11	3	4
新　疆	459	382	30	29	18
新疆兵团	60	55	3	1	1

数据来源：国家粮食局统计资料。

| 表38 | 2013年新增中央储备粮代储资格企业名单 | | | |

单位：万吨

企业名称	类别	资格仓（罐）容	证书编号
北京			
北京怀柔国家粮食储备库	粮	6.9768	11000500－6
北京市东北郊粮食收储库	粮	9.0260	11001800－2
天津			
京粮（天津）粮油工业有限公司	粮	9.0000	12003600
天津市宁河县粮食购销有限公司	粮	2.9392	12001200－2
京粮（天津）粮油工业有限公司	油	9.8000	12003701
河北			
博野国家粮食储备库	粮	1.3534	13005300－1
抚宁县新嘉源粮油有限公司	粮	2.6004	13019100
阜城县省级粮食储备库有限责任公司	粮	2.9630	13019200
容城县粮油总公司	粮	2.5257	13019000
承德三岔口国家粮食储备有限公司	粮	2.7000	13019600
河北沧州国家粮食储备二库	粮	2.7253	13019500
河北良禾粮油购销有限公司	粮	1.5000	13015600－1
河北跃升粮食贸易有限公司	粮	9.9576	13019400
衡水和平国储粮库有限责任公司	粮	4.4891	13014300－1
邢台市粮食储备库	粮	4.0068	13005900－3
唐山市油脂库	油	0.9420	13019201
山西			
怀仁县县直粮食储备库	粮	7.7568	14006400
原平市新源粮食储备库	粮	2.5984	14006500
山西太原南河湾国家油脂储备库	油	2.4500	14002201－1
内蒙古			
呼和浩特市第二粮食仓库	粮	2.6264	15013200
呼伦贝尔市荣丰粮食物流有限公司	粮	2.5310	15013100
莫力达瓦达斡尔族自治旗巴彦粮库	粮	2.5194	15013000
莫力达瓦达斡尔族自治旗甘河粮库	粮	3.0000	15012900
内蒙古呼和浩特新城国家粮食储备库	粮	4.8000	15013300
突泉县杜尔基粮油贸易公司	粮	3.3145	15010800－1
扎赉特旗海仓粮油贸易有限公司	粮	6.3036	15010400－1
科右前旗蒙良经贸有限公司	粮	3.8894	15013500
内蒙古呼和浩特西郊国家粮食储备库	粮	2.8480	15007900－1
内蒙古良储粮油购销有限责任公司	粮	2.5238	15007600－2
内蒙古蒙佳粮油工业集团有限公司	粮	4.8918	15013400
乌兰浩特铁西国家粮食储备库	粮	2.4900	15001100－3
辽宁			
鞍山市第六粮库	粮	1.8080	21004900－2
鞍山市第六粮库	粮	0.7232	21004900－3
朝阳县十二台恒丰粮库	粮	2.7882	21012900
抚顺市第一粮油工业储运公司	粮	4.1776	21013000

企业名称	类别	资格仓（罐）容	证书编号
吉林			
辉南县辉发城粮食储备库	粮	2.5312	22012900
梨树县沈铁粮食收储有限公司	粮	3.0000	22013100
舒兰市小城粮库	粮	2.7498	22013000
松原市宁江区大洼储备粮库有限公司	粮	2.5000	22012800
吉林省人和米业有限责任公司	粮	2.5000	22013400
吉林省兴良储备粮库	粮	3.2942	22004600－1
四平金谷农业发展有限公司	粮	3.0000	22013200
洮南市安定粮食储备库	粮	0.7500	22010400－A－1
黑龙江			
勃利县倭肯粮库有限责任公司	粮	3.1065	23030900
杜尔伯特蒙古族自治县胡吉吐莫粮库有限责任公司	粮	2.5000	23031200
黑龙江地方储备粮有限责任公司	粮	8.0057	23031800
黑龙江佳木斯莲江口国家粮食储备库	粮	3.0000	23012600－1
黑龙江省宝泉岭农垦普阳粮库有限公司	粮	2.6000	23032300
黑龙江省建三江农垦前进第二粮库有限公司	粮	1.3600	23021800－2
黑龙江天粟粮油有限公司	粮	3.0690	23031700
桦川县新城粮库粮食收储有限公司	粮	2.5500	23031100
佳木斯市粮库有限责任公司	粮	4.3600	23003100－1
佳木斯市永安粮库有限责任公司	粮	2.5600	23031000
林口县林口第二粮库	粮	3.0000	23013100－1
萝北县名山粮库有限责任公司	粮	4.4500	23031400
萝北县苇场粮库有限责任公司	粮	2.6000	23031300
明水县第一粮库有限公司	粮	3.2000	23032500
木兰县大贵粮库有限公司	粮	2.5000	23031600
木兰县东兴粮库有限公司	粮	2.5238	23031500
七台河桃南国家粮食储备库有限责任公司	粮	2.3436	23004600－2
七台河新兴国家粮食储备库有限责任公司	粮	1.5644	23026300－1
齐齐哈尔市京双粮库	粮	3.0600	23022300－1
庆安县第四粮库有限公司	粮	3.0000	23032000
绥化市第二粮库有限公司	粮	3.0070	23024100－1
绥化市张维粮库有限公司	粮	2.5633	23032700
绥棱县上集粮库有限公司	粮	5.0000	23032400
铁力国家粮食储备库有限责任公司	粮	3.0000	23010200－1
铁力双丰国家粮食储备库有限责任公司	粮	2.7500	23010100－1
依安县依安粮库有限公司	粮	24.0000	23011000－3
友谊县大东北粮库	粮	11.1321	23032600
肇州县肇州第一粮库	粮	2.4900	23009200－1
东宁县第二粮库	粮	2.7000	23035200

续表

企业名称	类别	资格仓（罐）容	证书编号
杜尔伯特蒙古族自治县胡吉吐莫粮库有限责任公司	粮	2.2200	23031200－1
杜尔伯特蒙古族自治县石人沟粮库有限责任公司	粮	2.2200	23020900－2
方正县方粮宝兴粮库有限公司	粮	2.5549	23034200
富锦市西安粮库有限责任公司	粮	2.6000	23033400
富锦市向阳川粮库收储有限责任公司	粮	2.5000	23033300
海伦市共荣粮库有限公司	粮	2.6000	23034300
海伦市伦河粮库有限公司	粮	2.5000	23035000
海伦市胜利粮库有限公司	粮	2.5000	23035500
海伦市祥富粮库有限公司	粮	2.6000	23034800
鹤岗市宝泉粮库有限责任公司	粮	3.5800	23026500－1
鹤岗市第八粮库有限责任公司	粮	1.2144	23002000－3
鹤岗市粮食局第一粮库	粮	1.2000	23001900－2
黑龙江五大连池二龙山国家粮食储备库	粮	4.4128	23009900－1
黑龙江象屿农业物产有限公司	粮	50.0000	23033800
呼玛县粮库有限责任公司	粮	3.7000	23033500
桦川县东河粮库粮食收储有限公司	粮	2.7000	23033200
佳木斯市大众粮油有限公司	粮	7.6836	23035100
萝北县凤翔粮库	粮	2.7100	23034000
穆棱市下城子粮库	粮	2.8000	23035400
庆安县勤劳粮库有限公司	粮	2.8960	23034700
庆丰集团讷河市合丰粮食仓储有限公司	粮	4.1600	23033900
饶河县大顶子山粮食仓储有限公司	粮	3.0000	23034100
饶河县饶河粮库	粮	2.0000	23004500－3
饶河县西丰粮食储备有限责任公司	粮	1.0000	23026900－1
饶河县小佳河粮食经销有限责任公司	粮	3.5000	23024700－1
尚志市亚布力前进粮库有限责任公司	粮	2.8500	23033700
绥化市龙翔粮库有限公司	粮	2.7000	23034500
绥化市秦家粮库有限公司	粮	9.2894	23034400
绥化市太平川粮库有限公司	粮	2.5633	23034600
通河县城东粮库有限公司	粮	2.5000	23033600
五常市第一粮库有限公司	粮	2.5000	23033100
五常市向阳粮库有限公司	粮	2.8125	23034900
富锦市头林粮库有限责任公司	粮	3.2000	23035300
江苏			
淮安市城南粮库	粮	6.2680	32003100－1
江苏灌云国家粮食储备库	粮	3.2144	32020300
江苏恒益粮油有限公司	粮	1.0120	32016000－1
江苏省睢宁粮食储备直属库	粮	4.2192	32020600
南京市六合区粮食购销公司	粮	3.6220	32020400

续表

企业名称	类别	资格仓（罐）容	证书编号
南京铁心桥国家粮食储备库	粮	9.5508	32000100－2
如皋市粮食购销公司	粮	2.5377	32020800
上海海丰米业有限公司	粮	8.1351	32020500
沭阳县粮食购销总公司	粮	2.7043	32013200－3
宿迁洋北国家粮食储备库	粮	3.0932	32018900－1
兴化合陈国家粮食储备库	粮	5.4252	32005800－2
淮安市直属粮食储备库	粮	5.4131	32021600
江苏金湖江海粮油收储有限公司	粮	3.7345	32021800
江苏人和米业有限公司	粮	7.0505	32021300
江苏三零黄桥粮食收储有限公司	粮	3.4440	32021200
江苏省农垦米业集团淮海有限公司	粮	4.2182	32021000
江苏省扬子江现代粮食物流中心	粮	16.9232	32014000－1
南京市高淳区粮食购销公司	粮	3.1430	32021900
南京远望润军工贸实业有限公司	粮	1.4060	32015300－1
沛县河口粮油购销有限公司	粮	6.0000	32021400
如东县岔河油米有限公司	粮	2.8590	32021500
射阳县中心粮库	粮	2.9371	32020900
宿迁市宿豫区粮食购销公司	粮	3.0132	32021700
无锡市锡山区地方粮食储备库	粮	2.7421	32021100
浙江			
慈溪市粮食收储有限公司	粮	4.1720	33003900
浙江方舟粮食仓储有限公司	粮	9.5000	33004000
桐乡市粮食收储有限公司	粮	2.5400	33001200－3
象山县粮食收储有限公司	粮	2.8874	33004100
浙江省常山粮食收储有限责任公司	粮	1.0264	33002700－1
安徽			
安徽皖粮购销有限责任公司	粮	2.4000	34012000－1
六安天业国家粮食储备库	粮	1.2052	34009700－1
宣城市粮食储备库	粮	3.4472	34012900
安徽丰良粮油有限公司	粮	3.2400	34013400
安徽来安国家粮食储备库	粮	0.7232	34002200－1
安徽现代粮食物流中心库	粮	22.1600	34013500
亳州市谯城省级粮食储备库	粮	10.4000	34013100
合肥市军粮供应站	粮	3.0000	34013200
淮南市谢家集西山粮食仓库	粮	3.0000	34013300
南陵金谷粮油收储有限公司	粮	2.3500	34012500－1
宿州市汇谷粮油储备有限公司	粮	3.4500	34013600
福建			
南靖县靖城粮食购销有限责任公司	粮	0.8175	35001100－2

续表

企业名称	类别	资格仓（罐）容	证书编号
福建省泰宁县粮食购销有限责任公司	粮	3.4782	35003500
江西			
丰城市粮食局丽村粮油管理所	粮	2.6380	36018300
江西贵溪储备粮库	粮	3.0000	36018100
新余市天欣源粮食收储有限公司	粮	4.3667	36017800
鹰潭市金花米业有限公司	粮	4.2970	36018000
余干县粮油购销总公司东风粮管所	粮	2.6600	36017900
江西省嘉联粮油有限责任公司	油	2.3812	36018201
山东			
菏泽市粮油购销储运公司	粮	2.6516	37012300 - 3
日照卓尔粮油有限公司	粮	2.9375	37018000
泗水县地方粮食储备库	粮	3.1295	37017900
郯城平祥粮油贸易有限公司	粮	3.7737	37017800
滕州市地方粮食储备库	粮	5.4312	37013800 - 1
金乡县地方粮食储备库	粮	2.8597	37018100
栖霞市粮食收储管理中心	粮	3.4315	37016500 - 1
荣成市粮食中心储备库	粮	6.0500	37011700 - 1
乳山市粮食储备库	粮	3.7800	37011800 - 1
山东东明京粮粮油收储有限公司	粮	12.7761	37018200
山东省成武粮食储备库	粮	5.3718	37018300
山东省日照粮食储备库	粮	1.2620	37009100 - 5
山东泰安汇丰粮油发展有限责任公司	粮	2.5489	37011900 - 1
山东枣庄金良粮油经营中心	粮	3.0000	37018700
泰安市东岳粮库	粮	3.0500	37012100 - 1
鱼台县东昌粮食收储有限公司	粮	3.9784	37018400
枣庄市台儿庄运河粮库	粮	8.9890	37018600
沂南县地方粮食储备库	粮	2.6000	37018500
河南			
河南信阳平桥国家粮食储备库	粮	6.4602	41007400 - 2
河南农建实业有限公司	粮	12.1914	41024200
濮阳市粮食储备库	粮	2.7118	41011700 - 2
商水县金裕粮油购销有限公司	粮	4.7454	41024100
湖北			
湖北京山国家粮食储备库	粮	1.0000	42002700 - 1
湖北省襄阳杨庄粮食储备库有限公司	粮	2.8800	42012700
湖北襄阳东国家粮食储备库	粮	3.4464	42000400 - 2
荆门市东宝区革集粮食储备库	粮	2.7000	42012900
武汉国家稻米交易中心有限公司	粮	5.4432	42012600
安陆市杨家山粮食储备库	粮	2.6999	42009800 - 1

续表

企业名称	类别	资格仓（罐）容	证书编号
湖北赤壁国家粮食储备库	粮	2.6940	42009000－1
湖北荆门北郊国家粮食储备库	粮	1.2430	42001800－1
湖北荆门佘岭国家粮食储备库	粮	1.3600	42001300－1
湖北荆州郝穴国家粮食储备库	粮	3.4472	42007700－2
湖北省储备粮油管理有限公司	粮	4.3000	42013000
湖北钟祥国家粮食储备库	粮	1.4120	42002100－2
京山县罗店粮食储备库	粮	1.6960	42005300－1
武汉环城五里粮油购销有限公司	粮	3.0400	42013100
湖南			
湖南粮食集团有限责任公司	粮	3.2840	43010600－1
湖南绿海粮油有限公司	粮	3.9924	43011500
广西			
来宾市粮食储备库	粮	3.4380	45002700
广东			
佛山市南海区粮食储备库	粮	7.0850	44001400－1
四川			
青川县兴和粮油购销有限责任公司	粮	2.5500	51016400
四川德阳黄许国家粮食储备库	粮	1.3182	51000400－2
四川江油国家粮食储备库	粮	2.2608	51002100－2
四川省川粮米业股份有限公司	粮	6.1341	51016500
四川省南充火车东站粮食储备库	粮	1.4916	51009700－1
广元市昭化区粮油购销中心	粮	2.5558	51016800
三台县琴泉粮站	粮	2.5020	51016900
四川高坪国家粮食储备库	粮	5.8288	51001500－1
盐亭县复兴粮油购销有限公司	粮	2.9292	51016700
四川渠县国家粮食储备库	油	0.8342	51005201－1
南充市粮油购销储运公司	油	1.1071	51005001－1
四川丹棱城关省粮食储备库	油	0.6141	51012501－1
贵州			
普定县粮食购销有限责任公司	粮	2.6275	52003300
西藏			
西藏江孜国家粮食储备库	粮	1.4502	54001200
西藏拉萨国家粮食储备库	粮	2.6000	54001000
西藏驻格尔木国家粮食储备中转库	粮	0.3600	54001100
陕西			
合阳县粮食购销有限公司	粮	3.0000	61003700
渭南市粮食储备库	粮	6.2500	61003600
甘肃			
甘肃省陈官营粮油储备库有限公司	粮	2.8911	62001200－2

续表

企业名称	类别	资格仓（罐）容	证书编号
甘肃省景家店粮油储备库有限公司	粮	4.1172	62000100 - 2
甘肃省王家墩粮油储备库有限公司	粮	2.5020	62000700 - 2
天祝藏族自治县粮油购销有限责任公司	粮	2.5000	62006200
甘肃省白银粮油储备库有限公司	油	0.5020	62005301 - 1
景泰县油脂购销站	油	1.9800	62005701 - 1
景泰县油脂购销站	油	1.2800	62005701 - 2
宁夏			
宁夏国储物流有限公司	粮	11.5955	64001200
宁夏农垦集团有限公司	粮	3.4000	64001600
宁夏石嘴山国家粮食储备库	粮	2.0000	64000400 - 2
宁夏兴庆国家粮食储备库	粮	2.5200	64001300
宁夏银川粮油购销公司	粮	6.2400	64001500
宁夏中卫国家粮食储备库	粮	5.3150	64000700 - 1
宁夏银川新城国家粮食储备库	粮	11.2560	64001400
宁夏青铜峡国家粮食储备库	油	1.0000	64001701
宁夏银川新城国家粮食储备库	油	1.0000	64001400
中粮集团有限公司			
华粮集团金山粮食中转库	粮	3.9000	22000470 - 1
中国华粮物流集团海伦粮库	粮	3.7500	23001870 - 1
中粮（江西）米业有限公司	粮	2.5950	36001320
中粮黄海粮油工业（山东）有限公司	粮	12.0000	22001520
中粮米业（巢湖）有限公司	粮	8.5800	34001620
中粮米业（虎林）有限公司	粮	7.0000	23001320
中粮米业（吉林）有限公司	粮	3.4000	22001420
中粮米业（盐城）有限公司	粮	4.8000	32001720
中粮生化能源（公主岭）有限公司	粮	9.0000	22001820
河北承德榆树沟国家粮食储备库	粮	4.2571	13013210 - 2
中粮黄海粮油工业（山东）有限公司	油	4.6075	37002121
中粮粮油工业（黄冈）有限公司	油	6.9000	42002021
中国华粮物流集团南通粮油接运有限责任公司	油	4.8817	32002221
中粮艾地盟粮油工业（菏泽）有限公司	油	1.5363	37002321
中粮粮油工业（巢湖）有限公司	油	5.7500	34002421
黑龙江农垦			
北大荒粮食集团有限公司双鸭山分公司	粮	3.0000	23000650
黑龙江农垦二道河粮库有限责任公司	粮	2.8000	23000750
黑龙江省九三物流有限公司	粮	5.2000	23000450 - 1
黑龙江省北大荒米业集团有限公司	粮	24.8300	23000850

数据来源：国家粮食局统计资料。

表39						2013年中央储备粮代储资格延续企业名单	

单位：万吨

序号	企业名称	类别	延续申请情况		拟延续资格情况			备注
			仓（罐）容	仓（罐）号	证书编号	仓（罐）容	仓（罐）号	
	北京							
1	北京市西北郊粮食收储库	粮	2.5856	27－30	11000900－2－I	2.5856	27－30	原证书11000900－2作废
2	北京市顺义牛栏山粮食收储库	粮	14.2400	平房仓1－25，立筒仓1－40，钢立筒仓41－56号	11001200－1－I	14.2400	平房仓1－25，立筒仓1－40，钢立筒仓41－56号	合并延续，原证书11001200－1、11001200－2、11001200－3作废
3	北京市西南郊粮食收储库	粮	44.2210	主库区：平房仓1－13、15－36、立筒仓081－086、091－096、101－106、201－206、301－306、401－406、501－506、601－606、701－706、801－806；一分库：平房仓1－11；二分库：平房仓1－12号	11001600－2－I	44.2210	主库区：平房仓1－13、15－36、立筒仓081－086、091－096、101－106、201－206、301－306、401－406、501－506、601－606、701－706、801－806；一分库：平房仓1－11；二分库：平房仓1－12号	原证书11001600－1、11001600－I、11001600－2作废
4	北京市昌平粮食收储库	粮	11.8751	1－9、58－61号平房仓；10－57号立筒仓	11000300－2－I	11.8751	1－9、58－61号平房仓；10－57号立筒仓	原证书11000300－1、11000300－I、11000300－2作废
5	北京市顺义杨镇粮食收储库	粮	4.6017	钢板平房仓1－8、平房仓9－13、立筒仓1－22号	11002000－1－I	4.6017	钢板平房仓1－8、平房仓9－13、立筒仓1－22号	原证书11002000－1作废
6	北京市通州粮食收储库	粮	13.3820	3分库：12－13号平房仓；立筒仓：1－43号；4分库：1－4号平房仓；5－18号平房仓	11001400－4－I	13.3820	3分库：12－13号平房仓；立筒仓：1－43号；4分库：1－18号平房仓	原证书11001400－2、11001400－3、11001400－4作废
7	北京市平谷官庄粮食收储库	粮	11.9082	平房仓1－30、79－90	11000200－3－I	11.9082	平房仓1－30、79－90	原证书11000200－I、11000200－1－I、11000200－2、11000200－3作废
8	北京门头沟三家店粮食收储库	粮	14.8588	本库：砖仓1－18、钢板仓19－26、29－44、平房仓45－52、房式仓27、28、53；1分库：平房仓85－90；2分库：平房仓55－58	11000400－3－I	14.8588	主库区：砖仓1－18、钢板仓19－26、29－44、平房仓45－52、房式仓27、28、53；1分库：平房仓85－90；2分库：平房仓55－58	原证书11000400－1、11000400－I、11000400－2、11000400－3作废
	天津							
9	天津汉沽国家粮食储备库	粮	9.3473	2－51	12000300－1－I	9.3473	2－51	合并延续，原证书12000300－1、12000300－I作废
	河北							
10	三河市燕郊粮库	粮	3.2340	1－6	13014600－I	3.2340	1－6	原证书13014600作废
11	河北永安国家粮食储备库有限公司	粮	8.7367	0、1－21、L1－L6、C1	13006100－1－A－I	8.7367	0、1－21、L1－L6、C1	原证书13006100－1－A作废
12	河北良禾粮油购销有限公司	粮	4.1130	1－6		4.1130	1－6	与新申请证书13015600－1合并，原证书13015600作废
13	藁城市第二粮库	粮	3.7450	1－8、12－26	13015000－I	3.7450	1－8、12－26	原证书13015000作废
	山西							
14	晋中市榆次粮食储备库	粮	1.2572	13－15	14001200－2－I	1.2572	13－15	原证书14001200－2作废
	内蒙古							
15	内蒙古正奇粮食物流有限公司	粮	6.6638	平房仓1－2、5－8、立筒仓1－28	15008900－I	6.6638	平房仓1－2、5－8、立筒仓1－28	合并延续，原证书15008900、15008900－1作废
16	扎赉特旗裕丰粮油贸易有限公司	粮	2.5863	1－3	15009200－I	2.5863	1－3	原证书15009200作废
17	包头市九原粮食购销有限责任公司	粮	3.3900	1－9	15009600－I	3.3900	1－9	原证书15009600作废
18	乌审旗达布察克粮油购销站	粮	2.7648	1－8	15009300－I	2.7648	1－8	原证书15009300作废

续表

序号	企业名称	类别	延续申请情况		拟延续资格情况			备注
			仓（罐）容	仓（罐）号	证书编号	仓（罐）容	仓（罐）号	
19	呼伦贝尔市根河森粮实业有限责任公司	粮	2.6000	钢板平房仓1－8，钢立筒仓9－16	15009500－Ⅰ	2.6000	钢板平房仓1－8，钢立筒仓9－16	原证书15009500作废
	辽宁							
20	鞍山建国国家粮食储备库	粮	15.3722	主库区：立筒仓1－42、平房仓1－3，1分库：立筒仓1－54	21010300－A－Ⅰ	15.3722	主库区：立筒仓1－42、平房仓1－3，1分库：立筒仓1－54	原证书21010300－A作废
	吉林							
21	九台市营城粮食储备库	粮	8.0200	01－22号	22010500－Ⅰ	8.0200	01－22号	原证书22010500、22008600－Ⅰ作废
22	洮南市安定粮食储备库	粮	3.1500	普通立筒仓1－6，钢板平房仓7－10、14－17	22010400－A－1	3.1500	普通立筒仓1－6，钢板平房仓7－10、14－17	与新申请证书22010400－A－1合并，原证书22010400、22010400－A作废
23	吉林辉南国家粮食储备库	粮	5.4666	1－13号钢板平房仓，1－3号钢立筒仓，15－18平房仓	22010200－1－Ⅰ	5.4666	1－13号钢板平房仓，1－3号钢立筒仓，15－18平房仓	原证书22010200、22010200－1作废
	黑龙江							
24	鹤岗市新华粮库有限公司	粮	7.0000	1－2；4－5	23021200－1－Ⅰ	7.0000	1－2、4－5	原证书23021200、23021200－1作废
25	鹤岗市第三粮库有限公司	粮	4.0000	2、3、6、7、8	23020700－Ⅰ	4.0000	2、3、6、7、8	原证书23020700作废
26	鹤岗市粮食局第一粮库	粮	6.4797	1－15	23001900－2	6.4797	1－15	与新申请证书23001900－2合并，原证书23001900－1作废
27	杜尔伯特蒙古族自治县石人沟粮库有限责任公司	粮	5.1260	1－9	23020900－2	5.1260	1－9	与新申请证书23020900－2合并，原证书23020900、23020900－1作废
28	克山县北兴粮库	粮	3.0012	1－9、11－20	23020800－Ⅰ	3.0012	1－9、11－20	原证书23020800作废
29	萝北县军川粮库	粮	4.6000	立筒仓1－10、平房仓1－3、5－12、立筒仓11－18	23002200－2－Ⅰ	4.6000	立筒仓1－18、平房仓1－3、5－12	原证书23022000－1、23022000－2作废
30	双鸭山市丰合粮食购销储备有限公司	粮	2.5632	1－24	23021000－Ⅰ	2.5632	1－24	原证书23021000作废
31	牡丹江市第二粮库	粮	2.8000	1－22	23020600－Ⅰ	2.8000	1－22	原证书23020600作废
32	绥棱县上集粮库有限公司	粮	2.6000	DZ21－01、DZ21－02、DZ21－03、DZ21－04、DZ21－05、DZ21－06、DZ21－07、DZ21－09、DZ21－18、DZ21－19、DZ21－20	23020500－Ⅰ	2.6000	DZ21－01、DZ21－02、DZ21－03、DZ21－04、DZ21－05、DZ21－06、DZ21－07、DZ21－09、DZ21－18、DZ21－19、DZ21－20	原证书23020500作废
	上海							
33	上海崇明老效港粮食仓储有限公司	粮	9.0000	主库区：100－114、201－216、301－315、401－403，钢板平房仓501－506、601－606，1分库:1－7	31000600－Ⅰ	9.0000	主库区：100－114、201－216、301－315、401－403，钢板平房仓501－506、601－606，1分库:1－7	原证书31000600作废
34	上海南汇国家粮食储备库	粮	7.6184	普通平房仓1－21、26－49，钢板平房仓22－25	31001000－Ⅰ	7.6184	普通平房仓1－21、26－49，钢板平房仓22－25	原证书31001000作废
	江苏							
35	海安县海安粮库	粮	1.5255	7－24	32000800－1－Ⅰ	1.5255	7－24	原证书32000800－1作废
36	江苏宿迁国家粮食储备库	粮	13.2768	主库区1－36，归仁分库1－12	32003000－3－Ⅰ	13.2768	主库区1－36，归仁分库1－12	合并延续，原证书32003000－2、32003000－3作废
37	江苏省徐州市丰县粮食局直属库	粮	2.5740	1－9	32012600－Ⅰ	2.5740	1－9	原证书32012600作废
38	江苏省薛埠粮食储备直属库	粮	2.6352	1－8、13－16	32012700－Ⅰ	2.6352	1－8、13－16	原证书32012700作废
39	宿迁市宿城区粮食储备库	粮	2.5009	1－15	32012800－Ⅰ	2.5009	1－15	原证书32012800作废
40	溧水县粮食局直属库	粮	2.9148	1分库1－17	32005600－1－Ⅰ	2.9148	1分库1－17	原证书32005600－1作废

续表

序号	企业名称	类别	延续申请情况		拟延续资格情况			备注
			仓（罐）容	仓（罐）号	证书编号	仓（罐）容	仓（罐）号	
41	南京铁心桥国家粮食储备库	油	5.5206	1－9，8010－8014	32013001－I	5.5206	1－9，8010－8014	原证书32013001、32013001－1作废
42	徐州沿湖粮油储备库	粮	6.5565	1－19、20A、20B、21－34	32018000－1－I	6.5565	1－19、20A、20B、21－34	原证书32015400－A、32018000、32018000－1作废
43	灌云县宇禾粮食储备库	粮	3.1537	22－41、43－48	32014200－I	3.1537	22－41、43－48	原证书32014200作废
44	江苏永友粮食有限公司	粮	7.5681	1－26	32014100－1－I	7.5681	1－26	原证书32014100、32014100－1作废
45	如皋粮食储备库	粮	5.2740	1－20	32014400－A－I	5.2740	1－20	原证书32014400－A作废
46	新沂市棋盘镇粮油管理所	粮	2.6917	1－27	32013700－I	2.6917	1－27	原证书32013700作废
47	南京远望润军工贸实业有限公司	粮	2.8710	5－9	32015300－1	2.8710	5－9	与新申请证书32015300－1合并，原证书32015300作废
48	南京远望富硒农产品有限公司	粮	4.2180	11－22	32014900－I	4.2180	11－22	原证书32014900作废
49	江苏宝应湖粮食物流中心有限公司	粮	9.7080	1－40	32013300－A－I	9.7080	1－40	原证书32013300－A作废
50	南通宇成粮油收储有限公司	粮	9.0686	A1－A6、B1－B6、C1－C6、19－21	32013800－I	9.0686	A1－A6、B1－B6、C1－C6、19－21	原证书32013800作废
51	沭阳县粮食购销总公司	粮	13.4513	1－12、13－22、1－10、1－15	32013200－I	13.4513	主库区（吴集库）1－22；1分库（周集库）：1－10；2分库（华冲库）1－15	原证书32013200作废
52	江苏沭阳国家粮食储备库	粮	4.8772	1－20、21－26、27－30	32001600－1－I	4.8772	1－30	原证书32001600－1作废
53	沭阳县悦来粮食储销有限公司	粮	2.8713	1－3、5－16	32015900－I	2.8713	1－3、5－16	原证书32015900作废
54	江苏省扬子江现代粮食物流中心	粮	4.7900	17－38	32014000－I	4.7900	17－38	原证书32014000作废
55	宿迁市宿豫区来龙粮库	粮	3.9937	1－34	32015500－I	3.9937	1－34	原证书32015500作废
56	宿迁市宿豫区关庙粮食储销有限公司	粮	2.6079	1－28	320130900－I	2.6079	1－28	原证书32013900作废
57	盐城市亭湖区粮食购销总公司	粮	2.6368	1－16	32014700－I	2.6368	1－16	原证书32014700作废
58	溧水县和凤粮食购销有限公司	粮	2.6724	毛公埠库1－15	32014800－I	2.6724	毛公埠库1－15	原证书32014800作废
59	阜宁县郭墅粮所	粮	4.4100	1－14	32014600－I	4.4100	1－14	原证书32014600作废
60	江苏赣榆国家粮食储备库	粮	6.5147	1－34	32007500－3－II	6.5147	1－34	原证书32007500－1、32007500－2、32007500－3、32007500－I作废
61	江苏碾庄粮食储备直属库	粮	2.5137	1－24	32000500－1－I	2.5137	1－24	原证书32000500－1作废
	浙江							
62	嘉兴市粮食收储有限公司	粮	7.8870	1－30号仓，1P01－1P06、1P11－1P14号仓	33001000－2－I	7.8870	1－30号仓，1P01－1P06、1P11－1P14号仓	合并延续，原证书33001000、33001000－1、33001000－2作废
63	平湖市粮食收储有限公司	粮	8.2000	中心粮库1－20号仓，乍浦中转库1－16号仓	33000900－2－I	8.2000	中心粮库1－20号仓，乍浦中转库1－16号仓	合并延续，原证书33000900、33000900－1、33000900－2作废
64	杭州萧山粮食购销有限责任公司	粮	18.8902	0P01－0P16、0Q01－0Q09、0T01－0T08、0X01－0X03、1P13－1P17、2P01、2P04	33001100－2－I	18.8902	0P01－0P16、0Q01－0Q09、0T01－0T08、0X01－0X03、1P13－1P17、2P01、2P04	原证书33001100、33001100－1、33001100－2作废
65	长兴县粮食收储有限公司	粮	2.7900	中心粮库0P01－0P06、0P09－0P20	33001900－I	2.7900	中心粮库0P01－0P06、0P09－0P20	原证书33001900作废
66	嘉善县粮食收储有限公司	粮	9.8100	储备库：储1－储8号西塘库：5－20号	33000400－II	9.8100	储备库：储1－储8号西塘库：5－20号	原证书33000400－1、33000400－I作废

续表

序号	企业名称	类别	延续申请情况		拟延续资格情况			备注
			仓（罐）容	仓（罐）号	证书编号	仓（罐）容	仓（罐）号	
67	绍兴市储备粮管理有限公司	粮	2.9368	北库：普通平房仓1-1、1-2、2-1、2-2、3-1、3-2、4-1、4-2、5-1、5-2、6-1、6-2、7-1、7-2、8-1、8-2，钢板平房仓9、10、11、12、13-1、13-2、14、15-1、15-2、16号	33001500-Ⅰ	2.9368	北库：普通平房仓1-1、1-2、2-1、2-2、3-1、3-2、4-1、4-2、5-1、5-2、6-1、6-2、7-1、7-2、8-1、8-2，钢板平房仓9、10、11、12、13-1、13-2、14、15-1、15-2、16号	原证书33001500作废
68	绍兴县粮食收储有限公司	粮	4.7232	粮食储备中心1-24号	33001400-Ⅰ	4.7232	粮食储备中心1-24号	原证书33001400作废
69	上虞市粮食收储有限公司	粮	5.0130	三角站直属库1-50号	33001800-Ⅰ	5.0130	三角站直属库1-50号	原证书33001800作废
70	嵊州市地方储备粮管理有限公司	粮	3.1625	中心粮食库1-23号	33002000-Ⅰ	3.1625	中心粮食库1-23号	原证书33002000作废
71	金华第二粮库	粮	4.8500	101南-105南、101北-105北、201西-202西、201东-202东、301西-308西、301东-308东、401西-406西、401东-406东	33001700-Ⅰ	4.8500	101南-105南、101北-105北、201西-202西、201东-202东、301西-308西、301东-308东、401西-406西、401东-406东	原证书33001700作废
72	浙江省常山粮食收储有限责任公司	粮	3.5208	0P1-0P6、0P10-0P29	33002700-1	3.5208	0P1-0P6、0P10-0P29	与新申请证书33002700-1合并，原证书33002700-A作废
73	舟山市粮食局直属粮库	油	0.5800	1-6号	33001301-Ⅰ	0.5800	1-6号	原证书33001301作废
	安徽							
74	合肥市粮食局第二仓库	粮	11.9766	1-24	34010000-Ⅰ	11.9766	1-24	原证书34010000作废
75	巢湖市国粮饲料有限公司	粮	2.6516	1-4、6-8	34010500-Ⅰ	2.6516	1-4、6-8	原证书34010500作废
76	芜湖县省级粮食储备库	粮	3.0000	1-8	34010600-Ⅰ	3.0000	1-8	原证书34010600作废
77	黟县粮食购销有限责任公司	粮	2.5724	1-8	34009000-1-Ⅰ	2.5724	1-8	原证书34009000-1作废
	福建							
78	厦门市海沧粮食购销有限公司	粮	3.4184	楼房仓401-408、平房仓409-410	35002500-Ⅰ	3.4184	楼房仓401-408、平房仓409-410	原证书35002500作废
79	南安市储备粮直属库	粮	3.5480	001-008	35002700-Ⅰ	3.5480	001-008	原证书35002700作废
80	安溪县粮食购销有限公司	粮	1.5011	1-22号仓	35002600-Ⅰ	1.5011	1-22号仓	原证书35002600作废
	江西							
81	南昌市高新粮油购销公司	粮	2.5184	1-2仓、7-18仓	36013000-Ⅰ	2.5184	1-2仓、7-18仓	原证书36013000作废
82	奉新县赤田粮食购销公司	粮	4.0666	1-29仓、新1-4仓	36013100-Ⅰ	4.0666	1-29仓、新1-4仓	原证书36013100作废
83	奉新县渣村粮食购销公司	粮	3.6907	1-33仓	36013200-Ⅰ	3.6907	1-33仓	原证书36013200作废
84	上高县粮食局塔下粮油管理所	粮	4.6200	主库区20-21仓、A1-A12仓、主库区1-8仓、10-19仓	36003300-Ⅱ	4.6200	主库区20-21仓、A1-A12仓、主库区1-8仓、10-19仓	原证书36003300-1、36003300-Ⅰ作废
85	江西宜丰国家粮食储备库	粮	9.5589	主库区25-26仓、1分库1-19仓；主库区1-24仓	36004200-Ⅱ	9.5589	主库区1-26仓、1分库1-19仓	原证书36004200-2、36004200-Ⅰ作废
86	南昌县新联粮食管理所	粮	5.2975	1-43仓	36013300-Ⅰ	5.2975	1-43仓	原证书36013300作废
87	南昌县向塘粮食管理所	粮	4.8701	1-25仓	36013500-Ⅰ	4.8701	1-25仓	原证书36013500作废
88	江西金佳股份有限公司新干粮食储备库	粮	8.1306	A1-A10仓、B1-B8仓、C1-C14仓、平3-平4仓	36013900-Ⅰ	8.1306	A1-A10仓、B1-B8仓、C1-C14仓、平3-平4仓	原证书36013900作废
89	江西新余渝水国家粮食储备库	粮	2.7800	4、6-9、13、15-23仓	36014100-Ⅰ	2.7800	4、6-9、13、15-23仓	原证书36014100作废
90	江西新余经济开发区粮食购销公司	粮	4.5000	主库区1-12仓	36014200-Ⅰ	4.5000	主库区1-12仓	原证书36014200作废
91	丰城市小港粮油管理所	粮	2.5418	1-17仓	36014300-Ⅰ	2.5418	1-17仓	原证书36014300作废

续表

序号	企业名称	类别	延续申请情况		拟延续资格情况			备注
			仓（罐）容	仓（罐）号	证书编号	仓（罐）容	仓（罐）号	
92	赣州市章贡区粮油收储公司	粮	3.3200	A（5-19、5-20、5-21、6-22、6-23、6-24、7-25、7-26、7-27、8-28、8-29、8-30、9-31、9-32、9-33、10-34、10-35、10-36、11-37、11-38、11-39、12-40、12-41）	36014400-Ⅰ	3.3200	A（5-19、5-20、5-21、6-22、6-23、6-24、7-25、7-26、7-27、8-28、8-29、8-30、9-31、9-32、9-33、10-34、10-35、10-36、11-37、11-38、11-39、12-40、12-41）	原证书36014400作废
93	进贤县衙前粮油购销公司	粮	2.7550	1-37仓	36014500-Ⅰ	2.7550	1-37仓	原证书36014500作废
94	靖安县粮食局香田粮管所	粮	3.0114	1-22仓	36014700-Ⅰ	3.0114	1-22仓	原证书36014700作废
95	江西金佳股份有限公司樟树油脂储备库	油	2.0000	1-19号	36014801-Ⅰ	2.0000	1-19号	原证书36014801作废
96	江西南昌横岗国家粮食储备库	油	0.3250	1-13油罐	36014901-Ⅰ	0.3250	1-13油罐	原证书36014901作废
97	江西彭泽国家粮食储备库	油	1.0000	1-20油罐	36015001-Ⅰ	1.0000	1-20油罐	原证书36015001作废
98	江西弋阳国家粮食储备库	粮	5.4500	15-16、28-32仓、9-14、17、33、1-8、18-27仓、34-1至34-14仓	36007300-2-Ⅰ	5.4500	1-33、34-1至34-14仓	原证书36007300、36007300-1、36007300-2作废
	山东							
99	山东省日照粮食储备库	粮	7.2600	主库区17-20、主库区13-16、主库区1-8、分库1-6	37009100-5	7.2600	主库区1-8、13-20，分库1-6	与新申请证书37009100-5合并，原证书37009100-2、37009100-3、37009100-4作废
100	山东泰山国家粮食储备库	粮	4.3400	15、16、1-14、17	37000900-Ⅱ	3.8656	1-17	原证书37000900-1、37000900-Ⅰ作废
101	山东省庆云县粮食收储公司	粮	4.2121	1-91、92-95	37012700-Ⅰ	4.2121	1-95	原证书37012700作废
102	济南第二粮库	粮	10.0100	1-4、9-12、23-26、15、16、19、20、5-8、13-14、17-18、21-22、27-30	37002800-2-Ⅰ	10.0100	1-30	原证书37002800-1、37002800-2作废
103	山东嘉祥国家粮食储备库	粮	4.0000	1-6、17-25	37003900-1-Ⅰ	4.0000	1-6、17-25	原证书37003900-1作废
	河南							
104	河南许昌五里岗国家粮食储备管理有限公司	粮	4.5471	1-13、钢板平房仓14-15	41020400-Ⅰ	4.5471	1-13、钢板平房仓14-15	原证书41020400作废
105	河南许昌〇九〇一省粮食储备管理有限公司	粮	2.5046	1-4号仓	41020500-Ⅰ	2.5046	1-4号仓	原证书41020500作废
	湖北							
106	湖北康宏粮油食品有限公司	粮	5.1466	1-13	42010200-1-Ⅰ	5.1466	1-13	合并延续，原证书42010200、42010200-1作废
107	湖北枣阳国家粮食储备库	粮	4.8883	1-6、8、10-18、21-25	42001600-1-Ⅰ	4.8883	1-6、8、10-18、21-25	原证书42001600-1作废
108	湖北阳新鄂东南国家粮食储备库	粮	1.8000	17-38	42002400-1-Ⅰ	1.8000	17-38	原证书42002400-1作废
	广西							
109	广西壮族自治区粮食局融安粮食储备库	粮	2.5440	1-16号仓	45002500-Ⅰ	2.5440	1-16号仓	原证书45002500作废
110	广西宾阳黎塘国家粮食储备库	粮	9.9820	1-37、39-43、46-53号仓	45000800-Ⅱ	9.9820	1-37、39-43、46-53号仓	原证书45000800-1、45000800-Ⅰ作废
111	兴安县粮食储备库	粮	3.9651	霞云桥库区1-18、38-46号仓	45002600-A-Ⅰ	3.9651	霞云桥库区1-18、38-46号仓	原证书45002600-A作废
112	广西桂海植物油库有限公司	油	2.6500	1-9、14-15	45001301-Ⅱ	2.6500	1-9、14-15	原证书45001301-1、45001301-Ⅰ作废
	四川							
113	四川金堂赵镇国家粮食储备库	粮	3.8266	楼房仓1-8，平房仓17-22、27	51010500-1-Ⅰ	3.8266	楼房仓1-8，平房仓17-22、27	合并延续，51010500、51010500-1作废
114	四川省川粮仓储有限责任公司	粮	2.7755	1-8	51010600-Ⅰ	2.7755	1-18	原证书51010600作废

续表

序号	企业名称	类别	延续申请情况		拟延续资格情况			备注
			仓（罐）容	仓（罐）号	证书编号	仓（罐）容	仓（罐）号	
115	四川德阳黄许国家粮食储备库	粮	2.5152	21－44	51000400-1-Ⅰ	2.5152	21-44	原证书51000400-1作废
116	四川资中火车站省粮食储备库	粮	2.7665	1－18	51010700-Ⅰ	2.7665	1-18	原证书51010700作废
117	四川彭山凤鸣国家粮食储备库	粮	4.0281	6-10、16-31、35-42	51010800-2-Ⅰ	4.0281	6-10、16-31、35-42	合并延续，原证书51010800-A、510010800-1、51010800-2作废
118	四川巴中江北国家粮食储备库	粮	2.6580	1－24	51011100-Ⅰ	2.6580	1-24	原证书51011100作废
119	四川苍溪岐坪省粮食储备库	粮	2.6468	1－20	51000800-1-Ⅰ	2.6468	1-20	原证书51000800-1作废
	贵州							
120	安顺市粮食局粮油储备库	油	0.3000	1－4	52002501-Ⅰ	0.3000	1-4	原证书52002501作废
121	金沙县光明粮油储备管理有限公司	油	0.4070	1－12	52002601-Ⅰ	0.4070	1-12	原证书52002601作废
	云南							
122	水富县粮油购销储备有限责任公司	粮	2.6500	1－23	53002800-A-Ⅰ	2.6500	1-23	原证书53002800-A作废
123	盈江县粮油购销总公司	粮	2.5758	1－28号	53002700-Ⅰ	2.5758	1-28号	原证书53002700作废
124	云南迪庆国家粮食储备库	粮	1.9280	主库区1-7号仓房	53003000-Ⅰ	1.9280	主库区1-7号仓房	原证书53003000作废
125	丘北县粮油购销有限责任公司	粮	2.5800	布宜储备库1-11号仓	53002900-Ⅰ	2.5800	布宜储备库1-11号仓	原证书53002900作废
	陕西							
126	陕西大荔省粮食储备库	粮	2.5414	地下仓1-12	61003000-Ⅰ	2.5414	地下仓1-12	原证书61003000作废
	甘肃							
127	甘肃省王家墩粮油储备库有限公司	粮	7.5000	P3-P6、P1-P2、P7-P24	62000700-2	7.5000	P1-P24	与新申请证书62000700-2合并，原证书62000700-1、62000700-Ⅰ作废
128	张掖市粮食局直属粮库	粮	4.1791	1-10、11-13	62003100-Ⅱ	4.1791	1-13	原证书62003100-Ⅰ、62003100-1作废
	中粮集团							
129	浙江中谷国家粮食储备库安吉油库	油	0.9000	1-12	33002111-Ⅰ	0.9000	1-12	原证书33002111作废
130	中国华粮物流集团朝阳国家粮食储备库	粮	0.8367	14-15	22000370-Ⅰ	0.8367	14-15	原证书22000370作废
131	华粮集团榆树粮食中转站	粮	4.9000	平房仓1-5、浅圆仓6-8	22000170-Ⅰ	4.9000	平房仓1-5、浅圆仓6-8	原证书22000170作废
132	华粮集团哈拉海粮食中转站	粮	5.4520	平房仓1-4、钢板仓5-8	22000270-Ⅰ	5.4520	平房仓1-4、钢板仓5-8	原证书22000270作废
133	中国华粮物流集团海伦粮库	粮	1.6000	钢板立筒仓17-24号、钢板平房仓5号	23001870-Ⅰ	1.6000	钢板立筒仓17-24号、钢板平房仓5号	原证书23001870作废
134	中国华粮物流集团佳木斯粮食中转库	粮	1.6400	18-22号钢立筒仓、35-38号浅圆仓	23000870-Ⅰ	1.6400	18-22号钢立筒仓、35-38号浅圆仓	原证书23000870作废
135	中国华粮物流集团克山粮库	粮	3.3438	平房仓7-14号钢板仓1-8号	23001670-Ⅰ	3.3438	平房仓7-14号、钢板仓1-8号	原证书23001670作废
136	中国华粮物流集团迎春粮库	粮	3.4000	钢板浅圆仓21-30、33-56	23000970-Ⅰ	3.4000	钢板浅圆仓21-30，33-56	原证书23000970作废
137	中国华粮物流集团乌兰花国家粮食储备库	粮	0.3000	13-14	15001370-Ⅰ	0.3000	13-14	原证书15001370作废
138	中国华粮物流集团扎兰屯国家粮食储备库	粮	1.6250	钢立筒仓31-40号、立筒仓41-42号、平房仓44号	15000570-Ⅰ	1.6250	钢立筒仓31-40号、立筒仓41-42号、平房仓44号	原证书15000570作废
139	河北承德榆树沟国家粮食储备库	粮	0.3188	1号、16号	13013210-2	0.3188	1号、16号	与新申请证书13013210-2合并，原证书13013210-1作废
140	中国粮食贸易公司	粮	12.8378	主库区：1-4,浅圆仓5-36、41-50、51-52，1分库：1-14号仓房	11000720-Ⅰ	12.8400	主库区：1-4,浅圆仓5-36、41-50、51-52，1分库：1-14号仓房	原证书11000720作废

数据来源：国家粮食局统计资料。

| 表40 | | | | 2013年中央储备粮代储资格企业变更事项名单 | | | | |

单位：万吨

序号	企业原名称	类别	变更内容	变更后资格情况				备注
				证书编号	企业名称	取得资格仓（罐）容	取得资格仓（罐）号	
	北京							
1	北京市顺义平各庄粮食收储库	粮	法定代表人、企业名称	11004100-A	北京市顺义粮食收储库	2.5000	1分库12号平房仓	原证书11004100作废
2	北京市顺义铁匠营粮食收储库	粮	法定代表人					
3	北京市东北郊粮食收储库	粮	仓容、仓号、法定代表人	11001800-2	北京市东北郊粮食收储库	7.7129	1分库：1-19	与新申请证书合并。原证书11001800-I、11001800-1作废
	天津							
4	天津塘沽国家粮食储备库	粮	法定代表人		天津塘沽国家粮食储备库			
5	天津北仓国家粮食储备库	粮	法定代表人		天津北仓国家粮食储备库			
6	天津汉沽国家粮食储备库	粮	法定代表人		天津汉沽国家粮食储备库			
	河北							
7	河北藁城永安国家粮食储备库	粮	企业名称	13006100-1-A-I	河北永安国家粮食储备库有限公司	8.7367	0、1-21、L1-L6、C1	同延续申请证书13006100-1-A-I合并
8	河北藁城永安国家粮食储备库	油	企业名称	13016701-B	河北永安国家粮食储备库有限公司	0.4246	Y1-Y6	原证书13016701-A作废
9	衡水和平国储粮库有限责任公司	粮	法定代表人、仓容	13014300-1	衡水和平国储粮库有限责任公司	7.2812	本库区1-11、16-18、21-23、27-30	同新申请证书13014300-1合并
10	河北省唐海省级粮食储备库	粮	企业名称	13012000-I-A	唐山市曹妃甸省级粮食储备库	3.7404	主库区1-18	原证书13012000-I作废
11	平泉县立元国家粮食储备有限公司	粮	法定代表人			4.2689	1-28	
12		粮	法定代表人			3.3067	1-21	
13	河北藁城永安国家粮食储备库	粮	企业名称和法定代表人	13006100-1-A	河北藁城永安国家粮食储备库有限公司	8.7367	1-21、L1-L6、C1	
14	河北藁城永安国家粮食储备库	油	企业名称和法定代表人	13016701-A	河北藁城永安国家粮食储备库有限公司	0.4246	Y1-Y6	
	山西							
15	山西晋城国家粮食储备库	粮	仓号、法定代表人	14003100-I-A	山西晋城国家粮食储备库	7.4155	1-29	原证书14003100-I作废
16	山西屯留国家粮食储备库	粮	法定代表人					
17	山西阳曲国家粮食储备库	粮	法定代表人					
18	山西怀仁国家粮食储备库	粮	法定代表人					
19	定襄县粮局河边粮油食品购销站	粮	企业名称	14005000-I-A	定襄县粮食局河边储备库	2.6500	1-12	原证书14005000-I作废
20	山西太原北城国家粮食储备库	粮	法定代表人					
21	山西太原新城国家粮食储备库	粮	法定代表人					
22	山西太原河西国家粮食储备库	粮	法定代表人					
23	山西长治国家粮食储备库	粮	法定代表人					
24	山西阳泉国家粮食储备库	粮	法定代表人					
25	山西忻州新建路国家粮食储备库	粮	法定代表人					
26	山西大同口泉国家粮食储备库	粮	法定代表人					
27	大同市第三粮食储备库	粮	法定代表人					
28	天镇县粮食局南河堡粮站	粮	法定代表人					
29	晋中市榆次粮食储备库	粮	法定代表人					

续表

序号	企业原名称	类别	变更内容	变更后资格情况				备注
				证书编号	企业名称	取得资格仓（罐）容	取得资格仓（罐）号	
	内蒙古							
30	内蒙古良储粮油购销有限责任公司	粮	法定代表人					
31	内蒙古白音胡硕国家粮食储备库	粮	法定代表人					
32	内蒙古呼和浩特白塔国家粮食储备中转库	粮	企业名称	15000100－Ⅰ－A	内蒙古白塔国家粮食储备中转库有限公司	19.6556	平房仓1－22，浅圆仓1－6	原证书15000100－Ⅰ作废
33	内蒙古呼和浩特白塔国家粮食储备中转库	油	企业名称	15003701－Ⅰ－A	内蒙古白塔国家粮食储备库有限公司	0.6032	1－8	原证书15003701－Ⅰ作废
34	扎赉特旗裕丰粮油贸易有限公司	粮	企业名称	15009200－Ⅰ	内蒙古裕丰粮油食品有限公司	2.5863	1－3	同延续申请证书15009200－Ⅰ合并
35	内蒙古赤峰林东国家粮食储备库	粮	法定代表人		内蒙古赤峰林东国家粮食储备库			
36	内蒙古天山国家粮食储备库	粮	法定代表人		内蒙古天山国家粮食储备库			
	辽宁							
37	沈阳市第一粮食收储库	粮	仓号	21008700－Ⅰ－A	沈阳市第一粮食收储库	7.3966	T01－T38，X01－X16，P01－P06，P10－P11	原证书21008700－Ⅰ作废
38	沈阳市第一粮食收储库	油	罐号	21006001－Ⅰ－A	沈阳市第一粮食收储库	1.0000	Y01－Y10	原证书21006001－Ⅰ作废
39	沈阳南方谷物实业公司	粮	法定代表人					
40	丹东哈蟆塘粮库	粮	法定代表人					
41	北票市第一粮库	粮	法定代表人					
42	辽宁北票国家粮食储备库	粮	法定代表人					
43	辽宁朝阳八宝国家粮食储备库	粮	企业名称、企业代码	21012100－A	朝阳县麒麟粮食储备库	2.5980	D1－D10	原证书21012100作废
44	凌源市地方粮食储备库	粮	企业名称、企业代码、法定代表人	21009300－Ⅰ－A	辽宁省凌源三十家子粮食储备库	2.5747	普通平房仓1－31，浅圆仓32－37	原证书21009300－Ⅰ作废
45	建平辽粮谷物有限公司	粮	法定代表人		建平辽粮谷物有限公司			
46	辽宁彰武城郊粮食储备库	粮	法定代表人		辽宁彰武城郊粮食储备库			
47	辽宁阜新阿金国家粮食储备库	粮	法定代表人		辽宁阜新阿金国家粮食储备库			
48	丹东滨江国家粮食储备库	粮	法定代表人、仓号	21000300－B	丹东滨江国家粮食储备库	4.1378	T1－28，T37－52	
49	辽宁省凌源三十家子粮食储备库	粮	法定代表人、企业名称	21009300－Ⅰ－A	凌源市地方粮食储备库	2.5747	普通平房仓1－31，浅圆仓32－37	
	吉林							
50	吉林省兴良储备粮库	粮	法定代表人					
51	吉林市江北国家粮食储备库	粮	法定代表人、企业名称、仓号、仓容、	22001000－Ⅰ－A	吉林市九座粮库	5.4240	九座分库1－8号仓房	
	黑龙江							
52	牡丹江市第二粮库	粮	法定代表人					
53	富锦市二道岗粮库有限责任公司	粮	法定代表人					
54	鹤岗市第三粮库有限责任公司	粮	法定代表人					
55	萝北县军川粮库	粮	法定代表人					
56	鹤岗市宝泉粮库有限公司	粮	法定代表人					
57	鹤岗市粮食局第一粮库	粮	法定代表人					
58	绥棱县上集粮库有限公司	粮	法定代表人					
59	鹤岗市第八粮库有限责任公司	粮	法定代表人		鹤岗市第八粮库有限责任公司			

续表

序号	企业原名称	类别	变更内容	变更后资格情况				备注
				证书编号	企业名称	取得资格仓（罐）容	取得资格仓（罐）号	
60	七台河桃南国家粮食储备库有限责任公司	粮	法定代表人		七台河桃南国家粮食储备库有限责任公司			
61	桦南闫家国家粮食储备库有限责任公司	粮	法定代表人		桦南闫家国家粮食储备库有限责任公司			
62	绥化市第二粮库有限公司	粮	法定代表人		绥化市第二粮库有限公司			
	上海							
63	上海南汇国家粮食储备库	粮	法定代表人					
	江苏							
64	泰州国家粮食储备库	粮	法定代表人					
65	江苏东台城国家粮食储备库	粮	法定代表人					
66	宿迁市宿豫区来龙粮库	粮	法定代表人					
67	宿迁市宿豫区关庙粮食储销有限公司	粮	法定代表人					
68	江苏滨海国家粮食储备库	粮	法定代表人					
69	江苏无锡新安国家粮食储备库	粮	法定代表人					
70	溧水县和凤粮食购销有限公司	粮	企业名称、企业代码、法定代表人	32014800－Ⅰ	南京溧水和凤粮食购销有限公司	2.6724	毛公埠库1－15	同延续申请证书32014800－Ⅰ合并
71	南京铁心桥国家粮食储备库	粮	仓号、仓容	32000100－Ⅰ－A	南京铁心桥国家粮食储备库	9.2876	1分库：2－3、5－29	原证书32000100－Ⅰ作废
72	响水粮食购销总公司	粮	企业名称、企业代码、法定代表人	32016600－1－A	响水县中心粮库	6.2190	主库区：1－20仓；1分库：1－20	原证书32016600－1作废
73	泗洪县城东国家粮食储备库	粮	法定代表人		泗洪县城东国家粮食储备库			
74	泰州市东风路粮库	粮	企业名称	32007200－2－A	泰州国家粮食储备库	5.9066	1－25	
75	江苏省农垦米业有限公司	粮	企业名称	32008400－Ⅰ－A	江苏省农垦米业集团有限公司	5.5704	西库1－22；1分库：1－14	
	浙江							
76	杭州萧山粮食购销有限责任公司	粮	仓号、仓容	33001100－2－Ⅰ	杭州萧山粮食购销有限责任公司	18.8902	0P01－0P16、0Q01－0Q09、0T01－0T08、0X01－0X03、1P13－1P17、2P01、2P04	同延续申请证书33001100－2－Ⅰ合并
77	杭州余杭区粮食收储有限责任公司	粮	资格注销		杭州余杭区粮食收储有限责任公司	0.0000		注销原证书33001600
78	长兴县粮食收储有限公司	粮	仓号、仓容、法定代表人	33001900－Ⅰ	长兴县粮食收储有限公司	2.7900	中心粮库：0P01－0P06、0P09－0P20	同延续申请证书33001900－Ⅰ合并
79	桐乡市粮食收储有限公司	粮	法定代表人					
80	绍兴县粮食收储有限公司	粮	法定代表人					
81	上虞市粮食收储有限公司	粮	仓号、法定代表人	33001800－Ⅰ	上虞市粮食收储有限公司	5.0130	三角站直库：1－50号	同延续申请证书33001800－Ⅰ合并
82	嵊州市地方储备粮管理有限公司	粮	仓号、仓容	33002000－Ⅰ	嵊州市地方储备粮管理有限公司	3.1625	中心粮库1－23号	同延续申请证书33002000－Ⅰ合并
83	龙游县粮食收储公司	粮	法定代表人					
84	舟山市粮食局直属粮库	油	罐容	33001301－Ⅰ	舟山市粮食局直属粮库	0.5800	1－6号	同延续申请证书33001301－Ⅰ合并
85	嘉兴市粮食收储有限公司	粮	仓号	33001000－2－Ⅰ	嘉兴市粮食收储有限公司	5.3010	0P01－30号仓	同延续证书合并。原证书33001000、33001000－1作废
86	平湖市粮食收储有限公司	粮	法定代表人、仓号	33000900－2－Ⅰ	平湖市粮食收储有限公司	8.2000	0P1－20、1P1－16号仓	同延续证书合并。原证书33000900、33000900－1、33000900－2作废

续表

序号	企业原名称	类别	变更内容	变更后资格情况				备注
				证书编号	企业名称	取得资格仓（罐）容	取得资格仓（罐）号	
87	浙江省常山粮食收储有限责任公司	粮	法定代表人、仓号	33002700－A	浙江省常山粮食收储有限责任公司	3.5208	0P1－6、0P10－29号仓	
	安徽							
88	安徽涡阳北关省级粮食储备库	粮	企业名称	34009200－1－A	安徽涡阳省级粮食储备库	4.4200	1－2，5－12	
89	铜陵市北斗山粮库	粮	法定代表人					
90	芜湖县省级粮食储备库	粮	法定代表人					
91	六安天业国家粮食储备库	粮	法定代表人		六安天业国家粮食储备库			
	福建							
92	南靖县靖城粮食购销有限责任公司	粮	法定代表人		南靖县靖城粮食购销有限责任公司			
93	厦门市海沧粮食购销有限公司	粮	法定代表人		厦门市海沧粮食购销有限公司			
	江西							
94	奉新县赤田粮食购销公司	粮	法定代表人					
95	奉新县渣村粮食购销公司	粮	法定代表人					
96	江西新余渝水国家粮食储备库	粮	法定代表人					
97	赣州市章贡区粮油收储公司	粮	法定代表人					
98	靖安县粮局香田粮管所	粮	法定代表人					
99	江西金佳谷物股份有限公司新干粮食储备库	粮	仓号	36013900－Ⅰ	江西金佳谷物股份有限公司新干粮食储备库	1.6100	平3－平4仓	同延续申请证书36013900－Ⅰ合并
	山东							
100	山东省日照粮食储备库	粮	法定代表人					
101	山东泰山国家粮食储备库	粮	法定代表人					
102	山东省庆云县粮食收储公司	粮	法定代表人					
103	济南第二粮库1分库	粮	企业名称	37002800－2－Ⅰ	济南第二粮库	10.0080	1－30	同延续申请证书37002800－2－Ⅰ合并
104	德州市粮食局粮油仓库	粮	企业名称、企业代码、仓号	37008200－Ⅰ－A	山东省德州市粮油购销储运公司	3.1815	28－42	原证书37008200－1作废
105	巨野京诚粮食储备库有限公司	粮	法定代表人、企业名称、所有制性质	37013300－A	巨野京诚粮食储备库有限公司	6.1008	1－24	
106	山东高青国家粮食储备库	粮	法定代表人		山东高青国家粮食储备库			
107	山东省庆云粮食收储公司	粮	法定代表人		山东省庆云粮食收储公司			
108	山东济南历城国家粮食储备库	粮	法定代表人、库区名称	37009900－1－A	山东济南历城国家粮食储备库	5.6245	主库区1－21	
	河南							
109	河南新乡铁西国家粮食储备库	粮	法定代表人					
110	河南南阳宛城国家粮食储备库	粮	法定代表人		河南南阳宛城国家粮食储备库			
111	南阳一六三三河南省粮食储备库	油	企业名称	41015501－Ⅰ－A	河南省南阳市油脂集团公司	0.5066	1－4；1分库5－10	
112	河南商丘国家粮食储备库	粮	仓容	41005600－Ⅰ－A	河南商丘国家粮食储备库	7.8343	主库区1－12	
113	龙阳洛粮食有限公司	粮	企业名称	41001300－Ⅰ－B	洛阳洛粮粮食有限公司	7.6427	1－42	
114	河南省谷物储贸有限公司	粮	仓容	41011900－2－A	河南省谷物储贸有限公司	11.4113	主库区3－10、17－20；1分库1－8	
	湖北							
115	湖北省粮油储备有限责任公司	粮	企业名称、法定代表人	4203000	湖北省储备粮油管理有限公司	7.5000	直属库1－24	同新申请证书4203000合并

序号	企业原名称	类别	变更内容	变更后资格情况				备注
				证书编号	企业名称	取得资格仓（罐）容	取得资格仓（罐）号	
116	湖北荆州郝穴国家粮食储备库	粮	仓号	42007700－2	湖北荆州郝穴国家粮食储备库	4.9089	1分库18－21、29－34，2分库1、4－10、13、14	同新申请证书42007700－2合并
117	湖北新洲阳逻国家粮食储备库	粮	法定代表人					
118	荆门市东宝区革集粮食储备库	粮	法定代表人、仓号、仓容	42012900	荆门市东宝区革集粮食储备库	0.7042	1、2	与新申请证书合并。原证书42007000－1作废
119	湖北襄阳东国家粮食储备库	粮	仓号	42000400－2	湖北襄阳东国家粮食储备库	4.4992	2P01－16	与新申请证书合并。原证书42000400－IA作废
	湖南							
120	湖南长沙霞凝国家粮食储备库	粮	法定代表人、仓号	43000100－Ⅰ－A	湖南长沙霞凝国家粮食储备库	16.0233	1P0101－0127、1Q0101－0103、1Q0112－0114	
		油	法定代表人、罐号	43009901－A		0.6412	1Y0101－0112、1Y0122－0125、1Y0128－0130	
121	湖南金霞粮食产业有限公司	粮	仓号、仓容	43002800－Ⅰ－A	湖南金霞粮食产业有限公司	13.4189	主库区0P0101－0P0112，2分库2P0101－1、2P0101－2、2P0102－1、2P0102－2、2P0103－2P0122	
		油	罐号	43009701－A		1.7236	0Y0102－0Y0113、0Y0115－0Y0116、0Y0124－0Y0125	
	广西							
122	广西宾阳黎塘国家粮食储备库	粮	法定代表人					
123	广西植物油库	油	企业名称、法定代表人	45001301－Ⅱ	广西桂海植物油库有限公司	2.6500	1－9、14－15	同延续申请证书45001301－Ⅱ合并
	重庆							
124	重庆涪陵国家粮食储备库	粮	仓容、法定代表人	50001100－1－A	重庆涪陵国家粮食储备库	7.3080	1分库007－033号	原证书50001100－Ⅰ、50001100－1作废
	四川							
125	四川广汉国家粮食储备库	粮	法定代表人					
126	四川蓬溪国家粮食储备库	粮	法定代表人					
127	四川蓬溪国家粮食储备库	油	法定代表人					
128	南江县粮油购销总公司	粮	法定代表人		南江县粮油购销总公司			
129	四川广元河西省粮食储备库有限公司	粮	法定代表人、企业名称	51000600－Ⅰ－A	四川广元河西粮食储备库有限公司	4.8762	1－20	
130	四川省川粮仓储有限责任公司	粮	仓号	51010600－Ⅰ	四川省川粮仓储有限公司	2.7755	1－18	与延续申请证书合并。原证书51010600作废
131	四川高坪国家粮食储备库	粮	仓房灭失		四川高坪国家粮食储备库			注销资格
	陕西							
132	陕西大荔省粮食储备库	粮	企业名称	61003000－Ⅰ	渭南市粮油购销公司	2.5414	地下仓1－12号	同延续申请证书61003000－Ⅰ合并
	甘肃							
133	甘肃省王家墩粮油储备库有限公司	粮	仓号	62000700－2	甘肃省王家墩粮油储备库有限公司	7.5000	p1－p24	同新申请证书62000700－2合并
134	张掖市粮局直属粮库	粮	法定代表人					
135	甘肃省景家店粮油储备库有限公司	粮	法定代表人					
136	甘肃省景家店粮油储备库有限公司	粮	法定代表人	62001200－2	甘肃省景家店粮油储备库有限公司			与新申请证书合并。原证书62001200－1、62001200－1－Ⅰ作废

续表

序号	企业原名称	类别	变更内容	变更后资格情况				备注
				证书编号	企业名称	取得资格仓（罐）容	取得资格仓（罐）号	
137	甘肃省陈官营粮油储备库有限公司	粮	仓号	62006100	甘肃省陈官营粮油储备库有限公司	3.5857	p1－p8	
138	景泰县油脂购销站	油	罐号	62005701－1	景泰县油脂购销站	0.6000	14－15	与新申请证书合并。原证书62005701作废
	宁夏							
139	宁夏银川新城国家粮食储备库	粮	资格注销		宁夏银川新城国家粮食储备库	0.0000		注销证书64000600－Ⅰ
	黑龙江农垦							
140	黑龙江农垦建三江粮库有限责任公司	粮	法定代表人					
141	黑龙江农垦前进粮库有限责任公司	粮	法定代表人					
142	黑龙江农垦东安粮库有限责任公司	粮	法定代表人					
143	黑龙江农垦二道河粮库有限责任公司	粮	法定代表人					
144	北大荒粮集团有限公司双鸭山分公司	粮	法定代表人					
	中粮							
145	中国华粮物流集团迎春粮库	粮	法定代表人					
146	华粮集团哈拉海粮食中转站	粮	企业名称	22000270－1－A	华粮集团哈拉海粮食中转库	5.4520	平房仓1－4，浅圆仓5－8	原证书22000270－1作废
147	华粮集团榆树粮食中转站	粮	企业名称	22000170－1－A	华粮集团榆树粮食中转库	4.9000	平房仓1－5，浅圆仓6－8	原证书22000170－1作废
148	中国华粮物流集团五棵树国家粮食储备库	粮	企业名称	22007500－1－A	华粮集团五棵树粮食中转库	9.4216	平房仓1－9，钢板仓01－05号	原证书22007500－1作废

数据来源：国家粮食局统计资料。

表41　　　　　　　**2013年粮油加工业企业数汇总表**

项目类别	企业数量（个）	30以下	30~50（含30）	50~100（含50）	100~200（含100）	200~400（含200）	400~1000（含400）	1000以上（含1000）
2008年	13681	2034	2162	4258	2761	1449	578	235
2009年	14471	1706	2099	4391	3296	1837	749	310
2010年	16457	1713	2062	4101	4236	2635	1198	429
2011年	18111	1967	2101	4325	4606	3016	1501	508
2012年	19330	2284	2063	4507	4771	3341	1714	558
2013年	19880	2234	2015	4424	5034	3556	1898	618
其中：民营企业	17885	1963	1832	4114	4574	3236	1647	430
国有企业	1408	202	162	269	403	215	100	53
外资企业	587	69	21	41	57	105	151	135
一、稻谷加工业	10072	465	1378	3184	3227	1385	361	72
其中：民营企业	9203	403	1264	2980	2928	1253	318	57
国有企业	834	60	114	202	288	126	35	9
外资企业	35	2		2	11	6	8	6
二、小麦加工业	3248	247	197	492	724	898	567	123
其中：民营企业	2961	220	179	458	650	838	519	97
国有企业	239	26	17	32	74	51	30	9
外资企业	48	1	1	2		9	18	17
三、食用植物油加工业	1748	380	98	183	328	369	201	189
其中：民营企业	1502	327	86	170	303	340	168	108
国有企业	141	46	11	9	20	17	16	22
外资企业	105	7	1	4	5	12	17	59
四、玉米加工业	397	67	23	14	57	67	82	87
其中：民营企业	346	62	21	12	54	63	74	60
国有企业	22	3	2	2	3	1	4	7
外资企业	29	2				3	4	20
五、粮食食品加工业	1329	776	150	171	99	82	37	14
其中：民营企业	1140	682	129	141	83	68	28	9
国有企业	64	45	7	7	2	2	1	
外资企业	125	49	14	23	14	12	8	5
其中：大豆食品加工业	73	55	6	5	5		1	1
其中：民营企业	69	52	6	5	5		1	
国有企业	1	1						
外资企业	3	2						1
六、杂粮及薯类加工业	300	121	29	45	41	37	20	7
其中：民营企业	259	103	24	42	38	36	14	2
国有企业	29	16	4		1		4	4
外资企业	12	2	1	3	2	1	2	1
七、饲料加工业	2685	178	140	335	558	718	630	126
其中：民营企业	2385	166	129	311	518	638	526	97
国有企业	75	6	7	17	15	18	10	2
外资企业	225							
八、粮机设备制造业	101							
其中：民营企业	89							
国有企业	4							
外资企业	8							

数据来源：国家粮食局统计资料。

表42　2013年分地区粮油加工企业数量表

单位：个

年度及地区	合计	稻谷加工业	小麦加工业	食用植物油加工业	玉米加工业	粮食食品加工业	其中：大豆食品加工业	杂粮加工业	饲料加工业	粮机设备制造业
2008年	13681	7311	2819	1222	323	546		127	1256	77
2009年	14471	7687	2786	1321	331	591		215	1457	83
2010年	16457	8521	3027	1484	369	685		253	2035	83
2011年	18111	9390	3224	1633	400	795		276	2306	87
2012年	19330	9788	3292	1734	409	1262	54	308	2445	92
2013年	19880	10072	3248	1748	397	1329	73	300	2685	101
一、主产区	14895	7956	2347	1162	339	871	53	220	1906	94
河　北	615	37	267	43	59	26		35	144	4
内蒙古	203	22	56	24	24	5	2	17	55	
辽　宁	835	450	8	28	33	28	1	16	271	1
吉　林	629	513	3	25	25	8	3	3	52	
黑龙江	1879	1462	79	148	58	33	9	23	76	
江　苏	1151	561	221	124	6	64	1	18	133	24
安　徽	1371	730	241	113	11	162	17	12	88	14
江　西	1669	1438		50	1	51		2	125	2
山　东	1333	56	585	124	54	91	2	17	403	3
河　南	1238	166	712	86	29	105	1	8	127	5
湖　北	1708	1090	109	195	20	121	7	29	111	33
湖　南	1468	1059	5	102	5	96	5	33	165	3
四　川	796	372	61	100	14	81	5	7	156	5
二、主销区	1894	955	114	163	5	205	11	5	442	5
北　京	96	18	12	5	1	21			39	
天　津	92	11	20	14		20		1	26	
上　海	136	27	4	9	1	63	5	1	29	2
浙　江	366	195	11	33		24	2	1	100	2
福　建	471	279	40	46	3	33	2	1	68	1
广　东	669	375	26	55		44	2	1	168	
海　南	64	50	1	1					12	
三、产销平衡区	3091	1161	787	423	53	253	9	75	337	2
山　西	247	3	171	12	7	20	2	17	17	
广　西	513	326	3	28	1	55		3	97	
重　庆	321	210	17	26	3	23	1	2	40	
贵　州	283	172	6	48	3	28		8	18	
云　南	356	219	25	29		25	4	1	57	
西　藏	25	1	9	8				7		
陕　西	291	66	110	41	12	26		1	34	1
甘　肃	203	4	113	22	5	17		19	23	
青　海	32		8	21					3	
宁　夏	259	106	61	25	9	32	2	15	10	1
新　疆	561	54	264	163	13	27		2	38	

数据来源：国家粮食局统计资料。

表43   2013年粮油加工业年生产能力汇总表

项目类别	合计（万吨）	按生产能力规模（吨/天）						
		30以下	30~50（含30）	50~100（含50）	100~200（含100）	200~400（含200）	400~1000（含400）	1000以上（含1000）
一、稻谷加工业	33234	147	1210	5076	10057	8608	4735	3400
其中：民营企业	29578	127	1111	4749	9106	7767	4143	2575
国有企业	3239	19	99	320	910	798	444	649
外资企业	417		8	42	43	148	176	
二、小麦加工业	21726	67	172	778	2470	5954	7495	4790
其中：民营企业	19328	61	155	728	2228	5582	6802	3773
国有企业	1440	6	16	47	242	314	410	405
外资企业	957		1	4		58	283	612
三、食用植物油加工业								
（一）油料处理	17257	71	89	281	1031	2384	2673	10730
其中：民营企业	11219	64	75	251	946	2212	2432	5240
国有企业	2030	7	10	24	69	118	181	1621
外资企业	4007	1	3	6	15	54	60	3869
（二）油脂精炼	5144	58	82	354	649	837	1152	2011
其中：民营企业	2841	54	80	328	608	658	506	607
国有企业	608	3	2	20	38	69	136	340
外资企业	1695	1		6	3	110	511	1064
（三）小包装油脂灌装	1685	43	46	106	162	317	427	584
其中：民营企业	822	38	41	90	127	249	153	124
国有企业	191	4	3	12	20	16	112	25
外资企业	672	1	2	4	16	52	162	435
四、玉米加工业	7789	17	26	41	256	645	1463	5341
其中：民营企业	5638	16	24	37	240	605	1332	3385
国有企业	727		2	4	11	19	62	629
外资企业	1424				5	21	70	1328
五、粮食食品加工业	3161	220	183	375	433	681	584	685
其中：民营企业	2507	192	159	317	364	589	461	425
国有企业	86	16	9	17	10	21	13	
外资企业	568	12	14	42	59	71	111	259
其中：大豆食品加工业	199	15	6	8	20		13	138
其中：民营企业	61	15	6	8	20		13	
国有企业								
外资企业	138							138
六、杂粮及薯类加工业	1029	36	28	73	140	245	311	195
其中：民营企业	774	30	24	68	131	231	221	70
国有企业	172	5	3		3		61	100
外资企业	82	1	2	6	7	14	29	25
七、饲料加工业	21388	66	128	592	1859	4931	9364	4447
其中：民营企业	18057	61	117	544	1725	4344	7754	3512
国有企业	527	3	6	36	50	148	203	81
外资企业	2804	2	5	12	85	439	1406	855

注：稻谷加工业、小麦加工业、食用植物油加工业、玉米加工业、大豆食品加工业的生产能力指年设计处理原料量；
　　粮食食品加工业、饲料加工业生产能力指年设计生产产品量；生产能力规模：稻谷加工业、小麦加工业、食用
　　植物油加工业、玉米加工业均按日处理原料的能力划分（除玉米加工业按300天计算，其他行业均按250天计算）；
　　粮食食品加工业和饲料加工业按日生产产品能力划分（按250天计算）。

数据来源：国家粮食局统计资料。

表44	2013年分地区粮油加工业年生产能力汇总表									
年度及地区	处理稻谷(万吨)	处理小麦(万吨)	处理油料(万吨)	其中:处理大豆(万吨)	其中:处理菜籽(万吨)	油脂精炼(万吨)	处理玉米(万吨)	处理玉米(万吨)	处理杂粮(万吨)	加工饲料(万吨)	粮机制造(台/套)
2008年	16047	11600	7866			2729	4530			7811	
2009年	19424	12145	10979	6080		3386	4594	671	671	8264	395666
2010年	24339	15954	13064	7049	2563	3973	5598	928	928	14605	463606
2011年	28391	17786	15037	8106	2956	4495	7089	1006	1006	17833	383087
2012年	30716	20303	16076	8021	3319	5101	7592	1156	1156	19125	354059
2013年	33234	21726	17257	9603	3950	5144	7789	1029	1029	21388	413685
一、主产区	28489	17884	12097	6602	3113	3241	6976	763	763	14382	393703
河 北	117	1775	780	456		225	698	74	74	735	4894
内蒙古	146	224	188	98	62	64	728	39	39	308	
辽 宁	1268	82	791	724	36	120	325	36	36	1381	33
吉 林	1618	18	339	310		41	1431	5	5	370	
黑龙江	5840	299	1475	1326		164	962	218	218	520	
江 苏	2373	2161	2248	1361	512	853	114	89	89	1346	168047
安 徽	3889	2139	513	78	296	180	371	55	55	714	21938
江 西	3840		145	2	62	61	15	4	4	1483	2300
山 东	178	4159	2104	1556	51	348	1579	45	45	2896	63552
河 南	836	5936	821	408	151	309	517	7	7	969	8326
湖 北	4496	709	1644	154	1194	532	52	85	85	1001	99947
湖 南	2755	47	522	46	381	167	24	87	87	1536	7980
四 川	1133	335	527	83	368	177	160	19	19	1123	16686
二、主销区	2548	1218	2397	2019	181	1111	39	32	32	4454	19450
北 京	178	157	13	5		20	2			212	
天 津	55	113	538	509		328	2	1	1	184	
上 海	133	45	93	93		94	9	1	1	163	3700
浙 江	601	159	356	275	25	84		2	2	685	14500
福 建	793	295	481	357	38	158	26	3	3	756	1250
广 东	720	441	916	780	118	427		25	25	2256	
海 南	68	8								198	
三、产销平衡区	2195	2628	2764	986	659	792	773	237	237	2551	532
山 西	12	369	113	62	2	13	128	11	11	185	
广 西	644	37	852	713	133	239	1	15	15	1078	
重 庆	381	39	88	64	20	66	18	5	5	310	
贵 州	325	18	188	1	137	38	1	9	9	117	
云 南	297	62	80	10	64	28		25	25	292	
西 藏		13	3		2			2	2		
陕 西	123	670	250	103	97	90	268	1	1	188	431
甘 肃	7	472	88		51	33	30	78	78	106	
青 海		31	105		97	32				8	
宁 夏	245	178	23	7		6	158	85	85	71	100
新 疆	161	739	974	26	56	247	169	6	6	196	1

数据来源:国家粮食局统计资料。

表45				2013年分地区粮油加工产品产量情况表					
年度及地区	大米 (万吨)	小麦粉 (万吨)	食用 植物油 (万吨)	玉米加工 产品(万吨)	粮食 食品 (万吨)	其中: 大豆食品 (万吨)	杂粮 及薯类 (万吨)	饲料 (万吨)	粮机设备 (台(套))
2008年	4783	5506	1928	3499	1006		119	4980	435196
2009年	5724	5527	2288	3524	1025		162	6356	412400
2010年	7295	7529	2243	3374	1047		300	10847	361194
2011年	8217	8509	2267	3520	1481		286	13500	400144
2012年	8882	9613	2685	3439	1967	43	311	14554	271719
2013年	9459	9873	2879	3571	2310	211	336	16127	331612
一、主产区	8132	8400	2747	3211	1797	29	229	10251	317066
河 北	26	949	203	330	125		20	469	4661
内蒙古	22	65	16	283			11	223	
辽 宁	241	34	197	110	21	1	13	834	33
吉 林	256	3	57	596	4	1	4	226	
黑龙江	1198	84	76	350	41	7	15	237	
江 苏	822	1123	677	58	90		65	836	138257
安 徽	1281	1001	132	213	302	11	22	590	19304
江 西	1029		57	3	45		1	1194	2000
山 东	54	1823	453	1032	110		22	2332	46437
河 南	186	2769	135	163	352	1	4	524	7583
湖 北	1881	373	460	22	395	3	16	713	76836
湖 南	791	22	183	2	180	3	33	1228	5431
四 川	345	154	101	49	132	2	3	845	16524
二、主销区	823	622	1246	18	423	179	30	3795	14099
北 京	37	92	9		10			166	
天 津	14	43	386		35		1	134	
上 海	45	26	156	10	32	4	1	135	2895
浙 江	165	82	64		23	6		494	10478
福 建	263	140	160	8	47			651	726
广 东	286	238	471		276	169	28	2031	
海 南	13	1						184	
三、产销平衡区	504	852	590	343	87	3	77	2081	447
山 西		81	21	57	5		9	164	
广 西	133	22	212		16		1	1009	
重 庆	89	16	93	2	8		1	219	
贵 州	82	5	31		9		3	91	
云 南	49	19	21		7		15	203	
西 藏		2					1		
陕 西	36	331	88	173	23			117	374
甘 肃	2	122	11	9	4		36	74	
青 海		9	8					4	
宁 夏	86	69	11	61	7	3	10	55	73
新 疆	27	176	94	41	8		1	145	

注:食用植物油产量合计为核减重复计算量后全国实际产量数据。
数据来源:国家粮食局统计资料。

表46		2013年分地区粮油加工企业主要经济指标情况表			

单位：亿元

年度及地区	工业总产值	产品销售收入	主营业务成本	利税总额	利润总额
2008年	9733.1	9565.7		384.3	213.2
2009年	11183.1	11098.2		450.3	311.9
2010年	15408.9	15283.8		624.8	432.8
2011年	19171.9	19189.3		743.4	489.1
2012年	22797.2	22638.8	19900.8	884.9	585.8
2013年	24496.3	24216.1	22136.8	986.7	639.6
一、主产区	17989.1	17794.5	16215.5	707.9	455.6
河 北	1064.4	1109.3	991.4	57.7	30.7
内蒙古	320.4	316.2	248.8	25.5	15.0
辽 宁	757.6	743.9	681.7	28.3	14.1
吉 林	577.0	565.1	540.1	10.4	−3.7
黑龙江	1093.7	1108.7	969.0	23.4	13.6
江 苏	2232.2	2227.8	2058.9	69.8	47.7
安 徽	1862.2	1837.7	1649.6	74.3	53.4
江 西	973.2	964.0	880.9	26.1	19.6
山 东	2867.2	2851.6	2758.9	110.3	71.6
河 南	1788.4	1800.9	1541.4	70.2	47.1
湖 北	2368.0	2265.4	2142.5	106.3	80.7
湖 南	1136.0	1109.1	996.3	49.3	33.9
四 川	948.8	894.6	756.0	56.3	31.9
二、主销区	3994.1	4083.0	3735.5	185.8	117.5
北 京	157.2	172.9	147.0	7.6	6.5
天 津	599.0	579.1	551.4	24.3	11.3
上 海	293.0	420.7	345.3	17.1	12.2
浙 江	421.5	439.9	398.9	15.8	10.8
福 建	677.9	660.6	602.1	22.7	17.0
广 东	1789.5	1754.7	1638.6	97.7	59.2
海 南	56.0	55.1	52.2	0.6	0.5
三、产销平衡区	2513.0	2338.4	2185.7	93.2	66.3
山 西	209.3	186.2	178.8	8.4	5.5
广 西	809.9	796.0	758.3	28.5	23.6
重 庆	218.3	207.0	218.7	6.8	4.8
贵 州	123.3	117.5	102.5	5.5	3.7
云 南	135.0	134.4	120.7	4.7	3.3
西 藏	0.9	1.1	0.9	0.2	0.1
陕 西	419.8	346.4	320.3	14.0	8.0
甘 肃	94.7	84.5	81.3	3.4	2.6
青 海	14.9	14.9	13.9	1.6	0.4
宁 夏	186.3	173.7	142.4	8.8	5.3
新 疆	300.6	276.7	247.9	11.3	9.0

数据来源：国家粮食局统计资料。

| 表47 | | | | | 2013年全国粮食质量情况表 | | | | |

单位：个，%，克，克/升

粮食种类	地 区	样品数	覆盖市、县数	出糙率	中等以上	整精米率 平均值	其中≥50的比例	其中≥44的比例	不完善粒
早籼稻	六省合计	621	59市174县	77.9	94	58.1	83	91	3.7
	江 西	160	11市31县	78.4	97	54.0	71	83	4.0
	湖 南	160	12市46县	77.7	94	61.1	92	97	4.1
	湖 北	40	7市16县	77.8	98	59.8	90	98	2.7
	广 东	104	14市46县	77.6	89	57.8	79	88	3.3
	广 西	129	11市27县	78.0	94	58.7	86	94	3.5
	安 徽	28	4市8县	77.1	96	59.9	100	100	3.8
中晚籼稻	八省合计	1636	91市353县	77.5	89	60.3	88	94	5.1
	安 徽	195	8市29县	76.9	87	58.1	89	99	5.8
	江 西	220	6市22县	77.8	95	62.3	92	95	4.6
	河 南	90	1市8县	75.2	61	56.5	82	91	9.1
	湖 北	276	16市50县	76.5	78	56.6	79	86	6.7
	湖 南	350	14市74县	77.4	89	58.8	87	95	5.7
	广 东	85	14市29县	78.6	96	67.2	97	98	2.8
	广 西	120	14市50县	78.6	98	63.3	91	96	3.3
	四 川	300	18市91县	78.7	97	63.1	94	96	3.1

粮食种类	地 区	样品数	覆盖市、县数	出糙率	中等以上	整精米率 平均值	其中≥61的比例	其中≥55的比例	不完善粒
粳稻	五省合计	866	47市136县6分局	81.7	97	68.8	93	98	3.3
	辽 宁	100	11市17县	81.2	98	68.8	97	99	3.0
	吉 林	100	8市25县	80.8	97	68.0	89	96	3.5
	黑龙江	306	11市43县6分局	80.8	95	67.4	89	95	3.4
	江 苏	300	13市43县	82.9	100	70.7	97	100	3.3
	安 徽	60	4市8县	81.9	98	67.6	95	100	3.4

粮食种类	地 区	样品数	覆盖市、县数	千粒重	容重	中等以上	不完善粒率	硬度指数	降落数值
小麦	9省合计	1998	89市418县	39.6	775	88	6.4	63	240
	河 北	245	6市67县	35.2	761	70	4.6	67	261
	山 西	42	5市19县	37.1	772	83	4.8	62	261
	江 苏	213	13市41县	38.2	776	95	6.3	63	205
	安 徽	242	9市27县	40.3	786	99	9.6	63	183
	山 东	405	16市77县	36.3	767	79	2.9	62	322
	河 南	610	18市105县	43.1	783	95	7.4	61	227
	湖 北	79	8市31县	37.2	778	91	10.6	69	170
	四 川	85	9市23县	45.4	772	87	9.4	58	198
	陕 西	77	5市28县	43.0	773	86	6.8	65	209

续表

粮食种类	地 区	样品数	覆盖市、县数	容重	中等以上	不完善粒率		淀粉含量	蛋白质含量
						总量	生霉粒		
玉米	九省合计	2216	98市464县7分局	735	100	3.1	1.2	72.6	9.0
	河 北	290	11市88县	744	100	2.2	0.6	72.3	8.9
	山 西	130	11市43县	738	99	1.8	0.7	72.2	8.8
	内蒙古	65	3市12县	739	100	2.0	0.6	73.7	8.9
	辽 宁	190	13市38县	750	100	1.9	0.9	73.3	9.1
	吉 林	360	8市33县	748	100	1.5	0.6	73.6	8.8
	黑龙江	378	12市54县8分局	706	99	3.3	1.1	72.8	8.6
	山 东	372	16市78县	736	100	4.3	1.7	71.8	9.4
	河 南	325	16市80县	734	100	5.4	2.7	72.1	9.6
	陕 西	106	8市38县	726	100	3.5	0.5	71.7	9.2

粮食种类	地 区	样品数	覆盖市、县数	完整粒率	中等以上	损伤粒率		粗脂肪	粗蛋白
						总量	其中≤8%		
大豆	3省合计	253	18市54县8分局	89.2	79	6.0	76	19.1	38.5
	内蒙古	23	2市3县	89.3	78	4.8	78	19.3	38.9
	吉 林	30	4市10县	93.3	100	4.9	93	19.6	39.2
	黑龙江	200	12市41县8分局	88.5	76	6.2	73	19.0	38.3

数据来源：国家粮食局标准质量中心统计资料。

表48	2013年中央储备粮质量与储存品质情况统计表		
地区	样品份数	质量达标率（％）	宜存率（％）
全国总计	1365	99.6	99.6
北 京	29	100.0	100.0
天 津	33	100.0	100.0
河 北	70	100.0	100.0
山 西	25	95.8	100.0
内蒙古	38	100.0	100.0
辽 宁	43	100.0	100.0
吉 林	82	100.0	100.0
黑龙江	80	100.0	100.0
上 海	35	100.0	100.0
江 苏	52	98.3	100.0
浙 江	50	100.0	98.1
安 徽	40	100.0	100.0
福 建	28	100.0	100.0
江 西	65	100.0	100.0
山 东	60	100.0	100.0
河 南	64	98.7	100.0
湖 北	36	98.0	100.0
湖 南	50	100.0	100.0
广 东	20	100.0	94.9
广 西	41	97.2	91.4
海 南	25	100.0	100.0
重 庆	30	100.0	100.0
四 川	60	98.3	100.0
贵 州	40	100.0	100.0
云 南	40	100.0	100.0
西 藏	79	100.0	100.0
陕 西	35	100.0	100.0
甘 肃	34	100.0	100.0
青 海	25	100.0	100.0
宁 夏	21	100.0	100.0
新 疆	35	100.0	100.0

数据来源：国家粮食局标准质量中心统计资料。

表49	2013年发布粮油国家标准和行业标准统计表		
序号	标准名称	标准号	实施日期
1	粮油检验 容重测定	GB/T5498－2013	2014－4－11
2	粮油机械 大米色选机	GB/T29884－2013	2014－4－11
3	粮油储藏技术规范	GB/T29890－2013	2014－4－11
4	粮油机械 胶辊砻谷机	GB/T29898－2013	2014－4－11
5	北方小麦粉加工精度标准样品 标准粉	LS/T15112：3－2013	2013－4－1
6	北方小麦粉加工精度标准样品 特制二等	LS/T15112：2－2013	2013－4－1
7	北方小麦粉加工精度标准样品 特制一等	LS/T15112：1－2013	2013－4－1
8	粳米加工精度标准样品 一级	LS/T15123：1－2013	2013－4－1
9	粳米加工精度标准样品 二级	LS/T15123：2－2013	2013－4－1
10	粳米加工精度标准样品 三级	LS/T15123：3－2013	2013－4－1
11	粳米加工精度标准样品 四级	LS/T15123：4－2013	2013－4－1
12	南方小麦粉加工精度标准样品 标准粉	LS/T15111：3－2013	2013－4－1
13	南方小麦粉加工精度标准样品 特制二等	LS/T15111：2－2013	2013－4－1
14	南方小麦粉加工精度标准样品 特制一等	LS/T15111：1－2013	2013－4－1
15	晚籼米加工精度标准样品 一级	LS/T15122：1－2013	2013－4－1
16	晚籼米加工精度标准样品 二级	LS/T15122：2－2013	2013－4－1
17	晚籼米加工精度标准样品 三级	LS/T15122：3－2013	2013－4－1
18	晚籼米加工精度标准样品 四级	LS/T15122：4－2013	2013－4－1
19	早籼米加工精度标准样品 一级	LS/T15121：1－2013	2013－4－1
20	早籼米加工精度标准样品 二级	LS/T15121：2－2013	2013－4－1
21	早籼米加工精度标准样品 三级	LS/T15121：3－2013	2013－4－1
22	早籼米加工精度标准样品 四级	LS/T15121：4－2013	2013－4－1
23	小麦储存品质品尝评分参考样品	LS/T15211.2－2013	2013－4－1
24	小麦硬度指数标准样品	LS/T1531－2013	2013－4－1
25	稻谷整精米率（籼稻）标准样品	LS/T15321－2013	2013－4－1
26	稻谷整精米率（粳稻）标准样品	LS/T15322－2013	2013－4－1
27	大米颜色黄度指数标准样品	LS/T1533－2013	2013－4－1

数据来源：国家粮食局标准质量中心统计资料。

表50

2013年粮食行业单位与从业人员情况年报表

填报单位: 全国　　　　　　　　　　　　　　　　　　　　　　　　　　　　　　单位: 个、人

项目	单位					从业人员																								
	单位总数	按层次划分				人员总数	其中:女	其中:少数民族	其中:中共党员	1、在岗职工	其中:企业经营管理人员	其中:专业技术人员	其中:技术工人	按用工期限划分		2、其他从业人员	按层次划分				按学历划分						按年龄划分			
		中央	省(自治区、直辖市)	市(区、地、州、盟)	县(市、区、旗)及以下									长期职工	临时职工		中央	省(自治区、直辖市)	市(区、地、州、盟)	县(市、区、旗)及以下	研究生	大学本科	大学专科	中专	高中	初中及以下	35岁及以下	36岁至45岁	46岁至54岁	55岁及以上
甲	1	2	3	4	5	6	7	8	9	10	11	12	13	14	15	16	17	18	19	20	21	22	23	24	25	26	27	28	29	30
总　计	43146	754	810	4454	37128	1071470	303748	45453	278390	1035942	148939	129354	181903	966890	69052	35528	78011	57048	201559	734852	8846	101120	197278	187000	320765	256461	323236	398860	274225	75149
一、行政机关	2473	1	36	397	2039	39600	9395	3619	32071	39422		708	3694	39192	230	178	123	1875	7937	29665	1547	13405	15892	3966	3762	1028	4477	9956	18612	6555
二、事业单位	3346	10	174	784	2378	42490	14696	2866	24307	42047		12803	8208	41565	482	443	449	6980	8399	26662	1492	11394	14602	5448	7247	2307	9389	13178	15364	4559
其中: 参公管理事业单位	505	1	23	81	400	6895	1875	512	5161	6882		229	740	6851	31	13	18	160	883	5834	122	1975	2949	814	802	233	995	1844	2949	1107
三、企业	37327	743	600	3273	32711	989380	279657	38968	222012	954473	148939	115843	170001	886133	68340	34907	77439	48193	185223	678525	5807	76321	166784	177586	309756	253126	309370	375726	240249	64035
其中: 国有及国有控股企业	14008	743	443	1464	11358	471387	140272	20610	166700	449694	86656	63012	79927	431916	17778	21693	77439	36509	84777	272662	2999	38552	95733	90455	147741	95007	121886	183152	130796	35553

注:
1. "单位总数":指具有法人资格的独立核算单位。
2. "从业人员":指报告期的最后一天,在各级国家机关、政党机关、社会团体及企业、事业单位中工作,取得工资或其他形式的劳动报酬的全部人员。包括在岗职工、再就业的离退休人员、民办教师以及在各单位中工作的外方人员和港澳台方人员、兼职人员、借用的外单位人员及其他人员。不包括离开单位仍保留劳动关系的职工。
3. "在岗职工":指在本单位工作并由单位支付工资的人员,以及有工作岗位,但由于学习、病伤产假(六个月以内)等原因暂末上工作,仍由单位支付工资的人员。其中,长期职工是指用工期限在一年以上(含一年)的在岗职工,当年新分配的大中专技校毕业生虽在当年用工期限不满一年,但应视为长期职工;临时职工是指用工期限在一年以内的劳动合同或使用期不超过一年的临时用工,如临时招用的清洁工,司炉工等。
4. "其他从业人员":是指劳动统计制度规定不作在岗职工统计,但实际参加各单位工作并取得劳动报酬的人员。包括:聘用和留用的离退休人员,使用外单位离退休人员,聘用的外籍人员和港、澳、台方人员;领取补贴的人员(指主要街道、里弄临时补贴的在校学生、里弄和街道劳动锻炼的待业青年和犯了错误开除公职留用察看的人员)、兼职人员和从事第二职业者。不包括使用的学生。
5. "学历":指在国家认可的各类学校按规定学习结束取得结业证书的,有国家正规教育的学习经历。其中,研究生含博士研究生、硕士研究生。参加各种课程进修班学习取得结业证书的,不作为学历依据。

数据来源:国家粮食局统计资料。

表51　2013年粮食行业取得国家职业资格证书人员统计表

单位：人数／地区

地区	合计	粮油保管员 初级	中级	高级	技师	高级技师	粮油质量检验员 初级	中级	高级	粮油质量检验师	高级粮油质量检验师	粮油竞价交易员	助理粮油竞价交易员	粮油竞价交易师	制米工 初级	中级	高级	技师	高级技师	制粉工 初级	中级	高级	技师	制油工 初级	中级	高级	技师	粮食经纪人 初级	中级	高级	技师
共计	9630	2202	1751	768	87	34	1568	1974	451	87	68	112	—	—	8	25	—			—	109	49	26	—	102	—	—	146	63	—	—
北京	115	51	34				30																								
天津	104		49	42				13																							
河北	228		120					108																							
山西	97		46				51																								
内蒙古	141	90						51																							
辽宁	519	250	28				165	76																							
吉林	739		262				127	175				112																	63		
黑龙江	751	282	27				320	73	5																			44			
上海	58			34			24																								
江苏	691	180	122	30			142	191															26								
浙江	288	57	61	50																					102						
安徽	515	65	77	107	21			34	44																						
福建	108		108					58	28																						
江西	183	13	26	22			10	21	91																						
山东	1181	228	210	53			128	402	17																			102			
河南	754	135	90	89	13		109	107	71	23											64	49									
湖北	465	101	62				54	230	18												45										
湖南	118	14	31	20			10	10							8	25															
广东	414	273		74				67																							
海南	33							33																							
广西	320	123	75	17			55	32	18																						
四川	306	127	51				101	27																							
重庆	105						60	26	19																						
贵州	68	25	6	14				23																							
云南	250	54	73				54	69																							
西藏	0																														
陕西	234	55	76					103																							
甘肃	153		117					36																							
青海	23	12					11																								
宁夏	92	48		44																											
新疆	107	19		19			32	9	28																						
中储粮总公司	402			153	53				112	50	34																				
中粮集团	68					34					34																				

各职业合计：粮油保管员 4842、粮油质量检验员 4148、粮油竞价交易员 112、制米工 33、制粉工 184、制油工 102、粮食经纪人 209。

数据来源：国家粮食局统计资料。

表52	2013年国民经济与社会发展速度指标（一）						
指 标	2013年为下列各年（%）				平均每年增长（%）		
	1978年	1990年	2000年	2012年	1979~2013年	1991~2013年	2001~2013年
人口							
年末总人口	141.4	119.0	107.4	100.5	1.0	0.8	0.5
城镇人口	424.0	242.1	159.3	102.7	4.2	3.9	3.6
乡村人口	79.7	74.8	77.9	98.0	−0.6	−1.3	−1.9
就业和失业							
就业人员	191.7	118.9	106.8	100.4	1.9	0.8	0.5
#城镇就业人员	401.9	224.4	165.2	103.1	4.1	3.6	3.9
城镇登记失业人员	174.7	241.8	155.6	101.0	1.6	3.9	3.5
国民经济核算							
国内生产总值	2608.6	926.0	343.3	107.7	9.8	10.2	10.0
第一产业	474.9	249.0	171.4	104.0	4.6	4.0	4.2
第二产业	4105.3	1350.0	379.5	107.8	11.2	12.0	10.8
第三产业	3542.6	978.3	370.5	108.3	10.7	10.4	10.6
居民收入							
城镇居民人均可支配收入	1227.0	619.4	319.8	107.0	7.4	8.3	9.4
农村居民人均纯收入	1286.4	413.4	266.1	109.3	7.6	6.4	7.8
财政收支							
国家财政收入	11405.8	4397.0	964.1	110.1	14.5	17.9	19.0
国家财政支出	12453.9	4531.9	879.6	110.9	14.8	18.0	18.2
能源							
能源生产总量	541.7	327.2	251.8	102.5	4.9	5.3	7.4
能源消费总量	656.2	379.9	257.7	103.7	5.5	6.0	7.6
固定资产投资							
全社会固定资产投资总额		9897.6	1358.2	119.3		22.4	22.6
#房地产开发		33957.1	1725.8	119.8		30.1	25.1
对外贸易和实际利用外资							
货物进出口总额	20153.6	3603.3	877.0	107.6	16.4	16.9	18.2
出口额	22660.2	3558.3	886.6	107.8	16.8	16.8	18.3
进口额	17909.3	3655.7	866.5	107.3	16.0	16.9	18.1
外商直接投资		3372.1	288.8	105.3		16.5	8.5
主要农业、工业产品产量							
粮 食	197.5	134.9	130.2	102.1	2.0	1.3	2.1
棉 花	290.7	139.7	142.6	92.1	3.1	1.5	2.8
油 料	674.0	218.0	119.0	102.3	5.6	3.4	1.3
肉 类			141.9	101.8			2.7
原 煤	595.5	340.7	265.9	100.8	5.2	5.5	7.8
原 油	201.3	151.4	128.5	101.8	2.0	1.8	1.9
水 泥	3703.5	1152.1	404.7	109.3	10.9	11.2	11.4
粗 钢	2451.4	1174.1	606.3	107.6	9.6	11.3	14.9
发电量	2103.5	868.9	398.2	107.5	9.1	9.9	11.2

数据来源：国家统计局统计资料。

表52		国民经济与社会发展速度指标 (二)					
指　标	2013年为下列各年（%）				平均每年增长（%）		
	1978年	1990年	2000年	2012年	1979~2013年	1991~2013年	2001~2013年
建筑业							
建筑业总产值		11845	1274.7	116.1		23.1	21.6
消费品零售和旅游							
社会消费品零售总额	15257.9	2865.1	608.1	113.1	15.4	15.7	14.9
入境过夜游客	7777.4	531.2	178.3	96.5	13.2	7.5	4.5
国际旅游外汇收入	19643.9	2329.3	318.5	103.3	16.3	14.7	9.3
运输和邮电							
沿海主要港口货物吞吐量	3671.0	1506.8	579.7	109.4	10.8	12.5	14.5
邮电业务总量	183111	40131	1302.4	111.1	23.9	29.8	21.8
移动电话用户		6828406	1454.0	110.5		62.3	22.9
固定电话用户	13866.2	3897.4	184.3	96.0	15.1	17.3	4.8
科技、教育、卫生、文化							
研究与试验发展经费支出			1329.3	115.6			22.0
技术市场成交额		9945.4	1147.8	116.0		22.1	20.6
在校学生数							
#普通本、专科	2882.3	1196.5	443.8	103.2	10.1	11.4	12.1
普通高中	156.8	339.6	202.8	98.7	1.3	5.5	5.6
初中	88.9	113.4	71.0	93.2	−0.3	0.5	−2.6
普通小学	64.0	76.5	71.9	96.5	−1.3	−1.2	−2.5
医院数	265.9	171.9	151.4	106.6	2.8	2.4	3.2
医院床位数	416.2	245.0	211.3	110.0	4.2	4.0	5.9
执业(助理)医师	285.7	158.5	134.6	106.8	3.0	2.0	2.3
图书总印数	220.2	147.2	132.4	104.8	2.3	1.7	2.2
期刊总印数	447.4	189.9	115.6	101.5	4.4	2.8	1.1
报纸总印数	374.0	226.2	145.2	99.1	3.8	3.6	2.9

注：本表价值量指标中，国内生产总值、居民收入和邮电业务总量按可比价格计算，其他按当年价格计算；固定资产投资总额
　　平均每年增长速度按累计法计算。
数据来源：国家统计局统计资料。

表53	国民经济与社会发展总量指标(1978～2013年) (一)					
指 标	单 位	1978年	1990年	2000年	2012年	2013年
人 口						
年末总人口	万人	96259	114333	126743	135404	136072
城镇人口	万人	17245	30195	45906	71182	73111
乡村人口	万人	79014	84138	80837	64222	62961
就业和失业						
就业人员	万人	40152	64749	72085	76704	76977
#城镇就业人员	万人	9514	17041	23151	37102	38240
城镇新增就业人员	万人				1266	1310
城镇登记失业人员	万人	530	383	595	917	926
国民经济核算						
国内生产总值	亿元	3645.2	18667.8	99214.6	519470.1	568845.2
第一产业	亿元	1027.5	5062.0	14944.7	52373.6	56957.0
第二产业	亿元	1745.2	7717.4	45555.9	235162.0	249684.4
第三产业	亿元	872.5	5888.4	38714.0	231934.5	262203.8
人均国内生产总值	元	381	1644	7858	38459	41908
支出法国内生产总值	亿元	3605.6	19347.8	98749.0	529399.2	586673.0
最终消费支出	亿元	2239.1	12090.5	61516.0	261993.6	292165.6
资本形成总额	亿元	1377.9	6747.0	34842.8	252773.2	280356.1
货物和服务净出口	亿元	－ 11.4	510.3	2390.2	14632.4	14151.3
居民收入						
居民人均可支配收入	元					18311
城镇居民人均可支配收入	元	343	1510	6280	24565	26955
农村居民人均纯收入	元	134	686	2253	7917	8896
财政						
国家财政收入	亿元	1132.3	2937.1	13395.2	117253.5	129142.9
国家财政支出	亿元	1122.1	3083.6	15886.5	125953.0	139744.3
能源						
能源生产总量	万吨标准煤	62770	103922	135048	331848	340000
能源消费总量	万吨标准煤	57144	98703	145531	361732	375000
固定资产投资						
全社会固定资产投资总额	亿元		4517.0	32917.7	374694.7	447074.4
#房地产开发	亿元		253.3	4984.1	71803.8	86013.4
对外贸易和实际利用外资						
货物进出口总额	亿美元	206.4	1154.4	4742.9	38671.2	41596.9
出口额	亿美元	97.5	620.9	2492.0	20487.1	22093.7
进口额	亿美元	108.9	533.5	2250.9	18184.1	19503.2
外商直接投资	亿美元		34.9	407.2	1117.2	1175.9
主要农业、工业产品产量						
粮 食	万吨	30476.5	44624.3	46217.5	58958.0	60193.8
棉 花	万吨	216.7	450.8	441.7	683.6	629.9
油 料	万吨	521.8	1613.2	2954.8	3436.8	3517.0
肉 类	万吨			6013.9	8387.2	8535.0
原 煤	亿吨	6.18	10.80	13.84	36.50	36.80
原 油	万吨	10405	13831	16300	20571	20947
水 泥	万吨	6524	20971	59700	220984.08	241613.6
粗 钢	万吨	3178	6635	12850	72388	77904
发电量	亿千瓦小时	2566	6212	13556	50210	53976

数据来源：国家统计局统计资料。

表53	国民经济与社会发展总量指标（1978～2013年）（二）					
指　标	单位	1978年	1990年	2000年	2012年	2013年
建筑业						
建筑业总产值	亿元		1345	12498	137218	159313
消费品零售和旅游						
社会消费品零售总额	亿元	1559	8300	39106	210307	237810
入境过夜游客	万人次	71.6	1048.4	3122.9	5772.5	5568.6
国际旅游外汇收入	亿美元	2.6	22.2	162.2	500.3	516.6
运输和邮电						
客运量	万人	253993	772682	1478573	3804035	2122992
货运量	万吨	248946	970602	1358682	4099400	4102495
沿海主要港口货物吞吐量	万吨	19834	48321	125603	665245	728098
邮电业务总量	亿元	34.1	155.5	4792.7	15019.3	16679.1
移动电话用户	万户		1.8	8453.3	111215.5	122911.3
固定电话用户	万户	192.5	685.0	14482.9	27815.3	26698.5
金融						
金融机构人民币各项存款余额	亿元	1155	13943	123804	917555	1043847
金融机构人民币各项贷款余款	亿元	1890	17511	99371	629910	718961
科技、教育、卫生、文化						
研究与试验发展经费支出	亿元			895.7	10298.4	11906.0
技术市场成交额	亿元		75	651	6437	7469
在校学生数						
#普通本、专科	万人	85.6	206.3	556.1	2391.3	2468.1
普通高中	万人	1553.1	717.3	1201.3	2467.2	2435.9
初中	万人	4995.2	3916.6	6256.3	4763.1	4440.1
普通小学	万人	14624.0	12241.4	13013.3	9695.9	9360.5
医院数	家	9293	14377	16318	23170	24709
医院床位数	万张	110.0	186.9	216.7	416.1	457.9
执业(助理)医师	万人	97.8	176.3	207.6	261.6	279.5
图书总印数	亿册(张)	37.7	56.4	62.7	79.2	83.0
期刊总印数	亿册	7.6	17.9	29.4	33.5	34.0
报纸总印数	亿份	127.8	211.3	329.3	482.3	478.0
社会保障						
参加城镇基本养老保险人数	万人		6166	13617	30427	32218
参加城镇基本医疗保险人数	万人			3787	53641	57073
参加失业保险人数	万人			10408	15225	16417
参加工伤保险人数	万人			4350	19010	19917
参加生育保险人数	万人			3002	15429	16392
社会保险基金收入	亿元		187	2645	28909	33201

注：1.由于计算误差的影响，按支出法计算的国内生产总值不等于按生产法计算的国内生产总值。
　　2.2013年起，国家统计局开展了城乡一体化住户收支与生活状况调查，与此前分城镇和农村住户调查的范围、方法、统计口径有所不同。
　　3.本表价值量指标中，邮电业务总量2000年及以前按1990年不变价格计算，2001～2010年按2000年不变价格计算，2011年起按2010年不变价格计算。其余指标按当年价格计算。
数据来源：国家统计局统计资料。